Günter Rohrmoser

Zeitzeichen

»Wie kommt es, daß Ihr die Zeit nicht erkennt?«

(Lukas 12, Vers 56)

»Es gibt Verbrechen aus Leidenschaft und Verbrechen aus Überlegung. Die Grenze, die sie scheidet, ist unbestimmt. Aber das Strafgesetzbuch unterscheidet sie recht bequem mittels des Vorsatzes. Wir leben im Zeitalter des Vorsatzes und des vollkommenen Verbrechens. Unsere Verbrecher sind nicht mehr jene entwaffneten Kinder, die zur Entschuldigung die Liebe anriefen. Sie sind im Gegenteil erwachsen und haben ein unwiderlegbares Alibi, die Philosophie nämlich, die zu allem dienen kann, sogar dazu, die Mörder in Richter zu verwandeln.«

(Albert Camus, Der Mensch in der Revolte)

»Auf geheimnisvolle und für die betriebsame Masse nicht wahrnehmbare Weise kehrt das fast verlorene christliche Bewußtsein zu uns zurück.«

(Stimmen aus dem Untergrund
der Sowjetunion)

Günter Rohrmoser

Zeitzeichen

Bilanz einer Ära

Seewald Verlag
Stuttgart

Carl-Heinz Ratschow,
dem Theologen und Religionsforscher,
in bleibender Verbundenheit

Schutzumschlag und Einband: Creativ Shop München, Adolf und Angelika Bachmann. Satz und Druck: Buchdruckerei Laupp & Göbel, Tübingen. Gebunden bei Großbuchbinderei Heinr. Koch, Tübingen. ISBN 3 512 00 493 8. Printed in Germany

Inhalt

Einleitung

»Zeitzeichen« faßt die Auseinandersetzungen zusammen, die der Verfasser in den letzten Jahren geführt hat. Was durch diesen Band sichtbar gemacht wird, ist der Zusammenhang, auf den es entscheidend ankommt. Durch ihn werden die Teile erst verständlich, Mißverständnisse werden vermieden und offene Fragen, die die eingenommene Position betreffen, können entschieden werden. Im Zusammenhang wird deutlich, daß alle Bemühungen dem Ziele dienen, zu entwickeln, was man eine Theorie der inneren Verfassung der Bundesrepublik Deutschland, eine Interpretation der Tiefenströmungen der Ära nennen könnte, die in der Mitte der sechziger Jahre begann und gegenwärtig mindestens durch eine Zäsur unterbrochen wird. Der reformerische Aufbruch, der eine Reideologisierung der deutschen Politik, eine Renaissance des Marxismus, eine Polarisierung mit schwindendem Grundkonsens einleitete und mit unabsehbaren Folgen für die innere und äußere Stabilität in diesem Lande bewirkte, versandet und zerbröselt in einem Zustand desillusionierter Ernüchterung, allgemeiner Rat- und Orientierungslosigkeit bei wachsender Angst und Sorge um eine Zukunft, die man immer weniger im Griff hat.

Die Parolen, Kennworte, die Interpretations- und Deutungsmuster, in deren Zeichen der Auf- oder Umbruch stand, haben sich verbraucht, die Hoffnung ist vertan, Kräfte des Vertrauens, ja des Glaubens wurden enttäuscht. Die Frage, wie es dazu kam, welche Gründe den Verfall herbeiführten, ist offen. Über die Antworten, die gegeben werden: Weltwirtschaftliche Rezession, Preispolitik der erdölproduzierenden Staaten, Lohnpolitik, Aufblähung der öffentlichen Haushalte, Investitionsabstinenz der Unternehmer, greift dieses Buch hinaus. Es setzt tiefer an. Es geht um die geistigen, ethischen, kulturellen, sogenannten ideologischen Prozesse, die nicht nur den Spielraum politischen, ökonomischen und sozialen Handelns bestimmen, sondern eingreifen in den Begriff und das Verständnis von Politik.

Wenn Politik Gestaltung der Geschichte im Werden, in statu nascendi, ist, dann leuchtet ein, daß Politiker in einer offenen Gesellschaft nur vollstrecken, was der Zeitgeist gebietet. »Zeitzeichen« versucht zu ergründen, was es mit diesem »Geist« der Zeit auf sich hat, was er ist und worauf es mit ihm hinauswill, ihn zu dechiffrieren und zu interpretieren in den Zeichen, in denen er spricht und sich zu erkennen gibt. »Zeitzeichen« enthält Elemente und Bausteine zu einer Einlösung dessen, was Philosophie einst war: die begriffene Zeit.

Ein zentraler Begriff zur Entschlüsselung der formierenden Tendenzen des Zeitalters ist der Begriff der Kulturrevolution. Er taucht daher in »Zeitzeichen«

mehrfach auf, auch in wörtlichen Formulierungen, weil er die Funktion eines organisierenden Gedankens erfüllt. Als er 1969 in die Diskussion eingebracht wurde, stieß er auf völliges Unverständnis. Das hat sich geändert. Doch wir sind weit davon entfernt, wirklich zu begreifen, was es mit diesem Phänomen auf sich hat. Für die Christen in diesem Lande ist es eine Kernfrage, von der die Zukunft des Christentums abhängt. Daher die Bedeutung, die der Religionsphilosophie in »Zeitzeichen« zuerkannt wird. Doch der politisch motivierte Terror läßt die Menschen nachdenklich werden. Der Geist, der ihn zeugte, gehört zu den Gegenständen dieses Buches. Immer wieder wird auf die Rolle des Neomarxismus hingewiesen. Was nun zutage liegt, konnte vorhergesehen werden. Worum es geht, das sind die Folgerungen, die, vielleicht in letzter Stunde, gezogen werden müssen. Mit ihnen hat es »Zeitzeichen« zu tun. In diesem Sinne ist es ein politisches Buch.

Für wertvolle Hilfe beim Lesen der Korrekturen und der Erstellung des Sachregisters danke ich meinen Mitarbeitern Dr. L. Barlay, Jörg M. Fröhlich und Joachim Gieraths. Frau Haar für das sorgfältige Schreiben des Manuskripts. Gewidmet ist das Buch Carl-Heinz Ratschow, meinem Lehrer und väterlichen Freund. Die Widmung soll die Dankbarkeit und Verbundenheit bezeugen, die ich für ihn empfinde. »Zeitzeichen«, wie alle anderen Bücher, hätte nicht geschrieben werden können ohne das Verständnis und die Mitarbeit meiner Frau.

Stuttgart, 1. September 1977

Erstes Kapitel
Der ideenpolitische Hintergrund

Eine in metakritischer Absicht erfolgende Auseinandersetzung mit der dialektisch-kritischen Sozialphilosophie der sogenannten Frankfurter Schule sieht sich eigentümlichen Schwierigkeiten gegenüber. Diese Schwierigkeiten sind einmal im Wesen einer philosophischen Kritik überhaupt begründet, zum anderen in der Tatsache, daß wir es in unserem Falle mit einer dialektischen Theorie zu tun haben, die den immanenten Charakter reiner Theorie in praktischer, noch dazu revolutionärer Absicht überschreiten will.

Die bisher gegen die kritische Theorie der Frankfurter vorgetragene Kritik leidet an dem entscheidenden Mangel, entweder hinter dem hier erhobenen Anspruch auf Theorie zurückzubleiben oder das durch den dialektischen Charakter der Theorie erreichte Reflexionsniveau nicht zu erreichen.

So lassen sich die bisher gegen sie vorgebrachten Argumente auf zwei für entscheidend gehaltene Vorwürfe zurückführen. Erstens: Die Theorie selber sei ideologisch oder wenigstens nicht frei von ideologischen Implikationen. Zweitens: Die Theorie vermöge ihr Versprechen auf politische, revolutionäre Praxis nicht einzulösen.

Zum ersten Argument ist zu sagen, daß die Theorie selber nicht expliziert wird, in deren Namen der Ideologieverdacht erhoben wird. In der Regel wird ohne weitere Begründung die Voraussetzung gemacht, daß die empirisch analytisch begründete Sozialphilosophie hinreiche, den Vorwurf auf Ideologie zu tragen. Das aber eben ist zweifelhaft, da die kritische Theorie mit guten Gründen den selber dogmatisch beschränkten Charakter des Begriffes von Rationalität erwiesen hat, der ja absolut gesetzt keineswegs gegen den Ideologieverdacht immun ist.

Wie beschränkt die empirisch-analytische, am Interesse technischer Verfügung fixierte Methodologie rationaler Wissenschaft in ihrer Kraft gegenüber einer dialektischen Sozialphilosophie tatsächlich ist, zeigen die Ausführungen von Karl Popper über die Frage: Was ist Dialektik? mit wünschenswerter Deutlichkeit.

Wenn nur eine eindeutige Theorie eine wissenschaftliche ist, dann besteht der wissenschaftliche Fortschritt in der Tat in der Eliminierung der Widersprüche, von denen die Dialektik zehrt.

Die Rolle der Dialektik in einer modernen sozial-politischen Philosophie kann dann nur in der Immunisierung gegen möglichen Widerspruch von außen gesehen werden. Ist das Wesen der Dialektik nach Popper dadurch hinreichend bestimmt, daß sie Widersprüche anerkennt und jedes Argument grundsätzlich zuläßt, so daß jedes Argument sinnvoll vertretber ist, dann vermag die Dialektik in ihrer Auseinandersetzung mit einer empirisch-analytischen Sozialphilosophie in der Tat nicht auszureichen.

Es ist die Berechtigung des Einwandes Poppers gegen den Immunisierungseffekt von Dialektik gegen mögliche Einwände im Zusammenhang einer Theorie nicht von vornherein zu bestreiten, die den Selbstbegründungsanspruch von Theorie grundsätzlich in Frage stellt und sie zugunsten einer Praxis abschaffen will, die der philosophischen Theorie nicht mehr bedürfte.

Da aber die kritische Theorie den gleichen Einwand auch gegen die Konsequenzen des dezisionistischen Ursprungs der Popperschen Vernunft richten kann, ist eine theoretische Entscheidung der strittigen Frage hier nicht mehr möglich.

Von gleicher Struktur ist auch die Kritik an der Kritischen Theorie, die auf ihre fehlende politische Anwendbarkeit zielt und dabei von einem technologischen Begriff von Praxis ausgeht, dessen Gleichsetzung mit politischer Praxis ja gerade von den Frankfurtern in Frage gestellt wird. Und auch das mit guten Gründen.

Hegel hat einmal bemerkt, daß es bei einer philosophischen Kritik darauf ankäme, sich in den Umkreis der ganzen Stärke des Gegners zu stellen. Diese Forderung hat auch Platon in seiner Auseinandersetzung mit der Sophistik erfüllt, als er die Sophistik stärker machte, als sie es von sich selbst her war. Es ist vielleicht angebracht, daran zu erinnern, daß Platons Auseinandersetzung nicht mit der Vernichtung einer der beiden Kombattanten endete, sondern damit, daß Platon feststellte, daß zwar die Philosophie die Sophistik zu erkennen vermöchte, aber nicht die Sophistik die Philosophie.

Das heißt, daß auf Grund der philosophischen Dialektik selber das partielle Recht und die begrenzte Notwendigkeit des Wiederauftretens der Sophisten von der Philosophie anerkannt wurde. Die Ausbildung eines Bewußtseins, das falsch genannt zu werden verdient, weil es durch ein Prinzip bestimmt wird, das die Unterscheidung von wahr und falsch nicht mehr zuläßt, ist unter den Bedingungen der emanzipativen Polis so unausweichlich wie der Trend zum Faschismus in der modernen Gesellschaft.

Was die Auseinandersetzung mit der Kritischen Theorie für die Philosophie so notwendig und fruchtbar erscheinen läßt, ist ja die Tatsache, daß sie wie keine Theorie sonst für sich den Willen in Anspruch nehmen kann, die Wiederkehr des alten oder die Konstitution einer neuen Form des Faschismus verhindern zu wollen. Ob sie auch vermag, was sie will, ist die entscheidende Frage, wie es überhaupt das entscheidende Prinzip einer philosophischen Kritik ist, eine Theorie mit der Frage zu konfrontieren, ob sie in der Tat leistet, was sie zu leisten beansprucht. Um nach diesem Gesichtspunkt einer solchen immanenten Kritik – wenn auch in metakritischer Absicht – vorgehen zu können, muß daher zunächst von den Voraussetzungen ausgegangen werden, von denen die zu kritisierende Theorie selber ausgeht. Es muß auch nach den Konsequenzen der Theorie gefragt werden, sowohl nach denen, die sie will, wie nach denen, die sie nicht will.

Hier aber stoßen wir auf den problematischen Punkt im Neomarxismus, d. h. auf das Verhältnis von Theorie und Praxis und das Problem ihrer möglichen Einheit.

Der Verfall des Fortschritts in der Negativen Dialektik Th. W. Adornos

Wir gehen von der zentralen Aussage der »Negativen Dialektik« von Theodor W. Adorno zu der Frage nach ihrem Verhältnis zur revolutionären Praxis aus.

»Daß an Erkenntnis, deren mögliche Beziehung auf verändernde Praxis zumindest temporär gelähmt ist, auch in sich kein Segen sei, dafür spricht vieles. Praxis wird aufgeschoben und kann nicht warten. Daran krankt auch Theorie. Wer jedoch nichts tun kann, ohne daß es, auch wenn es das Bessere will, zum Schlechten auszuschlagen drohte, wird zum Denken verhalten. Das ist seine Rechtfertigung, und die des Glücks am Geiste. Das Verzweifelte, daß die Praxis, auf die es ankäme, verstellt ist, gewährt paradox die Atempause zum Denken, die nicht zu nutzen praktischer Frevel wäre« (Theodor W. Adorno, Negative Dialektik, Frankfurt 1966, S. 240 bis 241).

In diesem Zitat von Adorno wird deutlich gesagt, daß die Notwendigkeit und Unausweichlichkeit einer philosophischen Theorie eine Folge der Verweigerung von Praxis ist, weil sie, wie Adorno in der Negativen Dialektik sagte, verstellt ist.

Aber eine philosophische Auseinandersetzung mit den Theorien der Frankfurter Sozialphilosophie kann nicht so tun, als wäre diese Theorie noch unschuldig. Denn es ist ja der Versuch gemacht worden, diese theoretischen Entwürfe praktisch werden zu lassen. Dennoch soll aber die ganze Fragestellung dieser Kritik nicht in Hinsicht auf die Praxis verfolgt werden, sondern wir wollen möglichst zwar diese Folgen in der Praxis im Blick haben, aber die Theorie nicht ausschließlich daraufhin interpretieren. Über diese Folgen in der Praxis existiert bereits eine unendliche, fast unüberschaubare Literatur. Soziologen, Psychologen, Sozialpsychologen, Politologen, Historiker und Sozialwissenschaftler haben sich zu diesem Phänomen geäußert, das die deutsche Öffentlichkeit ständig erregt und in Atem hält. Die philosophische Auseinandersetzung mit den theoretischen Grundlagen und Voraussetzungen dieser Praxis ist dagegen noch nicht erfolgt. Daß diese philosophische Auseinandersetzung nicht stattgefunden hat und möglicherweise auch nicht stattfinden wird, hängt mit dem Stand von Philosophie selber zusammen. Das Ende der Philosophie wird nicht erst seit heute, sondern mindestens seit der denkwürdigen Wende in der Mitte des 19. Jahrhunderts, die durch die Abkehr vom sogenannten deutschen Idealismus umschrieben wird, verkündet, gefordert und betrieben. Das gilt insbesondere für den Entwurf von Karl Marx, auf den auch die Frankfurter Sozialphilosophie als eine Form des revisionistischen Neomarxismus sich selbst beruft. Dieser Praxisentwurf von Marx sollte die Philosophie nicht etwa sang- und klanglos verabschieden, sondern sollte das, was in der großen Philosophie in einer zweitausendjährigen Anstrengung des Denkens und des Begriffs gedacht worden ist, in die Wirklichkeit umsetzen. Wenn also eine solche Theorie, die an einer Praxis der Verwirklichung der Philosophie festhält, zum Gegenstand einer philosophischen Erörterung gemacht wird, dann verhält sich eine solche Erörterung zu diesem Entwurf nicht äußerlich und zufällig, sondern ein solches Unternehmen liegt in der Perspektive der Intentionen dieser Theorie selbst.

Eine philosophische Auseinandersetzung mit einer solchen Theorie muß darauf verzichten, Zustimmung für diese Theorie erwecken zu wollen oder Ablehnung oder Haß zu schüren. Seit Hegel gilt als Prinzip einer philosophischen Kritik, sie müsse sich in den Umkreis der Stärke ihres Gegners stellen, wenn man es mit ihm aufnehmen wolle. Für die philosophische Kritik ist der Gegner nicht der Feind, den man da treffen will, wo er am schwächsten ist. Die philosophische Kritik sucht den Gegner dort, wo er am stärksten ist.

Ein zweites Moment, das Hegel für eine philosophische Kritik gefordert hat, besteht darin, daß man jede Kritik an ihrem eigenen Anspruch messen müsse. Eine Theorie philosophisch kritisieren heißt, nicht von außen herab über sie sprechen oder sie aufzuwerten, sondern heißt, sie an dem Maßstab der Leistung zu messen, für die sie stehen will. Eine philosophische Kritik muß also in diesem Sinne immanent sein. Sie muß methodisch die Voraussetzungen der kritisierten Position akzeptieren und muß diese Position sich selber entwickeln lassen, damit sich zeigt, ob sie hält, was sie verspricht. Daher soll zunächst dargestellt werden, was in Adornos »Negativer Dialektik« durch die in seiner Theorie implizierte Geschichtsphilosophie über den Stand des Fortschritts und der Fortschrittstheorie in der Gegenwart ausgesagt wird.

Was hier von Adorno dargestellt wird, trifft für alle Vertreter der Frankfurter Sozialphilosophie zu und ist das immanente Apriori. Zunächst soll das Minimum an Gemeinsamkeit ermittelt werden, von dem her erst die Differenzen in der Frankfurter Schule bestimmbar werden. Es soll keine vollständige Interpretation der Philosophie Adornos geleistet, sondern eine ganz bestimmte und entscheidende Frage gestellt werden, die das der Frankfurter Sozialphilosophie Eigentümliche und sie Motivierende erfragt. Wenn wir also im Hinblick auf die Frankfurter Sozialphilosophie die Frage stellen, für die im Zusammenhang dieser Kritik Adorno, Marcuse und Habermas stellvertretend genommen werden sollen, was diese Theorie über den Stand des Fortschritts in der Gegenwart zu sagen hat, dann müssen wir von dem fundamentalen Satz der Adornoschen Theorie ausgehen, der lautet: »Fortschritt hat noch nicht stattgefunden.« Das heißt kraft der Lage, in der sich die Möglichkeiten des Fortschritts in der Gegenwart befinden, muß eine Theorie, die am Fortschritt entschlossen festhält, eine Reflexion über den Verfall von Fortschritt in sich aufnehmen. Es geht darum, die Theorie des Fortschritts auf ihren eigenen Verfall hin zu reflektieren. Das bedeutet also, sie muß Auskunft geben, warum und woran es denn nun eigentlich liegt, daß dem Fortschritt in der Ausbildung der Prinzipien der emanzipativen modernen Welt, also dem Fortschritt von Wissenschaft, Technik und Industrie kein Fortschritt im Sinne einer Befreiung des Menschen zu sich selbst entspricht und in diesem Sinne Fortschritt nicht stattgefunden hat. Wir müssen also in der Struktur des Fortschritts hier selber differenzieren, um zu begreifen, warum Adorno meint, daß angesichts des unübersehbaren technischen Fortschritts eine Fortschrittstheorie zugleich sagen muß, daß der Fortschritt noch gar nicht begonnen hat. Die traditionale Gestalt der Fortschrittstheorie des 18. Jahrhunderts ging davon aus, daß die Menschheit aus ihrer Verknechtung durch Herrschaft, die durch die traditionalen Gestalten von Religion und Metaphysik sanktioniert wurde, (also aus der Knechtschaft durch Metaphysik und Religion) heraustritt, wenn sie gemäß den autonomen, rationalen Prinzipien, die der modernen Wissenschaft innewohnen, ihre Welt verändert und gestaltet. Es sollte aus der Anwendung von Wissenschaft und Technik und der dem Menschen zuwachsenden Beherrschung der Natur, sozusagen automatisch, die Freiheit der Menschen hervorgehen. Man hat also in diesem Modell ein notwendiges Konsequenzverhältnis angenommen zwischen der technischen Naturbeherrschung auf der einen Seite und der automatisch aus dieser technischen Naturbeherrschung folgenden Befreiung des Menschen auf sich selbst hin auf der anderen Seite. Auf dieses Modell bezogen sagt Adorno: der Fortschritt hat stattgefunden, wenn man ihn gleichsetzt mit der technischen Beherrschung der Natur. Es ist ja durchaus die gesamte Geschichte der Menschheit als ein fortschrittlicher Prozeß in der Erzeugung der Mittel der Naturbeherrschung vor sich gegangen. Aber diesem Fortschritt in der Erzeugung der Mittel, die Natur zu beherrschen, entspricht nicht ein Zuwachs an Befreiung und Freiheit für den Menschen. Den erhofften Gewinn an Freiheit hat es nicht gegeben. Nicht nur ist der Zuwachs an Freiheit ausgeblieben, sondern die Dialektik besteht darin, daß die an sich mögliche Befreiung umgeschlagen ist in faktisch zunehmende Unterdrückung. Das ist ein zentrales Motiv der negativen Dialektik, das in der Frankfurter Sozialphilosophie thematisch ist. Sie konstatiert den Umschlag aus möglicher Befreiung in faktische Unterdrückung. Im Heraustreten aus den naturwüchsigen Ordnungen, wie sie nach diesen Prämissen in der Religion und in der Metaphysik ihren Niederschlag und ihre Rechtfertigung gefunden haben, ist an die Stelle der Unterwerfung der Menschen unter die Herrschaft der Natur die zunehmende perfektionierte und noch totalere Herrschaft des Menschen über

Menschen getreten. Ihre eigentümliche Form erhält diese negative Dialektik, wenn sie die Aufklärung als den dialektischen Prozeß reflektiert, in dem Befreiung in Unterdrückung umgeschlagen ist. Denn dieser Verfall von Fortschritt ist ja selber, und das muß man geradezu paradox festhalten, die Folge eines wirklich in der Geschichte realisierten Fortschritts. Das ist die eigentliche Pointe, daß die Widerlegung der an den Fortschritt verknüpften Verheißungen auf ständige Zunahme der Befreiung des Menschen nicht erfolgt und widerlegt wurde, weil die Bedingungen, an die diese Befreiung gebunden wurde, *nicht* entwickelt wurden, sondern die Fortschrittstheorie ist nach der Meinung der dialektischen Sozialphilosophie in Frankfurt widerlegt worden durch den geschichtlichen Erfolg selber. Der Fortschritt selbst hat stattgefunden, aber die erhoffte Befreiung ist durch die Art der geschichtlichen Verwirklichung dieses Fortschritts dementiert worden.

Das ist die Dialektik, die die Theorie des Fortschritts in der Gegenwart dazu zwingt, auf die Notwendigkeit ihres Verfalls zu reflektieren. Und keiner der Vertreter der Frankfurter Sozialphilosophie hat darauf verzichtet, ausdrücklich in der Weiterbildung der Dialektik auf diesen Verfall von Fortschritt im Zusammenhang einer Theorie zu reflektieren, die am Fortschritt festhalten will.

Daher kann es für Adorno die sozusagen realsoziologische Mitte der negativen Dialektik des Fortschritts sein, daß in den Konzentrationslagern, das heißt in dem Faktum der industriellen Vernichtung von Millionen von Menschen im 20. Jahrhundert etwas an den Tag gekommen ist, was als Prinzip der Geschichte ihr von Anfang an zugrunde gelegen hat. In den Konzentrationslagern zeigt sich für Adorno nicht nur der Verfall einer bestimmten Gesellschaft, zeigen sich nicht nur die Konsequenzen, die eine bestimmte politische Theorie und eine bestimmte politische Praxis haben, sondern in den Konzentrationslagern kommt im 20. Jahrhundert etwas an den Tag, was als verborgenes, aber bestimmendes Prinzip der Geschichte von Anfang an innewohnte. In diesem Sinne ist also Auschwitz für die negative Dialektik Adornos nicht nur ein kontingent-empirisches Faktum, das man soziologisch-politisch oder historisch irgendwelchen aufweisbaren Entwicklungen und Entwicklungstendenzen zurechnen könnte, sondern Auschwitz ist für Adorno ein Faktum, dem sozusagen metaphysische Bedeutung zugesprochen werden muß. Die Konzentrationslager im 20. Jahrhundert sind der Ort, an dem das die Geschichte überhaupt und im Ganzen bestimmende Prinzip manifest geworden ist. Etwas vom Wesen der Geschichte schlechthin hat sich hier unübersehbar und unwiderruflich manifestiert.

In dieser maschinell vollzogenen Ausrottung von Menschen kommt das Grundwesen der Geschichte überhaupt an den Tag.

Was ist das durchgehende, alle menschlichen Epochen verbindende und gemeinsame Prinzip, das diesen Verfall des Fortschritts, oder das der Fortschritt am Ende seines Erfolges selber produziert hat? Das aller bisherigen Geschichte Gemeinsame ist, daß sie Geschichte von Herrschaft war und ist. Das ist ein Grundsatz, in dem alle Vertreter der Frankfurter Sozialphilosophie miteinander übereinstimmen. Es ist gleichzeitig die Grundthese über das gegenwärtige Zeitalter, denn in der Gegenwart hat sich dieses Prinzip von Herrschaft universalisiert und totalisiert.

Die Dialektik dieser Geschichte als Geschichte von Herrschaft besteht für Adorno darin, daß zwar der Mensch im Ablauf der bisherigen Geschichte einen entscheidenden Schritt zu seiner Menschwerdung hin gemacht hat, nämlich dadurch, daß er über die Verfallenheit an die Natur und die bloße Naturunmittelbarkeit hinausging, daß er die Natur vergegenständlicht und die vergegenständlichte Natur durch Wissenschaft und Technik beherrscht hat. Das Grundwesen der Geschichte ist für die Frankfurter Sozialphilosophie Emanzipation von der im Mythos sanktionierten Herrschaft der Natur über den Menschen. Die Emanzipation ist die entscheidende Bedingung von Freiheit und Fortschritt überhaupt. Die durch die Entwicklung von Wissenschaft, Technik und Industrie vollzogene Beherrschung der Natur und die in dieser Beherrschung der Natur eingeschlossene Emanzipation des Menschen von der Natur ist ein positives Resultat der bisherigen Geschichte, an welchem die Frankfurter festhalten wollen. An diesem Punkt bleibt auch die Adornosche Philosophie in der Tradition des Fortschritts und der Fortschrittstheorie, nämlich in ihrem Grundaxiom, daß der geschichtliche Prozeß der Menschwerdung des Menschen identifiziert wird mit dem Akt der Emanzipation. Geschichte ist Emanzipation als befreiende Praxis der Verwirklichung des Menschen in seinem Menschsein. Ohne Emanzipation hätte die Geschichte des Menschen überhaupt noch nicht begonnen, auch nicht im Sinne des totalen Scheiterns an ihrem Ende, von dem in dieser Theorie gesprochen wird. Hierin zeigt sich sehr deutlich die Aufnahme der Struktur marxistischer Dialektik in der Frankfurter Sozialphilosophie: das Subjekt ist durch die falsche Organisation der Gesellschaft zum Objekt von repressiver Herrschaft geworden. Dieses Subjekt, das über die Bedingungen verfügt, sich die Geschichte rational zu unterwerfen und zu kontrollieren, ist zum Objekt der falsch organisierten Gesellschaft deformiert worden.

So enthält die Adornosche Fortschrittstheorie die Einsicht, daß das Subjekt der Naturbeherrschung sich selber zu einem Mittel der Naturbeherrschung macht.

Diesen Vorgang meint die Rede von Entfremdung und Verdinglichung. Das Subjekt unterwirft sich selbst der Logik der Unterdrückung. Diese Logik verweigert eine Erfüllung, die an sich durch die großen Erfolge von Wissenschaft und Technik erreichbar und möglich geworden ist. Der Fortschritt hat also insofern nicht stattgefunden, als alle bisherige Geschichte dem fortwährenden Bann der Natur unterliegt.

Der Bann der unerlösten Natur unterwirft sich den Menschen im Medium der Naturbeherrschung von neuem. Das bedeutet aber, daß die fortschreitende Beherrschung der Natur für diese Sozialphilosophie mit einer Wiederherstellung des Mythos endet. Der Mythos, dem die Menschheit im Schritt zur emanzipativen Naturbeherrschung entrinnen wollte, stellt sich am Ende dieses Emanzipationsprozesses von neuem wieder her. Die Wiederherstellung des Mythos produziert sich kraft des Scheiterns von Emanzipation von neuem.

Mit der Wiederherstellung des Mythos am äußersten Punkt fortschrittlicher Emanzipation meint Adorno die Entwicklung, daß sich das Grauen des Anfangs unverändert und unvermindert am Ende der geschichtlichen Emanzipation in der Gegenwart wieder hergestellt habe. Der Mensch ist das Objekt von Herrschaft geblieben, das es von Anfang an war. Die Herstellung eines vernünftigen Gesamtsubjektes der Geschichte – wie Adorno es nennt – ist nicht gelungen.

Marx falsch

Adorno geht aus von der These, daß die von Marx an die Revolution des Proletariats gebundene Hoffnung, daß die Entfremdung des Menschen aufgehoben und überwunden werden kann, von der Geschichte nach Marx widerlegt worden ist.

Die Theorie der Zweiten Aufklärung

Man muß diesen Satz zur Kenntnis nehmen, sonst versteht man überhaupt nicht, warum diese Theorie den Anspruch erhebt, eine Theorie zu liefern. Der Grund der Notwendigkeit zur Aufstellung einer Theorie ist innerhalb des Zusammenhangs der Frankfurter Sozialphilosophie nicht verständlich, wenn man nicht sieht, daß die revolutionäre Erwartung der Aufhebung der Selbstentfremdung des Menschen durch das Proletariat, wie Marx sich das gedacht hat, in und durch die Geschichte nach Marx nicht eingelöst worden ist. Die neomarxistische Philosophie muß diese Enttäuschung, daß die Aufhebung der Selbstentfremdung des Menschen nicht gelungen ist, in die Theorie selber aufnehmen.

Wenn man also vom Scheitern ausgeht, dann kann man in der gegenwärtigen Welt nicht ohne weiteres ein Subjekt ausmachen, das sich zum Träger der revolutionären Selbstbefreiung des Menschen machen könnte. Daher folgt aus dieser Anlage und Struktur der Geschichtsphilosophie das für die gesamte Frankfurter Schule entscheidende Problem, ein Subjekt zu finden, das ebenso gewillt wie aber auch fähig ist, die ausgebliebene totale Gesamtumwälzung der Gesellschaft in der Gegenwart zu leisten.

Wenn aber nun als Konsequenz des Scheiterns der revolutionären Hoffnung in der Gegenwart kein Subjekt in diesem Sinne als Träger des revolutionären Vollzugs auszumachen ist, dann wird angesichts der Dialektik des Umschlags von möglicher Freiheit in wachsende Unterdrückung die Theorie der Praxis, durch die eine Überwindung dieser Dialektik möglich ist, selber unbestimmt. Dann steht zunächst einmal nur die Theorie selber für die Möglichkeit einer solchen Überwindung der Selbstentfremdung des Menschen ein. Die Theorie steht zunächst nur als Theorie für die mögliche Verwirklichung dessen, wovon in dieser Theorie die Rede ist.

Wenn aber die Theorie für die Aufhebung gesellschaftlicher Selbstentfremdung des Menschen allein einsteht, dann stellt sich der Standpunkt der Linkshegelianer im 19. Jahrhundert wieder her. Karl Marx hat in seiner Kritik an den Linkshegelianern immer darauf bestanden, daß es eine typisch bürgerliche Illusion ist, durch Theorie als solche eine Totalumwälzung der Gesellschaft erreichen zu können.

Marx hat diesen vielleicht tragischen Stand von Theorie als das spezifische Produkt bürgerlicher Intellektueller verstanden. Die Frankfurter fortschrittliche Sozialphilosophie fällt auf diesen Standpunkt zurück, weil sie zunächst keine andere Kraft in die von ihr als notwendig proklamierte Veränderung der Geschichte der Überwindung der Dialektik des Unheils einsetzen kann, als die Theorie selber, die sich nun in einer überraschenden Übereinstimmung mit dem Selbstverständnis der Linkshegelianer im 19. Jahrhundert versteht als eine absolut kritische Theorie. Die absolut gewordene kritische Theorie ist damit zunächst die einzige Bedingung, unter der eine Überwindung des Grauens und der Unterwerfung des Menschen unter die von ihm produzierten Objekte denkbar ist.

Wir können auch sagen, was sich in dieser Fortschrittstheorie in ihrem fortgeschrittenen Stand heute reflektiert, ist der Versuch, die Aufklärung des 18. Jahrhunderts zu wiederholen und zu erneuern, und zwar in der Gestalt der häufig so genannten zweiten Aufklärung. Nicht eine einfache Neuerweckung der Aufklärung des 18. Jahrhunderts ist gemeint, sondern die Fortschrittstheorie erneuert sich heute in der Gestalt des Programms einer zweiten Aufklärung.

Es ist klar, daß wir es bei dieser Position einer zweiten Aufklärung mit einer der geistig mächtigsten Bewegungen unseres Jahrhunderts überhaupt zu tun haben. Es ist keine andere Gestalt des Geistes und der Theorie an geschichtlicher Bedeutung und auch an Mächtigkeit mit dieser proklamierten zweiten Aufklärung zu vergleichen. Die Erneuerung der Aufklärung stimmt mit der des 18. Jahrhunderts darin überein, daß es in ihr wie in jener um die Befreiung des Menschen durch die Aufklärung selber geht. Bei Kant heißt es in seiner Schrift »Was heißt Aufklärung?«: Gehe heraus aus deiner selbst verschuldeten Unmündigkeit und wage dich deines Verstandes ohne Hilfe eines anderen zu bedienen. Das heißt, die Aufklärung setzt den Menschen in gewissem Sinne als autonomes Subjekt voraus, das sich freimachen soll von aller Heteronomie. Alle Mächte, Kräfte und Gewalten, die dieser Selbstverwirklichung des Subjektes in seiner Autonomie im Wege stehen, gelten als heteronom. Die Gestalten der Heteronomie, die das zur Autonomie gerufene Subjekt des 18. Jahrhunderts an seiner Autonomie und Freiheit hinderten, waren ja bekanntlich Staat und Kirche, die besondere, vielfältige Mittel gefunden hatten, den Menschen in Unmündigkeit zu halten und ihn daran zu hindern, sich seines eigenen Verstandes ohne Hilfe eines anderen zu bedienen. Beide, Kirche und Staat, wirkten zusammen, den Menschen in seiner Unmündigkeit zu halten und ihn auf von außen zukommende und ihn damit unterdrückende Autoritäten und Forderungen festzulegen.

Das Gegenprinzip zum Autonomieprinzip der Aufklärung ist also das Prinzip der Heteronomie. Der unmündige, der unaufgeklärte Mensch ist der heteronome Mensch. Der heteronome Mensch ist, insofern er unmündiger Mensch ist, überhaupt noch nicht Mensch in seinem wahren Verstand und Begriff. Gegen diese Heteronomie setzt die Aufklärung das Prinzip, daß der Mensch über sich selbst aufgeklärt werden soll. Er muß darüber aufgeklärt werden, daß er autonom ist. Er soll sich also nach selbst gesetzten Gesetzen verhalten können, denn das heißt ja Autonomie, Gehorsam gegenüber selbst gegebenen Gesetzen. Die erste Aufklärung war der Meinung, daß die theoretische Aufklärung über diesen Zusammenhang von Heteronomie und möglicher Befreiung zur Autonomie kraft der theoretischen Aufklärung selber erreicht und erreichbar ist.

Das ist der große ehrwürdige Glaube des 18. Jahrhunderts gewesen, daß er gemeint hat, die Herstellung des Menschen in seiner Autonomie sei denkbar als das Resultat vollzogener und geleisteter theoretischer Aufklärung.

Durch theoretische Aufklärung über die versklavenden und unterdrückenden heteronomen Mächte eignet der Mensch sich selbst an. In diesem Sinne hält auch die Theorie des Fortschritts in unserer Zeit nicht nur in ihrer neomarxistischen, sondern auch in ihrer neopositivistischen Spielform an dem Programm einer Befreiung durch Aufklärung fest.

In der Gegenwart aber beschränken sich der Neomarxismus und der Neopositivismus nicht auf die nur theoretische Aufklärung, sondern das Prinzip der Befreiung des Menschen durch theoretische Aufklärung wird vervollständigt durch die Reflexion auf die Notwendigkeit einer praktischen Veränderung. Die Bedingungen und die Verhältnisse, die einer Verwirklichung des Menschen als autonomem Wesen entgegenstehen, müssen selber praktisch aufgehoben und verändert werden.

Die zweite Aufklärung hat also das marxistische Grundpostulat, daß die Verhältnisse selber geändert werden müssen, in sich aufgenommen.

Bei Habermas geht das Programm der Aufklärung noch über diese Stufe der Hineinnahme der Forderung nach einer praktischen Veränderung hinaus, insofern es Habermas um die Freisetzung eines Prozesses transzendentaler Selbstreflexion geht. In der Reflexion gewinnt sich das Subjekt erst als ein

Subjekt, das Träger der Emanzipation überhaupt sein kann. Der Unterschied, der dann zwischen der neomarxistischen und neopositivistischen Theorie besteht, ist eigentlich nur der, daß die Forderung nach einer Totalveränderung der Gesellschaft neopositivistisch ermäßigt wird auf das Programm einer permanenten Reform hin. Die permanente Reform fordert eine offene Gesellschaft in einer permanenten Bewegung, durch welche die Gesellschaft ihr Reformprogramm auf Realisierung und Verwirklichung der Aufklärung im Sinne des entwickelten Begriffes leisten und verwirklichen soll.

Das *erste* Ergebnis ist also das erstaunliche Faktum einer Erneuerung von Theorie, die im Grunde genommen die Erneuerung der zentralen Inhalte und Postulate der Philosophie überhaupt in sich einschließt. Insofern ist die hier in der Frankfurter Sozialphilosophie gemeinte Theorie ihrem eigenen Anspruch nach philosophisch. Und über ihr Recht, über ihre Grenze kann daher auch nur in der Form einer philosophischen Auseinandersetzung entschieden werden.

Zweitens, die Theorie des Fortschritts in der gegenwärtigen Frankfurter Sozialphilosophie nimmt die Theorie ihres eigenen Verfalls in sich auf. Daß in der Frankfurter Schule in unterschiedlicher Form Theoriezusammenhänge aus der konservativen Tradition aktualisiert werden, ist auf den inneren Zwang zurückzuführen, dem diese Fortschrittstheorie unterliegt: ihren eigenen Verfall als einen geschichtlichen Prozeß in sich aufzunehmen.

Drittens aber hält diese Theorie, obwohl sie das Moment des Verfalls in sich aufzunehmen gezwungen ist, an der Gleichsetzung von Geschichte mit Emanzipation fest. Das Wesen von Geschichte überhaupt ist Emanzipation. Emanzipation soll hier das Heraustreten des Menschen aus der Verfallenheit an die mythische Natur bedeuten. Diese Emanzipation ist aber nur halb gelungen. Die Naturunterworfenheit des Menschen stellt sich durch sein quasi mythisches Verhältnis zu der Organisationsform der Naturbeherrschung in totalerer Form wieder her. Deshalb kann die spezifische Praxis der Verwirklichung von Humanität auf dem Boden dieser Voraussetzung nur in dem Vollzug von noch zu leistender Emanzipation bestehen.

Viertens, wenn man die Geschichte als Totalprozeß mit dem Prozeß der nicht gelungenen Emanzipation gleichsetzt, wird die gesamte Geschichte verstanden als eine Geschichte, in der der Mensch sich in dem nach diesem emanzipativen Entwurf gemeinten Bestimmungen überhaupt noch nicht verwirklich hat. So wie auch Marx sagt, daß die gesamte bisherige Geschichte die Vorgeschichte des Menschen war, muß auch hier gesagt werden, daß die Geschichte des Menschen überhaupt noch nicht begonnen hat. Die Verwirklichung des Menschen steht noch aus. Diese Verwirklichung des Menschen in seinem Menschsein konnte nicht gelingen, weil alle bisherige Geschichte als Geschichte von Herrschaft ausgelegt wird. Der Mensch ist Objekt der Herrschaft, die er errichtet hat in seinem Versuch, sich von der Natur zu befreien.

Fünftens, dieser Verfall der Möglichkeit des Menschen zur Freiheit wird nun dialektisch zurückgeführt auf ein rational durchschaubar gewordenes Prinzip falscher Organisation der Gesellschaft. Dieser Umschlag von möglicher Befreiung in faktische Unterdrückung ist die Konsequenz eines falschen Konstitutions- und Organisationsprinzips von Gesellschaft.

Und *sechstens* schließlich gerinnen alle diese hier genannten negativen Bestimmungen mit Notwendigkeit zu einer totalen Gestalt von Negativität in der Gegenwart.

Die These Fichtes, daß dieses gegenwärtige Zeitalter ein Zeitalter schlechthinniger Sündhaftigkeit sei, wird in der Frankfurter Sozialphilosophie, vor allem bei Marcuse und Adorno, in der Form der total gewordenen Negativität in der Gegenwart erneuert.

Siebtens, aus dieser These über die Gegenwart als die Herrschaft total gewordener Negativität folgt das für diese Theorie entscheidende Problem, ein Subjekt in dieser geschichtlichen Gegenwart selbst zu identifizieren, das sowohl willens wie auch fähig ist, die Herrschaft total gewordener Negativität zu überwinden. Weil eingestandenermaßen das von Karl Marx für diese Rolle vorgesehene Proletariat, wenigstens in der Gegenwart, so nicht mehr in Frage kommt, steht für die Totalumwälzung einmal die Theorie selber, die dann – und zwar als Konsequenz – dieser entwickelten Prämissen die Gestalt einer absolut kritischen Theorie annehmen muß. Wenn aber die absolute kritische Theorie oder das absolute kritische Bewußtsein für diese Totalveränderung der Gesellschaft einstehen muß, dann stellt sich dank der Konsequenz der entwickelten Prämissen die Position der Linkshegelianer wieder her, die Karl Marx als eine illusionäre Bewußtseinsposition von bürgerlichen Intellektuellen bekämpft und destruiert hat. Und dieser letzte Satz zwingt uns also im Rückgang auf Karl Marx selber den genuinen Zusammenhang der Marxschen Theorie der revolutionären Praxis wieder herzustellen.

Die Hermeneutik der Revolution im »Kommunistischen Manifest« (Karl Marx)

Ein solcher Rückgang auf Marx darf nicht übersehen, daß in keiner Situation der Marx-Rezeption und Marx-Diskussion die wissenschaftliche Auseinandersetzung mit Karl Marx so kontrovers gewesen ist wie in der Gegenwart. Es ist kaum ein Standpunkt denkbar, der nicht inzwischen wenigstens versuchsweise seine Tragfähigkeit an Marx selber ausgelegt hat. Von der zunächst mehr anthropologisch bestimmten Marx-Rezeption nach diesem Kriege, mit einer noch sehr starken quasi theologischen und eschatologischen Bestimmtheit bis zu der jüngsten von Althusser vorgetragenen rein strukturalistischen Marx-Analyse, für die Anthropologie und der Begriff der Entfremdung überhaupt keine Rolle spielen, sind also eigentlich alle möglichen Spielformen möglicher Marx-Interpretationen durchexperimentiert worden. Ebenso kontrovers und offen ist auch die Frage nach dem Verhältnis des jungen zum späten Marx, ob z. B. das Faktum, daß der späte Marx nicht mehr den Akzent auf die Kategorie der Selbstentfremdung legt, wie das der junge Marx getan hat, eine Eliminierung dieser Kategorie bedeutet, oder ob nicht diese Theorie der Selbstentfremdung auch beim alten Marx vorausgesetzt bleibt. Das sind alles Fragen, die augenblicklich diskutiert werden, die ihr Recht und ihre Notwendigkeit haben. Zu diesen Kontroversen kann hier nicht Stellung genommen werden, sondern es soll gefragt werden, warum sich die Aporien und Verlegenheiten der neomarxistischen Theorie in dieser Art für Marx selbst so nicht gestellt haben. Um aber einen einigermaßen festen, auch textlich erprobten Boden unter den Füßen zu haben, ist es ja gerade in der Gegenwart nicht ganz sinnlos, an das kleine Einmaleins oder ABC des Marxismus zu erinnern. Und darum sollten nur einige wesentliche Aussagen hier zugrunde liegen, die sich im Manifest der kommunistischen Partei befinden. Das hat das Kommunistische Manifest für sich, daß der verbindliche und authentische Charakter dieses Marxschen Textes nicht in Frage gestellt wird. Der erste und zentrale Satz des Kommunistischen Manifestes lautet: »Die Geschichte aller bisherigen Gesellschaft ist die Geschichte von Klassenkämpfen.« Das bedeutet, daß Karl Marx bereits am Anfang des kommunistischen Manifestes eine Aussage über die Geschichte im ganzen oder genauer über die Geschichte aller bisherigen Gesellschaften macht. Diese alle bisherige Geschichte bestimmende Grundstruktur führt in der Marxschen Gegenwart zu einer besonders radikalen und extremen Entfaltung dieses Prinzips. Die Gegenwart als die Epoche der Bourgeoisie, wie Karl Marx seine eigene geschichtliche Gegenwart anspricht, zeichnet sich dadurch aus, daß sie die Klassengegensätze vereinfacht hat. »Die ganze Gesellschaft« heißt es, »spaltet sich mehr und mehr in zwei große feindliche Lager, in zwei große einander direkt gegenüberstehende Klassen, Bourgeoisie und Proletariat.« Die Einheit dieser Gesellschaft ist durch die Spaltung der Gesellschaft in zwei große feindliche Lager selber problematisch geworden. Die Bourgeoisie als die Klasse, die den revolutionären Klassenantagonismus herbeigeführt hat, wird von Marx gewürdigt als die revolutionäre Klasse überhaupt im Verhältnis zu den Klassen, die bisher in dem Ablauf der Geschichte aufgetreten sind. Es heißt bei Karl Marx: »Die Entdeckung Amerikas, die Umschiffung Afrikas schufen der aufkommenden Bourgeoisie ein neues Terrain und gaben dem Handel und damit dem revolutionären Element in der verfallenden feudalen Gesellschaft eine rasche Entwicklung.« Für Karl Marx ist die Bourgeoisie das Subjekt einer revolutionären Entwicklung. Die Bourgeoisieklasse ist selber eine revolutionäre Klasse, weil sich in der durch die Bourgeoisie bestimmten Geschichtsepoche die Geschichte selber nach dem Prinzip einer permanenten Revolution bewegt. Es heißt bei Karl Marx: »Die Bourgeoisie kann nicht existieren, ohne die Produktionsinstrumente, also die Produktionsverhältnisse, also sämtliche gesellschaftlichen Verhältnisse fortwährend zu revolutionieren.« Für Karl Marx ist also die Bourgeoisie-Klasse das Subjekt einer permanenten Revolution. Es besteht gerade die weltgeschichtliche Leistung der kapitalistisch organisierten Bourgeoisie-Gesellschaft darin, daß sie der Geschichte das Prinzip einer permanenten Revolution aufgenötigt hat, als die ununterbrochene Erschütterung aller gesellschaftlichen Zustände. »Alles Ständische und Stehende verdampft, alles Heilige wird entweiht, und die Menschen sind endlich gezwungen, ihre Lebensstellung, ihre gegenseitigen Beziehungen mit nüchternen Augen zu sehen.« Wenn Karl Marx also die Klasse der Bourgeoisie in ihrer weltgeschichtlichen Leistung dahingehend würdigt, daß sie der Geschichte das Prinzip der permanenten Revolution aufgenötigt hat, dann meint Karl Marx damit, daß die Bourgeoisie-Gesellschaft nur existieren kann, indem sie die faktischen Lebensbedingungen und Lebensumstände ständig revolutioniert und damit alle die an die naturwüchsigen Ordnungen gebundenen Autoritäten und Kräfte und Mächte des Bleibenden und Bestehenden auflöst. Zweitens sieht Karl Marx sehr deutlich, daß indem die Bourgeoisie-Gesellschaft dieses expansive und totale Prinzip einer permanenten Revolution entfaltet, diese Bourgeoisie-Gesellschaft aus sich selbst heraus in einen immanenten Widerspruch mit sich selbst gerät. Diesen immanenten Widerspruch bestimmt Marx als den Widerspruch zwischen Produktivkräften und Produktionsverhältnissen. Marx bringt auf den Begriff, was sich in der Geschichte vor seinen Augen vollzieht. Darin besteht der Grundanspruch der Marxschen Theorie. Die marxistische Theorie ist die Theorie der begriffenen Geschichte. Und in diese Theorie der begriffenen Geschichte ist die Revolution als eine sich real tagtäglich in der Gesellschaft selbst vollziehende revolutionäre Bewegung eingeschlossen. Die Theorie der Revolution hat also bei Karl Marx geradezu den Charakter einer hermeneutischen Theorie. Die Revolution ist für Karl Marx im kommunistischen Manifest nicht das Resultat eines Willens zur Revolution; die Revolution ist nicht erst das Ergebnis einer Praxis, das daran orientiert ist, ein Programm zur Revolutionierung aller Verhältnisse einzuführen, sondern die Revolution ist das, was sich real in der gegenwärtigen Gesellschaft selbst vollzieht. Das Bewegungs- und das Formationsgesetz der gesellschaftlichen Bewegung selber ist von revolutionärer Art. Indem also die Bourgeoisie-Gesellschaft dieses ihr immanentes Prinzip der permanenten Revolution entfaltet, tritt sie in einen Widerspruch ein. »Die moderne bürgerliche Gesellschaft, die so gewaltige Produktion und Verkehrsmittel hervorgebracht hat, kann die Gewalten nicht mehr beherrschen, die sie heraufbeschwor. Seit Dezennien ist die Geschichte der Industrie und des Handels nur die Geschichte der Empörung der modernen Produktivkräfte gegen die modernen Produktionsverhältnisse, welche die Lebensbedingungen der

Bourgeoisie und ihrer Herrschaft sind. Es genügt, die Handelskrisen zu nennen, welche in ihrer periodischen Wiederkehr immer drohender die Existenz der ganzen bürgerlichen Gesellschaft in Frage stellten.« Die Produktivkräfte, die die bürgerliche Gesellschaft ausgebildet haben, werden durch die Organisationsform der bürgerlichen Gesellschaft gefesselt. Für Karl Marx ist der Übertritt aus dieser Bourgeoisie-Gesellschaft in eine andere Form von Gesellschaft das Resultat der sich unter den Augen von Marx anbahnenden geschichtlichen Form der Selbstaufhebung der bürgerlichen Gesellschaft selber. »Die Bourgeoisie hat die Waffen geschmiedet, die ihr den Tod bringen. Sie hat auch die Männer erzeugt, die diese Waffen führen werden, die modernen Arbeiter, die Proletarier. Sie produziert ihren eigenen Totengräber.« Das Subjekt, das die unter den kapitalistisch organisierten Produktionsverhältnissen gefesselte Produktivkraft befreit, ist das als Resultat der revolutionären Bewegung selbst erzeugte Proletariat. Das Proletariat ist nicht das Ergebnis einer Vermittlung von Theorie oder einer Praxis, in der es darum geht, jetzt erst ein Subjekt hervorzubringen, das diese Aufhebung der Negativität innerhalb der bürgerlichen Gesellschaft zu besorgen hat, sondern das Subjekt ist von der Bourgeoisie-Gesellschaft als dem Träger dieser revolutionären Bewegung selber erzeugt. »Von allen Klassen«, heißt es bei Marx, »welche heutzutage der Bourgeoisie gegenüberstehen, ist nur das Proletariat eine wirklich revolutionäre Klasse.« Das Proletariat kann die Fesseln der Bourgeoisie-Gesellschaft sprengen und die Negation der Negativität vollbringen, denn das Proletariat ist für Marx deshalb zur Übernahme dieser revolutionären Rolle geeignet, weil »die Lebensbedingungen der alten Gesellschaft in der Existenz des Proletariats real und faktisch vernichtet« sind. Der Proletarier ist eigentumslos, sein Verhältnis zu Weib und Kindern hat nichts mehr gemein mit den bürgerlichen Familienverhältnissen. »Die moderne industrielle Arbeit, die moderne Unterjochung unter das Kapital ist dieselbe in England wie in Frankreich, in Amerika, in Deutschland. Sie hat ihm allen nationalen Charakter abgestreift.« Nun kommt der entscheidende Satz: »Die Gesetze, die Moral, die Religion sind für den Proletarier ebenso viele bürgerliche Vorurteile, hinter denen sich ebensoviele bürgerliche Interessen verdecken, d. h. also die Befreiung von Religion, von der Moral und von den politischen Gesetzen ist in den faktischen ökonomisch bedingten Lebensumständen des Proletariats real praktisch verneint.« Es ist nicht das Ergebnis einer Bemühung um Selbstbefreiung von Moral, Religion und Gesetzen, sondern in der Existenz des Proletariats ist alles dies praktisch aufgelöst und vernichtet.

»Die proletarische Bewegung«, sagt Marx, »ist die selbständige Bewegung der ungeheuren Mehrzahl im Interesse der ungeheuren Mehrzahl.« Das Proletariat, die unterste Schicht der jetzigen Gesellschaft, kann sich nicht erheben, nicht aufrichten, ohne daß der ganze Überbau der Schichten, die die offizielle Gesellschaft bilden, in die Luft gesprengt wird. Und der Vorgang, durch den also diese ganzen Schichten in die Luft gesprengt werden, ist für Karl Marx dann das Wesen des Vorgangs, den er die Revolution nennt. Gerade im Hinblick auf unsere gegenwärtige Situation ist es nicht unwichtig darauf hinzuweisen, daß Karl Marx diese Revolution als Konsequenz eines diesem Vorgang vorausgehenden versteckten Bürgerkrieges innerhalb der bestehenden Gesellschaft begreift. Er sagt hier: »Indem wir die allgemeinsten Phasen der Entwicklung des Proletariats zeichneten, verfolgten wir den mehr oder minder versteckten Bürgerkrieg innerhalb der bestehenden Gesellschaft bis zu dem Punkt, wo er in eine offene Revolution ausbricht und durch den gewaltsamen Sturz der Bourgeoisie das Proletariat seine Herrschaft begründet. Das Proletariat wird um so mächtiger, je weiter die Bourgeoisie die Industrie entwickelt. Die Bourgeoisie wird von der von ihr selbst entwickelten Industrie immer abhängiger, so daß zugleich das mit der Industrie mächtig gewordene Proletariat ihr den Grund unter den Füßen wegziehen kann.«

»Die theoretischen Sätze der Kommunisten beruhen keineswegs auf Ideen, auf Prinzipien, die von diesem oder jenem Weltverbesserer entdeckt und erfunden sind, sondern die theoretischen Sätze der Kommunisten sind nur allgemeine Ausdrücke tatsächlicher Verhältnisse eines existierenden Klassenkampfes, einer unter unseren Augen vor sich gehenden geschichtlichen Bewegung.« Diese Momente, die am kommunistischen Manifest entfaltet wurden, sind von großer hermeneutischer Bedeutung für das Verständnis der Schwierigkeiten, in denen sich der Versuch einer Erneuerung des Marxismus unter den fortgeschrittenen Bedingungen einer spätkapitalistischen Industriegesellschaft darstellt. Die Revolutionstheorie von Marx soll noch einmal in wenigen Punkten zusammengefaßt werden, denn sonst versteht man die Verlegenheiten einer marxistischen Revolutionstheorie in der Gegenwart gar nicht.

1. Karl Marx versteht die Theorie des Kommunismus als Konsequenz der begriffenen Geschichte.

2. Das die Geschichte überhaupt bestimmende Prinzip kommt in der Gegenwart, in der Epoche der Bourgeoisie, zu seiner reinsten und konsequentesten Entfaltung.

3. Diese Gegenwart ist bestimmt durch die Herrschaft der Bourgeoisie-Klasse, die selbst das Prinzip der permanenten Revolution in die Geschichte eingebracht hat.

Diese Grundbestimmung bisheriger Geschichte kommt in der Epoche der Bourgeoisie-Herrschaft zu ihrer reinsten und konsequentesten Entfaltung. Sie produziert aus sich selbst das Subjekt der revolutionären Aufhebung der Produktionsverhältnisse der Bourgeoisie-Klasse. Es ist für Marx der fast gesetzmäßige Gang der Geschichte, der sich in dieser Form der Überwindung einer alten durch die neue Klasse so vollzieht, daß unter den gegebenen Produktionsbedingungen Produktivkräfte entwickelt werden, die dann die Ordnung der Produktion als Fessel sprengen und überwinden. In der Gegenwart ist für

Karl Marx das Proletariat für die Übernahme dieser Rolle geeignet, weil sich der ganze überkommene Bau der sittlichen, religiösen, metaphysischen und politischen Weltordnung in den empirisch konstatierbaren Lebensbedingungen und Lebensumständen des Proletariats vernichtet und aufgelöst hat.

4. Über den Inhalt dieser revolutionären Aufhebung der bisherigen Gesellschaft kann es auch bei Marx keinen Zweifel geben. Er ist ökonomisch motiviert und ökonomisch in seiner revolutionären Zielsetzung. Angesichts des von der Bourgeoisie-Gesellschaft produzierten materiellen Reichtums befindet sich das Proletariat, das das Interesse der ungeheuren Mehrzahl repräsentiert, in totaler ökonomischer Verarmung und Verelendung. Die ökonomische Verelendung stellt für Marx eine zentrale Motivation für die Notwendigkeit der Revolution dar, so daß die Revolution als die sich vollziehende Aufhebung des Privateigentums an Produktionsmitteln verstanden werden kann.

Revolution und Psychoanalyse bei Herbert Marcuse

Angesichts der von Marx entwickelten Grundgedanken der Theorie der Revolution kann man erst die Entwicklung und die Probleme der Philosophie von Herbert Marcuse verstehen. Die bei Marx im Klassenantagonismus reale Dialektik qualitativen Andersseins kann für Marcuse nicht mehr vorausgesetzt werden. In diesem Sinne sieht Marcuse sich ebenso wie Adorno gezwungen, in die Dialektik die Theorie ihres eigenen Verfalls aufzunehmen. Das wird an der Entwicklung von Herbert Marcuse deutlich. Der Weg Marcuses führt von einem, sich zunächst stark an Heidegger anlehnenden Marxismus zu dem, was man Freud-Marxismus genannt hat. Eindeutig erkennt Herbert Marcuse an, daß sich die gesellschaftliche Situation gegenüber Marx in den westlichen Industriegesellschaften jedenfalls grundlegend geändert hat. Das Problem ist nicht mehr die ökonomische Armut, wenigstens in den westlichen Industriegesellschaften, sondern der Reichtum. Ein solcher Ausgangspunkt muß einen gewissen Verdacht gegen den marxistischen Charakter einer Theorie erregen, die in der Gegenwart die Revolution neu begründen will. Die Schwierigkeit, der sich Herbert Marcuse gegenüber sieht, ist nicht in erster Linie die Frage, wie eine Revolution möglich ist, sondern es muß vielmehr gezeigt werden, daß sie notwendig ist. Am Anfang des theoretischen Programms Marcuses steht die Notwendigkeit zu zeigen, daß die Revolution selber notwendig ist. Bei Marx fielen in der Existenz des Proletariats Notwendigkeit und Möglichkeit der Revolution zusammen. In einer Gesellschaft ökonomischen Reichtums aber fällt die von Marx als zwingend und als unerläßlich anerkannte ökonomische Motivation weg. So zeugt das materielle Elend und die ökonomische Verelendung des Proletariats am eigenen Leibe nicht mehr für die Notwendigkeit von Revolution, wie das Karl Marx mit gutem Recht in seiner Gesellschaft voraussetzen konnte. Selbst gegenüber der Verelendung in den nicht industrialisierten Ländern wäre zu bedenken, daß für Karl Marx eben die Ausbildung einer voll entfalteten expansiven kapitalistischen Gesellschaft auch eine unerläßliche geschichtliche Voraussetzung für die Revolution ist, weil ja erst durch den Kapitalismus der materielle Reichtum erzeugt worden ist, den sich das Proletariat durch die Revolution soll aneignen können. Wenn es diesen bereits erzeugten materiellen Reichtum nicht gibt, gibt es zunächst einmal auch nicht viel, was anzueignen wäre. Die Folge wäre für Marx nur die Proletarisierung aller und nicht die Aufhebung des Proletariats und damit die Aufhebung aller entfremdenden Bedingungen des Menschen in der modernen Gesellschaft. Während also heute in den sogenannten unterentwickelten Ländern die ökonomische Motivation nicht die von Marx geforderten Bedingungen für eine Revolution erfüllt, tritt bei Marcuse an die Stelle des festgestellten Fortfalls der ökonomischen Motivation innerhalb der Überflußgesellschaft des Westens nun die Psychoanalyse von Freud. Die Psychoanalyse Freuds kann beim Denken Marcuses in der Bedeutung verstanden werden, für die fortgefallene unmittelbar zwingende ökonomische Begründung einen Ersatz zu liefern. Der Weg von der politischen Ökonomie in die Psychoanalyse ist also nicht nur ein Einfall von Marcuse, der in seiner Biographie oder in seiner geistigen Herkunft begründet ist, sondern liegt in der Schwierigkeit einer neomarxistischen Begründung der Notwendigkeit von Revolution heute. Die Psychoanalyse kann die Aufgabe bei Marcuse nur erfüllen, wenn sie neu interpretiert und – wie Marcuse sagt – umfunktionalisiert wird. Das heißt konkret: Psychoanalyse darf nicht länger als Technik gesellschaftlicher Anpassung verstanden werden. Entgegen also ihrem Selbstverständnis muß der Psychoanalyse ihr revolutionärer Geist erst abgewonnen werden. Sie muß also von ihm als sich therapeutisch maskierender Protest gegen die der gegenwärtigen Gesellschaft immanenten Unterdrückungsstrukturen begriffen werden. Marcuse muß die politische und soziologische Substanz der psychologischen Begriffsbildung entwickeln. Was Freud am Individuum ablas, muß als gesellschaftliche Repression erkannt werden, mit welcher sich das Individuum – wenn auch unbewußt – identifiziert. Es muß also diese unbewußte Identifikation in und durch das Individuum selber erkannt und analysiert werden. Die Geschichte der Kultur beinhaltet für Marcuse das fortschreitende Verdrängen potentieller Erfüllung. Die mit der Ausbildung einer technologischen Gesellschaft gegebene potentielle Erfüllung wird zugunsten einer Unterwerfung unter die Logik bloßer Selbsterhaltung verdrängt. Die marxistische Herkunft des Gedankens eines gesellschaftlichen Ursprungs auch unbewußt gebliebener Unterdrückung und Affirmation von Unterdrückung durch das Individuum ist deutlich. Eine in den Dienst der Erneuerung marxistisch-revolutionärer Hoffnung tretende Psychoanalyse hat bei Marcuse also primär die Aufgabe, Entfremdung erst bewußt zu machen. Entfremdung wird jetzt nicht als ein das Bewußtsein der Individuen dieser Gesellschaft bestimmendes Datum vorausgesetzt, sondern die Entfremdung und das Bewußtsein von Entfremdung muß in dem Individuum erst quasi erzeugt werden. Und in dieser Erzeugung eines solchen durch Entfremdung bestimmten Bewußtseins und Selbstbewußtseins spielt das Instrumentarium der Psychoanalyse eine entscheidende Rolle. Das ist in dem Buch von Habermas »Erkenntnis und Interesse« sehr deutlich geworden, das ja nicht zufällig mit Freud schließt. Emanzipation ist für Habermas, wenn auch in anderer Form als bei Marcuse, nur durch die Rezeption und methodologische Integration der Psychoanalyse denkbar. Das in der Freudschen Analyse latent gebliebene revolutionäre Potential muß freigesetzt werden. Das der Herrschaft technologischer Vernunft immanente Prinzip von Unterdrückung soll gebrochen werden durch Praxisformen, die die Individuen aus ihrer Identifikation mit einem durch die Gesellschaft entfremdeten Bewußtsein heraustreibt. Die Psychoanalyse hat dann die Funktion, das Interesse der modernen Wirtschaft und Technik an Verfügung über die Natur und Herrschaft über die zum Objekt gewordenen Menschen zu unterlaufen. Denn die Produktivität der modernen Industriegesellschaft produziert auch kraft der faktischen Verfassung und Organisationsform dieser Gesellschaft die potentielle Vernichtung und nicht die Erfüllung und Verwirklichung und Befriedung des menschlichen Daseins. Zwar macht erst die Gesellschaft ökonomischen Überflusses die von Marx erhoffte Verwirklichung des Menschen möglich. Deshalb ist die Entwicklung einer ökonomischen und materiellen Überflußgesellschaft für Marcuse wie für die Frankfurter Theoretiker nicht als solche ein Negativum. Ohne eine solche exzessive Entfaltung auch des technologischen Prinzips der modernen Gesellschaft wäre eine Befriedung des Daseins im hier gemeinten Sinne gar nicht möglich. Voraussetzung dafür, daß der auch immer in dem Dienst der Destruktivität stehende Gebrauch der Produktivmittel der gegenwärtigen Gesellschaft verändert werden kann, ist die Auflösung des für das Individuum unbewußt bleibenden psychischen Mechanismus, durch den das Individuum gesellschaftliche Repression in sich selbst reproduziert. Marcuse hat sich in der ihn in seiner Ehrlichkeit auszeichnenden Weise die Frage gestellt, woran es denn nun eigentlich liege, daß alle bisher in der Geschichte von der Menschheit unternommenen revolutionären Anstrengungen zur Wiederherstellung des Alten geführt haben. Der Grund dafür ist, daß die das Neue, das qualitativ Andere revolutionär herbeiführenden Subjekte selber die Alten gewesen sind. Die Revolutionäre haben das Unterdrückungsprinzip, das durch die Revolution politisch und gesellschaftlich überwunden werden sollte, in sich selbst reproduziert und affirmiert. Auf diese Weise blieb die innerste Bedürfnisstruktur der Individuen durch diese affirmierende Reproduktion des Prinzips Herrschaft bestimmt. Eine Revolution kann aber nur dann gelingen, wenn die Individuen, die sie machen, das Prinzip der Reproduktion von repressiven Strukturen bereits überwunden haben. Für sie soll schon am Anfang gelten, was erst das Resultat der gelungenen Revolution sein kann. Diesen Widerspruch kann man als eine petitio principii bestimmen. Im »Eindimensionalen Menschen« heißt es bei Marcuse auch, daß die Individuen selber bereits befreit sein müssen von der Herrschaft des Prinzips, von dem sie die Gesellschaft befreien wollen. Aber kraft der Hineinnahme dieses Reproduktionsmechanismus in die Bedürfnis- und Triebstruktur kann Marcuse nicht wirklich zeigen, wie eine Auflösung dieses Widerspruchs von Voraussetzung und Konsequenz möglich ist. Marcuse nimmt die Hineinnahme oppositionellen Widerspruchs in die Gesellschaft selber in die Theorie auf. Auch der Widerspruch muß der Erhaltung dienen. Das hat zu einer Situation geführt, der der Marxismus nicht mehr adäquat ist. Dieses Eingeständnis der Inadäquatheit marxistischer Theorie als einer Theorie der Bedingung von Freiheit in der Gegenwart ist um so gewichtiger, als Marcuse die Ursache für diesen Vorgang im Produktionsprozeß der modernen Gesellschaft selbst sucht. Es heißt bei ihm: diese Manifestationen sprechen dafür, daß die Integrierung der Opposition, die Absorbierung des revolutionären Potentials nicht nur eine Oberflächenerscheinung ist, sondern im Produktionsprozeß selbst, in der Änderung der Produktionsweise ihre sehr materielle Basis findet. Wenn Marcuse hier eine Revision der marxistischen Theorie wegen der materiellen Veränderungen im Produktionsprozeß selbst vornimmt, zeigt er sich gerade als genuiner Marxist. Die Erneuerung des Marxismus muß eine Theorie der Revolution unter der Bedingung leisten, daß sich die materielle Basis in der Produktionsweise gegenwärtiger Gesellschaft gegen sie gewandt hat. Nach genuiner marxistischer Dialektik entspricht für Marcuse der nicht revolutionären ökonomischen Situation der Verlust des revolutionären Bewußtseins. Eine dialektische Theorie dieser beiden Momente, der psychologischen und der ökonomisch materiellen, ist natürlich das große Problem des Marxismus in der Gegenwart überhaupt. Sie kann nur geleistet werden, wenn ein marxistischer Theoretiker für die Gegenwart in einer Erneuerung der Kritik der politischen Ökonomie das leistet, was Karl Marx im 19. Jahrhundert durch das große theoretische Werk des Kapitals geleistet hat. Marcuse selbst macht nicht den Versuch einer erkennbar am Marxschen Begriff orientierten dialektischen Vermittlung zwischen der psychologischen und der ökonomischen Negativität. Er sieht zwar sehr deutlich die Bedeutung, die bei Marx der qualitativen Differenz zwischen den beiden Klassen zukommt. In der Gegenwart ist diese Differenz und damit die Realisierungsmöglichkeit einer qualitativ anderen Gesellschaft nicht mehr da. Wenn die Stabilisierung weitergeht, verschwindet auch das Bedürfnis nach einer qualitativen Veränderung. Marcuse stellt sich die Frage, ob man den Marxschen Begriff der Verelendung im ökonomischen Sinne der Verelendung uminterpretieren oder überhaupt eliminieren kann. Marcuse leistet zwar selbst nicht die dialektische Vermittlung der ökonomischen und der psychologischen Bedingungen, wie es für eine marxistische Revolutionstheorie notwendig wäre. Aber ebensowenig begnügt er sich wie Adorno damit, die Aporetik anzuerkennen, daß eine Vermittlung von Theorie in verändernde Praxis in der Gegenwart nicht möglich ist.

Marcuse erkennt zwar auch diesen Stillstand von Dialektik ausdrücklich an, aber diese Fixierung des Negativen im Sinne der integrierenden Erhaltung des Bestehenden soll überwunden werden durch das, was man die Marcusesche Theorie von einem »homo novus« nennen kann, ein homo novus, der also nicht nur einen anderen Gebrauch von dem Ensemble technischer Mittel macht, sondern der – wie Marcuse sagt – selber andere Bedürfnisse, andere Triebe nach neuen anderen Formen der Befriedigung dieser Bedürfnisse und Triebe hat. Der neue Mensch ist also eine qualitativ neue Art und Weise, in welcher der Mensch in dieser Welt da ist. Marcuse meint eine bis in die Bedürfnis- und Triebstruktur hineingehende qualitative Veränderung. Man kann also sagen, daß über das Gesellschaftliche, Ökonomische und Psychologische hinaus das Revolutionsprinzip bei Marcuse in der Anthropologie festgemacht ist. Es ist eine Anthropologisierung des Prinzips der Revolution, weil das Geforderte eine neue Weise von Dasein des Menschen ist, ein homo novus. Natürlich hat Marcuse gewußt, daß durch die technische Industriegesellschaft der Marxismus sich von der Utopie zur Wissenschaft entwickelt hat. Die Frage ist nur, ob nicht dieses Postulat eines neuen Menschen als der entscheidenden Bedingung für das Gelingen einer Revolution der Befreiung, eben durchaus in dem guten traditionalen Sinne des Wortes eine Utopie ist. Denn es bleibt doch die Frage, wie von dem Postulat dieses qualitativ neuen und anderen Menschen aus eine Vermittlung zu finden ist zu dem Menschen, wie er von Marcuse in seiner Analyse der gegenwärtigen Gesellschaft bestimmt ist. Die Gesellschaft der Befriedung und Erfüllung verhält sich eingestandenermaßen bei Marcuse wie das qualitative Andere zu der bestehenden Gesellschaft, so wie sich der neue, von Marcuse geforderte Mensch wie ein qualitativ anderer zu den gegenwärtigen Menschen verhält. Der ganze Anspruch von Marx, den Sozialismus von der Utopie zur Wissenschaft entwickelt zu haben, beruht auf dem Anspruch, im Besitz einer Theorie dieser möglich gewordenen Vermittlung der bestehenden zu einer qualitativ anderen und neuen Gesellschaft zu sein. Bei Marcuse bleibt es bei dem Widerspruch, daß sich die Bedingungen von Revolution gegen ihre eigene Ermöglichung gewandt haben. Der Weg Marcuses von Marx zur Psychoanalyse muß daher mit einer gewissen inneren Notwendigkeit, die einsehbar ist, zu diesem utopischen Postulat führen. Darüber hinaus hat Marcuse auch Antworten in Richtung auf die Gestalt einer politischen Praxis entwickelt, von der er erhofft, daß vielleicht dieser hiatus irrationalis – wie es Fichte genannt hat – überwindbar wird.

Herbert Marcuse hat zu dieser Frage Stellung genommen in seinem berühmt gewordenen Vortrag über die »Kritik der reinen Toleranz«. Der Zusammenhang, innerhalb dessen Marcuse die reine Toleranz zum Gegenstand seiner Kritik macht, ist eine Reflexion auf den Ort und auf die verwandelte Funktion von Toleranz in einer – wie er es nennt – totalitär gewordenen Demokratie. In der gegenwärtigen Periode, heißt es, wird das demokratische Argument zunehmend dadurch hinfällig, daß der demokratische Prozeß selbst hinfällig geworden ist. Die reine Toleranz wird also auf ihre Funktion im Zusammenhang dieses Verfallsprozesses der Demokratie interpretiert und analysiert. Die Demokratie ist zu einer formalen Fassade geworden, hinter der sich faktisch totalitäre Strukturen verbergen. Um den in diesem Degenerationsprozeß der Demokratie eingeschlossenen Funktionswandel der reinen Toleranz analysieren zu können, geht Marcuse in seinem Aufsatz zurück auf den klassisch bürgerlichen Begriff der Toleranz, so wie er von John Stuart Mill formuliert und definiert worden ist. Der ursprüngliche Sinn der Toleranzpraxis war ihre Normierung auf das Telos einer objektiven Wahrheit. Zugleich sollte diese Toleranz die eigentliche und spezifische Form demokratisch-politischer Praxis sein, in welcher es um die Ermittlung des politischen Willens geht. Aber nicht jedes empirische Individuum war gleichermaßen am Zustandekommen einer politischen Praxis beteiligt, sondern nur jedes Individuum in der Reife seiner Anlagen sollte Träger der Toleranzpraxis sein, in der es um die Ermittlung eines politischen Willens geht, der auf objektive Wahrheiten angelegt ist. In diesem Sinne schloß Toleranz für die klassisch-bürgerliche Tradition faktisch immer Intoleranz ein. Diese Intoleranz war einmal legitimiert durch das Telos einer objektiven Wahrheit und zum zweiten durch eine Unterscheidung von Individuen in der Reife ihrer Anlagen und Individuen, die nicht in der Reife ihrer Anlagen sind. Ein Individuum ist in seinen Anlagen reif, wenn es mündig ist, d. h. wenn es autonom ist und über die Voraussetzungen und Fähigkeiten verfügt, rational zu handeln und rational zu entscheiden. Marcuse geht von diesem wieder in die Erinnerung zurückgerufenen Begriff der klassischen Toleranz aus und interpretiert nun die Toleranz in der degenerierten, faktisch totalitär gewordenen Demokratie der Gegenwart durch den Begriff der »reinen Toleranz«. Die reine Toleranz, wie sie gegenwärtig in der demokratischen Praxis geübt wird, ist nicht mehr normiert durch objektive Wahrheit. Sie ist nach Marcuse gekennzeichnet durch Neutralität und Indifferenz gegenüber allen qualitativen Prinzipien. In dieser Toleranz wird sowohl die Lüge toleriert, wie die Wahrheit, wird die Freiheit toleriert, wie die Unterdrückung. Sie schließt – wie Marcuse deutlich sagt – auch die Toleranz gegenüber dem radikal Bösen ein. Daraus ergibt sich aber, daß auf dem Boden eines solchen neutralisierten und abstrakt gewordenen Begriffs von Toleranz der an diese Toleranz gebundene Prozeß der politischen Willensbildung in der Demokratie nicht mehr funktioniert, sondern die von den Herrschenden gewährte Toleranz dient dem Zweck, den möglichen Träger eines gegenüber dem Bestehenden qualitativ anderen Zustandes nivellierend in die Erhaltung des bestehenden Systems zu integrieren. Toleranz bedeutet ein Mittel zur indirekten Verstärkung des bestehenden Herrschaftssystems. Diese Kritik an der nivellierenden Einebnung aller qualitativen Unterschiede in ein anonym-neutrales Medium entpolitisierter Öffentlichkeit deckt sich weitgehend mit der Kritik, die bereits Kierkegaard in seiner Kritik des gegenwärtigen Zeitalters als dem Zeitalter der Reflexion geübt hat. Das eigentliche Ziel, das Marcuse mit seiner Kritik am Begriff der reinen Toleranz verfolgt, besteht darin, unter den Bedingungen dieses abstrakt und indifferent neutralistisch gewordenen Toleranzbegriffes den alten klassischen und an qualitativen Unterschieden orientierten Begriff von Toleranz wiederherzustellen. Es soll eine politische Praxis etabliert werden, in der es um eine Unterscheidung zwischen wahr und falsch, zwischen gut und böse und vor allem – und damit kommen wir jetzt auf den politisch zentralen Gedanken dieser Marcuseschen Darlegung – um den Unterschied zwischen empirischem und wahrem Interesse geht. Also nicht die faktisch empirischen Interessen, die die Individuen haben, sind als solche schon berechtigt, toleriert zu werden, sondern Toleranz verdient grundsätzlich nur eine politische Praxis, die bestimmt ist durch den Willen, die wahren Interessen des Menschen in ihrem Unterschied von den empirisch faktischen Interessen durchzusetzen. Die politische Praxis soll an der Aufhebung der faktisch überflüssig gewordenen Repression orientiert sein. Diese Tolerierung eines mit den wahren Interessen der Menschen übereinstimmenden Willens schließt nun ausdrücklich die Intoleranz gegenüber einem Willen ein, der nicht an den wahren, sondern nur an den faktischen, d. h. letzten Endes an den falschen Interessen der Individuen in der gegenwärtigen Gesellschaft orientiert ist. So kann, heißt es an einer Stelle bei Marcuse, das Durchbrechen des falschen Bewußtseins den archimedischen Punkt liefern für eine umfassendere Emanzipation. Die Kräfte der Emanzipation lassen sich nicht mit einer gesellschaftlichen Klasse gleichsetzen. »Heute sind sie hoffnungslos über die Gesellschaft zerstreut und die kämpfenden Minderheiten und isolierten Gruppen stehen oft in Opposition zu ihrer eigenen Führung.« Das politische Ziel, um das es diesen Gruppen geht, ist die Erziehung von autonomen Individuen, die befreit sind von den repressiven Erfordernissen eines Kampfes ums Dasein im Interesse von Herrschaft und als befreite Menschen ihre Regierung wählen und ihr Leben bestimmen.

Und dann fährt Marcuse fort: »Eine solche Gesellschaft existiert nirgendwo.« Dieses Faktum schließt eine Abstraktion nicht von den geschichtlichen Möglichkeiten, sondern von den Realitäten in den herrschenden Gesellschaften ein. Zugunsten der in der bestehenden Realität unterdrückten geschichtlichen Möglichkeit wird von den Realitäten in den herrschenden Gesellschaften abgesehen. Mit diesem Eingeständnis der Abstraktion von der Wirklichkeit stellt sich Marcuse zugleich die eigentlich politische Frage, wer qualifiziert sei, alle diese Unterscheidungen, Definitionen und Ermittlungen für die Gesamtgesellschaft vorzunehmen. Marcuse antwortet: »Jedermann in der Reife seiner Anlagen, jeder, der gelernt hat, rational und autonom zu denken. Die Antwort auf Platons erzieherische Diktatur ist die demokratische erzieherische Diktatur freier Menschen.« Die konkrete politische Gestalt, in der auf dem Wege der Praktizierung dieses neuen qualitativen Toleranzprinzips das Telos der Herstellung eines Volkes von autonomen, befreiten und mündigen Individuen erreicht werden soll, heißt zunächst einmal Diktatur, und zwar soll sie eine demokratische, erzieherische Diktatur freier Menschen sein. Jedes Individuum, das in der Reife seiner Anlagen ist, das also gelernt hat, rational und autonom zu denken, ist berechtigt, über jedes andere Individuum diese demokratische, erzieherische Diktatur auszuüben. Im Prinzip bedeutet das, daß die Überwindung der Herrschaft des falschen Bewußtseins in der gegenwärtigen Gesellschaft zum Gegenstand eines Erziehungsprozesses gemacht werden soll, aus dem das wahre Bewußtsein tendenziell hervorgehen soll. Marcuse hat damit ausdrücklich deutlich gemacht, daß die politische Frage identisch ist mit der Beantwortung der Frage: Wer entscheidet? Das ist eine erstaunliche Übereinstimmung von Marcuse mit der Theorie eines anderen Theoretikers der Politik, mit Carl Schmitt, der immer gesagt hat, daß eigentlich die Minimaldefinition des Politischen identisch ist mit der Beantwortung der Frage: »Wer entscheidet?« Wenn die Antwort auf diese Frage bei Marcuse lautet: Jeder in der Reife seiner Anlagen, dann muß man natürlich umgekehrt die Frage stellen: Wer sagt aber nun, wer in der Reife der Anlagen ist, wer also diesen Bedingungen von Autonomie und Rationalität genügt? Marcuse gibt die Antwort auf diese Frage nicht so allgemein, wie sie gestellt ist. Zwar räumt er Minderheiten ein Sonderrecht ein. »Es gibt für unterdrückte und überwältigte Minderheiten ein Naturrecht auf Widerstand, außergesetzliche Mittel anzuwenden, sobald die gesetzlichen sich als unzulänglich herausgestellt haben.« Aber auch hier stellt sich wieder die politische Frage, wer entscheidet darüber, wann sich die gesetzlichen Mittel als unzulänglich herausgestellt haben? »Gesetz und Ordnung sind überall und immer Gesetz und Ordnung derjenigen, welche die etablierte Hierarchie schützen. Es ist daher unsinnig, an die Autorität dieses Gesetzes und dieser Ordnung denen gegenüber zu appellieren, die unter ihr leiden und die gegen sie kämpfen.« Die bestehende Ordnung mit dem Begriff des Establishments zu kennzeichnen, meint bei Marcuse die sehr hintergründige These, daß die Träger der bestehenden Ordnung zu ihrer eigenen Rechtfertigung nichts anderes beizubringen vermögen als den bloßen Hinweis darauf, daß diese Ordnung besteht und funktioniert. Das bedeutet, daß die vom Establishment ausgeübte und praktizierte Form des Rechtes kein Recht, sondern Gewalt ist. Gegen diese zur Erhaltung des Bestehenden eingesetzte Gewalt haben die, die zu einer Veränderung des Bestehenden entschlossen sind, das gleiche Recht, Gewalt einzusetzen.

Die politische Praxis, die die steckengebliebene Emanzipation fortführen soll, führt also mit einer gewissen inneren Notwendigkeit zu dieser Proklamation der Gewalt gegen eine als unrechtmäßig eingesehene, weil nur zur Erhaltung des Bestehenden praktizierte andere Gewalt. In diesem Zusammenhang ist es notwendig, sich daran zu erinnern, warum in der politischen Philosophie des Thomas Hobbes am Beginn der Neuzeit der souveräne Staat als der Inhaber des Monopols auf legitime oder legale Gewaltanwendung begründet worden ist. Dieser souveräne Staat, um dessen Zerstörung es geht, wenn man um Verwirklichung der in der bestehenden Gesellschaft unterdrückten besseren Möglichkeit willen Gewalt anwendet, ist selber hervorgegangen aus einer Situation des Bürgerkrieges. Der souveräne Staat als Träger des Monopols legitimer Gewaltanwendung verdankt sich der geschichtlichen Leistung, den konfessionellen Bürgerkrieg im 17. Jahrhundert überwunden zu haben. Gegenüber den konfessionellen Bürgerkriegsparteien, die um das Interpretationsmonopol kämpfen, wer die verbindliche Wahrheit auslegen darf, setzt der Staat die formalen, aber unerläßlichen Bedingungen des Friedens durch. Der Staat als Träger dieses Monopols legitimer Gewaltanwendung hat bei Hobbes keinen anderen Sinn als gegenüber dem dieser modernen Gesellschaft selber latenten, versteckten Bürgerkrieg die Bedingungen des Friedens durchzusetzen. Diese Durchsetzung der formalen Bedingungen des Friedens in der modernen Gesellschaft ist bei Hobbes orientiert an dem politischen Prinzip der Relation von Schutz und Gehorsam. Das Monopol des Staates auf Gewaltausübung besteht so lange wie der Gehorsam der Bürger, den sie dem Staat um der Schutzfunktion willen leisten. Nicht eine abstrakte Aufforderung zu einem unmündigen Gehorsam gegen die Obrigkeit, sondern das eigene wohlverstandene Interesse der Bürger dieser Gesellschaft an ihrem Schutz ist bei Thomas Hobbes die Begründung des souveränen Staates. Der Staat muß jedem den Schutz gewähren, in Frieden in der Gesellschaft leben zu können. Keiner soll durch den Gebrauch, den ein anderer von seiner Freiheit macht, in seiner eigenen Freiheit vernichtet und zerstört werden. Dieses Interesse an Schutz ist das rationale Motiv des Gehorsams gegenüber dem Staat, der gegenüber der Logik des Bürgerkrieges die Friedensbedingungen durchsetzt. Karl Marx's Rede vom versteckten Bürgerkrieg zeigt an, wie in einer an die Prämissen des konfessionellen Bürgerkrieges erinnernden Form sich in der Gegenwart der Bürgerkrieg im weltweiten Maßstab herzustellen und wieder abzuzeichnen beginnt. Man muß deutlich sehen, daß unter den Bedingungen der Bundesrepublik die Ausübung von Gewalt zur Durchsetzung eines politischen Willens durch eine Minorität nicht bedeutet, daß dieser politische Wille durchgesetzt wird, sondern es bedeutet die faktische Verwandlung der bürgerlichen Gesellschaft in eine bürgerkriegsähnliche Situation. In Deutschland hat diese Art von Bürgerkrieg bis zur Gegenwart nicht zum Sieg der größeren Freiheit und der besseren Menschlichkeit, sondern zur Etablierung eines autoritären und letztlich faschistischen Staates geführt. Dagegen hat Marcuses Theorie für die Bürgerrechtsbewegung in den USA eine ganz andere Bedeutung. Dort geht es um die Durchsetzung der Verfassung zugunsten einer Minorität, nämlich der Neger, die von dem faktischen Genuß der Rechte der Verfassung ausgeschlossen ist.

Ebenso hat die Frage der Gewalt für die Beseitigung reaktionärer unterdrückender Systeme in den unterentwickelten Ländern, z. B. in Südamerika, auch eine andere Bedeutung.

Subkultur und politische Praxis bei Jürgen Habermas

Jürgen Habermas hat innerhalb der Frankfurter Schule im Zusammenhang mit seiner eigenen Position eine Kritik an Marcuse vorgetragen, aus der drei wesentliche Punkte entwickelt werden sollen.

Die erste These von Habermas ist, daß er die bei Marcuse immer wieder erkennbar werdende Forderung nach einem neuen Typ von Wissenschaft und Technik revidiert. Habermas geht nicht von der Forderung der Ausbildung einer neuen Form von Wissenschaft und Technik und damit von einer neuen Weise des Umganges des Menschen mit der Natur aus. Für ihn ist die bloße Selbsterhaltung gebunden an die Entwicklung der Methoden von Wissenschaft und Technik, die sich im Gang der Neuzeit in den letzten 300 Jahren herausgebildet haben. Durch diesen Versuch, die Marcusesche Theorie zu entutopisieren, weigert sich Habermas, wieder in die praxislose Theorie einzulenken. Er zieht vielmehr aus dieser Unüberschreitbarkeit der in der Neuzeit entwickelten Form von Wissenschaft und Technik die Konsequenzen, daß die Entpolitisierung der technologischen Gesellschaft rückgängig gemacht und ein neuer Raum des Politischen konstituiert werden soll. Die Absage an eine neue Form von Wissenschaft und Technik schließt bei Habermas ausdrücklich auch die Absage an das Recht zur Anwendung von Gewalt zur Herstellung eines solchen demokratischen Bereiches der Öffentlichkeit ein.

An diesem Punkt geht Habermas über Marcuse hinaus, indem er versucht, eine politische Öffentlichkeit auf dem Wege einer Aufklärung zu konstituieren, die erst einen öffentlichen Raum herrschaftsfreier Kommunikation von Individuen herstellen soll, die rational und autonom an der Fortführung und an der Verwirklichung von möglicher Emanzipation in der Gegenwart interessiert sind. Der Weg bei Habermas, der sich nicht auf die Absage an Praxis oder auf die Utopisierung des Praxisproblems einschränken will, proklamiert Aufklärung mit dem Ziel, politische Praxis erst herzustellen durch die Kommunikation von an der Herstellung eines solchen herrschaftsfreien Raumes politischer Öffentlichkeit interessierten Bürgern. Es ist ein ganz großer Schritt, den Habermas durch die Formulierung dieses Problems getan hat. Er hat damit im Grunde die Ausgangskonstellation der Philosophie, wie sie bereits bei Platon in der Auseinandersetzung mit der Sophistik vorliegt, in der Gegenwart wieder hergestellt. Philosophie als Träger einer politischen Praxis erweist sich nicht nur als möglich, sondern am Ende dieser Reflexion als notwendig. Damit hat Habermas die Aporien, die Adorno und Marcuse aufgewiesen haben, in gewisser Weise hinter sich gelassen.

Aber dieser Prozeß der Entfaltung von Produktivkräften kann dann, und nur dann ein Potential der Befreiung sein, wenn er Rationalisierung auf einer anderen Ebene nicht ersetzt. »Rationalisierung auf der Ebene des institutionellen Rahmens kann sich nur im Medium der sprachlich vermittelten Interaktion selber, nämlich durch eine Entschränkung der Kommunikation vollziehen. Die öffentliche, uneingeschränkte und herrschaftsfreie Diskussion über die Angemessenheit und Wünschbarkeit von handlungsorientierenden Grundsätzen und Normen im Lichte der soziokulturellen Rückwirkungen von fortschreitenden Sub-Systemen zweckrationalen Handelns, eine Kommunikation dieser Art auf allen Ebenen der politischen und der wieder politisch gemachten Willensbildungsprozesse ist das einzige Medium, in dem so etwas wie ›Rationalisierung‹ möglich ist« (Jürgen Habermas, Technik u. Wissenschaft als Ideologie, Frankfurt, 1968, S. 98). Das ist das Habermassche Programm, es in einer neuen Form von Kommunikationsmodell miteinander redender Bürger zur Wiederherstellung politischer Praxis zu bringen. »In einer solchen öffentlichen Diskussion soll darüber entschieden werden: Nicht ob wir ein verfügbares oder zu entwickelndes Potential ausschöpfen, sondern ob wir dasjenige wählen, das wir zum Zwecke der Befriedung der Existenz wollen können, ist die Frage« (J. Habermas, a.a.O. S. 99). Hier wird der Zusammenhang mit den Prämissen der Marcuseschen Theorie sehr deutlich. Es geht also um die Wahl der technologischen Potentiale, die wünschbar sind, weil sie dem Zweck der Befriedung und der Befriedigung der Existenz dienen. Damit aber stellt sich die konkrete Frage, wer das Subjekt sein soll, das eine solche Form von politischer Praxis in der gegenwärtigen Gesellschaft konstitutieren soll.

Die Antwort lautet bei Habermas: »Das einzige Protestpotential, das sich durch erkennbare Interessen auf die neue Konfliktzone richtet, entsteht vorerst unter bestimmten Gruppen von Studenten und Schülern« (J. Habermas, a.a.O. S. 100). Für Habermas kommen die Schüler und Studenten als das mögliche Subjekt der Herstellung eines öffentlichen Raumes herrschaftsfreier Kommunikation in Frage, denn: »Ihre Sozialisation scheint sich eher in den vom unmittelbaren ökonomischen Zwang freigesetzten Subkulturen vollzogen zu haben, in denen die Überlieferungen der bürgerlichen Moral und die kleinbürgerlichen Ableitungen ihre Funktion verloren haben, so daß das Training für das ›Umschalten‹ auf Wertorientierungen des zweckrationalen Handelns, dessen Fetischisierung nicht mehr einschließt.« (J. Habermas, a.a.O. S. 102). Habermas ist der Auffassung, daß die in diesen Subkulturen, wie er es nennt, herangebildeten Studenten und Schüler die Herrschaft der Leistungsideologie und der sie einschließenden Ethik gebrochen haben, wenn sie von den Überlieferungen der bürgerlichen Moral und ihrer Repressionen freigeworden sind. Wenn Habermas auf der einen Seite sagt, eine neue Wissenschaft und Technik kann es nicht geben, und er gleichzeitig die Wiederherstellung der politischen Praxis von Individuen erwartet, die die Leistungsideologie in sich gebrochen haben, die doch untrennbar zu einer wissenschaftlich technischen Gesellschaft gehört, dann stellt sich die Frage, wie der Fortschritt von Wissenschaft und Technik von Individuen getragen werden kann, die – um den Begriff von Max Weber aufzunehmen – die ethischen, habituellen Voraussetzungen, an welche dieser Fortschritt gebunden ist, zerstört haben. Ob die Schüler und Studenten zu dieser ihnen in der Theorie von Habermas zugemuteten Leistung befähigt und gewillt sein werden, ist eine offene Frage, von der man nur sagen kann, wenn sie mit gutem Gewissen positiv zu beantworten wäre, könnte man für die Zukunft der Demokratie in Deutschland optimistischer sein.

Zweites Kapitel
Die Krise der Institutionen

Wenn ich die Notwendigkeit zu sehen glaube, auf Gefahren der gesellschaftspolitischen Entwicklung in der Bundesrepublik Deutschland in einer ideenpolitischen Perspektive aufmerksam machen zu sollen, dann ist nicht an extreme Gruppen von links und rechts gedacht, sondern an den konstitutionellen Opportunismus der Mitte. Dieser soll herausgefordert werden. Nicht der Neomarxismus ist der Feind. Die sich im Rückgriff auf Marx artikulierenden Bewegungen, die längst die Parteien und teilweise die Kirchen, Universitäten und Schulen erreicht haben, sind nicht die Ursache und auch nicht verantwortlich für die Erschütterungen und die Auflösung der Fundamente einer freien Gesellschaft. Sie haben nur vollstreckt, was in der Logik von Entwicklungen angelegt war, die in Zeiten zurückreichen, in denen vom Klassenkampf noch keine Rede war. Der Druck, der sie treibt, ist der Sog eines Vakuums, einer Leere, die nunmehr ausgefüllt wird. Das Fehlen einer Alternative zum Marxismus ist es, die ihn stark macht.

Die Absicht ist die eines Traktates zur ideenpolitischen Lage in unserem Lande. Sie ist ein erster, sicher noch unzulänglicher Versuch, die Mitte eine Sprache wiederfinden zu lassen, in der sie ihre Rolle in der ideenpolitischen Auseinandersetzung definieren könnte, und sie davon zu überzeugen, daß nur Lösungen helfen, die der Natur der Herausforderung entsprechen, mit der wir es jetzt zu tun haben.

Der krisenhafte Zustand der Gesellschaft

In der Analyse der inneren Verfassung der gegenwärtigen Gesellschaft spielt die Kategorie der Krise in zunehmendem Maße eine zentrale Rolle. Es gibt keine Analyse der gegenwärtigen Verfassung der Gesellschaft von umfassendem und verbindlichem Anspruch, die nicht davon ausgeht, daß die Lage, die innere Verfassung der modernen Gesellschaft – und zwar in Ost und West gleichermaßen – kritisch sei. Dieses Bewußtsein haben nicht nur diejenigen, die sich vom Rande der Gesellschaft her oppositionell gegen diese Gesellschaft richten, sondern auch die Träger der gesellschaftlichen Systeme in Ost und West.

Daher ist die gegenwärtige Regierung der Bundesrepublik im Zeichen und mit dem Programm der Reformen angetreten. Reform bedeutet ja den institutionell gewordenen entschiedenen Willen, die Gesellschaft zu verändern. Kein Programm der umfassenden Reform hat aber eine Chance, politisch verwirklicht zu werden, wenn es nicht mit Verständnis und Widerhall bei der Bevölkerung rechnen kann, wenn das Bewußtsein von der Notwendigkeit von Veränderungen in der Gesellschaft nicht schon verbreitet ist. Die entscheidende Frage muß aber davon ausgehen, welchen Begriff man von der Krise hat oder unausgesprochen voraussetzt, um deren Überwindung es gehen soll. Für jeden Mediziner ist es ein unmittelbar einsichtiger Tatbestand, daß die Erfolgschancen einer jeden Form des therapeutischen Handelns von der Richtigkeit der diagnostischen Erfassung des krisenhaften Zustands abhängen. Alle Versuche der Therapie, der Verbesserung und positiven Veränderung der Gesellschaft, hängen daher von dem Begriff des Übels und damit von der Bestimmung der Krise ab, von der aus sie sich in ihrem therapeutischen Handeln leiten lassen.

Man hat gegenwärtig den Eindruck, daß alle an der Zeit und ihren Problemen Interessierten um die Gesellschaft herumstehen wie um ein Krankenbett und dem Patienten Ratschläge erteilen, von denen man annimmt, daß sie zu seiner Heilung führen werden. Es gibt Gruppen in der Gesellschaft, die die Auffassung vertreten, der beste Weg, diese Gesellschaft zu verändern, bestehe darin, sie in die Luft zu sprengen. Offensichtlich hält man diese Methode auch für geeignet, die Befreiung aller von der Gesellschaft herbeizuführen. Diesem Gedanken ist eine gewisse innere Konsequenz nicht abzusprechen. Wenn wir alles in die Luft sprengen, sind wir in der Tat die Gesellschaft und ihre Probleme los. Gewiß ist das auch eine Möglichkeit, mit diesem Problem fertig zu werden.

Die bisher erkennbar gewordenen Bemühungen um eine kritische Analyse der Gesellschaft lassen Tendenzen erkennen, die nicht unproblematisch sind. Man scheint weitgehend geneigt zu sein, bei der Bestimmung der Krise dieser Gesellschaft die Krise mit bestimmten Symptomen zu identifizieren, in denen sie sich ausdrückt. Natürlich kann man die kritische Situation einer Gesellschaft nicht erfassen, wenn man nicht auch von einer solchen Analyse der Formen und der Erscheinungen ausgeht, in denen sie sich äußert. Aber es ist methodisch bedenklich, den Kern und das Wesen der Krise mit bestimmten Erscheinungsformen, mit dem Verhalten von einzelnen Gruppen in der Gesellschaft oder mit bestimmten ideologischen und politischen Programmen zu identifizieren. Daß heute das Bewußtsein über den kritischen Gesamtzustand der Gesellschaft von bestimmten Gruppen artikuliert und durch ihr Verhalten demonstriert wird, schließt nicht die Möglichkeit aus, daß sich der krisenhafte Gesamtzustand der Gesellschaft vielleicht morgen an einem ganz anderen Ort, und zwar nicht an der Grenze der Gesellschaft, zeigen wird. Die Vorstellung, die Krise sei ein Grenzproblem dieser Gesellschaft, täuscht über die Konsequenzen der Möglichkeit hinweg, daß die Krise auch die Mitte der Gesellschaft erfassen kann.

Der bekannte Maiaufstand 1968 in Frankreich läßt sich darum als ein so markantes sozialgeschichtliches Datum bezeichnen, weil durch ihn die Analysen der Politologen und Soziologen, die vom Ende der Ideologien und von der endgültigen Stabilisierung einer technologisch spätkapitalistischen Gesellschaft ausgingen, entgegen allen Erwartungen von der Realität widerlegt worden sind. Die Geschichte selbst hat damals durch ihre eigene Entwicklung die Prognose vom Ende der Ideologien und einer endgültigen Stabilisierung der modernen Gesellschaft widerlegt.

Aus der Erfahrung von dem tendenziell totalen Charakter der Gesellschaft ergibt sich die Konsequenz, daß das die bisherige Entwicklung der Gesellschaft nach dem Kriege leitende Modell einer pluralistischen Gesellschaft nicht länger unseren Überlegungen als selbstverständlich zugrunde gelegt werden kann.

Ende des Pluralismus und Reideologisierung

Das Modell einer pluralistischen Gesellschaft löst sich in gewisser Weise in der Gegenwart auf. Man glaubte bisher, mittels eines der pluralistischen Theorie entsprechenden Modells allen ideologischen Positionen ein für allemal die Chance genommen zu haben, sich gesellschaftspolitisch und machtpolitisch durchzusetzen. Das pluralistische Modell hatte zur theoretischen Voraussetzung, daß alle Fragen der Ideologie, Fragen der sogenannten Weltanschauung, Fragen der Bildung des Menschen, seiner Stellung in der modernen Gesellschaft, der Auslegung der Zukunft und der Gesamtentwicklung unserer Gesellschaft letztlich nur von der Bedeutung privater Meinungen seien. Von allen im eigentlichen Sinne prinzipiellen Fragen wurde gesagt, daß in diesen Fragen die Menschen eben verschiedener Meinungen seien und daß jeder Mensch das Recht haben müsse, in diesen Fragen privat für sich zu entscheiden. In der Entwicklung der letzten Jahre gibt es aber unübersehbare Zeichen dafür, daß in einer so nicht zu erwartenden Weise ideologische Positionen wieder zu bewegenden Kräften des gesellschaftlichen und politischen Lebens in diesem Lande geworden sind. Wovon ging die Gesellschaft in der pluralistischen Phase ihres Selbstverständnisses aus? Es ist vielleicht nicht bedeutungslos, darauf hinzuweisen, daß auch das pluralistische Modell von einer verschwiegenen, nicht ausdrücklich genannten und formulierten philosophischen Grundüberzeugung ausging. Auch die im Zeichen des Pluralismus stehende Phase der gesellschaftlichen Entwicklung in der Zeit nach dem Krieg hatte ihre eigenen philosophischen Voraussetzungen. Man kann diese philosophische Überzeugung auf den Begriff bringen, daß im Prinzip nicht Menschen, sondern nur Sachen rational sein können. Nur Maschinen und nach den rationalen Organisationsstrukturen organisierte Sachen können rational sein und sich den in sie investierten rationalen Erwartungen gemäß verhalten. Menschen jedoch sind eigentlich erst in dem Maße rational, wie sie von sich selber absehen und sich in dieses rationale System entäußern.

Erst dann sind Menschen im Sinne dieser philosophischen Grundüberzeugung als rational zu bezeichnen, wenn sie im Zusammenhang ihrer Teilnahme an der modernen Wissenschaft und den rationalen Organisationssystemen der Gesellschaft von dem absehen, was sie sind und aufgrund ihrer persönlichen Geschichte und geschichtlichen Erfahrung geworden sind.

Der Begriff von Rationalität, der hier als maßgebend vorausgesetzt wird, ist an dem Begriff von Rationalität orientiert, der auch von den modernen exakten Wissenschaften in Anspruch genommen wird. Der Kern der These ist, daß wir in einem technisch-industriellen und damit in einem wissenschaftlichen Zeitalter leben. Wenn wir nicht nur von einem technisch-industriellen, sondern von einem wissenschaftlichen Zeitalter reden, dann meinen wir damit, daß der technischen und industriellen Praxis eine Erkenntnis und Einsicht zugrunde liegt, die nicht aus der alltäglichen und geschichtlichen Welterfahrung des Menschen stammt, sondern die erst in den Wissenschaften methodisch erzeugt worden ist. Es gibt heute keinen menschlichen Lebensbereich mehr, der nicht direkt oder indirekt bestimmt wird von wissenschaftlichen Erkenntnissen und ihren Auswirkungen. Wenn sich der Mensch heute auf irgendeinen Zusammenhang seines Lebens, auf eine für sein Dasein fundamentale Frage bezieht, dann spielt für ihn das Urteil der Wissenschaft, der Stand der wissenschaftlichen Erkenntnis bei der Entscheidung dieser Frage eine maßgebende Rolle. Ebenso gehen wir bei der Organisation unserer Gesellschaft nicht von Erfahrungen aus, die wir persönlich oder geschichtlich gemacht haben, sondern von einem Wissen, das erst nach methodischen Regeln von den Wissenschaften erzeugt worden ist. Daher verstehen wir unter Praxis die Organisation der Gesellschaft als einen autonomen, d. h. nach eigenen, den Sachen und ihrer wissenschaftlichen Erkenntnis und technischen Beherrschung innewohnenden Gesetzen organisierten selbständigen und vom Menschen und seinem subjektiven Meinen und Dafürhalten unabhängigen Sach- und Leistungszusammenhang. Als dieser nach der Logik einer Superstruktur ausgebildete Sach- und Leistungszusammenhang ist die Gesellschaft eine eigene verselbständigte Realität geworden, die zunächst einmal unabhängig von dem, was Menschen meinen, was Menschen wollen, und das heißt, auch unabhängig von allem Veränderungswillen und allen -wünschen der Menschen ihre eigene Notwendigkeit hat. Die Antwort auf die Frage, die immer wieder gestellt wird, woran es denn liege, daß die in der marxistischen Theorie beklagte Selbstentfremdung des Menschen mit der Beseitigung des freien oder zum Teil freien Unternehmers nicht aufgehoben sei, muß hier gesucht werden. In einer vom Kommunismus organisierten und beherrschten Gesellschaft ist der Mensch genauso den Sachzwängen und denen, die diese Sachnotwendigkeiten wahrnehmen, unterworfen wie in den westlichen und liberal demokratischen Gesellschaften, in denen es noch die Institution des freien oder teilweise freien Unternehmers gibt. Die Sachen, überhaupt der die Struktur der Gesellschaft bestimmende – als dieser selbständig gewordene – Zusammenhang von Leistungen und Sachen hat eine eigene, dem menschlichen Meinen und Wünschen entzogene Gewalt, die man nicht einfach mit beseitigen kann, wenn man bestimmte Institutionen, z. B. die des relativ freien Unternehmers, beseitigt. Wenn man das tut, lösen sich die Probleme keineswegs auf, sondern sie beginnen erst. Das bezeugen die Erfahrungen der kommunistischen gesellschaftlichen Systeme während der letzten 50 Jahre. Dann tritt an ihre Stelle die wachsende Herrschaft der Bürokratie.

Es ist ja nicht zufällig, daß die interne ideologische Auseinandersetzung in der Sozialdemokratie, sofern sie bisher auf kommunaler Ebene geführt wurde, sich an der Frage des Preises entzündet hat. Als Kern aller reformerischen politischen Programme kommt dann sehr schnell die pragmatische Frage heraus: Was kostet es? Wer soll das bezahlen? Wer produziert den Gewinn, mit dem man die Veränderung bezahlen kann? Diese Fragen stellen sich aber in kommunistischen gesellschaftlichen Systemen genauso wie in den Gesellschaften des Westens. Daß durch die Veränderung der Organisationsform des gesellschaftlichen Sach- und Leistungsprozesses als solches schon irgendeine dieser Fragen gelöst wird, kann nur behaupten, wer mit der Problematik nicht vertraut ist.

Wenn die Gesellschaft ein solcher vom Menschen unabhängiger und dem Menschen gegenüber verselbständigter Sach- und Leistungszusammenhang ist, folgt daraus, daß alle nicht in die Rationalität dieses funktionalen Zusammenhangs übersetzbaren Fragen irrational sind. Alle nicht in die Sprache dieses funktionalen Zusammenhangs übersetzbaren Fragen sind dann irrationale Fragen und fallen damit der irrationalen Entscheidung durch Individuen und Gruppen anheim, die diese Fragen an die Gesellschaft stellen. Im Blick auf die Erfahrung der letzten Jahre müssen wir die Frage stellen: Ist es richtig, daß Wissenschaft, Technik und Ökonomie die Realität der modernen Gesellschaft ausmachen und daß alle nichtwissenschaftlichen, nichttechnischen und nichtökonomischen Fragen damit bloße theoretische Fragen sind, die als solche keine Bedeutung für die Realität dieser Gesellschaft und damit für den Menschen in dieser Gesellschaft haben? Das ist die entscheidende Frage.

Die Annahme, daß Wissenschaft, Technik und Ökonomie allein die Grundlage, die Infrastruktur der Gesellschaft bilden und ausmachen, hat zur Folge, daß dann alles andere Überbau ist, Ideologie, Weltanschauung, Meinung. Alle Fragen der Ethik, der Sittlichkeit, der Religion, der geschichtlichen Überlieferung, alle Fragen nach den Normen menschlichen Selbstverständnisses und Verhaltens sind dann nur uneigentlich, sekundär und für die Realität letztlich irrelevant. Dann gilt uneingeschränkt die Trennung zwischen Praktikern und sogenannten Theoretikern, denen man einräumt, daß sie im Grunde nur irrelevante Fragen stellen können, die, wenn sie nach praktischer Verwirklichung drängen, den wohlgeordneten Ablauf des technischen Fortschritts in der modernen Welt stören. Im Blick auf die Veränderungen der jüngsten Zeit muß aber die Frage gestellt werden, ob diese Auffassung, dieser Begriff und dieses Modell von Realität noch länger haltbar sind und ob es in unserer Gesellschaft nicht politisch relevante, neue Formen des Bewußtseins, des menschlichen Handelns und Sich-Verhaltens gibt, die nur verstanden werden können als Symptom dafür, daß das pluralistische Modell und die pragmatische Auffassung von Realität eben nicht mehr länger aufrechterhalten werden können. Wenn das zutreffen sollte, müssen wir alle umlernen. Dann benötigen wir einen anderen Begriff oder einen, wenn nicht anderen, so doch erweiterten und korrigierten Begriff menschlicher und gesellschaftlicher Praxis.

In der durch die pluralistische Selbstinterpretation der Gesellschaft bestimmten Zeit schien es durchaus möglich zu sein, sich auf so weit gefaßte und formale Bestimmungen wie Rationalität, Autonomie, Mündigkeit, Verantwortung zu einigen. Nun befinden wir uns im Übergang zu einer Lage, in der politisch handlungsfähige Gruppen sich anschicken, zu bestimmen, was Rationalität, was Autonomie und was Verantwortung in der gegenwärtigen Gesellschaft konkret bedeuten. Wer nicht irgendeine noch so vage, aber doch – irgendeine – Vorstellung von der Bestimmung des Menschen hat, kann auch nicht beurteilen, ob ein Mensch mündig, rational oder verantwortlich ist. Könnte sonst nicht jeder nach Belieben sich Mündigkeit zusprechen? Kann, wenn diese Frage nicht beantwortet wird, jede Form menschlichen Verhaltens erwarten, als mündig anerkannt zu werden, wenn diese Inanspruchnahme der Mündigkeit nicht irgendwie ausgewiesen ist an dem, was wir für die Bestimmung des Menschen halten?

Die Meinung, daß es sich bei den soeben gestellten Fragen doch wohl nur um theoretische Fragen handle, ist ganz verfehlt. Erfahrungen, die in den Institutionen der letzten Jahre gemacht wurden, zeigen deutlich, daß diese Fragen heute von eminent politischer und gesellschaftlicher Bedeutung sind. Es mag sein, daß die Industriebetriebe unmittelbar noch nicht von der Diskussion dieser Fragen erreicht worden sind. Aber es gibt keine Garantie dafür, daß sie nicht – wie die anderen Institutionen – eines Tages auch von dieser Auseinandersetzung erreicht werden. Wenn diese Fragen aber auch in den Industriebetrieben gestellt werden, dann werden sie vor allem an diejenigen gestellt, die Führungsaufgaben in den Betrieben wahrzunehmen haben. Bleiben diese Fragen der Irrationalität überlassen, dann bedeutet dies, daß Vernunft bei der Diskussion solcher Fragen nicht zuständig ist. Ehe das Gespräch überhaupt begonnen hat, ist bereits entschieden, daß es hier nichts zu diskutieren gibt, da vernünftige Argumentation keinen Sinn hat, und damit werden diese Fragen nicht durch Vernunft, sondern durch Gewalt entschieden. Die für die Erhaltung unserer Gesellschaft entscheidende Frage lautet: Was heißt hier Vernunft? Wie muß Vernunft gedacht werden, damit auch die Erörterung der Fragen, was eigentlich den Menschen ausmacht, wie die moderne Welt zur Verwirklichung des Menschen beitragen kann, wieder der Vernunft zugänglich gemacht werden kann. Wir haben aber in unserer Gesellschaft keinen Begriff von Vernunft, der imstande wäre, einsichtig zu machen, daß solche Fragen, wie die des Selbstverständnisses des Menschen, seines ethischen Verhaltens und seiner konkreten Verantwortung, Fragen der Vernunft sein können.

Um möglichen Mißverständnissen vorzubeugen, muß klar gesagt werden, daß es bei allem Recht einer kritischen Infragestellung des pluralistischen Modells in der Gesellschaft eine Notwendigkeit für den Pluralismus gibt. Wenn es nicht mehr vielfältige und verschiedene Standpunkte geben kann, gibt es eben nur einen. Wenn wir das wollen, sind wir schnell bei der Logik, nach der der Kampf um die Entscheidung der fundamentalen Fragen der Gesellschaft nach der Logik des Freund-Feind-Verhältnisses verläuft. Nur als eine Alternative zur Reideologisierung politischer und gesellschaftlicher Praxis kann das pluralistische Modell in unserer Gesellschaft nicht mehr in Betracht kommen.

Erfolg der Emanzipation

Wenn man die Gesamtentwicklung unserer Gesellschaft in die Prognose ihrer möglichen Zukunft einbezieht, ist es erstaunlich, mit welcher Hartnäckigkeit sich das Vorurteil hält, die Gefahren seien gering, wenn sie von zahlenmäßig kleinen Gruppen ausgehen. Als Adolf Hitler zu Beginn der 20er Jahre der späteren NSDAP als siebtes Mitglied beitrat, stellte sich wohl kaum jemand vor, daß am Ende dieser Bewegung die Zerstörung Europas und der Tod von Millionen von Menschen stehen würden. Die Chancen auch zahlenmäßig kleiner Gruppen sind mit der zunehmenden technologischen Perfektion der Gesellschaft erheblich gewachsen. Sie müssen nur entschlossen die mit dem System gegebenen Mängel in der Form einer totalen Kritik gegen das System selber wenden.

Es ist heute keine Schwierigkeit mehr, das verständliche subjektive Unbehagen an dieser Gesellschaft politisch um so wirksamer zu artikulieren, als diese Gesellschaft über keine Kategorien verfügt, mit denen sie ihre eigene Unvollkommenheit ebenso prinzipiell rechtfertigen könnte, wie der gegen sie gerichtete Angriff gemeint ist. Es ist ja bekannt, welch entscheidende Rolle für die Zerstörung der Weimarer Republik der Begriff des Systems gespielt hat. Am Ende unterschied man nur noch, wie auch heute, zwischen systemerhaltenden und systemfeindlichen Kräften. Jeder, der im System war, war damit schon automatisch auch Träger des zu bekämpfenden Systems.

Ein weiterer nicht unwichtiger Mangel der vorherrschenden kritischen Analyse der Gesellschaft besteht darin, ständig davon auszugehen, die Emanzipation stehe noch bevor. Notwendig wäre, die gegenwärtige Situation der Gesellschaft durch die bereits eingetretenen Konsequenzen eines sich emanzipativ auf die bestehende Gesellschaft richtenden Willens zu definieren. Vor einigen Jahren ging man selbstverständlicherweise davon aus, daß eine als faschistoid spätkapitalistisch deklarierte Gesellschaft keine Reformen und Veränderungen zulasse und daß eine zum Letzten entschlossene, etablierte Gruppe dafür sorge, daß auch eine solche Veränderung nicht vor sich gehen könne. Führt man sich die gegenwärtige Lage im Licht einer solchen Prognose vor Augen, so zeigt sich, daß die Unterstellung einer solchen monolithisch geschlossenen Gesellschaft unhaltbar ist. Denn die damals von außen an die Gesellschaft herangetragenen emanzipativen Programme sind zu einem ganz erheblichen Teil bereits zur Norm für die Reformen bestimmter Institutionen geworden. Der Senat einer Pädagogischen Hochschule hat z. B. einen Entwurf der Normen vorgelegt, nach dem die Lehrerausbildung an Pädagogischen Hochschulen und darüber hinaus in Zukunft auch an den neuen Universitäten erfolgen soll. In diesem Dokument, das nicht von einer außerparlamentarischen kritischen Gruppe erarbeitet wurde, sondern vom Senat einer Hochschule, sind die Grundforderungen des emanzipatorischen Programms, also die Ideologie der APO, zum Fundament der Bildungsinstitution selbst gemacht worden. Es wird als ganz selbstverständlich vorausgesetzt, daß keine Form von Bildung in den staatlichen Institutionen möglich sein soll, die nicht von vornherein getragen ist von dem emanzipatorischen Willen, die in diesen Institutionen gebildeten und erzogenen jungen Menschen tauglich zu machen, sich in der Gesellschaft von den Zwängen der Gesellschaft zu befreien. Der Wille der APO ist zur normierenden Instanz staatlicher Bildungsinstitution geworden.

Es liegt im Wesen der hier gemeinten Emanzipation, daß dann an den Hochschulen zwischen mitteilungswürdigen und mitteilungsunwürdigen Inhalten unterschieden werden muß. Es wird unterschieden werden zwischen wissenschaftlichen Inhalten, die mitteilungswürdig sind, und Inhalten, die nicht mitteilungswürdig sind: Nicht alle Inhalte sind wissenschaftswürdig, obschon vielleicht wissenschaftsfähig. Wer sagt nun aber, welche Inhalte wissenschaftswürdig sind? Wer entscheidet darüber, welche Inhalte nicht mitteilungswürdig sind? Wie wird sich das wissenschaftliche Programm der Emanzipation auf die Fundamente einer Gesellschaft auswirken, zu deren Grundlagen die Wissenschaft gehört? Denn nach diesem Dokument soll in Zukunft nur der ein wahrer Lehrer genannt werden, der seine Funktion als Subjekt eines permanenten emanzipatorischen Veränderungs- und Umbildungsprozesses der Gesellschaft auffaßt. Der Lehrer wird zum verantwortlichen Träger der Aufgabe, Emanzipation zum strukturbildenden Prinzip aller Bildungsinstitutionen zu machen. Es wird weiter behauptet, daß die Hineinnahme der didaktischen

Reflexion in den Wissenschaftsprozeß zu einer qualitativen Veränderung des Wissenschaftsprozesses selber führen soll. Das scheint zunächst eine ziemlich formale Erklärung zu sein. Aber was mit der Veränderung der Wissenschaft und des Wissenschaftsprozesses durch die Hineinnahme der Didaktik gemeint ist, hängt zusammen mit der Unterscheidung zwischen Inhalten, die mitteilungswürdig sind, und solchen, die es nicht sind. Das bedeutet, daß die Didaktiker einer solchen Hochschule und Universität die Kontrollinstanz bilden, die für jeden Wissenschaftler und für alle, die am Wissenschaftsprozeß teilnehmen, festlegen und bestimmen werden, welche Inhalte mitteilungswürdig und welche nicht mitteilungswürdig sind. Nach welchen Kriterien, nach welchen Prinzipien die Scheidung zwischen diesen Inhalten vorgenommen wird, ist keine sachliche Frage, sondern richtet sich nach den jeweils als emanzipatorisch propagierten Zielen.

Die Emanzipation ist also in wenigen Jahren nach dem Programm der neomarxistischen Theorie in die Fundamente der Institution aufgenommen, von der die gleiche Theorie vorher behauptet hat, daß sie in der gegenwärtigen Gesellschaft völlig erstarrt und durch faschistischen Machtwillen gegen jede Veränderung geschützt sei. Die Realität dieses Vorgangs weckt doch berechtigte Zweifel, ob die damals zugrunde gelegte Gesamtanalyse der Gesellschaft als eine in ihren Herrschaftssystemen verfestigte richtig gewesen ist.

Anarchismus oder Stalinismus

Im Schatten der fast chronisch gewordenen Handlungsunfähigkeit des Staates entwickelt sich der ideologische Reflex der emanzipatorischen Veränderung der Gesellschaft in einer Skala von Positionen, die im Grunde genommen nur noch zwischen stalinistischen und anarchistischen Modellen zu schwanken scheinen. Wenn man sich also die gegenwärtigen Versuche einer ideologischen Auslegung und Bestimmung dieser Prozesse ansieht, gibt es eine ganze Skala von verschiedenen ideologischen Erklärungen und Begründungen für die Notwendigkeit dieser Veränderungen. Aber diese Begründungen schwanken zwischen den beiden Grenzpositionen, der stalinistischen und der anarchistischen. Die Literatur, die sich mit dieser Frage auseinandersetzt, läßt den Streit über die zu wählende Methode erkennen, ob es besser ist, sich für ein mehr pädagogisches Programm der Durchsetzung antiautoritärer Lustbefriedigungszustände oder für einen härteren, den stalinistischen Weg der Herbeiführung einer neuen Gesellschaft einzusetzen.

Der totalitäre Charakter dieser Theorie ist nicht in der Gemütsverfassung der Autoren dieser Literatur begründet, sondern in der Tatsache, daß wir uns in einem Prozeß befinden, in welchem die Gesellschaft alles ist und der

Mensch alles, was er ist und sein kann, durch die Gesellschaft sein soll. Wenn wir diesen Satz, daß der Mensch alles in, durch und für die Gesellschaft sein soll, als Maxime auch der gesellschaftlichen Programmatik der Bundesrepublik annehmen, müssen wir sagen, daß wir sehr gute Marxisten sind. Wenn man jenseits aller detaillierten, inhaltlichen Programme des Marxismus den Marxismus auf seinen Kern reduziert, ist er die Bewegung, die es sich zum Ziel gemacht hat, einen gesellschaftlichen Zustand herbeizuführen, in welchem der Mensch alles in der Gesellschaft, alles durch die Gesellschaft und alles für die Gesellschaft sein soll. Wenn es richtig ist, daß in dieser zur neuen Totalität werdenden Gesellschaft alles mit allem zusammenhängt, dann wird sich auf die Dauer auch kein Teilbereich der Gesellschaft gegen die aus diesem neuen totalen Charakter der Gesellschaft hervorgehenden Konsequenzen schützen lassen. So wie heute bereits Staat, Kirche, Familie, Bildung und auch Kunst und Theater von diesem Anspruch erfaßt worden sind, so werden in Zukunft auch noch die wenigen bisher verschonten Bereiche davon betroffen werden. Wenn der Prozeß der Vergesellschaftung sich selbst überlassen bleibt, wird man nicht davon ausgehen können, daß der Mensch zu einem Subjekt wird, das über die Zukunft der Gesellschaft verantwortlich mitentscheiden kann. Er wird vielmehr zum Objekt einer Manipulation, so daß die Abschaffung der Freiheit mit der Euphorie über ihre vermeintliche Verwirklichung verwechselt wird. Nicht zufällig ist das kennzeichnende Merk- und Schlagwort, in dessen Zeichen der Prozeß der Vergesellschaftung des Menschen sich vollzieht: Manipulation. Ein Vorwurf der Manipulation wird von jedem gegen jeden gerichtet. Die antiautoritären Kräfte klagen das System der Manipulation an, und die Kräfte im System verdächtigen die Systemkritiker der Manipulation.

Karl Marx konnte das Industrieproletariat des 19. Jahrhunderts als Subjekt der Aufhebung menschlicher Selbstentfremdung in der modernen Gesellschaft konkret, d. h. politisch und soziologisch identifizieren. Das war eine klare Sache und Situation, über die man sich verständigen konnte. Die kapitalistische Gesellschaft war die Gesellschaft der Ausbeutung und Unterwerfung des Menschen unter das private Profitinteresse. Das Subjekt der Befreiung der Gesellschaft von dieser Herrschaft des Profitinteresses war das Proletariat. Heute sagen die führenden Vertreter der neomarxistischen Theorie, daß das Subjekt der Befreiung der Gesellschaft in der Gesellschaft nicht mehr gefunden werden kann. Wenn das zutrifft, muß das Subjekt der Befreiung des Menschen von der falschen Gesellschaft erst gesellschaftlich erzeugt werden. Der Mensch wird in der geschichtlichen Unbestimmtheit seiner vorpersonalen Natur zum Ausgangspunkt, an dem jede Veränderung anzusetzen hat. Dann sind nicht die Strukturen oder das, was man dafür hält, primärer Adressat der Veränderung der Gesellschaft, sondern der Mensch selber. Der Mensch wird selbst zum Objekt gesellschaftlich revolutionärer Praxis.

Der Mensch wird zum Adressaten der revolutionär gemeinten Aktion grundlegender Veränderung der Gesellschaft in der vorbewußten, vorpersonalen Tiefe seiner Triebe und Bedürfnisse, in deren Formation die Gesellschaft sich ebenso reproduziert wie in der technologischen Ausbeutung der äußeren Natur.

In jeder Gesellschaft besteht ein unmittelbarer, wechselseitiger Zusammenhang zwischen der für die menschliche Bedürfnisbefriedigung durch Technik geleisteten Ausbeutung der äußeren Natur und der Formierung der sogenannten inneren Natur des Menschen. Alle Geschichte der Gesellschaft ist eine Geschichte der Ausbeutung der Natur und des Reichtums der Natur durch Technik, und die äußere Organisation der Gesellschaft ist die Organisation der Mittel dieser Ausbeutung. Aber in jeder Gesellschaft besteht ein Zusammenhang zwischen der Formierung der inneren Natur des Menschen und der Organisation der technischen Beherrschung der äußeren Natur. Die Form der Praxis, die die innere Natur des Menschen bestimmt, insofern er ein natürliches Trieb- und Bedürfniswesen ist, nennen wir Ethik. Ethik ist dann nichts anderes als eine Praxis, die innere Natur des Menschen, seine Triebe und seine Bedürfnisse zu formieren, während die Organisation der Beherrschung der äußeren Natur durch die Technik erfolgt. Für die Selbsterhaltung einer Gesellschaft ist die Praxis der Formierung der inneren Natur des Menschen von ebenso elementarer und entscheidender Bedeutung wie die Technik. Ethik und Technik sind somit die beiden fundamentalen Formen der Praxis, in denen sich der Mensch jeweils in die Verfassung bringt, in der sich ein so riskiertes Wesen wie der Mensch allein am Leben erhalten kann. Jede Veränderung der Art und Weise, in der sich der Mensch zu sich selbst verhält, ist für die Selbsterhaltung der Gesellschaft von mindestens gleicher Bedeutung wie ein Fortschritt in der technischen Beherrschung der äußeren Natur. Die Veränderung der pädagogischen und ethischen Praxis im Verhältnis des Menschen zu sich selbst ist heute die eigentliche, entscheidende und wirksame Form der Veränderung einer Gesellschaft überhaupt geworden. Was unsere Gesellschaft bedauerlicherweise nicht einsieht und woraus sie nicht gewillt ist, irgendwelche Konsequenzen zu ziehen, ist die Preisgabe dieses Bereichs – der auch für die Zukunft der Gesellschaft entscheidenden Veränderung – an die Gruppen, die mit bestimmten Ideologien, mit bestimmten politischen Programmen diese Veränderungen vornehmen.

Aus diesem Grunde wurde zunächst die provozierend gemeinte These aufgestellt, daß die Ethik die entscheidende, über die Zukunft unserer Gesellschaft entscheidende Praxis sein wird. Von vielen wird diesem Argument entgegengehalten, daß die These ideologisch sei. Den Fragen der Ethik käme keine reale Bedeutung zu, da sie rein ideologisch seien! An dieser Reaktion wird erkennbar, daß das etablierte Bewußtsein nicht in der Lage ist, die Natur der wirklichen Veränderungen in unserer Gesellschaft auch nur zur Kenntnis zu nehmen, geschweige denn sie zu begreifen. Es wird, wenn nicht alles täuscht, eine Kernfrage mindestens der künftigen gesellschaftlichen Entwicklung sein, ob die gegenwärtige Führungsschicht in unserer Gesellschaft sich mit diesem aus der pluralistischen Phase der Gesellschaft stammenden Vorurteil begnügt und es dabei bewenden läßt oder ob sie sich der Realität der wirklichen Veränderungen in unserer Gesellschaft verantwortlich stellt.

Es kann bei einer Analyse des krisenhaften Zustandes der Institutionen die innere Verfassung der christlichen Kirchen nicht übergangen werden. In der Form ihrer zunehmenden Politisierung lösen sie sich als die letzte institutionelle Kraft auf, die dem totalen, nun politisch gewordenen Anspruch der Gesellschaft entgegentreten könnte. Die Polarisierung der Kräfte, die tendenziell nach der Logik des Bürgerkrieges verläuft, vollzieht sich innerhalb der Kirchen in zunehmendem Maße. Ihre Rolle als Institution der Bewahrung der Freiheit des einzelnen wird immer fragwürdiger. Mit dem Verlust der christlichen Substanz nimmt das Christentum den Charakter einer sozialen Ideologie an, und die Vermittlung der ethischen Grundlagen, von denen auch das Bestehen der Gesellschaft abhängt, wird von den Theologen nicht mehr geleistet. Aus den Forschungen Max Webers, des größten Soziologen unseres Jahrhunderts, wissen wir, wie sehr eine moderne, rationale und funktionale Gesellschaft von der Entwicklung von ethischen Grundeinstellungen abhängt, die nur im Christentum gefunden werden können. Die fundamentale Krise des Leistungsprinzips hängt mit dieser Auflösung der christlichen Ethik zusammen. Ohne eine neue Vergegenwärtigung christlicher Ethik kann daher diese Krise auch nicht überwunden werden. Die Veränderungen im Verständnis der Kirche als Institution wirken sich bereits unmittelbar politisch aus. Denn wo sollen die Prinzipien und die Grundlagen der Ethik hergenommen werden, wenn nach den ohnehin schon hinfällig gewordenen anderen Traditionen nun auch noch das Christentum ausfällt? Die Veränderungen der Kirche sind keine nur die Kirche betreffenden Vorgänge, sondern Vorgänge, die sich indirekt auch politisch und auf die innere Verfassung unserer Gesellschaft auswirken werden.

Die Ohnmacht des Staates

Eine zentrale Rolle hätte in allen diesen Entwicklungen der Staat zu spielen. Das Verhalten des Staates als Erfüllungsgehilfe für die rechtliche Durchsetzung von Veränderungen, die anonyme Gruppen in der Gesellschaft mit Erfolg herbeigeführt haben, ist nur zu verstehen, wenn man den Mißbrauch der staatlichen Gewalt im Dritten Reich berücksichtigt. Tatsache ist, daß der Staat seinem im Grundgesetz verankerten Auftrag, das Recht des einzelnen auf Freiheit zu schützen, wenn er mit der Verfassung der Bundesrepublik in seinem Handeln übereinstimmt, nicht nachgekommen ist. Das ist in der Universität ebenso wenig der Fall gewesen, wie es künftig in anderen Institutionen der Fall sein dürfte, die sich dem Angriff von verfassungsfeindlichen Kräften ausgesetzt sehen. Ein bekannter Philosoph aus der DDR, Wolfgang Harich, hat zu Recht behauptet, daß die Integration der außerparlamentarischen Bewegung in die Parteien und die Einbeziehung der Lehrlinge in die antiparlamentarische Opposition für die Zukunft der Bundesrepublik von größerer Bedeutung sein werden als die antiautoritäre Bewegung der Studenten. Die emanzipatorische Bewegung der letzten Jahre mag zwar ihre zentralen Ziele gesellschaftspolitisch noch nicht erreicht haben, aber es dürfte ihr gelungen sein, einen ungeheuren Erwartungsdruck zu erzeugen, der sich auf die Befriedigung von Ansprüchen und Bedürfnissen richtet, die keine der bestehenden Gesellschaften weder jetzt noch in Zukunft gewährleisten kann. Jede Erfahrung von der Unzulänglichkeit einer Gesellschaft hängt ja nicht nur von der Gesellschaft selber ab, sondern ebensosehr, wenn nicht noch mehr, von den Erwartungen, die man an sie stellt. Sind diese Erwartungen aber noch verbunden mit der wachsenden Unlust, den Leistungsanforderungen zu entsprechen, kann man sich durchaus vorstellen, daß die Kluft zwischen Erwartung und Wirklichkeit in Zukunft immer größer werden wird. Aus dieser Perspektive ist es also sehr wohl abzusehen, wann die kritische Entwicklung auch den Industriebetrieb erfassen wird. Ob sich der Staat in diesem Falle anders verhalten wird als gegenüber der Universität, ist fraglich. Es werden hier nicht nur fundamentale Fragen unseres Demokratieverständnisses angesprochen, sondern reale Möglichkeiten der politischen Handlungsfähigkeit dieses Staates. Der Staat erfüllt heute – noch – die Funktion des Garanten eines relativ konstanten wirtschaftlichen Wachstums und einer Umverteilung des gesellschaftlichen Reichtums nach den Prinzipien des Rechts- und Sozialstaates. Er nimmt damit Funktionen wahr, ohne die das Funktionieren auch der Wirtschafts- und Industriegesellschaften nicht möglich wäre. Der Staat muß nämlich durch eine in das Marktgeschehen eingreifende Wirtschaftspolitik selber die Garantie für ein relatives wirtschaftliches Wachstum und die mit diesem wirtschaftlichen Wachstum gegebene Durchsetzung des Anspruchs auf ein kontinuierliches Ansteigen des Lebensstandards für jeden einzelnen übernehmen.

Was würde aus unserer politischen Ordnung, wenn, aus welchen Gründen auch immer, der Staat diese Garantie nicht erfüllen könnte? An den Leistungen des Staates hängt daher auch unmittelbar die Funktionsfähigkeit von Industrie und Wirtschaft. Es ist eine durchaus offene, aber beunruhigende Frage, ob die für die Politik verantwortlichen Politiker überhaupt noch zu der Gruppe gehören, die an der politischen Entscheidung der zentralen Fragen mitwirken kann. Ist der Staat noch das eigentliche Subjekt der Macht in unserer Gesellschaft? Haben sich die Quellen der Macht und der Machtbildung in unserer Gesellschaft nicht in einer eigentümlichen Weise vom Staat, seiner Zuständigkeit und seiner Verantwortung entfernt? Liegen die Quellen der Macht in unserer Gesellschaft heute nicht ganz woanders?

Verantwortliche Politiker bejahen grundsätzlich die Angewiesenheit des Politikers auf wissenschaftliche Analysen und Informationen. Ohne sie sei eine rationale Politik in der Gegenwart nicht mehr möglich. Völlig abweichend von dieser erfreulichen Feststellung handeln sie aber nach der Maxime, daß die wichtigste Aufgabe des Politikers darin bestehe, Wahlen – möglichst mit absoluter Mehrheit – für die eigene Partei zu gewinnen. Wenn das zutreffen sollte, dann wird sich der Staat gar nicht anders verhalten können, als er es gegenwärtig tut: Er wird die von anonymen Gruppen mit Hilfe von öffentlichen Medien erzeugten Prozesse nur nachträglich politisch und rechtlich sanktionieren und legitimieren können. Die mehrheitsbildenden Meinungen werden, was allen bekannt ist, nicht vom Parlament, sondern vom Fernsehen und in der Massenpresse erzeugt. Wir haben doch inzwischen wiederholt die Erfahrung machen müssen, daß die Institutionen, von denen verantwortliches Handeln in Freiheit und Vernunft abhängt, sprachlos und ohnmächtig dem harten, emanzipatorischen Zugriff von häufig nur kleinen Gruppen ausgeliefert und unterworfen sind.

Die Bedeutung der Theorie für die Selbsterhaltung

Es ist von großer Bedeutung für die Rolle der Theorie in unserer Gesellschaft, daß durch diese offenkundige Widerstandslosigkeit der Institutionen die von der kritischen Theorie vorgelegten Analysen der Versteinerung in der Gesellschaft weitgehend widerlegt worden sind. Verkehrtheit in der Theorie braucht ihre Wirksamkeit nicht zu beeinträchtigen. Wir sind von der These ausgegangen, daß jede kritische Analyse der Gesellschaft von einem Verständnis der Natur des Übels abhängt, das analysiert werden soll. Offensichtlich haben wir es in der Gegenwart mit einem Phänomen zu tun, das Platon als das einer pathologisch gewordenen Gesellschaft begriffen hat. Nicht nur einzelne, sondern ganze Gesellschaften können erkranken. Das wichtigste Symptom für einen solchen, die gesamte Gesellschaft erfassenden Krankheitsprozeß ist der Verlust der Fähigkeit, Realitäten zu erkennen, und der Verlust des Willens, sich in seinem Handeln durch die Anerkennung von Realitäten bestimmen zu lassen. Alle Argumente und alle Theorien, die von der Realität ausgehen, werden entweder als ideologisch zurückgewiesen, oder diejenigen, die sie äußern, werden kriminalisiert bzw. einer psychoanalytischen Behandlung anempfohlen. Das durch die Psychoanalyse vervollständigte ideologiekritische Instrumentarium gegenwärtiger Gesellschaftskritik macht es jedem Oberprimaner leicht möglich, eine solche, von der Realität ausgehende Argumentation nur als Symptom für einen Willen zu interpretieren, der sich böswillig der Verwirklichung der Gesellschaft als eines Paradieses widersetzt, in welchem die Menschen sich ungestört der Befreiung von libidinöser Frustration zuwenden können. Eine solche chronisch gewordene Erkrankung des Sinns für Wirklichkeit, also dessen, was man den gesunden Menschenverstand genannt hat, läßt aber den Schluß auf eine noch tiefer greifende Erkrankung zu.

Es ist eine optimistische Annahme gewesen, daß man bei dem Aufbau einer demokratischen Gesellschaft in Deutschland als evident unterstellte, daß der Mensch ein natürliches Interesse an seiner eigenen Selbsterhaltung habe. Mit dieser Überzeugung knüpft man zwar an die Prinzipien einer Anthropologie wieder an, die der bürgerlichen Gesellschaft und ihrer Geschichte in der Neuzeit zugrunde lag, aber man hat dabei übersehen, daß doch der Faschismus seinen Grund in der Möglichkeit einer kollektiven Erkrankung eben dieses Interesses hat. Während man aber dem Faschismus noch die wahnhafte Täuschung über das zugute halten kann, was ein natürliches Interesse an Selbsterhaltung fordert, so erleben wir jetzt, wenn auch zunächst in der Form von Randerscheinungen, die offene und bewußte Entscheidung für die eigene Selbstzerstörung. Niemand sollte sich mehr darüber hinwegtäuschen, daß die letzte Wurzel aller hier angesprochenen Phänomene die Unfähigkeit der Gesellschaft darstellt, auf die Frage nach der Vernunft ihrer Erhaltung eine einsichtige und sinnvolle Antwort zu geben.

Das religionsphilosophische Problem fällt mit dem Problem der fundamentalen Ermöglichung einer menschlichen Gesellschaft zusammen. Ein Mensch, der an seiner eigenen Identität nicht mehr interessiert sein kann, ist auch nicht mehr fähig, mit anderen Menschen eine Gesellschaft zu bilden, gleich, ob es sich um eine kommunistische oder kapitalistische handelt. Von der Beantwortung der nun keineswegs mehr theoretischen Frage hängt die Zukunft unserer Gesellschaft ab: Was macht den Menschen fähig, die Grundziele seines Daseins zu institutionalisieren?

Es ging uns in unserer Analyse darum, an einigen auffallenden Erscheinungen der Gegenwart die Frage nach der inneren Verfassung unserer Institutionen selbst zu stellen. Wir gingen dabei von der Voraussetzung aus, daß diese Krisenproblematik in den Institutionen nicht mehr isolierbar ist, sondern daß wir es hier mit einem Zusammenhang zu tun haben, von dem alle Elemente und alle Bereiche unserer Gesellschaft direkt oder indirekt, jetzt oder in näherer Zukunft betroffen sind. Denn was heißt heute Politisierung einer Institution konkret? Es bedeutet, daß sich die verschiedenen, an einer Institution beteiligten Gruppen mit ihren unterschiedlichen Interessen polarisieren. Was einmal einen einheitlichen Zusammenhang bildete, bricht in verschiedene Gruppen auseinander, die nun auf unterschiedliche Weise ihre Interessen artikulieren.

Zu diesem Zweck stellen sie eigene ideologische Programme auf oder übernehmen diese aus der Gesellschaft, um ihre Interessen vertretbar zu machen, also um den partikularen, besonderen Interessen, die sie tatsächlich haben, den Akzent des Allgemeingültigen und für alle Verbindlichen zu verleihen. Mit diesen ideologisch legitimierten Interessen entwickeln diese Gruppen in zunehmendem Maße bisher unbekannte, neue Methoden, mit denen sie ihre Ziele verfolgen. Die demokratische Ordnung bildet nur den Rahmen zur Durchsetzung einzelner Gruppenziele und Interessen, der häufig nur gegen seinen eigenen Sinn und gegen seine Logik ausgenutzt wird. Polarisierung und Politisierung führen dann häufig zu einem Kampf der Gruppen mit allen Mitteln. An den Universitäten gibt es dafür Beispiele.

Politisierung der Wissenschaften

Die Universität als Ort der organisierten und institutionalisierten Wissenschaft war aus sich selbst heraus nicht fähig, aus den epochalen Veränderungen der Bedeutung und der Rolle der Wissenschaften in der modernen Gesellschaft für ihr Verständnis, ihre Ziele und Strategien die institutionellen Konsequenzen zu ziehen.

Worin besteht die Bedeutung der Wissenschaften für die industrialisierte Welt? Sie ist die wichtigste und für die Entwicklung der Gesellschaft, ja der Welt überhaupt, die entscheidende Produktivkraft. Sie ist eine, und zwar entscheidende Weise, in der sich uns alles, was ist, darstellt. Sie entfaltet eine sonst so nirgends auf der Erde antreffbare Macht und bestimmt als diese die planetarische Zivilisation im 20. Jahrhundert. Sie durchdringt schon seit langem ebenso eindeutig wie entschlossen alle Organisationsformen des modernen Lebens: Industrie, Wirtschaft, Politik, Erziehung und die öffentlichen Medien. Sie hat längst aufgehört, ein spezieller Bereich der arbeitsteilig organisierten gesellschaftlichen Arbeit zu sein. Sie ist für alle Formen gesellschaftlicher Arbeit die für sie grundlegende und konstituierende Form der gesellschaftlichen Praxis geworden, die in der Gestalt der Technik als industrielle Technik, als Technik der gesellschaftlichen Organisation und nun auch in der Gestalt der Humantechniken die Totalität der Gesellschaft durchdringt und maßgeblich bestimmt.

Als die aus der Universität ausgegliederte Projektforschung wird sie in einer unübersehbaren Weise von den durch sie selber ermöglichten Technologien erfaßt und nach den Prinzipien eines Bereichs der industriellen Produktion organisiert.

Indem die Forschung im gesellschaftlichen System mit Wirtschaft und Politik auch institutionell verklammert wird, entwickelt sie sich nach der Logik einer Superstruktur, eines sich aus sich selbst speisenden, heteronom gesteuerten, objektiven Prozesses, dem tendenziell die Produzenten, die Wissenschaft treibenden Subjekte, ebenso ohnmächtig ausgeliefert und unterworfen sind wie einst das Industrieproletariat im 19. Jahrhundert den frühkapitalistischen Produktionsverhältnissen.

In der Entwicklung der Industriegesellschaft haben die Wissenschaften eine höchst revolutionäre Rolle gespielt, und sie spielen sie noch. Die Probleme, die sich für die Wissenschaften, ihr Selbstverständnis und ihre Organisationsformen heute stellen, sind alle Konsequenzen nicht ihres Versagens, sondern ihres Erfolges. Das Faktum der revolutionären Veränderung aller Bereiche unseres Lebens durch die Wissenschaften hat die Gestalt einer Notwendigkeit angenommen, vor der es kein Entrinnen mehr zu geben scheint. Die aus dem Umbau der natürlichen und geschichtlichen Welt sich ergebenden Folgen für die Umwelt, die politischen und rechtlichen Ordnungen für den Menschen selber können ohne oder gar gegen die Wissenschaft nicht gemeistert werden.

Da die Wissenschaft zu der entscheidenden Macht wurde, an deren Beherrschung und verantwortlichen Kontrolle die schiere Selbsterhaltung hängt und ohne die es keine Zukunft für die moderne Welt, in welcher Gestalt auch immer, gibt, ist sie selbst ein Politikum erster Ordnung, wie immer ich auch dieses Faktum interpretiere. Die Politisierung der Universität als Stätte der organisierten Pflege der Wissenschaften ist daher kein den Wissenschaften äußerlich widerfahrendes Schicksal, sondern nur der unumgängliche Prozeß, in welchem aus einer längst eingetretenen Wirklichkeit endlich die Konsequenzen gezogen werden. Daß die etablierte Universität nicht selbst das Subjekt dieses Vorgangs ist, ist ebenso verständlich, wie sie für die Tatsache, daß mit diesem Prozeß eine beispiellose Gefährdung und Bedrohung des Sinns und des Charakters der Wissenschaften verbunden ist, die volle Verantwortung trägt.

Die drohende Ideologisierung und totale pragmatische Funktionalisierung ist aber auch begründet in einer Degeneration der Theoriefähigkeit der Wissenschaften und einer Veränderung unseres Verhältnisses zu den Wissenschaften und der technologischen Gesellschaft im ganzen. Wie alles andere droht der durch die Wissenschaften entfesselte Fortschritt in der zunehmenden Verfügung über die Natur, die Gesellschaft und den Menschen das Subjekt zu verschlingen, das diesen sich selbst steuernden Prozeß noch nach autonom und vernünftig gewählten Zielen verantworten könnte. Durch die Form gegenwärtiger Politisierung sind die Aussichten, ein solches Subjekt noch konstituieren zu können, nicht gewachsen, sondern sie sind geringer geworden. Denn die Tatsache des Zwanges, mit dem wir zur Wissenschaft und zum wissenschaftlichen Fortschritt verurteilt sind, bedeutet noch keine Antwort auf die Frage nach dem Sinn und nach den Zielen der Wissenschaft.

Die Frage nach Sinn und Ziel der Wissenschaft ist jedoch keine wissenschaftliche Frage, ebenso wie die Frage nach dem Subjekt und den Kriterien der Ermittlung der Prioritäten für die Forschung nicht allein durch die Wissenschaft beantwortet werden kann. Die erste Frage ist eine philosophische, die letztere eine politische Frage. Die Überwindung der Krise der Universität hängt davon ab, wie man ihr begegnet. Bedauerlicherweise kann man diesen Fragen gerade nicht durch ein neues Organisationsmodell und durch administrativ verordnete institutionelle Lösungen ausweichen.

Ich habe weiter oben darauf hingewiesen, daß der nun politisch gewordene Kampf um die Kriterien der Wissenschaftlichkeit der Wissenschaften sich im Horizont einer Veränderung unseres Verhältnisses zu den Wissenschaften überhaupt vollzieht. Dr. Alvin Weinberg, Direktor des Oak Ridges National Laboratory in den Vereinigten Staaten, stellt die überraschende Behauptung auf, daß sich die Wissenschaft und ihre Technologien heute in der Defensive befinden. Warum ist das so? Für Platon war die Teilnahme an dem Prozeß wissenschaftlicher Erkenntnis ein Weg zu der Wahrheit, die den Menschen aus der Höhle und den Schatten einer durch den Anschein der Dinge gefesselten Existenz befreien sollte.

Wodurch sich die exakten Wissenschaften Kant empfahlen, war schon nichts anderes mehr als ihr Erfolg, ihr kontinuierliches Fortschreiten, durch das sie sich so wohltuend von der immer wieder ins Stocken geratenden Metaphysik unterschieden. Aber Kant wußte noch, daß die Grenzen wissenschaftlich exakter Erkenntnis nicht mit denen eines Denkens zusammenfielen, das durch eine Notwendigkeit der Vernunft über sie hinausgeführt wurde.

Fichte deckte den den modernen Wissenschaften in der Trennung von der Philosophie eigenen und für sie unumgänglichen Dogmatismus auf, durch den sie sich leicht aus einer Macht der Aufklärung und Befreiung auch in die Macht eines Obskurantismus verwandeln können – vor allem dann, wenn das gesellschaftliche Bewußtsein hinter dem Fortschritt der Wissenschaften hoffnungslos zurückbleibt.

Hegel hat begriffen, daß die im Namen und im Prinzip empirisch analytischen Wissens vollbrachte Versöhnung die einseitige Versöhnung sei und daher zur Verzweiflung führen müsse.

Nietzsche bereits suchte die Rettung vor den grundlos asketischen atheistischen Wissenschaften in der Kunst und in einer Erneuerung des Mythos. Es gehörte nämlich zu den Überzeugungen schon des frühen Nietzsche, daß das Ziel der Wissenschaft die Weltvernichtung sei. Ihr Wesen besteht für ihn darin, daß sie jeden objektiven Sinn zerstört, die essentielle Sinn- und Vernunftlosigkeit der Welt als Natur und Geschichte erweist und sich damit als der von der modernen Welt eingeschlagene Weg herausstellt, in grenzenlosem Fortschritt die Barbarei zu produzieren. Nietzsche hat gesehen, daß ein Ideal objektiver Erkenntnis, das die fühlende, wollende und schätzende Subjektivität für ihren Vollzug so radikal ausschaltet, wie das die moderne Wissenschaft tut, nur auf dem Boden einer Moralität möglich war, die im christlichen Gott ihren tragenden Grund und ihr sanktionierendes Prinzip hatte. Nietzsche hat die negative metaphysikkritische Funktion der modernen Wissenschaft ebenso leidenschaftlich bejaht wie ihren Anspruch, die von ihr aufgelöste Metaphysik ersetzen zu können, verneint. Sie hat für ihn geschichtlich den einzigen Sinn, den Menschen in die Entscheidung zu stellen, entweder in der Anpassung an die durch das Prinzip moderner Wissenschaft getragene Welt sich selbst zu verneinen oder die in der Aufhebung eines objektiv vorgegebenen Sinnes liegende Herausforderung anzunehmen und im Übergang vom letzten Menschen zum Übermenschen sich selbst als eine Gestalt hervorzubringen, durch die der an sich sinnlosen Welt erst ein Sinn eingestiftet wird, der sie allein rechtfertigen könnte.

Schon in der »Geburt der Tragödie« heißt es:

»Das ist ja das Merkmal jenes ›Bruches‹, von dem jedermann als von dem Urleiden der modernen Kultur zu reden pflegt, daß der theoretische Mensch vor seinen Konsequenzen erschrickt und unbefriedigt es nicht mehr wagt, sich dem furchtbaren Eisstrome des Daseins anzuvertrauen: ängstlich läuft er am Ufer auf und ab ... Dazu fühlt er, wie eine Kultur, die auf dem Prinzip der Wissenschaft aufgebaut ist, zugrunde gehen muß, wenn sie anfängt, unlogisch zu werden, d. h. vor ihren Konsequenzen zurückzufliehen.«

Nicht der kapitalistischen Gesellschaft, sondern der im Prinzip der Wissenschaften gegründeten arbeitsteiligen Gesellschaft überhaupt wird von Nietzsche der Krieg erklärt. Die Stadt der Zivilisation erscheint bereits beim jungen Nietzsche in dem fahlen Licht einer ausgeglühten Kraterlandschaft, die auch ohne atomare Katastrophe vom Tod alles wahren und ursprünglichen Lebens zeugt.

»Vergebens spähen wir nach einer einzig kräftig geästeten Wurzel, nach einem Fleck fruchtbaren und gesunden Erdbodens: Überall Staub, Sand, Erstarrung, Verschmachten.«

Man kann nicht behaupten, daß die neomarxistische Kritik an der modernen technischen wissenschaftlichen Zivilisation Nietzsche an Radikalität übertroffen hat. Nietzsche sah übrigens die religionsgeschichtliche Zukunft eines entchristlichten Abendlandes nicht in der rational und mündig gewordenen Profanität, sondern in der geistigen Eroberung Europas durch asiatische Formen der Religiosität.

»Von dem Orgiasmus aus führt für ein Volk nur ein Weg, der Weg zum indischen Buddhismus, der, um überhaupt mit seiner Sehnsucht ins Nichts ertragen zu werden, jener seltenen ekstatischen Zustände mit ihrer Erhebung über Raum, Zeit und Individuum bedarf.«

Max Weber überantwortete daher in der Nachfolge Nietzsches den im besten Falle nur durch die Wissenschaften zu kontrollierenden, aber nicht zu schlichtenden Kampf letzter Wertentscheidungen den Dämonen. Er sah den Fortschritt der Wissenschaften begleitet von der Wiederkehr des Polytheismus und des Kampfes einer Vielfalt göttlicher Mächte um die Seelen der Menschen.

Auch Karl Marx hat nicht daran gedacht, die bürgerliche Wissenschaft durch eine neue, die im Interesse des Proletariats steht, zu ersetzen. Die marxistische Wissenschaft sollte der bürgerlichen ein größeres Maß an Wissenschaftlichkeit voraus haben, sollte ein qualitatives Mehr an Wissenschaft sein. Marx konnte daher das von der bürgerlichen Nationalökonomie in Anspruch genommene Prinzip ihrer Wissenschaftlichkeit auf sie selber anwenden und sie mit sich selbst kritisieren. Die bürgerliche Wissenschaft abstrahiert von der transzendental genetischen Frage. Diese Abstraktion führt nach Marx zu einer pseudowissenschaftlichen Rechtfertigung und Reproduktion des Bestehenden.

Ende der Wissenschaft?

Die Wissenschaften sind also in der Tradition als metaphysisch, ethisch oder politisch transzendierende Auslegungen aus dem Geiste philosophischer Vernunft begründet worden. Demgegenüber haben wir es heute mit einer neuen Situation zu tun. Die philosophisch längst geleistete Destruktion des Grundirrtums der Wissenschaften, ihres objektivistischen Scheins, führt für das allgemeine Bewußtsein heute erst durch den Marxismus an den Universitäten zu Konsequenzen. Die Reduktion der modernen Wissenschaften auf ein sie unreflektiert bestimmendes technisches Interesse an Herrschaft macht sie zu einem Objekt des revolutionären oder emanzipatorischen Kampfes gegen Herrschaft überhaupt. Die Bestimmung von Zielen und Methoden der Wissenschaften ist der Ort geworden, an welchem der Hebel zur revolutionären Umwälzung der Gesellschaft angesetzt werden soll. Hinter der Forderung nach einer neuen Art von Wissenschaft, nach ihrem revolutionären oder emanzipatorischen Verständnis, vollzieht sich der Aufstand der Subjektivität gegen das Diktat der Methode, gegen das Cartesianische Ideal einer methodisch erzeugten und beherrschten Welt.

Die Frage, die am Horizont dieses nunmehr kulturrevolutionären Aufstandes gegen den Geist der Neuzeit, gegen das Verschwinden der konkreten, geschichtlich oder lebensweltlich verfaßten Subjektivität in den Vollzug der abstrakten, die Gegenstände der Wissenschaften konstituierenden Methode auftaucht, ist die Frage der Wissenschaftsfähigkeit des Menschen als eines Produkts der sich von sich selbst emanzipierenden Gesellschaft. Ehe das Problem der ökonomischen, politischen und ethischen Sicherung einer nur noch relativen Autonomie der Wissenschaft auch nur in Ansätzen gelöst wurde, stellen die anthropologischen Veränderungen die Wissenschaft überhaupt in Frage. Das »Ich denke«, das nach Kant alle meine Vorstellungen begleiten soll, war in der Tat ein Imperativ, den der Mensch einlösen muß, damit Wissenschaft möglich wurde. Kant hatte es unterlassen, nach den faktischen Bedingungen zu fragen, an die seine Erfüllung durch die konkrete Subjektivität gebunden ist. Es erübrigte sich auch für Kant, danach zu fragen, weil ihm die wissenschaftliche Vergegenständlichung und Verdinglichung der Welt als Bedingung autonomer Freiheit noch fraglos gewiß war. Er wollte die Aufklärung ja nicht abschaffen, sondern auf einen mit der Vernunft zu vereinbarenden Weg bringen.

Max Weber hat die durch den monotheistisch prophetischen Charakter der biblischen Religion erzeugten ethischen Habitualitäten als die Voraussetzung genannt, auf der sich die rational wissenschaftliche Entzauberung der Welt vollziehen konnte.

Die negative Dialektik hat nunmehr das Ich der transzendentalen Apperzeption als die in der bürgerlichen Subjektivität als anonym fungierende Instanz demaskiert, welche das Interesse an gesellschaftlicher Herrschaft im Subjekt vertritt. Die Folgen sind deutlich. Die phänomenologischen, hermeneutischen, sprach-analytischen und klassisch-dialektischen Interpretationen des wissenschaftlichen Handelns befinden sich in einem vielleicht aussichtslosen Kampf mit der vermutlich einzig politisch erfolgreichen vulgär-materialistischen Indienstnahme der Wissenschaft durch den neu zu organisierenden Klassenkampf. Alle genannten Positionen haben gegenüber der materialistisch marxistischen gewiß ihre großen Vorzüge, aber sie werden der faktischen gesellschaftlichen Rolle der Wissenschaften und den sich aus ihr ergebenden politischen Konsequenzen nicht gerecht. Die phänomenologische Begründung der Wissenschaften durch den Rückgang auf die in ihnen vergessene Lebenswelt ist problematisch, weil es eine solche dem umgestaltenden Zugriff der Technik entzogen bleibende Lebenswelt nicht mehr gibt. Die hermeneutische Erinnerung an die unvordenkliche Bestimmtheit des sich der Methode unterwerfenden Daseins durch die geschichtlichen Überlieferungen muß Vorurteile rehabilitieren, über die das Dasein im Zeitalter der Nachgeschichte längst hinaus ist. Die transzendental philosophischen Entwürfe müssen das Faktum der Wissenschaften immer schon voraussetzen und bleiben damit an deren Bewußtseinshorizont gebunden. Von Dialektik wagt man heute schon gar nicht mehr zu reden, da ihr Sinn so unbestimmt wurde, daß sie zu Zwecken beliebiger Manipulation gebraucht werden kann. Sie kann daher als mythologische Rede denunziert werden, von der es sich zu befreien gilt. Die sprach-analytische Interpretation der Wissenschaft als Sprachspiel oder institutionelle Lebensform gibt dagegen gerade nicht das Prinzip einer Kritik an den Wissenschaften her, um das es heute geht.

Die Anwendung des pluralistischen Modells auf die Besetzung der Lehrstühle entgeht auch hier nicht den Konsequenzen einer formalen Antwort auf eine inhaltliche Frage.

Die fundamental demokratisch reformierte Universität hat den Rahmen geschaffen, innerhalb dessen die gesellschaftlich produzierten Bedürfnisse sich in der Form der politisierten Wissenschaft durchsetzen. Die Nachfrage bestimmt auch hier das Angebot. Von dem herrschaftsfreien Dialog einer an der Ermittlung emanzipativ befreiender Wahrheit interessierten kommunizierenden Gemeinschaft von Wissenschaftlern ist noch nicht viel wahrzunehmen. Was dagegen vorliegt, sind Zeugnisse der Korruption der etablierten Träger der Wissenschaften durch das, was man für den Zeitgeist hält. Es kann auch sein, daß sich die Erneuerung der Wissenschaften im Zeichen eines als Wissenschaft ausgegebenen Schwachsinns vollzieht. Die Unterwerfung der Wissenschaft unter gesellschaftliche Bedürfnisse, vor allem in den sozialen und humanen Wissenschaften, kann sich auch im Schatten des Wissenschaftsfetischismus und des zum Aberglauben degenerierten Vertrauens in die Allmacht der Wissenschaften vollziehen. Die totale Pädagogisierung und die Didaktisierung der Wissenschaften und ihrer Vermittlungsprozesse trennt zwischen Inhalten, die mitteilungswürdig sind, und solchen, die es nicht sind. Es wird als ganz selbstverständlich vorausgesetzt, daß keine Form von Bildung in den staatlichen Institutionen möglich sein soll, die nicht von vornherein getragen ist von dem emanzipativen Willen, die in diesen Institutionen gebildeten und erzogenen Menschen tauglich zu machen, sich in der Gesellschaft von der Gesellschaft zu befreien. Nur, wer entscheidet darüber, welche Inhalte wahrhafter Emanzipation förderlich sind und für welche das nicht zutrifft. Natürlich hat das, was geschieht, eine eigene Notwendigkeit. Die Wissenschaft muß sich der Frage nach ihren Voraussetzungen, ihren Zielen und den durch sie selber nicht setzbaren und daher auch nicht zu garantierenden Bedingungen stellen, wenn sie nicht zum Objekt undurchschauter und blinder Prozesse werden soll. Die Möglichkeit des Staates, in diese Prozesse regulierend und kontrollierend einzugreifen, sind geringer, als man bei den Konservativen anzunehmen scheint. Man kann die Universität nicht gegen die Studenten organisieren. Wenn man aber die Forschung aus der Universität herausnimmt und die nichtdurchsetzbaren Elemente einer technokratischen Reform der Ausbildung privatwirtschaftlich organisiert, dann fördert man erst recht die Gefahr, aus der Universität eine Kaderschmiede zu machen. Möglich ist es, daß es dazu kommt. Es wird sich dann zwar nicht die anarchistische Orgasmus-Philosophie von Wilhelm Reich durchsetzen und möglicherweise auch nicht der Neostalinismus des Spartakus, sondern die Form der Anpassung an eine unreflektierte atmosphärische Emanzipation, die jetzt schon das Klima in den Institutionen so nachhaltig bestimmt.

Wissenschaft und Gesellschaft

Nur der in der Universität organisierte und institutionalisierte Wissenschaftsbetrieb bliebe dann, was er war: ein Spiegelbild und die Reproduktion einer Gesellschaft, die sich von sich selbst befreien möchte und nicht weiß, wie man das macht. Die Frage nach einer relativen Autonomie der Wissenschaft stellt sich unter den veränderten und stukturellen Bedingungen mit großer Dringlichkeit von neuem.

Und das um der Aufgabe willen, die die Wissenschaften allein für die Gesellschaft erfüllen können. Wenn auch nicht durch einen administrativen oder plebiszitären Akt entschieden werden kann, was Wissenschaft ist und was sie nicht ist, so ist es doch ebenso absurd zu glauben, daß die die Wissenschaft betreffenden Fragen ohne oder gar gegen diejenigen, die am Prozeß wissenschaftlicher Erkenntnis beteiligt sind, entschieden werden könnten. Es wäre fatal, wenn es unter Ausnutzung der bekannten und vielfältigen Abhängigkeiten der Wissenschaftler zu einer politischen Kontrolle käme oder kommen müßte, der die Wissenschaft in diesem Lande schon einmal unterworfen wurde.

So wenig wir es uns leisten können, technisch zu machen, was machbar ist, so wenig können wir uns länger ausschließlich um das Wissen dessen bemühen, was an sich wißbar ist. Beides hängt auf das engste zusammen. Was ist in unserer Situation heute wert, gewußt zu werden? Wie erfassen wir aus dem Bereich des an sich Möglichen das heilsame Notwendige? Wer organisiert die wissenschaftliche Forschung aufgrund einer Ermittlung von Prioritäten, die an Zielen gewonnen wurden, an denen die Gesellschaft im ganzen sich orientieren soll? Hier hängt in der Tat die vernünftige Kontrolle und Beherrschung des durch die Wissenschaften vorangetriebenen Prozesses mit der Neukonstitution unserer Gesellschaft zusammen. Ohne das Wirksamwerden der Vernunft in der Gesellschaft wird der politische Auftrag der Wissenschaften in der Polarisierung der Kräfte in die der bloßen Erhaltung und die der abstrakten Innovation vertan. Ich werde mich hüten, auf die selbstgestellte Frage nach dem Subjekt der Kontrolle und Neukonstitution der Wissenschaften eine Antwort zu geben! Die Entscheidung dieser Frage ist zu einer Frage der Macht und des Kampfes um die Macht geworden. Die alte Universität hat es dazu kommen lassen, und der Staat hat durch sein Nichtstun die Entwicklung gefördert. Die alte Universität ist darüber zugrunde gegangen. Da gibt es auch nicht viel zu beklagen. Von entscheidender Bedeutung aber wird es für uns alle sein, ob der Staat das gleiche Schicksal erleiden wird. Ich bin mir dessen bewußt, daß nach einer über 100 Jahre währenden Destruktion der Vernunft es beinahe illusorisch ist, heute von Vernunft zu reden. Doch sie ist unsere einzige Chance. Sie könnte stärker sein, als es erscheint, wenn wir lernen, die apokalyptischen Zeichen der Gegenwart als die Sprache versagender Vernunft zu lesen.

Vernünftig ist es, die Wissenschaft nicht technokratisch oder ideologisch zu zerstören, da von ihr unsere Selbsterhaltung abhängt. Es ist aber auch nicht vernünftig, von ihr die Antwort auf die Frage nach den Zielen des menschlichen Lebens und nach der zukünftigen Gestalt unserer Gesellschaft zu erwarten. Hier kann sie in der Tat nur durch methodische Disziplin und Kritik dafür sorgen, daß die Antwort auf diese Frage im Rahmen dessen bleibt, was durch das Potential einer wissenschaftlichen Welt ebenso ermöglicht wie ausgeschlossen wird.

Hobbes meinte, daß die Wissenschaften für die Entscheidung ethischer und politischer Fragen nur eine geringe Macht darstellen. Er vertraute der leisen Stimme wissenschaftlicher Vernunft, die ihre überzeugende Kraft aus der Notwendigkeit gewinnt, mit der sich die Sachen und die in ihren Zusammenhängen liegende Logik durchsetzen. Es macht das Paradox der modernen Wissenschaft aus, daß sie ihre ungeheuren Erfolge im Fortschritt der Erkenntnis mit einem Verzicht auf Erkenntnis bezahlt hat. Die Zustimmung zu eindeutig entscheidbaren und eine intersubjektive Verständigung ermöglichenden Fragen ist mit dem Verzicht erkauft worden, alle die Fragen noch zu stellen, die keine eindeutige Entscheidung zulassen und über die auch keine methodisch kontrollierbare Verständigung möglich ist. Von dieser Art aber sind die Fragen, die heute gestellt werden: also alle Fragen von praktischer Bedeutung für die Zukunft des Menschen und unserer Gesellschaft. Die Schranke der Wissenschaft, die in der Abstraktion von allen nicht eindeutig entscheidbaren Fragen begründet liegt, macht ihre Schwäche in einer Situation aus, die eine Entscheidung der Zwecke erzwingt, denen die Wissenschaft dienen soll. Ist aber eine Diskussion der Frage nach den Zwecken in einer durch die normative Vernunft geregelten Rede möglich?

Während die revolutionäre Veränderung des institutionellen Rahmens einer Gesellschaft auch immer bedeutet, daß die Institutionen gesprengt und ihre Regelungen außer Kraft gesetzt werden, bedarf die Neuorganisation der Wissenschaft und die Einübung in einen neuen Stil des Wissenschaftstreibens selber einer institutionellen Sicherung. Nichts kann man schneller und irreparabler zerstören als Wissenschaft. Die Wissenschaft in ihrem modernen Stil hat sich in einem mehrhundertjährigen Prozeß am Beginn der Neuzeit durchgesetzt. Sie stellte die adäquate Antwort auf die Herausforderung einer epochalen neuen Lage der Geschichte dar. Sie ist selber das geschichtliche Produkt einer aus einer bestimmten Konstellation erzwungenen Anstrengung, die Geschichte zu überwinden und sie tendenziell in die gelungene Herrschaft des Menschen über seine natürliche und gesellschaftliche Welt zu beenden.

Die Entwicklung eines neuen Typs von Wissenschaft, die alle zum Zweck der Sicherung der Methode bisher ausgeklammerten Fragen in den Vollzug wissenschaftlicher Erkenntnis hineinnimmt, kann nur das Resultat einer tiefgreifenden Verwandlung des Bewußtseins sein. Diese Umstrukturierung des Bewußtseins ist in vollem Gange. Die modernen Wissenschaften sind selber nur eine kontingent geschichtlich wirksame Gestalt der Realisierung einer Epoche der Geschichte des menschlichen Bewußtseins, die die Fülle ihrer möglichen Gestalten nicht erschöpft. Bereits der junge Lukács hat die der neuzeitlichen Rationalität innewohnende Schranke zum Gegenstand einer Analyse gemacht, die alle revisionistischen Gestalten des Marxismus bis zu Adorno hin maßgeblich bestimmt hat. In der modernen Wissenschaft wird gerechnet und kalkuliert. Zukunft wird rational voraussehbar, und ihr rationaler Vorentwurf wird in der industriellen Produktion eingeholt. Alle naturwüchsigen Verhältnisse werden durch sie zerschlagen und aufgelöst. Die in ihre rational bestimmbaren Elemente aufgelöste Totalität der geschichtlich gesellschaftlichen Welt des Menschen wird dann nach einem ebenso rational kontrollierbaren Entwurf so wieder zusammengesetzt, daß sie den Bedingungen ihrer Kalkulierbarkeit genügen. In der partikularen Gestalt von Rationalität aber wird das Ganze irrational. Der Zusammenhang der durchrationalisierten Einzelsysteme bleibt ebenso irrational. Rationalität ist grundsätzlich formale Rationalität. Die rationalen Systeme bleiben dem Inahlt gegenüber fremd. Freiheit geht mit dem konkreten Inhalt ihrer Substrate verloren. Die Kategorie der Verdinglichung herrscht universal. Damit geht dem bürgerlichen Bewußtsein nach Lukács die Fähigkeit verloren, Geschichte als Zukunft zu erkennen. Die bürgerliche Welt ist blind für die Zukunft und daher der Kategorie des Novum nicht mächtig. Sie hat damit aber auch die Fähigkeit verloren, Zukunft zu gestalten.

Zu den Gründungsvätern einer Reformuniversität gehört auch ein Ordinarius für öffentliches Recht, der eine Theorie vertritt, nach der die Juristen in der Bundesrepublik nach dem Prinzip ausgebildet werden sollen, in die Institutionen hineinzugehen und sie von innen her subversiv auszuhöhlen, um einen gesellschaftlichen Zustand herbeizuführen, in dem keine Institutionen mehr notwendig sind. Dies ist das neue Datum, das nun relevant wird: Zu den politischen Zielsetzungen in unserer Gesellschaft gehört die totale Destruktion von Institutionen überhaupt. Institutionen sollen zerstört werden, sofern sie ganz bestimmte, im hierarchischen Aufbau einander zu- oder untergeordnete Funktionen vorsehen, die auch in begrenzter und kontrollierter Weise die Möglichkeit einschließen, daß Menschen über andere Menschen disponieren können. Ohne Übertreibung kann man schon heute davon ausgehen, daß der größte Teil der engagierten Studenten selbstverständlich links steht. Sollten diese Entwicklungen so weitergehen, wäre es z. B. denkbar, daß in unserer Gesellschaft ganz bestimmte Fragen, z. B. theoretische Fragen von allgemeinem Interesse, in den auch für diesen Zweck vorgesehenen öffentlichen Institutionen nicht mehr gestellt und diskutiert werden können. Wenn das Angebot zur Meinungsbildung sich nach einer Nachfrage richten muß, die bereits einseitig programmiert präformiert ist, dann haben auch abweichende Angebote keine Chance mehr, sich wirksam zu Gehör zu bringen. Von den durch die Demokratisierung ihnen zugesprochenen Mitwirkungsrechten machen die politischen Gruppen zunächst einmal Gebrauch, indem sie dafür sorgen, daß die frei werdenden Einflußpositionen mit Gesinnungsgenossen besetzt werden.

Alle diese Prozesse, die sich in den letzten Jahren in unserem Lande vollzogen haben, können aber nicht angemessen verstanden werden, wenn man nicht die politische und auch gesellschaftspolitische Bedeutung einer bestimmten Theorie – und zwar einer neomarxistischen, ihrer Absicht nach revolutionären Theorie – für die Entwicklung und Beschleunigung dieser Prozesse gebührend berücksichtigt. Die in den öffentlichen Medien, der Massenpresse, in den verschiedenen Bildungs- und Ausbildungsplänen gesprochene Sprache wäre nicht verständlich ohne die Sprachregelungen, die diese Theorie zwar nicht selber durchgesetzt, aber doch angeboten hat, und die bewußt und dankbar aufgegriffen worden sind, um diese Form der Regelung des Sprachgebrauchs tendenziell für die ganze Gesellschaft verbindlich zu machen. Die Überzeugung von dem auch gesellschaftspolitisch fundamentalen Stellenwert von Theorie in der Gegenwart ist daher keine Sache bloßer Meinung, sondern kann an den Abläufen und den Prozessen der Veränderung unserer Gesellschaft in bestimmten Bereichen nunmehr überprüft werden.

Die linke Theorie der Gesellschaft und ihre revolutionäre Praxis

Wir haben schon darauf hingewiesen, daß die damalige linke Theorie mit einem bestimmten Begriff von unserer Gesellschaft angetreten ist. Zum Bild oder Begriff von dieser Gesellschaft gehörte die These, daß wirkliche Veränderungen in dieser spätkapitalistischen, faschistischen Gesellschaft nicht möglich seien. Eingreifende Veränderungen seien deshalb unmöglich, weil solche Veränderungen gegen das klar erkennbare Klasseninteresse einer in dieser Gesellschaft – fast – uneingeschränkt herrschenden Gruppe gerichtet wären, die sich mit allen Mitteln gegen jede Veränderung schützen und alle Machtmittel einsetzen würde, um jede Art von Veränderung zu verhindern. Das ist das Bild, das sich die damalige Theorie von unserer Gesellschaft gemacht hat: eine monolithisch geschlossen gegen jede Veränderung stehende Gesellschaft, die ihren spätkapitalistisch faschistischen Charakter durch die reine Formalität einer auf eine bloße Fassade reduzierten Demokratie ebenso verhüllt wie schützt. Wenn man sich nun angesichts der so unglaublich schnellen Veränderung der ganzen Gesellschaft durch Einwirkung dieser Theorie die Realität dieser Gesellschaft ansieht, und d. h. vornehmlich die ihrer wichtigsten Funktionen, dann hat sich die Theorie inzwischen selbst widerlegt. Es ist einfach nicht wahr, zu behaupten, unsere Institutionen wären entschlossen gewesen, sich gegen Veränderungen wirksam zu schützen. Fast ohnmächtig und sprachlos verhielten sie sich gegenüber diesem Zugriff und sind diesen Veränderungen – nach wie vor – hilflos unterworfen.

Warum gibt es – jedenfalls bisher und dem Anschein nach – unter diesen Institutionen nur eine Ausnahme, nämlich den Industriebetrieb? Die Vertreter dieser »linken Theorie«, also auch diejenigen, die versucht haben, diese Theorie in praktische Wirklichkeit zu übersetzen, haben es nicht gewagt, die Industriebetriebe unmittelbar ihrem massiven Zugriff auszusetzen. Vertreter des Staates, der Kirchen und Universitäten wurden ohne großes Risiko in einer inzwischen bekannten Weise provoziert. Dagegen war es diesen Gruppen nicht möglich, die gleichen Methoden auch zur Verunsicherung der Industriebetriebe anzuwenden. Sie haben es bisher nicht gewagt, weil das Interesse der sogenannten lohnabhängigen Massen, wie man in der Sprache dieser Theorie zu sagen pflegt, an der Erhaltung und damit an der Sicherung und nicht an der Verunsicherung dieser Institutionen ausgerichtet ist. Es wird bei dieser Aussparung der Industriebetriebe jedoch keineswegs bleiben. Die Phase der antiautoritären, außerparlamentarischen studentischen Opposition war nur eine Zwischenphase, die nun vorbei ist. Ihre Ziele sind weitgehend in den Institutionen legalisiert, ja institutionalisiert worden.

Die politische Aktivität richtet sich jetzt auf die Mobilisierung der Lehrlinge. Man sollte aber stets bedenken, daß auch die Zustimmung der sogenannten lohnabhängigen Massen zum bestehenden System an ganz bestimmte Bedingungen gebunden ist und ihre Grenzen hat. Es sind Grenzen, die absehbar und erkennbar werden in der Fähigkeit oder Unfähigkeit des Systems, mit bestimmten Zukunftsaufgaben, vor allen den uns unmittelbar bedrohenden, fertig zu werden. Hier liegt ein Potential bereit, das man nur geschickt und agitatorisch wirkungsvoll anzuwenden braucht, um in relativ kurzen Zeiträumen Prozesse auszulösen, über deren Charakter und Konsequenzen man sich zur Zeit noch keine angemessene Vorstellung machen kann. Viele der links stehenden politischen Kräfte in unserem Lande haben das auch begriffen. Sie bereiten sich durch systematische Schulung auf ihre neue Aufgabe vor. Die DKP hat in Essen eine Akademie errichtet, deren wichtigstes Ziel die Vorbereitung von Menschen aus Industrie und Wirtschaft für die Führung des Klassenkampfes in Wirtschaft und Industrie sein soll.

Hinter allen diesen, die bestehende Ordnung betreffenden Herausforderungen steht die konkrete Frage, worin heute ein gutes Leben besteht. Die gesellschaftspolitische Relevanz der Ethik hat es daher mit der Ermittlung zu tun, was in einer bestimmten Gesellschaft unter bestimmten Bedingungen für den Menschen das eigentlich Gute, weil ihn wahrhaft als Mensch in der Verwirklichung seines Menschseins Förderliche und Fördernde ist. Ohne gleich mit einer fertigen Antwort zur Stelle zu sein, ist es wichtig, zunächst einmal die Bedeutung dieser grundlegenden Frage zu sehen: Was ist denn in dieser Gesellschaft in ihren erkennbaren, auch nicht ohne weiteres zu verändernden Strukturen und unter den mit diesen Strukturen gesetzten Bedingungen eigentlich das für den Menschen Gute und Förderliche? Daß diese Frage heute so wieder gestellt und auch so schnell nicht wieder aus dem allgemeinen Bewußtsein verschwinden wird, ist ein großes Verdienst, das die junge, sogenannte Linke Bewegung sich um die Philosophie und, recht verstanden, auch um diese Gesellschaft erworben hat, indem sie das Prinzip von Wachstum und Wachstumssteigerung im ökonomischen Sinne – um jeden Preis – fundamental in Frage stellt. Wenn das hinter dieser Fragestellung liegende Motiv nach einem guten und menschenwürdigen Leben nicht in der Form vernünftiger Argumentation in die Theorie aufgenommen wird, kann sich diese Frage, die dem Menschen ureigen und notwendig ist, die erst seinen Rang und seine Würde ausmacht, zerstörerisch auf die Bedingungen der Selbsterhaltung der Gesellschaft und ihrer Ordnungen auswirken. Die Frage, um die es heute letztlich geht, ist keine neue, sondern die alte, es ist die Frage Platons. Aber in der Geschichte kann sich der Stellenwert von alten Fragen gerade dann ändern, wenn sie vergessen wurden und wiederum neu gestellt werden. Die sogenannte Linke hat die alte Frage in ihrem veränderten Stellenwert der Gegenwart wieder bewußt gemacht. Die Frage hat aufgehört, eine Frage der individuellen Ethik zu sein, sie ist zur Grundfrage der Existenz der modernen technologischen Gesellschaft im ganzen geworden.

Utopie und Anarchie

Kritische Theorie sei Schuld!

Es ist in unseren Ausführungen schon mehrfach die Rede gewesen von der Bedeutung einer Theorie, die, entweder verursachend oder begleitend, jene Prozesse in Gang gesetzt hat, von denen, wie wir zu zeigen versuchten, inzwischen fast alle Institutionen erfaßt worden sind. Dies ist die sogenannte kritische Theorie, die neomarxistische Sozialphilosophie der Frankfurter Schule. Es ist relativ aussichtslos, konkret zu sagen, was zuerst dagewesen ist: der praktische, fundamental gegen die Grundlagen der technologischen Gesellschaft sich richtende Angriff oder die diesen Angriff erst provozierende und stimulierende Theorie. In jedem Falle gilt: Ohne Kenntnis dieser Theorie wird man heute nicht verstehen können, was gegenwärtig ist. Wenn die neue kritische Opposition, die durch die Theorie dieser Schule hindurchgegangen ist, die Industriebetriebe erreicht, dann wird der Ausgang der Auseinandersetzungen wesentlich davon abhängen, ob die etablierten Führungskräfte fähig sind, die zu erwartenden kritischen Anfragen zu verstehen und zu begreifen, wovon eigentlich die Rede ist, auf welche Ursachen und Motive eine solche Kritik zurückzuführen ist und worin ihr substantielles und pragmatisches Recht besteht. Darum ist eine Beschäftigung mit der Theorie der Frankfurter Schule, so mühselig und schwierig sie auch sein mag, aus ganz realen, gesellschaftspolitischen und praktischen Gründen unerläßlich. Wir wollen daher die durch Adorno und die Frankfurter Schule repräsentierte Theorie auf zwei Fragen hin untersuchen.

1. Warum gehört zu den Konsequenzen dieser gesellschaftspolitischen Theorie der Anarchismus?

2. Warum haben die praktischen Konsequenzen dieser Theorie heute zu einer weitgehenden Rehabilitierung des klassischen Marxismus und Kommunismus in der Bundesrepublik geführt?

Ehe wir uns diesen Fragen und ihrer Antwort aus der Theorie von Adornos »Negativer Dialektik« zuwenden, mag es nützlich und aufschlußreich sein, einiges über Voraussetzungen und Vorgeschichte der neomarxistischen Theorie in Erinnerung zu bringen. Das Institut für Sozialforschung, aus dem die Frankfurter Schule hervorgegangen ist, wurde bereits in den 20er Jahren gegründet. Die Theorie, die in den letzten zehn Jahren in der Bundesrepublik ankam, geht also auf Anfänge zurück, die in die Zeit der Weimarer Republik zurückreichen. Für die praktische Umsetzung und Wirksamkeit radikalen theoretischen Denkens muß mit längeren Zeiträumen gerechnet werden, als sie sonst bei Dispositionen von effektiven Handlungskonzepten wohl üblich sind.

Es ist gut, sich daran zu erinnern, daß diese Theorie in einem Institut entwickelt worden ist, das zu diesem Zweck erst gegründet wurde und nicht von den für die Entwicklung von Theorie eigentlich vorgesehenen hohen Schulen, den Universitäten. Dieses berühmte Frankfurter Institut wurde von Individuen geschaffen, die ihrer soziologischen Herkunft nach aus dem deutschen Großbürgertum stammten. Wegen ihrer jüdischen Herkunft mußte das Institut 1933 aus Deutschland emigrieren, und zwar über Paris in die Vereinigten Staaten. Der wichtigste Teil der theoretischen Arbeit an diesem Institut wurde daher in den Vereinigten Staaten geleistet. Es ist noch zu wenig geklärt, ob nicht die Realität, auf die sich die Analysen beziehen, primär im Faschismus 1933–45 und der amerikanischen Gesellschaft zu sehen ist.

Allen Theoretikern aber, die aus diesem Institut für Sozialforschung hervorgegangen sind, und allen aus diesem Institut entwickelten theoretischen Ansätzen ist der Versuch gemeinsam, die Gesellschaft als Totalität zu begreifen. Damit ist die neomarxistische Schule die einzige, die die Tradition der großen Philosophie von Platon bis Hegel im 20. Jahrhundert fortgesetzt hat. Aufgabe und Ziel dieser Philosophie bestand ja in nichts anderem, als das Ganze der Wirklichkeit denkend zu begreifen und zu durchdringen. Insofern steht diese neomarxistische Theorie für den traditionalen Anspruch der Philosophie, das Ganze der Wirklichkeit zu begreifen. Der traditionelle Anspruch der Philosophie wird aber in dieser Theorie von vornherein eingeschränkt durch die Gleichsetzung des Ganzen der Wirklichkeit mit der Totalität der Gesellschaft. Wir haben es daher bei dieser Theorie auch immer mit den nicht durchschauten Konsequenzen dieser Gleichsetzung des Ganzen der Wirklichkeit mit der Gesellschaft als Totalität zu tun. Wenn man das Ganze der Wirklichkeit mit der Gesellschaft als Totalität gleichsetzt, dann sagt man von vornherein, daß Philosophie als Metaphysik, Religion und Theologie, also die Weisen, in denen in der Geschichte des christlich bestimmten Abendlandes der Mensch sein Verhältnis zum Absoluten gedacht und verwirklicht hat, für diese Theorie keinerlei Realitätsbedeutung haben. Es liegt der Theorie daher der fundamentale ideologiekritische Satz zugrunde, daß der Philosophie, der Metaphysik, der Theologie keine Realität entspricht, sondern daß sie Weisen sind, in denen sich der Mensch zu Fiktionen wie zu Realitäten verhalten habe. Diese scheinbar sehr theoretische Überlegung hat aber konkrete gesellschaftliche Konsequenzen für das Schicksal dieser Theorie. Erst nach 1945 konnte das Frankfurter Institut wieder nach Deutschland zurückkehren und entfaltete eine zunehmende gesellschaftspolitische und ideologiekritische Wirksamkeit mit dem Willen, eine Wiederkehr des Faschismus in Deutschland zu verhindern. Die Frankfurter Schule konnte mit einer entsprechenden geschichtlichen Verspätung in Deutschland wirksam werden, weil die Beschäftigung mit dem Marxismus durch den Eingriff von Gewalt unterbrochen wurde. Die vier bekanntesten Vertreter der Frankfurter Schule sind Max Horkheimer, Theodor W. Adorno, Herbert Marcuse und – von der jüngeren Generation – Jürgen Habermas.

Rehabilitierung des Kommunismus

Wir sagten schon, daß die praktischen Konsequenzen dieser Theorie, wenn auch vielleicht von ihr nicht gewollt, zu einer weitgehenden Rehabilitierung des klassischen Marxismus und Kommunismus in der Bundesrepublik geführt haben. Das Unverständnis der Frankfurter für diese Wirkung ist insofern paradox, weil die Frankfurter Schule sich selbst als Neomarxismus verstanden hat. Sie vertritt insofern einen neomarxistischen Ansatz, als sie der Meinung war, daß eine sich auf die Gesellschaft als Ganzes beziehende Theorie nur im engsten Anschluß an Karl Marx möglich sei. Die Theorie der Frankfurter Schule versteht sich als Neomarxismus, weil sie davon überzeugt ist, daß man den Ansatz von Marx im Blick auf die gesellschaftlichen Prozesse verändern muß. Eine Anwendung des Marxismus auf die gesellschaftlichen Realitäten des 20. Jahrhunderts ist ohne eine Revision des Marxismus nicht möglich. Aber auch in der erneuernden Aufnahme des marxistischen Ansatzes geht man von dem Satz aus, daß die Gesellschaft alles ist. Die Totalität der Gesellschaft ist dann der Inbegriff der Strukturen und Zusammenhänge, in denen die Menschen in der Ausbeutung der Natur ihr materielles Leben produzieren. Der hier zugrunde liegende Begriff der Gesellschaft ist somit der eines Zusammenhangs von Formen und Organisationen, in denen die Menschen in der Auseinandersetzung mit der Natur ihr materielles Leben produzieren und reproduzieren. In dieser Gesellschaft und für diese Gesellschaft ist nichts wirklich, was nicht entweder unmittelbar im Dienste der materiellen Reproduktion des Lebens der Gesellschaft steht oder sich auf eine Funktion im Zusammenhang von Produktion und Reproduktion des materiellen Lebens zurückführen läßt. Was nicht mittelbar oder unmittelbar im Dienste dieses Zusammenhangs steht, ist von vornherein unter Ideologieverdacht gestellt.

Der Begriff der Totalität der Gesellschaft ist somit für diese Theorie noch einmal zu reduzieren, und zwar auf die Organisation der Zusammenhänge der materiellen Produktion und Reproduktion des Lebens. Das bedeutet, daß nicht nur Philosophie und Theologie von vornherein unter Ideologieverdacht fallen, sondern daß alle geistigen Überlieferungen und alle sittlichen Zusammenhänge des menschlichen Daseins in dieser Theorie dem Ideologieverdacht unterliegen. Alles, was der Mensch in einer zweieinhalbtausendjährigen Geschichte geschaffen und ausgebildet hat, was über die Organisation der bloßen Selbsterhaltung und materiellen Produktion und Reproduktion seines Lebens hinausgeht, ist damit zunächst einmal Ideologie. Die Theorie der Frankfurter Schule geht über Marx hinaus, weil sie alle geistigen und sittlichen Überlieferungen in ihrem Wahrheitsanspruch destruiert. Als Konsequenz der Gleichsetzung aller bisherigen Geschichte mit der Geschichte als Herrschaft kommt es zu einer totalen Destruktion unserer geschichtlichen Überlieferung. Alle Vertreter der Frankfurter Schule gehen davon aus, daß das Proletariat als Adressat einer revolutionären Überwindung der Geschichte als Herrschaft nicht mehr in Betracht kommt. Das Proletariat sei inzwischen – zumindest dem subjektiven Bewußtsein nach – in die bestehende Gesellschaft integriert: Die lohnabhängigen Massen stimmen den Erhaltungsbedingungen des Systems zu. An die Stelle des Proletariats ist für die Vertreter der Frankfurter Theorie als nunmehr entscheidende Produktivkraft die Intelligenz oder die Wissenschaft getreten: Die wichtigste Produktivkraft ist nicht mehr das Proletariat, sondern die Wissenschaft.

Weil das Proletariat seine ihm in der marxistischen Theorie zugedachte Rolle, die kapitalistische Gesellschaft zu überwinden, nicht erfüllt hat, konnten sich in der gesellschaftlichen Entwicklung die Strukturen der Herrschaftstotalität durchsetzen. Eine moderne technisch wissenschaftliche Gesellschaft ist danach im Kern eine totalitäre Gesellschaft. Der totalitäre Charakter der Gesellschaft wird mit Wesen und Bedeutung der Technik in dieser Gesellschaft begründet. Technik wird verstanden als ein Handlungsvollzug, dem tendenziell alles, die Natur, die zwischenmenschlichen Beziehungen und schließlich der Mensch selber verfügbar gemacht wird. Der Mensch wird vollständig der der Technik innewohnenden Intention auf Verfügung und Beherrschung unterworfen. Diese These ist im Vergleich zu Marx paradox, der ja die Entwicklung von Wissenschaft und Technik als Voraussetzung bejaht hat, durch die der Mensch erst eine Chance erhält, sich als freies Wesen zu verwirklichen. Die Rede vom totalitären Charakter unserer Gesellschaft schließt also den Satz in sich ein, daß der Mensch in dieser durch die Technik und ihre immanenten

Gesetze bestimmten Gesellschaft nicht mehr Subjekt ist. Der Mensch ist nicht mehr Subjekt der Freiheit, er ist zum Objekt totaler Beherrschung geworden. An die Stelle des Menschen, der sich mit Hilfe der Technik befreien wollte, sei der der technisch verwalteten Gesellschaft unterworfene Mensch als Objekt getreten.

Ende des Fortschritts?

Die Frankfurter Theorie oder die neomarxistische Sozialphilosophie bedeutet innerhalb der Geschichte des bürgerlichen Bewußtseins eine radikale Wende, weil diese Theorie den Glauben an Fortschritt aufgibt. Die im Namen des Fortschritts auftretende und meistens auch als eine fortschrittlich bewertete Theorie ist faktisch eine solche, die dem letzten Glaubenssatz der bürgerlichen Gesellschaft eine radikale Absage erteilt. Was aber soll die bürgerliche Gesellschaft von sich glauben, wenn sie sich nicht mehr als eine Gesellschaft empfinden kann, die sich providentiell auf dem Wege der Beförderung des Fortschritts der Menschheit befindet? Für den neuzeitlichen Menschen hat der Glaube an den Fortschritt eine religiöse Bedeutung gehabt. Der Fortschrittsglaube war immer mehr als ein empirisch an der Realität nachweisbares Faktum, er war auch ein legitimierender Glaube. Was ist für die Frankfurter Theorie an die Stelle des in der Neuzeit und in der bürgerlichen Gesellschaft intendierten Fortschritts getreten? An die Stelle des Fortschritts ist die totale Unterdrückung getreten, die totale Unterwerfung des Menschen unter den Produkionsapparat der Gesellschaft. Die Gesellschaft ist dann nichts anderes als der große Apparat, der im Dienste der Ausbeutung der Natur für die Zwecke des Menschen steht. Diesem Apparat ist der Mensch bruchlos einbezogen und unterworfen. Die Ausweitung und Totalisierung des Prinzips Herrschaft ist daher für die Frankfurter Theorie das bisher einzig erkennbare Resultat einer zweieinhalbtausendjährigen Geschichte der Arbeit am Fortschritt der Menschheit. Unter den Bedingungen des in sein Gegenteil umgeschlagenen Fortschritts ist der Mensch zum Objekt der Herrschaft geworden.

Der Mensch ist nicht mehr Subjekt autonomer freier Entscheidungen und spontaner Befriedigung seiner Bedürfnisse, sondern er ist zum manipulierten, ausgebeuteten und in den Dienst genommenen Objekt totalitärer Herrschaft geworden. Das ist der vielleicht radikalste und am weitesten gehende kritische Satz, den die neomarxistische Theorie über die Gegenwart formuliert hat. Über seinen ursprünglich gemeinten politischen Sinn ist dann das Verständnis totalitärer Herrschaft ausgeweitet worden, indem behauptet wird, der totalitäre Charakter sei dem System als solchem immanent. Bis in die Produktionsgesetze und Produktionsformen der Gesellschaft hinein liegt dann dieser Gesellschaft das Moment der Verfügung und Unterwerfung des Menschen unter ihm fremde Sachgesetze und Notwendigkeiten zugrunde. Der Staat und die Vertreter des Systems sind dann zum Teil die unbewußten und freiwilligen Handlanger eines seinem Kern und Wesen nach totalitären Systems.

Der Kampf richtet sich dann nicht gegen bestimmte Institutionen oder bestimmte Repräsentanten, sondern das Objekt des Kampfes ist das menschenfeindliche totalitäre System selbst. Was folgt daraus? Jedes Individuum, das im Dienste der Erhaltung des Systems steht, ist dann nur eine Charaktermaske. Die Frage nach den Individuen und ihrer individuellen Verantwortung ist eigentlich uninteressant. Die Individuen sind nur noch die auswechselbaren Handlanger des Systems. Es ist jetzt schon deutlich, was sich allein aus einer Deutung der modernen, auf Technik und Wissenschaft angewiesenen Gesellschaft ergeben kann, wenn diese Gesellschaft aus individueller Verantwortung nicht zugänglichen Gründen als solche totalitär ist. Es folgt aus der These, daß alles im Grunde genommen total von der korrumpierenden Wirkung des Systems erfaßt ist.

Der Kernsatz der »Negativen Dialektik« Adornos lautet daher: Das Ganze ist falsch. Das Ganze ist verkehrt, es ist unwahr, von Grund auf. Es ist das System überhaupt und im ganzen, das verkehrt, falsch und unwahr ist. Alle in dieser Gesellschaft lebenden Menschen sind von dem falschen System erfaßt. Sie unterliegen alle, wie Adorno nicht zufällig in der Sprache des Mythos sagt, einem Bann. Die Menschen unterliegen in ihrer Beherrschung durch die falsche Gesellschaft einem Bann, der wie ein Verhängnis auf den einzelnen Individuen lastet, unter dem sie nur noch leiden können und darüber hinaus diesem ihrem Leiden nur noch den Ausdruck eines ohnmächtigen Protestes geben können. In der falschen Gesellschaft sind die Menschen dazu verurteilt, sich mit den Surrogaten des Glücks abzufinden. Oder sie sind dazu verurteilt, unter der Übermacht des Bannes zu leiden. In dieser Theorie wird also der Mensch nicht länger bestimmt als ein allmächtiger Prometheus, als der allmächtige Produzent seiner selbst und seiner Welt, sondern er ist faktisch der Leidende und unter seiner Ohnmacht Leidende.

Das Ganze sei falsch

Mit diesen Aussagen tritt unsere gegenwärtige gesellschaftliche Konstellation in das Zeichen der Apokalypse. Es wird viel zu wenig bewußt, daß der Blick, der von dieser Theorie auf unsere Gesellschaft geworfen wird, der Blick auf eine wahrhaft apokalyptische Weltkonstellation ist, in der all die Illusionen des bürgerlichen Subjektes über Fortschritt, über Humanität und über die Allmacht des Menschen radikal abgebaut und zerstört werden. Die letzten Wurzeln des Optimismus werden durch diese apokalyptische Analyse der Gegenwart zerstört. Die Gegenwart ist bestimmt durch die Herrschaft absolut gewordener Negativität. Es fällt dem bürgerlichen Bewußtsein vielleicht besonders schwer zu begreifen, daß in dieser Theorie Gesundheit und frisch-fröhlicher Optimismus als besonders wirksame Form bewußtlos bleibender Krankheit diagnostiziert werden. Der frisch-fröhliche optimistische Schwung wird unter den Bedingungen totaler Negativität selber zu einem Symptom der Krankheit. In der Gegenwart muß das erste, wichtigste und elementarste Bedürfnis des am Sinn seines Lebens festhaltenden Menschen sein, die Herrschaft total zu verneinen. Die totale Negation von Herrschaft ist aber nichts anderes als die radikalisierte Wiederkehr der geschichtlich bekannten Form des Anarchismus. Der von dieser Theorie als Utopie entworfene andere Zustand muß dann der Zustand einer Utopie der totalen Beseitigung von Herrschaft sein. Hinter jeder Verneinung von Sinnlosigkeit und eines als sinnlos empfundenen Zustandes steht aber unausdrücklich die Bejahung von Sinn. So wird der Sinn in der neomarxistischen Theorie interpretiert als das erfüllte und befriedete Dasein des Menschen, in welchem der Mensch ungehindert durch andere sich autonom und in Freiheit verwirklichen kann. Der Mensch müßte in der Umkehrung der herrschenden Ordnung aus der Rolle des totalen Objekts heraustreten und totales Subjekt werden. Die Sachen und die Erfüllung ihrer Notwendigkeit müssen dann nach der Logik der Befriedigung und Erfüllung menschlichen Daseins ausgerichtet werden.

Nun stellt sich folgende Frage: Wie ist eine Überwindung des verkehrten Ganzen überhaupt denkbar? Wie kann man aus dem total Falschen in das Wahre und andere hineinkommen? Wie kommt man aus dem totalen Unsinn in den Sinn? Wie kommt man aus dem Zustand totalitär gewordener Herrschaft in einen Zustand total aufgehobener Herrschaft?

Marxismus und die neue Pseudoradikalität

Der Weg der Reform ist dann grundsätzlich ausgeschlossen, weil jede Reform am Teil nur zur Verstärkung des Falschen beiträgt. Wenn man aber den Gedanken von dem Bestehenden als dem total Unwahren konsequent zu Ende denkt, dann ergibt sich aus dieser Theorie der Schluß, daß sich aus ihr gar nichts ergibt. Die Theorie, die hinter der revolutionären Unruhe in der gegenwärtigen Gesellschaft steht und sie maßgeblich angeheizt und provoziert hat, erfüllt in beispielhafter Weise das Kriterium der Pseudoradikalität. Die Theorie ist pseudoradikal, weil die totale Infragestellung des Ganzen dazu führt, daß überhaupt keine wirklich praktisch eingreifenden Veränderungen denkbar sind. Darum ist sie im Grunde genommen pseudoradikal. Eine Überwindung des Systems wäre nach der linken Theorie nur möglich, wenn die Klammer, die die totale Herrschaftsordnung der Gesellschaft mit dem Interesse des Menschen an natürlicher Selbsterhaltung in eigener Identität verbindet, gelöst wird. Praxis des Kampfes um die Auflösung des Zusammenhangs zwischen dem Interesse des Menschen an seiner Selbsterhaltung und der Veränderung der Gesellschaft ist aber das Wesen aller anarchistischen Bewegungen in unserer Gesellschaft.

Hier sind die Voraussetzungen entwickelt, von denen aus der Anarchismus verstanden werden kann, der heute in unendlich vielen Formen anzutreffen ist. Es ist dann kein Zufall, daß sich die anarchistische Bewegung in der Form des Exodus, eines Auszugs aus dem System vollzieht und sich in der Geste der Verweigerung und des permanenten Sich-Verweigerns artikuliert. Dieser in der Gegenwart zu beobachtende innere Auszug aus dem System ist zwar nicht unmittelbar von der linken neomarxistischen Theorie gefordert worden, aber er stellt doch eine mögliche Konsequenz dar, die man aus dieser Theorie ziehen kann. Wenn es in der Adornoschen Theorie auch nicht einfach um die Forderung geht, die Identität aufzulösen, sondern eine neue Identität zu finden, so soll doch die neue Identität nicht mehr an den durch die Gesellschaft gegebenen Bedingungen der Selbsterhaltung dieser Gesellschaft interessiert sein. Damit richtet sich die anarchistische Infragestellung selbstbewußter menschlicher Identität nicht nur gegen die kapitalistisch verfaßten Gesellschaften, sondern sie geht an die Wurzeln einer jeden modernen, technologisch verfaßten Gesellschaft überhaupt. Alle, die sich nicht mit der Negativität abfinden wollen, müssen dann die entscheidende Frage stellen: Wie ist eine Vermittlung möglich zwischen der Praxis der totalen Freiheit auf der einen und dem durch totale Herrschaft bestimmten System auf der andern Seite? Wie sieht eine Praxis aus, mit der man das totale Herrschaftssystem durch einen Zustand herrschaftsloser Freiheit ersetzen und überwinden kann? Alle wirklich politisch engagierten Gruppen haben auch diese Frage gestellt. Doch die linke Theorie der Frankfurter Schule hat auf diese Frage keine Antwort gegeben. Adorno hat die Antwort ausdrücklich verweigert, von seinem Ansatz her, zum Teil mit guten Gründen. Adorno sagt eindeutig, daß es eine Antwort auf die Frage nach der Verwirklichung des guten Lebens nicht gebe. Was in der Gegenwart einzig möglich ist, sei die Vermittlung eines Bewußtseins davon, daß wir in einer Welt des totalen Grauens und der totalen Katastrophe leben. Man könne nur hoffen, daß aus diesem Bewußtsein die Menschen einst die Kraft nehmen könnten, das Verhängnis zu wenden.

Es ist daher gar nicht erstaunlich, daß diese Gruppen, die auf ihre durch die Theorie selbst provozierte Frage keine Antwort bekamen, den einzig möglichen Weg in der Erneuerung des klassischen Marxismus gesehen haben. Der Weg in eine neue Gesellschaft kann nur über eine politische Aktivierung der lohnabhängigen Massen führen. Es ist also ein Defizit, ein Ausfall an Theorie in der neomarxistischen Sozialphilosophie, der in der Kompensation dieses Defizits zu einer Erneuerung des klassischen Kommunismus in der Bundesrepublik geführt hat. Wie berechtigt auch immer die in der Frankfurter neomarxistischen Theorie vorgetragene Kritik am klassischen Marxismus sein mag, es ist kein Zweifel, daß der hier kritisierte Marxismus eben eine Antwort auf die fundamentalen Fragen, die hier offenbleiben, gibt. Der Marxismus gibt eine Antwort auf die Frage nach der Bildung des Subjektes, das die totale Selbstentfremdung des Menschen in der modernen Gesellschaft überwinden soll, er gibt auch eine Antwort auf die Frage nach der Praxis, durch die das geschehen soll, und auf die Frage nach den Methoden und den Organisationsprinzipien, nach denen die geforderte Praxis durchgesetzt werden soll. Alle übrigen theoretischen Überlegenheiten der neomarxistischen Theorie über die orthodox marxistische ändern nichts an der Tatsache, daß in den für die gegenwärtige Situation entscheidenden Fragen die orthodoxe Theorie sich als die überlegene herausgestellt hat.

Die neomarxistische Bewegung hat das unfreiwillige, weil nicht in ihrer Absicht und Intention liegende Verdienst, den orthodoxen Kommunismus als die faszinierende Theorie herausgestellt zu haben, die einzig und allein im Besitz der praktischen Mittel zu sein scheint, das von den Frankfurtern beklagte Verhängnis auch wirklich wenden zu können. Ohne Verständnis dieser Hintergründe kann man nicht begreifen, wie dieses Bewußtsein sich in diesem Land hat durchsetzen können: daß nur eine marxistische Theorie imstande sei, unsere Zeit zu begreifen und die notwendigen Veränderungen zu verwirklichen. Im Rückgriff aber auf die orthodoxen Traditionen des Marxismus werden sich auch die überkommenen Organisationsformen wieder durchsetzen, die im Leninismus und Stalinismus zu der Etablierung einer kommunistischen Gesellschaft geführt haben. Dieser Prozeß ist gegenwärtig in der Bundesrepublik in vollem Gange. Es wird dann ein durchaus vertretbares Ziel, in die demokratischen Organisationen hineinzugehen, sie unter Ausnutzung der für sie fundamentalen Schwächen umzufunktionalisieren und sie so zu einem Instrument einer Evolution zu machen, an deren Ende die Errichtung einer kommunistischen Gesellschaft steht wie in der Sowjetunion oder in der DDR.

Die Theoretiker der neokommunistischen Bewegung an den deutschen Universitäten machen kein Hehl daraus, daß die Frage nach dem Ziel der Veränderungen, deren unsere Gesellschaft bedarf, in der Sowjetunion und in der DDR gelöst und beantwortet ist. Das wirklich Gespenstische, das diesem Willen zur Erneuerung des Marxismus in der Bundesrepublik innewohnt, ist die Tatsache, daß die Erfahrungen, die wir inzwischen mit der Verwirklichung des Marxismus gemacht haben, für die Begründung dieses Versuches keine Rolle spielen. Sie werden in der fanatischen Überzeugung zurückgewiesen, daß der wahre Marxismus nicht der wirkliche sei, und es scheint dabei unterstellt zu werden, daß den Deutschen in der Bundesrepublik die providentielle Rolle von der Geschichte zugewiesen wird, den wahren Marxismus erst noch zu verwirklichen.

Wir fassen das Ergebnis unserer Überlegungen noch einmal zusammen. Ausgangspunkt war die kritische Analyse von Phänomenen, die an sich öffentlich sind, jedem bekannt oder doch bekannt sein könnten, unter der Frage: Welche Sprache sprechen diese Phänomene und Symptome im Hinblick auf die innere Verfassung unserer Institutionen? Was läßt sich über die Chance der Institutionen sagen, mit den Herausforderungen, die sich in der Sprache der Symptome ankündigen, fertig zu werden? Eine negative Antwort scheint sich anzubieten: die in einer konkreten Analyse gewonnenen Ergebnisse lassen Rückschlüsse auf einen nicht ungefährlichen und chronisch gewordenen Schwächezustand der Institutionen in diesem Lande zu, an dem sowohl die Freiheit wie die Funktionsfähigkeit hängen. Gegenüber der faktischen Schwäche dieser Institutionen steht eine theoretisch ausgearbeitete und von vielen geteilte Deutung dieser Gesellschaft, die von der Dominanz der zentralen Rolle der Kategorie Herrschaft in der Auslegung dieser Institutionen ausgeht. Dieselben Institutionen, die sich in der Perspektive unserer Analyse eher als schwach und ohnmächtig erwiesen haben, werden in einer wichtigen, weil theoretisch und politisch wirksamen Auslegung unserer Gesellschaft und unseres Zeitalters als Institutionen übermächtig, ja total gewordener Herrschaft interpretiert. Offensichtlich besteht hier eine Diskrepanz, ein Mißverhältnis zwischen dem durchaus erkennbaren konstitutionellen Opportunismus der Institutionen und der Rolle, die die Kategorie der Herrschaft in der Auslegung der Institutionen spielt. Es liegt hier eine Kluft vor, ein Bruch zwischen der Realität der Institutionen auf der einen und der theoretischen Bestimmung des Charakters wie der Leistungsgrenze und Fähigkeit der Institutionen auf der andern Seite. Es besteht ein Defizit, ein Mangel, ein Ausfall an geistiger Durchdringung der praktischen Realität unserer Gesellschaft. Zwischen dem Bilde nämlich, das wir von unserer Wirklichkeit haben, und der tatsächlichen Verfassung unserer Wirklichkeit besteht das Verhältnis der Beziehungs-, ja der Vermittlungslosigkeit.

Wir haben es hier mit einer ganz anderen als in der kritischen Theorie interpretierten Entfremdung von Praxis und Theorie zu tun. Unsere tatsächliche Lage ist durch die Vermittlungslosigkeit von Praxis und Theorie bestimmt. Die linke Position analysiert die Gegenwart als die einer geschichtlich real gewordenen Form totalitärer Herrschaft. Die Gegenwart, ihre Institutionen seien bestimmt durch Herrschaft.

Diese Theorie ist nicht bereit, dem Urteil zuzustimmen, daß mit dem Sieg der westlichen Demokratien über den Faschismus in Deutschland das Ende des Totalitarismus und der totalitären Herrschaft eingetreten sei. Die Zufriedenheit vieler mit unserer gesellschaftlichen Realität versucht die linke Theorie vielmehr durch die schockierende These ad absurdum zu führen, daß das, was wir faktisch haben, der totalitäre Charakter von Herrschaft sei. In einer solchen Analyse der gegenwärtigen Gesellschaft ist die Ausweitung des Herrschaftsbegriffes über den engeren Bereich des Politischen hinaus eingeschlossen. Gemäß dieser Theorie gibt es Herrschaft nicht nur dort, wo personal geherrscht wird, wo Menschen Macht über andere Menschen ausüben, sondern Herrschaft kann auch geronnen sein in Systemen und Strukturen, die als solche schon totalitär sind, selbst wenn die Individuen, die in diesen Systemen arbeiten oder sie repräsentieren, persönlich freundliche, human eingestellte und liberale Individuen sein sollten.

Die Kennzeichnung des Charakters von Systemen und Strukturen als totalitär sagt nicht unmittelbar etwas über die totalitaristische, zur Herrschaft geneigte oder gewillte Gesinnung von Menschen aus, die in ihnen arbeiten. Es wird also zwischen Personen und Strukturen getrennt. Wenn die sich im Anschluß an die linke neomarxistische Theorie formierende politische Bewegung den totalitären Charakter unserer gesellschaftlichen Struktur mit dem Vokabular des Spätkapitalismus und des Faschismus wieder verstellt, dann scheint sie hinter der von ihr erreichten Erkenntnis wieder zurückzubleiben. Die Auslegung nämlich des immanent totalitären Charakters unserer gesellschaftlichen Strukturen in der marxistischen, sprich ideologiekritischen Rede vom Spätfaschismus und Spätkapitalismus entspricht doch im Grunde genommen nicht den von der linken Theorie selbst aufgedeckten Zusammenhängen. Es ist zweifellos einer gewissen Sprachnot zuzuschreiben, daß man die neue und so völlig unbekannte Struktur des totalitären Charakters von Systemen mit Hilfe einer politischen Sprache auslegt, die den in der linken Theorie selbst erkannten Strukturgesetzlichkeiten nicht entspricht. Daß aber die gesellschaftliche Situation in einem Vokabular neomarxistischer Herrschaft gedeutet wird, ist auch eine Folge des Mangels einer Theorie, die fähig wäre, in einer angemessenen Sprache und Begrifflichkeit von diesen Strukturen und Systemen zu reden.

Nun liegen aber in der Kennzeichnung unserer Gesellschaft als faschistoid, und das heißt doch als latent faschistisch, erhebliche Gefahren. Nach der Verfassung der Bundesrepublik hat jeder Bürger das Recht, gegen Kräfte Widerstand zu leisten, die mit der im Grundgesetz niedergelegten Verfassung und mit den durch dieses Grundgesetz geschützten Grundrechten des Menschen nicht vereinbar sind. Durch diese Aufforderung wird es den politischen Kräften überlassen, von sich aus zu entscheiden und zu interpretieren, wann ein Staatsstreich oder Generalstreik gegen die Repräsentanten dieses totalitären Systems zur Verwirklichung des Grundgesetzes notwendig ist. Wenn sich daher einmal die Meinung, daß unser System der Sache und dem Wesen nach faschistisch sei, durchgesetzt haben sollte, dann wären im Grunde alle Bürger dieses Landes durch das Grundgesetz nicht nur legitimiert, sondern geradezu verpflichtet und aufgerufen, gegen die etablierte Ordnung in diesem Land einen direkten und offenen Widerstand zu leisten. Diese Interpretation unserer Lage durch meinungsbildende Gruppen ist bisher ohne eine entsprechende Reaktion von den durch die Verfassung berufenen und legitimierten Kräften geblieben und hat sie zum Teil so verunsichert und bewirkt, daß sie bei ihrem Tun ein schlechtes Gewissen haben. Auch das ist ein Faktum, das man zunächst nur feststellen kann, ohne es exakter zu bewerten.

Wenn dieses System als faschistisch charakterisiert wird, dann braucht und soll das auch in der Perspektive der linken Theorie nicht bedeuten, daß die Menschen in diesem System faschistische Theorien, Ideen, Ideologien vertreten oder besonders faschistisch gesonnen seien. Aus der Analyse soll vielmehr nur der Schluß gezogen werden, daß Herrschaft schlechterdings nicht, in keiner Hinsicht und an keinem Ort sein soll. Aus der zentralen Stellung, dem inflationären Gebrauch des Begriffs Herrschaft innerhalb der linken Analyse der Strukturen der gegenwärtigen Gesellschaft wird die Forderung nach einer ebenso radikalen Abschaffung von Herrschaft gezogen. Es soll nur eine solche Gesellschaft als menschlich, als fortschrittlich, als wirklich human anerkannt werden dürfen, in der es Herrschaft in keiner Hinsicht mehr gibt und geben darf. Das heißt, daß die reale geschichtliche Form der Verwirklichung des Bösen, ja des absolut Bösen heute Herrschaft ist. Man wird sich sehr genau überlegen müssen, welche Folgerungen sich aus diesem Postulat auf die Dauer für eine Gesellschaft ergeben, zu deren funktional vorgegebenen Bedingungen der Selbsterhaltung die Notwendigkeit gehört, daß Menschen – und zwar im Sinne der Erhaltung und der Steigerung der Leistungsfähigkeit des Systems – über andere Menschen disponieren müssen. Wie immer man auch die Mitwirkungs- und Entscheidungsprozesse institutionalisieren mag, ohne Entscheidungen und ohne mögliche Disposition von Menschen über Menschen werden diese modernen Gesellschaften sich nicht länger erhalten, geschweige denn leistungsfähig bleiben können.

In welchem Verhältnis steht dann die These von Herrschaft als Inkarnation des absolut Bösen zu der durch die immanenten Erhaltungsbedingungen des Systems gesetzten Notwendigkeit, über Menschen zu disponieren? Die linke Theorie fordert die bedingungslose Abschaffung von Herrschaft. Was aber versteht sie unter Herrschaft? Herrschaft wird verstanden als eine Form unmittelbarer Verfügung von Menschen über andere Menschen oder aber einer sich über die Verfügung von Sachen vermittelnden Verfügung von Menschen über Menschen. Nicht nur die unmittelbare und direkt ausgeübte Verfügung wird als Herrschaft verstanden, sondern auch jede Verfügung von Menschen über Menschen, die sich über Sachen und über den Besitz von Sachen vermittelt. Hier schließt der Kampf gegen das Prinzip Herrschaft in jeglicher Gestalt unmittelbar den Kampf um die Zerstörung der kapitalistischen Organisationsform der Gesellschaft und ihrer Ersetzung durch den Sozialismus ein. Die Forderung nach Sozialismus hat heute als realen Kern eben dies zum Inhalt, daß alle Institutionen, indem die Verfügung von Menschen über Menschen durch die Verfügung über Sachen vermittelt wird, abgeschafft und beseitigt werden sollen. Wie aber sieht die Alternative zu einer kapitalistischen, wenn auch kapitalistisch reformierten Gesellschaft aus?

Wer ist verantwortlich?

Die Herrschaft pseudoradikalen Denkens über das gegenwärtige Bewußtsein ist nur zu verstehen, wenn man sie begründet sieht in dem Verlust der Fähigkeit, geschichtlich und verantwortlich zu denken.

Der Gedanke der Verantwortung hat eigentlich keinen Sinn, wenn man nicht die Frage stellt: Wem bin ich eigentlich verantwortlich? Was muß ich verantworten? Welches ist letzten Endes die Instanz, die darüber befinden könnte, ob ich meiner Verantwortung gerecht geworden bin oder nicht? Der Gedanke der Verantwortung ist nur dann sinnvoll, wenn die Frage nach der Instanz gestellt wird, der das Subjekt verantwortlich ist und durch die festgestellt werden kann, ob es seiner Verantwortung gerecht geworden ist. Überall, wo heute von den Nöten der Zeit die Rede ist, wird schnell von der Verantwortung gesprochen. Aber wenn die Frage gestellt wird, wer soll wem gegenüber verantwortlich sein, dann folgt dieser Frage und dem Aufruf zur Verantwortung betretenes Schweigen. Kant hat gesagt, der Mensch sei vor sich selbst verantwortlich. In einer aufgeklärten Welt, in der es um Mündigkeit und Freiheit des Menschen geht, muß zugestanden werden, daß der Mensch in letzter Instanz nur sich selber verantwortlich ist. Jeder Mensch muß vor sich selber dafür aufkommen, daß er im Handeln und Unterlassen seinem Auftrag oder seiner Bestimmung als Mensch gerecht geworden ist. Nachdem uns das Gewissen als die Instanz, vor der man sich verantworten muß, fremd zu werden beginnt, wird gesagt, daß der Mensch letztlich nicht vor sich selber, sondern nur vor der Menschheit verantwortlich gemacht werden kann. Denn der Mensch als einzelner sei eine allzu geringfügige und auch wohl zu leicht beeinflußbare Größe. In Anbetracht der Geringfügigkeit des einzelnen könne doch nur die Menschheit die Instanz darstellen, vor der man sich verantwortlich zu fühlen hat und die entscheidet, ob man einer Verantwortung gerecht geworden ist.

Ist aber der Mensch letzten Endes der Menschheit verantwortlich, dann heißt dies, daß er sich selber auf die Menschheit hin zu überschreiten hat und seine Tätigkeit als einen Beitrag zu dem Prozeß auffassen muß, dessen Subjekt die Menschheit ist, und damit als einen Beitrag zu einem Prozeß, der sein kurzes ephemeres Dasein als einzelner übergreift. Nur: Kann man der Menschheit verantwortlich sein? Ist die Menschheit mehr als ein Gedanke? Kann man einem Gedanken gegenüber verantwortlich sein? Kann ein Gedanke letzten Endes darüber entscheiden, ob und wieweit man einer Verantwortung gerecht geworden ist? Der Gedanke der Menschheit als Instanz einer möglichen Verantwortung dürfte doch wohl zu abstrakt sein. Menschheit als eine Instanz, vor der man sich verantworten muß, ist nur dann zu konkretisieren, wenn diese Menschheit einen gegenwärtigen Vertreter ihres wahren Interesses hat. Die Einheitspartei in den totalitären Systemen beansprucht, Sachwalter der Zukunft der Menschheit in der Gegenwart zu sein. Das Recht, jeden zur Verantwortung zu ziehen, leitet die Partei aus diesem ihrem Anspruch her, in der Gegenwart der wahre Sachwalter des Interesses der zukünftigen Menschheit zu sein. Der Glaube, daß in den Händen einer sich selbst zum Sachwalter der Menschheit ernennenden elitären Gruppe die Zukunft der Menschheit am besten aufgehoben sei, nachdem der Glaube an Gott angeblich unmöglich geworden ist, setzt eine solche Verwegenheit, zu glauben, voraus, daß im Vergleich dazu selbst der Glaube an die kühnsten Artikel des christlichen Glaubens eine geringe Anforderung darstellt. In einer aufgeklärten, säkularen und, wie man sagt, nachchristlichen Welt ist es schwierig, den Gedanken der Verantwortung überzeugend zu begründen.

Wenn es im Neuen Testament (2. Kor. 15) heißt: »denn wir müssen alle offenbar werden vor dem Richterstuhl Christi, auf daß ein jeglicher empfange, nachdem er gehandelt hat bei Leibesleben, es sei gut oder böse«, dann kann man das glauben oder nicht. Die Antwort auf die im Gedanken der Verantwortung selbst angelegte Frage kann aber doch nur in der Überzeugung gesucht werden, daß jeder einmal zur Rechenschaft gezogen wird für das, was er getan und unterlassen hat. Gewiß, man kann diesen Gedanken glauben oder nicht, aber es ist die Frage, ob man Verantwortung überhaupt denken kann, sofern man diesen Gedanken als unsinnig abtut und dennoch weiterhin an der Rede von der Verantwortung festhält. Es bedürfte einer eigenen religionsphilosophischen Untersuchung, um zu zeigen, was hinter den Vorstellungen der Eschatologie im realen Horizont unserer geschichtlichen Gegenwart steht.

Die Aufgaben der Gegenwart sind nicht zu ermitteln, wenn man nicht einen Begriff von dem geschichtlichen Wesen dieser Gegenwart hat. Es gibt tatsächlich keine Welt, deren Lage von Grund auf gefährdeter, prekärer wäre als die einer technisch konstruierten Welt. Denn eine technisch konstruierte Welt ist eine Welt ohne Fundament. Daher sind in einer in den geschichtlichen Prozeß geratenen Welt immer wieder von neuem die elementaren Grundlagen dieser Welt durch geschichtlich verantwortliches Handeln zu stabilisieren. Denn von sich selbst her ist eine technisch durchkonstruierte Welt ohne Stabilität. Die erste und wichtigste Aufgabe ist somit die Herstellung einer Stabilität, weil die technischen Strukturen und ihre eigene Logik eine solche Stabilität nicht hergeben, zumal ja das Wesen dieser Strukturen ihre ständige Veränderung ist. Es gibt heute keinen Bereich des menschlichen Daseins mehr, der in dieser Welt von dem Prozeß ständiger Veränderungen ausgenommen wäre. Eine ständige Veränderung der Welt ist aber nicht denkbar, ohne daß nicht ständig neue Konflikte und neue Formen der Konflikte auftreten. Es ist eine Frage von vitaler Bedeutung, ob es uns gelingt, die Fähigkeit zu erwerben, mit unlösbar gewordenen Konflikten zu leben. Noch deutlicher stellt sich als die entscheidende Frage der modernen Gesellschaft heraus: Wie kann der Mensch es lernen, mit dem Bewußtsein der Unlösbarkeit von Konflikten zu leben? So wenig wir ohne ein in die Zukunft hinein entworfenes Bild von dem Ziel, das wir erreichen wollen, handeln können, so ist doch die zunehmende Utopisierung unseres Bewußtseins auch eine Form der Flucht vor der Realität einer Welt, die, indem sie fortschreitet, den Berg der unlösbaren Probleme mit jedem Fortschritt noch zunehmen läßt.

Georg Picht hat daher zurecht gesagt, daß die Geschichte zu einem Wettlauf zwischen Bildung und Katastrophe geworden sei. Unter den Bedingungen des Verfalls der Tradition und der Institutionen ist die Bildung zu der notwendigen Antwort auf die universalen Herausforderungen unseres Jahrhunderts geworden. Die Menschheit wird sich in diesem immer katastrophalere Züge annehmenden Horizont ihrer geschichtlichen Zukunft nur behaupten können, wenn sie fähig ist, eine unerhörte, neue Anstrengung in der Bildung, in der Vermittlung von Bildung an jeden einzelnen Menschen in dieser modernen Welt auf sich zu nehmen.

Maoismus als Modell

Dies hat niemand klarer begriffen als Mao. Wenn wir das Erhaltenswürdige an unserer Gesellschaft auch erhalten wollen, müssen wir bereit und fähig sein zu revolutionären Veränderungen. Das bedeutet, daß ohne eine im ursprünglichen Sinne des Wortes konservierende, d. h. auch an der Erhaltung interessierten Gesinnung die revolutionären Veränderungen nicht möglich sein werden, die unsere Welt allein schon um der Erhaltung des in ihr Erhaltenswerten braucht. Bildung als Antwort auf die Herausforderung unseres Jahrhunderts ist aber nicht möglich, ohne daß die Frage nach einer möglichen neuen Motivation des Menschen für diese revolutionären Veränderungen gelöst wird. Mao hat klar erkannt, daß eine solche revolutionäre Veränderung nicht möglich ist ohne eine neue Motivation der Menschen für die Veränderungen, die sie durchführen sollen. Die Frage lautet nun: Wie hat Mao in seinem uns so fern liegenden Land dieses Problem gelöst? In welchem Sinne kann man vom Maoismus als einem Modell für uns sprechen? Natürlich kann der Maoismus in seinen Zielsetzungen und seinen Methoden von uns nicht einfach übernommen und nachgeahmt werden. Dafür sind sowohl die geschichtlichen Voraussetzungen Chinas wie der gegenwärtige Zustand dieses Landes so unvergleichlich von den Bedingungen in einer entwickelten Industriegesellschaft Europas am Ende der Aufklärung unterschieden.

Da aber der Maoismus als Modell für uns nicht übernommen werden kann, welchen Sinn hat es dann, vom Maoismus als Modell zu reden? In der Vorrede zum Roten Buch wird gesagt, daß die Philosophie die Atombombe in der Hand der Massen werden müsse. In dieser Wendung von der Philosophie als der Atombombe in der Hand der Massen wird vielleicht am präzisesten zum Ausdruck gebracht, was in China mit der Kulturrevolution gemeint ist.

Das Ziel der Kulturrevolution in China muß so verstanden werden, daß durch sie jeder einzelne Chinese grundsätzlich – der Tendenz nach, wenn vielleicht auch zunächst nicht in der Wirklichkeit – befähigt werden soll, über die Begriffe zu verfügen, die nötig sind, um den sich gegenwärtig vollziehenden Weltprozeß im ganzen zu begreifen und den eigenen Platz und die eigene Aufgabe im ganzen dieses Weltprozesses wahrnehmen zu können. Mao ist der Meinung, daß in unserer Welt jeder über einen angemessenen Begriff, eine Vorstellung von dem verfügen müsse, was sich in der Welt im ganzen vollzieht. Für jeden einzelnen muß es eine Antwort auf die Frage geben: Welche Bedeutung kommt mir und meiner Tätigkeit im ganzen dieses Weltprozesses zu? Die Verantwortung jedes einzelnen muß in der neuen Weltlage so radikal gedacht werden, weil ja auch jeder einzelne von den Konsequenzen dieses Weltprozesses unmittelbar betroffen ist. Bildung müßte so konzipiert werden, daß jeder gemeint ist, weil auch jeder von den Auswirkungen des Prozesses, erkannt oder unerkannt, betroffen wird und innerhalb des Zusammenhangs, in welchem er sich nicht richtig verhält, Opfer sein wird.

Jeder ist zu einem potentiellen Opfer von falschen Antworten auf die Herausforderungen der Zeit geworden. Darum muß auch jeder die Möglichkeit haben, die Einsichten zu gewinnen, die ihm behilflich sein können, sich die unerläßliche Erkenntnis als Voraussetzung geschichtlich verantwortlichen Handelns anzueignen. Mao hat deutlich gesehen, daß eine solche Bildung und die Vermittlung von bestimmten Inhalten der Bildung nicht möglich ist ohne Lehre. Lehre ist etwas anderes als Dokrtin, Ideologie oder Weltanschauung. Zwar sind wir heute schnell dazu geneigt, unter Lehre nichts anderes zu verstehen als eben eine Ideologie und Weltanschauung. Lehre ist aber auch in der abendländischen Tradition ein zu dieser Tradition gehöriger, legitimer Begriff. Unter Lehre wurde nämlich auch in der abendländischen Tradition verstanden, was wir heute vielleicht umschreiben können mit einer zur Lehre fixierten Form von Weisheit. Weisheit ist eine Kategorie, die uns heute fast völlig abhanden gekommen zu sein scheint, mit der wir kaum noch einen Sinn verbinden und daher auch kaum noch etwas anfangen können. Dem Verlust der Kategorie der Weisheit korrespondiert der Verlust der Fähigkeit, nach den Maximen des gesunden Menschenverstandes Realitäten beurteilen zu können. Die Gestalt der Übermittlung und Bewahrung von Weisheit ist in der Abendländischen wie auch in der chinesischen Tradition die Lehre.

In der Vermittlung der Lehre hat Mao einen ganz ungewöhnlichen, neuen

Weg eingeschlagen, der von dem Weg aller bisherigen kommunistischen Experimente abweicht, nämlich den Weg des unbedingt zu führenden Dialogs. Die Methode der Vermittlung und der Aneignung von Lehre ist also der Dialog, das Gespräch. Es geht darum, im Gespräch die Menschen fähig zu machen, miteinander zu sprechen, und es geht darum, das gemeinsame Gespräch auch als die Form der Aneignung bisher unbekannter Einsichten in die Realität zu verstehen. Dadurch jedoch wird das Gespräch, wenigstens von Mao, verstanden als die Form praktizierter Dialektik. Mao ist der Meinung, wenn in einem Gespräch die verschiedenen Gesprächspartner von vielleicht ursprünglich voneinander abweichenden Standpunkten ausgehen und sicher auch unvereinbare Voraussetzungen in dieses Gespräch mitbringen, daß dann das Gespräch durchgestanden werden müsse, bis zu dem Ziel, daß sich die Teilwahrheiten in und durch das Gespräch zu einer größeren, wenn auch vielleicht noch vorläufigen, so doch umfassenderen Form der Wahrheit zusammenschließen. Die Form des Gesprächs setzt also eine große Fähigkeit und Geduld zum Gespräch voraus, vor allem aber die Einsicht, selber nicht im Besitz der ganzen Wahrheit zu sein. Das Ziel des Gespräches ist das, was Mao nicht zögert, Konversion, Bekehrung zu nennen. Es geht um eine wirklich vollständige Umkehrung, Veränderung der Denkungsart. Ich fasse die drei Ziele noch einmal zusammen:

1. Die Philosophie muß zu einer Atombombe in der Hand der Massen werden. Jeder einzelne muß den Weltprozeß – irgendwie – verstehen, und er muß auch begreifen, welche Aufgabe er im Ganzen dieses Weltprozesses zu erfüllen hat.

2. Die Voraussetzung zur Verwirklichung dieses Zieles ist Lehre. Lehre ist weder Doktrin noch Methodologie. Lehre ist die unerläßliche Voraussetzung für Bildung. Ohne Lehre hat Bildung keinen Sinn.

3. Der Weg der Vermittlung der Lehre ist der des Gesprächs als der Form praktizierter Dialektik, die zu ihrem Ziel die Konversion des einzelnen zur Annahme und Aneignung der Lehre hat.

Die modellhafte Bedeutung Chinas für die zukünftigen Abläufe der geschichtlichen Entwicklung unserer Gesellschaft besteht vor allem darin, daß Mao, unter den Bedingungen Chinas, vielleicht das Problem gelöst hat oder doch auf dem Wege ist, es zu lösen, an welchem wir – die westlichen, aus unserer eigenen Tradition herkommenden Europäer – zu scheitern drohen. Jedenfalls bemüht sich Mao darum, die Substanz einer mehrtausendjährigen chinesischen Tradition in den Aggregatzustand eines durch den unendlichen Prozeß der ständigen Veränderung bestimmten Welt zu transformieren.

Mao geht zu Recht davon aus, daß unsere gegenwärtige Welt die Welt eines unendlichen Prozesses ständiger Bewegung und Veränderung ist. Angesichts dieses Prozesses, in den heute nicht nur China, sondern die ganze Welt hineingerissen und erfaßt wird, hat Mao die Aufgabe so bestimmt, daß es darauf ankomme, die Substanz, die tragenden Grundlagen der chinesischen Tradition in

Dialektik von Rückschritt in Fortschritt!

dieses neue Medium des Prozesses zu übersetzen. Bei der Zerstörung aller Formen der Tradition und aller ihrer Inhalte geht es Mao nicht um die Zerstörung, sondern um die Aneignung, ja um die Neuinkarnation der Substanz chinesischer Tradition in einen neuen geschichtlichen Aggregatzustand. Mao tut also nicht das, was wir heute mit letzter Entschlossenheit und bemerkenswerter Hysterie betreiben, er verneint nicht die geschichtliche Substanz der überkommenen Traditionen, sondern er löst das Problem der Bildung mit der Forderung nach einer Neuinterpretation dieser Traditionen, d. h. einer verwandelnden Neuübersetzung der alten Substanz in ein neues Medium, in einen neuen geschichtlichen Aggregatzustand.

Es geht um eine radikale Umformung der Tradition selber. Es hat keinen Sinn, irgendwelche traditionalen Inhalte festzuhalten, nur weil sie überkommen sind. Es geht nicht darum, zu bewahren um des Bewahrens willen um jeden Preis, es geht auch nicht darum, alles abzuwerten, auszulöschen, zu deformieren und zu destruieren, was die Menschheit in einer mehr als zweitausendjährigen Geschichte mühselig errungen hat. Das Problem ist die radikale Umformung. Die Radikalität der revolutionären Vorgänge in China ist die Radikalität der Umformung des Alten in ein Neues. Das ist der einzig vertretbare Begriff von Radikalität, den es gibt. Mao hat besser verstanden als wir, daß es keinen Fortschritt ohne Rückschritt gibt. Die wirklich konstruktive, nur dialektisch zu nennende Weise des Umgangs mit den zu allen geschichtlichen Prozessen gehörenden Momenten von Fortschritt und Rückschritt ist nun die, daß Mao in ungewöhnlicher Weise die Fähigkeit entwickelt hat, aus den Rückschlägen neue Ansatzpunkte des Fortschritts zu machen.

Alternative zur Utopie und Reaktion

Wir könnten von Mao lernen, daß es keinen Sinn hat, auf etwas zurückzuschauen, was vergeht und nicht mehr zu halten ist. Wir könnten aber auch von Mao lernen, daß es keinen Sinn hat, mit zugehaltenen Ohren nach vorn in die Zukunft zu stürmen und alle Erfahrung, die die Menschheit auf dem Wege ihrer Geschichte gemacht hat, zu vergessen. Aus der als Bedrohung empfundenen Herausforderung der linken Theorie und linken Praxis muß der Ansatz zu einem wirklich konstruktiv in die Zukunft weisenden Fortschritt gezogen werden. Darum müssen wir aus der doppelten Fixierung an das bloß Vergangene oder das bloß revolutionär Verändernde heraus. Wir müssen aus den Fixierungen unseres Bewußtseins und aus mit diesen Fixierungen verbundenen Blindheiten heraus, damit auch hier eine Chance bestehen kann, sinnvolle Antworten, sofern sie gegeben werden, auf sinnvolle Fragen, sofern sie gestellt werden, auch zu verstehen. Das abstrakt revolutionäre Vorwärtsstürmen in die Zukunft ist ebenso steril und folgenlos wie das rein restaurative Bewahren und Festhalten des Vergangenen. Beide Einstellungen sind letzten Endes steril, beides ist im Grunde genommen gar nicht mehr möglich und fördert gerade die Katastrophen, die man verhindern will. Die Linken werden in ihrer Abstraktion die restaurativen Tendenzen und die Chancen des Faschismus eher fördern als sie verhindern. Die bloß an der Erhaltung und an der Bewahrung des Funktionierenden festhalten, werden noch eine Zeitlang die Sache funktionsfähig halten können, aber eines Tages werden sie feststellen, daß ihnen der Boden unter den Füßen entzogen ist und das Ganze zusammenfällt. Der die gegenwärtige Gesellschaft bestimmende Grundvorgang, der sich, von nur wenigen bemerkt, ebenso anonym wie lautlos vollzieht, ist der Auszug der nächsten Generation, also der Zukunft, aus der bestehenden Gesellschaft heraus. Diese Bewegung kann nicht aufgehalten werden, wenn es nicht gelingt, die in diesem Vorgang entwickelten Fragen konstruktiv und in die Zukunft weisend zu beantworten.

Neue Aufgaben für die technische Intelligenz

Wir können bei dem Entwurf eines unserer geschichtlichen Verantwortung entsprechenden Begriffs von Bildung auch darum nicht von Mao ausgehen und sein Modell übernehmen, weil für uns die entscheidende Frage doch sein muß, ob wir bei der Neukonzeption des Begriffes bereit sind, anzuerkennen, daß der Träger des Bildungsprozesses der einzelne Mensch, d. h. die menschliche Person bleiben muß. Die Unterscheidung zwischen marxistisch und nichtmarxistisch, prämarxistisch oder nachmarxistisch ist identisch mit der Beantwortung der Grundfrage, ob wir bereit sind, auch praktische Konsequenzen aus unserer Überzeugung zu ziehen, daß der einzelne Mensch als Person, als dieser Mensch mit einem bestimmten Namen, mit einem bestimmten Gesicht und einem konkreten individuellen Schicksal von uns noch gemeint ist, oder ob wir nur in der Form der Anpassung die Kollektivierungsprozesse fördern wollen, die unabhängig in Ost und West ohnehin schon im Gang sind.

Wenn das letztere gemeint sein soll, dann gibt es, sofern wir auf die Wurzel zurückgehen, keinen Grund mehr, es nicht mit den Methoden des Marxismus zu versuchen. Denn was die Nichtmarxisten von den Marxisten unterscheidet, ist letztlich die Frage der Bedeutung, die sie dem einzelnen Menschen zubilligen. Man wird sich aber genau zu überlegen haben, was geschehen kann, damit Bildung eine Praxis wird, deren Subjekt der einzelne und nicht ein anonymes Kollektiv ist. Bildung darf dann aber auch nicht im Sinne der Linken auf das Ziel einer Zerstörung der Institutionen und auch nicht im Sinne der Rechten auf die bloße Stabilisierung der Institutionen gerichtet sein. Wir müssen vielmehr versuchen, diesen falschen Gegensatz zu überwinden und Institutionen zu entwickeln, in denen der einzelne eine echte Chance hat, sich in Freiheit nicht nur gegen die Institutionen, sondern auch in den Institutionen zu verwirklichen.

Wenn die Freiheit des einzelnen ihren Ort und Schutz nicht mehr in den Institutionen finden kann, dann bleibt nur der Anarchismus als Alternative. Es wird immer noch von der Kluft gesprochen, die den Träger der technischen Intelligenz von dem geistesgeschichtlich Gebildeten trennt. Es ist aber ein Spezifikum unserer Epoche, daß die säuberliche Scheidung dieser beiden Funktionen in zwei voneinander getrennte Bereiche der Gesellschaft so nicht mehr länger möglich ist. Wenn wir die Bildung wollen, die den einzelnen zu ihrem Subjekt und die modellhafte Entwicklung von Institutionen zu ihrem Ziel hat, die auch Institutionen der Bewahrung und Ermöglichung der Freiheit des einzelnen sind, dann müssen wir anerkennen, daß diese Trennung heute nicht mehr möglich ist, sondern sich in unserer Gesellschaft bereits auflöst oder schon aufgelöst hat. Es ist daher eine notwendige Frage, ob es nicht eine mögliche Antwort auf die von uns analysierte Herausforderung der Zeit wäre, wenn die Ziele wirtschaftlicher und industrieller Unternehmungen neu definiert würden. Müssen wir nicht zu den bisher bekannten und feststehenden Zielen ein neues Ziel mit hineinnehmen? Ein industrielles oder wirtschaftliches Unternehmen darf nicht mehr alles und alles dem Ziel der Gewinnmaximierung unterwerfen, sondern es muß auch von dem Ziel geleitet sein, eine Bildungsstätte zu werden, in welcher die potentiellen Opfer jener Prozesse, die in unserer Gesellschaft im Gang sind, widerstandsfähiger gemacht werden gegen Manipulation von außen und, wenn notwendig, auch von innen.

Es muß um eine mögliche Vereinbarkeit von Emanzipation und Humanität heute gehen. Um diese Frage nach der Bedingung einer möglichen Vereinbarkeit von Humanität und Emanzipation auf die gegenwärtige Industriegesellschaft anwenden zu können, müssen Begriffe, Voraussetzungen und Konsequenzen des Verständnisses von Humanität zugrunde gelegt werden, die heute maßgebend sind. Das Telos der modernen emanzipativen Gesellschaft ist die Verwirklichung von Humanität. Dieses der Gesellschaft selbst von ihrem geschichtlichen Ursprung an eingezeichnete Programm verwirklicht sich in der Gegenwart in der Funktion des modernen Staates als Sozialstaat. Als Sozialstaat ist er in zunehmendem Maße darum bemüht, auch sozial die Bedingungen herzustellen, unter denen es dem einzelnen möglich ist, von diesem formalen Recht auf Freiheit auch inhaltlich materiell entsprechenden Gebrauch zu machen. Insofern könnte man also durchaus zu einem positiven Resultat in der Entscheidung der Frage nach dem Stand der Bedingungen von Humanität in der Gegenwart kommen. Die Gegenwart dieser Gesellschaft ist durch die Entfaltung eines Prinzips bestimmt, das sich an ihrem Anfang, nämlich am Beginn der Neuzeit in dem Postulat einer Errichtung des regnum hominis ausgesprochen hat. Das ist das Telos der emanzipativen Gesellschaft, wie es von Francis

Bacon formuliert wurde. Es geht in der Entwicklung dieser Gesellschaft um das Reich des Menschen, um die menschliche Gesellschaft. Dieses Telos macht es deutlich, mit welcher Totalität sich dieses Prinzip der Emanzipation in der Gegenwart durchsetzt und verwirklicht.

Die emanzipative Gesellschaft ist die Weltgesellschaft von morgen, in der sich durch die Technik und die Wissenschaft homogene Lebensbedingungen tendenziell, universal für alle Kulturen, alle Völker, alle Klassen und alle Rassen durchsetzen. Im Horizont dieser totalen Entfaltung dieses Emanzipationsprinzips ist die Frage nach der Humanität zur bewegenden Grundfrage überhaupt geworden. Die große geschichtliche Bedeutung der Philosophie besteht darin, daß sie diese Fragen nach der Verwirklichung des Menschen zum tragenden und bewegenden Moment ihres ganzen Denkens gemacht hat. Im Verhältnis zu den traditional überkommenen Formen der Humanität ist die Gegenwart durch die Tendenz bestimmt, daß sich die Subjektivität des einzelnen in diese universale, emanzipative Gesellschaft aufhebt oder doch fast vollständig in sie integriert wird. Aber eine solche Aussage über die Aufhebung der Subjektivität des einzelnen in die Gesellschaft setzt natürlich eine Orientierung an einem Verständnis von Humanität voraus, das der Gegenwart selber nicht mehr entspricht. Die Aufhebung der freien Subjektivität durch die sachlichen Vermittlungsprozesse der modernen Gesellschaft lassen das Wesen des Menschen nicht unberührt. Die neomarxistische kritische Theorie stimmt in ihrer Analyse mit der konservativen Theorie darin überein, daß in der modernen Industriegesellschaft der technologische Charakter immer eindeutiger, beherrschender und totaler hervortritt.

Die ursprünglich auf die Auseinandersetzung mit der Natur beschränkte Technik greift auf die Gesellschaft und ihre Organisationsprobleme über und läßt Humanität zu einem Gegenstand möglicher technischer Manipulation werden. Das ist ein Novum, daß nicht nur das Bewußtsein des Menschen, sondern auch das dem Bewußtsein Vorausliegende als Gegenstand möglicher Manipulation erscheint. Der technologischen Beherrschung entspricht die Bestimmung des Menschen als eines ungeschichtlichen Trieb- und Bedürfniswesens. Der Mensch wird genommen als ein Ensemble nicht fixierter, entwicklungsfähiger Triebe und Bedürfnisse; und er kann dann als solcher auf die Bedürfnisse hin konditioniert oder manipuliert werden. Durch die häufig nicht durchschaute Reduktion des Menschen auf ein solches abstrakt-ungeschichtliches, naturales Bedürfniswesen werden entscheidend die Formen bestimmt, in denen die Humanität sich selbst auslegt und begreift.

Über das grundsätzliche Verhältnis von Humanität und technologischer Gesellschaft scheinen in der Gegenwart drei Positionen möglich zu sein. Die erste versteht die Gegenwart, die voll entfaltete, säkulare, emanzipative Gesellschaft als das Ende von Humanität überhaupt. Es hat keinen Sinn mehr, noch länger in einem substantiellen Sinn von Humanität in der Gegenwart überhaupt zu reden. Diese Gleichsetzung der Gegenwart mit dem Ende der Humanität ist wiederum durch theologische und philosophische Auslegungen der Tradition geleitet und bestimmt. Ein das Menschsein des Menschen bestimmender Wesensbegriff habe sich in dem Prozeß der Vergesellschaftung des Menschen aufgelöst. Man könnte daher nicht mehr von einem einheitlich geprägten und bestimmbarem Wesen des Menschen ausgehen. Jeder Versuch, einen vorgegebenen, inhaltlich bestimmten Wesensbegriff des Menschen zum Prinzip einer Verwirklichung von Humanität heute zu machen, muß unter den gegenwärtigen gesellschaftlichen und politischen Bedingungen zu totalitärer Herrschaft führen. Daher gehen alle im 20. Jahrhundert ausgebildeten Begriffe der Humanität von dem Verlust eines inhaltlich bestimmten Begriffs von Humanität aus.

Eingeschlossen in diesen Verlust des Wesens ist die Infragestellung einer Grundüberzeugung traditionaler Humanität, die von Platon bis Hegel galt, daß zum Menschen die Fähigkeit zur Transzendenz gehört. Dieser zum Menschen gehörende Zug zur Transzendenz besagt, daß sich der Mensch in seinem Wesen nicht verwirklicht, wenn er sich als ein bloß naturales Faktum versteht. Er transzendiert sich auf seine in der Vernunft angelegte Bestimmung hin. In Nietzsches Lehre vom letzten Menschen ist im Grunde genommen nichts anderes gemeint als die Bedrohung des Menschen durch den Verlust seiner Fähigkeit zur Transzendenz. Der letzte Mensch hat nach Nietzsche ein Lüstchen am Tage, ein Lüstchen in der Nacht, er habe das Glück erfunden und im übrigen vermöge er nur noch zu blinzeln. In der Gegenwart wird diese Prognose dann aktuell, wenn der Mensch in dem nach einem Kreislaufmodell gedachten Prozeß von Produktion und Konsumtion verschwindet. Er ist nichts anderes als die Stelle des Umschlags von Produktion in Konsumtion, von Konsumtion in Produktion.

Darum gehört die Dialektik des Interessanten und der Langeweile unabdingbar zu den durch diese Gesellschaft präformierten Bewußtseinsvoraussetzungen.

Die zweite These über das Verhältnis möglicher Humanität zur Industriegesellschaft besagt, daß die Gegenwart eine Verwirklichung von Humanität zum erstenmal in der Geschichte möglich gemacht habe. Nicht Ende, sondern Vollendung der Humanität sei durch die progressive und nun in das Stadium ihrer Perfektion eintretende Ausbildung der modernen emanzipativen Gesellschaft möglich geworden. Von der möglichen Vollendung der Humanität in der modernen Industriegesellschaft zu sprechen, hat zur Voraussetzung, daß die Verwirklichung von Humanität in den traditionalen, vormodernen, voremanzipativen Gesellschaften nicht gelingen konnte, solange nicht die entgegenstehenden Bedingungen durch den Übergang zur Emanzipation aufgehoben werden konnten. Der Verwirklichung substantieller Humanität in einer vormodernen, traditionellen Gesellschaft stand zunächst die Abhängigkeit des Menschen von der Natur entgegen. Solange der Mensch in der Auseinandersetzung mit der Natur sein Leben in den Dienst der Produktion der unerläßlichen Mittel zum Leben einsetzen mußte, war er nicht frei für sich selbst. Die in der Kargheit der Natur begründete Abhängigkeit des Menschen schloß also eine Verwirklichung der Humanität für alle prinzipiell aus. Darüber hinaus stand der Verwirklichung von Humanität in einer vormodernen, voremanzipativen Gesellschaft das in der Abhängigkeit des Menschen von der Natur begründete Prinzip hierarchisch autoritärer Herrschaft von Menschen über Menschen entgegen. Daher soll der Mensch zu sich selbst befreit werden, wenn die moderne Gesellschaft die Naturabhängigkeit überwindet. Karl Marx hatte den hier gemeinten Sachverhalt im Blick, wenn er von der Zerstörung der naturwüchsigen, gesellschaftlichen und politische Ordnung durch die Entfaltung des Prinzips permanenter Revolution durch die moderne bürgerliche Gesellschaft sprach. Die Humanität kann nicht sein, wenn dieses Prinzip diffamiert oder negiert wird. Marx war weit entfernt von jeder Verdächtigung und Diffamierung der Technik und Industriegesellschaft in ihrer Bedeutung für die mögliche Humanität, von der keiner ausgeschlossen sein sollte. Die Völker sogenannter unterentwickelter Länder richten ihre Hoffnung darauf, daß auch bei ihnen eine solche technische und wissenschaftliche Zivilisation entwickelt wird, weil nur so der Übergang in die freie Humanität möglich sein kann, denn die Probleme der Ernährung und des Bevölkerungswachstums z. B. sind ohne weitere Entwicklung des technologischen Prinzips nicht zu lösen.

Die dritte These zur Frage nach der Humanität in der Gegenwart kann man als die herrschende Position sowohl im Osten wie im Westen bezeichnen. Die in der Dialektik vom Ende und möglicher Vollendung von Humanität in der Gegenwart angesprochene Problematik soll neutralisiert werden. Diese Neutralisierung ist eng mit dem verbunden, was man die Herrschaft des Geistes des Positivismus nennen könnte. Mit diesem Geist des Positivismus sind nicht nur die moderne Wissenschaft und ihre Methoden gemeint, sondern ihre Auslegung durch eine bestimmte Form von Philosophie. Der Geist des Positivismus ist dann wirksam, wenn sich die Theorie auf die rationale Organisation der Gesellschaft beschränkt und den Menschen und seine Humanität scheinbar unbestimmt läßt und sie damit für die Bestimmung durch irrationale Entscheidungen freigibt. Darum gehört zu der Entfaltung des methodisch beschränkten Prinzips der Rationalität, der die Wissenschaft ihre Erfolge zu verdanken hat, die Preisgabe der geschichtlich gesellschaftlichen Realität an den Irrationalismus, der – wie Hegel gesehen hat – dieser Form von Rationalität wie ein Schatten folgt. Die gesellschaftlich-ökonomischen und politischen Zusammenhänge, in denen die Wissenschaften tatsächlich stehen, können nur um den Preis halbierter Rationalität durch die sich positivistisch verstehenden Wissenschaftler methodisch abgeblendet werden.

In den drei genannten Positionen wurde die Frage nach dem Verhältnis von

Humanität und Geschichte beantwortet durch die kontroverse Bedeutung, die die Industriegesellschaft für die Humanität hat.

Es bleibt die Frage, welches eigentlich die konkreten Inhalte sind, die Humanität auszeichnen sollen. Die Frage nach den Inhalten findet in der öffentlichen Diskussion in der Gegenwart drei Antworten.

Erstens wird Humanität als ein Zustand der Gesellschaft gedacht und gefordert, der es dem Menschen ermöglicht, spontan seine Anlagen zu entfalten und seine Bedürfnisse zu befriedigen. Der hier in diesem Begriff von Humanität vorausgesetzte Begriff von Bedürfnis bleibt aber merkwürdig schillernd und unbestimmt. Er schillert sozusagen zwischen einer neutralen und einer geschichtlichen Auslegung. Ein Bedürfnis als solches ist ja in sich unbestimmt, wie Platon in der Auseinandersetzung mit der Sophistik sichtbar gemacht hat. In der naturalen Auslegung des Bedürfnisses wird der Mensch auf eine Bedürfnisnatur festgelegt, die entweder einen Katalog von Bedürfnissen enthält, denen das Prädikat zuerkannt wird, dem Menschen natürlich zu sein, und dann ist Freiheit negiert, oder die Bedürfnisnatur ist unbestimmt und neuen Bedürfnissen offen, dann wird aber auch eine Aussage über die Inhalte von Humanität unmöglich wegen dieser Offenheit und Veränderlichkeit der Bedürfnisnatur des Menschen in der Geschichte.

Zweitens läßt man sich angesichts dieser Schwierigkeit nicht auf den Bedürfnisbegriff ein und bestimmt Humanität als Autonomie. Der Mensch ist dort Mensch, wo er autonom ist. Der in Übereinstimmung mit einem Gesetz stehende Mensch, das er sich selbst gegeben hat, ist der autonome, der humane Mensch. Autonomie bedeutet dann formale Selbstbestimmung. Das gilt für den einzelnen, für Gesellschaften, Klassen und Rassen. Sie alle werden in ihrer Humanität erst anerkannt, wenn ihnen dieses Vermögen von formaler Selbstbestimmung zugesprochen wird und es ihnen auch faktisch möglich ist, von diesem Vermögen formaler Selbstbestimmung Gebrauch zu machen. Das bedeutet, daß es inhuman ist, den Menschen einer Entscheidung zu unterwerfen, an deren Zustandekommen er nicht in Übereinstimmung mit dem Gesetz formaler Selbstbestimmung beteiligt wird. Das Programm der Fundamentaldemokratisierung einer Gesellschaft ist an diesem Begriff von Autonomie orientiert. Es ist inhuman, wenn der Mensch durch einen anderen zum bloßen Objekt einer Entscheidung gemacht wird. Die Formalität dieses Begriffs der Humanität liegt im Prinzip von Autonomie selbst. Es ist daher verständlich, daß die Formalität durch einen anderen Gedanken, nämlich den der Verantwortung, kompensiert werden soll. Man sagt, der Mensch sei das Wesen der Verantwortung. Im Horizont der Gegenwart bedeutet Verantwortung, daß der Mensch sich zwar in allen seinen Anlagen spontan entfalten soll und sich nur einer Entscheidung unterwerfen darf, an deren Zustandekommen er selbst beteiligt wird. Er soll sich motivieren lassen, durch die Überzeugung, daß er eine Verantwortung für sich selbst und für die Gestalt seiner Welt zu übernehmen hat.

Die Frage, die hier gestellt werden soll, lautet natürlich, ob der Gedanke der Verantwortung das leistet, was er leisten soll: die Formalität des Autonomieprinzips überwinden. Der Appell an das Verantwortungsgefühl bleibt so formal wie Autonomie und Bedürfnis. Diese Formalität kann auch nicht dadurch überwunden werden, daß der Mensch sich von den Konsequenzen her verantworten soll. Denn einmal sind zukünftige Konsequenzen nicht eindeutig einem einzigen Urheber zurechenbar, zum anderen soll doch die Zukunft selbst durch die Verantwortung als Prinzip eine prinzipiell neue und andere sein.

Wenn das bisher in diesen verschiedenen Hinsichten gegebene Verständnis von Humanität in der Gegenwart auf den geschichtlichen Ort zurückverfolgt wird, an dem es entstanden ist, stößt man selbstverständlich auf die grundlegenden Axiome marxistischer Anthropologie. Die Bedeutung des Marxismus für jede Bestimmung des Begriffs von Humanität in der Gegenwart ist nicht in seiner politischen und militärischen Stärke begründet, sondern sachlich darin, das Marx in der Mitte des 19. Jahrhunderts den Entwurf des Menschen von sich selbst, der dem Verständnis von Humanität in der neuzeitlichen emanzipativen Gesellschaft zugrunde liegt, begrifflich prägnant gefaßt hat. Mit diesem Begriff von Humanität knüpft Marx an Francis Bacon und J.-J. Rousseau an. Die Grundthese ist, daß der Mensch das in der geschichtlich gesellschaftlichen Praxis sich selbst produzierende Wesen sei. Gesellschaft wird hier als eine Weise von Praxis aufgefaßt, in welcher und durch welche der Mensch in seinem Menschsein sich selbst herstellt. Eine den Praxisbezug ausklammernde und negierende Form der Anthropologie bekommt die Realität des Menschen in der modernen Gesellschaft nicht mehr in den Blick.

Die Berufung auf den Menschen, und zwar auf den Menschen in dieser Formalität ist in der Gegenwart zur letzten, die Bürgerkriegslager übergreifenden universalen Theorie, oder sollte man sagen, »Ideologie« geworden. Es gibt heute keine Partei, Kirche oder Interessengemeinschaft, die nicht ihr Handeln durch die Berufung auf den Menschen zu legitimieren versucht. Weil aber die Berufung auf den Menschen so formal und unbestimmt ist, hat diese Formalisierung die Konsequenz, daß nach der Humanität in der Gegenwart geradezu in der Form der Machtpolitik gefragt wird: Wer ist in der Gegenwart berechtigt zu definieren, was der Mensch sein kann und was er sein soll? Der Schatten Nietzsches fällt auf eine emanzipierte Gesellschaft, aber unter radikalisierten Bedingungen. Wer bestimmt den unbestimmt gewordenen Begriff der Humanität in der Gesellschaft der Gegenwart? Sind das die Technokraten oder die nach demokratischem Prozeß der Willensbildung gewählten Politiker oder die im kommunistischen System für diese Frage zuständigen Ideologen? Sind es in den westlichen Gesellschaften diejenigen, die über das Monopol der öffentlichen Kommunikationsmittel verfügen? Ist die christliche Kirche überhaupt noch ein mögliches Subjekt, das an diesem Prozeß der Bestimmung von Humanität mit Aussicht auf Erfolg mitwirken kann?

Drittes Kapitel
Rückblick auf die Emanzipation

Die Aporien der Emanzipation

In der Gegenwart ist die mit dem Beginn der Neuzeit ausdrücklich und bewußt einsetzende Grundbewegung der Geschichte als Emanzipation in eine neue Phase eingetreten. Die realen und geschichtlichen Konsequenzen gelungener Emanzipation richten sich kritisch und destruktiv gegen den traditionalen Begriff geschichtlicher Emanzipation ebenso, wie sie den Versuch einer Erneuerung eben dieses Begriffes in der Gegenwart provozieren. Die in der kritischen Theorie artikulierte Problematik einer revolutionär praktischen Aufhebung der Philosophie steht in einer nicht mehr diskutierten Abhängigkeit von einer geschichtsphilosophischen These, nach der das Wesen der neuzeitlichen Welt im Prinzip einer emanzipativen Geschichte gründet, an der alle nicht durch dieses Prinzip gesetzte und durch es definierte Geschichte zur Vorgeschichte herabsinken soll. Dieses geschichtsphilosophische Selbstverständnis der kritischen Theorie bedürfte nicht einer erneuten Überprüfung, wenn nicht am Ende der Neuzeit der den Fortschritt der Emanzipation tragende Begriff sich als unvereinbar mit dem Verständnis von Humanität erwiesen hätte, um deren Verwirklichung willen Emanzipation doch gefordert wird. Der geschichtliche Stand der emanzipativen Geschichte in der Gegenwart ist daher theoretisch wie praktisch nur bestimmbar, wenn die Frage nach dem Verhältnis von Neuzeit und Emanzipation gestellt wird. Erschöpft sich Emanzipation im Umkreis der Möglichkeiten, die ein am Resultat emanzipativer Geschichte gewonnener Begriff ihrer geschichtlichen Bestimmung allein zu konzedieren vermag, dann verzichtet Philosophie auf ihr Recht zum Einspruch gegen den drohenden Rückfall der Moderne in eine nun barbarisch gewordene Remythologisierung. Geschichte verschwindet an ihrem in der Gegenwart drohenden Ende in den kreisförmig ablaufenden Prozeß indifferenter Natur, gegen die sich der Mensch entweder im Postulat abstrakter Selbstbehauptung wendet oder in die er als ein nun selbst unerheblich gewordener Zwischenfall zurücksinkt. Undurchschaut bleibt die Dialektik der Identität ohnmächtiger Selbstbehauptung und blinder Ermächtigung der Natur, zu deren Gunsten der Mensch als ein geschichtliches Wesen abdankt. Die als religionsphilosophische Auflösung der Substanz christlichen Glaubens interpretierte neuzeitliche Philosophie von Pascal bis Kierkegaard bestimmte sich demgegenüber durch den Willen, diese Dialektik dem emanzipativen Bewußtsein zu vergegenwärtigen. In der Gegenwart hängt die Wiederholung dieser Einsicht davon ab, die geschichtsphilosophische Theorie der Neuzeit im Verhältnis zu ihrer ungeschichtlich abstrakten Auslegung als Emanzipation von den Voraussetzungen her zu gewinnen, welche die Neuzeit als ihre eigenen anerkannt hat. In der hermeneutischen Aufhebung eines historischen Begriffs von Geschichte verschwinden diese Voraussetzungen, weil sich die Dialektik begriffener Geschichte im Hegelschen Sinn in der undurchschauten Abstraktion von emanzipatorischem Entwurf und hermeneutischer Erfahrung der Geschichte auflöst.

Wenn Geschichte als Emanzipation und nur als Emanzipation gedacht wird, ist die Geschichte als Folge des vorausgesetzten Begriffs nichts anderes als die durch Wissenschaft und Technik vollzogene Überwindung der Naturunabhängigkeit des Menschen, die ihrerseits in der unvordenklichen Natur begründet ist. Das substantielle Nicht-Sein der Geschichte ist nun am Ende der Emanzipation in dem Denken von Heidegger und Adorno manifest geworden. In ihrer Bestimmung des gegenwärtigen Zeitalters als absoluter Negativität zeichnet sich das Scheitern eines Denkens ab, das Geschichte nur als Herstellung emanzipativer Welt durch Herrschaft zu denken vermag. Um so wichtiger ist es, sich in diesem Zusammenhang an die Herkunft des Emanzipationsmodells in der Theologie der Geschichte bei Augustin zu erinnern. Geschichte als Weltgeschichte ist bei Augustin eine Folge der Freiheit des Menschen. Geschichte als Produkt endlicher Freiheit währt nur so lange, solange sich der Mensch als endliche Freiheit geschichtlich verwirklichen kann. Doch der Akt der Freiheit, in welchem die Geschichte bei Augustin ermöglicht wurde, war ein Akt des Mißbrauchs der Freiheit. Er wird als das Wesen von peccatum theologisch bestimmt, als der Akt, in welchem sich der Mensch in der Abwendung von seinem Grund und in der Hinwendung zur Welt sich selbst als unabhängig setzte. Das Grundthema der Geschichte bei Augustin ist daher die Aufgabe, aus Freiheit mit den Konsequenzen des Mißbrauchs der Freiheit fertig zu werden. Es war aber Augustin als Theologe noch bewußt, daß die Lösung der Aufgabe, in Freiheit mit den durch ihren Mißbrauch geschaffenen Tatbeständen fertig zu werden, in der Geschichte selber unmöglich ist. Daher geht die Geschichte des Menschen in der Weltgeschichte nicht auf, und die Theologie bleibt aktuell, so lange der Mensch nicht in der Rolle eines bloßen Objekts der von ihm veranstalteten Weltgeschichte resigniert.

Der Wille, die Geschichte aus und durch sich selbst zu vollenden, muß vielmehr zu einer Potenzierung ihrer Negativität führen. Das Grundthema einer Dialektik der Emanzipation ist daher so alt, wie der Versuch eines die Emanzipation grundsätzlich um willen der Freiheit bejahenden theologischen Denkens. Wird die theologische Bestimmtheit der Emanzipation verneint, dann nimmt sich die total gewordene Emanzipation als Herrschaft nun unbedingt gewordener Negativität in die Ermächtigung der Natur zurück. Dieser auch geistesgeschichtlich verifizierbare Zusammenhang wird deutlich an der Destruktion aller dem mythischen Denken entstammenden geschichtlichen Kreislaufmodelle und ihrer Überwindung durch das Modell der Geschichte als gerichteten

Prozeß bei Augustin auf der einen und durch die Wiederkehr der von Augustin geschichtstheologisch destruierten mythologischen Modelle im Geschichtsdenken der Gegenwart auf der anderen Seite. Die schon von der Romantik vorausgesetzte, aber nur spekulativ behauptete Identität von Archäologie und Teleologie ist dann unvermeidbar, wenn Natur Subjekt der Geschichte wurde und Geschichte gleichzeitig weiterhin so gedacht werden soll, daß in ihr etwas herauskommen kann.

Wichtig ist der Versuch Löwiths, Geschichte der Emanzipation als bloßen Schein zu entlarven. Emanzipation hat es nicht gegeben und kann es gar nicht geben. Der Mensch ist immer derselbe geblieben, die Welt selber hat sich im Grunde nicht geändert. Der Emanzipation entspricht keine Wirklichkeit, sondern nur der Schein, durch den die ursprüngliche und geschichtslose Welt der Natur verdeckt wurde. Indem aber die Negation eines Begriffs der Geschichte als Emanzipation mit der von Geschichte überhaupt zusammenfällt, ist und bleibt Löwith abhängig und bestimmt davon, wogegen er sich wendet. Emanzipation ist ein Wahn, daher gibt es keine Geschichte. Das ist ein Schluß, der nur einsichtigt wird, wenn man schon davon ausgeht, daß Geschichte nichts anderes als die prätendierte Befreiung aus der Natur ist. Löwith, einer der schärfsten Kritiker Heideggers, bleibt einer seiner treuesten Schüler. Ob Heidegger vom schickenden Geschick redet, oder Karl Löwith von der Ordnung der Natur, in die sich der Mensch schicken müsse, in beiden Fällen führt die Preisgabe einer Theorie der Dialektik der Emanzipation als eines innergeschichtlichen Ereigniszusammenhangs, welcher der Kausalität menschlichen Handels unterliegt, zur Verdinglichung der Geschichte, von der man sich ins anfängliche und unvordenkliche Sein als Geschick oder als Natur retten muß.

Emanzipation und Demokratieverständnis

Es ist eine für die Zukunft dieser Gesellschaft entscheidende Frage, wie man das Wesen und den spezifischen Charakter der Prozesse bestimmt, in deren Zeichen unsere Epoche steht. Wenn wir uns zunächst auf die Bundesrepublik beschränken, dann ist das Ziel aller konstitutionellen Veränderungen und Reformen die Verwirklichung von Demokratie. Es ist natürlich die Frage, was dabei unter Demokratie zu verstehen ist. Denn wir leben doch in einer Demokratie, die nicht zu Unrecht für sich beanspruchen kann, das mit ihr verbundene Versprechen auf Freiheit für jeden einzelnen verwirklicht zu haben, und zwar formal und materiell sowohl im Vergleich zur vergangenen deutschen Geschichte, wie im Vergleich zu den Ländern in der Welt, die sich demokratisch nennen. Der Begriff von Demokratie, auf dessen Verwirklichung die im Vollzug befindlichen Prozesse zielen, muß also an einem Postulat gewonnen sein, das über jede geschichtliche Realität hinausgeht. Es geht um die Überwindung des bürgerlichen Formaldemokratie-Verständnisses und seine Ersetzung durch einen Realbegriff von Demokratie. Karl Marx hat in seiner Kritik an der Hegelschen Rechtsphilosophie und in seiner Abhandlung zur Judenfrage am entschiedensten darüber nachgedacht, was mit einer realen Demokratie gemeint sein könnte. Es ist die (mit der Beseitigung einer jeden gegenüber dem Menschen verselbständigten und verfestigten politischen Form intendierte) Herstellung einer unmittelbaren Einheit des Menschen mit seinem gesellschaftlichen Wesen, die Aneignung der gesellschaftlichen Gattungsnatur durch den Einzelnen. Das Bestehen einer politischen Konstitution ist dann bereits ein Symptom für eine politische Entfremdung des Menschen. Die romantischen Quellen entspringende Utopie einer Verwirklichung des allseitigen, sich total verwirklichenden Menschen, der keinem arbeitsteiligen Bereich mehr unterworfen sein soll, setzt nicht nur das Absterben des Staates, sondern auch eine Gesellschaft des Überflusses, einen entwickelten ökonomischen Reichtum voraus, durch den das Problem der Knappheit der Güter gelöst und überwunden wird. Es ist entscheidend für das Urteil über alle Entwürfe einer Demokratisierung der Gesellschaft, sich an diesen Grundgedanken von Marx zu erinnern, daß die Emanzipation des Menschen seine Emanzipation von der Politik in sich einschließt. Der von konservativen Theoretikern herausgestellte Grundwiderspruch, eine Beseitigung des Politischen nur selber politisch betreiben zu können, ist dem Konzept einer gesellschaftlichen Befreiung immanent. Befreiung, das Überschreiten der Schranken des bürgerlich formalen Demokratiebegriffes, muß daher den Austritt aus der Geschichte zum Ziel der Geschichte erklären. Das paradoxe Grundfaktum des 20. Jahrhunderts besteht nun darin, daß die Geschichte alle diese Erwartungen und Hoffnungen enttäuscht hat und doch dieser Entwurf nichts von seiner Faszination verloren zu haben scheint.

In der sozialistischen Demokratie soll die Verwirklichung einer Identität von Freiheit und Gleichheit möglich sein. Es liegt kein durchdachtes und ausgearbeitetes Modell vor, das eine Vereinbarkeit der beiden Grundpostulate von Freiheit und Gleichheit einsichtig macht, die geschichtlichen Erfahrungen berücksichtigt und die Leistungsfähigkeit der ökonomischen und technologischen Systeme garantiert. Was dem gegenwärtigen Bewußtsein zu entschwinden droht, ist die Erinnerung daran, daß die Liquidation der Demokratie ein Ergebnis praktizierter Demokratie sein kann.

Es ist eine fundamentale Schwäche aller bisher bekannten Formen der Demokratie, daß sie die Einlösung ihrer Freiheitsgarantien an die Befolgung formaler Regeln bindet. Die Mehrheit kann eben auch beschließen, wie wir wissen, die Demokratie abzuschaffen, und die vielbeschworene freiheitliche Grundordnung enthält keine Anweisung darüber, welche Interpretation in einer konkreten Situation die maßgebende sein soll. Wenn die Grundbegriffe, mit denen die Verfassung politisch interpretiert wird, einen identifizierbaren

Gehalt verloren haben, und die Ermittlung ihres konkret gemeinten Sinns selbst zu einer Sache des politischen Kampfes wurde, ist das Gesetz kein geeignetes Mittel mehr, die Verfassung zu schützen.

Es ist ganz unbestreitbar, daß ohne einen minimalen Grundkonsensus keine politische Ordnung bestehen kann. Es ist eine Polarisierung der Kräfte denkbar geworden, die das Ende der Handlungsfähigkeit des Staates bedeuten könnte. Auch ist es ein Irrtum zu meinen, das könne sich nur in denen aus der Entwicklung vor 1933 bekannten Formen vollziehen. Was die Einsicht in die Lage der Bundesrepublik so außerordentlich verstellt, ist die Tatsache, daß die Grundentscheidungen über den zukünftigen Weg entweder aus Schwäche oder aus Taktik nicht offen zum Gegenstand des politischen Kampfes gemacht werden. Es ist der Sache, um die es geht, nicht dienlich, wenn einer der Zukunft zugewandten Theorie ein an der Erhaltung orientierter Pragmatismus entgegengestellt wird.

Offene Probleme der marxistischen Perspektive

Ist es denn ausgemacht und entschieden, wie die Zukunft aussieht und was sie von uns in Wahrheit verlangt, und sind denn die Bedingungen erkannt, von denen die Erhaltung abhängt? Es zeugt von keinem großen Reichtum an Phantasie, wenn die bekannte Konstellation mit den Leerformeln der Kämpfe des 19. Jahrhunderts mit progressiv und reaktionär, mit links und rechts, Fortschritt und Reaktion, mehr verschleiert als gedeutet wird. Der Gebrauch dieser oder ähnlicher Wendungen setzt voraus, daß es etwas gäbe, was besteht, und daß es etwas gäbe, was sich wandelt nach dem Begriff, den die Akteure von ihren Veränderungen, die sie in Gang setzen, vorher hatten. Beides trifft nicht zu. Was wir vor uns haben, ist ein alles in sich einbegreifender und verändernder Prozeß, von niemandem so gewollt und daher auch von keinem mehr verantwortet, der mit uns, gegen uns, über uns hinweggeht, ein Prozeß, der sich aus sich selbst speist und sich durch sich selbst produziert. Es ist der neue Aggregatzustand der Geschichte, den Marx im Blick hatte, als er die bürgerliche als die erste wahrhaft revolutionäre Klasse erkannte, die der geschichtlichen Bewegung den Charakter einer permanenten Revolution aufprägte und die nicht existieren kann, ohne alle Verhältnisse ständig zu verändern.

Wenn aber die geschichtliche Bewegung selber die Gestalt eines revolutionären Prozesses angenommen hat, dann ist es schwer, wenn nicht unmöglich, zu sagen, was unter diesen Bedingungen eine Revolution besagen soll, die man noch machen müsse, und von der man sagt, daß sie noch ausstehe. Gemessen an der Erfahrung mit der Entfesselung dieses durch die bürgerliche Gesellschaft mehr blind und bewußtlos ausgelösten Katarakts, waren die Motive von Marx noch konservativer Natur. Er sah das mögliche Ende in der Heraufkunft der Barbarei und setzte auf die rettende Kraft der revolutionären

Subjektivität in der Gestalt des ausgebeuteten Industrieproletariats. Diesem traute er es zu, die entwickelten Produktivkräfte durch eine veränderte Organisation der Verhältnisse, in denen sie sich bisher entfalteten, unter die Kontrolle des Menschen zurückzuzwingen und in den Dienst einer Selbstverwirklichung des Menschen zu stellen. Die Erneuerung dieses Vertrauens von Karl Marx in unserer Gegenwart war nur in einer Welt möglich, die aus Verzweiflung entschlossen ist, an die Stelle der unbegriffenen Geschichte die Herrschaft des Geistes der Illusionen zu setzen, die sie den Religionen so gern zugesprochen hat.

Die Tabuierung der Auseinandersetzung mit dem Marxismus, erst durch den Faschismus und dann nach dem Krieg durch selbstauferlegtes Verbot, hat die Einsicht in die Natur des politischen Marxismus in den kommunistischen Staaten nicht gerade gefördert. Die weltgeschichtliche Leistung des sowjetischen Kommunismus besteht darin, daß er in einem Schnellverfahren eine moderne Industriegesellschaft produziert und in der politischen Form des demokratischen Zentralismus die mit diesem Prozeß gegebenen Fragen einer Legitimation politischer Herrschaft nach den Kriterien der Effizienz gelöst hat. Daß sich der sowjetische Typ des Kommunismus immer mehr zu einer konservativen Macht entwickelt und daß auf dem vorletzten Hegelkongreß die neue Linke mit einem eigens für diesen Zweck zubereiteten Hegel bekämpft wurde, ist keineswegs zufällig, und man sollte zur Kenntnis nehmen, daß sich die Sowjetmacht philosophisch das Erbe der idealistischen, also bürgerlichen Philosophie vor allen Dingen aneignet, um die ethischen und pädagogischen Probleme des Auf- und Ausbaus ihrer Gesellschaft zu lösen. Der durch Lenin auf den Kopf gestellte Marx hat seine Funktion, die Ideologien des bürgerlichen Verfalls auszuschalten, längst erfüllt. Es mag geistesgeschichtlich reizvoll sein, das Marxsche Programm einer gesellschaftlichen Aufhebung menschlicher Selbstentfremdung an der sowjetischen Wirklichkeit zu überprüfen. Für die Einschätzung der politischen Realitäten unseres Jahrhunderts gibt das aber nicht viel her. Im äußersten Falle reicht die Breschnew-Doktrin durchaus dazu aus, sich gegen den Neomarxismus zu schützen, wenn er politisch relevant werden sollte.

Die gleiche Rolle in der Anpassung an das in der westlichen Welt erreichte geschichtliche Niveau spielt auch die Amalgamierung der Tradition mit marxistischen Gedanken in China. Die übernommene Dialektik ermöglicht hier das, was Marx den Vollzug und nicht die Abschaffung der höchsten Gedanken der Vergangenheit genannt hat. Es ist eine noch viel zu wenig reflektierte Tatsache, daß der Marxismus sich bisher nicht als die Macht des Austritts aus der Geschichte, sondern als die Kraft und Methode erwiesen hat, mit der es traditionalen Gesellschaften gelang, indem sie die durch die bürgerliche Gesellschaft repräsentierte Phase des geschichtlichen Prozesses übersprangen, den Eintritt in den weltgeschichtlichen Prozeß zu erreichen.

Ob es außer dem marxistischen Modell für die Entwicklung einer traditionalen in eine moderne Industriegesellschaft ein besseres und wirksameres gibt, diese Frage muß hier offen bleiben. Auf jeden Fall haben wir uns bisher keine Gedanken über ein solches Modell gemacht. Anders sieht die marxistische Perspektive in einer Gesellschaft aus, die die Bedingungen bereits entwickelt hat, an die Marx das Eintreten seiner Verheißungen knüpfte. Die Entwicklung des Marxismus zu einer entscheidenden, vielleicht der entscheidenden gesellschaftspolitischen Kraft in der Bundesrepublik hat viele Gründe. Sie sind um so schwerer zu ermitteln, als der Marxismus in der Pluralität seiner revisionistischen Gestalten sich einer eindeutigen Identifizierung entzieht. Doch wird man sich nicht zu weit von der Wahrheit entfernen, wenn man alle systemverändernden Entwürfe in Richtung auf eine sogenannte reale Demokratie in seinem theoretischen Kontext sieht.

Wenn man sich einmal davon überzeugt hat, daß die Verwertung der ökonomischen und technologischen Ressourcen der Gesellschaft im Interesse des privatkapitalistischen Profits der Verwirklichung menschlicher Emanzipation allein im Wege steht, dann ist die Art und die Form der Organisation des Klassenkampfes nur eine Frage der Taktik und des Zeitpunkts. Wer vermöchte konkret darüber zu entscheiden, welche Art des Klassenkampfes noch zu den legitimen Mitteln systemkonformer Veränderungen gehört oder welche nicht. Warum sollten die Demokratie-konformen Methoden der Abschaffung der Demokratie nicht auch bei der Überwindung des Systems sich bewähren? Dieses Instrumentarium klassischer marxistischer Politik konnte sich allerdings erst durchsetzen, nachdem die ideologische, kritische Zertrümmerung des sogenannten bürgerlichen Überbaus nunmehr abgeschlossen ist.

Die im Zeichen der neomarxistischen Theorie der Frankfurter Schule stehende Phase der Entfachung der emanzipatorischen Bewegung in der Bundesrepublik hatte die mit Hegelschen und Motiven der Transzendental-Philosophie angereicherte marxistische Ideologiekritik dazu benutzt, die rechtliche, politische, wirtschaftliche und moralische Ordnung der Bundesrepublik als unhaltbar, repressiv, ausbeuterisch und latent faschistisch zu erweisen, wenn man sie an den Zielen emanzipativer Autonomie des Menschen mißt.

Es soll hier nicht die Frage gestellt werden, was an dieser geistig moralischen Vernichtung des sozialen Rechtsstaates haltbar ist und was nicht, entscheidend für den weiteren Gang der Dinge war es allein, daß diese neomarxistische Kritik eine Krise bewußt gemacht hat, die in der pluralistischen Selbstinterpretation der Gesellschaft nicht gelöst, sondern nur verdrängt wurde. Es ist eine Krise, an der im Grunde alle nichtkommunistischen Gesellschaften des Westens teilhaben, die man eine Krise der Legitimation, der fundamentalen Grundorientierung des Menschen, eine Krise des Sinns, des Bewußtseins, nennen kann. An der Einschätzung der Tiefendimension dieser Krise und von der Radikalität der Antwort, die man auf sie sucht, hängt das Schicksal der Freiheit und der menschlichen Person in unserer Welt ab. Nicht das ökonomische, materielle Elend, dem noch Marx als Triebkraft zur Revolution vertraute, sondern das Elend des Bewußtseins, des Geistes und damit die Auslaugung der sittlichen Kräfte ist es, was den Ausbruch und Aufstand gegen die Gesellschaft motiviert. Es ist eine Verkehrung der von Marx angenommenen Situation. Hier ist Marx selber auf den Kopf gestellt. Erst nachdem die Unfähigkeit der etablierten Kräfte der Gesellschaft offenkundig wurde, auf diese Herausforderung andere als funktionalpragmatische Antworten zu geben, konnte der klassische Marxismus nach einem mehr romantisch anarchischen Zwischenspiel das sichtbar gewordene Vakuum füllen.

Es gibt nun überhaupt keinen Grund für die Annahme, daß die marxistische Auslegung des Verfalls der bürgerlichen Legitimationen mehr bedeuten könnte als einen Kommentar zu diesem Verfall. Ebensowenig kann es keinen Zweifel daran geben, daß der politische Marxismus der Logik der Konsequenzen nicht entgehen kann, die ihn dort kennzeichnen, wo er die Form einer Praxis annimmt.

Die Verwandlung des marxistischen Humanismus in eine Form totalitärer Herrschaft, die Ausbildung neuer, so von Marx nicht geahnter Form der Entfremdung des Menschen, ist eben kein Unglück, das ihm aus unvordenklichen Gründen zustieß, sondern ist begründet im Ansatz von Marx selbst. Mit der bürgerlichen Gestalt der Subjektivität ist nicht nur die Schranke totaler gesellschaftlicher Selbstbefreiung sondern eine Grenze bezeichnet, ohne deren Anerkennung die menschliche Subjektivität selber, also das Resultat einer langen Geschichte der Freiheit beseitigt wird.

Nie hat der Karl Marx nachfolgende Marxismus eine Antwort auf die Frage geben können, wie der die revolutionäre Umgestaltung der Gesellschaft organisierende Staat sich selbst aufheben oder durch wen er aufgehoben werden könnte. Wenn es aber auf diese Fragen keine befriedigende Antwort gibt – und schon Max Weber hat darauf hingewiesen, daß Kommunismus identisch sei mit totaler Beherrschung durch Bürokratie – dann ist es schwer zu begreifen, daß man sich ein größeres Übel nicht vorstellen kann, als den staatlich restringierten und kontrollierten Kapitalismus, zu dem der Kommunismus bisher nur den totalen Staatskapitalismus als Alternative anbieten kann.

Die Vielfalt der revolutionären Erwartungen und Wege

Im Blick auf diese Realität muß die revolutionäre Systemveränderung anders vorgehen als bisher. Dieser Stil einer marxistischen Machteroberung ist dann nicht mehr länger opportun. Man muß dann Systemveränderung nach der Strategie eines langfristigen Prozesses betreiben. Dann sind die Maßnahmen und die einzelnen Schritte und ihre Begründungen beliebig auswechselbar, je nach dem was die Opportunität gebietet. Dieses Vorgehen wird wesentlich dadurch erleichert, daß diejenigen, die durch die intendierten Veränderungen bedroht sind, mit dem für sie selber typischen Opportunismus geschlagen werden können. Die bisherige Erfahrung hat ja bewiesen, daß diese Gruppen unfähig sind, in Begriffen eines langfristigen Prozesses zu denken, den radikalen, das Ganze betreffenden Charakter der Herausforderung zu begreifen und die geistige, nicht pragmatische Dimension des Prozesses zu verstehen. Es führt zu einer tiefgreifenden Verkennung des Wesens revolutionärer Prozesse in unserer Zeit, wenn man sie an den Modellen der politischen und sozialen Revolutionen der Vergangenheit mißt.

Während es sich bei der politischen Revolution um eine Veränderung des Mechanismus und der Regeln handelt, nach denen Macht gebildet und ausgeübt wird, bei der sozialen um die Etablierung eines anderen Schlüssels zur Verteilung des materiellen Reichtums, bei der gesellschaftlichen um eine qualitative Veränderung der sozio-ökonomischen Bedingungen, die sowohl die Ausübung von politischer Macht, als auch den Anteil an der ökonomischen Produktion ermöglichen, nimmt nun Revolution die Stellung eines anthropologischen, universellen Prinzips und Programms ein.

Was Nietzsche am klarsten gesehen und vorausgesehen hat, macht die Wirklichkeit von Revolution in unserer Zeit aus: Die Praxis der Wertung und Umwertung von Werten. Die Setzung und Durchsetzung von Werten wird zur beliebigen Disposition gestellt für jeden, der über geeignete Methoden der verbindlichen und wirksamen Regelung der Sprache verfügt. Konservative Theoretiker haben diese Form revolutionärer Praxis als einen Trick entlarven zu können geglaubt, mit denen diejenigen, die über die öffentlichen Medien verfügen, die ihnen zugefallene Chance in eine neue Machtposition umsetzen. Das mag auch zutreffen, aber es berührt den Kern der Sache nicht.

Erst auf diesem Hintergrund gewinnt die Tatsache ihr Gewicht, daß die revolutionäre Umformung der Gesellschaft in einen bisher so nicht gekannten Kollektivismus nicht von Randgruppen ausgeht, sondern so etwas wie einen institutionalisierten Prozeß darstellt, der quer durch alle Institutionen hindurchgeht. Die neomarxistische Kritik hat sich grundlegend über die Gesellschaft, die sie bekämpfen wollte, getäuscht. Sie wurde ein Opfer der von ihr selber nicht durchschauten und daher ideologischen Grundannahmen. Die aus dem Arsenal des 19. Jahrhunderts geschöpften Waffen erwiesen sich als stumpf. Sie ist ihrem eigenen Mythos aufgesessen, indem sie davon ausgegangen ist, daß eine monolithisch fest geschlossene Schicht an ihrer Macht Interessierter jede emanzipative Regung im Keime ersticken würde.

Was als frontaler Angriff von außen gedacht war, ist längst in das System hineingenommen, sozusagen als seine permanente Infragestellung, Problematisierung und Überholung, in seine Fundamente wie eine Dauerdetonation eingefügt. Wer glaubt, das könnte auch eine Entschärfung der damit verbundenen Veränderungen bedeuten, denkt in zu kleinen Zeiträumen. Nur in einem Punkte erwiesen sie sich als hellsichtig, als sie an das Bewußtsein der lohnabhängigen Massen appellierten und damit zu verstehen gaben, daß auch Bomben der anarchistischen Linken die Funktion eines sprachlichen Zeichens haben kann.

Sollte die sprachphilosophische Theorie der Gesellschaft, wie Jürgen Habermas sie entwickelt, eine Unterscheidung von sprachlicher und nichtsprachlicher Realität aufheben und sie damit beliebig konvertierbar machen, dann ist alles Sprache, auch die Bombe.

Es gibt einen Punkt, in welchem der kulturkritische Marxismus mit seinen politischeren Nachfolgern übereinstimmt, in der Überzeugung von der mangelnden revolutionären Reife der Massen, die sich unaufgeklärt weigern, anzunehmen, zu tun, was diejenigen als ihr Wohl erkannten, die das System durchschauten. Es könnte daher der Fall eintreten, daß sich zum ersten Mal eine Revolution vollzieht, ohne daß die, die die demokratische Mehrheit bilden, es überhaupt merken. Das hängt natürlich auch damit zusammen, daß die entscheidenden Bedingungen für eine erweiterte Reproduktion des Systems sich von den Arbeitern auf die Intelligenz und die Wissenschaften verlagert haben.

Es ist schon grotesk zu sehen, wie Söhne und Töchter aus wohlsituierten bürgerlichen Familien, die keine andere Erfahrung machten als die mit ihrer eigenen Natur, sich zum Kapital von Marx wie zu einem heiligen Buch verhalten. Die Tendenzen des institutionalisierten emanzipatorischen Prozesses lassen sich im Augenblick nur schwer abschätzen. Sichtbarer treten sie in einigen Bereichen hervor:

Die fortschreitende Uminterpretation des bisher maßgebenden Demokratieverständnisses. Die während der Weimarer Republik von rechts entwickelte Kritik an der indirekten, parlamentarischen Demokratie haben sich die linken Gruppen weitgehend zu eigen gemacht. Der Weg weist in die Richtung der Ersetzung einer formellen, indirekten, repräsentativen, durch eine direkte, in ihren formalen Sicherungen reduzierte, unmittelbare Demokratie. Die Praxis des imperativen Mandats geht in die gleiche Richtung. Wenn man die hier angelegten Möglichkeiten weiterdenkt, dann wäre das gleichbedeutend mit einer politischen Praxis, die den Schutz und das Recht des Einzelnen und der Minderheiten ebenso ignoriert, wie die Chancen einer legalen Opposition beseitigt. Die totalitären Folgen sind unausweichlich. Überlegungen dieser Art fordern allerdings die Frage heraus, ob unsere repräsentative Demokratie noch etwas anderes repräsentiert als eine bestimmte, jederzeit wechselnde Gruppierung von zufälligen Interessen, die nur gelten, weil sie faktisch sind.

Der unsere politische Praxis legitimierende Interessenbegriff zeigt ein anderes Gesicht, wenn die minimale Homogenität zerfällt. Das wiederum kann zu verschiedenen Zeiten Verschiedenes bedeuten. Die Aufhebung der Trennung von Legislative und Exekutive, die im Räte-Modell impliziert ist, würde eine der wirklichen Errungenschaften der Geschichte, das Recht, infrage stellen, das den Schutz der Freiheit in sich aufgenommen hat.

Emanzipation durch Politisierung gesellschaftlicher Institutionen?

Damit berühren wir den zweiten Bereich, in dem Entwicklungen von wirklich revolutionärer Bedeutung sich abzeichnen: Die Umwandlung, ja Auflösung der Form des Rechts. Max Weber verdanken wir die Einsicht in die für die Ausbildung der modernen bürgerlichen Gesellschaft entscheidenden Bedeutung einer – an sich bestehenden –, in seinen Konsequenzen berechenbaren und damit absehbaren Form des Rechts. Die Transformierung und damit Depotenzierung des Rechts zu einem technisch einzusetzenden Mittel sozialer Veränderungen ist in vollem Gang. Schon ist die Forderung nach einer Rechtsprechung erhoben worden, die den Richter veranlassen soll, nach Abwägung der konkreten Umstände und Bedingungen des einzelnen Falles, mit voller Würdigung der mitspielenden sozialen Faktoren Recht zu sprechen, ja Recht zu stiften. Das würde das Ende der Gleichheit des Rechts und der Gleichheit aller vor dem Recht bedeuten.

Grundsätzlich ist damit die vielleicht einzige Errungenschaft politischer Emanzipation, die in der Geschichte der Menschheit bisher erreicht wurde, die Bindung des das Recht verwaltenden Staates an den Schutz des Einzelnen auf Freiheit infrage gestellt. Die einzige Form der Gleichheit, die Menschen wenigstens annäherungsweise verwirklichen können, die Gleichheit vor dem Gesetz, wird damit in einer Zeit zur Diskussion gestellt, in der in den kommunistischen Gesellschaften der Kampf um einen menschlichen Sozialismus in erster Linie die Wiedergewinnung der Gleichheit vor dem Gesetz bedeutet.

Ist unsere These richtig, daß der Wille zur revolutionären Veränderung sich heute primär auf den Menschen selbst richtet, dann sind die Fortschritte, die die institutionalisierte Emanzipation in den Bereichen der Bildung und Erziehung durchgesetzt hat, auf die Dauer von entscheidender Bedeutung. Die Politisierung der Wissenschaften hat da, wo die Strategie keine eindeutig marxistische des Klassenkampfes ist, zu einer zunehmenden Mobilisierung der Produktivkraft Wissenschaft gegen die bestehende Gesellschaft geführt. Während Jürgen Habermas noch vor wenigen Jahren glaubte, daß eine für die Willensbildung in den wissenschaftlichen Prozessen verbindliche Konzeption des herrschaftsfreien Dialoges eine mit Autonomie und praktischer Vernunft vereinbarte Emanzipation ermöglichen könne, muß er heute feststellen, daß die Politisierung der Wissenschaften zur Herrschaft einer neuen Form naturwüchsiger Interessen über die Wissenschaft geführt hat. Was das Klima an den hohen

Schulen so vergiftet, ist nicht nur der allgegenwärtige latente oder offene Druck zur Gleichschaltung, Ausbrüche direkten Terrors, Feigheit, und unverantwortliche Anpassung der Korporationen, sondern vor allem die Ausnutzung der Emanzipation für die Förderung des eigenen privaten Wohls und Nutzens. Gesinnung als Ersatz für wissenschaftliche Leistung kann nur zur Erzeugung der altbekannten Formen von Korruption führen. Den Reformen der Bildungsinstitutionen, die z. T. bereits praktische Politik der Landesregierungen wurden, gehen ganz eindeutig von Prinzipien aus, die von der neomarxistischen Kultur- und Gesellschaftskritik entwickelt wurden. Hier ist die noch vor wenigen Jahren gelehrte Meinung, daß ein neomarxistisches Programm keine Chance hätte, am klarsten widerlegt. Kritik, die Entschlossenheit, alles in Frage zu stellen und zu problematisieren, wird zum Ausweis der Mündigkeit. Jedes affirmative Moment ist entfernt. Die Entwicklung an den Universitäten hat gelehrt, daß die abstrakt utopische Phase der Totalkritik den Durchgang für die Anerkennung der Notwendigkeit des Klassenkampfes darstellt.

Wenn man sich einmal davon überzeugt hat, daß das System nichtswürdig, repressiv, menschenfeindlich und der Emanzipation hinderlich ist, dann muß man eben dieses System ändern. Was immer man über die kommunistischen Methoden denken mag, daß man mit ihnen ein System wirklich erfolgreich verändern kann, ist erwiesen.

Da die Vergangenheitsbewältigung mit einem nun chronisch gewordenen Geschichtsnihilismus geendet hat, ist die Frage nach der Verfassung der christlichen Kirchen als den einzigen Institutionen, die noch eine geschichtliche Kontinuität repräsentieren, von unmittelbarer politischer Bedeutung. Sie haben sich jedoch den Zwängen des über uns alle verhängten Prozesses nicht entziehen können. Die Politisierung der Theologie und kirchlichen Praxis hat sie auf einen Weg geführt, der sie dazu zwingt, die Verfallprozesse der Gesellschaft christlich zu verdoppeln. Die »Gott ist tot«-Theologie, die Reduktion des Gottesglaubens auf eine Form praktischer Mitmenschlichkeit, die Definition der christlichen Freiheit als Befreiung von sozio-ökonomischen Zwängen hat die christlichen Kirchen besonders anfällig gemacht für den Geist des Illusionismus und der Verdrängung der Realität. Von Schelsky ist darauf hingewiesen worden, daß der kulturrevolutionäre Charakter der emanzipativen Bewegung den öffentlichen Medien, den Systemen der Kommunikation, Information und Motivation, den institutionellen Formen der Sinnbestimmung und Sinnvermittlung eine entscheidende Bedeutung für den Ausgang des Prozesses zugespielt hat. Sie sind maßgebend daran beteiligt, was man die Revolution der steigenden Erwartung genannt hat. Sie erzeugen das Klima der Moralisierung aller Fragen, das es gestattet, den Trägern des Systems das schlechte Gewissen beizubringen, das die Akteure der Emanzipation dann politisch nutzen. Darauf hat Topitsch aufmerksam gemacht. Doch das Problem ist ernster.

Wenn Pragmatismus und der Hinweis auf technische Notwendigkeiten keine mögliche Rechtfertigung für menschliches, gesellschaftspolitisches Handeln mehr sind, und sie sind es nicht mehr, dann kann die tragende Führungsschicht einer Gesellschaft in einer Krise der Legitimationen nicht anders reagieren, als sie es tut. Dann werden die abstrakten Leerformeln vergangener bürgerlicher Emanzipation, Humanität, Autonomie und Demokratie, zu den Ködern, mit denen sie durch einen Prozeß gefangen werden, der ebenso unabsehbar, wie für sie schwer zu durchschauen ist. Schon Hegel wußte, wenn das Reich der Vorstellungen und des Bewußtseins revolutioniert ist, hält die Wirklichkeit nicht stand. Die Bürger trösten sich mit der verharmlosenden Deutung des Aufstands der Jugend als eines biologisch bedingten Konfliktes der Generationen und übersehen, daß hinter der unruhigen Jugend nicht nur die Weigerung erkennbar wird, bestimmte Traditionen zu übernehmen, sondern die mit dem Übergang des Menschen aus den Stammesgesellschaften zur Zivilisation gestiftete Tradition der Menschheitsgeschichte überhaupt.

Gerade wenn man die extremsten Äußerungen bedenkt, in denen sich der versuchte Austritt aus der Geschichte in der emanzipativen Bewegung der Gegenwart vollzieht, wird der Zweifel wach, ob die ideologische Interpretation dieser Bewegung durch Marxismus und Psychoanalyse nicht hinter dem zurückbleibt, was tatsächlich geschieht. Kluge Leute haben beschwichtigend darauf hingewiesen, daß es sich bei der irrationalen Infragestellung des technisch-zivilisatorischen Fundaments aller bisherigen Gesellschaften um ein Ereignis handle, das die Ausbildung rational funktionaler Welt seit ihrem Beginn in sich immer erneuernden Wellenschlägen begleitet habe. Vom Sturm und Drang im 18. über Romantik im 19. und Jugendbewegung sowie Faschismus im 20. Jahrhundert sei die bürgerliche Gesellschaft immer wieder von der in ihr unbefriedigten Subjektivität her in Frage gestellt worden. Allein die Tatsache, daß die selbstbewußte Subjektivität selber aber nur als ein Produkt tendenziell totalitärer Herrschaft abgeschafft werden soll, spricht gegen diese Zuordnung. Emanzipation, der Name für die Freiheit des Menschen in der Gesellschaft, kann sich daher – auch – als der Deckname erweisen für die totale Integration des Menschen in dem totalitäre Züge annehmenden Prozeß.

Offensichtlich haben wir es in der Gegenwart mit einem Phänomen zu tun, das Platon als das einer pathologisch gewordenen Gesellschaft begriffen hat. Nicht nur Einzelne sondern ganze Gesellschaften können erkranken. Das wichtigste Symptom für einen solchen die gesamte Gesellschaft erfassenden Krankheitsprozeß ist der Verlust der Fähigkeit, Realitäten zu erkennen, und der Verlust des Willens, sich in seinem Handeln von der Anerkennung von Realitäten bestimmen zu lassen. Alle Argumente und alle Theorien, die von der Realität ausgehen, werden daher häufig entweder als ideologisch zurückgewiesen, oder denjenigen, die sie äußern, wird eine psychoanalytische Behandlung empfohlen oder sie werden kriminalisiert. Das durch die Psychoanalyse vervollständigte ideologiekritische Instrumentarium gegenwärtiger Gesellschaftskritik macht es jedem Oberprimaner ohne besondere Schwierigkeiten möglich, eine solche Argumentation, die von der Realität ausgeht, nur als Symptom für einen Willen zu interpretieren, der sich böswillig der Verwirklichung der Gesellschaft als eines Paradieses widersetzt, in welchem die Menschen sich ungestört der Befreiung von libidinöser Frustration zuwenden können.

Eine solche chronisch gewordene Erkrankung des Sinns für Wirklichkeit, also dessen, was man einst den gesunden Menschenverstand genannt hat, läßt aber den Schluß auf eine noch tiefer greifende Erkrankung zu. Es ist eine der optimistischen Annahmen gewesen, daß man beim Neubau einer demokratischen Gesellschaft in Deutschland als völlig evident unterstellte, daß der Mensch ein natürliches Interesse an seiner eigenen Selbsterhaltung habe. Mit dieser Überzeugung knüpfte man zwar an die Prinzipien einer Anthropologie wieder an, die der bürgerlichen Gesellschaft und ihrer Geschichte in der Neuzeit zugrunde lag; aber man übersah, daß doch der Faschismus seinen Grund in der Möglichkeit einer kollektiven Erkrankung eben dieses Interesses hatte. Während man aber dem Faschismus noch die wahnhafte Täuschung über das zugute halten kann, was ein natürliches Interesse an Selbsterhaltung forderte, erleben wir jetzt, wenn auch zunächst nur in der Form von Randerscheinungen, die offene und bewußte Entscheidung für die eigene Selbstzerstörung. Niemand kann sich mehr darüber täuschen, daß die Wurzel aller der hier angesprochenen Phänomene die Unfähigkeit der Gesellschaft darstellt, auf die Frage nach der Vernunft ihrer Erhaltung eine einsichtige und sinnvolle Antwort zu geben. Das religionsphilosophische Problem fällt mit dem Problem der fundamentalen Ermöglichung einer menschlichen Gesellschaft zusammen. Ein Mensch, der an seiner eigenen Identität nicht mehr interessiert sein kann, ist auch nicht mehr fähig, mit anderen Menschen eine Gesellschaft zu bilden, gleich, ob es sich um eine kommunistische oder kapitalistische handelt. Von der Beantwortung der nun keineswegs mehr theoretischen Frage hängt die Zukunft unserer Gesellschaft ab: Was macht den Menschen fähig, die Grundziele seines Daseins zu institutionalisieren? Die Frage nach den Institutionen führt uns in Zusammenhänge, die dem gegenwärtigen Bewußtsein nicht länger durch bloße Aufklärung vermittelt werden können.

Die politische Macht der »Kritischen Theorie«

Wenn man gefragt wird nach der Bedingung, unter der ein Fortschritt in der Verwirklichung von Freiheit möglich sei, kann die Wirkung nicht übersehen werden, die uns die Politisierung aller Fragen des menschlichen Lebens aufgezwungen hat. Die Fragen der Religion, der Moral, der Anthropologie im weitesten Sinn und vor allen Dingen die Frage der Zielsetzung gesellschaftlicher und ökonomischer Unternehmungen sind politische Fragen geworden. Als politische Fragen werden sie nicht nur nach der Vernunft der Argumente entschieden, die für sie ins Feld geführt werden, sondern auch nach der Fähigkeit eines Individuums oder einer Gruppe, die für die Entscheidung dieser Frage maßgebende Methode zu entwickeln, um sich im Zusammenhang der politischen Kräfte erfolgreich durchzusetzen. In der Form der Politisierung unterliegen alle diese Fragen der Logik der Macht. Es wäre daher illusionär, wenn man das verkennen würde. Daher ist es wichtig zu wissen, was in der gegenwärtigen Gesellschaft eigentlich Macht bedeutet. Wirklich mächtig ist nicht der, der zur Gewalt entschlossen ist. Hinter dem Kampf um die Herstellung einer entweder mehr kapitalistisch oder mehr kommunistisch organisierten Gesellschaft zeichnet sich unübersehbar eine Konstellation ab, in der es um die Existenz einer menschlichen Gesellschaft überhaupt geht. Wenn die Anwendung direkter oder indirekter Gewalt zur einzigen Methode der Durchsetzung gesellschaftspolitischer Ziele werden sollte, dann löst sich die sowieso schon minimale Einheit im demokratischen Konsensus aller Bürger auf, und der politische Kampf gehorcht der Logik und der Strategie des Bürgerkrieges. An die Stelle vernünftiger Begründungen treten dann entschlossene Dezisionen, an die Stelle tradierbarer Lehre permanente Indoktrination und Propaganda, an die Stelle verbindlicher Methodendiskussion tritt dann die freiwillige und spontane Formation eines kollektiven Bewußtseins, das sich aller Rechtfertigung enthoben weiß, da es von der Überzeugung getragen wird, den Willen eines unaufhaltsamen Prozesses zu erfüllen. Die konkrete Form der Praxis, in der das geschieht, nimmt dann die Gestalt eines Erziehungsprozesses an, in welchem jeder das Recht hat, jeden anderen zu erziehen, wenn er nur den Mut aufbringt, sich den dazu nötigen Grad emanzipatorischer Reife und Aufgeklärtheit zuzusprechen. Hieraus läßt sich entnehmen, daß in einer alle modernen Gesellschaften übergreifenden Weise der mächtig ist, der definiert, was Bildung ist und das, woraufhin erzogen wird. Wer ist in dieser Gesellschaft mächtig und wer verfügt über die Fähigkeit, Macht zu bilden, und woran liegt es, wenn vorhandene Macht verspielt wird?

Nicht nur für die Politiker, sondern fast für alle verantwortlich handelnden Menschen in unserer Gesellschaft trifft es zu, daß sie auf diese Prozesse, die für die Zukunft der Freiheit in unserer Gesellschaft von Bedeutung sind, nur noch reagieren und daß sie nicht imstande sind, den Prozeß in eine Richtung hin zu orientieren, in welcher dieser Prozeß mit der Freiheit vereinbar sein könnte. Daher die wichtige Frage: Wovon ist die Bildung von Macht abhängig, und wo ist in unserer Gesellschaft der Ort, an dem sich Macht bildet? Diese Frage ist darum so wichtig, weil es von ihrer Beantwortung abhängt, ob und wie eine Veränderung in der gesellschaftlichen Realität denkbar und möglich ist. Minoritäre Gruppen waren in den letzten Jahren imstande, erfolgreich das Bewußtsein – und über das Bewußtsein und ihre Sprache – eine ganze Gesellschaft zu verändern. Diese erstaunliche Tatsache war möglich, weil es diesen Gruppen gelungen ist, einen bestimmten Sprachgebrauch, eine Sprachregelung mit verbindlichen Konsequenzen tendenziell für alle Bürger, für alle Individuen in unserer Gesellschaft durchzusetzen. In einer solchen Situation muß die Frage nach der Macht – nicht nach der Gewalt, die versteht sich immer von selbst – völlig neu gestellt werden. Nicht nur die Ziele und die Mittel politischen Handelns haben sich geändert, sondern die Natur des Politischen selber. Bereits Nietzsche hatte erkannt, daß in der von ihm aus gesehen zukünftigen Gesellschaft diejenigen auch Träger der politischen Macht sein würden, die über die Fähigkeit verfügen, einen neuen Sprachgebrauch durchzusetzen, also die, die bestimmen und festlegen, wie in einer menschlichen Gesellschaft von den Dingen gesprochen wird, bei denen es um die Entscheidung des humanen Gehalts einer Gesellschaft geht.

Es ist nicht erstaunlich, sondern ganz verständlich, daß es nur weniger kleiner Gruppen bedurfte, um eine Gesellschaft emanzipatorisch zu verändern, dann nämlich, wenn diese Gruppen entschlossen sind, die von der pluralistischen Gesellschaft über sich verhängte Sprachbarriere zu durchbrechen. Was die Voraussetzungen emanzipativen Selbstverständnisses betrifft, so gibt es ja im Sprachgebrauch zwischen den etablierten Gruppen – und zwar in allen Institutionen – und ihren Opponenten kaum noch eine Differenz. Strittig sind Fragen der Taktik, der Methode und der langfristigen Strategie. Es ist erwiesen, daß kleine Gruppen eine ganze Gesellschaft verändern können, weil sie aus der Tatsache Konsequenzen gezogen haben, daß die sogenannten ideologischen Fragen Fragen sind, die für die Entwicklung auch der technologischen und ökonomischen Strukturen unserer Gesellschaft von entscheidender Bedeutung sind. Es kann durchaus sein, daß wir gar nicht über die kategorialen und begrifflichen Mittel verfügen, um zu begreifen, was geschieht, denn das, was geschieht, geschieht auf Grund der Normierung unserer sprachlichen Mittel, von dem zu reden, was ist.

Alle diese Prozesse, welche die Grundlagen einer pluralistisch verfaßten Gesellschaft in Frage stellen und zunehmend auflösen, sind nicht verständlich, wenn man nicht die Rolle berücksichtigt, die eine Theorie bei ihrer Ermöglichung gespielt hat. Die kritische Theorie, die neomarxistische Sozialphilosophie der Frankfurter Schule, hat den gesellschaftspolitischen Stellenwert von Theorie entscheidend verändert. Theorie in einem sich auf das geschichtliche Ganze beziehenden Sinn ist in einer qualitativ neuen Weise zu einer, wenn nicht zur alles entscheidenden Bedingung menschlicher Selbsterhaltung geworden. Der kulturkritische Neomarxismus hat die Philosophie ebenso liquidiert wie die Aktualität ihrer unabgegoltenen Fragen wieder sichtbar werden lassen, wie keine Theorie vor ihm.

Wenn die Herausforderung einer freien Gesellschaft, also einer Gesellschaft, in der der einzelne eine reale Chance hat, an der Gestalt seines Daseins in Vernunft und Freiheit mitzuwirken, die Realität eines die Totalität des gesellschaftlichen Lebens umwälzenden Prozesses angenommen hat, dann hat die Unterscheidung von Reform und Revolution ihren Sinn verloren. Dann kann man aus der Ersetzung einer mehr reformfreudigen Regierung durch eine mehr pragmatisch die Konkursmasse verwaltende keinen Trost mehr schöpfen. Dann wäre es auch eine Selbsttäuschung, die Bedrohung der Freiheit zu personalisieren, sie mit zufällig im Vordergrund agierenden gleichzusetzen und sich mit der Feststellung zu beruhigen, daß die Zahlen des Vortrupps der Emanzipation gering seien und die Revolutionäre nur am Rande der Gesellschaft operieren. Die Strategie der kleinen Schritte hat zur Folge, daß die jeweiligen Programme und Aktionen nur die an der Oberfläche sichtbar werdenden und vorübergehenden Wellenschläge einer aus der Tiefe andrängenden Strömung sind, die sie selber mit fortreißt. Ein nicht zu übersehendes Symptom für den wirklichen Charakter der Bewegung ist die mehr unterschwellige Rezeption des Denkens Nietzsches, die sich im Kontext der neomarxistischen Kulturkritik vollzogen hat.

Nietzsche versus Marx

Nach dem definitiven Scheitern aller Versuche, durch marxistisch angeleitetes revolutionäres Handeln Entfremdung aufzuheben, hat Nietzsche eine Aktualität gewonnen, die nach der Erfahrung mit dem Faschismus so nicht erwartet werden konnte. Die wachsende Bereitschaft, zur Lösung von Konflikten kein anderes Mittel als Gewalt für möglich zu halten, ist dafür ein Symptom. Folgt man der Entstehung und Entwicklung von Nietzsches Denken, so stellt sich sein Werk als der vielleicht radikalste Versuch dar, die im Wesen und Prinzip der modernen Welt angelegten Forderung konsequent zu Ende zu denken. »In solchen Zeiten, wie heute, seinen Instinkten überlassen zu sein, ist ein Verhängnis mehr. Diese Instinkte widersprechen, stören sich, zerstören sich untereinander, ich definiere das Moderne bereits als den physiologischen Selbstwiderspruch.«

Heute ist die moderne Gesellschaft in die Phase eingetreten, in der sie an ihren Widersprüchen zu zerbrechen droht. Der Ansatz Nietzsches ist radikaler als der des Neomarxismus.

Wissenschaft ist für Nietzsche nichts anderes als eine Form methodischer und organisierter Praxis menschlicher Selbsterhaltung. In einer Marx noch übertreffenden Weise hat Nietzsche als die Wurzel aller Probleme der modernen Welt und einer jeden denkbaren Lösung den Menschen ausgemacht. In der Anthropologisierung des Revolutionsprinzips und in der Ersetzung der Revolution durch eine permanente Erziehung hat die gegenwärtige Gesellschaft dieser Einsicht Nietzsches Rechnung getragen. Dies bedeutet den Eingriff in die biologisch bedingte Bedürfnis- und Antriebstruktur des Menschen als Voraussetzung realer Veränderungen gesellschaftlicher Strukturen. Wenn die pädagogische Theorie Sozialisation als das Grundproblem erzieherischen Handelns in der Gegenwart ansetzt, dann wird die Pädagogik zur Fundamentaldisziplin der Sozialwissenschaften.

Die Geschichte der Emanzipation hat im 20. Jahrhundert dem Schrecken Nietzsches mehr entsprochen als den Hoffnungen von Karl Marx. Die marxistische Erwartung einer möglichen Einrichtung der Gesellschaft, in welcher Technologie und Humanität wenigstens tendenziell sich ohne Entfremdung als vereinbar erweisen können, ist heute nur als utopische Erneuerung romantischer Traditionen möglich. Was Nietzsche daher nur leicht verhüllt bereits in der Geburt der Tragödie als die Zukunft der modernen Welt ausspricht, ist ihre Selbstvernichtung aus Moralität. Die Praxis, die dieser moralischen Verwerfung entspringt, ist die Praxis des aktiv werdenden Nihilismus, die Zerstörung und ihre Lust. Es sollte zu denken geben, daß die Analyse des Fortschritts der modernen Welt auf ihre eigene aktive Selbstzerstörung in einer Zeit bürgerlicher Sekurität vollzogen wurde und nicht unter dem Eindruck der manifest gewordenen Barbarei des Faschismus. Es könnte sein, daß die heute vorgelegten Analysen von Politologen, Soziologen und neomarxistischen Sozialphilosophen daher gar nicht an die Wurzel dieses der emanzipativen Gesellschaft innewohnenden Zwangs zur Selbstzerstörung heranreichen. Die Stadt der Zivilisation erscheint bereits beim frühen Nietzsche in dem fahlen Licht einer ausgeglühten Kraterlandschaft, die auch ohne atomare Katastrophen vom Tod alles wahrhaften Lebens zeugt. Die religionsgeschichtliche Zukunft eines entchristlichten Abendlandes sah Nietzsche nicht in der rational und mündig gewordenen Profanität, sondern in der geistigen Eroberung Europas durch asiatische Formen der Religiosität. Diesen Gefahren setzte Nietzsche eine Umdeutung des traditionalen Begriffs von Kultur entgegen: Den Begriff der Kultur als einer neuen und verbesserten Physis, ohne innen und außen, ohne Verstellung und Konvention, der Kultur als einer Einhelligkeit zwischen Leben, Denken, Scheinen und Wollen.

Es liegt eine eigentümliche Konsequenz im Ansatz Nietzsches, der den an der historischen Krankheit leidenden modernen Menschen am Weideglück des Tieres maß, – die dazu führt, daß als Hoffnung für die Zukunft das Reich der Jugend verkündigt wird. Der Verfall überkommener gesellschaftlicher Herrschaftsordnungen entläßt den Menschen nicht aus dem Zwang einer Formierung seiner eigenen Natur, sondern wirft zum ersten Mal die Frage auf, wodurch der Mensch nun gesellschaftsfähig gemacht werden kann. Auch hinter dem Willen zur Verneinung der Macht steht ein Bedürfnis nach Macht. Auch hinter dem Willen zur Aufhebung von Herrschaft steht ein Wille zur Herrschaft.

Die Konstellation, wie sie durch die Durchdringung von Marxismus und Psychoanalyse in der Gegenwart sich abzeichnet, hat Nietzsche in hellsichtiger Weise vorweggenommen. Die ihrer ökonomischen Motivation in den fortgeschrittenen Gesellschaften beraubte revolutionäre Theorie hat an die Stelle der Ökonomie die Ästhetik gesetzt. Das Ziel wird aus der Ästhetik genommen. Die Ästhetisierung politischer Praxis und ihre Begründung in einem ungeschichtlichen biologischen Fundament wiederholt, wenn auch in verwandelter Form, eine schon für den Faschismus kennzeichnende Konstellation. Eine in den Dienst der Erneuerung marxistischer Hoffnungen tretende Psychoanalyse soll Entfremdung erst bewußt machen. Das entfremdete Bewußtsein muß nun erst erzeugt werden. Erst die Gesellschaft ökonomischen Überflusses ermöglicht eine durch die Logik der Erfüllung bestimmte Gesellschaft. Es ist der von dem durch die gegenwärtige Gesellschaft manipulierten Individuen undurchschaute Mechanismus, der sie, ihren wahren Interessen entgegen, die repressive Realität bejahen läßt.

Das Prinzip der Revolution kann nicht mehr politisch sein, denn die französische Revolution hat bereits die formale Demokratie, wenigstens ihrem Anspruch nach, verwirklicht. Die Revolution kann auch nicht mehr ökonomisch sein: In einem Land wie der Bundesrepublik nimmt der Lebensstandard tendenziell zu, und es funktioniert auch der Rechtsstaat wenigstens notdürftig. Eine politische und ökonomische Motivation für eine revolutionäre Totalumwälzung der Gesellschaft ist also nicht leicht evident zu machen. Was unter Kulturrevolution und permanenter Revolution verstanden wird, hat diese Transformation des Revolutionsprinzips in die Anthropologie zur Voraussetzung.

Es geht um eine revolutionäre Veränderung, die bis in die biologischen Strukturen des Menschen reichen soll. Es wird suggeriert, daß die Menschen vom Druck politischer Repression und libidinöser Frustration befreit werden könnten, sofern nur der durch die technologische Gesellschaft erzeugte Reichtum in den Dienst eines befriedeten Daseins gestellt würde. Das Befreiende und das Unterdrückende seien in der Gesellschaft wechselseitig bedingt und durchdringen einander so ununterscheidbar, daß ein zur Überwindung des verkehrten Ganzen geeignetes Subjekt nicht mehr ausgemacht werden kann.

Die paradoxe Wendung führt also zur Aufhebung des traditionalen Begriffs von Emanzipation, wie er noch dem Denken von Marx zugrunde lag. In ihrer vulgären Interpretation führt diese Theorie zu einer neuen Bestimmung der Rolle der Sexualität in der Befreiung von der Gesellschaft. Der Aufstand und revolutionäre Protest im Namen des unverwirklichten Lebens gegen die Gesellschaft muß nicht die große Revolution selber sein, für die sie sich selbst hält und von vielen auch so verstanden wird, sondern kann auch Symptom einer an die Wurzel der bloßen Selbsterhaltung reichenden Erkrankung dieser Gesellschaft sein. Die Träger des revolutionären Protestes zeigen selber die Male der Deformation einer Gesellschaft, gegen die sie protestieren. Eine am

Ziel totaler Befreiung orientierte Praxis ist mit den realen Bedingungen des Funktionierens einer modernen Industriegesellschaft unvereinbar. Ein revolutionärer Eingriff in das Funktionieren des technischen Produktionsapparates müßte die Gesellschaft in ihrer Existenz bedrohen.

Die Irritationen durch marxistischen Ökonomismus sollen den Blick nicht dafür verstellen, daß Revolution heute den Charakter einer Kulturrevolution angenommen hat. Die Kunst und ihre in die politische Praxis übertragenen Mittel ist der Ort, an dem Ursprung und Ziel des revolutionären Wirkens sich artikulieren. Nur hier in der Kunst überlebt vor seiner sich allerdings schon ankündigenden religiösen Erneuerung der Wille zu einer totalen Versöhnung. Die unmittelbare Einheit von allem mit allem in der mythisch archaischen Tiefe des Ursprungs ist auch das Ziel. In ihr meldet sich durch Technik und Moral unterdrückte und gefesselte Natur. Der Aufstand der Natur gegen die ihr durch Herrschaft zugefügte Verstümmelung und Unterdrückung vollzieht sich nicht mehr, wie Marx lehrte, in der Revolution des Proletariats, sondern in der Gestalt des ästhetisch sensibilisierten Leibes. Den revolutionären, schleichenden und gar nicht dramatischen Bewegungen, die den Grund der westlichen Zivilisation erschüttern und allmählich umwälzen, liegt die Erfahrung des von der Kunst zur Sprache gebrachten Ekels an der Gesellschaft zugrunde. Die Revolution aus dem Geiste der Ästhetik schließt die Absage an die Zwecke der Selbsterhaltung in sich ein. Nur noch die Kunst bringt den Wahn hervor, der das erschöpfte Individuum zur Fortführung des Lebens, wie die Erfahrung mit der Jugend zeigt, stimuliert. Diese Vorgänge können mit politischen und gesellschaftlichen Kategorien nicht mehr begriffen werden. In ihrer Politisierung nimmt die Kunst selber die Gestalt einer Aktion an, durch die vom schockierten Unbewußten her anthropologische Strukturen aufgebrochen und verändert werden sollen.

Die Rückverwandlung der durch eine formal abstrakte Ordnung nur notdürftig umklammerten Welt in ein für furchtbar gehaltenes Chaos ist die Essenz dieser Bewegung. Der sexuelle Außenaspekt sollte die Einsicht in die tieferen Ursachen und Gründe dieser Erscheinungen nicht verstellen. Die Verkürzung des Verständnisses von Emanzipation, auch die Zerstörung sexueller Tabus und damit der scheinbar gelungenen Integration dieses Vorgangs in den Prozeß der sich von sich selber emanzipierenden bürgerlichen Gesellschaft, ist die Form, in der ein qualitativ Neues die Hülle des alten annimmt. Wenn der Prozeß allerdings in seiner Begriffslosigkeit verharrt, dann könnte es sein, daß sich der transitorische Charakter der sexuellen Emanzipation nun in die Betäubung und Ausschaltung des Bewußtseins durch die Drogenpraxis oder in den Ausbruch in das Verbrechen fortsetzt. Wieder ist die Aktualität Nietzsches deutlich. Er verstand sich als Lehrer und Vorausverkünder einer – von ihm aus gesehen – zukünftigen Epoche, der Geschichte, die der Logik des Schreckens gehorchen muß.

Nun ist die Geschichte, die der Logik des Schreckens folgt, unsere eigene Gegenwart. Sie entfaltet sich in ihrer universalen, alle Bereiche des menschlichen Daseins erfassenden Intensität. Wenn man an die Bereicherung des Arsenals der Grausamkeit durch die Erfindung des psychischen Terrors denkt, durch welchen die jüngsten Träger des Emanzipationsprozesses sich ausgezeichnet haben, dann stellt auch diese Tatsache einen Kommentar zu der Frage nach dem Verhältnis von Nietzsche und Marx in der Gegenwart dar. Die von beiden Denkern in ihrer Notwendigkeit begriffene und daher geforderte totale Emanzipation von der Metaphysik vollzieht sich in der Tat in zunehmendem, immer bedrohlicherem Maße im Zeichen dessen, was Nietzsche die Logik des Schreckens nannte. Das hat Nietzsche klarer gesehen als irgendein anderer Denker sonst. Was Nietzsche aus der Emanzipation vom Glauben an den christlichen Gott hervorgehen sieht, sind Untergang, Zerstörung, Umsturz, Abbruch, Schrecken; und wovon er als einer unausweichlichen und für ihn feststehenden Notwendigkeit ausgeht, ist die Unhaltbarkeit aller bisherigen Moral.

Für Nietzsche ist die Kritik der Moral und der Versuch ihrer Neubegründung eine notwendige Konsequenz des Todes Gottes, das heißt: des Fortfalls des Grundes, auf dem alle bisherige Moral gegründet war. Wenn Gott tot ist, dann wird alle überkommene Ethik und Moralität hinfällig. Was ist in diesem Zusammenhang unter Moral zu verstehen?

Wir gehen von der Bedeutung der Frage nach Ethos und Ethik aus. Ethos ist der Ort, an dem jemand wohnt, Ethik ist dann jene Praxis, durch die der Mensch für sich zu einem Gegenstand der Verwirklichung wird, die es ihm ermöglicht, bei sich selbst und in seiner Welt heimisch, zu Hause zu sein, so wie es bei Platon darauf ankommt, daß der Mensch lernt, mit sich selbst befreundet zu sein. Von Natur ist es der Mensch nicht. Das wird er erst in einer Praxis, die das Wesen der Ethik ausmacht. Mit dem Hinfälligwerden aller ethischen Ordnungen und Traditionen in der emanzipierten Gesellschaft wird daher alles unvertraut und fremd. Unsere alte Welt wird täglich mißtrauischer und fremder. An die Stelle des Vertrauens tritt erst der Zweifel und schließlich das Mißtrauen, der Verdacht.

Der Geist ist seit und durch Nietzsche in sich ständig radikalisierenden Formen in die Schule des Verdachtes gegangen. Die Schule, die Nietzsche als die Schule des Mißtrauens und des methodischen und prinzipiell gewordenen Verdachts begründet, ist zur einzigen Stätte und Behausung des Geistes geworden. Die Schule des Verdachtes, der mißtrauischen Auflösung einer jeglichen Weise des Vorverständigtseins, bei Nietzsche ein geistiges, ein philosophisches Ereignis, ist inzwischen selber zu einer vertrauten Praxis des Menschen mit sich selbst und den Mitmenschen geworden. Der Satz Sartres »Die Hölle ist der

Andere«, der zentrale Satz über die gesellschaftliche Natur des Menschen in seiner Philosophie, ist zugleich ein wesentlicher Grundsatz von Nietzsches Anthropologie. Sartre hat in einer subtilen, existentiellen Psychopathologie die Konsequenzen aufgedeckt, die sich aus der höllischen Art ergeben, mit der die Menschen in der atheistischen Gesellschaft und der atheistischen Kirche miteinander umgehen. Der höllische Charakter dieses Umgangs ist bestimmt durch den Wechsel von Masochismus und Sadismus. Die Dialektik, so glaubt Sartre im Anschluß an Nietzsche das gesellschaftliche Sein des Menschen interpretieren zu können, ist die Bewegung, die dem Zirkel gehorcht, nach welchem der Sadismus den Masochismus und der Masochismus den Sadismus hervortreibt.

Die sich wechselseitig hervortreibende und darin potenzierende Bewegung ist der Prozeß, durch den der Mensch in einer prinzipiell unvertrauten Welt sich gezwungen sieht, entweder den anderen zu unterwerfen oder, wenn das nicht gelingt, sich dem anderen. Die Dialektik von Herrschaft und Knechtschaft tritt damit nach Hegel und Marx bei Nietzsche in ein neues Stadium. Sie wird von Nietzsche reflektiert im Hinblick auf den Verfall der Moralität. Alle Konsequenzen, die sich aus dem Tode Gottes für ihn ergeben, faßt Nietzsche in der Aussage zusammen, daß das Gesetz des Zeitalters nach der Tötung Gottes der Nihilismus sein werde. »Was ich erzähle, ist die Geschichte der nächsten zwei Jahrhunderte. Ich beschreibe, was kommt, was nicht mehr anders kommen kann: Die Heraufkunft des Nihilismus. Diese Geschichte kann jetzt schon erzählt werden, denn die Notwendigkeit selbst ist hier am Werke. Diese Zukunft redet schon in hundert Zeichen, dieses Schicksal kündigt sich überall an; für diese Musik der Zukunft sind alle Ohren bereits gespitzt. Unsere ganze europäische Kultur bewegt sich seit langem schon mit einer Tortur der Spannung, die von Jahrzehnt zu Jahrzehnt wächst, wie auf eine Katastrophe los: unruhig, gewaltsam, überstürzt; einem Strom ähnlich, der ans Ende will, der sich nicht mehr besinnt, der Furcht davor hat, sich zu besinnen.«

Nietzsches Philosophie ist eine Philosophie des Mutes, sich zu besinnen. Sie ist Gestalt und Ausdruck einer universalen und radikalen Besinnung auf das Ereignis und die Konsequenzen des Ereignisses, das Nietzsche den Nihilismus nennt. In diesem Sinne ist Nietzsches Denken Philosophie. Unter dem Nihilismus denkt Nietzsche die Geschichte, die kommt und die als die ankommende jetzt schon erkannt und erzählt werden kann. Nihilismus ist also hier nicht identisch mit einer Theorie, die besagt, alles ist im Grunde genommen nichts, sondern eine Geschichte, die sich vollzieht und die die Geschichte der europäisch-christlichen Kultur in ihrem Grunde ausmacht und in die sie sich jetzt verwandelt. »Was bedeutet Nihilismus? – Daß die obersten Werte sich entwerten. Es fehlt das Ziel; es fehlt die Antwort auf das ›Wozu‹.«

Als Nihilismus wird also von Nietzsche eine Verfassung der Welt und ein geschichtlicher Zustand angesprochen, der dadurch bestimmt ist, daß es keine

Antwort auf die Frage nach dem Telos des Ganzen gibt. Nietzsche hat gesagt, daß wir das erste Geschlecht seien, das keine Antwort auf die Frage nach der Wahrheit hätte. Sein Denken stellt den Versuch dar, ein Experiment mit der Wahrheit anzustellen. In diesem Sinne ist Nietzsches Philosophie als eine Experimentalphilosophie zu verstehen. Wie aber ist es möglich, mit der Wahrheit unter Bedingungen zu experimentieren, die eine Erkenntnis der Warheit nicht zulassen. Nietzsche geht so vor, daß er beabsichtigt, die Wahrheit über die Wahrheit an den Tag zu bringen. Seine geschichtsphilosophisch bestimmte Theorie bildet dabei den Horizont für dieses Experiment.

Der radikal gewordene Nihilismus steht in diesem Zusammenhang für die Überzeugung, daß das Dasein sich als unhaltbar erweist, wenn es sich um die höchsten Werte handelt, die das Dasein für sich selber verbindlich anerkennt. Für Nietzsche wird also im Begriff des Nihilismus nicht eine geschichtliche Verfassung des Daseins angesprochen, für das es keine Überzeugung mehr gibt. Im Gegenteil: Es gibt sehr wohl anerkannte und ausgemachte Überzeugungen über höchste Werte. Ohne diese Voraussetzung wäre die Rede vom Nihilismus sogar sinnlos. Es geht vielmehr um das Verhältnis dessen, was das Dasein für seinen höchsten Wert hält, zu dem faktischen Dasein selber. Erst aus der Perspektive seines höchsten Wertes beurteilt, erweist sich das Dasein als unhaltbar. Erst wenn sich die geschichtliche Wirklichkeit in der Perspektive seiner höchsten Werte als unhaltbar herausstellt, dann tritt ein, was Nietzsche die Herrschaft des Nihilismus nennt.

Für das gegenwärtige Zeitalter ist der höchste Wert die Verwirklichung von Humanität. Wenn man von diesem Wert aus auf die Wirklichkeit des Zeitalters blickt, dann ist diese geschichtliche Wirklichkeit unhaltbar. Nietzsche begnügt sich aber nicht mit der Feststellung der eingetretenen Herrschaft des Nihilismus, sondern stellt die Frage nach der Genealogie, nach seiner Herkunft. Welche Kraft ist verantwortlich für die Heraufkunft des Nihilismus? »Aber unter den Kräften, die die Moral großzog, war die Wahrhaftigkeit: diese wendet sich endlich gegen die Moral, entdeckt ihre Teleologie, ihre interessierte Betrachtung – und jetzt wirkt die Einsicht in diese lange eingefleischte Verlogenheit, die man verzweifelt, von sich abzutun, gerade als Stimulanz. Wir konstatieren jetzt Bedürfnisse an uns, gepflanzt durch die lange Moral-Interpretation, welche uns jetzt als Bedürfnisse zum Unwahren erscheinen: andererseits sind es die, an denen der Wert zu hängen scheint, deretwegen wir zu leben aushalten. Dieser Antagonismus – das, was wir erkennen, nicht zu schätzen und das, was wir uns vorlügen möchten, nicht mehr schätzen zu dürfen – ergibt einen Auflösungsprozeß«. Dies ist die Antinomie: »Sofern wir an die Moral glauben, verurteilen wir das Dasein.«

Der Nihilismus, die Verneinung der Moral, ist also für Nietzsche eine Konsequenz aller bisherigen Moral. Beim Nihilismus geht es um einen Vorgang, in welchem sich die Moral gegen sich selbst wendet. Die Moral löst sich in der

Wendung gegen sich selber auf. Auf dem Boden der sich auflösenden Moral ist ein moralisches Bedürfnis im Menschen erzeugt worden, das sich gegen die Moral wendet, die es selber hervorgebracht hat. In der Auflösung der Moral durch die in der Moral entwickelte Wahrhaftigkeit, die sich gegen ihren eigenen Grund wendet, denkt Nietzsche auf eine höchst praktische Weise ebenso geschichtlich wie dialektisch. Nicht zufällig bestimmt er den nihilistischen Weltzustand durch den Begriff des Antagonismus, der aufgebrochen ist zwischen dem, was wir erkennen, und dem, was wir schätzen. Die methodisch erkannte Wirklichkeit widerlegt die Werte, und die Werte widerlegen die Wirklichkeit. Wenn die Wirklichkeit, die ist, und der Wert, der sein soll, unvermittelt und antagonistisch auseinander- und einander entgegentreten, dann tritt der Nihilismus ein.

Der Nihilismus und die Feuerbachsche Religionskritik – die geistigen Hintergründe der Emanzipationsbewegung

Der Nihilismus Nietzsches bildet den Horizont und radikalen geschichtlichen Hintergrund der Emanzipationsbewegung. Wo sich die Bewegung diesem Nihilismus mit Hilfe von Marx verbergen will, fällt sie auf die Gestalt der Religiosität zurück, die von Marx und Engels zum Ausgangspunkt gemacht wurde: auf Ludwig Feuerbach.

Feuerbach gehört zu den Gestalten des 19. Jahrhunderts, deren Aktualität nicht bestritten werden kann. Diese Aktualität müßte ihm auch dann zuerkannt werden, wenn er nicht die bekannte Rolle in der Genese des Marxismus gespielt hätte. Er gehört zu den produktiven Geistern, die revolutionäre Veränderungen einleiten und die von der Universität mit einer für sie im allgemeinen ungewöhnlich heftigen Leidenschaft bekämpft wurden. Es ist vielleicht im Lichte gegenwärtiger Erfahrungen nicht uninteressant, daran zu erinnern, daß eine studentische Initiative ihm nach vielen Jahren des Asyls auf dem Lande ermöglichte, vor einem größeren Auditorium zu lehren. Wer unbefangen von marxistischen Obsessionen des neorevolutionären Bewußtseins urteilt, könnte sogar von einem späten Triumph Feuerbachs über seine radikaleren Schüler in der Gegenwart sprechen. Die Erinnerung an seinen Tod vor nunmehr 100 Jahren hat daher nicht nur die Bedeutung eines historischen Gedenkens, sondern bietet den willkommenen Anlaß, die Gegenwart als eine Epoche zu erfahren, die in seinem Zeichen steht.

Die Entscheidungen, die Feuerbach im Sinne einer revolutionären Wende des Bewußtseins, einer Verwandlung der Theologie in Anthropologie, einer Verwirklichung des Menschen in der sinnlichen Unmittelbarkeit durchsetzen wollte, sind zu den selbstverständlichen Voraussetzungen des menschlichen

Selbstverständnisses unserer Zeit geworden. Marx hat die Aneignung der Leistung Feuerbachs als einen Durchgang auf dem Wege zur revolutionären Praxis für so bedeutsam gehalten, daß er die Forderung aufstellte, wir alle müßten durch den Feuerbach hindurch. Warum? Weil Feuerbach die auch für Marx grundlegende Kritik geleistet hat, die Kritik an der geschichtlichen Religion. Die Kritik an der Religion bedeutet die Destruktion der Theologie, ihrer sie tragenden metaphysischen Grundlagen und Voraussetzungen und damit den Kampf gegen das Christentum als einer den Menschen entfremdenden Macht.

Die von Feuerbach geforderte Verwandlung von Theologie in Anthropologie schließt die Überzeugung in sich ein, daß der Mensch in der Religion nur mit sich selbst zu tun habe. Dieser Gedanke hat Epoche gemacht. Es gibt nur noch den Menschen im Verhältnis zur Natur und zum anderen Menschen. Es gibt nur zwei Realitäten: die ihn bestimmenden Grundmächte Gesellschaft und Natur. Wenn der Mensch es aber in allen religiösen Verhältnissen im Grunde und eigentlich nur mit sich selbst und seiner Gattungsnatur zu tun hat, dann muß die Frage gestellt werden, wie es möglich war, daß der Mensch sich über die Wirklichkeit durch Religion so täuschen konnte.

Bei Feuerbach erscheint die Religion als das Produkt einer Verwechslung des Scheins mit der Realität. Diese Verwechslung werde in der Religion nicht erkannt, und so sei die Religion das Produkt einer bewußten oder unbewußten, einer zufälligen oder unter bestimmten Bedingungen unausweichlich gewordenen Täuschung des Menschen über sich selber. Dann muß die Religionskritik die Gestalt einer Aufklärung über diese Täuschung annehmen. Religion ist Gestalt und Ausdruck einer Selbstentfremdung des Menschen. Die Aufklärung der Herkunft der religiösen Gegenstände aus einer in der Religion bewußtlos gebliebenen Projektion führt dann zu der Aufforderung, sich das entfremdete Eigene wieder anzueignen, und die Aneignung der entfremdeten Gattungsnatur ist nun das, was Feuerbach unter der Verwirklichung von Religion versteht.

Die durch die Feuerbachsche Fortführung der aufgeklärten Religionskritik verwandelte Gestalt von Religion hat zu ihrer Mitte den Satz, daß der Mensch für den Menschen das höchste Wesen ist. Wahre Religion verwirklicht sich nun im Verhältnis von ich und du. Da für Feuerbach nur wirklich ist, was in der sinnlichen Unmittelbarkeit unmittelbar erfahren werden kann, wird das Geschlechtsverhältnis zum Ort der Verwirklichung von Religion. Karl Barth hat dem später die innertrinitarische Begründung hinzugefügt. Auf die Frage, wie die Natur dazu komme, sich in ihrem eigenen Produkt, dem Menschen, selbst zu entzweien, gibt es bei Feuerbach keine Antwort. Der Weg zur neuen Naturreligion und ihren Mythologien ist frei. Für Feuerbach ist das Motiv seiner Religionskritik die praktische Auflösung des Christentums in der modernen Gesellschaft, die durch Technik und Wissenschaft die Macht der Natur gebrochen hat. Unter den Bedingungen einer durch Wissenschaft und Technik möglichen Beherrschung der Natur muß daher an die Stelle der alten Religion die Politik als die neue Religion treten. Sexualität und Politik werden zu den beiden Brennpunkten religiöser Auslegung des menschlichen Daseins.

Ähnlich dem Marxismus wurde die Feuerbachsche Religionskritik inzwischen zu einer Voraussetzung für die Bestimmung des Verhältnisses moderner Theologie zur Religion überhaupt. Die Anerkennung der atheistischen Resultate der Feuerbachschen Religionskritik soll Bedingung für ein wahrhaft christliches Verhältnis zur christlichen Wahrheit sein. Da ist es nicht erstaunlich, daß christliche Theologen, mehr in der Praxis als in der Theorie, an der Möglichkeit von Theologie zu zweifeln beginnen. Was Feuerbach wollte, ist zum weithin anerkannten Programm der Theologie geworden: Politik und Sexualität sind Formen, in denen der Mensch glaubt, seine Bestimmung und religiöse Natur zu verwirklichen. Die Gott-ist-tot-Theologie und die Versuche, Gott als eine bestimmte Weise der Mitmenschlichkeit zu interpretieren, haben Feuerbach zu einem maßgebenden Kirchenvater des 20. Jahrhunderts werden lassen. Um so bedeutsamer ist es nun, den Marxismus aus dem unbewältigten Feuerbachschen Erbe zu begreifen. Feuerbach hat nach Marx den »wahren Materialismus«, die »reelle Wissenschaft« begründet, indem er »das gesellschaftliche Verhältnis des Menschen zum Menschen zum Grundprinzip gemacht hat«. Dagegen hat Marx die Herleitung der Religion aus dem Verhältnis des Menschen zur Natur nicht als Antwort auf die Frage nach ihrem Grund anerkannt. Feuerbachs Theorie ist für ihn Ideologie, sein abstrakt sentimentaler und ungeschichtlicher Brüderlichkeitskult und seine religiöse Verklärung des Geschlechtslebens nur die Spiegelung der Lage des Kleinbürgers in der bürgerlichen Gesellschaft.

Der Feuerbachschen Beschwörung der Natur entspricht in der modernen Welt tatsächlich keine Wirklichkeit mehr. Durch bloße Aufklärung über den angeblich fiktiven Charakter religiöser Gegenstände kann das Christentum im Bewußtsein der Menschen nicht beseitigt werden. Das können nur Intellektuelle meinen, die der Praxis entfremdet sind. Die Religion könnte nur, wie der Staat, absterben, wenn das Proletariat in der Revolution die reale, weil gesellschaftlich bedingte Entfremdung aufgehoben hätte. Diese Revolution aber hat sich auf der Welt nirgendwo ereignet. Daher mußten die kommunistischen Systeme den Atheismus zur Staatsreligion erklären. Die antireligöse Propaganda kämpft in der kommunistischen Bewegung mit den Argumenten Feuerbachs.

Doch nicht nur im Osten triumphiert Feuerbach über seinen radikaleren und philosophischeren Schüler. »Der Geist der Zeit oder Zukunft ist der des Realismus. Die neue Religion, die Religion der Zukunft, ist die Politik. In religiöser, allgemeiner Form ausgesprochen, ist ihr Prinzip: der Glaube an den Menschen als die höchste und letzte Bestimmung des Menschen und ein diesem Glauben gemäßes Leben für den Menschen mit dem Menschen.« Mit diesen

Worten hat Feuerbach hellsichtig vorweggenommen, was sich nicht als die neue, sondern als die letzte Religion des Menschen in den Industriegesellschaften des 20. Jahrhunderts darstellt. Der fromme Atheismus Feuerbachs ist die selbstverständliche religiöse Einstellung und Haltung im Weltalltag unserer Epoche.

Alle Anstrengungen von Nietzsche und Marx, die schwülstig sentimentale Pseudoreligiosität Feuerbachs zu überwinden, sind an dem gescheitert, was Feuerbach »das Herz der Religion« nannte. Wir haben die Frage von neuem gestellt, ob wir durch den Feuerbach hindurch müssen. Der Bach wurde inzwischen zum reißenden Strom, in dem wir, ohne erkennbare Aussicht auf ein rettendes Ufer, treiben. Keine noch so subtile spekulative Konstruktion wird daran etwas ändern. »Nur der Mensch hat das Recht, den Menschen zu richten, nur der Mensch kennt den Menschen, das heißt der Mensch richtet sich selbst, moralisch unmittelbar durch sich selbst, durch sein Gewissen, politisch durch eine dritte Person.« Das ist die Konsequenz. Wenn das Christentum praktisch abgeschafft ist, dann ist der Mensch dem Menschen nicht nur das höchste Wesen, sondern dann ist es ihm auch unentrinnbar ausgeliefert. Die Art, in der Menschen in diesem Jahrhundert Gericht gehalten haben über Menschen und dies weiterhin tun, ist die Erfahrung, an der die Emanzipation gemessen werden muß.

Viertes Kapitel
Die metaphysische Situation der Zeit

Alle Überlegungen sind von der These bestimmt, daß wir uns nicht am Beginn einer Bewegung befinden, durch die eine in den Zwangssystemen der technologischen und industriellen Gesellschaft gefesselte Emanzipation wieder in Gang gebracht und vollendet werden könnte, sondern daß wir an einem Wendepunkt stehen, an dem die praktisch gewordenen Konsequenzen der aufgeklärten Ideologiekritik nirgendwohin mehr führen. Grundlegende Prinzipien des Experiments der Neuzeit sind fragwürdig geworden. Die Axiome fortschrittsbewußten Verständnisses von Welt und Mensch erweisen sich immer mehr als aporetisch. Mit dem Ende des Fortschritts in der Ökologiekrise ist die Revision neuzeitlicher Religionskritik und die Revision des Vorurteils von der Unhaltbarkeit metaphysischen Denkens fällig. Ein tiefgreifender Wandel in der Grundstimmung der Zeit im Verhältnis zur eigenen Zukunft zeichnet sich ab. Die durch den Verfall aller überkommenen ethischen Orientierungen ausgelöste Verunsicherung wird nicht mehr lange durch utopische Erwartungen übersprungen werden können.

Im Zeichen der Reideologisierung gewinnen die neuen ideenpolitischen Perspektiven in Schule und Kirche eine besondere Bedeutung. Mit ihnen beschäftigen sich die beiden ersten Abschnitte. Da diese Perspektiven den Verlust des Bewußtseins von der Notwendigkeit des Rechts als der Wirklichkeit der Freiheit erkennen lassen, ist das Verhältnis von Rechtsstaat und Geschichtsphilosophie bei Kant Thema des dritten Abschnitts. Im Begriff der Autonomie lassen sich alle Bemühungen zusammenfassen, eine Antwort auf die Frage nach dem Ziel der unvollendeten Geschichte zu geben. Daher geht der vierte Abschnitt den religionsphilosophischen Voraussetzungen der Auflösung des Autonomiebegriffs und seiner Ersetzung durch ein sich remythologisierendes Bewußtsein nach. Mit seiner Auflösung korrespondiert die anthropologische Revolution, die ihre Modelle aus dem Geist und der Tradition der Ästhetik entwickelt. So führt der fünfte Abschnitt mit der Frage nach der Ästhetik und der Revolution der Kultur konsequent die Auseinandersetzung mit dem Autonomiepostulat fort. Mit dem Paradox einer atheistischen Theologie erreicht das Buch das Zentrum seiner Problemstellung. Damit wird die Tiefendimension auch aller politischen und sozialen Prozesse der Gegenwart erreicht. Ihre Auslotung schafft erst die Evidenz für ein Plädoyer zur Reform des religiösen Bewußtseins, das den Schluß des Buches bildet und um dessentwillen es geschrieben wurde.

Das Ganze ist ein Versuch, den Herausforderungen einer Lage zu entsprechen, die erst am Rande des Gegenwartsbewußtseins erkennbar wird. Der Verfasser führt mit diesem Traktat weiter, was er in seiner Revolutionsschrift im Blick auf den gesellschaftspolitischen Prozeß in der Bundesrepublik Deutschland begonnen hat. Politik und Religionsphilosophie treten in eine neue Konstellation. Alle, die in diesem Land Verantwortung tragen, werden sich darauf einstellen müssen.

Ideenpolitische Perspektiven der neuen Schule und der neuen Kirche

Jeder Versuch einer Gesellschaft, die Schule, also eines der wichtigsten Systeme der Sozialisation des Menschen, zu verändern, ist ein Vorgang von eminenter politischer Bedeutung. Es gab in der Bundesrepublik zahlreiche und gewichtige Gründe, die für die Notwendigkeit einer Reform der Schule sprachen. Gründe, die durchaus mit der Verbesserung der Aussichten dieser Gesellschaft zusammenhingen, die Chancen ihrer erfolgreichen Selbstbehauptung zu verbessern. Ebenso konnte es keinen Zweifel geben, daß der totale technologische, soziale und gesellschaftliche Wandel eine Modernisierung des Schulsystems forderte. Die Konstellation des Verhältnisses von Schule und Gesellschaft wird nur dann grundlegend geändert, wenn die Gesellschaft meint, sich über die Veränderung der Schule selbst reformieren zu müssen, wenn die Schule so in ein Instrument der Gesellschaftspolitik verwandelt wird. Als oberstes Ziel aller auf die Veränderung der Schule gerichteten Anstrengungen wird ihre Demokratisierung genannt. Erziehung des mündigen Bürgers und Stärkung seiner Fähigkeit, durch Teilnahme am demokratischen Prozeß sich zu emanzipieren, wird dann zur höchsten Norm erhoben. Auch dagegen ist im Prinzip nichts einzuwenden. Wichtig wird somit die Frage, wie sich der normative Demokratiebegriff der Schulreformer zum Demokratieverständnis des Grundgesetzes, zum Verständnis der gesellschaftlich-politischen Ordnung der Bundesrepublik als eines sozialen Rechtsstaates verhält. Offensichtlich dient nicht die historische Realität einer demokratischen Praxis zum Ausgangspunkt, wie sie sich seit 1945 entwickelt hat, sondern der Anspruch, einen gesellschaftspolitischen Auftrag über und mit der Schulreform zu verwirklichen, wie er zwar im Grundgesetz enthalten ist, aber bisher noch nicht erfüllt wurde. Dieser Auftrag kann sich nur auf die Bestimmung des Staates der Bundesrepublik beziehen, ein Sozialstaat zu sein, der der sozialen Gerechtigkeit zu dienen hat. Von diesen genannten und immer wiederholten Zielsetzungen aus, an deren Legitimität es keinen Zweifel geben dürfte, ist es aber völlig unverständlich, wie die öffentliche Diskussion der Rahmenrichtlinien zu einer Polarisierung der politischen Kräfte in diesem Lande führen konnte, die in der Geschichte der Bundesrepublik beispiellos ist. Kein anderes Reformprojekt hat zu einer breiteren und intensiveren Diskussion und politischen Mobilisierung der schweigenden Mehrheiten geführt als die Reform der Schule. Die Schulpolitik ist für die sozialdemokratische Partei zu einer Grundfrage ihres Selbstverständnisses geworden, von der es entscheidend abhängen wird, ob sie auch in Zukunft den Anspruch, als Volkspartei zu gelten, erfolgreich behaupten wird. Das ist im Blick auf die öffentlich genannten Ziele ebenso unverständlich wie im Blick auf die Tatsache, daß der vorläufige und experimentelle Charakter aller Pläne ebenso unterstrichen wird wie die pragmatische, sozusagen technokratische Motivation, neuen unvermeidbaren Entwicklungen Rechnung zu tragen.

Der innovatorische, gesellschaftspolitisch-reformerische, ja revolutionäre Zug wird konsequent heruntergespielt und der Zwang zur Anpassung an ein verändertes Klima des gesellschaftlichen Bewußtseins hervorgehoben. Die Diskrepanz zwischen der Strategie, die öffentliche Meinung für die Reform zu gewinnen, und der Reaktion der betroffenen Eltern ist zu auffällig, als daß es genügen könnte, den Grund in der Formalität der Ziele zu vermuten. Der Grund für den Konflikt muß inhaltlicher Natur sein. Ein Nerv des normativen Bewußtseins der Bürger muß getroffen sein. Denn wenn die Schule als Institution der sekundären Sozialisation die wichtigste Form darstellt, mit der eine Gesellschaft ihre Normen an die junge Generation vermittelt, dann muß jeder Eingriff in das normative Gefüge einer Gesellschaft über die Schule zu einer Veränderung der Gesellschaft mit unabsehbaren und vielleicht irreversiblen Konsequenzen führen. Dann ist Schulpolitik Gesellschaftspolitik.

So wird sie auch von einem immer größeren Teil der Bevölkerung verstanden. Dann haben die Fragen der Lernzielfindung, der Umstrukturierung der Lernprozesse und die Auswahl der Lerninhalte ihre politische Unschuld verloren, und ein Ausweichen in die pädagogisch-didaktische Interpretation ist nicht länger möglich. Denn was sind dann der Begriff oder das Modell von Demokratie, auf das hin erzogen werden soll, was heißt Verwirklichung von Demokratie nach dem neuen Verständnis? Offensichtlich nicht nur die Einübung der Teilnahme in normierte formale Prozesse politischer Entscheidungsfindung, die Inhalte und Resultate offenlassen, sondern die Einübung in die Instrumentalisierung demokratischer Verfahren mit dem Ziel, sich durch ihre Anwendung gesellschaftlich, d. h. die Gesellschaft selber, zu emanzipieren. Wenn man die in den Dokumenten der Schulreform enthaltene Vorstellung von der gesellschaftlich-politisch anzustrebenden Veränderung rekonstruieren würde, dann träte das Bild einer Gesellschaft hervor, in der politische Gleichheit im Sinne sozialer Homogenität verwirklicht wäre. Das heißt konkret: Jedes Individuum hätte nicht nur tendenziell einen gleichen Anteil am ökonomischen Produkt, sondern es wäre auch eine Symmetrie in den Chancen hergestellt, an allen Formen der Ausübung der Macht, politisch, ökonomisch, sozial und kulturell einen gleichen Anteil zu bekommen.

Das bedeutet nicht nur, daß eine Utopie zur Norm gemacht würde, sondern gleichzeitig eine grundlegende Veränderung unseres Demokratieverständnisses. Es würde die Aufhebung der als bürgerlich charakterisierten, formalen, repräsentativen und indirekten Demokratie in eine reale, direkte und unmittelbare Demokratie zur Folge haben, die die Frage nach der Freiheit gewährenden und schützenden Form des abstrakten Rechtes offen ließe. Der utopische Charakter der Ziele der Schulreform als solcher muß noch nicht beunruhigen, sondern die höchst fatalen Konsequenzen müssen beunruhigen, die diese Vision wahrer Demokratie für die von ihr erfüllten Schüler in ihrem Verhältnis zur bestehenden Demokratie produziert. Ist die sozial-homogene Gleichheit das Kriterium wahrer Demokratie, dann gibt es keine existierende Gesellschaft, die das Recht hätte, von sich zu sagen, sie sei bereits eine solche. Gemessen an einem Zustand, in dem wahre Demokratie als soziale Homogenität verwirklicht wäre, erscheint die bestehende Ordnung der Bundesrepublik als eine Gesellschaft, die in Klassen, oder wie man jetzt noch sagt, in Schichten zerrissen und gespalten ist, die durch repressive Herrschaftszwänge mühsam zusammengehalten wird und in der die Ideologie gleichberechtigter Bürger die Wirklichkeit der Demokratie durch einen Schein von Demokratie ersetzt.

Dann muß die Zustimmung der Mehrheiten das Produkt einer Täuschung über den wahren Charakter der herrschenden Verhältnisse sein, über den es aufzuklären gilt. Konkret bedeutet dies, daß die Zielvorstellungen in der reformierten Praxis der Schule vorweggenommen werden und sich im Alltag der Schule widerspiegeln müßten.

Um dies zu erreichen dürfen nicht mehr in erster Linie Kenntnisse, Fähigkeiten und eine Identität vermittelt werden, die mit den normativen Anforderungen der bestehenden Gesellschaft vereinbar wäre, sondern es muß Verhalten geändert und neue Verhaltensdispositionen müssen eingeübt werden. Dann sind die Autorität des Lehrers und die Autorität der Sache, für die er steht, die wichtigsten Hindernisse, die auf dem Wege zur Emanzipation beseitigt werden müssen. Dann ist der beste Lehrer der, der keiner mehr ist, und zugunsten seiner Rolle als Verhaltenstechnologe oder parteiischer Stratege der Emanzipation abdankt. Der an sich richtige Gedanke wissenschaftlich interdisziplinärer Kooperation löst dann in der Form einer Umstrukturierung des Stoffes nach Problemfeldern die Autorität der Sachen und ihres Anspruches auf. Der Dilettant füllt dann die Rolle eines Oberwissenschaftlers aus, weil er die Wissenschaft nicht mehr nach ihren Erkenntnissen zuteilt, sondern nach der Antwort auf die Frage, welchen Interessen sie dienen. Die subjektive Überzeugtheit davon, was das wahre, d. h. emanzipatorische Interesse verlangt, entscheidet dann über die Qualität einer Wissenschaft, von der es abhängt, ob sie als integrierbar anerkannt werden kann.

Fundamentales Prinzip aber aller Normenfindung und nicht hinterfragbares Kriterium aller Entscheidungen ist das Prinzip der Kritik. Kritik ohne ein theoretisch kohärentes Interpretationssystem der Gesellschaft aber ist nicht möglich, wenn Schulreform als ein tragender Bestandteil gesellschaftspolitischer Strategie verstanden werden soll. Es muß daher die Frage nach der Theorie gestellt werden, die die Planung inspiriert. Nach Lage der Dinge kann für diese Rolle nur die erneuerte und revidierte neomarxistische Sozialphilosophie der Frankfurter Schule, die sogenannte kritische Theorie, in Betracht kommen. Zweifellos sind die Rahmenrichtlinien nicht als ein Fall bloßer Anwendung der kritischen Theorie auf die Schulreform zu verstehen, aber die dominierende Stellung der Ideologiekritik, wie sie von der kritischen Theorie entwickelt wurde, kann nur gewürdigt werden, wenn man die Gesellschaftskritik der Frankfurter Schule in ihren kulturrevolutionären Konsequenzen sieht.

?

Der größte Erfolg der kritischen Theorie besteht in der Neu- und Uminterpretation der Gesellschaft. Die Durchsetzung ihrer ideologiekritischen Prinzipien bei einem erheblichen Teil der politisch engagierten und in Fragen der öffentlichen Moral sensiblen Jugend ist eine Folge der seit Mitte der sechziger Jahre in Gang gesetzten Bewegung der Emanzipation. Die Destruktion des Legitimations- und Motivationssystems der pluralistisch und rechtsstaatlich verfaßten parlamentarischen Demokratie in der Bundesrepublik läßt sich auf die drei alles tragenden Grundannahmen zurückführen, von denen die kritische Theorie ausging.

Erstens: Die Bundesrepublik repräsentiert den Typus einer entwickelten modernen Industriegesellschaft, in der sich eine neue Form totalitärer Herrschaft herausgebildet hat, die latent faschistisch ist und in der die parlamentarische Demokratie nur noch die Rolle einer Fassade spielt. Als totalitär wird jetzt die Herrschaft der Technologie in allen Lebensbereichen verstanden, von der ein alle Individuen erfassender und sie in ihren Bedürfnissen unterdrückender, also repressiver Zwang ausgeht. Herrschaft ist nunmehr geronnen und objektiv geworden in den Strukturen technologischer Systeme, hinter denen sich ein politisch bewußtloser und daher nicht reflektierter Wille verbirgt, über die Technik eine Kontrolle, Verfügung, also Herrschaft über die Realität, auszuüben. Die den technologischen Zwängen unterworfenen Menschen sind damit zu ihrer Subjektivität entfremdeten Objekten einer neuen Gestalt, indirekt auch politisch relevanter Beherrschung geworden. Wer die alle Bereiche durchdringende Penetranz der Kategorie Herrschaft in den Rahmenrichtlinien und die Orientierung an einem Begriff von Emanzipation verstehen will, wer Emanzipation als Überwindung einer jeglichen Form von Fremdbestimmung interpretiert, sieht sich auf den Systembegriff der kritischen Theorie verwiesen.

Zweitens: Die Gesellschaft ist im Ganzen ohne Vernunft, da sie Vernunft nur instrumental begreift. Unter einem instrumentalen Begriff der Vernunft wird ein solcher verstanden, der Vernunft auf die Zweck-Mittel-Relation beschränkt und dann nur die Wahl der Mittel rationalisieren kann, aber nicht die Wahl der Ziele und Zwecke. Als Kriterium vernünftigen Handelns dient dann das Kriterium letztlich ökonomistischer Effizienz: Wie kann ich ein vorgegebenes, nur den naturwüchsigen Prozessen gesellschaftlicher Entwicklung entspringendes Ziel mit dem geringstmöglichen Aufwand in kürzestmöglicher Zeit und unter Vermeidung unerwünschter Nebenwirkungen erreichen? Nach diesem Begriff formaler Vernunft kann ich nur Teile der Gesellschaft rationalisieren, aber das Ganze bleibt der Irrationalität überlassen und bewegt sich ungesteuert auf neue Katastrophen zu.

Diese Argumentationsfigur gestattet es, die Inanspruchnahme gesellschaftlich ausgebildeter und anerkannter Vernunft als selber irrational zu denunzieren und den methodisch undisziplinierten und institutionell nicht kanalisierten Affekten die Vermutung einer »höheren« Vernunft zuzubilligen. Rational zweckgerichtetes Handeln ist dann durchschaubar als ein subtiles Instrument repressiver Herrschaft. Akte willkürlicher Spontaneität müssen dann im Rahmen einer negativen Anthropologie positiv als Sabotage eines menschenfeindlichen Schicksals gewürdigt werden, in denen sich die gesellschaftlich verschüttete Autonomie der Subjekte meldet. Beispiele aus der Praxis antiautoritärer Erziehung erübrigen sich.

Drittens: Schließlich gilt nunmehr der gesellschaftskritisch gemeinte Satz, daß die Gesellschaft ohne Alternative sei. Hier hat die kritische Theorie die Grundthese konservativer Kritik in ihren Kontext aufgenommen, daß unsere Gesellschaft geschichtslos sei. Geschichtslosigkeit der Gesellschaft bedeutet in diesem Zusammenhang, daß die Gesellschaft auf der Stelle tritt und bei aller scheinbaren Bewegung auf die Wiederholung der Bedingungen ihrer materiellen Reproduktion zurückgeworfen wird. Mit dieser Kritik hat die kritische Theorie eine Frage aktualisiert, die im Grunde eine Philosophen- und Kinderfrage ist, nämlich: Was ist der Sinn des Ganzen, welchen Zielen dient die Selbsterhaltung, oder noch radikaler: Wozu Selbsterhaltung?

Durch diese Frage ist ein neuralgischer Punkt unserer Gesellschaft getroffen. Wenn nach dem Verfall traditioneller, legitimierender Weltbilder, wie Habermas das nennt, nach dem chronisch gewordenen, eines nur noch durch eine Art vom Massenhedonismus mühsam kaschierten Nihilismus die Gesellschaft sich als unfähig erweisen sollte, ein neues Angebot auch kollektiver Sinngebung zu entwickeln, dann bleibt nur der Ausbruch in die Euphorie pseudorevolutionärer Aktionen, das Verdämmern in der Apathie totaler Indifferenz oder die kluge, zynische Ausnutzung aller Chancen zur individualistischen Bedürfnisbefriedigung, die die Gesellschaft bietet, solange sie noch besteht. Es ist eine bestürzende Tatsache, daß die bisher publizierten Rahmenrichtlinien erkennen lassen, daß sie sich für die zuletzt genannte Möglichkeit entschieden haben.

Als oberstes Ziel wird zwar die Selbstbestimmung und die Fähigkeit zur Mitbestimmung genannt, nur was ist das »Selbst«, das hier sich selbst und mitbestimmen soll? Hier lautet die lakonische Antwort: Bedürfnis und Interesse.

Mit dieser Antwort aber feiert der Verfall der bürgerlichen Gesellschaft einen späten Triumph über die, die vorgeben, kein anderes Interesse zu haben, als sich von der bürgerlichen Gesellschaft zu emanzipieren. Da die kritische Theorie auf die von ihr provozierten, ebenso fundamentalen wie radikalen Fragen keine Antwort zu geben wußte, konnten die Folgen zunächst nur ideologiekritischer Natur sein, wenn man von der Renaissance des Marxismus einmal absieht, die erst auf dem Hintergrund der totalen Kritik als faszinierende Alternative empfohlen werden konnte.

Die Väter der kritischen Theorie hatten die Frage noch verneint, daß das Proletariat als revolutionäres Subjekt in den entwickelten Industriegesellschaften im 20. Jahrhundert noch zur Verfügung stehe. Das bedeutet aber, daß sich eine revolutionäre Strategie den veränderten Bedingungen einer Situation anzupassen hat, in der das Subjekt der Revolution nicht mehr vorhanden ist. Es soll hier nicht die Frage gestellt werden, was an dieser geistig moralischen Vernichtung des sozialen Rechtsstaates haltbar ist und was nicht, entscheidend für den weiteren Gang der Dinge war es allein, daß diese neomarxistische Kritik eine Krise bewußt gemacht hat, die in der pluralistischen Selbstinterpretation der Gesellschaft nicht gelöst, sondern nur verdrängt wurde. Es ist eine Krise, an der im Grunde alle nichtkommunistischen Gesellschaften im Westen teilhaben, die man eine Krise der Legitimationen, der fundamentalen Grundorientierung des Menschen, eine Krise des Sinnes, des Bewußtseins nennen kann. Von der Einschätzung der Tiefendimension dieser Krise und von der Antwort, die man auf sie sucht, hängt das Schicksal der Freiheit und der menschlichen Person in unserer Welt ab. Nicht das ökonomisch materielle Elend, dem noch Marx als Triebkraft zur Revolution vertraute, sondern das Elend des Bewußtseins, des Geistes und damit die Auslaugung der sittlichen Kräfte ist es, was den Ausbruch und Aufstand gegen die Gesellschaft motiviert. Es ist eine Verkehrung der von Marx angenommenen Situation. Marx wird auf den Kopf gestellt.

Erst nachdem die Unfähigkeit der etablierten Kräfte der Gesellschaft offenkundig wurde, auf diese Herausforderung andere als funktional pragmatische Antworten zu geben, konnte der klassische Marxismus nach einem mehr romantisch anarchistischen Zwischenspiel das sichtbar gewordene Vakuum füllen. Es gibt nun überhaupt keinen Grund für die Annahme, daß die marxistische Auslegung des Verfalls der bürgerlichen Legitimationen mehr bedeuten könnte als einen Kommentar zu diesem Verfall. Ebensowenig kann der politische Marxismus der Logik der Konsequenzen entgehen, die ihn dort kennzeichnen, wo er die Form einer Praxis annimmt.

Die Rahmenrichtlinien sind von den Herren Nipperdey und Lübbe, beide alte Sozialdemokraten, als verfassungsfeindlich, wissenschaftsfeindlich und als eine Form politischer Indoktrination durch die Schule kritisiert worden. Worauf es in unserem Zusammenhang ankommt, ist zu begreifen, daß es sich dabei um Konsequenzen handelt, die einer bestimmten Theorie der Gesellschaft immanent sind. Nicht die Schulreform ist das Problem, und es ist müßig, die Texte der Rahmenrichtlinien auf ihre Verfassungskonformität und auf klassenkämpferische Züge hin zu untersuchen, wenn nicht die Frage nach dem gesellschaftspolitischen Stellenwert erkannt wird, die lautet: Wer interpretiert die Gesellschaft? Das ist keine juristische, sondern eine politische Frage. Die beste Theorie ist auch die beste Praxis und die schlechteste Theorie wird erfolgreich sein, wenn die Praxis ohne Theorie sich der Möglichkeit beraubt sieht, sich sprachlich zu artikulieren. Auf jeden Fall macht die Um- und Neuinterpretation der Gesellschaft durch die kritische Theorie erst einsichtig, wie man auf die Idee verfallen konnte, die Schule als den Ort zu begreifen, der es gestattet, die Bewußtseinskrise der modernen Welt als Hebel zu benutzen, um eine langfristige Transformation des herrschenden Systems in Gang zu setzen. Das ist möglich, weil die Schule die entscheidende Institution zur Vermittlung gesellschaftlicher Normen ist, und weil die Schule eine unerläßliche Stätte der Bildung subjektiver Identität darstellt. In dieser Bedeutung kann die Schule nur noch von der Familie übertroffen werden, wenn diese ihre Funktion in der primären Sozialisation erfüllt. Doch das ist fraglich geworden.

Wenn ich die Situation der Gesellschaft der Bundesrepublik in der Perspektive der Ideologiekritik der kritischen Theorie sehe und mit ihr darin übereinstimme, daß ein zur Überwindung der Verhältnisse auf Grund seiner Stellung im Produktionsprozeß befähigtes und gewilltes Subjekt nicht mehr vorhanden ist, dann liegt der Gedanke nahe, die Institution der Bewußtseinsbildung und Sinnvermittlung zum Ansatz einer Strategie der Veränderung der Gesellschaft zu machen. Damit aber ist die Konstellation des Verhältnisses von Schule und Gesellschaft unmittelbar betroffen. Ideenpolitisch ist dann das Verhältnis zur Geschichte von zentraler Bedeutung, das Verhältnis zum Recht, das Verhältnis zur Familie, zur christlichen Überlieferung und zur Sprache. Besonders intensiv wurde bisher das Geschichtsverständnis der Rahmenrichtlinien diskutiert. Es ist auch keine Frage, daß ein an der geschichtlichen Kontinuität gebildetes Gedächtnis tendenziell aufgelöst und durch ein Interpretationsschema ersetzt wird, das die Hermeneutik der geschichtlichen Welt durch eine primitive sozio-ökonomische Bedingungsanalyse ersetzt. Wer tat was, bestimmt durch welche ökonomischen Bedingungen und in welchem Interesse tat er es, – das ist nunmehr die Frage. Wenn das Interesse der Gegenwart die entscheidende Instanz für den Auslegungshorizont der Geschichte sein soll, dann ist es nur konsequent, wenn man die erinnerungswürdige Geschichte mit der Französischen Revolution beginnen läßt. Nur wer entscheidet die Frage, was das herrschende Interesse der Gegenwart zu sein hat? Ist dies allein der Wille, die Emanzipation zu vollenden, dann degeneriert die Geschichte zu einem Trümmerfeld, aus dem man sich beliebig die Geschichtsbilder konstruiert, die man braucht. Dann legt man sich die Geschichte so zurecht, wie man sie gern hätte.

Von der nur dialektisch zu begreifenden Erfahrung, die die Menschheit mit den Versuchen ihrer Emanzipation und damit mit sich selber gemacht hat, kann dann keine Rede mehr sein. Dann versinkt der Reichtum der Geschichte in der Abstraktion eines dürren Schemas, das nur eine Erkenntnis vermittelt, nämlich die, daß immer weniger immer mehr unterdrückt und ausgebeutet haben, dann gibt es in der Geschichte nur die Bewegung einer sich in ihr totalisierenden Herrschaft, aber keinen Fortschritt im Bewußtsein und der Verwirklichung der Freiheit, die man auch verspielen kann. Dann nährt sich der emanzipatorische Aufbruch von den großen Menschheitsillusionen, die den realen Verfall nur ohnmächtig widerspiegeln.

Es ist auch einleuchtend, daß ein so verengtes und ideologisiertes Bild der Geschichte keinen anderen Begriff vom Recht erlaubt als das eines Mittels, mit dem Herrschaft durchgesetzt und aufrechterhalten wird. Solange die Gesellschaft sozialhomogener Gleichheit nicht hergestellt ist, solange kann es auch kein »gerechtes Recht« geben. Recht ist dann nur formal und dient der Kaschierung und Erhaltung von Verhältnissen sozialer Ungleichheit, also der Aufrechterhaltung realen Unrechts. Unter dieser Voraussetzung kann das Recht nur als ein sozialtechnisches Mittel zur Regulation des Sozialprozesses, als ein Instrument zur Formierung der Gesellschaft nach Normen verstanden werden, die selber nicht mehr dem Prinzip und der Idee des Rechts unterworfen sind. Es war daher kein Zufall, daß in einer inzwischen revidierten Fassung der Rahmenrichtlinien für den politischen Unterricht in Nordrhein-Westfalen die Erklärung zu finden war, daß erst der ein demokratisch mündiger Bürger ist, der das Recht gezielt und kontrolliert außer Kraft zu setzen in der Lage ist, um die Beseitigung sozialen Unrechts voranzutreiben. Ist die Idee des Rechts nicht Norma normans für alle gesellschaftlichen Veränderungen, sondern nur ein Mittel, Herrschaft zu organisieren, dann sind alle revolutionären Errungenschaften der Geschichte, einschließlich die der Französischen Revolution, ausgelöscht. Wir sollten nicht vergessen, daß der Kampf um einen humanen Sozialismus in der Tschechoslowakei die Wiedergewinnung eines Minimums von rechtsstaatlich geschützter Freiheit für den einzelnen zum Ziel hatte. Ich habe in keiner Veröffentlichung der Richtlinien der Schulreform auch nur den Ansatz für eine Würdigung dieser größten revolutionären Errungenschaft der Geschichte finden können, wohl aber die Einübung in die zentrale Frage: Wem nutzt das geltende Recht?

Mit dem Verlust eines substantiellen Verhältnisses zur Idee des Rechtes aber ist es unmöglich, die eigene, auch politische Identität in einer Verbindung mit dem Staat zu sehen. Ein das Recht verwaltender Staat gehört dann nicht zu den Bedingungen der Möglichkeit meiner Freiheit, sondern ist nur der Apparat organisierter, legaler Gewalt, der zur Disposition für einen jeden steht, der über die Kunst und die Mittel verfügt, die mehrheitsbildenden Meinungen zu erzeugen, die ihn in den Besitz dieses Apparates gelangen läßt.

Doch die einschneidendste Veränderung der neuen Schule betrifft ihr Verhältnis zur Institution der primären Sozialisation, der Familie. Hier wirkt sich die Integration der Psychoanalyse in den ideologiekritischen Kontext der Frankfurter Schule voll aus, für die vor allem Herbert Marcuse die Verantwortung trägt. Die Psychoanalyse Freuds hat im Denken Marcuses die Bedeutung, für die fortgefallene ökonomische Begründung der Revolution einen Ersatz zu liefern. Diesem Zweck kann aber Freuds Psychoanalyse nur dienen, wenn sie neu interpretiert, ja umfunktionalisiert wird. Psychoanalyse darf nicht länger als Technik gesellschaftlicher Anpassung verstanden werden, als die sie noch von Gehlen akzeptiert wurde. Entgegen dem Sinn, den sie noch bei Freud hatte, wenn er die Unterordnung des Lust- unter das Realitätsprinzip forderte, muß Marcuse ihr den revolutionären Gehalt erst abgewinnen. Sie muß von ihm als sich therapeutisch maskierender Protest gegen die der gegenwärtigen Welt immanenten Unterdrückungsstrukturen begriffen werden. Es muß »die politische und soziologische Substanz der psychologischen Begriffsbildung« erst entwickelt werden. Was Freud am Individuum ablas, muß als gesellschaftliche Repression erkannt werden, mit der sich das Individuum, wenn auch unbewußt, identifiziert. Die Geschichte der Kultur beinhaltet sukzessives Verdrängen potentieller Erfüllung zugunsten einer Unterwerfung unter die Logik bloßer Selbsterhaltung. Die marxistische Herkunft des Gedankens eines gesellschaftlichen Ursprungs auch unbewußt gebliebener Unterdrückung ist deutlich. Eine in den Dienst der Erneuerung marxistisch-revolutionärer Hoffnung tretende Psychoanalyse hat also primär die Aufgabe, Entfremdung erst bewußt zu machen. Das in der Freudschen Theorie latent gebliebene revolutionäre Potential muß freigesetzt werden. Die Herrschaft des technologischer Vernunft immanenten Prinzips von Unterdrückung muß gebrochen werden. Die negative Dialektik einer der Vernichtung dienenden Produktivität muß von einer menschlicher Erfüllung dienenden Praxis unterworfen werden. Erst die Gesellschaft ökonomischen Überflusses macht die von Marx erhoffte totale Verwirklichung des Menschen möglich. Voraussetzung aber ist die Auflösung des psychischen Mechanismus, durch den das Individuum gesellschaftliche Repression in sich selber reproduziert. Der ruinöse Zirkel jener Produktivität, die nur der Fortzeugung dieser gesellschaftlichen Dialektik der Zerstörung dient, kann aber nur aufgebrochen werden, wenn das Prinzip destruktiver Selbsterhaltung in der Realität schon aufgehoben ist. Das also, was sie möglich macht, macht sie auch gleichzeitig unmöglich. Bedingung revolutionärer Befreiung ist es, daß sie bereits gelang. Das Befreiende ist unter der Struktur der Herrschaft identisch mit der Gewalt der Unterdrückung.

Es geht also darum, die unerwünschten Konsequenzen der primären Sozialisation durch die Familie in der Schule zu korrigieren. Auch hier hängt alles von dem Begriff der Familie ab, an dem man sich orientiert. Ist die Familie eine Institution zur Internalisierung der repressiven Leistungsnormen einer spätkapitalistischen, ausbeuterischen Klassengesellschaft, dann müssen die frühkindlichen, durch die Familie vermittelten libidinösen Fixierungen an als repressiv durchschauten Normen in der Schule aufgelöst werden. Zumindest muß es versucht werden, denn die Psychoanalyse hat ja auf die unüberwindbaren Schranken hingewiesen, mit denen jeder Versuch rechnen muß, wenn er nach der entscheidenden Prägung in der frühen Kindheit erfolgt. Konkret kann es dann nur darum gehen, den Einfluß der Eltern auf die Entwicklung ihrer Kinder zurückzudrängen. Das erreicht man dadurch, daß man das Verhalten der Eltern als sozioökonomisch und libidinös bedingt durchschaubar macht und Verständnis für die Reaktionen der Eltern bei den Kindern weckt, indem man die Eltern als die auch bedauernswerten Opfer einer falschen Gesellschaft, als Opfer einer falschen, weil autoritären Erziehung erkennbar darstellt. Die Familie als eine Gestalt unmittelbarer Sittlichkeit, wie sie Hegel noch verstanden hat, wird gerade in ihrer Unmittelbarkeit durch eine analytisch gesteuerte Reflexion aufgehoben. Die Kinder werden aus dem integrativen Zusammenhang einer sich über die Familie vermittelnden Sozialisation herausgebrochen.

Es ist daher unvermeidlich, die Frage nach dem Christentum in der neuen Schule zu stellen. Während Hitler dem Christentum noch die Ehre zuteil werden ließ, es zum Todfeind der neuen Bewegung zu erklären, gehen die Richtlinien, bis auf die Diskussion der Frage des Religionsunterrichts, schweigend über das Christentum hinweg. Kinder in der Sowjetunion haben durchaus die Chance, das Christentum als wesentlichen Bestandteil des kulturellen Erbes vermittelt zu bekommen, während die Rahmenrichtlinien in ihren Interessen und der bedürfnisorientierten Konfliktstrategie so abgefaßt sind, als hätte es das Christentum in der Geschichte nie gegeben. Was Hitler nicht zu hoffen wagte, scheint bei einigen Verfassern der Rahmenrichtlinien selbstverständliche Wirklichkeit geworden zu sein, so daß es sich nicht lohnt, über das Christentum und seine aktuelle Bedeutung noch ein Wort zu verlieren. Dagegen muß auch im Namen des Godesberger Programmes protestiert werden, das vom demokratischen Sozialismus sagt, daß er nicht nur im Humanismus und der klassischen Philosophie, sondern auch in der christlichen Ethik verwurzelt sei.

Die Sicht der sprachlichen Erziehung in der neuen Schule fügt sich der ideenpolitischen Gesamtperspektive konsequent ein, weil auch die Sprache primär auf ihre Funktion hin gesehen wird, mit ihr durch Strukturierung von Realität zu herrschen und die Klassengesellschaft aufrechtzuerhalten. Alle Hinsichten zusammengenommen lassen sich in einem Grundwiderspruch zusammenfassen, der für die neue Schule kennzeichnend ist, ein Widerspruch, der besteht zwischen der Mobilisierung des Bedürfnis- und Interessenkalküls des am Ziel seiner Selbstverwirklichung fixierten Einzelnen und der Erwartung, durch die Schule die Verwirklichung einer sozial gerechten Gesellschaft zu fördern. Die neue Schule läßt die Wahl zwischen einer sich anarchistisch auflösenden und einer sich totalitär verklammernden Gesellschaft offen. Freiheit geht unentscheidbar in Kontrolle, Aufklärung in Manipulation, und Emanzipation in die Auflösung des Subjektes als eines Adressaten zurechenbaren Handelns über. Damit aber ist die neue Schule ein getreues Spiegelbild der ideenpolitischen Situation unserer Gesellschaft, die sie getreu reflektiert. Es muß daher die Frage nach der Fähigkeit dieser Gesellschaft gestellt werden, sich, und sei es über die Schule, selber zu reformieren.

Es kann nicht übersehen werden, daß wir uns in einem Prozeß der Revision aller Grundentscheidungen befinden, von denen wir beim Aufbau der Demokratie nach 1945 ausgingen. Betroffen von dieser Revision ist die Überzeugung vom Ende der Geschichte, die Reduktion des Staates auf die Gesellschaft, die Meinung, man könne die Gesellschaft durch Pluralismus gegen Ideologien immun machen, die Rolle des Wohlstandes als Ersatz für alle geschichtlichen Interpretationssysteme unserer gesellschaftlichen Wirklichkeit und schließlich unser Begriff von Freiheit. Es war nach den Erfahrungen des Krieges naheliegend zu glauben, man könnte die geschichtliche Vergangenheit am besten bewältigen durch den Austritt aus der Geschichte unter dem Protektorat der USA und dem Willen, unsere Beziehungen zum Rest der Welt nach den Prinzipien einer guten Nachbarschaft zu entwickeln. Dann brauchte man nur noch der Versöhnung mit dem Westen die mit dem Osten folgen zu lassen. Es wird häufig die Frage gestellt, worin sich die Hinwendung zum Sozialismus in der Bundesrepublik von der unterscheidet, die auch in den übrigen Industriegesellschaften des Westens beobachtet werden kann. Die Kulturrevolution in der Bundesrepublik vollstreckt den Bruch mit der geschichtlichen Kontinuität und erstrebt die neue Gesellschaft als das Resultat einer Praxis, die sich absolut diskontinuierlich zu aller geschichtlichen Erfahrung verhält. Die Geschichtslosigkeit ist aber keine Erfindung der Neuen Linken, sondern bestimmte bereits die geistige Physiognomie und die gesellschaftliche Realität der Wohlstandsgesellschaft nach dem Kriege. Der Verlust der nationalen Identität und der geschichtlichen Erinnerung, durch die jener allein vermittelt werden kann, bedeutet faktisch das Ende aller Traditionen.

Es ist richtig, daß es Freiheit nur in einer pluralistisch verfaßten Gesellschaft geben kann, es ist aber ebenso deutlich geworden, daß man die Antwort auf die Fragen nach den Zielen und dem Selbstverständnis der Gesellschaft nicht unter Hinweis auf den Pluralismus beantworten kann. Ebensowenig wie der einzelne können die historisch-sozialen Einheiten ihre Identität finden, bewahren und darstellen ohne geistige Interpretation der Realität im Ganzen. Wenn man hier eine Stelle leer läßt, dann bleibt sie nicht frei, sondern wird von ideologischen Kräften besetzt und ausgenutzt. Faktisch ist diese Stelle ja auch gar nicht frei geblieben, sondern von einer Ersatzideologie ausgefüllt worden: Der Ersatzideologie des permanenten Wachstums, der Steigerung des materiellen Lebensstandards, dem Selbstverständnis der Gesellschaft als einem eingetragenen Verein zur Ausbeutung der Natur und zu wechselseitigem Nutzen.

Es war grotesk zu glauben, daß das Interesse an den Segnungen materiellen Nutzens und Wohlergehens ausreichen könnte, das gemeinsame Leben der Menschen in unserer Gesellschaft zu ermöglichen und zu garantieren. Selten ist mit dem so radikal Ernst gemacht worden, was Hegel den »Atheismus der sittlichen Welt« genannt hat, wie in der Wohlstandsgesellschaft der Bundesrepublik. Der Verlust der Geschichte, die Vergesellschaftung des Staates, die Entideologisierung durch einen angeblich aufgeklärten politischen Pragmatismus und die Ökonomisierung aller Lebensinhalte haben ein geistig-ethisches Vakuum entstehen lassen und diese Gesellschaft unfähig gemacht, ihre eigenen Kinder zu erziehen und zu sozialisieren. Die Revolte der Jugend, die absurd verzweifelte Anstrengung, sich als ein revolutionäres Subjekt zu konstituieren, ist eine verständliche Konsequenz dieses Unvermögens der Gesellschaft, die Anforderungen der primären Sozialisation zu erfüllen. Es ist eine Tatsache, daß die jugendlichen Subkulturen von Angehörigen gebildet werden, die einem sogenannten gehobenen bürgerlichen Milieu entstammen. Es waren liberal eingestellte und gebildete Eltern, die das praktizierten, was man einen permissiven Erziehungsstil nennt, also das Gegenteil von einem autoritären. Die Schicksalsfrage für die Freiheit in diesem Lande stellt sich in dem Moment, in dem die psychoanalytische und marxistische Ideologiekritik das Bewußtsein der Massen ergreift. Dann wird es »keine Parteien mehr geben«. Dann erst werden Fronten sich bilden, die den tatsächlichen Verhältnissen entsprechen. Es wird eine Stunde der Prüfung sein, in der sich zeigen wird, was an Substanz in diesem Lande noch vorhanden ist.

Christentum und Marxismus

I

Theologen beider Konfessionen bemühen sich in intensiver Weise um eine Grundlegung des Verhältnisses von Christentum und Marxismus. Die Bemühungen der Paulus-Gesellschaft fanden ihren [bisherigen] Höhepunkt in einem Treffen in Marienbad in der Tschechoslowakei, also in einem vom Kommunismus beherrschten Lande, auf dem katholische und evangelische Theologen mit Theoretikern des Marxismus über Möglichkeiten und Grenzen eines christlich-marxistischen Dialoges diskutierten. Die Entschiedenheit, mit der sich die katholische Kirche nach dem Konzil um eine Herstellung des Verhältnisses der Koexistenz auch im Bereich der sogenannten ideologischen Fragen bemüht, hat die Tatsache fast vergessen lassen, daß die evangelische Kirche die Auseinandersetzung mit dem Marxismus bereits kontinuierlich seit 20 Jahren in der Marxismuskommission der evangelischen Studiengemeinschaften in Heidelberg führt. Von den Einsichten und Ergebnissen aus, die in der langjährigen Teilnahme an dieser Arbeit gewonnen wurden, soll nun versucht werden, den Stand des gegenwärtigen Gespräches von Christentum und Marxismus zu bestimmen.

Es ist keine Frage, daß sich die außerordentlich weitgehende Annäherung der Standpunkte in dem Dialog, dort wo er geführt wird, nur aus dem grundlegenden Wandel der gesellschaftlichen und politisch-geschichtlichen Voraussetzungen erklären läßt, der beide Partner in diesem Gespräch ebenso unmittelbar wie kritisch betrifft. Diese Veränderung der realgeschichtlichen Voraussetzungen trifft den Marxismus in seiner ursprünglichen Gestalt mindestens ebenso stark wie die Theologie unter den gegenwärtigen Bedingungen einer industriellen Wirtschaftsgesellschaft. Das Resultat einer wechselseitigen Bestimmung von Marxismus und Theologie in der Gegenwart ist um so paradoxer, als die politische Konstellation nach dem Kriege für beide Mächte günstiger war als irgendwann seit der Mitte des 19. Jahrhunderts. Die säkulare Welt schien durch den Ausgang des Zweiten Weltkrieges in entscheidender Weise geschwächt worden zu sein. Der Tod Stalins versprach im kommunistischen Herrschaftsbereich durch eine Lockerung des terroristischen Gewaltsystems die Chance zu bieten, einen freieren und den positiven humanen Kern des Marxismus verwirklichenden Kommunismus zu etablieren.

Doch eben die machtpolitische Gunst der geschichtlichen Stunde hat zur Entwicklung einer gegenseitigen geistigen Angleichung der Positionen geführt, die in einem befremdenden und unüberbrückten Gegensatz zu den gesellschaftlich-politischen Realitäten steht, die eben die Annäherung im ideologischen Bereich motiviert haben. Es geht ja in dem gegenwärtigen Dialog zwischen Christen und Marxisten nicht mehr nur um die Möglichkeit bloßer Koexistenz, sondern um den Versuch, sachliche Gemeinsamkeiten in den Voraussetzungen und gesellschaftlich-politischen Zielen zu finden und herauszustellen. Man geht von der Voraussetzung aus, daß man der ständigen Auseinandersetzung und des unaufhörlichen Dialoges mit dem anderen bedarf, um zu dem Eigenen zu kommen.

Der Marxismus sucht sich in einer qualitativ neuen Weise das religiös christliche Erbe anzueignen, so wie sich der christliche Theologe Voraussetzungen, Methoden und Ziele des Marxismus positiv zueignet. Es wäre überspitzt, aber nicht ganz falsch, wenn man von einer Theologisierung des Marxismus und von einer Sozialisierung der Theologie spräche. Jedenfalls bewegen sich beide, von ihren einander ursprünglich entgegengesetzten Voraussetzungen aus, aufeinander zu. Diese Bewegung aufeinander hin, so wie sie sich gegenwärtig mit einem unterschiedlichen Grade der Intensität und Ausdrücklichkeit zu vollziehen scheint, bedarf der Interpretation.

Positiv ist dieser Vorgang zu bewerten, als er dem Willen und der Realität einer allen Menschen gemeinsamen Zukunft in einer Welt entspricht, in der sich die Menschheit auf dem geschichtslosen Boden einer technisch-industriellen Reproduktion ihres natürlichen Lebens ebenso tendentiell vereinigt, wie sie in zunehmendem Maße dazu neigt, alle die bloße natürliche Selbsterhaltung übersteigenden Fragen eines geistigen Inhalts substantiell geschichtlicher Einheit als ideologieverdächtig auszuklammern. Von diesem Verdacht ist aber der Marxismus heute ebenso betroffen wie die christliche Theologie. Die von Karl Marx an den Vollzug der gesellschaftlichen Revolution geknüpfte Hoffnung auf Aufhebung aller, also auch religiöser Gestalten menschlicher Selbstentfremdung ist durch den Gang der Geschichte ebenso dementiert worden wie die von der existentialen christlichen Theologie gehegte Hoffnung, das Erleiden geschichtlicher Katastrophen vermöchte auf die Dauer und von neuem die Aktualität des christlichen Glaubens wieder herzustellen. Die Beschwörung einer alle bisherige Geschichte an positiver menschlicher Selbstverwirklichung überbietenden Zukunft, in deren Namen der gegenwärtige Dialog geführt wird, sollte nicht den Unterton von Enttäuschung und Verbitterung überhören lassen, den die geschichtliche Gegenwart für die christliche Theologie wie für den Marxismus erzeugt.

So läßt sich auch als entscheidender Einwand gegen den bisherigen Verlauf des Dialogs von Christentum und Marxismus die einseitige Ausrichtung auf die Zukunft machen. Das Gespräch geht von rein theoretischen, also für einen Marxisten ebenso wie für den Christen abstrakten Voraussetzungen aus. Es gehört zu den Grundlagen und Voraussetzungen des gegenwärtigen Dialoges, auf die sich beide Partner geeinigt haben, daß von der Praxis, der real-geschichtlichen Bewährung des theoretisch Gemeinten oder im Glauben Gewollten, abgesehen werden soll. Das klingt plausibel. Es wäre sicher nicht ergiebig, wenn man sich gegenseitig die Verfehlungen und Versäumnisse der Vergangenheit aufrechnen wollte. Denn in der Auslegung aller bisherigen Geschichte als einer Geschichte bloßen Verfalls, zunehmender Entfremdung und wachsender Enttäuschung scheint man sich völlig einig zu sein.

Indem aber die geschichtliche Gegenwart als ein bloß verschwindender und sich aufhebender Durchgang für den alles Sein verwandelnden Aufbruch in Zukunft verstanden wird, reduziert sich die Differenz, um die zwischen Marxisten und Christen noch gestritten wird, auf den Unterschied in der Einschätzung der an keiner Realität mehr überprüfbaren und als positiv unterstellten zukünftigen Möglichkeiten. Die Vereinigung und wechselseitige Durchdringung von Marxismus und Theologie scheint sich auf dem Boden eines gedämpften Optimismus zu vollziehen. Der Rückzug in das unbestimmte Sein einer mit der Gegenwart und der geschichtlichen Erfahrung völlig unvermittelten Zukunft macht die hier bezogenen Positionen und vertretenen Theorien unangreifbar, was natürlich keine Beeinträchtigung ihrer psychologischen Wirksamkeit zu bedeuten braucht.

Wer hier zu widersprechen geneigt ist, setzt sich dem Verdacht aus, kein Menschenfreund zu sein und die Geschäfte böser, an bloßer Unterdrückung interessierter, an sich überflüssig gewordener und darum irrationaler Herrschaft zu betreiben.

Eine solche Vereinigung im Namen des Prinzips Zukunft war natürlich nur auf Grund tiefgreifender Wandlungen des jeweiligen Selbstverständnisses der den Dialog führenden Partner möglich. Die kommunistische Praxis bedeutet offensichtlich nicht, wie auch von keinem Marxisten mehr bestritten wird, positive Verwirklichung der Humanität im ursprünglichen Marxschen Sinne, ja es muß befürchtet werden, daß der Marxismus im Versuch der Herstellung der Bedingungen für eine solche Verwirklichung der Welt ohne Entfremdung gerade das Subjekt auflöst, das sich sein in der bisherigen Geschichte vorenthaltenes Wesen nach Marx erst im Kommunismus aneignen können sollte. Die Marxsche Unterstellung, daß in der Aneignung seiner gesellschaftlichen Gattungsnatur in der Revolution des Proletariats das Individuum zu sich selbst und zu seinem Eigenen käme, ist auch für heutige Marxisten problematisch geworden, und zwar eben durch den Kommunismus selber. Die Alternative zum Stalinismus bedeutet nicht die politisch-gesellschaftliche Praxis einer unmittelbaren Herstellung des totalen Menschen, sondern, wie die Entwicklung des Sowjetkommunismus und wie seine Auslegung durch Chruschtschow zeigte, den Gulaschkommunismus.

Der Gulaschkommunismus als zukünftige Wirklichkeit marxistisch inspirierter und von ihm bestimmter Praxis ist aber bereits, worauf westliche Marxisten bestehen, Gegenwart in der westlichen Überflußgesellschaft als einer Gesellschaft menschlicher Entfremdung im Konsum. Es ist die Aporie im marxistischen Zukunftsentwurf, welche die Frage nach der Rolle des Individuums, der Bedeutung der Sinnfrage menschlichen Daseins und damit der Aneignung des religiös-christlichen Erbes neu stellen läßt. Es wäre durchaus möglich, daß die Erfahrung des Leidens von Menschen durch Menschen, die subjektiv das Beste wollten, bewirkt, daß die Aneignung des religiösen Erbes unter den Bedingungen kommunistischer Herrschaft zu einer Aktualisierung gerade der reformatorischen Grunderfahrung führt, die im Erleiden von Welt und Selbst Freiheit für den einzelnen durch Gottes Handeln im Zugriff des Evangeliums begründet. Indem aber der Marxismus heute die Frage nach seinem ursprünglichen Sinn unter Bedingungen zu stellen gezwungen ist, die er selbst mit zu verantworten hat, wird ihm die Vollendung der Geschichte im Zeichen seiner Exklusivität zweifelhaft.

Der Wille, diese Geschichte, die durch den Kommunismus selbst in aller

Welt in Gang gekommen ist, zu einem halbwegs guten Ende zu bringen, läßt ihn nach Partnern in unserer Welt Ausschau halten, die wenigstens in diesem guten Willen mit ihm übereinstimmen. Vielleicht besteht das Positive, aber auch die Grenze einer Theologie der Revolution in der Gegenwart darin, daß sie merkwürdig unbewegt durch die Erfahrungen, die Menschen mit den Revolutionen in unserem Jahrhundert zu machen gezwungen waren, von der Substanz christlichen Glaubens in das Gespräch nicht mehr einzubringen vermag als die radikal eschatologisch begründete Zuversicht, daß es genüge, einen solchen entschlossenen Willen zu haben, die Welt im Interesse befriedeter, autonomer und von allem Zwang freigewordener Menschlichkeit zu ändern. Heil im christlichen Sinne bedeutet »nicht Seelenheil, individuelle Rettung aus der bösen Welt, Trost im angefochtenen Gewissen allein, sondern auch Verwirklichung eschatologischer Rechtshoffnung, Humanisierung des Menschen, Sozialisierung der Menschheit, Frieden der ganzen Schöpfung« (Moltmann, Theologie der Hoffnung).

Nach der Beseitigung der Metaphysik in der These ihres Endes, der Rezeption der atheistischen Religionskritik von Feuerbach, totaler Eschatologisierung aller Inhalte der christlichen Theologie und der erfahrenen Ohnmacht der Existential- und Sprachtheologie ist diese Umfunktionalisierung christlicher Hoffnung auf die Ebene der Vorstellungen einer gesellschaftlichen Revolution nicht mehr so erstaunlich. Die Verständigung mit der politisch-gesellschaftlichen Revolution bedeutet dann kein ernsthaftes Problem mehr, wenn christliche Zukunft der Logik der Utopie folgt. Seltsamer mutet es jedoch an, daß diese Umfunktionalisierung der Theologie auf Utopie als Exodus der Theologie aus dem Getto der Metaphysik und bloßer, unverbindlicher Innerlichkeit gefeiert wird. Der Fortschritt ist so groß nicht, wie er auf den ersten Blick hin erscheint. Das klassische, eigentlich nur bei Luther und Hegel durchbrochene und entscheidend in Frage gestellte Schema der Auslegung des Seins nach den Bereichen der Immanenz und Transzendenz kehrte in der Form einer reinen Verzeitlichung wieder, so, daß nun zwischen einer Zukunft geschieden wird, deren Subjekt der Mensch ist, von einer solchen, die Gottes ist. Da die Marxisten daran festhalten, daß für alle Geschichte, und daher auch für alle zukünftige, nur der Mensch aufkommt und die Theologen das zwar zugestehen, aber unter dem Vorbehalt, dahinter käme noch eine andere, nämlich die Geschichte des immer nur zukünftigen Gottes, hat sich eigentlich gar nichts geändert. Die Gemeinsamkeit zwischen Marxismus und Christentum ist eine solche bloßer, als zukünftig unterstellter Möglichkeiten, für die nur noch ein Subjekt gefunden werden müsse, das fähig und willens ist, sich in den Dienst der Verwirklichung dieser Möglichkeiten zu stellen. Da das Proletariat entwickelter Industriegesellschaften sich geweigert hat und immer noch weigert, die ihm in der Marxschen Theorie zugedachte Rolle eines Retters der Menschheit zu übernehmen, ist der Gedanke – von den gemachten

Voraussetzungen aus – nicht mehr völlig abwegig, diese Funktion den Christen, wenn auch mit eschatologischen Vorbehalt, übernehmen zu lassen.

Die innere Reserve, die liberale und sich als positiv im Sinne moderner Wissenschaft verstehende Wissenschaftler angesichts der den Dialog von Marxismus und Theologie beherrschenden Voraussetzungen erkennen lassen, ist verständlich, aber nicht wirklich produktiv. Die festen Konturen zweitausendjähriger christlicher Theologie wie genuin marxistischer Theorie revolutionärer Praxis drohen in diesem etwas gespenstig anmutenden Dialog zu verschwimmen. Es dürfte daher notwendig und nützlich sein, an den Zusammenhang von Religionskritik und Revolution bei Marx zu erinnern.

Von Theoretikern des Marxismus, die sich in der Gegenwart um seine Erneuerung bemühen, ist immer wieder gefordert worden, die Dialektik auch auf den Marxismus selber und seine Geschichte anzuwenden. Darauf kommt es in der Tat an. Es ist bemerkenswert, daß diese berechtigte Forderung von den Theologen, die den Marxismus teilweise zu rezipieren versuchen, nicht eingelöst wird. Es kann doch nicht übersehen werden, daß die geschichtliche Wirkung des Marxismus nur dialektisch begriffen werden kann. Die Geschichte hat die Marxsche Theorie bestätigt, indem sie von der Geschichte gleichzeitig widerlegt wurde. Die Geschichte hat den Marxismus bestätigt, als die von Marx erhobene Forderung einer totalen Vergesellschaftung des Menschen sich in dem Maße vollzieht, wie die Geschichte fortschreitet. Soweit die marxistische Theorie noch ein das Bewußtsein bestimmendes Element ist, erfüllt sie die Funktion, diesen epochalen Vorgang zu bejahen, zu beschleunigen und noch vorhandene Differenzen zwischen dem individuellen Bewußtsein und dem gesellschaftlichen Gesamtprozeß auszugleichen.

Die Geschichte hat aber Marx auch widerlegt, indem die an diesen Vorgang geknüpfte Hoffnung auf eine Aufhebung menschlicher Selbstentfremdung durch die Praxis des Kommunismus zu einer Utopie wurde. Angesichts dieses beunruhigenden Tatbestandes kann und darf die Möglichkeit nicht ausgeschlossen werden, daß heute das Ziel revolutionären Denkens und Handelns auch darin bestehen könnte, die vom Marxismus unterstellte Entfremdung vor ihrer durch die Gesellschaft drohenden Aufhebung zu retten. Das trifft vor allem für die Religion zu, wenn man mit Marx an der grundlegenden Bedeutung der Religionskritik für die gesellschaftliche Revolution festhält. In der theologischen Diskussion blieb dieser Zusammenhang von Religionskritik und Grundlegung der Revolution häufig verborgen, weil dem Atheismus eine nur zufällige, zeitbedingte Bedeutung für den Marxismus zugesprochen wurde oder man den Versuch machte, den Atheismus als eine Konsequenz des Endes der Metaphysik oder der Tradition idealistischer Philosophie zu begreifen.

Nicht Marx, sondern Hegel sei für den Atheismus der modernen Welt verantwortlich. Marx habe nur den praktischen Atheismus der bürgerlichen Gesellschaft ausgesprochen und als Voraussetzung für ein Denken anerkannt, das sich nichts mehr, wie Marx das genannt hat, vormachen wolle.

Nun gab es allerdings für Marx und Feuerbach keinen Zweifel daran, daß es sich in der Religion um einen vom Menschen selbst produzierten Schein handele, durch den der Mensch seiner wahren Wirklichkeit ausweiche und sich nur so in einer illusionären Weise befriedige. Was die Kritik von Marx an Feuerbach auch heute noch bedeutsam erscheinen läßt, ist, trotz grundsätzlicher Übereinstimmung mit Feuerbach in den Surrogatcharakter religiösen Verhaltens, die wichtige Einsicht von Marx, daß Religion nicht theoretisch beseitigt werden könne. »Das religiöse Elend ist in einem der Ausdruck des wirklichen Elendes und in einem die Protestation gegen das wirkliche Elend. Die Religion ist der Seufzer der bedrängten Kreatur, das Gemüt einer herzlosen Welt, wie sie der Geist geistloser Zustände ist.« (Karl Marx).

Marx sieht also völlig zutreffend im Unterschied zu allen Versuchen, Religion als ein Produkt unwissenschaftlichen Bewußtseins oder als Priesterbetrug zu begreifen, in der Religion einen Ausdruck und eine Gestalt der für den Menschen konstitutiven Entzweiung mit seiner Welt. Mit der sich in der Religion darstellenden Entzweiung tritt der Mensch erst als ein menschliches Wesen aus der ihn umfangenden Einheit mit der unmittelbar mit sich identischen Natur hervor. Die den Menschen eigene Entzweiung wird dann für Marx zur Entfremdung, wenn die gesellschaftliche Produktion als die vergegenständlichte gesellschaftliche Produktivkraft, als die Kraft der Entäußerung zu einer dinglichen Gewalt über den Menschen wird. Aber, und dies ist wohl der entscheidende Punkt, wenn die gesellschaftlichen Produktivkräfte reich genug entwickelt sind, dann brauchen sie nur vom arbeitenden Menschen als der entäußerte Reichtum seiner Natur in der Revolution angeeignet zu werden.

Die Entfremdung, die Religion motivierende Entzweiung werden dann aufgehoben, und das menschliche Subjekt kehrt in die Einheit seines nun gesellschaftlich vermittelten Wesens zurück. Alles hängt an der Dialektik des gesellschaftlichen Prozesses. Indem die als Gesellschaft und ihre Entwicklung begriffene Geschichte die Entfremdung und den sie religiös kompensierenden Schein produziert, erzeugt sie nach Marx gleichzeitig die Bedingungen ihrer endgültigen Aufhebung. Der für das Marxsche Denken zentrale Begriff der Revolution ist unter dieser Voraussetzung das in ihm gedachte Ereignis, in welchem die beiden Momente, der in der Geschichte erzeugte gesellschaftliche Reichtum und die Bedingungen der Aufhebung ihrer Entfremdungsgestalten, nun auch faktisch und real zusammenfallen. Wesen und Existenz, Notwendigkeit und Freiheit, Natur und Gesellschaft werden in der Form ihrer unentfremdeten Selbstreproduktion eins. Die Natur vermittelt sich in der kommunistisch organisierten Gesellschaft mit sich selbst. Die Geschichte ist ein Teil der Naturgeschichte.

Marx mußte es als einzigartigen Glücksfall betrachten, in der Existenz des Proletariats das Subjekt gefunden zu haben, an dem er das theoretisch gewonnene Postulat einer möglichen Aufhebung menschlicher Selbstentfremdung nun auch empirisch verifizieren zu können glaubte. In der revolutionären Aktion des zu einem Subjekt vereinigten Proletariats sollte die Einheit von Produzent und Produkt hergestellt werden. Die Entfremdung des Menschen mußte sich dann aufheben, der Sprung aus dem Reich der Notwendigkeit in das Reich der Freiheit mußte nun gelingen. Mit der irdisch diesseitigen Gestalt war auch die der religiösen Entfremdung selbst aufgehoben. So wie die Religionskritik zu den selbstverständlichen Voraussetzungen, so gehört die These vom geschichtlichen Verschwinden der Religion zu den unabdingbaren Zielen der marxistischen Revolutionstheorie.

Im Versuch einer praktischen Verwirklichung der marxistischen Theorie steht also auch immer das geschichtliche Schicksal der Religion überhaupt auf dem Spiel.

Die von der dialektischen Theologie vertretene These, daß der christliche Glaube selber keine Religion sei und daher mit Gelassenheit und nicht ohne eine gewisse Genugtuung dem den Religionen vom Marxismus bestimmten Ende zusehen könnte, verfängt schon darum nicht, weil die Marxisten sich mit Recht bisher geweigert haben, so subtile Unterscheidungen, die ja rein spekulativ bleiben, praktisch ernst zu nehmen. Aus dem Ansatz der Marxschen Theorie einer in der Revolution sich vollziehenden Aufhebung der Religion geht aber auch ebenso deutlich hervor, daß ein direkter oder indirekter Kampf gegen die Religion und ihre Institutionen für Marx völlig unvorstellbar gewesen wäre. Marx war überzeugt, daß in einer vom Kommunismus beherrschten und unter die Kontrolle des Menschen gebrachten Gesellschaft das religiöse Bedürfnis, wie der Staat übrigens auch, von selbst absterben würde.

Das faktische Ausbleiben der Revolution, wie sie sich Marx vorgestellt und wie er sie gefordert hat, ist also keineswegs gleichgültig für die Stellung zu der von Marx unterstellten Notwendigkeit, daß mit der gesellschaftlichen Ungleichheit auch die Religion verschwinden müsse. Die unmittelbar sinnlich und gegenständlich werdende Einheit von Produzent und Produkt im Vollzug der proletarischen Revolution wiederholt in einer eigentümlichen Weise die Bestimmung des metaphysischen Gottesbegriffes der antik-christlichen Tradition. Denn auch in diesem Gott wurde die Einheit von Existenz und Wesen, von Vollzug und Vollzogenem, von Freiheit und Notwendigkeit angenommen. In fetischistischer Form verhält sich der gläubige Kommunist zu den grundlegenden Bestimmungen des Gottes der Metaphysik, indem er sich nämlich auf das Proletariat und seine ihm im Marxismus zugedachte Rolle eines Befreiers der Menschheit aus dem Elend ökonomischer und geistiger Entfremdung bezieht.

Die nicht verwirklichte Revolution erzwingt also eine Wiederherstellung des religiösen Verhältnisses, das mit den Formen religiösen Ausdrucks in den westlichen Industriegesellschaften die Anonymität teilt.

Diese seine Unbewußtheit und Gestaltlosigkeit ist es, die das religiöse Bewußtsein erst absterben und in eine zynische Bejahung bestehender Herrschaft umschlagen läßt. Es entspricht einer tiefen Ironie der Geschichte, daß im Verhältnis zur Zweideutigkeit des Religiösen in der bürgerlichen Gesellschaft erst der Kommunismus völlig eindeutig die Bestimmungen herausgearbeitet hat, die den Bedingungen und Voraussetzungen der Feuerbachschen Religionskritik genügen. Die Aufhebung der Metaphysik und der Religion bleiben bei Marx, wie bei jedem anderen Versuch, zweideutig. Die in der Religion dargestellten und ausgelegten Grundbestimmungen des menschlichen Daseins halten sich in der Form der Verkehrung ihres ursprünglichen Sinnes auch im Marxismus und der von ihm bestimmten Praxis durch.

Die Entzweiung, die für alles menschliche Sein und alle religiöse Verwirklichung grundlegend ist, ist auch dann nicht aufzuheben, wenn eine bewußte, sich revolutionär nennende Praxis sich auf dieses Ziel richtet. Dann ist im Sein mehr als im Bewußtsein. Ohne Entfremdung ist das bewußte Sein des Menschen nicht denkbar. Die Durchbrechung dieser Struktur scheint nur punktuell und als augenblickshafter Vollzug möglich zu sein. Es bedeutet zweifellos eine Schwäche der Marxschen Theorie, und das gilt gerade für den jungen Marx, durch eine falsch bestimmte Dialektik der Entfremdung und ihrer Aufhebung erreicht zu haben, daß heute die ins Unbedingte und Totale umschlagende gesellschaftliche Entfremdung des Menschen mit ihrer Aufhebung verwechselt werden kann.

Die Bewußtlosigkeit, die den Marxismus in der Frage nach den substantiellen, nicht durch die Gesellschaft gesetzten und daher auch nicht in die Gesellschaft auflösbaren Voraussetzungen der Freiheit auszeichnet, ist in seinem Selbstverständnis als Vollendung der Emanzipation begründet. Was Marx in seinem Programm einer Aufhebung der Religion als Gestalt menschlicher Selbstentfremdung versuchte, ist die Verwirklichung einer Möglichkeit, die im Prinzip der bürgerlichen Gesellschaft angelegt ist.

Die Entfremdung des religiösen Seins des Menschen von seiner gesellschaftlichen Existenz gehört strukturell zur bürgerlichen Gesellschaft. Für sie ist das Sein des Menschen in der Religion, in der Geschichte mit und unter Gott, prinzipiell gleichgültig. Sie toleriert den Atheismus ebenso wie den christlichen Gottesglauben. In der These vom geschichtlichen Ende der Religion geht es also um die durch die bürgerliche Gesellschaft wenigstens im Prinzip bejahte Befreiung der Gesellschaft von allen Gestalten des geistig Allgemeinen, die durch die Gesellschaft nicht gesetzt werden können. So ist der Kampf gegen die Religion nicht nur taktisch begründet als Bestandteil der politischen Revolution, sondern ist vielmehr im Begriff der Emanzipation selbst angelegt.

Die Marxsche Bestimmung der Theorie als Moment revolutionärer Praxis ist von seinem Anspruch her zu begreifen, das Gesetz der bürgerlichen Gesellschaft, die Emanzipation an dieser zu vollziehen. Sie soll von ihren bürgerlich-kapitalistischen Schranken befreit werden. Die Entdeckung der Bewegungsgesetze des Kapitalismus als der Notwendigkeit, der die bürgerliche Gesellschaft folgt, fiel für Marx mit der Einsicht in den revolutionären Ablauf zusammen, durch den die bürgerliche Gesellschaft gezwungen sei, sich revolutionär aufzuheben. Indem aber die bürgerliche Gesellschaft an den Gegensätzen zerbricht, die sie an ihrer Entfaltung hindern, kommt die Bestimmung des Menschen heraus, die sie allein anerkannte: Die Gattungsnatur des Menschen als eines im Prozeß gesellschaftlicher Arbeit seine Bedürfnisse sinnlich und gegenständlich befriedigenden Wesens. Die Widerlegung der Religion und des christlichen Staates ist angesichts der Lage des Proletariats für Marx keine Frage der Theorie, sondern eine Frage der Auslegung tatsächlich bestehender Verhältnisse. In der Existenz des Proletariats hat sich für Marx die überkommene religiös-sittliche Weltordnung faktisch aufgelöst.

Der Nachweis der Nichtigkeit von Religion, Sittlichkeit und Philosophie ist in der Existenz des Proletariats praktisch durch die Gesellschaft erbracht worden.

Die List der Vernunft arbeitete, so schien es, nicht mehr im Dienste des Hegelschen Gottes, sondern seines Gegenparts. Marx offenbarte ein Stück negativer Dialektik des Geschichtsprozesses. Das hat mit Säkularisation christlicher Eschatologie (Löwith) oder gar mit einem nur metaphysisch begreifbaren Aufstand gegen das Sein (Heidegger) oder mit einem die Geschichte utopisch unter das Gesetz eines Totalentwurfes zwingenden Denkens (Jaspers) unmittelbar gar nichts zu tun. Eine Auseinandersetzung mit dem Marxismus kann sinnvollerweise nur darin bestehen, das Auftreten eben der Strukturen zu verhindern oder zu überwinden, die Karl Marx an der Existenz des Proletariats im 19. Jahrhundert aufgewiesen hat. Der Kapitalismus hat zwar bewiesen, daß er mit der ökonomischen Verelendung fertig werden kann, die Frage dagegen nach einer Lösung für das Elend des Bewußtseins, wie Karl Marx es genannt haben würde, ist in der Gesellschaft des Ostens ebenso offen und ungelöst wie in der Gesellschaft des Westens. Ist Religion Ideologie, eine Gestalt falschen Bewußtseins, von der sich der Mensch im Fortschritt der Geschichte befreit, so fällt das Individuum der Macht eben der Gesellschaft anheim, von der es dann keine Freiheit mehr geben kann. Die Dialektik des Marxismus fordert, daß die Frage nach dem Zusammenhang von Revolution und Freiheit neu gestellt wird.

Die Frage nach der Revolution und der von ihr erhofften Befreiung des Menschen ist in einer Weise in diesem Lande wieder aktuell geworden, wie das niemand nach den Erfahrungen unseres Jahrhunderts erwarten konnte. Man wird, so scheint es, einen vielleicht sehr hohen Preis dafür zu zahlen haben, daß sich die Philosophie nach diesem Krieg der Aufgabe entzogen hat, sich mit der Erfahrung versuchter revolutionärer Befreiung in unserer Zeit so auseinanderzusetzen, wie das der deutsche Idealismus, vor allem Hegel, mit der Französischen Revolution getan hat. Zwar reden wir von unserem Zeitalter als einem Zeitalter technischer und industrieller Revolutionen, aber beunruhigt werden wir erst wirklich dann, wenn grundsätzlich das Mittel der Gewalt als ein Mittel politischen Kampfes, und sei es auch nur indirekt, ins Auge gefaßt wird. Aber alle diese Formen revolutionärer Bewegungen, politische, technische, soziale und wissenschaftliche, sind nur Erscheinungen des die Bewegung der neuzeitlichen Welt in ihrem Grunde bestimmenden Prinzips der Revolution.

Es geht um die Einlösung der bereits am Beginn der Neuzeit von Francis Bacon ausgesprochenen Hoffnung, durch die moderne Wissenschaft und ihre gesellschaftlich-technische Anwendung ein regnum hominis, das Reich des Menschen, zu errichten. Es ist der das geschichtliche Wesen der neuzeitlichen Welt bestimmende Wille, den Menschen aus allen Formen der Abhängigkeit zu befreien, die Macht der Natur und die in ihr begründete Herrschaft des Menschen über den Menschen zu brechen. Der Mensch soll, wie Marx das formuliert hat, aufhören, ein verächtliches Wesen zu sein. Dieses in der Charta aller neuzeitlichen Revolutionen niedergelegte Programm hat trotz aller Enttäuschungen und aller Schrecken nichts von seiner ursprünglichen Faszination verloren. Für eine überwiegende Mehrheit der gegenwärtig lebenden Menschen verbindet sich mit der Revolution die Hoffnung auf ein Leben ohne unerträgliche soziale Ungerechtigkeit und ohne eine ständige Bedrohung durch Hunger und Unterdrückung.

Nicht ohne Grund ist auf der letzten ökumenischen Tagung in Genf die Frage gestellt worden, ob ein Christ sich an der Revolution, und d. h. an dem Versuch einer gewaltsamen Veränderung sozial-unerträglicher Verhältnisse, beteiligen soll.

Ganz unabhängig davon, wie man den Sinn von Revolution philosophisch oder theologisch denken mag, bleibt Revolution ein bewegendes und grundlegendes Element in der Geschichte der Gegenwart. Nicht also das Faktum der Revolution oder revolutionäre Entwicklungen als solche sind heute problematisch, sondern ausschließlich die Frage, wie sich dadurch das Maß menschlicher Freiheit und Selbstbestimmung vergrößern läßt. Den suggestiven Theorien revolutionärer Befreiung stellt die Geschichte ihre Realität wachsender Unfreiheit entgegen, und zwar einer Unfreiheit, die eben den Revolutionen zu danken ist, die an ihrer humanen Bestimmung scheiterten. Sowohl die geschichtlich-unreflektierte Erneuerung revolutionärer, nun in den westlichen Industriegesellschaften utopisch gewordenen Hoffnungen, wie die kassandrahaften Beschwörungen geschichtlicher Verhängnisse werden im Prinzip der Verlegenheit emanzipativer Befreiung nicht gerecht. Die illusionslose Theorie eines reinen, von allen umfassenden Zielen sich frei wissenden Pragmatismus scheint dagegen selbst eine Illusion zu sein.

In dieser Situation geschichts- und erinnerungsloser Gegenwart bleibt uns daher nichts als die Geschichte und ihre unbegriffene Erfahrung. Angesichts des Umschlags der Französischen Revolution in eine Tugendherrschaft des Schreckens, in der das Leben des einzelnen soviel wert war wie das Abschlagen eines Kohlhauptes, hat Hegel eine Einsicht ausgesprochen, die merkwürdig unbekannt und verborgen geblieben ist. Sie lautet: »Es ist nur für eine Torheit neuerer Zeit zu achten, ein System verdorbener Sittlichkeit, deren Staatsverfassung und Gesetzgebung ohne Veränderung der Religion umzuändern, eine Revolution ohne Reformation gemacht zu haben. Zu meinen, mit der alten Religion und ihren Heiligkeiten könne eine entgegengesetzte Staatsverfassung Ruhe und Harmonie in sich haben.« In diesem Satz stellt Hegel ein Konsequenzverhältnis zwischen Reformation und Revolution her, und er bezeichnet es als eine Torheit neuerer Zeiten, zu glauben, man könne nach der Reformation eine Revolution ohne oder gegen die Reformation machen.

Hegel hat das Christentum, d. h. das Erscheinen Gottes in der Geschichte, und die Reformation als die Aneignung dieses Ereignisses durch die glaubende Subjektivität als zwei für die Weltgeschichte der Freiheit fundamentale revolutionäre Ereignisse begriffen.

»Hierin – in der Verkündigung Jesu – liegt eine Abstraktion von allem, was zur Wirklichkeit gehört, selbst von den sittlichen Banden. Man kann sagen, nirgends sei so revolutionär gesprochen als in den Evangelien. Denn alles sonst Geltende ist als ein Gleichgültiges, nichts zu Achtendes gesetzt.« Und Hegel fährt fort: »Das Weitere ist dann, daß dieses Prinzip sich entwickelt hat, und die ganze folgende Geschichte ist die Geschichte seiner Entwicklung.« Die Welt selber in den Mächten ihres Herkommens, in ihren politisch-gesellschaftlichen Ordnungen, als Gewalt der Natur ist in diesem Ereignis abgetan und außer Kraft gesetzt worden. Von allem ist der Mensch im Glauben frei geworden. Geschichte der Freiheit ist für Hegel nur und nur solange Geschichte der Freiheit, als sie sich in dem durch den Glauben eröffneten Horizont ihres Verständnisses hält. Tritt sie aus diesem Grund und Zusammenhang heraus, dann fällt sie an die Macht der Natur zurück, der sie emanzipativ entrinnen will.

Die Reformation ist für Hegel die entscheidende Zäsur für die Verwirklichung dieser Freiheit, und nicht die politische Revolution in Frankreich. »So – in der Reformation – wird der subjektive Geist in der Wahrheit frei, negiert seine Partikularität und kommt zu sich selbst in seiner Wahrheit. So ist die christliche Freiheit wirklich geworden.« Die geschichtliche Aktualität der Reformaton ist also für Hegel mit der geschichtlichen Aktualität der Freiheit selber in allen ihren Gestalten, auch politisch und gesellschaftlich, identisch. Wenn sich die Subjektivität ohne diesen Inhalt setzt, dann bleibt nur der natürliche Wille. Mit der Reformation »ist das neue, das letzte Panier aufgetan, um welches die Völker sich sammeln. Die Fahne des freien Geistes, der bei sich selbst, und zwar in der Wahrheit ist, und nur in ihr bei sich selbst ist. Dies ist die Fahne, unter der wir dienen und die wir tragen.«

Wenn wir heute nach dem Verhältnis von Reformation und Revolution fragen, bedeutet das, die Frage zu stellen, ob im Gang der nachreformatorischen Revolutionsgeschichte, also durch die politische Revolution in Frankreich und durch die gesellschaftliche Revolution in Rußland, die These Hegels widerlegt worden ist, daß es sich in der Reformation um die Errichtung des letzten Paniers der Freiheit gehandelt habe.

Hegel hat jedenfalls das Scheitern der politischen Revolution in Frankreich, in der es um die Herstellung eines Zustandes politischer Gleichheit für alle ging, als einen Schritt in der Verwirklichung christlicher Freiheit grundsätzlich bejaht und gefeiert. Die Verkehrung von Freiheit in Terror dagegen hat er als eine Konsequenz der Verneinung von einer in der Geschichte durch die Reformation bereits erreichten Gestalt von Freiheit begriffen. Das politische Prinzip der Revolution sei abstrakt, weil es die Tiefe und Unendlichkeit des subjektiven Geistes außer sich habe. Sie habe in ihrem Prinzip nicht die Tiefe des im Willen Gottes gebundenen Gewissens und der substantiellen sittlichen Gesinnung in sich, sondern den bloßen natürlichen Willen des Individuums als eines Sohnes der bürgerlichen Gesellschaft. Aber dieser natürliche, in allem nur sich selbst und seine Befriedigung suchende Wille, der sich in der Revolution aus der Geschichte befreit hatte, sollte zum Prinzip der Institutionen der Freiheit in der modernen Welt werden. Doch der bloße, sich selbst wollende und suchende Wille des Menschen ist, reformatorisch beurteilt, der blinde Naturwille, den Luther als das Wesen vom peccatum, der Sünde, bestimmt hat.

Hegel hat bereits von den Institutionen der Freiheit, die auf diesem Grunde errichtet wurden, gesagt, daß sie in der Luft hingen. Die Dialektik von Anarchie und Terror, welche die politische Geschichte der neuzeitlichen Welt in zunehmendem Maße bestimmte, auch wenn diese Dialektik die Gestalt von Utopie und Zynismus annimmt, ist in der Revolution angelegt und begründet, die die Freiheit gegen die Reformation verwirklichen wollte. Es gehört zu den tiefen – von Hegel übernommenen – Einsichten des Marxismus, daß Karl Marx die Notwendigkeit einer neuen, gesellschaftlichen Revolution mit der These begründet hat, daß die politische Revolution noch unvollendet sei. Erst mit der gesellschaftlichen Revolution sollte nicht nur die politische, sondern auch die religiöse Freiheit als Gestalt noch nicht vollständig aufgehobener menschlicher Selbstentfremdung verschwinden. Indem der Marxismus sich als die Vollendung der Geschichte revolutionärer Befreiungen begreifen möchte, versteht er sich tatsächlich zugleich als das Ende aller der Freiheiten und ihrer Bedingungen, die im Gang der Weltgeschichte von den Griechen her über das Christentum, die Reformation und die politische Revolution bereits erreicht wurden.

So unzulänglich und kritikbedürftig diese Gestalten von Freiheit auch immer gewesen sein mögen, so wenig kann auf sie verzichtet werden. Die moderne Welt hat das leider immer erst dann gemerkt, wenn es zu spät und sie verloren waren. Die Opfer, die es kostete, sie auch nur teilweise wiederzuerlangen, wurden immer größer.

Vollendung des die neuzeitliche Welt tragenden Prinzips revolutionärer Befreiung durch Emanzipation im Marxismus bedeutet, wie wir heute alle wissen können, daß in den Traditionen politischer Demokratie und religiös-christlicher Reformationen erreichte Bedingungen von Freiheit verschwinden und untergehen. Vollendung der Revolution im Marxismus heißt, daß die religiöse, die Freiheit des einzelnen im Gewissen bei sich selbst und die politische Freiheit als die in der Form des Rechtes garantierte Gleichheit aller vor dem Gesetz als uneigentliche Verhüllungen gesellschaftlicher Ungleichheit aufgelöst und zerstört werden sollen. Über die von Hegel gerügte Torheit der Französischen Revolution hinaus arbeitet der Marxismus in der Wendung des postulierten Endes der Geschichte gegen die Vernunft ihrer Entwicklung an der Beseitigung des Inhaltes von Freiheit, deren Bedingungen er herstellen will. Die von Hegel erkannte substantielle Bedeutung der Subjektivität als des eigentlichen Ortes und Ursprungs von Freiheit für die emanzipierte Welt, die ihn bestimmte, in der Reformation die letzte fundamentale Gestalt von verwirklichter Freiheit überhaupt zu sehen, wird durch die geschichtliche Erfahrung bestätigt.

Nicht nur in der bolschewistischen Revolution in Rußland, sondern in allen Formen versuchter revolutionärer Praxis scheitert heute Revolution der Freiheit, wie es ja auch der revisionistische Marxismus bei Herbert Marcuse zugibt, daran, daß revolutionäre Theorie kein Subjekt mehr findet. In der westlichen Welt findet revolutionäre Theorie keinen Adressaten mehr. Ein zur Distanzierung und Überholung bestehender Verhältnisse befähigtes und gewilltes Subjekt ist in unserer Welt nicht mehr auszumachen.

An die Stelle sich in der Revolution befreiender Subjektivität ist heute als Träger revolutionärer Prozesse die Wissenschaft getreten, die sich als die stärkste und produktivste Kraft aller revolutionären Veränderungen erwiesen hat. Der Gang der Revolution hat das Subjekt einer möglichen revolutionären Veränderung im Sinne des Begriffs einer Verwirklichung von Freiheit selbst aufgelöst. Damit ist Revolution im Sinne des hier entwickelten und im Verständnis des in der Neuzeit vorausgesetzten Begriffs von Revolution an ihre eigene Grenze, an ihr eigenes Ende gekommen. Revolution nicht als Veränderung aller Lebensbedingungen durch Wissenschaft, Technik und Industrie, sondern als Zurückholen der entfremdeten Welt in die Verfügung autonomer menschlicher Freiheit ist heute an ihr eigenes, durch die Revolution selbst produziertes Ende gelangt, weil das Subjekt einer möglichen Verwirklichung von Freiheit durch die nunmehr total und unbedingt gewordene Emanzipation selbst abgeschafft wird. Problematisch ist nicht nur, ob der Mensch diese fertig gewordene Welt der Emanzipation revolutionär überholen und verändern kann, sondern ob er sich überhaupt noch als das Subjekt eines Willens begreift, der etwas anderes will, als das, was sowieso schon geschieht.

In den skurrilen Formen, in denen die Jugend der Wohlstandsgesellschaft des Westens ihre total-gemeinte Weigerung zu artikulieren versucht, länger mitzumachen und aus der Geschichte auszusteigen, drückt sich eine Bejahung dessen aus, was abstrakt negiert werden soll. Freiheit meint auch hier nichts anderes als Freiheit in der Befriedigung von Bedürfnissen. Dieses Prinzip nimmt auch dann nicht mehr für sich ein, wenn es parasitär erfüllt wird. Marx hat die Notwendigkeit eines Gelingens der Revolution des Proletariats mit dem sonst unausweichlichen Rückfall in die Barbarei begründet. Die Gegenwart ist zu dem Kreuz geworden, als welche sie Hegel in der Einleitung zu seiner Philosophie des Rechts bestimmt hat.

Christentum und Marxismus

II

Wenn die Zeichen der Zeit nicht täuschen, dann hat sich die Konstellation grundlegend geändert, unter der die Frage nach dem Verhältnis von Marxismus und Christentum von neuem gestellt werden muß. Es ist hier nicht der Ort, auf die wandlungsreiche Geschichte einzugehen, durch die dieses Verhältnis bestimmt wurde. Was die Lage in der Gegenwart kennzeichnet, sind Entwicklungen, die es nicht länger gestatten, die Voraussetzungen noch als gültig zu betrachten, von denen man bisher in der Auseinandersetzung mit Marxismus ausging. Zu diesen Voraussetzungen gehört die These, daß der Marxismus ein Produkt säkularisierter christlicher Eschatologie sei und den Versuch darstelle, in Konkurrenz zum Christentum eine Ersatzreligion zu entwickeln. Ebensowenig ist länger bedeutsam die These vom atheistischen Charakter der marxistischen Lehre und der aus diesem Charakter gefolgerte Schluß ihrer Unvereinbarkeit mit jeder Religion und daher auch mit dem Christentum. Während die Säkularisationsthese von der letztlich beruhigenden Überzeugung einer Kontinuität marxistischer Zukunft mit der christlichen Herkunft ausging und darauf vertraute, daß der Marxismus als Religionsersatz sich endlich von selbst erledigen werde, so besteht die Atheismusthese auf dem Bruch mit der christlichen Kontinuität und macht das Gespräch von einer radikalen Wandlung des Partners abhängig. Für diese beiden Voraussetzungen gibt es gute und gewichtige Gründe. In der Tat verspricht der Marxismus die Einlösung und Verwirklichung aller vom Christentum in die Transzendenz oder in die Eschatologie verlegten Verwirklichungen eines menschlichen Lebens in Fülle und ohne Entfremdung für die geschichtliche, durch den Marxismus herstellbare Zukunft. Ebensowenig kann geleugnet werden, daß der Atheismus zu den fraglosen Selbstverständlichkeiten einer jeden denkbaren marxistischen Position gehört, über die nicht mehr diskutiert zu werden braucht. Daran ändert auch die von Marx an Feuerbach angebrachte Korrektur nichts, daß die Religion nicht nur Ausdruck des menschlichen Elends sei, sondern auch der, wenn auch ohnmächtige, Protest dagegen. Diese Korrektur unterstreicht vielmehr den Anspruch, die Religion in der Aufhebung auch verwirklichen zu wollen. Was dem Glauben nur Hoffnung und ohnmächtige Klage war, soll nunmehr durch den Marxismus Wirklichkeit werden. Was im Gegensatz zu diesen, eine verhältnismäßig klare Abgrenzung und Zuordnung ermöglichenden Prämissen der bisherigen Auseinandersetzung nunmehr das Gespräch von Grund auf bestimmt, ist die Tatsache, daß die beiden Konkurrenten ihre Identität nicht mehr eindeutig definieren können.

Der Marxismus hat sich in eine unübersehbare Vielfalt zum Teil unvereinbarer Positionen, Standpunkte und Versionen aufgelöst. Ein Konsens über die Frage, nach welchen Kriterien über den marxistischen Charakter einer Theorie oder Praxis entschieden werden könnte, ist nicht mehr vorhanden und nach Lage der Dinge auch nicht mehr zu erwarten, es sei denn, er würde mit Gewalt erzwungen. Für diesen Verfall marxistischer Identität und Kohärenz gibt es viele Gründe. Die Geschichte hat der Prognose, die Marx über ihren vermuteten Ablauf aufstellte, eben nicht entsprochen. Die Krise einer entwickelten kapitalistischen Gesellschaft führte nicht zur Errichtung eines kommunistischen Endreichs der Freiheit, sondern zum Faschismus, der auf dem geschichtsphilosophischen Terminkalender von Marx nicht vorgesehen war. Alle etablierten kommunistischen Systeme gehen auf die Tätigkeit von organisierten Berufsrevolutionären zurück, waren das Ergebnis von Bauernrevolten oder wurden im Zusammenhang von Kriegen mit Gewalt importiert. Noch nie hat sich ein verelendetes, die überwältigende Mehrheit einer Gesellschaft bildendes Proletariat selbst befreit, um sich sein ihm im Kapitalismus entfremdetes Wesen wieder anzueignen. Nur weil die Rede von dem Proletariat ein Mythologem darstellt, können immer wieder Führer, Intellektuelle und Funktionäre sich das Recht nehmen, in seinem Namen zu sprechen. In keinem der errichteten sozialistischen Systeme macht der Staat die geringsten Anstalten, abzusterben und den Stoffwechsel der Gesellschaft mit der Natur so rational wie möglich zu regeln und den Bedingungen der menschlichen Natur so optimal wie möglich anzupassen. Ich kenne keinen marxistischen Theoretiker in den osteuropäischen Staaten, der behaupten würde, daß unter der Herrschaft des Kommunismus Schritte zur Aufhebung der menschlichen Selbstentfremdung eingeleitet worden seien, so wie sie Marx gefordert hatte. Wenn man sich die Realität sozialistischer Staaten nüchtern ansieht, dann wird man vielmehr zu dem Schluß kommen, daß in ihnen das Prinzip des Kapitalismus, die schrankenlose Entfesselung der Produktivkräfte, zum alles bestimmenden Gesetz erhoben und durch eine allgegenwärtige staatliche Kontrolle auch effektiv durchgesetzt wird. Die Kinder in Ost-Berlin trugen aus Anlaß des 25jährigen Bestehens dieses Staates eine Plakette mit der Aufschrift »Ich bin glücklich«. Die Prager Studenten stellten dagegen an Rudi Dutschke die Frage, ob er nicht wisse, was Sozialismus sei, nämlich Ineffektivität in der Versorgung, verbunden mit Sklaverei.

Es ist daher verständlich, daß der Marxismus als revolutionäre Theorie einer Praxis der Befreiung zu einer dogmatisierten Lehre zur Legitimation einer Herrschaft über das Proletariat degenerierte. Das schließt nicht aus, daß die dem Kommunismus unterworfenen Völker beispiellose Leistungen vollbracht haben und es dem Kommunismus gelungen ist, die Bedingungen staatlicher Selbsterhaltung und erfolgreicher Durchsetzung ihrer Macht zu sichern. Nur wenn man den Marxismus an dem ihn von Grund auf tragenden Anspruch mißt, das aufzuheben, was er die Selbstentfremdung des Menschen nennt, kommt man zu einem negativen Ergebnis. Denn davon kann keine Rede sein. Selbst wenn der Marxismus seine gesellschaftlichen Planziele erreichen sollte, ist es viel wahrscheinlicher, daß sich die von Ernst Bloch aufgestellte Prognose an ihm erfüllen wird, nämlich daß ein siegreicher Marxismus an der Banalität des Lebens zugrunde geht, die er dann erzeugt. Daher braucht der Marxismus, nach Bloch, die Theologie. Damit sind wir bei dem entscheidenden Punkt unserer Überlegungen angekommen.

Die Renaissance des Marxismus im Westen, und hier besonders in der Bundesrepublik Deutschland, hat die seit langer Zeit schon zu beobachtende Identitäskrise des Christentums in einer dramatischen Weise verschärft. Es gibt in diesem Lande keine christliche Substanz mehr, der man vertrauen könnte und von der aus die Entwicklung einer wirklichen Alternative zu erwarten wäre. Während in der Sowjetunion das Christentum zu den unverlierbaren kulturellen Errungenschaften der Menschheit gezählt wird, werden in diesem Lande Rahmenrichtlinien verfaßt, als hätte es das Christentum nie gegeben. Eine Partei, die sich als Repräsentant aufsteigender bürgerlicher Schichten empfindet, schlägt vor, das Christentum auf die Bedeutung einer beliebigen gesellschaftlichen Gruppe zu reduzieren. Während der Nationalsozialismus dem Christentum die Ehre antat, es zu seinem Todfeind zu erklären, scheint das Christentum einer permissiven Gesellschaft nichts mehr entgegensetzen zu können. Mit dem ökonomischen Elend ist auch der seine religiöse Artikulation suchende Protest aufgehoben.

Der ideologiekritische Sieg eines vulgärmaterialistischen Marxismus, der sich des Freudianismus in einer subtilen Weise bedient, zeichnet sich als eine reale Möglichkeit am zukünftigen Horizont einer Gesellschaft ab, die ihren praktischen Nihilismus nur notdürftig durch einen auf die Massen gezielten Hedonismus verbirgt. Marx hatte als Alternative zum Sieg seiner Lehre nur noch die Entwicklung der modernen Gesellschaft in die Barbarei gesehen.

Diese reale Perspektive bestimmt die gegenwärtige Situation, in der die Frage nach dem Verhältnis von Christentum und Marxismus neu gestellt werden muß.

Hegel sagte, daß der Mensch von Natur gut sei, sei eine Lehre der neueren Zeit, und mit ihr sei das Christentum abgeschafft. Das ist die alles bewegende Frage der modernen Gesellschaft, was es mit dem Menschen sei und was man ihm zutrauen kann; ist er nur das Produkt der sozioökonomischen Bedingungen und ist der Marxismus die Anweisung, sie so zu ändern, daß der Mensch und die schrankenlose Entfaltung seiner Anlagen höchster und einziger Zweck aller Geschichte wird, dann ist die Veränderung aller Lebensbedingungen und Lebensverhältnisse der einzige und höchste Sinn, ohne den es dann nur die Täuschung und den Betrug gibt. Dann ist der Marxismus die Wahrheit, die darum, weil sie es ist, siegen wird. Die Theologen haben dieser Wahrheit entsprochen, wenn sie den Anspruch des Christentums, eine Erlösungsreligion zu sein, preisgeben und ihn ersetzen durch das Versprechen, auch das Christentum sei für Humanität und werde sich praktisch bei der Aufgabe bewähren, alle Verhältnisse zu ändern oder umzustürzen, unter denen der Mensch ein geknechtetes und leidendes Wesen ist. Wenn auch mit eschatalogischem Vorbehalt, nähren sie die Illusion einer Welt, in der der Mensch, ohne zu erröten, sich selbst gegenübertreten könnte. Nach der Beseitigung der Metaphysik in der These ihres Endes, der Rezeption der atheistischen Religionskritik von Feuerbach, totaler Eschatologisierung aller Inhalte der christlichen Theologie und der erfahrenen Ohnmacht der Existential- und Sprachtheologie ist diese Umfunktionalisierung christlicher Hoffnung auf die Ebene der Vorstellungen einer gesellschaftlichen Revolution nicht mehr so erstaunlich. Die Verständigung mit der politisch-gesellschaftlichen Revolution bedeutet dann kein ernsthaftes Problem mehr, wenn christliche Zukunft der Logik der Utopie folgt. Das klassische, eigentlich nur bei Luther und Hegel durchbrochene und entscheidend in Frage gestellte Schema der Auslegung des Seins nach den Bereichen der Immanenz und Transzendenz kehrte in der Form einer reinen Verzeitlichung wieder, so, daß nun zwischen einer Zukunft geschieden wird, deren Subjekt der Mensch ist, und einer solchen, die Gottes ist. Da die Marxisten daran festhalten, daß für alle Geschichte, und daher auch für alle zukünftige, nur der Mensch aufkommt, und die Theologen das zwar zugestehen, aber unter dem Vorbehalt, dahinter käme noch eine andere, nämlich die Geschichte des immer zukünftigen Gottes, hat sich eigentlich gar nichts geändert. Die Gemeinsamkeit zwischen Marxismus und Christentum ist eine solche bloßer, als zukünftig unterstellten Möglichkeiten, für die nur noch ein Subjekt gefunden werden müsse, das fähig und willens ist, sich in den Dienst der Verwirklichung dieser Möglichkeiten zu stellen. Da das Proletariat entwickelter Industriegesellschaften sich geweigert hat und immer noch weigert, die ihm in der Marxschen Theorie zugedachte Rolle eines Retters der Menschheit zu übernehmen, ist der Gedanke – von den Voraussetzungen aus – nicht mehr völlig abwegig, diese Funktion die Christen, wenn auch mit eschatologischem Vorbehalt, übernehmen zu lassen. Die innere Reserve, die liberale und sich als positiv im Sinne moderner Wissenschaft verstehende Wissenschaftler angesichts der den Dialog von Marxismus und Theologie beherrschenden Voraussetzungen erkennen lassen, ist verständlich, aber nicht wirklich produktiv. Die festen Konturen zweitausendjähriger christlicher Theologie, wie der Kern marxistischer Theorie revolutionärer Praxis, drohen in diesem etwas gespenstig anmutenden Dialog zu verschwinden. Von Theoretikern des Marxismus, die sich in der Gegenwart um seine Erneuerung bemühen, ist immer wieder gefordert worden, die Dialektik auch auf den Marxismus selber und seine Geschichte anzuwenden. Darauf kommt es in der Tat an. Es ist bemerkenswert, daß diese berechtigte Forderung von den Theologen, die den Marxismus teilweise zu rezipieren versuchen, nicht eingelöst wird. Es kann nicht übersehen werden, daß die geschichtliche Wirkung des Marxismus nur dialektisch begriffen werden kann. Die Geschichte hat die Marxsche Theorie bestätigt, indem sie von der Geschichte gleichzeitig widerlegt wurde. Die Geschichte hat den Marxismus bestätigt, als die von Marx erhobene Forderung einer totalen Vergesellschaftung des Menschen sich in dem Maße vollzieht, wie die Geschichte fortschreitet. Soweit die marxistische Theorie noch ein das Bewußtsein bestimmendes Element ist, erfüllt sie die Funktion, diesen epochalen Vorgang zu bejahen, zu beschleunigen und noch vorhandene Differenzen zwischen dem individuellen Bewußtsein und dem gesellschaftlichen Gesamtprozeß auszugleichen.

Die Geschichte hat aber Marx auch widerlegt, indem die an diesen Vorgang geknüpfte Hoffnung auf eine Aufhebung menschlicher Selbstentfremdung durch die Praxis des Kommunismus zu einer Utopie wurde. Angesichts dieses beunruhigenden Tatbestandes kann und darf die Möglichkeit nicht ausgeschlossen werden, daß heute das Ziel revolutionären Denkens und Handelns auch darin bestehen könnte, die vom Marxismus unterstellte Entfremdung vor ihrer durch die Gesellschaft drohenden Aufhebung zu retten. Das trifft vor allem für die Religion zu, wenn man mit Marx an der grundlegenden Bedeutung der Religionskritik für die gesellschaftliche Revolution festhält. In der theologischen Diskussion blieb dieser Zusammenhang von Religionskritik und Grundlegung der Revolution häufig verborgen, weil dem Atheismus eine nur zufällige, zeitbedingte Bedeutung für den Marxismus zugesprochen wurde oder man den Versuch machte, den Atheismus als eine Konsequenz des Endes der Metaphysik oder der Tradition idealistischer Philosophie zu begreifen. Nicht Marx, sondern Hegel sei für den Atheismus der modernen Welt verantwortlich. Marx habe nur den praktischen Atheismus der bürgerlichen Gesellschaft ausgesprochen und als Voraussetzung für sein Denken anerkannt, das sich nichts mehr, wie das Marx genannt hat, vormachen wolle. Nun gab es allerdings für Marx und Feuerbach keinen Zweifel daran, daß es sich in der

Religion um einen vom Menschen selbst produzierten Schein handle, durch den der Mensch seiner wahren Wirklichkeit ausweiche und sich nur so in einer illusionären Weise befriedige. Was die Kritik von Marx an Feuerbach auch heute noch bedeutsam erscheinen läßt, ist trotz grundsätzlicher Übereinstimmung mit Feuerbach über den Surrogatcharakter religiösen Verhaltens, die wichtige Einsicht von Marx, daß Religion nicht theoretisch beseitigt werden kann. Marx sieht also völlig zutreffend im Unterschied zu allen Versuchen, Religion als ein Produkt unwissenschaftlichen Bewußtseins oder als Priesterbetrug zu begreifen, in der Religion einen Ausdruck und eine Gestalt der für den Menschen konstitutiven Entzweiung mit seiner Welt. Mit der sich in der Religion darstellenden Entzweiung tritt der Mensch erst als ein menschliches Wesen aus der ihn umfangenden Einheit mit der unmittelbar mit sich identischen Natur hervor. Die den Menschen eigene Entzweiung wird dann für Marx zur Entfremdung, wenn die gesellschaftliche Produktion als die vergegenständlichte gesellschaftliche Produktivkraft, als die Kraft der Entäußerung zu einer dinglichen Gewalt über den Menschen wird. Aber, und dies ist wohl der entscheidende Punkt, wenn die gesellschaftlichen Produktivkräfte reich genug entwickelt sind, dann brauchen sie nur vom arbeitenden Menschen als der entäußerte Reichtum seiner Natur in der Religion angeeignet zu werden.

Der Kernpunkt, um den es im Verhältnis von Christentum und Marxismus geht, ist also die Frage nach der Selbstentfremdung des Menschen. Nur im Blick auf die durch den Marxismus thematisierte Selbstentfremdung ist ein Gespräch zwischen Marxismus und Christentum sinnvoll und im Grunde allein möglich. Hier müssen sich die Christen entscheiden. Entweder ist Religion, und damit das Christentum, eine den Menschen sich selbst entfremdende und eine ihn um den leibhaften und unmittelbaren Sinn seines Daseins in dieser Welt betrügende Macht, oder der ihn in und über die Entfremdung hinaustragende Grund seiner Freiheit und einer ihn in der Unbedingtheit seiner ihn selbst in seiner Unverwechselbarkeit betreffenden Verantwortung. Dann aber ist der Mensch nicht nur der Menschheit oder dem Nächsten verantwortlich, sondern auch sich selbst. Dann kann die Aneignung seines Wesens in entfremdungsloser Identität nicht mehr die alles entscheidende Frage sein, sondern die höchst praktischen Folgen eines Wissens um den gar nicht harmlosen Menschen. Schon Rousseau wußte, daß mit dem Christentum die Möglichkeit zerstört wurde, den Menschen total in das Kollektiv zu integrieren und seine Person zu einem zufälligen Moment der Gattung und ihrer Geschichte zu naturalisieren. Der Ursprung seiner Entfremdung ist mit dem Menschen selbst gegeben und ihre Aufhebung in einer Gestalt kann nur zu ihrer Ablösung durch neue unvordenkliche Formen menschlicher Selbstentfremdung führen. Die Kulturrevolution in der Bundesrepublik ist sich daher mit Marcuse darin einig, daß nur eine anthropologische Revolution den Bruch mit aller geschichtlichen Kontinuität herbeiführen kann. Nun wird Marx selbst auf den Kopf gestellt.

Nicht in der ökonomischen Basis vollziehen sich die radikalen Veränderungen, sondern der Überbau, das Bewußtsein, die Sprache und die Bedürfnisse dienen der Einleitung revolutionärer Prozesse als Ansatz. Das geistig-ethische Vakuum in einer fast total ökonomisierten Gesellschaft verschafft dem Marxismus den Schein der Evidenz, die Rechtfertigung für ein verelendetes Bewußtsein, die einzige Philosophie zu sein, die auf der Höhe der Epoche ist. Dieser Schein herrscht so unangefochten, daß dem christlichen Bewußtsein nur die Hoffnung bleibt, daß erst einer Erfahrung der Blick sich wieder öffnet, die durch den marxistischen Sozialismus sich hindurch rettete. Die Chancen für eine Renaissance des Christentums sind heute in den Staaten des Sozialismus größer als bei uns. Was den Trägern des Widerstands in der Sowjetunion das Leben im Lande der Arbeiter und Bauern so unerträglich macht, ist der Zwang, die Lüge als Wahrheit zu bekennen. Das Paradox des Westens ist die Möglichkeit, daß es des Zwanges gar nicht mehr bedarf. Das ist auch so erstaunlich nicht, wenn man bedenkt, daß von der christlichen Gabe der Unterscheidung der Geister es abhängt, ob die eine, nämlich die Wahrheit, von der anderen, der Lüge, überhaupt unterschieden werden kann. Denn es ist die Freiheit, in deren Namen sie beseitigt wird, und es ist das Glück, in deren Namen das Vergessen verordnet wird. »Ich bin glücklich«, strahlend verkündet es das Kind in Ost-Berlin, und wer könnte dieses Glück den Kindern in unserem Land vorenthalten wollen, in dem laut Richtlinien von Ministern nach wie vor die Ausbeutung herrscht.

Geschichtsphilosophie und Rechtsstaat – Kant

In seinen geschichtsphilosophischen Schriften hat Kant die Fragen entwickelt, und im Grunde vorweggenommen, die Fichte, Schelling, Hegel und Marx dann weiter verfolgt, ausgearbeitet und doch unerledigt der Gegenwart hinterlassen haben. Die Auseinandersetzung mit Kants Geschichtsphilosophie hat daher die Bedeutung einer Einführung in die Probleme der Geschichte überhaupt. In ihr geht es um die erste große Auseinandersetzung mit den Fragen, die das Verhältnis der Aufklärung zur Geschichte betreffen, die sie auch dann faktisch bestimmt, wenn es ihr um die Aufhebung der Geschichte geht. Die Kantische Philosophie der Geschichte ist wieder aktuell, da die Gegenwart auf die Aporien der Aufklärung zurückgeworfen wurde. In der Gegenwart ist das Prinzip der Selbstaufklärung zu einem fast universalen und ausschließlichen Gesetz aller geschichtlichen Abläufe geworden. Unter dem Kampfwort der Aufklärung wurde Geschichte zur Geschichte der einen Menschheit. Daß sich die neuzeitliche Welt gegen die sie ermöglichende Geschichte wandte, ist weder aus dem Willen zur Destruktion der Autorität des Christentums allein zu begreifen, noch wäre es richtig, die Aufklärung eindeutig als die Verwirklichung christlicher Freiheit zu verstehen. Gerade in ihrem Verhältnis zur Geschichtsphilosophie bewährt sich die Kantische Philosophie als Aufklärung über die Aufklärung.

Wenn man einmal die Kantische Geschichtsphilosophie mit der Aufklärung in Frankreich vergleicht, zeigt sich die Bewußtlosigkeit der französischen Aufklärung über den Zusammenhang, in dem die als geschichtliches Prinzip gesetzte Aufklärung die Geschichte bestimmen muß als permanente Krise oder als permanente Revolution. Dann bleibt in diesem Begriff von Geschichte bewußtlos, daß in der Setzung des Prinzips Aufklärung als das geschichtlich wirksame Prinzip in einem bestimmten Sinn die Geschichte der Tendenz der Aufhebung aller nicht im Prinzip und Begriff der Aufklärung gesetzten Geschichte einschließt. Dann verhält sich die durch Aufklärung bestimmte Geschichte zu der überkommenen Geschichte wie ihre Aufhebung. Bei Kant erreicht die Aufklärung als die bewegende geschichtliche Kraft einen Stand, in dem sie vor das Problem der Selbstlegitimation gestellt wird. Die Aufklärung muß sich in ein Verhältnis setzen zu der nicht im eigenen Prinzip gesetzten und gerechtfertigten Überlieferung und muß die Begründung zukünftiger Geschichte im eigenen Selbstvollzug inhäriert finden. Gerade weil die Aufklärung sich zu aller überkommenen Geschichte wie ihre Aufhebung versteht, ist sie geradezu von ihrem Konstitutionsprinzip her gezwungen, sich die Gestalt einer Geschichtsphilosopie zu geben. Eine nachaufklärerische Geschichtsphilosophie muß reflektieren auf die Geschichte, in der das Prinzip der Aufklärung selber geschichtlich geworden ist.

Es geht also bei Kant um die geschichtliche Herkunft des ungeschichtlichen Prinzips der Aufklärung und damit um die Möglichkeit einer Gestalt zukünftiger Geschichte, die total und ausschließlich durch das Prinzip Aufklärung bestimmt sein kann und dennoch Geschichte bleibt. Diese beiden Aufgaben der Geschichtsphilosophie, die Vergangenheit als die Geschichte der Genese des Prinzips der Aufklärung zu verstehen und die Zukunft als die antizipierte Verwirklichung des durch das Prinzip Aufklärung bestimmten Geschichtsprozesses hat zur Konsequenz, daß im Verhältnis zur Gegenwart die Aufklärung immer die Gegenwart als Krise erfahren muß. Die Geschichtsphilosophie der Aufklärung ist deshalb Krisentheorie oder Krisenlehre. Kant selbst hat die Aufklärung in diesem Sinne nicht mehr zu rechtfertigen gehabt, sondern mußte sie voraussetzen. Für Kant stellt sich das Problem der Geschichte bereits so, daß die geschehene und wirkliche Geschichte als Dementi des Sinns und der Möglichkeit von Aufklärung selber erfahren wird. Die Aufklärung kann sich nicht mehr selbstgewiß auf Geschichte beziehen und sich geschichtlich rechtfertigen, sondern die Geschichte wird als Einwand gegen den Sinn und die Möglichkeit von Aufklärung überhaupt empfunden. Am Beginn von Kants Schrift »Idee zu einer allgemeinen Geschichte in weltbürgerlicher Absicht«

heißt es: »Man kann sich eines gewissen Unwillens nicht erwehren, wenn man ihr Tun und Lassen auf der großen Weltbühne aufgestellt sieht; und, bei hin und wieder anscheinender Weisheit im einzelnen, doch endlich alles im großen aus Torheit, kindischer Eitelkeit, oft auch aus kindischer Bosheit und Zerstörungssucht zusammengewebt findet: wobei man am Ende nicht weiß, was man sich von unserer auf ihre Vorzüge so eingebildeten Gattung für einen Begriff machen soll.« Kant sagt mit allem Nachdruck, daß auch die Geschichte der Aufklärung Torheit, kindische Eitelkeit und Zerstörungssucht nicht übersehen kann. Die Abkehr von der bisherigen Geschichte führt nicht umstandslos zu einer rational und zweckmäßig ihre Verhältnisse einrichtenden Menschheit. Das ist für Kant kein Einwand gegen die selbstgewisse menschliche Vernunft, sondern es ist ein Einwand gegen die Weisheit der Vorsehung und des Schöpfers überhaupt. Dieser Einwand der Geschichte gegen die Aufklärung ist das wichtigste Motiv für die Zugehörigkeit der Theodizee zur nachaufklärerischen Geschichtsphilosophie. Ohne die Theodizee ist die Geschichtsphilosophie überhaupt unverständlich.

Bei Kant heißt es, »eine solche Rechtfertigung der Natur – oder besser der Vorsehung – ist kein unwichtiger Bewegungsgrund, einen besonderen Gesichtspunkt der Weltbetrachtung zu wählen. Denn was hilft's, die Herrlichkeit und Weisheit der Schöpfung im vernunftlosen Naturreiche zu preisen und der Betrachtung zu empfehlen: wenn der Teil des großen Schauplatzes der obersten Weisheit, der von allen diesen den Zweck enthält, – die Geschichte des menschlichen Geschlechts – ein unaufhörlicher Einwurf dagegen bleiben soll, dessen Anblick uns nötigt, unsere Augen von ihm mit Unwillen wegzuwenden, und, indem wir verzweifeln, jemals darin eine vollendete vernünftige Absicht anzutreffen, uns dahin bringt, sie nur in einer anderen Welt zu hoffen?« Der Anblick der chaotischen verworrenen Geschichte, die durch Bosheit, Zerstörungswut und kindische Torheit bestimmt ist, wird von Kant vorgetragen in der Form eines Arguments gegen die Herrlichkeit und Weisheit der Schöpfung, die in der Natur zu finden nicht genügen kann, wenn die Geschichte diesen grauenhaften Anblick bietet. Bleibt es dabei, daß die Geschichte in dieser chaotischen Irrationalität die Menschen bestimmt, führt das, wie Kant sagt, zur Verzweiflung. Es ist die Vernunft im einzelnen, die an der Irrationalität des Ganzen verzweifeln läßt. Das auch die säkularistische Selbstinterpretation der Aufklärung noch bestimmende Theodizeemotiv ist das Problem der Rechtfertigung. Geschichtstheorie der Aufklärung ist Theorie der Praxis, in der es um die Freisetzung der Vernunft geht. Kommt es in der Theodizee darauf an, Gott von der Verantwortung für den chaotischen Anblick, den die Geschichte zunächst bietet, freizusprechen? Die Aufklärung ist durch sich selbst dazu gewungen, die Theodizee in der Form einer Theorie der Entlastung Gottes von der alleinigen Zuständigkeit und Verantwortung für die scheinbare Vernunftlosigkeit der Geschichte zu bestimmen. Dann ist die

Bewegung der Verzweiflung in der Geschichte eine Bewegung der Vernunft zugleich. Wie aber kann die Vernunft, nach der Kant in der Geschichte sucht, gefunden werden?

»Es ist hier keine Auskunft für den Philosophen, als das, da er beim Menschen und ihrem Spiele im großen gar keine vernünftige eigene Absicht voraussetzen kann, er versuche, ob er nicht eine Naturabsicht in diesem widersinnigen Gange menschlicher Dinge entdecken könne; aus welcher, von Geschöpfen, die ohne eigenen Plan verfahren, dennoch eine Geschichte nach einem bestimmten Plane der Natur möglich sei.«

Kant hält es also für ausgeschlossen, die in der Geschichte gesuchte Vernunft zu finden, wenn das Subjekt dieser Vernunft die bewußt nach vernünftigen Absichten handelnde menschliche Vernunft sein soll. Die Vernunft müßte sich in ihrer Verwirklichung immer schon voraussetzen, wenn sie das Subjekt einer durch vernünftige Absichten und vernünftige Willenssetzungen bestimmte Geschichte sein soll. Die Vernunft kann für diese Subjektrolle allein nicht in Betracht kommen, denn dafür scheint nun einmal das Spiel der Menschen zu widersinnig zu sein. Das konkrete Einzelsubjekt Mensch kommt daher als Träger dieser vernünftigen Absichten, um deren Erkenntnis es Kant in der Geschichte geht, nicht in Betracht. Dann müßte die in der Geschichte gesuchte Vernunft ein nicht menschliches Subjekt haben. Es ist für eine nicht durch den Marxismus bestimmte Selbstinterpretation der Geschichte wichtig, daß für Kant der Träger der gesuchten Vernunft und vernünftigen Absicht nicht der Mensch ist, sondern die Natur. Kant sucht also die Natur als das Subjekt einer möglichen Subjektivität in der Geschichte begründen zu können, und zwar in der Weise, daß die Natur entgegen den Widersinnigkeiten der menschlichen Dinge einen vernünftigen Plan in der Geschichte durchsetzt. Der Gedanke der Geschichte selber ist für Kant nur vernünftig, wenn sie verstanden wird als die Verwirklichung eines Plans, als eines Zusammenhangs, durch den ein Telos verwirklicht und zustande gebracht wird. Die Geschichte hat doch nur dann einen Sinn, wenn in ihr und durch sie etwas zustande gebracht wird, was sich vor der Vernunft sehen lassen kann. Dieses geschichtsfähige Subjekt nennt Kant die Natur. Die Natur muß dann interpretiert werden als der Träger, als das Subjekt eines solchen vernünftigen Plans. »Alle Naturanlagen eines Geschöpfes sind bestimmt, sich einmal vollständig und zweckmäßig auszuwickeln ... Ein Organ, das nicht gebraucht werden soll, eine Anordnung, die ihren Zweck nicht erreicht, ist ein Widerspruch in der teleologischen Naturlehre.«

Kant sagt also sehr deutlich von welchem Begriff der Natur er ausgeht, wenn er Natur als das Subjekt einer vernünftigen Absicht in der Geschichte aufsuchen will. Es ist der teleologische Naturbegriff. Die Natur bringt nichts hervor, was nicht bezogen ist auf eine Absicht und auf einen Zweck und eine Leistung, durch die der Zweck verwirklicht wird. Erst Schelling kann als die konsequente Form der Verwirklichung Kants verstanden werden, weil erst in seiner Naturphilosophie der Kantische Teleologiebegriff vollständig entfaltet ist. Wenn die Natur also nichts Überflüssiges, Sinnloses und Abwegiges tut, dann bedeutet das, daß alle Anlagen, die der Mensch von Natur hat, dazu bestimmt sind, verwirklicht zu werden. Alles, was Anlage von Natur ist, ist auf dem Boden einer zweckmäßig handelnden Natur dazu bestimmt, entwickelt, entfaltet und verwirklicht zu werden. Diese Entfaltung muß, wie Kant sagt, vollständig und zweckmäßig sein. Der Mensch soll in der Geschichte in der Totalität seiner Anlagen zur Verwirklichung und Entfaltung kommen. Geschichte ist dann die Ermöglichung, durch die dem Menschen jede von Natur mitgegebene Anlage realisierbar wird. Solange Anlagen aus der geschichtlichen Selbstverwirklichung ausgeschlossen bleiben, ist die Geschichte noch nicht an ihrem Ziel und an der Verwirklichung ihres Zwecks gescheitert. Der Kantische Begriff der Vollständigkeit impliziert hier den Hegelschen Begriff der Totalität. Die Totalität alles dessen, was von Natur dem Menschen als Anlage zukommt, muß in der Geschichte verwirklicht werden. Nichts darf im Verwirklichungsgang der Geschichte unentwickelt und unentfaltet bleiben. Zu interpretieren ist, was der Zweck ist, an dem die zweckmäßige Verwirklichung des Menschen in der Geschichte bestimmt werden kann. Denn Verwirklichung der Totalität des menschlichen Wesens ist nur von dem Zweck her zu bestimmen, der als dem Menschen in der Geschichte aufgegeben und ausgemacht werden kann.

»Am Menschen (also dem einzigen vernünftigen Geschöpf auf Erden) sollten sich diejenigen Naturanlagen, die auf den Gebrauch seiner Vernunft abgezielt sind, nur in der Gattung, nicht aber im Individuum vollständig entwickeln.« Das Wesen des Menschen ist also für Kant die Vernunft. Was den Menschen zum Menschen macht, ist die Vernunft und sonst nichts. Alle übrigen Anlagen, die mit dem Gebrauch der Vernunft zu tun haben, können nur zur Verwirklichung kommen in ihrer Vermittlung durch den freien Gebrauch der Vernunft. Für die Verwirklichung der Anlagen, die nicht durch die Vernunft vermittelt werden müssen, ist ja die Natur selbst zuständig. Die Natur macht ihre Sache sehr gut, wie Kant festgestellt hat. Solange der Mensch gegängelt am Band eines natürlichen Zwecks hängt, kommt er in seinem Handeln zu einer gewissen Perfektheit. Tritt aber der Mensch aus dieser Vermittlung von Natur durch Natur heraus und soll sich im freien Gebrauch der Vernunft verwirklichen, tritt das ins Spiel, was den Menschen zum Menschen macht, die Vernunft und damit als Medium der Vermittlung die Geschichte. Für die gesamte Aporetik der nachaufklärerischen Geschichtsphilosophie ist der Verweis Kants auf die Gattung entscheidend. Der Verwirklichung der Totalität aller Anlagen durch die Vernunft ist bei Kant nicht der einzelne fähig, sondern die Gattung. Gemeint ist bei Kant mit Gattung nicht ein abstrakter biologistischer Begriff, der die Merkmale zusammenfaßt, die allen Menschen zukommen, sondern in den Gattungsbegriff geht auch alles das ein, was die Menschheit auf dem Wege ihrer geschichtlichen Selbstvermittlung aus sich selbst gemacht hat.

»Die Natur hat gewollt: daß der Mensch alles, was über die mechanische Anordnung seines tierischen Daseins geht, gänzlich aus sich selbst herausbringe, und keiner anderen Glückseligkeit, oder Vollkommenheit, teilhaftig werde, als die er sich selbst, frei von Instinkt, durch eigene Vernunft, verschafft hat. Die Natur tut nämlich nichts überflüssig, und ist im Gebrauche der Mittel zu ihren Zwecken nicht verschwenderisch. Da sie dem Menschen Vernunft und darauf sich gründende Freiheit des Willens gab: so war das schon eine klare Anzeige ihrer Absicht in Ansehung seiner Ausstattung.«

Hier bringt nun Kant in den Zusammenhang seiner Geschichtsphilosophie das dritte wichtige Motiv: die Freiheit. Die Vollkommenheit, auf deren Verwirklichung es in der Geschichte hinausgehen soll, ist die Vollkommenheit, die der Mensch sich selbst verdanken soll. Die Vollkommenheit soll gedacht werden als das Produkt menschlicher Freiheit. Der Mensch ist nur Mensch in dem Maße, in dem er die Vollkommenheit, um die es im Verwirklichungsgang der Geschichte geht, durch den Einsatz seiner Vernunft in Freiheit setzt. Bei Hegel heißt es deshalb, daß Fortschritt in der Weltgeschichte nur ein Fortschritt in der Freiheit sein kann.

»Das Mittel, dessen sich die Natur bedient, die Entwickelung aller ihrer Anlagen zustande zu bringen, ist der Antagonismus derselben in der Gesellschaft, sofern dieser doch am Ende die Ursache einer gesetzmäßigen Ordnung derselben wird.«

Durch diesen bedeutsamen Schritt tritt Kant aus der Theologie der Geschichte wie aus der naiven Geschichtsphilosophie der Aufklärung heraus. Das Mittel der Verwirklichung des vernünftigen Zwecks, also das Mittel der Verwirklichung der Totalität aller menschlichen Anlagen in und durch Freiheit ist der Antagonismus. Der Antagonismus meint das mit sich selbst Zerfallensein der menschlichen Kräfte. Die aus der Natur des Menschen hervortretenden Kräfte stehen einander feindlich und ausschließend gegenüber. Die Entfremdung muß also eintreten, damit es überhaupt zu einer Entwicklung der menschlichen Vernunft in Freiheit kommen kann. Diese Zerfallenheit des Menschen mit sich selbst und der Menschen untereinander nennt Kant Antagonismus. Antagonismus und Entfremdung sind also nicht etwas was nicht sein sollte, sondern von eminenter Positivität, denn die ganze Vernunft hängt von der Anerkennung des Antagonismus ab. Der Antagonismus nimmt die Gestalt der antagonistischen Gesellschaft an. Der Mensch tritt in die Gesellschaft als den Zusammenhang, in dem die Entfremdung und Entgegensetzung der menschlichen Kräfte realisiert ist. Dann könnte man sagen, daß für Kant der Träger vernünftigen geschichtlichen Fortschritts die Gesellschaft ist. Die Gesellschaft als der verfestigte Antagonismus ist das vorantreibende Bewegungsgesetz des geschichtlichen Prozesses, aber es soll nicht bei diesem Antagonismus bleiben. Die Affirmation der Entfremdung und des Antagonismus ist nicht selber schon vernünftig, sondern der Antagonismus der Gesellschaft ist bloße Voraussetzung. Was durch den Antagonismus erreicht und bewirkt werden kann, ist die gesetzmäßige Ordnung. Der Antagonismus oder die Entfremdung in der Gesellschaft ist für Kant die Bedingung der Herstellung einer gesetzmäßigen Ordnung. Wenn unter Geschichte nur die auf die Hermeneutik der Faktizität beschränkte Theorie der Gegenwart verstanden wird, ist der Kantische Gedanke der Teleologie der Geschichte als der Herausbildung einer sich nach dem Recht gesetzlich verfassenden Gesellschaft nicht mehr zu verstehen. Deshalb muß, entgegen aller nachidealistischen Geschichtsphilosophie, auf diesen Zusammenang der Nachdruck gelegt werden, daß es in der Geschichte um die Herstellung der Herrschaft des Rechtes als Gesetz geht.

Wieso aber soll aus der antagonistischen Gesellschaft die gesetzmäßige Ordnung hervorgehen? Wie ist es möglich, daß »so eine pathologisch-abgedrungene Zusammenstimmung zu einer Gesellschaft endlich in ein moralisches Ganzes verwandeln kann«. Die Kräfte, die sich in der Pathologie einer antagonistischen Gesellschaft wirksam zeigen, sollen in der Verwandlung in ein moralisches Ganzes nicht als Kräfte verschwinden, sondern die Art der Betätigung der Kräfte soll aufhören, pathologisch zu sein. Solange die Kräfte des Antagonismus der menschlichen Natur sich nicht im Rahmen einer gesetzmäßigen Ordnung halten, folgt das Gesetz der Geschichte ihrer eigenen Pathologie. Denn der Antagonismus wird von Kant zurückgeführt auf einen Zwiespalt in der Natur des Menschen selbst, und zwar in der gesellschaftlichen Natur des Menschen. Der Mensch hat einen ebenso unüberwindbaren Hang, sich zu vergesellschaften wie sich zu vereinzeln. Es streiten sich im Menschen zwei Anlagen zur Vereinzelung und zur Vergesellschaftung. Die Vergesellschaftung als die Teilnahme am Kampf der Interessen in der Gesellschaft hat für Kant den Wert, daß dem Menschen der Widerstand entgegentritt, der ihn zwingt, seine Kräfte zu entwickeln und einzusetzen.

»Dieser Widerstand ist es nun, welcher alle Kräfte des Menschen erweckt, ihn dahin bringt, seinen Hang zur Faulheit zu überwinden, und, getrieben durch Ehrsucht, Herrschsucht oder Habsucht, sich einen Rang unter seinen Mitgenossen zu verschaffen, die er nicht wohl leiden, von denen er aber auch nicht lassen kann.«

Habsucht, Herrschsucht und Ehrsucht tragen zur Entfaltung und Entwicklung der menschlichen Kräfte bei. In der Geschichte hat das, was ein Einwand gegen die Geschichte zu sein scheint, eine Notwendigkeit. Kant sagt: »Der Mensch will Eintracht; aber die Natur weiß besser, was für seine Gattung gut ist: sie will Zwietracht.« »Dank sei also der Natur für die Unvertragsamkeit, für die mißgünstig wetteifernde Eitelkeit, für die nicht zu befriedigende Begierde zum Haben, oder auch zum Herrschen!« Kant geht sehr realistisch von der Einschätzung der Naturanlagen des Menschen aus. Die Begierde zum Haben und die Begierde zum Herrschen gehören zum Menschen. Das ist nur in der Abstraktion als ein Mangel zu sehen. Diese Anlagen nehmen in der Gesellschaft eine objektiv antagonistische Gestalt an, die die Voraussetzung der freien Zustimmung zur gesetzmäßigen Ordnung ist. Gesetzmäßige Ordnung heißt bei Kant, daß der Mensch sich frei betätigen kann, ohne die Freiheit des anderen dabei zu verletzen oder zu zerstören. Der realisierte Rechtsstaat ist für Kant die wichtigste Leistung, die die menschliche Gattung in der Geschichte vollbringen kann. Im Rechtsstaat wird die Freiheit in Freiheit gesetzt und so eingeschränkt, daß sie sich nicht zerstörerisch gegen die Freiheit der anderen auswirken kann. Das ist nun eine nicht mehr funktionale Theorie der gesetzmäßigen Ordnung.

»Das größte Problem für die Menschengattung, zu dessen Auflösung die Natur ihn zwingt, ist die Verwaltung einer allgemein das Recht verwaltenden bürgerlichen Gesellschaft.«

Es ist also zweifellos richtig, daß die Kantische Geschichtsphilosophie die geschichtsphilosophische Rechtfertigung der bürgerlichen Gesellschaft enthält. In der Tat geht es bei Kant darum, in der Entfaltung der das Recht verwaltenden bürgerlichen Gesellschaft die entscheidende Leistung der Geschichte der Menschengattung zu sehen. Aber Kant versteht die bürgerliche Gesellschaft nicht als die unbegrenzte Befriedigung der als unbegrenzbar unterstellten menschlichen Naturbedürfnisse, sondern die bürgerliche Gesellschaft hat für Kant ihre Bestimmung und ihre Rechtfertigung im Recht. Die bürgerliche Gesellschaft ist also in dem Maße für Kant im Recht, in dem Maße das Recht in ihr und auf ihrem Boden eine Gewalt ausübt. Es ist das Unglaubliche, daß Kant es für möglich gehalten hat, daß eine menschliche Gesellschaft sich auf dem Boden des Rechtes verfassen kann. Wo die einzige Gewalt das Recht ist, nimmt die Freiheit eine Gestalt der Praxis an, durch die sie ihrer Pathologie entronnen ist.

»So muß eine Gesellschaft, in welcher Freiheit unter äußeren Gesetzen im größtmöglichen Grade mit unwiderstehlicher Gewalt verbunden angetroffen wird, das ist eine vollkommen gerechte bürgerliche Verfassung, die höchste Aufgabe der Natur für die Menschengattung sein; weil die Natur, nur vermittelst der Auflösung und Vollziehung derselben, ihre übrigen Absichten mit unserer Gattung erreichen kann.«

Es hängt also von der sich nach dem Prinzip des Rechts verfassenden bürgerlichen Gesellschaft die Chance der Natur ab, ihre Absichten mit der Menschheit zu erreichen. Für Kant ist die Destruktion der die Freiheit als Recht garantierenden Verfassung eine Vereitelung der Absichten der Natur. Und da Kant, wie wir gesehen haben, die Natur mit der Vorsehung gleichsetzt, ist das Scheitern der Gesellschaft, eine gerechte Ordnung zu realisieren, zugleich eine Vereitelung der Absichten der Weisheit des Schöpfers. Die Zerstörung einer das Recht verwaltenden bürgerlichen Gesellschaft würde nach Kant dem Menschen die Freiheit nehmen, sich in seinen Anlagen vollständig und zweckmäßig entfalten zu können.

»Alle Kultur und Kunst, welche die Menschheit zieret, die schönste gesellschaftliche Ordnung, sind Früchte der Ungeselligkeit, die durch sich selbst genötigt wird, sich zu disziplinieren, und so, durch abgedrungene Kunst, die Keime der Natur vollständig zu entwickeln. Dieses Problem ist zugleich das schwerste, und das, welches von der Menschengattung am spätesten aufgelöst wird.«

Warum ist das Problem einer das Recht verwaltenden bürgerlichen Gesellschaft das schwerste und das, was die Menschengattung am spätesten auflösen kann? Kant antwortet: »Der Mensch ist ein Tier, das, wenn es unter anderen seiner Gattung lebt, einen Herrn nötig hat.« Kant meint, daß der Übergang von Natur zur Vernunft nicht ohne Ausübung eines funktional auf diese Verbindung hinbezogenen Zwangs möglich ist. Man kann natürlich leicht sagen, es gehöre zu den Vorstellungen des Absolutismus im 18. Jahrhundert, aber dieses Problem des Zwangs kehrt ja zugestandenermaßen in der Entwicklung der sogenannten unterentwickelten Länder wieder, und zwar in der Form einer geforderten Erziehungsdiktatur, die doch offensichtlich bei den fortschrittlichsten Theoretikern der Emanzipation in der Gegenwart wieder aktuell wird. Die funktionale und partiell ausgeübte Gewalt oder Macht auf den Menschen, die ihn dazu bringt, aus der Natur herauszugehen und sich vernünftig zu verhalten, ist das im Kontext der Aufklärung immanente Prinzip der Erziehungsdiktatur. Für Kant ist nicht so abstrakt die Erziehungsdiktatur das Problem, sondern das Problem ist der Erzieher. Woher soll das Tier einen Herrn nehmen, der diesen Zwang ebenso vernünftig wie gerecht auszuüben imstande ist?

»Das höchste Oberhaupt soll aber gerecht für sich selbst, und doch ein Mensch sein. Diese Aufgabe ist daher die schwerste unter allen.« Für Kant ist die Auflösung dieser Aufgabe der Erziehung des Erziehers unmöglich. »Aus so krummem Holze, als woraus der Mensch gemacht ist, kann nichts ganz Gerades gezimmert werden.« Kant statuiert eine Unmöglichkeit, die ihren Grund in der Natur des Menschen selbst hat. Nach der Meinung Kants kann kein Mensch gefunden werden, der einen anderen Menschen wirklich gerecht beherrschen kann. Das Problem des Oberhauptes ist nicht lösbar. Man kann auch die Erfahrungen der nachkantischen Geschichte als die Bestätigung dieser Kantischen Überzeugung auffassen. Es ist daher die Verwirklichung einer absolut gerechten Gesellschaft für Kant unmöglich, und zwar darum, weil der Mensch selber nicht gerecht sein kann. Kant verlangt daher von einer menschlichen Gesellschaft nicht, daß jeder Mensch für jeden anderen nur absoluter Selbstzweck sei, sondern bescheidener, daß in einer gerechten Gesellschaft der Mensch dem anderen nicht nur als Mittel, sondern auch als Selbstzweck begegnet. Für die bürgerliche Gesellschaft ist also auch in ihrer antagonistischen Verfassung die Anerkennung der eigentliche Inhalt, der die übrige Beschränktheit der bürgerlichen Gesellschaft rechtfertigen könnte. Die Beschränktheit der bürgerlichen Gesellschaft ist nicht, wie es aus marxistischer Perspektive erscheinen kann, durch eine Reorganisation zu überwinden, sondern liegt für Kant in dem konstitutionellen Mißratensein des Menschen, der eben einer absoluten Gerechtigkeit unfähig ist. Aber diese Beschränktheit darf nicht zur Verzweiflung führen, deshalb bleibt die Idee der Verwirklichung einer gerechten Verfassung eine regulative Idee, der sich die Gesellschaft annähern kann. Die Gesellschaft ist daher auf richtige Begriffe von der Natur einer möglichen gerechten Verfassung angewiesen.

»Daß sie auch diejenige sei, welche am spätesten ins Werk gerichtet wird, folgt überdem auch daraus: daß hierzu richtige Begriffe von der Natur einer möglichen Verfassung, große durch viel Weltläufe geübte Erfahrenheit, und, über das alles, ein zur Annehmung derselben vorbereiteter guter Wille erfordert wird.« Die richtigen Begriffe von der Natur einer gerechten Verfassung kommen also aus der Erfahrung. Richtige Begriffe, Erfahrung und ein guter Wille gehören zu den Voraussetzungen, unter denen die gerechte Verfassung eine regulative Idee sein kann. Das schwerste Problem ist heute wohl der gute Wille. Die Errichtung einer vollkommenen bürgerlichen Verfassung ist nicht ablösbar von der Verfassung des einzelnen in der Gesellschaft. Kant weiß aber, daß das Problem einer gerechten Gesellschaft nicht nur ein innenpolitisches ist.

»Das Problem der Errichtung einer vollkommenen bürgerlichen Verfassung ist von dem Problem eines gesetzmäßigen äußeren Staatenverhältnisses abhängig, und kann ohne das letztere nicht aufgelöst werden.« Die Verwirklichung einer das Recht verwaltenden Ordnung einer Gesellschaft ist nur dann möglich, wenn die Staaten selber untereinander nach den Regeln des Gesetzes und nicht des Kampfes handeln. Die Verwirklichung der Totalität aller menschlichen Anlagen setzt also die Überwindung des anarchischen Verhältnisses der Staaten zueinander voraus. Die Durchsetzung der Freiheit ist nicht nur ein innenpolitisches, sondern gleichzeitig auch ein Problem, das von der außenpolitischen Vergesetzlichung der Verhältnisse der Staaten ausgeht. Darin besteht die Überlegenheit Kants gegen gewisse gegenwärtige sozialphilosophische Theorien, wenn Kant die Abhängigkeit der Innenpolitik von der Außenpolitik anerkennt. Es wäre kein Problem, sich eine ideale Gesellschaft unter der Bedingung vorzustellen, daß diese Gesellschaft allein auf der Welt ist und nicht in einem konkurrierenden Verhältnis zu vielen anderen Gesellschaften steht, in denen andere Vorstellungen von Gerechtigkeit und wahrer Ordnung sich durchsetzen wollen. Im Traktat zum Frieden hat Kant gefordert, daß der Krieg kein Mittel zur Durchsetzung politischer Zwecke sein dürfe. Kant weiß aber, daß in die Theorie einer durch Aufklärung bestimmten Geschichte mehr eingehen muß als nur der bloße Wunsch nach Gerechtigkeit und Veränderung des Bestehenden.

»Man kann die Geschichte der Menschengattung im großen als die Vollziehung eines verborgenen Plans der Natur ansehen, um eine innerlich – und, zu diesem Zwecke, auch äußerlich – vollkommene Staatsverfassung zu Stande zu bringen, als den einzigen Zustand, in welchem sie alle ihre Anlagen in der Menschheit völlig entwickeln kann.«

Kant muß also die Schwierigkeit erklären, wie die Geschichte gedacht werden kann als die Vollziehung eines verborgenen Plans der Natur. Die Geschichtsphilosophie nach Kant mußte versuchen, die in der Vollziehung eines verborgenen Plans der Natur gedachte Geschichte zu der wirklichen Geschichte in ein Verhältnis zu setzen. Wie verhält sich die als Vollziehung eines vernünftigen Plans gedachte Geschichte zu der wirklichen? Kant gibt darauf keine Antwort, aber er ist sich durchaus dieses fundamentalen Mangels seiner Geschichtsphilosophie bewußt gewesen, und zwar, wenn er an einer Stelle sagt, daß es abzuwarten bleibt, ob die Natur ein Individuum hervorbringt, dem es auch gelingen könnte, nach dieser apriorischen Konstruktion einer nach einem Plan handelnden Geschichte die wirklich geschehene Geschichte zu schreiben. Wenn Kant das Problem so stellt, dann muß man wohl sagen, daß die Hegelsche Geschichtsphilosophie die Lösung des Problems der Aufgabe ist, die bei Kant offengeblieben ist. Hegel hat versucht, den konstruierten Plan einer geradezu hypothetisch angenommenen vernünftigen Geschichte im Verhältnis zur wirklichen Geschichte zu setzen. Bei Fichte ist in der Grundlegung des gegenwärtigen Zeitalters das Problem der Apriorität als das Problem einer apriorischen Konstruktion vernünftiger Geschichte mit dem Problem der wirklichen Geschichte als dem Problem der bloßen Faktizität bis zum Auseinanderbrechen zusammengedacht. Das Problem, das sich bei Kant stellt, ist heute das Problem der Geschichtsphilosophie geblieben.

Die Frage ist, wie die Geschichte als Faktizität, also die faktische Geschichte selber, in ein Verhältnis zu einer transzendentalen, vernünftig konstruierten Geschichte gesetzt werden kann. Die nachidealistische Geschichtsphilosophie hat versucht, in der Ausbildung der Hermeneutik die Faktizität der Geschichte auf dem Boden der Preisgabe des transzendentalen Reflexionsstandpunktes zu gewinnen. Der hermeneutische Begriff von Geschichtlichkeit läßt dann die Geschichte auseinanderfallen in eine in die Zukunft projizierte apriorische Konstruktion und die Hermeneutik der Faktizität. Die Geschichtsphilosophie Kants dagegen hat sich die Aufgabe gestellt, diesen Bruch innerhalb des Begriffs der Geschichte zu vermitteln.

Es geht also in der Kantischen Geschichtsphilosophie um die Aufgabe der Vermittlung zwischen der transzendentalen Konstruktion der Geschichte und der hermeneutischen Faktizität. Damit ist die Rückfrage an Kant nicht eine

Rückfrage an eine vergangene Position, sondern es ist der Ort, an dem unter den in der Gegenwart real gewordenen Bedingungen des Zerfalls von Hermeneutik und Emanzipation überhaupt das Problem der Geschichte erst wieder neu gewonnen werden kann, wenn nicht Geschichte überhaupt verloren gehen soll. Denn Geschichte ist weder Faktizität noch ist Geschichte die transzendentale Konstruktion.

Kant formuliert das Problem so: »Ein philosophischer Versuch, die allgemeine Weltgeschichte nach einem Plane der Natur, der auf die vollkommene bürgerliche Vereinigung in der Menschengattung abziele, zu bearbeiten, muß als möglich, und selbst für diese Naturabsicht beförderlich angesehen werden.«

Kant versucht, die Vermittlung zwischen Faktizität und transzendentaler Konstruktion durch den Begriff der Natur zu leisten. Er selbst hat keine in sich geschlossene Naturtheorie vorgelegt. Einmal ist der Kantische Naturbegriff zurückführbar auf den Gedanken der Natur als Schöpfung. In der Kritik der reinen Vernunft nimmt der Intellektus Archetypus die gleiche Stellung ein wie in der Theologie Gott als Schöpfer der Schöpfung vorausgesetzt wird. Daher kann Kant den teleologischen Naturbegriff in einen Zusammenhang bringen, in dem es um die Rechtfertigung Gottes geht. Dann erscheint das Feld der menschlichen Handlungen als Geschichte der teleologisch bestimmend eingreifenden Natur Gottes. Damit ist der Gesamtzusammenhang der Natur kreatura. Wenn der Naturbegriff als kreatura gefaßt ist, dann ist es verständlich, daß Kant in der Vorrede zur Kritik der reinen Vernunft sagen kann, daß die Metaphysik zur Natur des Menschen gehört. Kant sagt, daß, selbst wenn die Wissenschaften und die Künste von der Nacht der Barbarei verschlungen sein werden, doch der Mensch immer noch Metaphysik haben wird.

Wie aber muß Natur gedacht sein, so daß man sagen kann, daß die Metaphysik zur Natur des Menschen gehört? Dieser Naturbegriff ist nicht der Naturbegriff der exakten Wissenschaften; der Naturbegriff der exakten Wissenschaften versteht die Natur als den Inbegriff der Dinge unter Gesetzen. Der Naturbegriff in der praktischen Vernunft bringt den Kantischen Naturbegriff auch noch in Beziehung zu dem Problem des Willens. In der Grundlegung der Metaphysik der Sitten unterscheidet Kant zwischen einer pragmatischen und einer metaphysischen Betrachtung des menschlichen Willens. Die pragmatische Betrachtung nimmt den Menschen in seiner Bestimmung durch den Willen, so wie er durch die sinnliche Natur affiziert ist. Der durch die sinnliche Natur affizierte Wille gibt aber nur die Pragmatik her. Die Metaphysik des Willens bezieht sich auf einen Willen, der, ungenötigt durch Affektion durch Natur, aus sich selbst handeln kann. In der Kritik der Urteilskraft ist die Natur gedacht als sich selbst bestimmend nach der Spezifikation besonderer Gesetze. Die Natur richtet sich nicht nach allgemeinen Gesetzen. Die Besonderheit der Gesetze hat darin ihren Grund, daß die Gesetze als die Vollziehung der Einheit von Mittel und Zweck gedacht werden müssen. Der Vollzug der Einheit von Mittel und Zweck muß aber ein je besonderer sein. Kant setzt also je einen teleologischen Naturbegriff voraus, der durch die jeweilige Besonderheit der Aufgabe bestimmt ist.

Im opus posthumum schließlich hat Kant einen Naturbegriff, der die ganze Problematik des Leibes aus der Phänomenologie vorwegnimmt. Kant versucht die Natur zu denken als einen die Endlichkeit des Menschen konstituierenden Zusammenhang. Der Zusammenhang muß so gedacht werden, daß zugleich der Mensch als Naturwesen eine Chance hat, sich im Zusammenhang dieser Natur zu realisieren. Man sieht also, wie in all diesen Naturbegriffen, deren Systematik Kant selbst nicht geleistet hat, das ganze Spektrum der Differenz von Faktizität und apriorischer Konstruktion berührt ist. Schelling hat versucht, den Kantischen Naturbegriff zu entfalten als die sich vollbringende Totalität. Diesen Schellingschen Begriff kann man assoziieren, wenn Kants Rede von der zweckmäßig handelnden Natur verstanden werden soll. Man muß gewissermaßen bei der Interpretation Kants so tun, als hätte Kant die theologische Rechtfertigung seines Naturbegriffs geleistet. Dann müßte die Natur selber eine Weise vernünftigen Handelns, sein, die von dem Handeln aus Freiheit nur dem Modus nach verschieden ist. Die Natur müßte im Menschen ein vernünftiges Wesen hervorgebracht haben. Wie aber kann eine unvernünftige Natur ein vernünftiges Wesen produzieren? Die Natur kann unter der Voraussetzung, daß sie zweckmäßig handelt, nur ein Wesen der Vernunft hervorbringen, wenn ihr Telos die Vernunft ist. Wenn aber Natur und Vernunft in einem innerlichen, auf die Menschheitsgeschichte vermittelten Zusammenhang stehen, ist die Einbeziehung der theologischen Voraussetzung dieses Naturbegriffs auch bei Kant unabweisbar. Wenn die Geschichte in einen Plan der Natur gehört und zugleich der Mensch aus seinem eigenen Freiheitshandeln hervorgeht, ist zugleich das Problem der Natur, das Problem des Schöpfers, dessen Absicht zwar in der Natur, aber nicht in der Geschichte gelingt.

Adorno hat richtig darauf hingewiesen, daß die Produktivität Kants auch in den Rissen und Klüften sich zeigt, die bei der Interpretation deutlich werden. Was aber bedeutet dieser Riß durch die Geschichte, der an der Kantischen Geschichtsphilosophie sichtbar wird, für die Gegenwart? Dieser Riß ist der Riß zwischen der hermeneutischen Theorie der Faktizität und der transzendentalen Konstruktion der Geschichte. In dem Versuch der Vermittlung hört die Geschichtsphilosophie auf, eine theoretische Angelegenheit zu sein. Sie wird von unmittelbarer Bedeutung für die politische Praxis der Geschichte selber. Die ausgeführte Geschichtsphilosophie wäre konstitutiv für eine vernünftige Form geschichtlicher Praxis. Die Endabsicht der Geschichtsphilosophie ist also eine praktische. Die Politik als die Praxis konkreter Geschichte kann nach Kant nur vernünftig sein, wenn sie sich in dem Zusammenhang einer in ihrer Vernunft begriffenen Geschichte und der Faktizität ihres Gegenteils hält. Politisches Handeln ist nicht möglich unter der Voraussetzung, daß das, was ist, das totale Chaos des Unsinns und der Selbstzerstörung ist. Auch wenn es sich dem Anblick des Hermeneutikers so darstellen sollte.

Kants Einbeziehung der Natur ist so wichtig, weil es unmöglich ist, einem der Vernunft total heterogenen Material Vernunft einstiften zu können. Geschichte als Sinngebung des Sinnlosen wäre nur in der Form total terroristischer Praxis möglich. Das meint Hegel, wenn er sagt, es ist schlimm für die Wirklichkeit, daß es in ihr keine Vernunft gibt. Die positive Bedeutung der Utopie der Geschichtsphilosophie Kants besteht darin, daß Kant unter der Voraussetzung dieser Trennung philosophiert hat. Durch die Utopie fordert die Philosophie in einer nach dem Leitfaden der Vernunft geschriebenen Geschichte vernünftige Praxis. Durch die Utopie fordert die Idee selbst die Praxis ihrer Verwirklichung. Kant hat also in der Aufklärung über die Aufklärung bekannt, daß der Gegensatz von Apriorität und Faktizität die durch die Aufklärung bestimmte Geschichte scheitern lassen kann.

Das Recht nimmt in der bürgerlichen Gesellschaft eine vermittelnde Stellung ein. Es vermittelt zwischen dem, was sein kann und der faktischen Lage. Aber dieses mögliche Ziel der Geschichte ist für Kant selber nur ein Mittel. Die Kantische Geschichtsphilosophie wäre nur die Widerspiegelung der faktisch bestehenden Widersprüche, wenn nicht Kant die das Recht verwaltende bürgerliche Gesellschaft nur als Bedingung verstanden hätte, die nur die Voraussetzung des Endzwecks ist. Für Kant ist also die bürgerliche Gesellschaft die notwendige Bedingung, um den Bruch zu überwinden, in dem die faktische Lage des Menschen von dem, was er sein soll, auseinanderklafft.

Kant bezieht sich ausdrücklich auf die Naturrechtstradition von Hobbes bis Rousseau. Hobbes hat keine theologische Theorie über die Natur des Naturzustandes geleistet, sondern die Natur des Menschen als etwas bestimmt, was in bezug auf die Regulation zur Entfaltung kommt, diese souverän durchgesetzt hat. Der Natur des Menschen ist also der Satz vorausgesetzt: die Natur will Zwietracht. Damit legt Kant in der Rückbeziehung auf die Naturrechtstradition seiner Geschichtsphilosophie denselben Naturbegriff zugrunde, der der bürgerlichen Gesellschaft auch zugrunde liegt.

Die Skepsis Kants gegenüber der Natur des Menschen, die sich selbst nicht gerecht machen kann, ist begründet in seiner Lehre vom radikal Bösen. Das radikal Böse ist kein erkenntnistheoretisches Problem, sondern hängt zusammen mit der Unvordenklichkeit der Perversion des menschlichen Willens. Das radikal Böse ist gedacht als das Resultat einer intelligiblen Freiheitshandlung, durch die der Mensch seinen Willen so pervertiert, daß er die Moralität immer der Durchsetzung der Triebe seiner Natur unterordnet. Im Blick auf die menschliche Geschichte erscheint Kants Lehre vom radikal Bösen als realistisch. Nicht nur gegenüber dieser Realistik Kants zeigt die marxistische Kantinterpretation ihre Grenzen, sondern auch in der Wahrnehmung der Realität überhaupt. Da das Böse nicht mehr verstanden werden kann als die Auswirkung der Natur auf die intelligible Freiheit, wird das Böse zu einem Prinzip in der intelligiblen Natur des Menschen selber. Dann kann sich in aller Transzendentalität eines Freiheitsbegriffs der Mensch nicht der Faktizität dieser Perversion des Willens entziehen. Die Dialektik kann Transzendentalität und Faktizität nicht vermitteln, ohne in sie einzudringen. Deshalb fällt Kants transzendentale Konstruktion der Geschichte, wie er sie in dem Endzweck formuliert, nicht mit dem Begriff von Utopie zusammen, der sich zu Unrecht auf Kant beruft. Der Endzweck liegt nicht in der Zukunft.

Religionsphilosophie und Autonomie – Fichte, Hegel, Schelling

Wer im Zeitalter des nunmehr praktische Gestalt annehmenden emanzipatorisch programmierten Austritts der Menschheit aus der Kontinuität aller bisherigen Geschichte auf den Stand erreichter oder verfehlter Autonomie reflektiert, sieht sich einem verwirrenden und undurchsichtigen Tatbestand konfrontiert. Insofern die Emanzipation die regressiv gewordene erste Aufklärung des 18. Jahrhunderts unter den Bedingungen eines posthistorischen Bewußtseins revidieren, erneuern und vollenden will, knüpft sie ungebrochen an den Begriff der Freiheit als Autonomie an. Der negative Begriff der Emanzipation impliziert korrelativ den der Autonomie, insofern es um die Aufhebung von Heteronomie in jeglicher Gestalt und Form gehen soll.

Autonomie und Emanzipation

Das Problem, vor das sich eine Fortführung der in den Zwängen der technologischen Strukturen steckengebliebenen Emanzipation gestellt sieht, besteht darin, die von Hegel, Marx, Nietzsche und Freud an der Abstraktheit des Kantischen Autonomiebegriffs geübte Kritik in seine Neufassung aufzunehmen und, wenn möglich, vermittelnd aufzuheben. Die Schwierigkeiten eines solchen Unternehmens sind dann fast unüberwindbar, wenn die negative Dialektik Adornos gezwungen ist, den Verfall der säkularistischen Gesellschaft in den durch die abstrakte Aufklärung unüberwundenen Mythos zu beklagen. Herrscht aber der Bann des Mythos uneingeschränkt, dann ist die Rede von der menschlichen Autonomie selber nichts als Wahn und die Ideologie, die das heraufziehende bürgerliche Zeitalter benötigte, um die feudal naturwüchsige Herrschaft durch die eigene rationale, sich durch den Markt vermittelnde zu ersetzen.

Autonomie ist dann die Verinnerlichungsform einer den Sachen durch das Identitätsgesetz auferlegten Form von Herrschaft, ihre Etablierung im Subjekt selber. Für die negative Dialektik unterliegt die Vernunft selber dem Bann, dem sie sich nur dem Scheine nach im Aufbruch zur Autonomie entgegensetzte.

Doch unbeeinflußt von solchen Subtilitäten hält die gesellschaftspolitische Programmatik einer gesellschaftlichen Befreiung am Ziel einer Verwirklichung von Autonomie fest. Humanität soll nur dort anerkannt werden, wo sie mit Autonomie vereinbart werden kann. Der Mensch ist nur dort Mensch, wo er autonom ist. Der in Übereinstimmung mit einem Gesetz stehende Mensch, das er sich selbst gegeben hat, ist der autonome, der humane Mensch. Autonomie bedeutet dann in der Tat formale Selbstbestimmung. Das gilt für den einzelnen, für Gesellschaften, Klassen und Rassen. Sie alle werden in ihrer Humanität erst anerkannt, wenn ihnen dieses Vermögen formaler Selbstbestimmung zugesprochen wird und es ihnen auch möglich ist, von diesem Vermögen formaler Selbstbestimmung einen materiellen Gebrauch zu machen.

Konkret bedeutet das: es ist inhuman, wenn der Mensch einer Entscheidung unterworfen wird, an deren Zustandekommen er nicht in Übereinstimmung mit dem Gesetz formaler Selbstbestimmung beteiligt war. Das Programm der Fundamentaldemokratisierung einer Gesellschaft ist an diesem Begriff von Autonomie orientiert. Es ist dann inhuman, wenn der Mensch durch einen anderen zum bloßen Objekt einer Entscheidung gemacht wird.

Autonomie und Gesetz

Indem aber bei diesem Verständnis von Autonomie das Gesetz verschwindet oder unbestimmt bleibt, das der Wille als reiner Wille ebenso konstituiert, wie er sich diesem Gesetz unterwirft, fällt das Moment der Achtung fort, das den Menschen zum Gehorsam nötigt. Mit der Beseitigung der Differenz zwischen intelligiblem und empirischem Subjekt, die für den Idealismus unaufgebbar war, spricht sich das sinnlich empirische Subjekt Autonomie, das Recht auf freie und unabhängige Bedürfnisbefriedigung, zu. Die Selbstkonstitution des Ichs als eines freien und selbstbewußten Subjekts, das sich als achtungswürdig erscheint, insofern es selbst Urheber des Gesetzes ist, dem es sich unterwirft, fällt einem Prozeß anheim, der für es selbst in seiner Herkunft und seinem Telos unausdenkbar bleibt. Nicht als Individuum, nur als ihrer selbst bewußt gewordene Klasse kann die Menschheit nach Marx die Verfügung und Kontrolle über die von ihr gemachte, aber nicht beherrschte Geschichte zurückgewinnen.

Geltung und Entstehung von Normen

Es ist die Idee von Jürgen Habermas, daß es eines eigens zu diesem Zwecke veranstalteten praktischen Diskurses bedarf, an den sich die Hoffnung knüpft, den in der Gegenwart latenten Klassencharakter der spätkapitalistischen Gesellschaft wieder manifest werden zu lassen. Die Konstitution autonom praktischer Vernunft soll sich dem normgerechten Gebrauch der für jede vernünftige Rede konstitutiven Klassen von Sprechakten verdanken. Die für jeden vernünftigen Sinn von Autonomie unerläßliche Begründung durch Vernunft ist nicht mehr Sache der sich selbst reflektierenden Vernunft des einzelnen, sondern des geregelt dynamischen Ablaufs eines Gruppenprozesses. Die Frage der Prinzipien autonomer Praxis ist nicht mehr die einer transzendentalen Deduktion ihrer Apriorität, sondern die eines prozeßhaft ablaufenden Diskurses, der die Ebene der Metakommunikation in die Kommunikation integriert und die Entscheidung über gerechtfertigte Prinzipien an den wahren Konsens bindet.

Die den wahren Konsens ermöglichenden Bedingungen eines solchen Diskurses können aber nur kontrafaktisch, in der Analogie zum naturwissenschaftlichen Verfahren, idealisierend, d. h. von der konkreten Wirklichkeit abstrahierend, ermittelt werden. Als solche sind sie in der Tat von dem fiktiven Schein nicht mehr unterscheidbar, der die unterstellte regressive Gesellschaft als das Netz auswirft, in das sich die autonom sein wollenden Subjekte verfangen. Nur wenn man den Schein als die wahre Wirklichkeit hypostasiert, entrinnt die Ermittlung der Bedingungen wahren Konsens der Fatalität, nur Tautologien produzieren zu müssen. Doch wie immer es mit den Aussichten eines Versuches bestellt sein mag, Autonomie durch die Symmetrie von Dialogchancen zu garantieren, durch das Problem eines sich an vernünftigen Normen orientierenden Kommunikationsprozesses dämmert ein Bewußtsein, daß Autonomie nicht nur als Resultat eines Versuches sich zu befreien gedacht werden kann, sondern auch als das Ergebnis einer sie aktualisierenden Erinnerung.

Es ist schwer vorstellbar, wie die die Philosophie konstituierenden Grundunterscheidungen von Sein und Schein, Wesen und Äußerung, Sein und Sollen, Wahrheit und Irrtum wiedergewonnen werden könnten durch einen bestimmten Vollzug und Gebrauch von pragmatisch universalen Arten von Sprechhandlungen. Eben dieser richtige Gebrauch setzt die Dialektik als Organon vernünftiger Verständigung voraus, so wie Platon sie verstanden hat. Ein vernünftiger Dialog von Vernünftigen muß deren Autonomie immer schon voraussetzen, wenn die ideologisch eingeschränkte und durch Herrschaftsinteressen verzerrte Kommunikation aufgebrochen werden soll.

Der Begriff der Subjektivität

Niklas Luhmann hat es leichter, wenn er das Subjekt überhaupt systemtheoretisch eliminiert. Er ist den Anstrengungen enthoben, mit denen sich eine neomarxistische Theorie der Konstitution von autonomen Subjekten belastet sieht, weil Luhmann, mit der strukturalistischen Tendenz ganz einig, den in der Geschichte der Aufklärung erreichten Fortschritt mit der Liquidation von selbstbewußter Subjektivität identifiziert. Die Frage der Autonomie ist daher heute durch die viel radikalere Frage nach der Subjekthaftigkeit des Subjektes, seiner Ermöglichung zur Autonomie überboten. Es ist nicht mehr selbstverständlich, daß der einzelne dafür in Betracht kommt, so wie schon die antike Theorie die Polis allein im hinlänglichen Besitz der Bedingungen dachte, autonom oder autark zu sein. Die Kantische Unterstellung, daß die Subjektivität über die Bedingungen ihrer autonomen Selbstkonstitution verfüge, empfing ihre Plausibilität im immanenten Zusammenhang des Kantischen Denkens aus der durch den Erfolg erhärteten Tatsache des wissenschaftlichen Fortschritts, daß das Ich der transzendentalen Apperzeption, also das Ich der theoretischen Vernunft, Herr über die wissenschaftliche Methode sei. Der Autonomieexzeß, dem sich der junge Schelling hingab, indem er die Autonomie der praktischen Vernunft zum einzigen und alleinigen Prinzip der Philosophie erhob, war nicht nur der geniale Jugendgedanke, für den Karl Marx ihn hielt, sondern wurde schon bald durch die Nemesis in der Wendung des Gedankens bei Schelling ereilt, daß allein das ästhetische Genie ein Recht darauf habe, für absolut autonom gehalten zu werden.

Destruktion des Autonomiebegriffs

Die mit Feuerbach einsetzende Destruktion solcher für absolut gehaltenen Autonomie endete vorläufig mit Freuds kühler und sachlicher Feststellung, daß das bürgerliche Ich sich über sich selbst täusche, wenn es annehme, Herr im eigenen Hause zu sein. Autonomie kann nunmehr entlarvt werden als das Produkt einer nicht gelungenen Verdrängung faktischer Heteronomie, die das autonome Ich mit dem Verlust des Gottes (Kierkegaard), mit dem Verlust des anderen als des rettenden Du (Feuerbach), den Verlust der Geschichte als Tradition und dem Vergessen des Todes (Heidegger) oder gar mit Krankheit (Freud) oder mit dem Verlust seines wahren gesellschaftlichen Seins (Marx) bezahlen mußte. Die erneuerte Rede vom Mythos in der negativen Dialektik hat in dieser Aufdeckung des Scheins von Autonomie ihren realen Grund. Entschwunden ist in diesem Prozeß der quasi Remythisierung dem gegenwärtigen Bewußtsein die Tatsache, daß es auf der Höhe der idealistischen Philosophie schon einmal den Versuch gab, die Konstitution von Autonomie unter den Bedingungen geschichtlich gewordener faktischer Heteronomie, als den selber faktischen Vollzug einer Befreiung der Freiheit auf Autonomie hin zu denken. Wir meinen die Autonomiekritik Hegels und des späten Schelling. Abstrakte Autonomie als Ausdruck und Gestalt menschlicher und gesellschaftlicher Selbstentfremdung ist kein genuin marxistischer Gedanke, sondern auch das zentrale geschichtsphilosophische Problem einer christlichen Philosophie. Bei Hegel fällt seine Kritik an der abstrakt formalen Autonomie mit der an der Weltanschauung der Moralität zusammen, die sich in der Philosophie der absoluten Subjektivität des transzendentalen Idealismus gedanklich rechtfertigte.

Unablässig war Hegel seit seinen Jugendschriften um den Beweis bemüht, daß zwar die neuzeitliche Welt sich aus dem Zusammenhang christlicher Tradition befreit habe und sie in einer höchst praktischen Weise für sich außer Kraft setzte, daß aber die mit der modernen Welt verbundene Hoffnung auf Verwirklichung autonomer Freiheit nur eingelöst werden kann, wenn sie den christlichen Glauben und damit die Existenz des biblischen Gottes als die substantielle Bedingung eben dieser autonomen Freiheit anerkennt. In seiner Religionsphilosophie begründete Hegel die These, daß im Verhältnis zu allen anderen Religionen das Christentum die einzig wahre und absolute Religion sei. Das Christentum wurde von Hegel als absolute Religion bestimmt, weil zu ihr das Bestehen naturwüchsiger, durch Tradition und Autorität verbürgter gesellschaftlicher Ordnungen nicht gehört. Die Ausbildung der abstrakt rationalen modernen Gesellschaft bedeutet daher für Hegel eine Chance, sich die Wahrheit christlichen Glaubens autonom aneignen zu können. In den großen Umbrüchen unseres Jahrhunderts, von denen auch die christliche Theologie und christlichen Kirchen erfaßt werden, sind die Voraussetzungen günstiger, sich diesen Hegelschen Gedanken in seinem Zusammenhang neu anzueignen.

Für die Problemstellung der Gegenwart kommt der in den Jenenser Schriften, vor allem in der Abhandlung »Glauben und Wissen« geführten Auseinandersetzung Hegels mit dem transzendentalen Idealismus Fichtes eine besondere Bedeutung zu. Was die Interpreten Hegels immer von neuem verwirrte, ist die Tatsache, daß die Wiederherstellung der Substantialität des Glaubens durch seine vernünftige Auslegung für Hegel untrennbar verbunden ist mit der Erneuerung und Aktualisierung der Vernunfttradition der Metaphysik im Horizont emanzipativer Gesellschaft. Im Prinzip hat jeder Versuch der Hegelrezeption bis in die Gegenwart zu einer Wiederholung der Konstellation geführt, die durch die Spaltung der Einheit der Hegelschen Philosophie durch die Links- und Rechtshegelianer seit der Mitte des 19. Jahrhunderts bekannt ist. Entweder verschwindet die Substanz Hegelschen Denkens in dem Verständnis seiner Rolle als Vorläufer marxistisch revolutionärer Theorie oder die geschichtliche Bestimmtheit seines Denkens wird in einer rein spekulativen Deutung unkenntlich. Die zwischen diesen beiden Ansätzen vermittelnde liberal hermeneutische Interpretation hat zwar entscheidend dazu beigetragen, den genuinen und ursprünglichen Sinn der Hegelschen Philosophie wiederzugewinnen, aber sie hat ihn auch gleichzeitig auf die Struktur der Entzweiung von Staat und Gesellschaft, von Herkunft und Zukunft, von Objektivität und Subjektivität festgelegt. Bei aller Würdigung seiner Philosophie als Theorie der modernen Welt muß Hegel dann doch im Verhältnis zur Gegenwart als vergangen gelten. Die Gegenwart ist durch die Auflösung aller für die bürgerliche Gesellschaft im 19. Jahrhundert noch konstitutiven Entzweiung bestimmt, die die geschichtlich reale Voraussetzung des Gedankens autonomer Freiheit war.

Eine entschlossen die Gegenwart als absolut gewordene Negativität reflektierende Dialektik sieht sich im Prinzip bloß subjektiv bleibender potentieller Vernunft auf Fichte zurückgeworfen. Postulierte, bloß als möglich unterstellte Zukunft tritt der Gegenwart absolut gesetzter Negativität so abstrakt und vermittlungslos gegenüber wie die göttliche Transzendenz natürlich menschlicher Immanenz in der orthodoxen Theologie. Die Entschiedenheit, mit der sich gegenwärtig modernistische Theologie dem Postulat der Revolution unterwirft, ist verstehbar, nachdem der Wille zur revolutionären Veränderung selber an den Glauben und den subjektiven Willen zu appellieren gezwungen ist. Auf der anderen Seite würde analytische, im Dienst technologischer Rationalisierung stehende Philosophie es begrüßen, wenn Theologie als substantielle Voraussetzung zu autonomer Freiheit abgeschafft oder sich selbst abschaffen würde. Die seit den Jugendschriften bei Hegel vertretene These substantieller Identität von Glauben und Vernunft ist für ihn kein zeitlos gültiges Axiom, sondern das begriffene Resultat einer geschichtlich gewordenen Konstellation. Der konkrete Inhalt der Vernunft verflüchtigte sich bei Kant zu einem Ideal und rettet sich bei Fichte in den unabschließbaren Prozeß schlechter Unendlichkeit. In der Reflexion der Aufklärung fixiert sich für Hegel die Vernunft innerhalb der von ihr selbst gesetzten Schranken. Sie vermag die Vernunft der Wirklichkeit nicht mehr zu erreichen.

Die Spaltung des Seins in ein Diesseits, dem ein entfremdetes Jenseits gegenüber gestellt wird, wie alle auf die Strukturen des christlichen Glaubens zurückgeführten Formen der Weltverdoppelung, sind für Hegel ein Resultat der Transformation des religiösen Verhältnisses und seine Anpassung an den Atheismus des modernen Prinzips autonomer Subjektivität, der Fixierung der Entfremdung. »Die Vernunft, welche dadurch an und für sich schon heruntergekommen war, daß sie die Religion nur als etwas Positives, nicht idealistisch auffaßte, hat nichts besseres tun können, als nach dem Kampf nunmehr auf sich zu sehen, zu ihrer Selbsterkenntnis zu gelangen, und ihr Nichtsein dadurch anzuerkennen, daß sie das Bessere, als sie ist (da sie nur Verstand), als ein Jenseits in einem Glauben außer und über sich setzte, wie in den Philosophien Kants, Jacobis und Fichtes geschehen ist, und daß sie sich wieder zur Magd eines Glaubens machte« (Hegel, Sämtliche Werke [Glockner] Bd. 1, S. 280). Im Ereignis der Französischen Revolution war die verdeckt stehende Krise offenbar geworden und der Kompromiß nicht länger möglich. Weder konnte der Glaube sich den Schwund seiner Substanz noch die Negation seiner Voraussetzungen verheimlichen. Die Anerkennung der Unaufhebbarkeit der Entzweiung, wie sie durch die moderne Reflexionsphilosophie ausgesprochen und als absolut fixiert wurde, muß mit Notwendigkeit zum Untergang des christlichen Glaubens als der substantiellen Bedingung autonomer Freiheit führen. Die Rettung in die reine Subjektivität und als deren Kehrseite die Auslieferung der Welt an den Atheismus, den Prozeß ihrer Verdinglichung, ist als die Flucht vor dem Untergang vielmehr dieser Untergang selber. Indem die schöne Innerlichkeit der protestantischen autonomen Subjektivität dem objektiven Werk entsagt und sich dem Kult der schönen Empfindungen ergibt, erteilt sie sich selbst die Absolution. Die nicht enden wollende Klage über die Schlechtigkeit der Welt wird nun durch den Dünkel ihrer pharisäischen moralistischen Selbstgerechtigkeit überboten. Soweit sie sich aber dazu anschickt, den frei entworfenen reinen Willen in die Realität zu übersetzen, wie es in der Fichteschen Philosophie geschieht, kommt sie über das Soll und die Forderung einer solchen Realisierung nicht hinaus. Ein Prozeß, der im schlechten Sinne unendlich ist, und die Verwirklichung von sich ausschließt, da ja die Subjektivität die Bedingung ständig verneint, unter der sie allein möglich wäre. Die Güte, die sich berechtigt glaubt, das Übel nur in dem zu suchen, was nicht sie selbst ist, den objektiven Verhältnissen und den bestehenden es allein zuzurechnen, ist eingebildet und verkennt die Gewalt des Bösen, indem sie es als ein bloß Zufälliges und Willkürliches begreift. Das Böse ist vielmehr die Notwendigkeit der endlichen Natur und ist eins mit dem Begriff ihrer eigenen Absolutheit. Dem Dogma des modernen Glaubens, der sich selbst erlöst, stellt die Philosophie die Erlösung entgegen, die wahrhaft real und vorhanden ist. Der Erfahrung der Negativität des Absoluten hat die Reflexionsphilosophie des transzendentalen Idealismus nicht entsprochen, sie hat sie dem Absoluten selber vielmehr gegenübergestellt und von ihm abgetrennt. Indem sie sich aber von der erkannten Unendlichkeit des Begriffes ausschloß und, anstatt in die absolute Idee überzugehen und sich aufzuheben, sich fixierte und zur absoluten Subjektivität der Autonomie wurde, hat sie den alten Gegensatz und die ganze Endlichkeit der Reflexion wieder hervorgebracht, die sie zuvor vernichtete. Aber doch steht für Hegel die subjektive Einigung des Endlichen und Unendlichen der Philosophie des Absoluten näher als die Philosophie der Verneinung autonomer Subjektivität. Die Forderung also, daß die Substanz auch als Subjekt begriffen werden müsse, kann nicht in den Satz verkehrt werden, daß die Subjektivität allein die Substanz sei. Denn die Subjektivität, die die Substantialität des Seins in sich aufnimmt, würde in der Lösung von der sie ermöglichenden Voraussetzung, dem göttlich gewirkten Heilsereignis, in die Ohnmacht vor dem Gang der objektiven Welt umschlagen. Dies ist das Zentrum der Hegelschen Kritik an der abstrakten Autonomie. Die Wahrheit der Subjektivität, das durch den Verstand verneinte Sein des Göttlichen bewahren und die Entzweiung als das erscheinende Sein des Absoluten erhalten zu müssen, wird dann zur Unwahrheit, wenn das Subjekt glaubt, daß die Wahrheit durch sie selbst hervorgebracht werden könne.

Das selbst dialektische Verhältnis Hegels zum Prinzip der autonomen Subjektivität wird verkannt, wenn das Motiv ihrer Rettung unterschlagen wird, sie wird von Hegel anerkannt als die Form, in der die göttlich gewonnene Freiheit von und gegenüber der Welt geschichtlich erscheint, und sie wird verneint, insofern sie sich getrennt von ihrem konkreten Vermitteltsein absolut setzen will. Sie ist dann der konkret gewordene Widerspruch ihrer selbst, ihrer Reflexion, die fest geworden ist. Die Größe des transzendental gewordenen Idealismus bei Fichte besteht in der Erkenntnis ihres Mangels und in der Forderung nach seiner Beseitigung. Nachdem Fichte die Unendlichkeit des Absoluten einseitig mit dem Sich-selbst-Setzen des Ich, dem reinen Denken, der abstrakten Autonomie, identifiziert hatte, blieb ihm für die Objektivität der Welt nur das Prinzip der eine Einheit entbehrenden und sich in der Zerstreuung verlierenden endlichen Empirie und einer sinnlichen Mannigfaltigkeit, die nach Fichte nur vernichtet werden kann. Aber die in der Abstraktion vom Endlichen gesetzte Unendlichkeit ist selber endlich und bleibt durch die Sinnlichkeit affiziert. Der reine autonome Wille ist nur solange rein, solange er sich in Verfassung der formalen Identität mit sich selbst zu halten vermag. Wenn er versucht, seine innere Realität in eine äußere zu übersetzen, vermag er seinem Schicksal nicht zu entgehen. Seine Verwirklichung ist der Verlust seiner Möglichkeit. »Und es bleibt nichts als die hohle Deklamation, daß das Gesetz um des Gesetzes willen, die Pflicht um der Pflicht willen erfüllt werden müsse, und wie das Ich sich über das Sinnliche und Übersinnliche erhebe, über den Trümmern der Welten schwebe usw. ...« (a.a.O., S. 415).

Die Wirklichkeit, die er nicht findet, wie er sie im Begriff eines abstrakten Solls entworfen hat, kann nur unterworfen und beherrscht werden. Diktatur und Terror der moralischen Tugend sind um so schrecklicher, als sie nur die Unterscheidung zwischen denen anerkennen, die in der Gesinnung sind, und denen, die es nicht sind. »Wenn in der wahren Sittlichkeit die Subjektivität aufgehoben ist, so wird dagegen durch jedes moralische Bewußtsein das Vernichten der Subjektivität bewußt, und damit die Subjektivität in ihrem Vernichten selbst festgehalten und gerettet, und Tugend, indem sie sich in Moralität verwandelt, zum notwendigen Wissen um ihre Tugend, d. h. um Pharisäismus« (a.a.O., S. 426).

In der Auseinandersetzung mit Fichte und damit mit der abstrakten Autonomie wird von Hegel die Genesis des Terrors als eine zur entzweiten Realität der modernen Welt gehörende Möglichkeit erkannt, die dann unausweichlich wird, wenn eine selbstentworfene autonome Einheit im abstrakten Gegenüber zur Wirklichkeit durchgesetzt werden soll. In der Unendlichkeit und Unabschließbarkeit des Prozesses zeigt sich die Vergeblichkeit, auf dem Wege des Terrors das falsche Bewußtsein von der Realität aufzuheben und die kopflos gemachte Realität in Übereinstimmung mit der Verfassung zu bringen, wie sie der abstrakte autonome Begriff gesetzt hat. Der entscheidende Schritt zur Überwindung der doppelten Negation vom abstrakten autonomen Ich und einer ebenso abstrakten Welt bloßer Dinge ist von Hegel mit der Erkenntnis vollzogen, die er in seiner Schrift »Glauben und Wissen« so formuliert hat: »Der reine Begriff aber, oder die Unendlichkeit, als der Abgrund des Nichts, worin alles Sein versinkt, muß den unendlichen Schmerz, der vorher nur in der Bildung geschichtlich und als das Gefühl war, worauf die Religion der neuen Zeit beruht, das Gefühl: Gott selbst ist tot: rein als Moment, aber auch nicht mehr denn als Moment, der höchsten Idee bezeichnen« (a.a.O., S. 433).

Schelling

Schellings Philosophie ist, im Unterschied und im Gegensatz zu Hegels, die geschichtlichen Erfahrungen des Bewußtseins zum konkreten Begriff vermittelndem Denken, für die Gegenwart von unmittelbarer Bedeutung, weil er das Postulat absoluter Autonomie der Geschichte zu denken gezwungen war. Die Philosophie der Mythologie und Offenbarung ist darum der Ort der Entscheidung der Frage, wie der Anspruch des Menschen auf Autonomie angesichts heteronomer Geschichte aufrechterhalten werden kann, weil das mythologische Zeitalter von Schelling durch eine Verfassung totaler faktischer Heteronomie bestimmt wurde. Der Polytheismus, in dessen Erneuerung Max Weber die Entzauberung der Welt durch rationale Aufklärung enden sah, wurde von Schelling als natürliche Religion, als die Form eines religiösen Bewußtseins begriffen, das die Menschheit in einer bestimmten Epoche der Geschichte ihres Bewußtseins bestimmte. Schelling will den Polytheismus als einen Vollzug von Ereignissen begreifen, die in ihrem wirklich Geschehensein das Bewußtsein bestimmten. Aus diesem Ansatz von Schelling folgt, daß das Ereignis, die Geschichte selber, die Lehre ist. Der Polytheismus als die Herrschaft der Mächte über das Bewußtsein wird von Schelling verstanden als eine Folge von in die Zeit fallenden Ereignissen. Der Polytheismus als Mythologie ist also eine das Bewußtsein heteronom bestimmende Macht gewesen.

Diesem Ereignisvollzug als einer das Bewußtsein bestimmenden Macht ist nun eine bestimmte Verfassung der Menschheit zugeordnet. Diese Verfassung der Menschheit ist charakterisiert durch die Trennung der Menschheit in die Völker. Dem polytheistischen Zustand entspricht also ein Zustand der Trennung der Menschheit in Völker. Dieses polytheistische oder mythologische Weltalter ist dann eine Epoche der Geschichte des menschlichen Bewußtseins oder die Geschichte einer bestimmten Konstellation des Verhältnisses von Welt und Mensch. Der mythologische Weltzustand wird von Schelling als ein solcher begriffen, dem ein anderer oder andere vorausgegangen sind und dem andere folgten. Der philosophische Begriff des mythologischen Weltalters ist dann geleistet, wenn man das dem Mythologischen Vorausgehende ebenso in seiner Notwendigkeit verstanden hat wie die dem mythologischen Zeitalter folgenden Zeitalter.

Das mythologische Zeitalter wurde nach Schelling abgelöst durch das religionsgeschichtliche des Monotheismus. Für Schelling ist entscheidend, das mythologische Zeitalter so zu begreifen, daß der Monotheismus einsichtig wird als die Religion der Befreiung von den Zwängen, den heteronomen Zwängen des mythologischen Zeitalters. Das Christentum ist daher für Schelling monotheistische Religion, Religion in dem Sinn, in dem auch die Mythologie eine Religion war, d. h. eine Religion, die zu ihrer Mitte ein faktisches, in die Zeit fallendes Ereignis hat, das verstanden werden muß als eine Tat. Religion ist nicht das Produkt einer Selbstproduktion des menschlichen Wesens in der Geschichte, sondern Religion ist das Bestimmtsein des menschlichen Bewußtseins durch ein faktisches Ereignis. Die Religion wird also bei Schelling erkennbar als die Geschichte faktischer Ereignisse, die das menschliche Bewußtsein bestimmen. Er muß das mythologische Zeitalter dem monotheistischen, also christlichen so zuordnen, daß als das Subjekt der das menschliche Bewußtsein aus den heteronomen Zwängen der Mythologie befreienden Tat nur Gott selbst gedacht werden kann. In diesem Sinn ist seine Philosophie der Mythologie als der Bewußtseinsverfassung faktischer Heteronomie Religionsphilosophie.

Schelling muß zeigen, daß das Ereignis der Befreiung des menschlichen Bewußtseins aus der Gewalt der mythologischen Mächte, aus dem absoluten mythologischen Prozeß abgelöst werden muß durch ein drittes Stadium der Geschichte des religiösen Bewußtseins, nämlich durch das Stadium, das er die philosophische Religion nennt. Die Folge ist also: mythologische Religion, christlich-monotheistische Religion, philosophische Religion.

Das heteronome Bewußtsein

Wie kann nun die Notwendigkeit des mythologisch heteronom bestimmten Bewußtseins genetisch verständlich gemacht werden aus selber faktischen Ereignissen? Schelling fordert die Notwendigkeit des begriffenen mythologischen Bewußtseins als die Bedingung, unter der die Offenbarung nur als eine durch diesen mythologischen Prozeß vermittelte Kategorie gedacht werden kann. Wenn nur begreifbar zu machen ist, daß der mythologische Prozeß ebenso wahr ist in seiner Notwendigkeit wie faktisch zufällig in seiner Genesis, dann kann Offenbarung als eine notwendige Gestalt der Vermittlung, damit der Aufhebung der Unwahrheit des heteronomen Bewußtseins, gedacht werden. In dieser Bestimmung der Struktur des mythologischen Bewußtseins besteht bei Schelling eine erstaunliche Übereinstimmung mit Marx' Definition eines ideologischen Bewußtseins. Schelling allerdings konnte dieses ideologisch gewordene Bewußtsein noch in einer ganz anderen Weise als Marx in seiner Notwendigkeit und in seiner Wahrheit denken. Aus welcher Folge von umstürzenden, also revolutionären Ereignissen ist nun das polytheistische mythologische Bewußtsein hervorgegangen? Wie ist es zur Herrschaft des sukzessiven Polytheismus über das menschliche Bewußtsein und damit zur Trennung der Einheit der Menschheit in die Pluralität der Völker gekommen? Was ist diesem Zeitalter vorausgegangen?

Hier nimmt Schelling die Folge von drei Weltaltern an:

1. ein relativ vorgeschichtliches,
2. ein absolut vorgeschichtliches,
3. ein übergeschichtliches Weltalter.

Wenn man die Wahrheit des mythologisch heteronomen Prozesses begreifen will, dann muß man diesen Zustand begreifen als notwendig resultierend aus dieser Folge: übergeschichtlich, absolut vorgeschichtlich, relativ vorgeschichtlich. Diese drei Ereignisfolgen, von denen Schelling einen faktischen Kontingenzcharakter behauptet, müssen so verstanden werden, daß aus ihnen das mythologische Zeitalter folgen muß. Das relativ vorgeschichtliche Zeitalter ist das also, was dem mythologischen Zeitalter vorausgeht. Aus dem absolut vorgeschichtlichen ist das relativ vorgeschichtliche hervorgegangen. Das mythologisch heteronome Bewußtsein ist das Resultat einer Krise. Diese Krise und ihr Inhalt sind der Verlust, der Verfall des relativen Monotheismus. Diese eigentümliche, wahrscheinlich religionsgeschichtlich auch nicht haltbare Konstruktion führt Schelling ein, um die mit dem Polytheismus verbundene Auflösung der Einheit der Menschheit verständlich zu machen eben aus dem Verlust des relativen Monotheismus. Die garantierende Macht jener Einheit war der relativ monotheistische, eine Gott. Der absolute vorgeschichtliche Weltzustand, also identisch mit der Herrschaft des relativen Monotheismus, wird von Schelling hypothetisch angenommen als ein Zustand der Einheit der Menschheit, gegründet in dem einen Gott. Monotheistisch ist dieser Zustand nur für das Bewußtsein, das in diesem Weltalter gelebt hat, d. h. noch nicht die Erfahrung von Göttern machte, die auf diesen einen Gott folgten. Relativer Monotheismus ist also der, der sich seiner Relativität erst nicht bewußt ist, noch nicht bewußt sein konnte, insofern dieser eine Gott am Anfang erst später durch andere Götter und Göttergestalten abgelöst wurde. Er ist für das unter den Bedingungen dieses einen Gottes stehende Bewußtsein der eine Gott, aber unter den Bedingungen der Erfahrung des Bewußtseins, das andere Götter erfahren hat, ist dieser Gott nicht der absolut eine, sondern der relativ eine. Wenn das Bewußtsein in der Bestimmung a) verweilt, ist diese Bestimmung a) für das Bewußtsein die einzig erfahrbare Bestimmung überhaupt. Wenn diese Bestimmung a) aber durch die Bestimmung b) c) d) abgelöst ist, stellt sich die Bestimmung a) als die erste einer Folge von weiteren Bestimmungsmöglichkeiten dar.

Für Schelling taucht nun folgende Frage auf: Wenn es unter den Bedingungen des relativen Monotheismus schon eine substantielle Einheit der Menschheit gegeben hat, warum hat sich dann diese Einheit aufgelöst und fortgesetzt in einen Zustand des Verfalls dieser Einheit? Welches ist der innere Grund der Notwendigkeit dafür, daß das menschliche Bewußtsein nicht im Zeitalter des relativen Monotheismus geblieben ist? Diese Frage findet sich so auch bei Adorno und Heidegger: wenn das menschliche Bewußtsein doch einmal in der Nähe der ursprünglichen Wahrheit geweilt hat, warum hat es sich aus dieser Nähe entfernt? Warum hat die Menschheit, wenn sie schon einmal substantiell eins war, diesen Zustand substantieller Einheit verlassen? Die Nötigung jeder Philosophie, die die Wahrheit an den Anfang setzt, wie das Schelling tut, ist bestimmt durch die Frage: Warum sind die Menschen nicht in dieser substantiellen Einheit, in der Nähe des Ursprungs und der Wahrheit geblieben? Warum dieses willkürliche Abbrechen und Heraustreten? Der Akt des willkürlichen Aufstandes, Austritt des Menschen aus der unmittelbaren Einheit mit der Natur, ist natürlich keine Erklärung. Warum hat sich nach Heidegger das Sein aus seiner Nähe in die Vergessenheit entfernt? Die Antwort lautet: Geschick. Das Sein selbst hat sich nur geschickt in die Entfremdung seiner selbst, daß das Bewußtsein und damit das menschliche Denken den ursprünglichen Zusammenhang verfehlen mußte. Die Antwort von Heidegger und von Adorno ist also im Grunde identisch: Akt der Willkür und Geschick, Schikkung, Verhängnis ist dasselbe, und ist keine Erklärung.

Die Geschichte als Folge von Verhängnissen

Schelling entgeht nicht den Konsequenzen seines eigenen romantischen Ansatzes, nämlich die Folge von Ereignissen als die Folge von Verhängnissen zu denken, aber andererseits diese Folge von Verhängnissen als den Prozeß der sich wiedergewinnenden und verwirklichenden Wahrheit. Es gibt keine wirklich andere Antwort auf die Frage nach dem Verlassen des Ursprungs als Verhängnis oder Verbrechen. Freud ist noch der relativ rationalste von allen romantischen Philosophen, indem er ein Verbrechen konstruiert, und insofern zehrt er von der biblischen Mythologie, die er sonst ausdrücklich verneint.

Schelling sagt, wenn am Anfang die Einheit bereits realisiert war, dann kann man das Verlassen dieser Einheit, wenn man das als einen real geschichtlichen Prozeß, der sich aus einer Folge von in die Zeit fallenden Ereignissen zusammensetzt, denken will, nur denken als die Folge von Verhängnissen, die das Wesen der absolut heteronomen Geschichte ausmachen. So ist also erst für Schelling der Monotheismus das Ende des Verhängnisses. Die Wahrheit des Christentums ist dann die Wahrheit der Befreiung des Bewußtseins von der Fatalität auf die eigene Autonomie hin. Das Besondere an der Schellingschen Philosophie ist, daß er diese Folge der Verhängnisse eben als den Prozeß der

Verwirklichung und Wiedergewinnung autonomer Wahrheit denkt. Er denkt die Geschichte als eine Folge von Verhängnissen. Jedes Ereignis als solches ist ein Verhängnis, die Folge der Verknüpfung dieser Ereignisse, die das Wesen der Geschichte ausmacht, ist die Geschichte des absoluten Prozesses der Wiedergewinnung und der Überbietung der anfänglichen Wahrheit durch wahrhafte und vollständige Autonomie. Welches ist die Bedingung der Möglichkeit dafür, daß sich die Geschichte als eine Folge von das menschliche Bewußtsein übermächtigenden und faktisch bestimmenden Verhängnissen denken läßt, durch die hindurch sich die verlorene Autonomie in einer Form wiederherstellt, so daß die anfängliche Wahrheit überboten wird? Der Heideggersche Gedanke der ontologischen Differenz wird inhaltlich durch Schelling bestimmt als die Differenz von Mythos und Offenbarungsreligion. In dieser Differenz ist eingeschlossen die für das Bewußtsein unvermittelbare Differenz von Faktum und Wesen, von Wirklichkeit und Wahrheit, von wirklichem Bewußtsein und der Substanz des Bewußtseins. Die für das ganze nachidealistische Bewußtsein grundlegende Differenz von wirklichem Bewußtsein und substantiell unbewußtem Bewußtsein ist von Schelling transzendental gedacht in der Erfahrung der Geschichte als eine Folge von Verhängnissen. Religion ist ein Verhältnis also zu dem wirklichen und insofern heteronom faktisch bestimmenden, aber nicht wahren Gott.

Das die gesamte religionsphilosophische Bewegung von Kant an bestimmende Problem einer Autonomie im Verhältnis zu einem als übermächtig vorausgesetzten heteronom waltenden Gott wird damit von Schelling in der Spätphilosophie eingebracht und zu einer der geschichtlichen Erfahrung angemessenen Problemstellung verwandelt. Nur zu dem wahren Gott kann der Mensch nach Schelling ein ideales Verhältnis haben. Ein ideales Verhältnis des Bewußtseins liegt dann vor, wenn der Mensch und das menschliche Bewußtsein die Freiheit hat, das Verhältnis zu Gott einzugehen oder nicht. Insofern ist das von Odo Marquardt aufgeworfene Problem der prinzipiellen Unvereinbarkeit von autonomer Selbstermächtigung und heteronomer Offenbarung für Schelling ein absolut überwundenes und so nicht mehr zu stellendes Scheinproblem. Die Frage nach der Vereinbarkeit von Offenbarung und Autonomie ist vielmehr eindeutig durch die Unterscheidung zwischen dem faktisch wirklichen und dem wahren Gott gelöst worden.

Wenn der relative Monotheismus das Verhältnis des wirklichen Bewußtseins zum wirklichen Gott ist, wieso ist aber dann dieser Zustand nur relativ wahr? Die Trennung zwischen der faktischen Bestimmtheit des Bewußtseins und der Substanz des Bewußtseins muß als Ereignis gedacht werden. Dieses Ereignis der Trennung von Faktum und Wesen, Wirklichkeit und Wahrheit, Bewußtsein und Substanz des Bewußtseins zwingt Schelling, einen Zustand anzunehmen, der selber nicht mehr absolut vorgeschichtlich ist, sondern den er übergeschichtlich nennt. Die Folge der geschichtlichen Weltalter ist nur als eine der sich durch die Folge der Verhängnisse hindurch verwirklichenden Geschichte der Autonomie denkbar, wenn Schelling sie plausibel machen kann, als resultierend aus dem Verlust eines übergeschichtlichen Zustandes des Bewußtseins.

Die Schranke einer Theorie des Selbstbewußtseins

Das übergeschichtliche Bewußtsein ist ein Zustand, dessen Genesis durch das Bewußtsein nicht einholbar und daher durch das Bewußtsein selber auch nicht aufhebbar ist: das ist die absolute Grenze einer Philosophie des Selbstbewußtseins. Die Faktizität des ersten geschichtlich gewordenen Zustandes des Bewußtseins ist das Resultat einer Bewegung der Trennung des Bewußtseins von seiner eigenen Substanz oder seinem eigenen Wesen. Das Wesen und die Substanz des Bewußtseins ist nun kraft sua natura das Gott in seine Wahrheit setzende Bewußtsein. Schelling macht hier also Aussagen über einen Zustand des Bewußtseins, der vor dem geschichtlich wirklichen immer heteronom bestimmten Bewußtsein liegt. Dieser Zustand aber ist für das wirkliche Bewußtsein nicht mehr einholbar. Schelling sagt, das Bewußtsein sei kraft seiner Natur an sich das Gott setzende, und zwar in seiner Wahrheit setzende Bewußtsein. Was bedeutet dieses Argument für die philosophische Würdigung der religionskritischen Destruktion von Autonomie? Wenn das Bewußtsein sua natura, also kraft seiner Notwendigkeit seines Wesens und seiner Natur nichts anderes sein kann als der Ort der Präsenz der Wahrheit Gottes in seiner Wahrheit und als Wahrheit, dann ist damit der Ansatz einer Religionskritik in der Wurzel als ein in sich philosophisches unmögliches Unternehmen angesprochen. Jede Religionsphilosophie muß ja zeigen, wie aus dem Wesen des Bewußtseins das Bewußtsein dazu kommen kann, entgegen seiner Bestimmtheit durch sein Wesen sich selber in ein Verhältnis zu Gott zu setzen. Wenn dagegen, wie Schelling sagt, das Wesen des Bewußtseins gerade darin besteht, kraft seiner eigenen Natur den Gott in seiner Wahrheit setzen zu müssen und damit selbst der Ort der Präsenz der Wahrheit Gottes zu sein, dann kann die Religionskritik nur eine andere These über das Bewußtsein aufstellen, aus der verständlich wird, wie das Bewußtsein entgegen seinem Wesen je dazu gelangen konnte, sich in ein heteronomes Verhältnis zu dem ihn heteronom bestimmenden Gott zu bringen. Diese natürlich transzendentale Konstruktion der Schellingschen Aussage über die Natur und das Wesen des Bewußtseins muß sich bewähren an der Fähigkeit, die Geschichte des wirklichen Bewußtseins zu begreifen. Die Verifikation dieser transzendental genetischen Konstruktion, daß die Natur des Bewußtseins darin bestehe, von sich aus den wahren Gott setzen zu müssen und damit immer schon in einem Verhältnis zu dem wahren Gott zu sein, kann sich nur entscheiden an der Kraft dieser Voraussetzung, die wirkliche Geschichte des Bewußtseins in ihrer heteronomen Faktizität zu begreifen. Alle religionskritischen Ansätze, die das religiöse Verhältnis des Bewußtseins als ein wesenswidriges Verhältnis ansetzen, sind daher nicht in der Lage, die wirkliche, auch durch die heteronome Bestimmtheit durch den wirklichen Gott bestimmte Wirklichkeit des Bewußtseins zu begreifen. Schelling bildet nicht nur eine hypothetische Konstruktion über die Natur und das Wesen des Bewußtseins, sondern er versucht, unter Voraussetzung dieser Hypothese, die wirkliche Geschichte des menschlichen Bewußtseins zu begreifen. Nach Schelling ist das wirkliche Bewußtsein in seine Bestimmtheit durch einen Akt gefallen, der nicht selbst in das wirkliche Bewußtsein hineinfiel, sondern außer ihm lag; das erste wirkliche Bewußtsein findet sich immer schon mit dieser Affektion vor. Indem Schelling die Genese der wirklichen Bestimmtheit des Bewußtseins aus einem Akt heraus folgen läßt, der nicht selber in das Bewußtsein fällt, sondern der seinerseits das Bewußtsein bestimmt, stellt er die Aufgabe, die Geschichte auf dem Boden ihrer Zufälligkeit, ihrer Kontingenz und ihrer geschichtlich gewordenen Heteronomie zu begreifen. Ist die erste Affektion gesetzt, ist die Bewegung des Bewußtseins durch aufeinanderfolgende Gestalten eine solche, an der denkend und wollend Verstand und Freiheit keinen Teil mehr haben. Aus der ersten Gestalt resultiert eine Folge von weiteren Gestalten, die sukzessiv einander ablösen und die verschiedenen epochalen Konstellationen des Bewußtseins bestimmen.

Affektion und Autonomie

An dieser auf der ersten Affektion resultierenden Folge von Affektionen aber haben das Bewußtsein als solches und damit Verstand und Freiheit keinen Teil. Das Bestimmtwerden des Bewußtseins durch eine Folge von Gestalten führt Schelling zu der Aussage, daß das Bewußtsein in dieser Bewegung unversehens und auf eine ihm selbst nicht mehr begreifliche Weise verwickelt ist. Es verhält sich zu ihm wie zu einem Schicksal, einem Verhängnis, gegen das es nichts mehr vermag. Das ist die Schellingsche Theorie der Genese der Herrschaft absoluter Heteronomie der Geschichte über das Bewußtsein. Das Bewußtsein ist in einer Weise übermächtigt, aus der es sich selber nicht mehr befreien kann.

Die Mythologie entsteht durch einen, also in Ansehung des Bewußtseins notwendigen Prozeß, dem das Bewußtsein sich vielleicht in einzelnen Momenten widersetzt, aber den es im ganzen nicht aufhalten und noch weniger rückgängig machen kann. Das Wesen der Mythologie ist die Herrschaft, ist die heteronome Herrschaft des absoluten Prozesses über das Bewußtsein. Schelling hat mit diesem Begriff von der Mythologie genau begriffen, was heute das Wesen der Weltgeschichte ist.

Die Bestimmtheit des Bewußtseins durch Affektion ist kein Zustand, in welchem das Bewußtsein Gott losgeworden wäre – das ist nur die aufgeklärte hinter der Wahrheit des Mythos zurückbleibende Erklärung –, sondern dieses Bewußtsein muß gerade Gott als Macht in seiner wahrheitslosen Wirklichkeit anerkennen. Aber zu diesem wirklichen Gott hat der Mensch kein freies, durch Autonomie bestimmtes Verhältnis mehr. Gerade der faktische Gott, der Gott in seiner Wirklichkeit, ist der Gott, zu dem der Mensch kein Verhältnis als Gott haben kann, der den Menschen nur bestimmt in einer für ihn uneinholbaren Weise und in Gestalten, indem sich dieser Gott ständig verändert. Schelling beschreibt diese Folge der faktischen Gestalten als der Bestimmheiten des menschlichen Bewußtseins von dem wirklichen Gott als eine Folge von Masken, in denen sich hinter jeweils anderen Mächten dieser Gott in seiner Wirklichkeit ebenso zeigt wie verbirgt. Dieser Gedanke ist nur im Rückgriff auf die Larvenlehre Luthers verständlich zu machen. Der deus absconditus ist bei Luther der, der sich immer wieder in neue Masken hinein verfremdet. Zu diesem Gott kann es nach Schelling kein autonomes Verhältnis geben. Die rationale aufgeklärte Überwindung der Mythologie muß daher in einer neuen Mythologie enden. Die rationale Aufklärung muß dialektisch werden oder muß neue Mythologisierungen einführen, um den Hervorgang des Bewußten aus dem Unbewußten verständlich machen zu können.

Autonomie als religionsphilosophisches Problem

Wenn es aber nun richtig wäre, daß der absolute Prozeß der Prozeß der Verwirklichung des Absoluten selber ist, dann folgt aus dieser Gleichsetzung des Absoluten mit dem Prozeß der Satz, daß Gott der Prozeß ist. Wenn man die Struktur der Totalpraxis des gegenwärtigen Bewußtseins untersuchen würde auf die Frage hin, welche Größe eigentlich die Stelle einnimmt, die im religiösen und christlichen Bewußtsein Gott einnahm, dann muß man sagen, daß das faktisch der Prozeß selbst ist. Der absolute Prozeß selber ist Gott. Das Erregende dabei ist, daß das heute fast einschränkungslos für alle Gestalten der modernen Theologie auch gilt. Moderne Theologie ist eigentlich nichts anderes als die christliche Sanktion für diese im gegenwärtigen Bewußtsein selbstverständliche Annahme, daß der Prozeß Gott selbst ist. Wenn für das gegenwärtige Bewußtsein der Prozeß Gott selbst ist, dann muß man aus christlicher Perspektive theologisch orthodox sagen, daß in der Gestalt des absolut gewordenen Prozesses im Namen Gottes praktisch sein Gegenteil angebetet wird. Das ist die uns heute neu epochal bestimmende Gestalt von Heteronomie, an deren Genese eine neumarxistische Theorie nicht heranreichen kann.

Aus der religionsphilosophischen Perspektive, die uns durch Schelling eröffnet ist, muß man sagen, daß die Wiederherstellung der Herrschaft des absoluten Prozesses über das Bewußtsein gleichbedeutend ist mit der Remythologisierung der menschlichen Geschichte, die Schelling als die Stufe der Voroder Urgeschichte in seiner Philosophie der Mythologie entwickelt hat. Es würde aus der Perspektive Schellings religionsphilosophisch nicht nur bestimmbar, sondern auch kritisierbar sein, was die negative Dialektik als Vollendung der Aufklärung in der Gegenwart zu konstatieren gezwungen war, nämlich die Wiederherstellung des heteronom waltenden Bannes des Mythos über die aufgeklärte Welt. Die Frage nach den Gründen möglicher Befreiung von der Herrschaft unvordenklicher Fatalität ist ja der Ausgangspunkt der Schellingschen Fragestellung. Die Gründe für die Überwindung des herrschenden Gesetzes der Ananke sind eben nicht identisch mit der Einsicht in ihre Genesis. Schellings Philosophie der Mythologie setzt in einem eindeutigen Sinne das Endprodukt der Aufklärung oder die Bewußtseinsstufe voraus, wie sie durch die negative Dialektik heute repräsentiert wird, indem sie sich weigert, das von der negativen Dialektik als einen willkürlichen Akt bloß hypothetisch Angenommene und Gesetzte in seiner bloßen Faktizität hinzunehmen.

Der Rückgriff auf Schelling und Hegel hatte im Zusammenhang einer Erörterung der Frage nach der Möglichkeit von Autonomie den Sinn, Autonomie aus der Umklammerung durch die sich remythologisierende Gesellschaft zu befreien. Die sich faktisch durchsetzende Herrschaft einer neuen Art von Naturreligion kann Autonomie nur als etwas verstehen, von dem es sich zu befreien gilt. Es hat daher eine eigene Notwendigkeit, daß eine Theorie der ermöglichenden Gründe von Autonomie mit der Forderung nach einer religionsphilosophischen Neufassung des Begriffs der christlichen Religion als einer Religion der Freiheit zusammenfallen muß.

Ästhetik und die Revolution der Kultur – Platon, Schiller, Hegel, Lukács, Adorno

Jede Frage nach dem Verhältnis von Theologie und Ästhetik muß von der Konstellation ausgehen, wie sie Platon am Anfang der Tradition der Ästhetik entwickelt hat. Bei Platon ist der Künstler hinsichtlich der Hervorbringung eines Werkes ein Mensch wie jeder andere. Damit vollzieht Platon eine radikale Entmythologisierung des Dichtertheologen und der Herkunft seiner Fähigkeit, das Schöne im Werk hervortreten zu lassen, mag es auch mit dem Ursprung und Gehalt, wie der Phaidros zeigt, eine besondere Bewandtnis haben. Ist die schöne Kunst aber ein Teil der Künste der Polis, dann ist es von entscheidender Bedeutung zu ermitteln, worin das Spezifische ihrer Art besteht. Die ungemein schwierige Antwort, die Platon auf diese Frage gibt, lautet: Ihr Wesen besteht in der Mimesis, in der nachahmenden Darstellung. Die Antwort ist darum so schwierig, weil sie die unumgängliche Frage provoziert: die Nachahmung wessen? Es geht hier nicht um eine eingehende Diskussion der Probleme, die die Antwort Platons für ein Verständnis der geschichtlichen Kunst aufwirft. Worauf es vielmehr ankommt, ist die Unvermeidbarkeit dieser Antwort, wenn die Begründung der Kunst durch eine göttliche Dynamis, durch eine göttliche Kraft, unmöglich geworden ist. Wenn die Kunst ein menschliches Werk ist, kann sie nur als Mimesis gedeutet werden. Der Begriff der Mimesis ist darum in Platons Kampf gegen die überlieferte Dichtung ein so entscheidender Zug, weil nur so die Frage nach der Wahrheit der Kunst sinnvoll gestellt werden kann.

Der Ausbruch der modernen Kunst aus den durch die Mimesis bestimmten Traditionszusammenhängen hat daher auch die Funktion, sie der Wahrheitsfrage zu entziehen. Daß dann aber der Reizwert letztlich wieder entscheidet, die von Sokrates ironisierte Fähigkeit, somatische Erregungszustände zu übertragen, ist dann nur konsequent. Ist Kunst Mimesis, dann kann nicht nur, sondern dann muß die Frage nach der Wahrheit, der Angemessenheit des Dargestellten in der Darstellung aufgeworfen werden.

Es darf dabei aber nicht die dialektische Pointe unterschlagen werden, die in dem Verhältnis zwischen beiden Momenten liegt, insofern es sich um ein Verhältnis der Ähnlichkeit handeln muß. Ähnlichkeit impliziert als geschichtliches Verhältnis die Erneuerung des Austrags der Dialektik der Identität des Nicht-Identischen. Etwas ist einem anderen ähnlich, wenn es zu ihm in einem Verhältnis der Identität des Identischen und Nicht-Identischen zugleich steht. Wir gebrauchen nicht zufällig die Hegelsche Formel für die Dialektik, weil es auch bei Platon nicht um einen öden ontologischen Schematismus geht, sondern um die geschichtlich begründete Notwendigkeit eines geschichtlichen Begriffs der Kunst. Um Platons Kritik an der überkommenen tragischen Dichtung gerecht werden zu können, um seine tiefste Intention, die zum sinnlichen Reiz heruntergekommene Dichtertheologie als Ausdruck ästhetischer Selbstentfremdung des Menschen zu entlarven, angemessen erfassen zu können, liegt alles an der Wiedergewinnung des Maßes, das er seiner Kritik zugrunde legt.

Den Maßstab der Platonischen Kritik bildet die Gerechtigkeit. Die Gerechtigkeit und die übrigen Tugenden zählen im allgemeinen zu dem Bereich der Ethik. Die Ethik aber hat bei Platon einen anderen Stellenwert als für uns heute. In der Tat reicht die Frage Platons nach dem, wodurch der Mensch fähig wird, sich in die Verfassung zu bringen, in der sein Leben gelingt, in eine eschatologische Dimension. Es ist die Frage nach Heil und Verderben nicht nur des einzelnen in seinem abstrakten Für-sich-Sein, sondern in seiner möglichen Teilhabe an einer Praxis, durch die gleichzeitig das Geschick einer gerechten Polis, einer menschlichen Gesellschaft auf dem Spiel steht. So wie die mythische Dichtung das Ganze des Seins auslegte und im dichterischen, durch die Musen inspirierten Wort hervortreten ließ, so geht es in Platons Streit mit den Dichtern um das Ganze, sein Heil und sein Verderben. Weil es aber um die Praxis der Verwirklichung des Seins des Menschen im Ganzen, also um eine Praxis der Totalität des Seins alles dessen, was ist, geht, sind alle Bereiche des menschlichen Daseins, die Theologie, die Politik, die Paideia und die Technik in diesen Streit verwickelt.

Die Vorstellung, als gäbe es einen von dem religiösen, gesellschaftlichen und politischen Bereich unabhängigen und abgesonderten, für sich bestehenden Bereich der Ästhetik, ist für Platon ganz abwegig. Indem Platon die Problematik der enthusiastischen, der ästhetischen Kunst in den Horizont einer definitiven Entscheidung über das heilvolle Gelingen der politischen Gesamtordnung rückt, unterscheidet er sich von denen, die seinen Standpunkt als den eines Banausen beschimpfen, durch den Ernst, den er dem – nach Hölderlin – unschuldigsten aller menschlichen Geschäfte zugesprochen hat.

Im Grunde ist der Kontext der platonischen Kritik an der überlieferten Dichtung ein theologischer. Die Entscheidung fällt in der Frage nach der Wahrheit dessen, was die Dichter über die Götter sagen. Nicht weil Platon ein Feind des Mythos wäre, destruiert er die den Mythos voraussetzende Dichtung, sondern weil ihre Wahrheit zur Unwahrheit wird, wenn sie ästhetisch apperzipiert wird. Was sagen die Dichter über die Götter? Sie behaupten, daß nichts geschehe ohne die Götter. Diese Überzeugung ist in der Tat der mythischen Dichtung eigentümlich. Die Götter werden als Ursache von allem angesehen, was ist und geschieht. Dagegen erhebt Platon den Grundeinwand, daß die Götter nicht an allem schuld seien. Die Schuld am Bösen trage allein der Mensch. Für Platon ist das, was der Mythos über die Götter sagt, unwahr. Was ist das für eine Wahrheit, in deren Namen Platon spricht? Eine Antwort auf diese Frage würde eine Interpretation der Philosophie Platons im Ganzen erfordern. Wir müssen uns hier auf die für die ästhetisch-mimetische Kunst wesentlichen Zusammenhänge beschränken.

Das im Verfall des Mythos überdauernde Interesse Platons an der mimetischen, in ihrem Seins- und Wahrheitsanspruch destruierten Kunst wird motiviert durch die Rolle, die die Kunst bei der Bildung des Menschen zum Vollzug der Verwirklichung seines Seins spielt. In Platons »Politeia« geht es um die Entfaltung der Vision einer gerechten Polis, die dem Menschen und seiner politisch-ethischen Verwirklichung entspricht. Eine gute und gerechte Polis ist für Platon eine Polis, in welcher der Mensch ein gutes Leben führen, sich als Mensch verwirklichen kann. Diese Verwirklichung ist ihm nicht von Natur verbürgt, sondern er muß sich erst, entgegen seiner Natur, in die Verfassung bringen, die ihn in den Vollzug der Verwirklichung seines Seins gelangen läßt. Die Kunst nimmt bei diesem riskanten Übergang von dem, was der Mensch als Natur, zu dem, was er seiner Bestimmung nach ist, den Ort einer Praxis der Ermöglichung dieses Übergangs ein. Die Kunst ist eine faktische Bedingung für die Realisierung seines transzendentalen Vermögens, wenn wir uns eines neuzeitlichen Begriffs bedienen dürfen, der dem, was Platon meint, entspricht.

Es wird schon an dieser Stelle deutlich, daß sich die Tradition der Ästhetik über Schiller bis zu den Sozialisationstheorien der Gegenwart im Horizont der von Platon erschlossenen Möglichkeit der Ästhetik als Praxis menschlicher Bildung hält. Die von Platon vollzogene theologische Depotenzierung der Ästhetik wird erst am Ende des ausgehenden 18. Jahrhunderts von Schiller wieder rückgängig gemacht und in einer neuen Form so gestellt, daß sie für das Schicksal der Idee einer ästhetischen Versöhnung bis in das 20. Jahrhundert hinein bestimmend blieb. Das geistige Experiment Schillers besteht in der Anstrengung, an zwei miteinander unversöhnbaren Ansprüchen festzuhalten, dem Erlösungsinhalt des christlichen Glaubens unter Abstraktion seines theologischen Grundes und an der unbedingten Selbstermächtigung des freien Subjekts. Die bei Luther im Glauben und bei Hegel im Begriff bewahrte Einheit von Rechtfertigung und Versöhnung fiel bei Schiller auseinander, und die von ihm nicht preisgegebene abstrakte Autonomie des Vernunftsubjekts zwang ihn, der ihrer eigenen Rechtfertigungsmöglichkeit ermangelnden Subjektivität das düstere und tückische Gesetz der Vergeltung und des Schicksals entgegenzustellen, das Versöhnung nur im Tode als freies Selbstopfer der Person oder als dunkles Verhängnis kennt, das den Edlen wie den Gemeinen in gleicher erhabener Nichtachtung der Unterschiede ihrer Absichten ereilt. Nachdem der junge Schiller vor allem in den »Räubern« und in »Kabale und Liebe« noch die Bühne als Stätte des vorweggenommenen Endgerichts konzipiert hatte, vollzieht sich im »Don Carlos« und im »Wallenstein« das Geschick nach der Logik, die einem mythischen Opferritual gleicht. Nach dem Verlust des Glaubens an einen richtenden und versöhnenden Gott zeugt nur noch der reine und unbedingte Vollzug des Opfers für die Wahrheit dessen, wofür hier geopfert wird.

Die Gewalt des Verbrechens scheint so mächtig geworden zu sein, daß das Theodizeeproblem nur eine negative Entscheidung zuläßt. Die Spekulation über eine ausgleichende Funktion des Geschichtsprozesses wirkt wie ein Ausweichen von der Härte des Problems. Die moralisch und vernünftig gestellte Theodizeefrage ist mit der Wirklichkeit der Geschichte nicht zu versöhnen. Und doch wurde gerade der Weg über die Aneignung der Geschichte für Schiller zum Anlaß, das in der unmittelbaren Konfrontation von Theologie und Aufklärung sich auflösende Theodizeeproblem auf einer anderen Stufe der Reflexion von neuem zu stellen.

Will man die innersten Antriebe richtig verstehen, die Schillers Philosophie der Kunst und des Schönen bestimmen, so empfiehlt es sich, von den »Philosophischen Briefen« auszugehen. Sie sind in zweifacher Hinsicht im Zusammenhang unserer Erörterungen aufschlußreich. Einmal halten sie die Erfahrung fest, die Schiller in der Begegnung mit dem Denken der Aufklärung machte, und zum anderen lassen sie erkennen, wie stark die Zuwendung zur Kunst und zur ästhetischen Philosophie durch die Krise bedingt ist, die durch diese Erfahrung ausgelöst wurde. Die Begegnung mit der Vernunft wird nicht als eine Befreiung erfahren, sondern als Krise, als Unglück und als Schmerz über den Verlust wohltätiger und dem Menschen zu seinem Glück notwendiger

Illusionen. Der Glaube an einen gütigen und allmächtigen Schöpfergott wird aufgegeben und führt Julius in die Qual des von allem Vertrauten und Überkommenen Ausgestoßenen auf sich selbst zurück. Die Destruktion der religiösen Tradition durch die voraussetzungslos, das heißt: radikal fragende Vernunft wird von dem empfindenden Subjekt als die erneute Vertreibung aus dem Paradies erfahren.

Die Antithetik von Glück des Empfindens und Unglück des Denkens sollte sich für das gesamte Werk Schillers als von weitreichender Konsequenz erweisen. Sie enthält zweierlei: Einmal fällt die objektive Wirklichkeit in die ausschließliche Zuständigkeit des aufgeklärten Verstandes, für den die Inhalte der Theologie und des Glaubens zur Illusion und zu Gebilden des Wahns geworden sind. Das wird auch von der empfindenden Subjektivität anerkannt. Gleichzeitig nimmt sie sich selbst aus der so bestimmten Wirklichkeit heraus und beklagt ihre eigene Desillusionierung als die unheilbare Trennung von Glück, Frieden und als Verlust des väterlichen Horizontes. Das Herz findet sich mit der kalten und grausamen Wahrheit des Verstandes nicht ab. Der Grad subjektiver Befriedigung an der durch die Phantasie imaginierten Welt wird zum Kriterium der Wahrheit des Empfundenen. Der emotionale Aufschwung in eine eingebildete Unendlichkeit hat das Bewußtsein der Irrealität unmittelbar bei sich. Die Theosophie des Julius enthält die wesentlichen Grundgedanken der Naturtheologie Oetingers, ästhetisiert und in eine Künstlerphilosophie umgeformt. Die Ästhetisierung der Naturtheologie bedeutet: die Ausschaltung aller spezifisch christlichen Inhalte, wie die des Glaubens an die Schöpfung, und die Irrealität der Offenbarung des Heils und der Erlösung. Damit hängt sehr eng zusammen die Entaktualisierung der Geschichte und die Entwirklichung der entworfenen Ideen. Aus dem Erbe der Theologie Oetingers werden vor allem zwei Gedanken aufgenommen, die die weitere Entfaltung der ästhetischen Philosophie Schillers entscheidend beeinflussen. Es bleibt eine vornehmliche Aufgabe des Dichters bei Schiller, die Chiffreschrift der Natur zu enträtseln und in ihren Erscheinungen die Sprache des Unendlichen zu vernehmen. Die Schrift »Über naive und sentimentalische Dichtung« ist nur auf dem Hintergrund der theosophischen Naturspekulationen zu begreifen. Die aus der modernen Gesellschaft entfernte und an ihr vergangene Natur wird vom Dichter, der noch unmittelbar an ihr partizipiert, in die Gegenwart zurückgeholt. Der verborgene Heilsplan, der allen ihren Manifestationen zugrunde liegt, wird im künstlerischen Werk an den Tag gebracht, Ja, in der Natur, in der körperlichen Schöpfung, ist wie in einem dunklen Orakel das künftige Schicksal des menschlichen Geistes vorherverkündet.

Die enge Verknüpfung von Naturvollendung und menschlich geschichtlichem Heil wird für die gesamte Ästhetik Schillers bestimmend. Nur treten an die Stelle Christi, der nach Oetinger das Werk der Wiederherstellung und Heilung vollbringt, für Schiller die Kunst und der Künstler. Auch das ist in der

Theosophie des Julius schon angelegt. Was in Gott eine Einheit war, ist in der Natur, dem Abbild der Substanz, »zu unzähligen Graden und Maßen und Stufen vereinzelt«. Ja, »die Natur ist ein unendlich geteilter Geist«. Die Liebe, das empfindende Herz des Künstlers führt das Geteilte wieder zusammen, hebt die Trennung auf, bringt alles zu seinem Ursprung zurück und bringt Gott so hervor. Zwar ist diese Schöpfung der Phantasie eine Geburt des Traumes und eines bloß subjektiven Wunsches, »aber diese Philosophie hat mein Herz geadelt und die Perspektive meines Lebens verschönert«.

Die traditionelle Form des Theodizeeproblems behielt ihre Gültigkeit, solange Schiller den Glauben teilte, daß der Aufruhr des emanzipierten Verstandes gegen die moralische Weltordnung von der ausgleichenden und wiederherstellenden Gerechtigkeit Gottes im Endgericht gewollt wurde. Die in der Vorrede zu den »Räubern« abgegebene Erklärung, das Schauspiel diene der Verteidigung von Religion und wahrer Moral, ist nicht ein Zeugnis geschickter Anpassung, sondern entspricht der Struktur des Stückes. Die dem Schema des Theodizeeproblems folgenden Werke des jungen Schiller hatten den Glauben an einen, wenn auch erst in der Zukunft rechtfertigenden Gott zur Voraussetzung. Die Vertagung auf die Zukunft erwies sich aber als unvereinbar mit der auf einer gegenwärtigen Erfüllung des Glücksanspruchs bestehenden Natur des Dichters. Die Geschichte als den Prozeß sukzessiver Heilung und Vollendung zu interpretieren und die Aufgabe der Kunst in ihrem Zusammenhang neu zu bestimmen, erwies sich angesichts der faktischen Wirklichkeit der Französischen Revolution für Schiller als undurchführbar. Der abgerissene Zusammenhang mit dem theologischen Erbe Schwabens und die Bestimmtheit seines Denkens durch die Aufklärung war, wie Schiller angesichts der Französischen Revolution erkannte, nicht ein privates, sondern das Problem der Epoche im Ganzen. Die Kühnheit und Verwegenheit des Schillerschen Versuches, auf ästhetischem Wege die moderne, abstrakte Gesellschaft mit ihrer eigenen, von ihr durch ihre Existenz verneinten theologischen Bedingung zu versöhnen, ist zwar nur zu verstehen, wenn man die Herkunft der Schillerschen Ästhetik aus dem theologischen Erbe Schwabens bedenkt, konnte aber auf der anderen Seite nicht gelingen, weil die Theologisierung der Kunst die Ästhetisierung des theologischen Inhalts einschließt. Die Ästhetisierung beschränkt ihren Inhalt aber auf das Innere der Subjektivität.

Die sich bereits in der Theosophie des Julius abzeichnende grundsätzliche geistige Situation Schillers hat sich also nicht gewandelt. Es gehört zur Größe seiner Position, daß er die Grenze seiner eigenen Konstruktion überschritt, indem er erkannte, daß zur Eschatologie der Kunst die Tragödie notwendig in der geschichtlichen Wirklichkeit hinzugehört. Die von der Tragödie vollzogene Erkenntnis des notwendigen Scheiterns der Subjektivität an einer übermächtigen, sie in ihrem wesentlichen Selbst verneinenden Wirklichkeit ist als tragisch erst einzusehen, wenn diese brutale Faktizität am Postulat eines denkmöglichen Heils gemessen werden kann. Die in der Schillerschen Kunstphilosophie nur keimhaft angelegte Dialektik kommt zur vollen Entfaltung, wenn man die Aussage der Tragödie in ihren Zusammenhang hineinnimmt, so wie die Tragödie erst richtig verstanden werden kann, wenn man ihre strenge und notwendige Form als den Ort der ihr Geschehen umgreifenden Versöhnung, also der Theodizee im Schillerschen Sinne begreift.

Was Schiller durch die Kunst zu kompensieren versucht, ist nicht ein noch unentwickeltes Proletariat, wie die marxistische Forschung behauptet, sondern der ihm unter dem Eindruck der westlich-bürgerlichen Aufklärung zusammengebrochene Glaube an eine im Plan und im Willen Gottes begründete, sich in der Gegenwart des geschichtlichen und natürlichen Seins vollziehende Teleologie auf einen geheilten Zustand der menschlichen Natur. Der Versuch, die Inhalte des christlichen Heilsglaubens durch ins Unbedingte getriebene Akte der freien Subjektivität zu ersetzen oder in der Totalität der absoluten künstlerischen Form den Ausgleich für die in der Wirklichkeit der Welt vermißte Harmonie zu finden, mußte, wie Hegel in seiner tiefsinnigen Abhandlung »Der Geist des Christentums und sein Schicksal« gesehen hat, an dem Schicksal scheitern, das ein bedingtes Subjekt sich dadurch bereitet, daß es unbedingt sein will.

Die Absage Schillers an den christlichen Gott der Schöpfung und des Gerichts wurde mit der Wiederkehr des antiken Fatums erkauft. Der Macht des christlichen Gottes ist die Erlösung der Welt nicht länger zuzutrauen. Die seltsame Ambivalenz Schillers ist begründet in dem theologisch zu begreifenden Widerspruch, die christliche Erlösung preiszugeben und den Anspruch auf Erlösung gleichwohl festzuhalten.

In seiner Ästhetik, in der Hegel die ästhetische Bewegung des klassisch-romantischen Zeitalters, sie abschließend, zusammenfaßt und ihr im geschichtsphilosophisch entfalteten Zusammenhang der Kunst aller Zeiten und Kulturen ihren Ort und ihren Rang zuweist, wird zwar durch die Leistung der Kunst in der Folge der Stufen des sich geschichtlich verwirklichenden Geistes verstanden, aber ihr Anspruch, einziger Ort der Erscheinung des Absoluten zu sein, zurückgenommen. Hegel spricht in der Ästhetik nicht von der Vollendung der Geschichte und nicht vom Ende der ästhetischen Produktion. Vielmehr wird der sich in der Kunst erfassende Geist des Schönen erst im Ablauf der Jahrtausende der Weltgeschichte sich vollenden. In Hegels Ästhetik sind in einer eigentümlichen Weise die Theorie des Verfalls und die Theorie des Fortschritts der Kunst miteinander verschlungen. Von einer Vermittlung beider Theorien kann im Sinne des Hegelschen Begriffs der Dialektik nicht gesprochen werden. Sie ordnen sich dem Standpunkt eines Begriffs des in der Geschichte fortschreitenden Geistes der Freiheit ein und unter. Der Fortschritt des Geistes treibt die Kunst als höchste und einzige Erfüllung menschlicher Eudaimonie über sich hinaus.

Für Hegel verwirklichte die Kunst ihre höchste Bestimmung in der Gestalt der griechischen Plastik als das leibhafte Erscheinen des Gottes. Nur unter den Bedingungen der sich vom Mythos ablösenden schönen Sittlichkeit der griechischen Welt konnte der Gott bruchlos mit seiner sinnlichen Gestalt identisch sein. Doch Hegel vertritt nicht die Position einer totalen Geschichtlichkeit der Kunst. Sie ist nicht Reflex einer sich nach dem Gesetz des Widerspruchs von Produktivkräften und Produktionsverhältnissen fortbewegenden gesellschaftlichen Totalität. Es geht Hegel um eine Vermittlung zwischen einer die Inhalte der Kunst einseitig akzentuierenden geschichtsphilosophischen Deutung und einem Formalismus, der von der geschichtlichen Bestimmtheit des Kunstwerks absieht. In den Werken der Kunst realisiert sich die Idee des Schönen als die Geschichte künstlerischen Schaffens und Gestaltens. Das Bedürfnis, die Kunst zu begreifen, ist selber ein Indiz dafür, daß die Kunst aufgehört hat, höchste Bestimmung des Absoluten zu sein. Die moderne Kunst entsteht aus der Reflexion. Die Konsequenz des Hegelschen Gedankens besteht heute darin, daß die Kunst sich in der Rückwendung auf sich selber und auf die Thematisierung ihrer eigenen Mittel der Nötigung unterwirft, den transzendentalen Begriff der Kunst in jedem Werk neu hervorzubringen. In jedem Werk muß neu entschieden werden, was Kunst an sich und überhaupt ist.

In dem geschichtlich zunehmenden Zwang zu ihrer eigenen Selbstreflexion wird die Kunst dahin geführt, die Bedingungen für das Erscheinen des Kunstwerks mit hervorbringen zu müssen. Hegel hat diese Erfahrung als das Prinzip der romantischen Kunst anerkannt. Sie bedarf als moderne Kunst der Bewährung durch den Begriff und der sie ermöglichenden Reflexion. Hegel geht daher davon aus, daß die Kunst ihrer höchsten Bestimmung nach für uns vergangen ist. Das ist nicht der Endsatz der Ästhetik Hegels, sondern der Satz ihres Grundes, von dem sie ausgeht.

In einer Welt, in der die Reflexion unendlich wurde, ist die Kunst aus ihrem Element herausgetreten. Die Einheit, die die Kunst bisher ermöglichte, ist aufgelöst in den Trennungen und Entgegensetzungen verständiger Abstraktion. Mit dem Untergang der griechischen Polis als der Welt der schönen und unmittelbaren Sittlichkeit, in welcher das Ungeheuer der Entzweiung noch schlummerte, ist die substantiell unmittelbare Einheit des Lebens vergangen. Eingetreten ist das, was Hegel die Entfremdung nennt.

Das heroische Individuum, die substantielle Individualität, für die das Besondere die Wirklichkeit des Allgemeinen ist, diese Welt des Pathos, das substantielle Element der Kunst, ist durch den Geschichtsprozeß aufgelöst worden. Diese Auflösung der noch unmittelbaren Gestalt der Vermittlung in der Welt griechischer, noch schöner Sittlichkeit ist mit dem Eintritt des Christentums in die Geschichte offenbar und definitiv geworden. Die romantische Epoche der Kunst beginnt daher nicht im 18. Jahrhundert, sondern mit dem Christentum. Die Einheit der menschlichen und göttlichen Natur, die bei den

Griechen noch unmittelbar und daher unbewußt war, ist im Christentum zum Bewußtsein gekommen. Zwischen der Bewußtlosigkeit dieser Einheit in der vorchristlichen Welt und ihrer Bewußtheit besteht für Hegel ein ungeheurer Unterschied. Daß, was an sich war, für uns wird, daß, was bewußtlos war, zum Bewußtsein kommt, daß die Unmittelbarkeit in der Gestalt der Vermittlung sich auflöst, macht den Schritt aus, den der Geist über die Kunst in der Geschichte hinaus getan hat.

Schon aus sich selbst wurde die schöne Welt griechischer Sittlichkeit sich ihrer Schranke bereits bewußt. Die unmittelbare Synthesis von Bedeutung und Gestalt, Innerlichkeit und Äußerlichkeit, in welcher der im plastischen Kunstwerk inkarnierte griechische Gott selig in sich selbst ruhte, ist vergangen. Aus dieser unmittelbaren Ineinsbildung von Vernunft und Sinnlichkeit, aus dieser Leiblichkeit geht der Geist in sich zurück und findet am bloß Äußeren nicht länger sein Genügen. Der Schritt von der orientalisch-symbolischen Epoche, in der die Kunst wie unter lauter Aufgaben sich fand, führt über die griechische Klassik in die Innerlichkeit, in der der Geist im unendlichen Wissen um sich selbst die adäquate Gestalt seiner Erscheinung findet. Mit diesem Schritt geht die Kunst in sich über sich hinaus. Am Ende des Prozesses löst sich der Kunststoff auf. Am Ende ihres geschichtlichen Weges steht die unvermittelte Disparatheit des so zur bloßen Zufälligkeit herabgesetzten Äußeren und des ebenso zufällig gewordenen Subjektiven einander gegenüber.

Wenn die Trennung absolut geworden ist, vermag auch keine absolute Reflexion mehr, eine Totalität hervorzubringen. Im Blick auf diese aus der geschichtlichen Bewegung des Kunststoffes resultierenden Entwicklung geht es Hegel um die Bestimmung des Sinns der ästhetischen Kunst und der Begründung des absoluten Bedürfnisses nach Kunst. In der Aufzehrung ihrer religiösmetaphysischen Substanz wird nämlich die Kunst frei, autonom. Indem sie nur noch auf sich selbst beruht, ist sie in ihrer Existenz auf die fühlende und schöpferische Subjektivität des Künstlers als ihres Grundes angewiesen. Der Künstler ist daher durch die Geschichte des Fortschritts des Geistes frei geworden von jedem vorgegebenen Inhalt und jeder vorgegebenen Form einer Darstellung: er gewinnt den Inhalt der Kunst in sich selbst. In der Kunst schafft sich die Subjektivität ein Mittel, der konkreten Wirklichkeit der entzweiten Welt auszuweichen. Die noch von Schiller beanspruchte Versöhnung schlägt in die Flucht vor der Wirklichkeit um, die versöhnt werden soll. Bei Schopenhauer erfüllt die Kunst die Funktion eines Opiats, einer den Willen stillegenden Droge. Der in der Gegenwart sich enthüllende Zusammenhang von pharmakologischer Therapie und ästhetischer ist damit hergestellt. Für Hegel hat demgegenüber die Kunst unter den Bedingungen gesellschaftlicher Entfremdung die Bedeutung, es der Subjektivität zu ermöglichen, an der Entfremdung als der Voraussetzung ihrer Autonomie und Freiheit festzuhalten. Im Verzicht auf ihren absoluten Anspruch, eine heile Welt in der Entzweiung wieder hervorzubringen, bleibt sie doch bei Hegel eine Gestalt der Befriedigung eines absoluten, nicht sinnlich-somatischen Bedürfnisses. Es ist das Bedürfnis des Menschen, sich selbst als eine konkrete Individualität zu erfahren, das ihn nur mit sich selbst verlassen kann. »In dieser ihrer Freiheit nun ist die schöne Kunst erst wahrhaft Kunst und löst dann ihre höchste Aufgabe, wenn sie sich in den gemeinschaftlichen Kreis mit der Religion und Philosophie gestellt hat und nur eine Art und Weise ist, das Göttliche, die tiefsten Interessen des Menschen, die umfassendsten Wahrheiten des Geistes zum Bewußtsein zu bringen und auszusprechen« (Hegel: Ästhetik, Berlin 1955, S. 19).

Lukács hat in seiner Theorie des Romans den Ansatz der Ästhetik Hegels in Richtung auf die gesellschaftsbedingte Endproblematik weitergedacht und den Anspruch einer ästhetischen Versöhnung der Welt im schönen Schein des Kunstwerks radikal dementiert. Der Roman ist bei Georg Lukács Epopöe des Zeitalters der transzendentalen Obdachlosigkeit. Aus der geschichts- und transzendentalphilosophisch gewonnenen Einsicht in die Bedingungen einer Welt, die mit dem Entstehen von Kunst unvereinbar sind, folgte für Lukács mit einer gewissen inneren Konsequenz der Anschluß an eine geschichtliche Bewegung, die sich die Veränderung eben dieser Welt zum Ziel ihrer politischen und revolutionären Praxis gesetzt hatte. Es geht schon in der Theorie des Romans um die Einsicht, daß Literatur als Organ darstellender Auslegung des säkularen Standes der Humanität, als Index genommen wird, an dem abgelesen werden kann, wie weit eine geschichtlich verfaßte Welt die Verwirklichung des auf Totalität angelegten menschlichen Daseins zuläßt oder verhindert.

Die Theorie des Romans, ein geschichtsphilosophischer Versuch über die Formen großer Epik, gewinnt den Ansatz zur Bestimmung der Probleme und der Eigenart des Romans als einer der modernen Gesellschaft zugeordneten Form künstlerischer Weltgestaltung aus dem Begriff der Geschichte als einem Prozeß wachsender Entfremdung. In eigentümlicher Analogie zum romantischen Verfallsschema geht Lukács vom Modell griechischer, homerischer Epik aus. Die zentrale Kategorie, der sich Lukács zur Bestimmung griechischer, im Hiesigen verbleibender Kunst bedient, ist die der Immanenz des Sinns, der gelingenden Vermittlung von Innen und Außen, Selbst und Welt, Leib und Seele, Immanenz und Transzendenz. Für die Kunst bedeutet diese von Lukács als geschichtlich erkannte Verfassung des Daseins, daß der künstlerische Akt dem in ihm zur Formung gelangenden Materials bruchlos aufruht, das als ein vorstrukturiertes, in sich homogen Verbundenes von sich selbst her seine Prädisposition für eine bestimmte Kunstform schon mitbringt. Die dem klassischen Kunstideal entsprechende Konzeption der Kunst als der differenzlosen Erscheinung des mit dem Besonderen identisch gewordenen Allgemeinen, die für die Ästhetik Lukács' in allen Perioden ebenso befremdend wie kennzeichnend ist, spricht in der Theorie des Romans ihre geschichtsphilosophische Herkunft von den Griechen sowie ihren hier noch religiös gemeinten Grund als eine von der Epiphanie der Götter erwirkte irdisch-weltliche Eudaimonia ebenso offen wie unmißverständlich aus. Es ist daher nicht erstaunlich, daß Lukács den Roman als das geschichtsphilosophische Äquivalent für das Epos unter den Bedingungen der modernen Welt bestimmt, keineswegs als seine Verfallsform, sondern als aus der Situation geschichtlich-gesellschaftlicher Absenz des Sinnes in der modernen Welt erzwungene Umstrukturierung der epischen Form.

In diesem Wandel der Form aber bleibt das Thema identisch, in der Immanenz der empirisch gegebenen Welt den nicht unmittelbar in ihr gegebenen Sinn zu finden. Für den Lukács der Theorie des Romans ist der Roman die Epopöe der gottverlassenen Welt. Der Roman als die Kunstform der transzendentalen Obdachlosigkeit bewahrt seinen Zusammenhang mit dem Epos gerade, indem er die Intention auf Totalität in einer Welt nicht preisgibt, die sich immer bedrohlicher nach dem Gesetz der alle Unmittelbarkeit in Dingliches verwandelnden Entfremdung entwickelt. Je mehr sich in der Wirklichkeit das Subjekt der Stummheit und Sinnlosigkeit der Dinge angleicht und, ihnen darin ähnlich, die Einheit des Lebens in eine unverbundene Folge diskreter Momente auseinanderfallen läßt, desto schwieriger und komplizierter wird es für den Roman, der Disparatheit des Stoffes eine Einheit und organische Geschlossenheit abzugewinnen. Es ist bewundernswert, mit welcher Energie des Gedankens es Lukács gelingt, alle dem Formtypus Roman eingentümlichen Momente aus der Anstrengung abzuleiten, in einer zerrissenen und dem humanen Glück feindlichen Welt künstlerisch eine Totalität hervorzubringen, die im Beschwören des Unwesens wenigstens die Erinnerung an eine mögliche, ins Utopische abgedrängte Erfüllung beibehält.

Für unseren Zusammenhang ist Thomas Manns Dr. Faustus so bedeutsam, weil er wie kaum ein anderes Kunstwerk die Möglichkeit bietet, die vom Marxismus aus entwickelbare Ästhetik in ihrem Verhältnis zur Kunstproblematik der Moderne zu überprüfen. Thomas Manns Werk läßt sich unter einer immanent gesellschaftlichen Bestimmung der Kunst nicht subsumieren. Die unverkennbar theologische Bestimmtheit des Ganzen macht dies grundsätzlich unmöglich. Was Thomas Mann von den Ansätzen des Marxismus trennt, ist der Versuch, in dem von Kierkegaard vorgegebenen theologischen Kontext, die Kunst auf dem Boden der mit Kierkegaard geteilten Voraussetzung zu rechtfertigen. Diese durch Kierkegaard hindurchgegangene Rechtfertigung der Kunst ist nicht so ohne weiteres mit dem Faschismus gleichzusetzen. Eine durch den Gang der Geschichte erzwungene Konvergenz der Richtung, in der das deutsche Volk einen Ausweg aus heilloser Weltentfremdung und Adrian Leverkühn den Durchbruch aus der verhängten Sterilität suchte, wird zwar in der Konstruktion des Romans nahegelegt, ist aber als solche noch nicht identisch mit dem faschistischen Charakter der Kunst, wie Lukács behauptet.

Thomas Mann entwickelt seine Position als die eines geschichtlichen Endes der Kunst an der künstlerischen Entwicklung von Adrian Leverkühn. Zurückgenommen wird in dieser Entwicklung die zur Ideologie gewordene Selbstapotheose der Kunst, deren undurchschaute Voraussetzung die bürgerliche Gesellschaft war. Die Kunst widerruft ihren Anspruch auf eine ästhetische Versöhnung der Gesellschaft, die Hegel als das geistige Tierreich interpretierte. Nach dieser Zurücknahme bleibt nur eins: das absolute Leiden. Als eine Form des unglücklichen Bewußtseins des Künstlers, des vom Schicksal der Religion untrennbaren der Kunst, ist diese Erkenntnis der sich als harmonisches Werk auflösenden ästhetischen Produktion nur möglich, wenn es eine paradox-dialektische Gestalt der Gnade gibt, die, Kierkegaard geschichtlich-gesellschaftlich interpretierend, über Kierkegaard hinausgeht. Diese theologisch-religiöse Dimension, in der auf die Zerrüttung des Kunstwerks ein Schein des nicht ästhetisch darstellbaren Sinns fällt, kommt bei Lukács gar nicht und bei Adorno nur im Verlust ihrer christlichen Motivation vor.

Die stellvertretende Übernahme der Schuld einer ganzen Epoche durch einen einzelnen wäre ganz sinnlos, wenn es nicht eine Möglichkeit gäbe, den Bann zu brechen. Dazu bedürfte es einer Instanz des Weltgerichts. Die Kunst selbst nimmt sich zurück, insofern sie Werk, Erscheinung des Schönen und Versöhnung des Menschen in seiner subjektiven Befindlichkeit mit der verdinglichten Welt sein wollte. Dieses Allgemeine der Zurücknahme der Kunst als Grundthema der Kunst an ihrem Ende erhält seine besondere inhaltliche Bestimmung durch den Bezug auf Beethovens Neunte Symphonie. Es geht um die Zurücknahme der Humanität, der menschheitlichen Solidarität und damit um die Revokation dessen, was den Menschen einst zum Menschen machte. In der emanzipativen, sich vollendenden modernen Gesellschaft kommt es bei Thomas Mann zu einer Umkehrung der Idee der Versuchung, indem Faustus den Gedanken der Rettung als Versuchung zurückweist. Die Positivität der Kunst und der Schein ihrer Versöhnung gründen in der Annahme der Göttlichkeit des Seins der Welt. Was sich bei Thomas Mann vollzieht, ist eine Wiederholung der schon von Platon vollzogenen Entmythologisierung der Kunst. Der letzte Grund des affirmativen Charakters der Kunst ist die Gewißheit, daß diese Welt nicht ohne Gott ist. Gottes Gegenwärtigkeit wird nun als Lüge bezeichnet. Der gute Arzt und Nachbar wird zum Verführer. Erst in der radikalen und konsequenten Durchführung der rationalen Konstruktion gewinnt die Kunst ihr expressives Vermögen zurück. Wenn es aber in der abstrakten, nach dem rationalen Kalkül verfahrenden Kunst letztlich um das Wiedergewinnen des Ausdrucks geht, dann widerspricht diese Kunst dem Verschwinden der Subjektivität in das Kollektiv. Dem Paradox eines sich im Vollzug rationaler Konstruktion und Verfügung entringenden Ausdrucks subjektiven Leidens wird als Entsprechung das religiöse Paradox zugeordnet, daß aus tiefster Heillosigkeit als leiseste Frage nur die Hoffnung keimt, eine neue Form paradoxer Hoffnung, die hofft, wo es nichts mehr zu hoffen gibt, die

Hoffnung auf ein Wunder, das, wie Thomas Mann doppelsinnig sagt, über den Glauben geht.

Ihre Rolle in der Destruktion versöhnenden Scheins und damit in der Aufdeckung des höllischen Charakters der Gesellschaft und des Leidens in ihr macht die Kunst, die sich selbst zurücknehmende Kunst, zu einem Licht in der Nacht. In der schroffen Antithetik von Nacht und Licht nimmt Thomas Mann den Anfang des Johannesevangeliums wieder auf. Die Subjektivität läßt mit der ästhetischen Kunst den Bereich des Religiösen hinter sich, wie den Teufel als das Gegenbild eines religiösen Bewußtseins, das von der Gottseligkeit der Welt durchdrungen war. Was am Schluß des Doktor Faustus transzendiert wird, ist das Religiöse, das in diesem gesellschaftlichen Prozeß identisch wurde mit der Freisetzung des Diabolischen. Diese Radikalität in der Auflösung und Zurücknahme der frommen Subjektivität teilt Thomas Mann mit Adorno. Es ist eine der zentralen Thesen von Thomas Mann, daß die sich von allen Konventionen befreiende Subjektivität an einem vorhersehbaren Punkt dieser Emanzipation gezwungen wird, sich aus Freiheit noch einmal selbst zu negieren, um nicht in einer möglich gewordenen zukünftigen Gesellschaft mit Gewalt von sich selbst befreit werden zu müssen: das Resultat der Emanzipation ist der Verlust des emanzipatorischen Subjekts. Die Befreiung der Geschichte führt zur Sterilität der produzierenden Subjektivität. Die Wendung der Kunst gegen ihren eigenen Scheincharakter ist identisch mit dem Austritt der Kunst aus der Dynamik der historischen Entwicklung ihres eigenen Materials. Der Enthusiasmus, bei Platon noch des Gottes, wird nun einer des Teufels.

Konsequenterweise ist daher für Broch Dichtung nicht selbst der Ort rettender Erkenntnis, sondern Ungeduld nach Erkenntnis. Die von der Dichtung gesuchte Erkenntnis ist die Erkenntnis des Ganzen. Da die Dichtung aber des Ganzen, weil der Zeit, des Todes nicht mächtig ist, nimmt sie das gesuchte, aber nicht erreichte Ganze im Gleichnis vorweg. Sie vermag sich nicht mit dem fragmentarischen und vorläufigen Charakter der menschlichen Erkenntnis abzufinden und wird daher ungeduldig. Die Erkenntnis des Ganzen setzt die Befreiung vom Tode voraus. Die Überwindung des Todes ist daher für Broch nicht nur das entscheidende Problem der Dichtung und des Politischen, sondern es ist das einzige und für alle anderen konstitutive Problem.

Der adventistische, quasi prophetische Charakter der Brochschen Dichtung machte es daher auch unmöglich, sein Verständnis des Mythos mit dem romantisch-archaischen gleichzusetzen. Der Mythos ist nur gleichnishafte und scheinverhaftete Antizipation der Totalität; er dankt ab vor dem göttlichen Heilbringer, der die Zeit und den Tod wirklich überwindet. Obwohl die Dichtung nur gewonnene Erkenntnis erinnern und Erkenntnis des Neuen bloß ahnen kann, ist sie der wissenschaftlichen und philosophischen Erkenntnis darin überlegen, daß sie ihren Ort im Zwischen des Nicht-Mehr und Noch-Nicht haben kann. Die eminente Nähe der Dichtung zu allen epochalen Umbrüchen und Wendungen der Geschichte wie zu dem zum Tode bestimmten Einzelleben besteht darin, daß sie den Raum zwischen den Zeiten ausfüllt, daß sie in den Abgrund, in das Nichts alles Seins reicht. Sie ist das Organ, durch das die sich richtende Zeit überhaupt erfaßt und zum Bewußtsein gebracht wird.

Wenn der Blick auf das Absolute sich verliert und damit die Werte in einer heterogenen Vielfalt auseinandersplittern, dann bricht die geschichtliche Kontinuität auseinander, das heißt: die Zeit ist nur noch eine Folge von Punkten, zwischen denen ein Zwischen liegt, durch welches der Abgrund aufgerissen wird. Was den Menschen im Zeitalter der Anarchie der Werte, im Aufreißen des Abgrundes erfüllt, ist Panik und Flucht in die rettende Ekstase. Es muß anerkannt werden, daß Broch wenigstens den Versuch gemacht hat, in der Deutung des Faschismus über den Marxismus hinauszukommen.

Die radikalste Reflexion der Problematik der modernen Kunst und damit der Kunst überhaupt finden wir in der ästhetischen Theorie von Theodor W. Adorno. Die Wahrheit der Kunst ist hier die Wahrheit des Ekels, mit der sich die sensible Subjektivität gegen die verdinglichte Gesellschaft wendet. Die Resurrektion der Natur gegen die in der Totalität der Herrschaft ihr zugefügte Verstümmelung und Unterdrückung vollzieht sich nicht mehr, wie Marx lehrte, in der Revolution des Proletariats, sondern in der Gestalt der ästhetisch sensibilisierten menschlichen Physis. War für Marx die Natur der erweiterte Leib des Menschen, so ist nun der Leib die einzige Natur. Die in der Kunst antizipierte Befreiung ist die Befreiung der im Menschen inkarnierten Natur von der Fesselung durch ihre bewußte Individuation. Was die negative Dialektik als Substanz anarchischer Praxis auf den solcher Zumutung sich versagenden Begriff brachte: Die Praxis der Bewußtlosigkeit objektiviert sich in der Kunst zum objektiven Zeichen für das ganz Andere. »Nicht für sich, dem Bewußtsein nach, jedoch an sich will, was ist, das Andere, und das Kunstwerk ist die Sprache solchen Willens und sein Gehalt so substantiell wie er« (Theodor W. Adorno: Ästhetische Theorie. Gesammelte Schriften, Bd. 7, hrsg. v. Gretel Adorno und Rolf Tiedemann, Frankfurt 1970, S. 199). Nicht bildet die Kunst die Realität nach, sondern die Realität soll die Kunstwerke nachahmen. »Daß aber die Kunstwerke da sind, deutet darauf, daß das Nichtseiende sein könnte« (ebd. S. 200). Indem man die Kunst als Praxis der Erzeugung der Möglichkeit des Möglichen bestimmt, wird die Revolution zur Praxis der Verwirklichung des von der Kunst verwirklichten Möglichen. Als Utopikum schlechthin soll die Kunst als transzendentaler Entwurf der Möglichkeit des Nichtseienden, das sich zu allem, was ist, wie das total Andere verhält, das Prinzip des revolutionären Umbaus der Welt sein.

Die Wahrheit der ästhetisch idiosynkratischen Erfahrung wird zur Substanz eines neuen Typs von Revolution, für den man den ebenso bezeichnenden wie irrigen Begriff der Kulturrevolution übernommen hat. Den revolutionären, schleichenden und gar nicht dramatischen Bewegungen, die den Grund der westlichen Zivilisation erschüttern und allmählich umwälzen, liegt eben diese von Adorno auf den Begriff gebrachte Erfahrung zugrunde, der sich dadurch auch über seinen Tod hinaus als der wirkliche philosophische Protagonist des Zeitalters und seiner unbegriffenen Tendenzen erweist. Die Wahrheit des Kunstwerks ist nicht mehr dialektisch, sondern paradox in dem Sinne, in dem Kierkegaard seine nur im Sprung aus dem Bestehenden heraus erreichbare Wahrheit der Hegelschen entgegensetzte. Das nichtseiende Sein der Wahrheit als ein Seiendes ist die Bestimmung des christlichen Paradoxons, in das sich das verzweifelte Selbst bei Kierkegaard in einen Akt gläubiger Absurdität rettete. Indem Adorno die Züge des christlichen Paradoxons auf das Kunstwerk überträgt, erfüllt es bei ihm die gleiche Funktion wie bei Kiergegaard, nämlich mit der Wahrheit auch die Bedingung ihrer Aneignung zu erzeugen. Wenn es aber ein möglicher Gedanke wäre, daß sich in ästhetischer und sensualistischer Entfremdung die Träger der Kulturrevolution faktisch zu einer Wahrheit indirekt verhielten, die sie direkt verneinen, dann ist eine Aufklärung über Vorgeschichte und Inhalte der Strukturen der revolutionären Bewegung unseres Zeitalters von elementarem Interesse. Die Interpretation der Ästhetik als des theoretischen Programms eines neuen Typs von Revolution ist, auf den ersten Blick hin geurteilt, nur darum so befremdlich, weil Adorno den Sinn der ästhetischen Kunst theologisch bestimmt hat. Er konnte die Kunst als das Inkognito von Theologie begreifen, weil die Stellung der Sinnfrage als solche schon Theologie ist. Die Verrückung der Realität, die in der Kunst stimuliert wird, ist nur für den auf die Zwecke der Selbsterhaltung festgelegten Bürger eine Verrücktheit. »Im Verhältnis zur empirischen Realität erinnern sie an das Theologumenon, daß im Stande der Erlösung alles sei, wie es ist und gleichwohl alles ganz anders« (ebd. S. 16).

Die Emphase, mit der Adorno die Wahrheit der Kunst beschwört, entspringt nicht ihr selber und ihrer fragwürdigen Immanenz und Autonomie, sondern der Erneuerung messianischer Hoffnung. Das Bilderverbot des alttestamentarischen Gottes muß in einer dialektisch radikalisierten Reflexion auf den Namen des Messias selbst ausgedehnt werden. Die Unerbittlichkeit einer ästhetischen Kritik des Weltlaufs ist motiviert durch die Bewußtlosigkeit, mit der die nur halbaufgeklärte Moderne dem Gesetz des Mythos fortschreitend verfällt.

Wenn Adorno in einer abgründig metaphorischen Wendung die Kunst als die Einlösung eines Versprechens bestimmt, das die Natur selbst gegeben habe und das in ihrer technologischen Ausbeutung verraten wurde, dann muß man daran erinnern, daß die Vorstellung einer das Heil versprechenden Natur selbst ein Produkt der Säkularisation einer theologischen Überlieferung darstellt, die durch diese Rede sich auf den Mythos zurückwendet. Theologisch bedeutsam ist Kunst nicht durch das, was sie aussagt, sondern sie ist es geworden im Zeitalter des Nihilismus, in dem sie von den Gestalten des absoluten Geistes die letzte ist, die gegen den totalen Funktionalismus steht. Es ist daher wahrer, als die negative Dialektik es wissen darf, daß ohne potentielle Theologie die Existenz von Kunst überhaupt unbegründbar ist.

Friedrich Nietzsche hat das klar erkannt und schon in der »Geburt der Tragödie« die metaphysische Rolle der Kunst in der Moderne als die Produktion des illusionären Scheins bestimmt, dessen der Mensch bedarf, um es im Chaos der Gesellschaft länger aushalten zu können. Die Kunst bringt den Wahn hervor, der das erschöpfte Individuum zur Fortführung des Lebens stimuliert. Es ist also die Linie Nietzsches, die, in der Nachfolge Adornos, von der aus dem Geiste der Ästhetik sich speisenden kulturrevolutionären Bewegung fortgeführt wird. Hier geht es nicht um das Sprengen des mythischen Bannes in der schockhaften Erfahrung des Kunstwerks, sondern das Netz des Mythos wird immer enger verknüpft. Die Kunst wird erst jetzt, was sie schon für Novalis sein sollte, die progressive Anthropologie. Die Kunst hat von allen Gestalten des Absoluten am längsten überdauert. Während Religion und Philosophie durch die auf ihre Totalität hin fortschreitende Gesellschaft auf die Funktion eines diesem Prozeß reflektierenden Scheins reduziert wurden, widerstand die Kunst gerade dadurch, daß sie nichts anderes zu sein prätendierte als Schein. Die Ästhetik wurde zum Inkognito, in das hinein sich nicht nur die konkrete, in den Abstraktionen von Wissenschaft und Technik ausgeklammerte Subjektivität rettete, sondern sie wurde auch zum geschichtlichen Ort, an dem in der ästhetischen Potentialität die Inhalte religiöser und metaphysischer Erkenntnis gegenwärtig blieben. Der Schein der ästhetischen, der autonomen Kunst wurde daher zum privilegierten Organ einer der Möglichkeit nach unideologischen Kritik gesellschaftlicher Realität. Anamnetisch, erinnernd, und utopisch, antizipierend, konnte Vergessenes und Unterdrücktes sich gegen eine Realität wenden, die sich immer mehr nach einer Logik entwickelte, die Hegel als die Logik des Verschwindens auf den Begriff brachte. Indem aber diese Gesellschaft die Subjektivität selbst auflöste, stand der ästhetische Schein nur noch für sich selber.

Es ist daher ein Vorgang von innerer Notwendigkeit, wenn am Ende der bürgerlichen Humanität auch die ästhetische Autonomie abgebaut wird. Die irritierende Amalgamierung von reaktionären und revolutionären Elementen, die der Umwandlung der Ästhetik in Politik eigentümlich ist, das verzweifelte Schwanken zwischen Politökonomie und religiös-utopischer Intention wiederholt die unaufgehobene Entzweiung von Subjektivität und Gesellschaft, also die Probleme der bürgerlichen Epoche des 19. Jahrhunderts. Die radikal einseitige Schlichtung des Konflikts durch das Eintauchen des Subjekts in das Kollektiv hat schon einmal in unserem Jahrhundert zum Ausbruch des Verbrechens und der Gewalt totalitär verhängten Zwanges geführt. Die Befreiung theologischer Wahrheit aus der ästhetischen Entfremdung – bei Platon, Hegel, Thomas Mann und Broch – konnte bisher nicht fruchtbar gemacht werden, weil die Theologie im 20. Jahrhundert, in der Wendung gegen die religiöse Erfahrung, indirekt und unfreiwillig die technologische Rationalität als die geschichtlich einzig mögliche legitimierte. Der Wahn einer Entmythologisierung des Christentums trieb die religiöse Subjektivität zur Flucht in die Ästhetik. Technologie und moderne Theologie haben in der Zerstörung der konkreten Subjektivität zusammengearbeitet. In der Zweideutigkeit der ins Politische transformierten Ästhetik verdämmert die Möglichkeit einer Wiedergewinnung religiös-metaphysischer Wahrheit. Wenn neue Formen kollektiver Barbarei oder der Exodus der Subjektivität aus der technologischen Gesellschaft vermieden werden sollen, dann kann die Erinnerung an die Voraussetzungen des gegenwärtigen Prozesses in der Ästhetik nur einen Sinn haben, wenn die Reflexion auf das Verhältnis von Theologie und Kunst sich in der Form der Erneuerung der Religionsphilosophie erfüllt.

Atheistische Theologie von Feuerbach bis Heidegger

Es ist keine Übertreibung, von Zeichen in der gegenwärtigen philosophischen, theologischen und politischen Diskussion zu sprechen, die auf ein Phänomen deuten, das man nicht unschicklich als eine Renaissance Feuerbachs bestimmen kann. Hinter diesem Interesse an Feuerbach müssen gewichtige Motive stehen. Alle diese Motive sammeln sich wie in einem Brennpunkt in der Frage nach der geschichtlich unaufgehobenen Natur. Nun ist die Hinwendung zur Natur immer auch ein Symptom für ein prekär gewordenes Verhältnis zur Geschichte. Man hat vielleicht etwas überspitzt, aber im Kern richtig gesagt, daß die Natur immer dann als ein Ort des Heils, der Rettung und der Zuflucht beschworen wird, wenn die Lösung der geschichtlichen, auch revolutionären Probleme durch vernünftige Praxis aussichtslos geworden zu sein scheint. Wenn alle Formen der Emanzipation durchreflektiert und durchprobiert worden sind, dann bleibt nur noch die sinnliche Emanzipation übrig. Dann emanzipiert man sich nicht mehr von der Natur, sondern dann emanzipiert sie sich selbst. Der etwas düster stoische Untergrund, aus dem von Löwith aus der Verzweiflung am Historismus und der nichts verändernden gesellschaftlichen Praxis entschlossen der Austritt aus der im Nichts endenden Reflexionsdialektik gefordert und der Anblick der heilen Kosmosnatur empfohlen wurde, weicht dann der forscheren Gangart einer Marx durch Feuerbach korrigierenden Praxisempfehlung. Es ist zweifellos eine innere Konsequenz des den Fortschrittsglauben destruierenden Neomarxismus, daß er Marx mit Feuerbach korrigieren muß, wenn Natur und Geschichte in eine so unvermittelbare Disparatheit auseinandertreten, wie das gegenwärtig der Fall zu sein scheint.

Wenn Marx von Feuerbach sagte, daß die Geschichte bei ihm ohne Natur und die Natur nur immer ohne Geschichte vorkäme, dann ist prägnant damit die Pathologie der gegenwärtigen Situation auf den Begriff gebracht, die unreflektiert in das erneuerte Interesse an Feuerbach eingeht. Doch ist nicht nur das Auseinandertreten von Natur und Geschichte das entscheidende Moment für die Feuerbach-Renaissance. Auch aus der von Nietzsche vollzogenen Radikalisierung des frommen Atheismus Feuerbachs lassen sich Einsichten in seine Aktualität gewinnen. Nietzsche hielt es für eine die bürgerliche Gesellschaft in ihrem Verfall charakterisierende Meinung, man könne Gott als für sich existierendes Subjekt streichen und gleichzeitig die auf ihn projizierten Eigenschaften der menschlichen Gattung zurückerstatten und diese dann anstelle Gottes anbeten. Diese von Marx als Ideologie und von Nietzsche als eine Gestalt des inkonsequenten Nihilismus interpretierte Praxis ist zur herrschenden Form des religiösen und politischen Bewußtseins der Gegenwart geworden.

Man kann sich im Ernst die Frage stellen, ob Feuerbach nicht durch den Gang der Geschichte in seiner Überzeugung bestätigt wurde, daß die Reform des religiösen Bewußtseins die Reform ist, die über jeden Fortschritt, und zwar nicht nur des Bewußtseins, entscheidet. Die Menschen bedürften etwas, was ihnen das Höchste und Letzte ist, und sie bedürfen einer sie zusammenschließenden und verbindenden Macht. Konsequent hat daher Feuerbach den Staat ohne jede Hegelsche Metaphorik als die für sie, für die Menschen, nun weltlich und real gewordene Vorsehung bestimmt. Feuerbach wußte, daß es für den Menschen, wenn der Mensch für ihn das höchste Wesen ist, kein Entrinnen mehr gibt und er sich den Beschlüssen des Kollektivs unterwerfen muß, als spräche das Absolute selbst aus ihnen. Feuerbach kannte die Geschichte und Welt der Religionen zu genau, um nicht zu wissen, daß es keine Form kollektiver Sinngebung geben kann, es sei denn in der Gestalt einer politischen Religion. Daß die Politik nun nach dem Ende des geschichtlichen Christentums unsere Religion werden müsse, durch diese Forderung qualifizierte er sich zu einem Kirchenvater des 20. Jahrhunderts. Die Religionskritik erfüllt sich in der Stiftung einer neuen Religion. In der Tat ist die Kritik an der Religion so alt wie die Religion selber.

Der Atheismus ist eine Möglichkeit, solange die Behauptung, daß Gott oder Götter seien, aufgestellt wird. Die Schwierigkeiten, die bestehen, wenn es um eine angemessene geschichtliche Theorie des Verhältnisses von Religion und Atheismus gehen soll, sind darum in der Gegenwart so schwer zu überwinden, weil es eine Unzahl von Definitionen von Religion gibt. Es wurde gesagt, daß es 48 verschiedene, voneinander abweichende Definitionen von Religion gibt. Über das Wesen von Religion kann immer nur aus den geschichtlich wechselnden Grundkonstellationen von Mensch und Welt und damit aus dem geschichtlichen Wandel des Selbstverständnisses und des Weltverständnisses des menschlichen Dasein entschieden werden. Mit dem geschichtlichen Wandel der Grundkonstellation von Mensch und Welt und seines fundamentalen Verständnisses seiner selbst und seiner Welt hat sich auch immer der Sinn von Religion von Grund auf verändert. So wie das geschichtliche Gewordensein unserer Welt eine Sache ist, die nicht ohne Religion begriffen werden kann und nicht ohne Religion zustande gekommen ist, so ist auch Religion selber ein eminent geschichtliches Datum. Religion hat sich nicht nur verändert in den Formen theoretischer Artikulationen, nicht nur in den praktischen, kultischen Formen der Darstellung des religiösen Seins des Menschen, sondern der Ort und der Stellenwert von Religion und damit letzten Endes auch der Sinn von Religion unterliegt einem geschichtlichen Wandel.

Dieser Grundtatbestand des geschichtlichen Wesens und des geschichtlichen Wandels des Sinns von Religion ist für uns heute darum so schwer zu begreifen, weil wir alle herkommen von Entscheidungen, die bald ein halbes Jahrhundert zurückliegen. Die uns auch noch heute bestimmenden Neuansätze der Theologie der zwanziger Jahre haben die Meinung durchgesetzt, daß man das Christentum nach dem konstatierten Verfall und der Auflösung von Religion neu begründen könne auf dem Boden der These, daß das Christentum keine Religion sei. In der Gegenwart aber wächst in zunehmendem Maße das Bewußtsein, daß von den epochalen Wandlungen der Formen und des Sinns von Religion das Dafürhalten von Christen und die Erwägungen von Theologen nicht unberührt bleiben können. Noch bis zu Hegel hin war es ganz selbstverständlich, daß auch das Christentum als eine Religion verstanden wurde und die Wahrheit des Christentums sich an die Welt über die Vermittlung der religiösen Kategorien und des religiösen Dafürhaltens der Menschen vollzog. Ja, Hegel ging im Grunde genommen über diese Zuordnung von Christentum und Religion noch einen Schritt hinaus, indem er in einer umfassenden Konfrontation des Christentums mit den nichtchristlichen Religionen sich um den Erweis bemühte, daß das Christentum die einzig wahre und absolute Religion sei. Für Hegel war das Christentum im Verhältnis zu den Pluralitäten von Religionen nicht nur eine mögliche unter vielen anderen, sondern das Christentum war für Hegel der Ort der Verwirklichung der Wahrheit der Religionen und damit auch des Gerichts über die Religionen. Erst nach dem Ende des sogenannten deutschen Idealismus vollzieht sich eine grundlegende Verwandlung der Konstellation von Welt und Mensch, deren erstes auch noch unsere Gegenwart nachhaltig bestimmendes Symptom die Religionskritik von Feuerbach ist. Die philosophische Bewegung von Kant bis Hegel hatte gegenüber dem von den Voraussetzungen der Religionskritik der Aufklärung gegen das Christentum geführten Angriff mit dem Versuch geantwortet, das Christentum philosophisch als die absolute und damit einzig wahre Religion zu rechtfertigen.

Dieser Sachverhalt ist noch nicht mit hinlänglicher Klarheit und umfassender Deutlichkeit in das Bewußtsein der Theologie eingegangen, obwohl vor allem die Lutheraner an der in der Philosophie des deutschen Idealismus geleisteten Rechtfertigung des Christentums ein besonderes Interesse nehmen sollten, weil sie die Rechtfertigung des Christentums durch den deutschen Idealismus in der Form einer gleichzeitigen geschichtlichen Aktualisierung und Erneuerung der Substanz der Reformation vollzogen hat.

Aber die Begründung der Aktualität der noch gar nicht eingeholten Periode der philosophischen Rechtfertigung des Christentums gegenüber der atheistischen und materialistischen Religionskritik der Aufklärung des 18. Jahrhunderts kann hier nicht unser Thema sein. Die geschichtliche Bewegung nach dem deutschen Idealismus interpretieren wir – bestimmt durch die von Löwith in seinem Buch »Von Hegel bis Nietzsche« vorgelegte Interpretation – als den revolutionären Bruch im Denken des 19. Jahrhunderts. An die Stelle einer vernünftigen Vermittlung von Theologie und Philosophie treten nun in der Deutung von Löwith eindeutige Unterscheidungen und Scheidungen, durch die nicht nur das Verhältnis von Philosophie und Theologie ungeklärt bleibt, sondern sie beginnen auch heillos auseinanderzufallen und auseinanderzutreten. Das Neue, das über den deutschen Idealismus hinausführt, ist der auch noch unsere Gegenwart bestimmende Versuch, eine neue Welt aus der radikalen und konsequenten Destruktion der christlichen Tradition und Religion hervorgehen zu lassen. Was Löwith als revolutionären Bruch im Denken des 19. Jahrhunderts verstanden hat, ist im Grunde genommen nur die Anzeige eines Problems, im besten Falle nicht viel mehr als der Ausdruck einer Verlegenheit. Die Frage, wie auf Hegel Feuerbach folgen konnte, ist so wenig geklärt und so wenig verständlich gemacht, daß wir es schwer haben, uns heute daran zu erinnern, daß bereits Fichte in seiner ersten grundlegenden Schrift für den Begriff der Offenbarung, mit der er seine publizistische öffentliche Laufbahn begann, bereits das ganze religionskritische Programm von Feuerbach zum Thema seines Denkens gemacht hatte und seine Schrift als eine Kritik an dieser Religionskritik verstanden hat.

Wenn wir heute die Frage nach der Kritik von Religion und der Kritik an den überkommenen Überlieferungen des Christentums stellen, dann sehen wir uns unausweichlich auf Feuerbach zurückverwiesen und auf die beiden Gestalten, die das geschichtliche Bewußtsein unserer Epoche bestimmen, auf Marx und Nietzsche, die radikal die Konsequenzen aus dem religionskritischen Ansatz von Feuerbach gezogen haben.

Es dürfte sich daher empfehlen, mit einigen wenigen Vorbemerkungen zum religionskritischen Ansatz von Feuerbach und den Gründen seiner Aktualität in der Gegenwart zu beginnen. Das religionskritische Programm von Feuerbach läßt sich in der Forderung nach einer Verwandlung der Theologie in Anthropologie und damit einer Reduktion der Theologie auf Anthropologie zusammenfassen. Die Verwandlung von Theologie in Anthropologie schließt die These in sich ein, daß der Mensch in seinem religiösen Verhältnis es im Grunde nur mit sich selbst zu tun habe. Dieser Gedanke Feuerbachs hat Epoche gemacht. Auch in allen religionskritischen Ansätzen und Versuchen der Gegenwart geht man mit nicht weiter zu diskutierender Selbstverständlichkeit von der Überzeugung aus, daß in allen religiösen Verhältnissen der Mensch es nicht mit einem anderen, nicht mit einem Fremden, sondern nur mit sich selbst zu tun habe. Es gibt nur den Menschen im Verhältnis zur Natur und den Menschen im Verhältnis zu anderen Menschen. Es gibt nur zwei Realitäten, die den Menschen in seinem Verhältnis zu sich selbst bestimmen und den Umkreis dessen eingrenzen, was der Mensch auch im Verhältnis zu sich selbst sein kann, und diese Realitäten sind die ihn bestimmenden Grundmächte: Gesellschaft und Natur. Damit ist der Ansatz von Feuerbach in seinem Prinzip ein doppelter: er ist sowohl naturalistisch wie politisch-gesellschaftlicher Art. Daraus ergibt sich dann mit einer gewissen Notwendigkeit, daß das Gewicht der Religionskritik sich an dem entscheidet, was man von der Natur und von der Gesellschaft auf der einen Seite und von den Möglichkeiten des Menschen hält, unter bestimmten gesellschaftlichen Bedingungen sich als ein natürliches Wesen zu verwirklichen. Wenn der Mensch es aber in allen religiösen Verhältnissen im Grunde und eigentlich nur mit sich selbst und seiner gesellschaftlichen Gattungsnatur zu tun hat, dann muß das Grundproblem der Religionskritik dahingehend bestimmt werden, deutlich zu machen, wie es möglich war, daß der Mensch sich über diesen Grundtatbestand seines Seins in der Religion täuschen konnte. Wie konnte der Mensch in der Religion das Verhältnis so mißverstehen, daß er meinen konnte, es in der Religion nicht mit sich selbst, sondern mit einem Nicht-Menschlichen zu tun zu haben? Jede Religionskritik setzt damit ausdrücklich oder unausdrücklich ein Prinzip voraus, nach welchem und auf das hin die Religionskritik geleistet werden soll.

Ist der Mensch im Grunde genommen nur fähig, ein Verhältnis zu sich selbst und seiner Gattungsnatur zu haben, dann muß die Religion erklärbar werden als das Produkt eines Scheins, und zwar eines Scheins, der in der Religion nicht für das genommen wird, was er ist, sondern als eine über den Menschen eigentlich und im Grunde bestimmende Realität. Die der Religion eigentümliche Verwechslung des Scheins mit der Realität erzwingt die Deutung der Religion als des Produktes einer Täuschung des Menschen über sich selbst. In der Religion wird der Schein nicht als Schein, sondern als Wirklichkeit genommen. Diese Verwechslung von Schein und Wirklichkeit wird aber nicht erkannt, und damit ist die Religion das Produkt einer bewußten oder unbewußten, einer zufälligen oder einer unter bestimmten Bedingungen unausweichlich gewordenen Täuschung des Menschen über sich selber. Hat der Mensch sich aber in der Religion über das getäuscht, was ihn eigentlich und im Grunde in seinem Verhältnis zu sich selbst und zu der Welt bestimmt, dann muß die Religionskritik die Gestalt einer Aufklärung über diese Täuschung annehmen. Religionskritik ist dann ein Teil des Programms der Aufklärung des Menschen über sich selbst. Das Ziel der Religionskritik besteht darin, den Menschen zu bewegen, den Schein abzulegen, um sich das im religiösen Schein entfremdete Wesen als sein eigenes wieder anzueignen und nun seine geschichtliche Wirklichkeit anzusehen und zu gestalten, wie Marx es gesagt hat, wie ein nüchterner, illusionsloser, zur Erkenntnis der wahrhaften Realität gekommener Mensch.

Religionskritik vollzieht sich also in drei Schritten. Alle Religion ist Schein. Das bedeutet, in der Religion verhält sich nach Feuerbach der Mensch zu seinem eigenen Gattungswesen nicht wie zu seinem eigenen, sondern wie zu einem fremden. Hier taucht die zentrale Kategorie, der für die Religionskritik des 20. Jahrhunderts entscheidende Begriff der »Entfremdung« und der »Selbstentfremdung« auf. Religion ist Gestalt und Ausdruck der Selbstentfremdung des Menschen.

Aus dieser Grundthese der Interpretation der Religion als Gestalt und Ausdruck einer Selbstentfremdung des Menschen ergibt sich mit innerer Notwendigkeit die Frage, wie es dazu kommen konnte, daß sich der Mensch in der Religion zu seiner eigenen Gattungsnatur nicht wie zu seiner eigenen, sondern wie zu einer fremden verhalten konnte. Die Beantwortung dieser Frage führt zu der zentralen Rolle der auch für Freuds psychoanalytische Religionskritik entscheidenden Kategorie der »Projektion«. Der Mensch projiziert, entäußert sich, er stellt seine Gattungsnatur aus sich heraus und stellt sie, sie hypostasierend, sich gegenüber und verhält sich zu dieser Projektion unter dem Namen Gottes wie zu einer höheren Macht, von der er die Dinge erhofft und erwartet, die er sich nicht unmittelbar beschaffen kann. Die Religion, die religiöse Gegenständlichkeit, ist also das Resultat einer projizierenden Hypostasierung der eigenen Gattungskräfte, denen sich der Mensch in der Form ihrer verdinglichenden Objektivierung unterwirft. Dieser durch die moderne Religionskritik aufgedeckte Vollzug der Projektion vollzieht sich aber unter der Herrschaft der Religion bewußtlos. In der Religion ist sich der Mensch dieses Projektionsmechanismus nicht bewußt. Die Aufklärung über die Herkunft der religiösen Gegenstände aus dieser bewußtlos gebliebenen Projektion führt dann zu der Aufforderung, sich das entfremdete Eigene wieder anzueignen, und diese Aneignung der in der Gestalt der Religion entfremdeten Gattungsnatur des Menschen ist nun das, was Feuerbach unter der Verwirklichung der Religion versteht. Die Religionskritik Feuerbachs führt also nicht zu einer Eliminierung der Religion, sondern zu einer neuen Bestimmung der Gestalt der Verwirklichung von Religion. Der Grundsatz der aus der aufgeklärten Religionskritik verwandelten Gestalt von Religion hat zu ihrer Mitte den Satz, daß der Mensch für den Menschen das höchste Wesen ist.

Es braucht hier nicht näher erläutert zu werden, in welchem Ausmaße Feuerbach mit diesem Gedanken auch theologisch Epoche gemacht hat. Das wahre religiöse Verhältnis verwirklicht sich für den Menschen in dem Verhältnis von Ich und Du. Und da der die religionskritische Aufklärung bei

Feuerbach leitende Begriff von Wirklichkeit bestimmt ist durch den Grundsatz, daß wirklich nur das ist, was in der sinnlichen Unmittelbarkeit unmittelbar erfahren werden kann, wird das Geschlechtsverhältnis zum Ort der Verwirklichung einer wahrhaft humanen Religion. Dem Resultat der Feuerbachschen Religionskritik hat Karl Barth in seiner Dogmatik, und zwar in seiner Anthropologie, die bei Feuerbach noch fehlende trinitarische Begründung hinzugefügt. Zu den selber nicht weiter diskutierten Voraussetzungen dieser Religionskritik gehört aber die Überzeugung, daß es eigentlich und im Grunde genommen nur die Natur und den sein Leben mit der Natur gesellschaftlich vermittelnden Menschen gibt.

Wenn also der Mensch nichts anderes ist als Natur, als ein Produkt der Natur, dann muß man die Frage stellen, was den Menschen eigentlich dazu brachte, aus diesem unmittelbaren natürlichen Verhältnis zur Natur herauszutreten und in der Religion sich selbst zu entfremden und zu verdoppeln. Was ist eigentlich der Grund für den Prozeß, der die Menschen der Natur entfremdet und in der Religion sich als Trennung von der Natur verwirklicht? Auf diese entscheidende Frage gibt es bei Feuerbach keine einheitliche und wohl auch keine eindeutige Antwort. In der »Theogonie«, einer Spätschrift Feuerbachs, heißt es, was den Menschen gezwungen habe, aus der unmittelbaren Einheit mit der Natur herauszutreten, sei die Natur selber gewesen, nämlich die Übermacht der Natur über die Kräfte des Menschen. Die Furcht vor der übermächtigen Natur hätte ihn zu der Ausbildung einer fiktiven religiösen Gegenständlichkeit geführt, von der er eine Rettung aus seiner Ohnmacht von der ihn übermächtigenden Natur gesucht hätte. Umgekehrt aber bleibt auch mit dieser Antwort die Frage, wie es möglich ist, daß die Natur im Menschen sich mit sich selbst entzweit. Wie kann die Natur im Menschen mit sich selbst in Widerspruch treten? Darauf gibt es bei Feuerbach keine Antwort, er stellt nur fest, daß durch die Entwicklung von Technik und Wissenschaft der Mensch in der modernen Gesellschaft Herr der ihn übermächtigenden Natur geworden sei. Das wirkliche Motiv für die Religionskritik Feuerbachs im 19. Jahrhundert ist also entscheidend durch die Einsicht getragen, daß die moderne Welt das Christentum widerlegt und überflüssig gemacht habe. In der Beherrschung der Natur durch Wissenschaft und Technik habe der Mensch in der modernen Gesellschaft eine Lebenspraxis ausgebildet, in der das Christentum faktisch aufgehört habe zu existieren und daher bedeutungslos geworden sei. Unter den Bedingungen einer durch Wissenschaft und Technik möglich gewordenen Beherrschung der Natur durch den Menschen müsse an die Stelle der Religion ihre Verwirklichung durch Politik treten.

Aus Feuerbachs Religionskritik folgt daher die Bestimmung von Sexualität und Politik als den beiden neuen Grundformen der Verwirklichung von Religion. Die Feuerbachsche Religionskritik ist für den Ansatz von Karl Marx grundlegend geblieben, weil es für ihn nie einen Zweifel daran gegeben hat, daß der Mensch es in der Religion mit nichts anderem zu tun hat als mit sich selbst. Ja, die von Feuerbach ermittelte religiöse Gestalt menschlicher Selbstentfremdung wird von Marx als eine Voraussetzung seiner eigenen, über die religiöse Kritik hinausführenden Destruktion der ideologischen Gestalten des Bewußtseins der bürgerlichen Gesellschaft anerkannt. Für Marx selber war daher die Frage nach der Religion oder nach Gott überhaupt kein ernsthaftes Problem mehr, sondern für ihn ist die Religionskritik als die erste Form der Kritik durch Feuerbach nicht nur vorbereitet, sondern auch bereits definitiv abgeschlossen worden. Darüber wird nicht mehr diskutiert.

Engels hat dieses Verhältnis des Marxismus zu Feuerbach auf das schöne Bild gebracht, daß wir alle durch den Feuerbach hindurch müssen. Das heißt dann nichts anderes, als daß die Resultate der Religionskritik von Feuerbach auch das grundlegende Prinzip für alle Formen der Kritik bilden. Was die Religionskritik im engeren Sinne angeht, so hat sich Marx nur zu einem allerdings entscheidenden Punkt bei Feuerbach kritisch verhalten, nämlich zu der Frage nach dem Grund der Nötigung der religiösen Entzweiung und Entfremdung des Menschen. Marx gibt auf diese von Feuerbach gestellte, aber nicht beantwortete Frage eine Antwort, indem er die Ausbildung einer religiösen Form menschlicher Selbstentfremdung auf den Grundantagonismus der gesellschaftlichen Praxis, die bisher geschichtlich unaufgehobene Trennung von Produktivkräften und Produktionsverhältnissen zurückführt. Der Grund der Nötigung dafür, daß der Mensch sich in der Religion entfremdet zu seinem eigenen Wesen verhält, ist also der Grundantagonismus der Gesellschaft. Solange dieser Antagonismus von Produktivkräften und Produktionsverhältnissen und damit die Klassenkampfstruktur die Gesellschaft bestimmt, ist die Religion der Seufzer der bedrängten Kreatur.

Aber für Marx ist die Religion nicht nur Ausdruck des menschlichen Elends, sondern sie ist auch zugleich eine Form des Protestes gegen das Elend. Daraus folgt, daß die Religion als solche nicht schlechthin die Unwahrheit ist, sondern die Religion ist die Wahrheit, die unter den Bedingungen der modernen Gesellschaft in der Gestalt ihrer eigenen Ohnmacht auftritt. Überwindung religiöser Selbstentfremdung durch die Revolution des Proletariats soll daher auch die Einlösung des in der Form der Religion der Menschheit gemachten Versprechens sein. Die Verheißungen der Religion, abgedrängt in ein Jenseits oder in die Zukunft, sollen durch die Revolution des Proletariats eingelöst, verwirklicht und eine unmittelbar erfahrbare, gesellschaftliche Wirklichkeit werden.

Bis zum heutigen Tag geht es in dem Kampf um den wahren Marxismus auch immer um die Einlösung der Versprechen der Religionen, um die Verwirklichung religiöser Verheißungen zu einer Gestalt der universalen Verwirklichung und Selbstbestätigung des Menschen.

Die Feuerbachsche Religionskritik ist durch den Ansatz der dialektischen Theologie nach dem Ersten Weltkrieg durch Karl Barth zum konstitutierenden

Prinzip für die Bestimmung des Verhältnisses der modernen evangelischen Theologie zur Religion überhaupt gemacht worden. Auch die Theologen müssen nun durch den Feuerbach hindurch. Die theologische Affirmation des religionskritischen Programms von Feuerbach und seiner Resultate wird hiermit zu einer nicht nur theoretischen, sondern auch praktischen Voraussetzung dafür, in ein wahrhaft christliches Verhältnis zur christlichen Wahrheit zu gelangen. Der der Religionskritik innewohnende Atheismus ist damit zu einer entscheidenden Grundlage der Theologie im 20. Jahrhundert geworden.

Nachdem nun in unserer Gegenwart die nicht-theologischen religionskritischen, faktisch atheistischen Voraussetzungen und Grundlagen der modernen Theologie sich gegen diese Theologie selber zu wenden beginnen, ist es nicht erstaunlich, daß die Frage nach der Möglichkeit der Theologie zur bewegenden Grundfrage des gegenwärtigen Zeitalters wurde. Was aus einer auf dieser Grundlage aufbauenden Theologie geschichtlich hervorgehen konnte, ist in unserer Gegenwart deutlicher zu erkennen und zu bestimmen als bisher. Was Feuerbach wollte, ist zum anerkannten Programm der Theologie oder eines Teils von ihr geworden: Politik und Sexualität sind die wesentlichen Formen nicht nur der Verwirklichung des Menschen als Menschen, sondern zugleich seiner religiösen Bestimmung, seiner religiösen Natur. Erst jetzt verhält sich der Mensch zu dem Produkt seiner gesellschaftlichen Tätigkeit in verdinglichter Form wie zu einem fremden Wesen, dem er unterworfen ist und das er anbetet wie einen neuen Gott, nämlich die fetischisierte neue Gesellschaft. Die These von Marx dagegen, daß der Feuerbachsche Mensch das vereinzelte, auf die Gesellschaft wie eine zweite Natur bezogene kleinbürgerliche Individuum sei, ist von der Geschichte bestätigt worden. Ebenso ist Nietzsches radikalerer, weil den Atheismus selbst noch überwindenwollender Atheismus an dem gescheitert, was Feuerbach das Wesen der Religion, das Herz genannt hat. Wollte Feuerbach aus der Religion als der Form eines verkehrten Bewußtseins zur Wirklichkeit durchbrechen, so vollzieht sich heute der Versuch, die Wirklichkeit zu transzendieren, im Zeichen der gottlosen Religiosität der unmittelbaren Subjektivität Feuerbachs. Nicht mehr Durchbruch zur Wirklichkeit ist das religiöse Grundthema, sondern die Frage, wie wir aus der technolosichen Realität, die uns wie ein zweiter Bann umfängt, wie es Adorno genannt hat, ausbrechen können.

Die Aktualität Feuerbachs ist daher in sich selbst zweideutig. Es ist sicher wahr, daß der sensibilisierte Leib den Stundenschlag des technologischen Fortschritts anzeigt. Es ist aber die Frage, ob er auch der Ort sein kann, um die Prinzipien für eine mögliche Therapie zu gewinnen. Unter neuen und veränderten Voraussetzungen sind wir auf die Feuerbachsche Forderung nach einer Reform des religiösen Bewußtseins zurückgeworfen, auf der Feuerbach unbeirrt, auch Marx gegenüber, bestanden hat, von der auch jede andere Reform abhängt. Es war bisher die uns leitende geschichtsphilosophische Perspektive, daß Feuerbach nur die Bedeutung eines transitorischen Momentes im Geschichtsprozeß zukommt. Es ist aber nunmehr die Frage, ob diese Deutung Feuerbachs als eines Durch- oder Übergangs nicht korrigiert werden muß. Der Bach wurde inzwischen zu einem reißenden Strom, in welchem wir, ohne erkennbare Aussicht auf ein rettendes Ufer, treiben. Wenn das Christentum praktisch abgeschafft ist, dann ist der Mensch, wie Feuerbach es gern gesehen hat, dem Menschen nicht nur das höchste Wesen, sondern dann ist er dem Menschen auch unentrinnbar ausgeliefert. »Das Natürliche ist nicht an und für sich, sondern daß es ein nicht durch sich selbst Gesetztes ist, macht die Endlichkeit seiner Natur aus. Auch unser sinnliches Bewußtsein, insofern wir es darin mit einzelnen zu tun haben, gehört in die natürliche Endlichkeit, diese hat sich zu manifestieren. Das Endliche ist als das Negative bestimmt, muß sich von sich befreien, dies erste natürliche unbefangene sich Befreien des Endlichen von seiner Endlichkeit ist der Tod, dies ist das Verzichtleisten auf das Endliche und es wird hier real, actualiter gesetzt, was das natürliche Leben an sich ist. Die sinnliche Lebendigkeit des einzelnen hat ihr Ende im Tode. Die einzelnen Empfindungen sind als einzeln vorübergehend: eine verdrängt die andere; ein Trieb, eine Begierde vertreibt die andere. Dieses Sinnliche setzt sich realiter als das, was es ist, in seinem Untergange.«

Mit dieser von Hegel entwickelten Dialektik der Endlichkeit sind wir an den Ausgangspunkt der Marxschen Religionskritik, an seine Übernahme des Feuerbachschen Sensualismus zurückgekehrt. Worum es doch in der Auseinandersetzung in erster Linie geht, ist die Frage nach der Positivität des endlich-sinnlichen Menschen. Die undiskutierte Annahme des An-sich-Gutseins des Menschen in seinem unmittelbaren Sein liegt nicht nur der Feuerbachschen und im Anschluß an ihn auch von Marx an Hegel vollzogenen Kritik zugrunde, sondern bildet auch die Voraussetzung – wie Hegel gesehen hat – der spezifisch modernen, im Umkreis der Aufklärung geübten Frömmigkeit und Theologie, wie es scheint, bis zum heutigen Tage. Die Theorie der Religion als eine Gestalt menschlicher Selbstentfremdung und die Erwartung der Rückkehr des Menschen in ein nicht entfremdetes Sein, beruhen auf dieser Annahme eines Gutseins des Menschen in seiner Unmittelbarkeit. Die These, daß die total zurückgenommene Entfremdung von selbst und unmittelbar in ebenso totale Freiheit umschlagen muß, ist nur von dieser Voraussetzung aus denkbar. Spiritualismus und Materialismus bewähren sich auch hier als Zwillingsbrüder, die sie sind.

Hegel hat demgegenüber auf das Illusionäre der Versöhnung des Endlichen mit sich selbst hingewiesen. »In diesem Standpunkt der Affirmation ist also wohl enthalten, daß ich mich auch zu einem Äußerlichen verhalten, das Gute getrübt werden kann. Meine Affirmation in Beziehung auf solches Unrecht wird dann auch vermittelte, aus solcher Vereinzelung sich herstellende Affirmation, vermittelt durch das Aufheben der Fehlerhaftigkeit, die an sich nur zufällig ist. Das Gute meiner Natur ist zur Gleichheit mit sich selbst zurückgekehrt, diese Versöhnung schafft dann nichts Inneres weg, berührt es nicht, sondern schafft nur Äußerliches fort. Die Welt, das Endliche versöhnt sich in dieser Weise mit sich selbst. Wenn es sonst also hieß: Gott habe die Welt mit sich versöhnt, so geht diese Versöhnung jetzt in mir als Endlichem vor: ich als einzelner bin gut, in Fehler verfallend, brauche ich nur ein Accidentelles von mir zu werfen und ich bin versöhnt mit mir.«

Hegel hat dem Anspruch des religiösen Subjektes, in einer entfremdeten Welt versöhnt bei sich selbst sein zu können, ebenso entschieden widersprochen wie dem Postulat der endlich-materiellen Gesellschaft, die Entzweiung von Subjektivität und Notwendigkeit objektiver Vermittlung gesellschaftlich beseitigen zu können.

Die Anstrengung, das Hegelsche Erbe in Marx durch Auflösung aller theoretischen Fragen des Marxismus in postulierte Praxis zu überwinden, stellt ein Ausweichen von der entwickelten Aporie dar. Praxis, vor der sich Christen und Marxisten in gleicher Weise zu bewähren hätten, wird zu einer magischen Beschwörungsformel, wenn nicht gefragt wird, was Praxis unter den Bedingungen der über Marx hinweggegangenen Emanzipation noch bedeuten kann.

Sicher sprengt auch nur die Explikation der Frage nach der Geschichtlichkeit Gottes den Rahmen einer so kurzen Überlegung, die nur den Charakter einer Vorbemerkung haben kann. Es ist die Frage, ob die gegenwärtige systematische Theologie oder Philosophie auch nur zur angemessenen Entfaltung der Frage nach der Geschichtlichkeit Gottes die theoretischen Mittel zur Verfügung hat. Diese Skepsis wird verständlich, wenn man bedenkt, was Karl Löwith über die Funktion und den Sinn der Philosophie heute gesagt hat. Löwith sagt, die Philosophie hätte heute keinen Sinn mehr, da sie keine Funktion mehr hätte. Die Frage der Philosophie sei die Frage nach dem Ganzen, und diese Frage nach dem Ganzen könne heute nicht mehr gestellt werden. In der Tradition sei die philosophische Frage nach dem Ganzen in drei Grundrichtungen gestellt worden. Diese Grundrichtungen sind die Kosmologie, die Psychologie und die Theologie gewesen. Eine solche Frage nach dem Ganzen in den drei Grundrichtungen ist nach Löwith heute nicht mehr möglich, weil es die drei Gegenstände nicht mehr gebe oder der Philosophie als Philosophie nicht mehr zugänglich seien. Über die Theologie sagt Löwith, selbst die Theologen wagten es heute nicht mehr, von Gott zu reden; wie sollte da die Philosophie sich eines bereits von der Theologie als hoffnungslos erkannten Unternehmens annehmen können. Die Seele als Gegenstand der Psychologie habe sich aufgelöst, und die Kosmologie sei kein Gegenstand der Philosophie mehr, sondern der Gegenstand der exakten Wissenschaften. Wolle die Philosophie noch etwas über die Welt sagen, müsse sie sich in den vollen Stand des Forschungswissens und Bewußtseins der exakten Wissenschaften stellen.

Theologie gibt es also dann nicht mehr, wenn die Theologie für eine vernünftige, rechenschaftsfähige Rede von Gott nicht mehr aufkommen zu können glaubt. Daß es aber eine solche Theologie gibt, die zu einer vernünftigen, rechenschaftsfähigen Rede von Gott imstande ist, ist auch von höchstem und unmittelbarem Belang für den Bestand der Philosophie. Der Verfall der Theologie als ein Verfall der Möglichkeit, in der Form einer geordneten Reflexion von Gott Auskunft zu geben, zieht die Philosophie in den Verfall der Theologie unmittelbar hinein. Vielleicht kann man an dem gegenwärtigen Endpunkt dieses gegenseitigen, sich wechselseitig bestimmenden Schwundprozesses, den heute Theologie und Philosophie gemeinsam vollziehen, etwas besser verstehen, was Hegel wohl im Sinn hatte, als er sagte, der einzige Gegenstand der Philosophie sei das Begreifen Gottes. Die Philosophie, sagt Hegel polemisch, habe nur Gott zu begreifen und sonst nichts; sie sei rationaler Gottesdienst. Wenn es Gott als einen möglichen Gegenstand des denkenden Begreifens für die Philosophie nicht mehr gibt, dann hat unter den Bedingungen der sich emanzipativ verstehenden Gesellschaft die Philosophie keinen eigenen Gegenstand mehr. Diese gegenwärtige Situation, in der sich Philosophie und Theologie auflösen, bestimmt die Frage nach der Geschichtlichkeit Gottes mit.

Die Theologie reagiert auf den Verlust ihres Gegenstandes in der Gegenwart so, daß sie sagt, daß Gott tot ist. Das ist heute eine Theologen erregende Position: Gott ist tot; Jesus würde Atheist sein, wenn er heute lebte; wir müssen lernen, atheistisch an Gott glauben zu können. In der Frage nach der Geschichtlichkeit Gottes müssen die Voraussetzungen diskutiert werden, auf Grund deren eine solche Konzeption legitimiert ist. Als Legitimation für eine solche Theologie wird der Satz in Anspruch genommen, daß es dem Menschen, der als Zeitgenosse in der gegenwärtigen, in der unsrigen Welt leben müsse, wenn er ein geschichtsphilosophisch qualifizierter Zeitgenosse sein will, unmöglich sei, an Gott zu glauben. Die Gegenwart wird also als das Resultat eines geschichtlichen Prozesses verstanden, in dem das Bewußtsein des Menschen den Gottesglauben nicht mehr mit seiner geschichtlichen Wirklichkeitserfahrung in Übereinstimmung bringen kann. Wer noch an Gott glaubt, muß anzuerkennen bereit sein, daß er als ein gegenwärtig lebender Zeitgenosse nicht mehr anerkannt ist. Wer glaubt, wird zu einem Fossil, zu einem nicht mehr ganz begreifbaren atavistischen Überbleibsel von menschlichen Bewußtseinsformationen, über die die Geschichte unrevidierbar hinweggegangen ist. Die hinter einem solchen Verdikt stehende Geschichtsphilosophie bestimmt die Geschichte als einen Verfallsprozeß. Dieser Verfall der Religion in der Geschichte wird unter dem Begriff der Emanzipation ins Positive gewendet. Was aber ist dem gegenwärtigen Menschen unmöglich geworden, das allen Menschen einmal möglich war? Es ist nicht mehr möglich, ein unmittelbares Verhältnis zu Gott zu haben. Diesem Satz korrespondiert die Hypothese, daß der Glaube immer in der Religion eine unmittelbare Gotteserfahrung gewesen sei.

Mit dem Verlust der Unmittelbarkeit der Erfahrung Gottes sei die Erfahrbarkeit Gottes überhaupt in der Gegenwart unmöglich geworden.

Hält eine solche These von der Unmittelbarkeit aller Gotteserfahrung einer Überprüfung stand? Max Weber hat mit den Maßstäben historischer Exaktheit erwiesen, daß von einer solchen unmittelbaren Gotteserfahrung weder das Christentum noch die übrigen Hochreligionen charakterisiert seien. Um die These von der Unmittelbarkeit aller Gotteserfahrungen in den Religionen aufrechterhalten zu können, muß man hinter die Hochreligionen in ein magisches Weltbewußtsein zurückgehen. Was liegt für Max Weber als Grunderfahrung für die Gottesmanifestation in den nichtchristlichen Hochreligionen wie im Christentum zugrunde? Was der Gotteserfahrung in den Hochreligionen zugrunde liegt, ist die Erfahrung der Abwesenheit des menschlichen Daseinssinnes in der Welt. Die Grunderfahrung der Religionen ist die Abwesenheit von Sinn. Die Erfahrung der Abwesenheit von Sinn läßt nur die Logik der Theodizee zu als das Postulat des Zusammenhangs der Welt. Es ist eine elementare Erfahrung, daß die Welt an dem Gelingen des menschlichen Daseins prinzipiell desinteressiert ist. Von einer Unmittelbarkeit der Gotteserfahrung kann also nicht die Rede sein.

Vor diesem Hintergrund erst kann die geschichtsphilosophische Notwendigkeit des Atheismus zur eigentlichen Evidenz entwickelt werden. Die geschichtsphilosophische Notwendigkeit des Atheismus ist also zum Teil dadurch bestimmt; es ist die spezifische Eigenart der christlichen Gotteserfahrung gegenüber anderen Religionen, daß das Christentum herkommt von der grundsätzlichen Verweigerung eines unmittelbaren Verhältnisses des Menschen zu Gott. Der schon für die anderen Hochreligionen prinzipiell vermittelte Charakter der Gotteserfahrung wird im Christentum in die Unbedingtheit des Gottes selbst mit hineingenommen, der sich selber an Vermittlungen als an die Bedingungen seiner Weltgegebenheit gebunden hat. Die Vermitteltheit der Gotteserfahrung stellt den Menschen in den Zusammenhang von Mythos und Kultus. Mythos und Kultus sind die Grundgestalten der Vermittlung der Gotteserfahrung, können aber nicht als Stationen des Menschen zu einer unmittelbaren Gotteserfahrung hin verstanden werden. Der homo religiosus scheint immer wieder auf die Vermittlung und den vermittelten Charakter seiner Gotteserfahrung zu stoßen, wie auf ein letztlich unbegreifliches Geschick.

Die Notwendigkeit des Verfalls von Religion und die Zugehörigkeit der Gestalt des sterbenden Gottes zur Religion gründet in dieser geschickhaften Erfahrung des religiösen Menschen, den Vermittlungen nie endgültig entrinnen zu können. Diese Grunderfahrung des homo religiosus wird durch das Christentum nicht nur bestätigt, sondern radikalisiert in einer Weise, die die Rede von der Geschichtlichkeit Gottes erzwungen hat. Zum ersten wird die Weltpräsenz Gottes vertieft in die Kontingenz von Raum und Zeit. Im Christentum werden die Datierbarkeit des Zeitpunktes und die Lokalisierbarkeit des Raums in unableitbarer Kontingenz zu konkreten Gestalten des sich in seine Präsenz in die Welt hineinvermittelnden Gottes. Damit muß auch der Begriff der Offenbarung wieder ernstgenommen werden.

Eine besondere Schwierigkeit in unserem Verhältnis zur theologischen Tradition besteht darin, daß unter Offenbarung das Heraustreten Gottes aus der Verborgenheit in die Manifestation verstanden wird. Dieser Begriff von Offenbarung stammt aber aus den nichtchristlichen Religionen. Dieses Mißverständnis, als sei Gott in die Unverborgenheit getreten, hat dazu beigetragen, daß die Eigenart des geschichtlich handelnden christlichen Gottes nicht zu verstehen war, wie ja dann auch die Rede von der Geschichtlichkeit Gottes als religionskritisch aufgefaßt wurde. Ist ein Begriff von Offenbarung haltbar, in dem Gott aus der Verborgenheit und Unzugänglichkeit heraus sich manifestiert und hineintritt in die Parusie, in die Offenbartheit, in die Gelichtetheit und Zugänglichkeit? Was offenbar geworden ist, ist doch nicht mehr als ein Stück menschlichen Lebens in dieser tief kontingenten Gebundenheit an Raum und Zeit; und dieses Stück Leben ist gescheitert, so elend und hoffnungslos gescheitert, daß Hegel von dem Verbrechertod am Kreuz gesprochen hat und über das natürliche Sterben hinaus auch noch die sittliche, geradezu kriminologische Komponente dieses Scheiterns mit ausgesagt hat. Dieses Stück kontingenten, raumzeitlich gebundenen menschlichen Lebens, das nach allen geltenden Maßstäben gescheitert ist, soll die Lichtung des Seins Gottes sein? Was hier offenbar geworden ist, ist aber die tiefstmögliche Verhüllung der maiestas Dei. Gott ist in die Verhülltheit des Gegenteils seiner Selbst getreten; und damit kommt über die menschlichen Vorstellungen und Meinungen über den allmächtigen, die Welt bestimmenden und beherrschenden Gott ein völliger Bruch. Von Unmittelbarkeit der Gotteserfahrung kann angesichts dieses Überantwortetseins des Menschen an ein kontingentes Stück gescheiterten menschlichen Lebens keine Rede sein. Das Moment der Vermittlung ist in einem solchen Maße radikalisiert und zur Mitte des Glaubens geworden, daß man doch sagen muß, daß, wenn in der Gegenwart den Menschen die Unmittelbarkeit einer Gotteserfahrung abhanden gekommen ist, dann doch die Chance um so größer geworden ist, die radikale Vermitteltheit des christlichen Glaubens zugänglich zu machen.

Die Rede vom Tod Gottes ist also nur dann möglich, wenn sie in der Unkenntnis des spezifisch Christlichen verbleibt. Daher muß diese Theologie auf die Suche nach der Herstellung neuer Unmittelbarkeiten gehen. Es liegt eine hintergründige Konsequenz darin, daß eine zu wenig radikale Religionskritik hinter das zurückfällt, was in dem Kritisierten bereits geleistet war. Wenn das in der Tradition als Religon vollmächtig gelebte menschliche Leben durch ein unmittelbares Gottesverhältnis ausgezeichnet war, so lautet die Hypothese, und den in der Fülle der Gotteserfahrung gelebten Leben in der Gegenwart die Gotteserfahrung unmöglich geworden ist, dann beginnen wir in der Gegenwart, wie Nietzsche gesagt hat, die Grabmäler des toten Gottes zu bewohnen. Die Grabmäler des toten Gottes bei Nietzsche und die stinkende Leiche des Staretz bei Dostojewski sind die diesem Prozeß zugeordneten Erfahrungen. Gegenüber dieser Erfahrung gibt es nur die Destruktion; die Grabmäler des toten Gottes werden zerschlagen.

Die erste Form der Destruktion ist die Destruktion Feuerbachs. Wenn die geschichtlich vermittelten Unmittelbarkeiten verlorengehen, dann gibt die Geschichte selber keine Unmittelbarkeit mehr her, sondern der einzige Ort der Möglichkeit der Wiedergewinnung und Wiederherstellung der Unmittelbarkeit ist dann, dem Grundimpuls des homo religiosus folgend, die Natur. Am Ende der Emanzipation von den institutionellen Vermittlungsgestalten gewinnt also die Natur die neue religiöse Bedeutung, die sie vor dem Beginn der geschichtlichen Religionen schon einmal hatte. Die Naturreligion, die der Mensch im Übergang zu dem geschichtlich in den Religionen sich manifestierenden Gott verlassen hat, kehrt in der aufgeklärten emanzipativen Welt seit Feuerbach wieder. Die Religionskritik Feuerbachs ist selbst religiös motiviert. Marx hat daher an Feuerbach kritisiert, daß Feuerbach die Religion destruiert habe als Religion, d. h., daß Feuerbach die in die abstrakte Jenseitigkeit des Menschen gelegten Hoffnungen nun in die Unmittelbarkeit der Natur hineinpostuliert habe. Feuerbach aber hat sich gegen Marx geschichtlich durchgesetzt. Der Lehrer der heute gelebten Religion ist Feuerbach.

Die Sexualität ist, wie Max Weber richtig gesehen hat, die pointierteste Form eines unmittelbaren Naturverhältnisses. Feuerbach bereits hat die Sexualität als die intensivste und natürlichste Form der Kreativität bezeichnet. Die Notwendigkeit, mit der die sexuelle Praxis zum Religions- und Revolutionsersatz in der Gegenwart gemacht wird, ist erst zu verstehen, wenn man die religiöse Bedeutung sieht, die Feuerbach der Sexualität gegeben hat. Zugleich hat Feuerbach die sexuell geleitete unmittelbare Ich-Du-Beziehung erweitert als eine Form politischer und sozialer Praxis. So verbinden sich Naturunmittelbarkeit und sozialpolitische Praxis. Es ist also von Feuerbach her nicht richtig zu sagen, daß die Gegenwart ein areligiöses Zeitalter sei und die Welt in jenem gelehrten abstrakten Sinn eine atheistische sei. Von Feuerbach her muß man sagen, daß das Ereignis des Aufbruchs von Sturm und Drang zu Jugendbewegung und Faschismus seine unmittelbare und radikale Durchschlagskraft aus vitaler Religiosität bezieht. Aus der Perspektive der Religionskritik ist die atheistische Selbstauslegung der Theologie und des intellektuellen Bewußtseins nur eine Vorstellung des Aufbruchs in neue Formen religiöser Unmittelbarkeit in allen privaten, öffentlichen und politischen Bereichen. Der herrschaftsfreie Dialog in seiner spontanen Unmittelbarkeit wendet sich gegen alle Formen des objektiv Allgemeinen und Institutionalisierten und will die Unmittelbarkeit der Erfahrung von Sinn in den Akt zugleich hineinnehmen und wieder ins Ephemere verlieren.

Nimmt man die These von der Geschichtlichkeit Gottes ernst, ist es nicht möglich, die Formen vitaler Religiosität, die sich überall als Aufbruch artikulieren, von einem bestimmten in der Tradition gewordenen Gottesbild her zu destruieren. Die Rede von Gott meint einmal einen jenseitigen und doch personalen Gott; oder Gott wird nach dem Vorbild des absoluten Dings gedacht, als gäbe es dort irgendwo hinter oder über der Welt ein welt-jenseitiges, vielleicht mit anthropomorphen Attributen ausgestattetes absolutes Ding, das einmal die Welt in seinem Macht- und Verfügungsbereich gehandhabt habe, der sich dann der masochistischen Ausbeutung und Unterwerfung unter den Menschen ausgeliefert habe und der nun ausgedient hat. Daher findet man heute das Wort »christlich« selten ohne die interpretierende Ergänzung »masochistisch«. In einem solchen Gottesbild durchdringen sich der Dingbegriff der antiken Ontologie und der Dingbegriff der modernen Naturwissenschaft an ihrem Anfang. Geistesgeschichtlich ist der Gott, der sich so leicht destruieren läßt, die unglückliche Synthese von antiker Ontologie und naturwissenschaftlich verdinglichender Objektivierung. Mit den Entwürfen von Sein ist auch eine mögliche Rede der Theologie von Gott zu ihrem Ende gekommen.

Was folgt nun aus der Heideggerschen Kritik an der Metaphysik? Aus der Kritik Heideggers an der Metaphysik ergibt sich die Forderung:

1. Man muß anders über den Menschen denken.
2. Man muß anders denken über den Gott.

Wie kommt Gott in die Metaphysik? Die Metaphysik redet von Gott, insofern sie sich durch den Gottesgedanken ihre Unfähigkeit verbirgt, eine Antwort auf die Herkunft der Zwiefältigkeit ihres Fragens zu geben. Der Gott in der Metaphysik ist der Grund dafür, daß die Verstellung der Selbstverstellung durch die Metaphysik der Metaphysik verborgen geblieben ist. Der Gott ist daran schuld. Die Metaphysik verdoppelt sich in sich selbst. Die Metaphysik denkt das Sein zweimal, sie denkt es als »on« und sie denkt es als »einai« oder sie denkt es als »ens« und sie denkt es als »esse«. Warum tut die Metaphysik das? Nun ist Gott für die Metaphysik ein Seiendes, wenn auch das höchste und das erste Seiende. Gott ist nicht das Sein, sondern Gott ist das Seiende, dem es am meisten zukommt zu sein, und das Seiende, das am reinsten und vollkommensten den Sinn von Sein verwirklicht. Gott ist das höchste und das erste Seiende, weil Gott den Sinn, den in der Metaphysik ausgelegten Sinn des Seins, am reinsten und am vollkommensten verwirklicht. An diesem Punkt gerät die Metaphysik in eine sie von Grund auf in Frage stellende Verlegenheit. Wenn für die Metaphysik Gott das Seiende ist, in welchem sich das Sein in der vollkommensten Weise verwirklicht, wo nimmt sie dann die Einsicht in das Wesen des Seins her, an dem gemessen es ihr möglich ist zu sagen, der Gott verwirkliche Sein am vollkommensten? Sie nimmt die Auslegung des Sinns von Sein aus ihrer Bestimmung dessen, was das Sein des Seienden im allgemeinen ist. So setzt also die Auslegung des Seins in der Metaphysik die

Auslegung des Gottes und umgekehrt die Bestimmung Gottes setzt die Auslegung des Seienden im allgemeinen immer schon voraus. Gott spielt damit in der Metaphysik die Rolle einer Hypostasierung, durch die sich die Metaphysik die ihr eigene Verdoppelung der Auslegung von Sein verbirgt. Gott ist der, der die Herkunft der Verdoppelung in der Seinsauslegung für die Metaphysik verdeckt. Von daher muß man es verstehen, daß Heidegger sagen kann, daß er sich von den gewöhnlichen Atheisten dadurch unterscheide, daß er frömmer sei als die Atheisten, die es mit der Verneinung des Gottes der Metaphysik bewendet sein lassen. Heidegger wendet sich also gegen den Gott der Metaphysik um willen Gottes selbst. Damit Gott wieder Gott sein kann, muß er nach Heidegger aus der Gefangenschaft; man wäre geneigt zu sagen, aus der babylonischen Gefangenschaft der Metaphysik befreit werden.

Welche Konsequenzen hat der Heideggersche Versuch einer Überwindung der Metaphysik für den Menschen? Auch über den Menschen müssen wir, wenn Heidegger recht hat, anders denken, denn der Mensch kann dann nicht mehr gedacht werden als animal rationale. Die Auslegung des Seins des Menschen als ein rationales Tier gehört in den Umkreis der Metaphysik und entspricht den fundamentalen Hinsichten der Auslegung des Seins. Was soll an die Stelle der Bestimmung des Menschen als eines animal rationale treten? An die Stelle der Tradition der Metaphysik zugehörigen Auslegung des Seins des Menschen soll das Verständnis des Menschen als Dasein treten, als der Ort des Anwesens von Sein selbst. Das Wesen des Menschen wird dann von Heidegger bestimmt als das Ausstehen des Bezuges zur Wahrheit des Seins, des als Unverborgenheit ausgelegten Wesens der »aletheia«, der Wahrheit, und in diesem Bezug stehend und ihn übernehmend kommt erst der Mensch in sein Wesen und sein Sein besteht in der Sorge um diesen Bezug. Das Sein des Menschen wird dann zu dem Ort, an dem das Sein in der total verdinglichten technischen Welt eine Unterkunft findet. Darum kann Heidegger auch sagen, das Sein sei auf den Menschen angewiesen, insofern der Bezug zum Sein nicht nur zum Menschen gehört, sondern dieser Bezug sein Sein ausmacht.

Aber es ist immer noch nicht die Frage beantwortet, wie eine Überwindung der Vergessenheit von Sein in der Metaphysik nach Heidegger möglich sein soll. Die Metaphysik läßt das Sein nicht sein, sondern die Metaphysik zwingt das Sein in den Bezug zum Seienden so, daß das Sein von der Metaphysik in Anspruch genommen wird, um das Seiende zu gründen und zu begründen. In Analogie zum Marxismus kann man hier bei Heidegger durchaus von einer Entfremdung des Seins von sich selbst reden, insofern es für die Funktion in Anspruch genommen und in der Funktion aufgeht, Seiendes zu gründen und zu begründen. Das dem Sein Eigene ist unter der Herrschaft des metaphysischen Denkens ausgeblieben. Es dürfte daher kein Zufall sein, daß Heidegger in seinem Brief über den Humanismus gesagt hat, daß kein Denken so tief an das Wesen der Geschichte heranreiche wie das die Geschichte mit der Kategorie der Entfremdung auslegende marxistische Denken. Wenn aber nun alles Denken von der Metaphysik beherrscht ist, wenn die Herrschaft der Metaphysik aber nicht aus der Metaphysik selbst verständlich gemacht werden kann, dann folgt daraus mit einer gewissen Gewalttätigkeit der Schluß, daß die Metaphysik verstanden werden muß als ein Geschick. Die Metaphysik ist ein Geschick, das das in der Metaphysik selbstvergessene Sein geschickt hat. Das in der Metaphysik vergessene Sein hat sich in der Gestalt der Metaphysik hineingeschickt. Wenn das so ist, dann liegt offenbar der Austritt des Menschen und des menschlichen Denkens aus der Herrschaft der Metaphysik nicht beim Menschen, geschweige denn beim Denkenden. Dann muß vielmehr der Austritt aus der Herrschaft der Metaphysik über das Denken von einer neuen Schikkung des Seins erwartet werden, das sich in die Verstellung seiner selbst in die Metaphysik hineinschickte.

Was wird aus dem Menschen als Subjekt, wenn er die Mittelpunktstellung verliert? Was wird aus dem Menschen als Subjekt unter dem Andrang des Nichts in der Angst? Was wird aus dem Menschen, wenn er nicht Subjekt als Subjektivität ist? Nach Heidegger vollzieht sich im Andrang der Angst die Verwandlung des Menschen vom Subjekt in Dasein. Der Mensch wird zum Ort der Anwesenheit des Seins. Der Mensch ist das Da des Seins, und zwar des Seins, von dem die Wissenschaften und die technologisch verfaßte Gesellschaft nur weiß, daß es nichts damit zu tun haben will. In diesem Zugriff des Seins in der Angst verwandelt sich der Mensch vom Subjekt ins Dasein und wird zum Ort der Parusie des Seins. Das menschliche Dasein wird der Ort, an dem das Sein gegenwärtig ist, von dem die Wissenschaften nichts wissen wollen. Heidegger destruiert das Seins- und Selbstverständnis des Menschen mit einer durch und nach Technik bestimmten Welt. Hier liegt eine wesentliche Übereinstimmung mit dem Neomarxismus vor, der wie Heidegger die technische Verdinglichung der Welt aufbrechen will. Das Sein von der Art des Dinges ist nicht alles Sein. Die Welt der Dinge ist nicht alles Sein, sondern das, was nicht ist, gemessen an der Struktur des dringlichen Seins, beirrt die technologische Gesellschaft als das Irrationale und als die Ausbrüche des Irrationalen, solange diese moderne, durch die Technik bestimmte Welt alles sein will. Solange das technisch ausgelegte Sein das alles sein will, kann sich das, was nicht durch die technische Verdinglichung dieser Welt setzbar, kontrollierbar und definierbar ist, nur in der Form des Ausbruchs des Irrationalen zeigen. Ist die technische Welt alles, dann ist der Mensch selber nur ein Stoff für die technische Herstellung. Das bedeutet, daß es mit dem Menschen aus ist. Nur im Irrationalen kann eine Wahrheit zugänglich werden, durch die der Mensch als Mensch lebt.

Indem aber Heidegger das, was für die Wissenschaften nichts ist, diesen Wissenschaften entgegensetzt als das wahre Sein und sich der Hegelschen Dialektik der Einheit von Sein und Nichts und damit der Dialektik überhaupt zu entziehen versucht, führt die Heideggersche Statuierung der ontologischen Differenz zu einem heillosen Auseinanderfallen des different Gewordenen. Indem Heidegger sich der Dialektik der Einheit von Sein und Nichts und damit der Dialektik überhaupt entzieht, trägt das Denken Heideggers zur Verfestigung und Verstärkung dessen bei, wogegen er sich wendet. Das different Gewordene fällt auseinander. Die Welt wird verdoppelt in eine Welt als totaler Bestand und die Wahrheit wird zur bloßen Aktualität. Im Denken Heideggers wird daher die vergessene Wahrheit des nichtverdinglichten Seins nicht nur wieder zugänglich für dieses Zeitalter, sondern die durch Heidegger wieder zugänglich gewordene Wahrheit wird zugleich in der Form der Fixierung der Differenz wieder abgedrängt und den sich technisch verstehenden Wissenschaften wird das Denken überlassen. Die an der traditionalen Metaphysik aufgedeckte Verdoppelungsstruktur wird also durch Heidegger gerade nicht überwunden. Die der Metaphysik eigentümliche Struktur der Entzweiung wird vielmehr durch Heidegger erneuert in der Auslegung des Ganzen als technisch verwalteter Bestand und bloße Aktualität. Die Wahrheit der christlichen Theologie kann also nicht einfach in diese neue durch Heidegger bestimmte Struktur einer Verdoppelung des Seins als Bestand und Ereignis eingeordnet und nicht von den Voraussetzungen dieser Entzweiung her verstanden werden. Vielmehr verhält sich die Theologie wie die Antwort auf eine Frage. Was im Horizont des Heideggerschen, die Metaphysik überwindenwollenden Denkens nicht denkbar ist, ist die Möglichkeit, mit der die Wahrheit, die geschichtliche Wahrheit des Christentums steht oder fällt, nämlich mit der Möglichkeit, die Vermittlung von Ereignis und Bestand selber als ein faktisch geschichtliches Ereignis zu denken. Es ist nicht zu leugnen, daß Heidegger, in einem anderen Sinne, als er selbst meinte, die Theologie zu ihrer Sache zurückgerufen hat. Doch kann Heidegger der Theologie seinen Dienst nur dann leisten, wenn von der Theologie das Denken Heideggers selber verstanden und begriffen worden ist.

Der Sinn des Satzes von Heidegger in seiner letzten Schrift »Zeit und Sein«: Die Geschichte des Seins verschwindet im Geschick – ist genau der adäquate denkerische Entwurf, der der religionsmorphologisch bestimmten Lage der Theologie in der Gegenwart zugehört. Die bisher die Geschichte in ihrem Gang tragende Konzeption von Sein hat sich in ihren Möglichkeiten erschöpft. Die Denkmöglichkeit des Theos und das Ende der Philosophie fallen zusammen. Die Geschichte des Seins verschwindet im Geschick. Die Selbstrücknahme des Menschen in die Unmittelbarkeit des Naturgeschehens und Naturvollzuges wird durch die Heideggersche Wiederherstellung des Begriffs »Geschick« philosophisch deutbar. Über allem steht kein Gott, über allem waltet das Geschick. An die Stelle von Theos ist Geschick getreten. Was immer Geschick heißen mag, auf jeden Fall ist es eine Bestimmung es-hafter Natur. Geschick ist die Rede von der letztlich subjektlosen Macht, die über alles bestimmt. Die Subjektlosigkeit des Geschicks bei Heidegger entspricht dem Rücktritt des Menschen in die Einheit des Naturvollzuges der Religion, deren Theologe Feuerbach ist. Religionsgeschichtlich stellt sich die Erinnerung an die griechischen Götter ein, deren Vermögen immer schon überholt ist durch ein Geschick, durch ein von »Ananke« über sie verhängtes Geschick, das den Kreis ihres Daseins in unabwendbarer Form bestimmt. Der Heros der griechischen Tragödie tritt in die Rolle des Gottes ein, nachdem der Gott hinter dem dunklen Antlitz der »Ananke« verschwunden ist. Der sich dieses von »Ananke« verhängte Geschick des Gottes zumutende Heros erleidet die Tragödie; wenn der Mensch sich diese Rolle nicht mehr zumutet, gibt es auch keine Tragödie mehr. Walter Benjamin hat das so gesagt, daß hinter dem Verdämmern der Götter die »Ananke« wiederkehrt.

Aber Heidegger meint mit Geschick nicht nur die es-hafte Evokation der »Ananke«, in deren Düsterkeit sich die menschliche Subjektivität in der Gegenwart wieder verliert, sondern Heidegger hat das Geschick als ein Geschehen verstanden, das er Ereignis nennt. Dieses Ereignis ist für Heidegger das Geschehen, durch das sich das Sein selbst in eine geschickhafte Gestalt hinein entbirgt und gleichzeitig in der geschickhaften Gestalt dieser Manifestation in sich zurückkehrt und sich verbirgt. Das Ereignis der Schickung des Seins ist für Heidegger die Zwiespältigkeit des Geschehens von Entbergen und Verbergen. Was die Theologie auch gegen Heidegger selbst von Heidegger lernen kann, ist, daß eine mögliche Rede von dem geschichtlich handelnden biblischen Gott in der Entgegensetzung von Sein und Werden nicht zu bestimmen ist. Alle angemessene Rede von Gott muß über die durch die Seinskonzeption der Antike erzwungene Entgegensetzung von Sein und Werden hinauskommen. Die Idee des Seins als Ständigkeit, des Seins als Werden und Unmittelbarkeit stehen im Verhältnis wechselseitiger Destruktion zueinander. Gott kann nicht als der Grund ewig währenden Seins gedacht werden, und Gott ist auch nicht als die aktuale Aufbruchsgestalt der Unmittelbarkeit des Erlebens erfahrbar. Die großen Entwürfe der Verdinglichung Gottes und der Vitalisierung Gottes sind beide an ihr Ende gekommen. Insofern ist die Rede vom Ende des Glaubens an Gott unvermeidlich.

Wenn Gott nur gedacht werden kann als der Grund ewig währenden Seins oder als die Unmittelbarkeit einer Einheit von Leben und Erleben im vitalistischen Rückschwung des Menschen in den Kreislauf der Natur, ist es mit Gott so gründlich vorbei, wie es mit Theologie und Philosophie aus ist. Aber in beiden Momenten erscheinen Gestalten der Präsenz Gottes. Gott begegnet immer da, wo etwas dauert, und im Akutwerden eines Lebens im Aufbruch und Durchstoßen, aber Gott ist keiner dieser Gestalten der Präsenz zuzuordnen. Heidegger versucht, hinter diesen Gegensatz von Werden und Sein zu kommen, wie ja auch die Geschichte nicht nur das bloße Werden, die große permanente Revolution oder das große ewig weilende Verbleiben ist in einer einmal erreichten Gestalt, sondern Geschichte ist nichts anderes als der dialektische Prozeß, in dem beide Momente an dem Zustandekommen eines qualitativ Neuen ständig arbeiten. Es ist ein Widersinn zu glauben, man könne die Geschichte noch im Modus der permanenten Revolution haben, ein Anachronismus zu glauben, man könne die Geschichte noch festhalten in der restaurativen Verklammerung an verronnene Gestalten eines einmal Begegneten. Kann aber Gott gedacht werden als der innerste Ermöglichungsgrund von Geschichte? Fichte hat den Versuch gemacht, Gott als die absolute Aktualität seiner Selbst, als das Dasein in der Gestalt der Existenz des Daseins, als Selbstbewußtsein zu denken. Es ist ein uneingeholtes Moment in der philosophischen Tradition. Dieses Moment bei Fichte ist nur einzuholen, wenn man nicht die theologische und die politische Seite trennt und Fichte nur fundamental-ontologisch interpretiert.

Das Besondere der biblischen Geschichtserfahrung als die Vermittlung von Kontingenz an die Geschichte muß erst noch angeeignet werden. Die Antwort Gottes auf den Anruf Moses als »Ich bin, der Ich bin« zu verstehen, heißt, diese Antwort in die Vorstellung der antiken Ontologie einzubringen. Gegenwärtig wird dieser Satz über Gott in der protestantischen Theologie übersetzt mit »Ich werde da sein als der, der Ich da sein werde«. Ist Gott Sein, ist Gott Werden? So von Sein oder Werden zu reden, ist aber der hebräischen Sprache nicht angemessen. Nicht Sein und Werden sind zureichende Übersetzungen; eher schon ist es die Bezeichnung eines Wirksamen, das Sich-selbst-Erwirken Gottes in den Gestalten, als die er sein wird; Wirken als das In-den-Vollzug-Treten von Verwirklichung. Verwirklichung, das Grundwort unserer Epoche, an dem alles hängt, ist Heraustreten aus Unmittelbarkeit und Verdinglichung in die Verwirklichung. Dieses sich erwirkende Dasein Gottes in der unableitbaren Pluralität von Gestalten, die unendlich sind, ist durch keinen Gedanken fixierbar und durch keinen Entwurf auszuschöpfen.

Der biblische Gott ist zu verstehen als der in den Vollzug von Verwirklichung wirkende Gott, als die Gestalt des sich selbst erwirkenden Daseins in Geschichte. Wo Gott sich nicht erwirkt als diese Gestalt, gibt es überhaupt keine Geschichte, in der der Mensch aus der Verfallenheit an die Natur herausgehoben wird und sich als Mensch gegenüber der Natur wahrnehmen kann. Es gibt nicht einen Bund im Alten Testament, sondern eine Fülle von Bundesschlüssen; und jeder Bundesschluß ist eine unableitbare Kontingenz an einen bestimmten Menschen, an einen bestimmten Ort, zu einem bestimmten Zeitpunkt, mit einer konkreten Gestalt der Darstellung dieses Willens. Geht diese Gestalt zu Bruch, tritt eine ganz andere Gestalt des sich verwirklichenden Gottes an die Stelle. So kann diese Verwirklichung ihre Zuspitzung, ihren eschatologischen Anfang der Vollendung in einem Stück scheiternden Lebens, das man »Soma Christou« nennt, haben; und auch dieses »Soma« ist nicht das endgültige, fixierte Ende des sich erwirkenden Gottes, sondern auch diese Gestalt weist über sich hinaus auf eine Fülle von noch zu geschehender Geschichte, an deren Ende in der Eschatologie das Hervortreten Gottes in die Unverhülltheit erwartet wird. Diese Pluralität von kontingenten, geschichtlichen und doch aktuellen Gestalten von Wirklichkeit und Verwirklichung auf einen Punkt zu, an dem unvermittelt und unverhüllt Verwirklichung ist, läßt den Menschen aus der Natur in die Geschichte treten.

Geschichtlichkeit Gottes ist nichts anderes als die Form der Erwartung und die Form der Aktualität einer solchen Gestalt des sich Erwirken Gottes. Der Mensch kommt von solchen Gestalten der Parusie her und ist in der Erwartung solcher Gestalten. In diesem Weg, in diesem Gang der Schrittfolge Schritt halten zu können, daran hängt die Geschichte, das, was die Menschlichkeit des Menschen ist und die Theologie zur Rede von der Geschichtlichkeit Gottes zwingt. Die Krise der Gegenwart kann man auch so bestimmen, daß wir aus dem Schritt gekommen sind und an die Stelle der Erwartung des unverhüllt hervortretenden Gottes selbst die, wie Hölderlin es gesehen hat, Weltnacht eines neuen heidnischen fatalistischen Geschicks getreten ist. Die Alternative scheint zu sein: Geschick oder Geschichtlichkeit Gottes.

In dem Begreifen des Todes Gottes liegt daher für Hegel die Revolution des Bewußtseins, die revolutionäre Veränderung der Gestalt der Welt als Zeugnis der revolutionären Veränderung des Bewußtseins, beschlossen. Denn Christus starb ja keines natürlichen Todes, sondern den Tod des Verbrechers. Dadurch wurde die Entehrung zur höchsten Ehre gemacht, und »alle Bande des menschlichen Zusammenlebens in ihrem Grunde angegriffen, erschüttert und aufgelöst«. Der als reaktionär verdächtigte und häufig quietistisch ausgelegte Hegel sagt also, daß durch die Annahme des Todes Christi als einer Gestalt der die Welt betreffenden Wahrheit Gottes alle Bande des menschlichen Zusammenlebens aufgelöst worden seien. Die innere Gesinnung in ihrem tiefsten Grunde sei dem bürgerlichen und dem Staatsleben entzogen worden und die substantielle Grundlage hinweggenommen. In der wahren Auffassung des Todes Christi sind also die Grundlagen von Staat und Gesellschaft erschüttert und radikal in Frage gestellt. Es muß gesagt werden, daß die totalitären Herrscher im 20. Jahrhundert und die ihnen nachfolgenden totalitären Bewegungen eine klarere Einsicht in diesen Tatbestand hatten und haben als die meisten der gegenwärtigen christlichen Theologen.

In der Deutung des Todes Christi durch Hegel ist nichts weniger ausgesprochen als die Überzeugung, daß in seiner wahren Auffassung die ungeheuersten politischen Konsequenzen des christlichen Glaubens begründet sind. Wenn die die Subjektivität umwandelnde Macht des Glaubens abgeschafft ist, wird die Herstellung einer politischen Totalität in der modernen Welt überhaupt und wieder möglich. Die essentielle Voraussetzung aller Formen totalitärer Herrschaft muß daher die ausdrückliche oder schweigende Auslöschung der Macht dieses Glaubens sein. Solange dieser Glaube die Fundamente einer jeden nur politischen Ordnung bedroht, kann keine gesellschaftliche oder politische Macht mit dem Anspruch auftreten, nun erst für die Menschheit das Heil bringen zu können. Und wenn er ausgelöscht ist, dann ist der Weg der modernen Welt in die Barbarei eines neuen Kollektivismus frei. Es wäre daher zu überlegen, ob durch diese Sicht Hegels der Theologie und Kirche eine Möglichkeit eröffnet wird, ihr Selbstbewußtsein neu zu artikulieren. Von der Selbstbehauptung der christlichen Kirchen wird entscheidend die Möglichkeit abhängen, den Prozessen zu widerstehen, die auf die Errichtung neuer totalitärer Zwangssysteme hindrängen. Die Verkündigung der wahren Auffassung vom Tode Christi ist dann selber von fundamentaler politischer Bedeutung. Nach dem Verfall der liberalen und humanitaristischen Form des Verständnisses von Freiheit ist die Aktualität lutherischer Tradition identisch geworden mit der Aktualität von Freiheit überhaupt in unserer Welt.

Doch was bedeutet der Tod Gottes?

»Gott ist gestorben, Gott ist tot – dieses ist der fürchterlichste Gedanke, daß alles Ewige, alles Wahre nicht ist, die Negation selbst in Gott ist; der höchste Schmerz, das Gefühl der vollkommenen Rettungslosigkeit, das Aufgeben alles Höheren ist damit verbunden.«

Die Negativität, die in der Rede vom Ende der Metaphysik und vom Ende der Theologie in Anspruch genommen wird, ist also ein Moment in Gott selbst. Der Kern der Dialektik Hegels ist der Versuch, denkend der absoluten Negativität als der bestimmend gewordenen Erfahrung von Welt und Selbst zu entsprechen und sie erkennbar werden zu lassen als eine Negativität, die in der modernen Welt eine Gestalt der Erfahrung der Nähe Gottes wurde, nachdem diese moderne Welt alle Formen natürlicher Unmittelbarkeit und metaphysischer Hypostasierung geschichtlich hinter sich gelassen hat. Der von der nachhegelschen Theologie für die These vom Tode Gottes in Anspruch genommene Prozeß wird von Hegel aus als Präsenz des christlichen Gottes in und für diese Welt erkennbar. Von dieser Einsicht her ist der Satz Hegels, daß die christliche Religion die absolute Religion sei, wohl begründet. Die universal gewordene Negativität bedeutet für die nichtchristlichen Religionen eine Herausforderung, der sie nur durch Teilrezeptionen der christlichen Tradition begegnen könnten.

Doch daß Gott gestorben ist, ist nicht alles, was Hegel von diesem Gott zu sagen hat.

Der Verlauf bleibt aber nicht hier stehen, sondern es tritt nun die Umkehrung ein; Gott nämlich erhält sich in diesem Prozeß, und dieser ist nur der Tod des Todes. Gott steht wieder auf zum Leben: es wendet sich somit zum Gegenteil. Die Auferstehung gehört allerdings wesentlich dem Glauben an. Die Negation der Negation oder die Aufhebung der Entfremdung ist daher für Hegel in der modernen Welt an die substantielle Voraussetzung einer möglichen Vermittlung von Subjektivität und Objektivität gebunden. Diese substantielle

Voraussetzung ist das Vollbracht- und Geschehensein der Versöhnung in und durch Gott. Es gibt keinen christlichen Theologen oder Philosophen, der so radikal mit dem Auferstehungsglauben im Denken Ernst gemacht hat wie Hegel. Der Auferstehungsglaube ist die Wirklichkeit der Befreiung des Menschen auf die Freiheit hin. Erst der Eintritt der Subjektivität in den Lebensprozeß des dreieinigen Gottes vermittelt der Freiheit den Inhalt, ohne den die Freiheit in der Emanzipation vom christlichen Glauben in ihrer eigenen Leere verfällt. Die Freiheit in ihrer bloßen Formalität wird dem Gang der unerkannten Realität anheimfallen – so sah es Hegel bereits in der Jenenser Schrift »Glauben und Wissen«. Erst im Zurückkommen Gottes aus der Entfremdung seiner selbst zu sich selbst wird er Geist. Daher ist für Hegel die christliche Religion die des Geistes, weil sie die Religion der Freiheit ist. Indem Hegel die Bestimmung Gottes als absolute Substantialität in ihrer Einseitigkeit erkannte und das Moment der Subjektivität in Gott selbst hineinholte, wurde Gott Geist. Die Auslegung Gottes als absoluter Geist meint konkret die Eigenart dieses Gottes, nur handeln zu können, indem er Freiheit hervorbringt. In der Ergriffenheit des Glaubens durch Gott als Geist gewinnt der Mensch Anteil am Tod des Todes. Durch den Eintritt in das Leben des Geistes tritt der Mensch aus der Herrschaft der Wechselwirkungskategorie, der Ambivalenz von Tod und Leben, Glück und Unglück heraus und tritt auf die Seite eines Urteils, das definitiv auf Leben und nicht auf Tod lautet. Das Urteil, daß das Ganze der Welt falsch und verkehrt sei, ist daher für den Christen kein mögliches Urteil über die Welt.

Gott selbst ist tot, heißt es in jenem lutherischen Liede; dies Bewußtsein drückt dies aus, daß das Menschliche, das Endliche, Gebrechliche, die Schwäche, das Negative göttliches Moment selbst ist, in Gott selbst; daß das Anderssein, das Endliche, das Negative nicht außer Gott ist, als Anderssein die Einheit mit Gott nicht hindert. Es ist gewußt das Anderssein, die Negation als Moment der göttlichen Natur selbst. Die höchste Erkenntnis von der Natur der Idee des Geistes ist darin enthalten.

Die Erfahrung der Welt als absolute Negativität braucht also den Menschen nicht zu trennen von der befreienden Macht des Geistes, der Wirklichkeit der Auferstehung als Tod des Todes. Der Tod des Todes als die Wirklichkeit des Geistes ist der Grund der Freiheit, ohne den es unter den Bedingungen der Entfremdung nach der Meinung Hegels in der Gesellschaft keine Freiheit gibt. Daher sagt Hegel von sich, er sei ein Lutheraner und wolle es bleiben.

Ein zentraler Satz von Karl Marx in seiner Auseinandersetzung mit dem Christentum lautet: »Die christliche Religion ist die Religion des entfremdeten Menschen.« Der Satz, daß das Christentum die Religion des entfremdeten Menschen sei, stimmt mit der Einsicht Hegels überein. Marx hat aus seinem Satz den Schluß gezogen, daß es daher auf eine Praxis ankäme, die den Menschen mit der Entfremdung auch von jeder Religion befreien müsse. Das

Christentum sei ja nur ein Widerschein der praktisch unaufgehobenen Entfremdung. Auf dem Boden dieser Überzeugung steht eine Schar der jüngeren Theologen, von denen die Zukunft dieser Kirchen auch abhängen wird. Hegel hat eine andere Folgerung gezogen, nämlich die Überzeugung, daß von der wahren Auffassung der Erfahrung, daß Gott nicht ist, daß Gott tot ist, die Möglichkeit einer revolutionären Umkehrung des Bewußtseins und damit die Aktualität revolutionärer Veränderung abhängen wird.

Ende des Fortschritts – Erneuerung des religiösen Bewußtseins

Wer im Blick auf die Erfahrungen unseres Jahrhunderts Bedenken am Fortschritt anmeldet oder gar vom Ende des Fortschritts spricht, kann das nicht in dem Bewußtsein tun, der Welt eine Neuigkeit mitzuteilen. Die Kritik an einer Geschichte, die vom Glauben an das Prinzip Fortschritt vorangetrieben wurde, ist so alt wie die Geschichte des Fortschritts selber. Wenn man genauer hinsieht, so sind ja auch alle erreichten Fortschritte im Bewußtsein der Freiheit und ihrer Verwirklichung nicht dem Fortschrittsgedanken allein zuzuschreiben, sondern sie sind das Resultat des Antagonismus eines Prozesses, an dem retardierende Kräfte eines aufgeklärten Konservatismus einen mindestens gleich großen Anteil hatten. Erst mit der tendenziellen Aufhebung und dem Verschwinden einer nicht durch das Prinzip Fortschritt definierten und gesetzten Substanz nahm der Fortschritt die Gestalt eines gegenüber der Vernunft verselbständigten, sich aus sich selbst speisenden Prozesses an, der seiner eigenen Logik folgt und die Rede vom Fortschritt als Verhängnis gerechtfertigt erscheinen läßt. Die Konsequenzen eines solchen Umschlags der Qualität in der geschichtlichen Bewegung sind im Prinzip bereits im neunzehnten Jahrhundert von Denkern wie Kierkegaard und Nietzsche als die Transformation formaler Freiheit in totalitäre Herrschaft vorausgesehen worden. Die in der kritischen Theorie von Horkheimer und Adorno entwickelte Dialektik der Aufklärung hat die Prognose vom Verfall des Fortschritts in sein Gegenteil, der Aufklärung in eine neue Mythologie, nur an der Erfahrung mit den neuen kollektiven Totalitarismen in unserem Jahrhundert verifiziert. Während aber Adorno noch glaubte, durch eine Reflexion auf Herrschaft als das fundamentale und organisierende Prinzip alles bisherigen Fortschritts sie wenn nicht brechen, so doch an die im Fortschritt bisher unterdrückte Natur erinnern zu können, so ist das an Marx orientierte Programm einer Resurrektion der Natur in der Gegenwart zutiefst fragwürdig geworden.

Der Wille zur Befreiung der zwar von Herrschaft erfaßten, aber nicht aufgehobenen Natur hat sich als das erwiesen, was er ist, als der anarchistische, irrationale Ausbruch aus den Zwangssystemen der technologischen Gesellschaft. Als die eingreifendste Folge der kritischen Theorie hat sich die Zerstörung des Glaubens an einen Fortschritt erwiesen, der an der Entfaltung der wichtigsten Produktivkräfte Wissenschaft und Technik, den Prozeß der Industrialisierung, die Hoffnung auf die Errichtung eines Reiches knüpfte, den Sir Francis Bacon als das Reich des Menschen, als regnum hominis, am Beginn der Neuzeit verkündete. Die konsequente Unterwerfung der Gesellschaft unter die Notwendigkeiten einer kontrollierten Naturbeherrschung aber hat nicht nur das Potential selbstbewußter Freiheit zerstört, sondern eine Konstellation heraufgeführt, die nicht mehr an den unabgegoltenen Hoffnungen und Versprechen einer uneingelösten Aufklärung gemessen werden kann. Der undialektische Fortschritt erfordert eine andere Bestimmung unserer Lage, als sie eine neomarxistische Sozialphilosophie zu definieren imstande ist. Der Fortschritt arbeitet nicht nur seiner Bestimmung, seinem Telos, entgegen, sondern er richtet sich gegen den Grund seiner eigenen Möglichkeit. Das Ende des Fortschritts ist dann sein eigenes Resultat, wenn er die natürlichen Grundlagen der Existenz der Menschen zerstört, die ihn in Gang halten sollen. Nicht weil die ihn begleitende Entzauberung den vorgegebenen Sinn aufgelöst hat, wie noch Max Weber glaubte, wird der Fortschritt fragwürdig, sondern weil er die Katastrophe produziert, die in einem ganz unmetaphorischen Sinn existentiell genannt zu werden verdient. Der Schatten, den ein ungebändigter Fortschritt wirft, rückt die Welt in die Perspektive einer apokalyptischen Situation, die an die Stelle emanzipatorischer Hoffnung die Angst als das Grundgefühl der Epoche treten läßt. Es geht nicht um die Frage, wie realistisch Prognosen sind, die wir der Studie des Club of Rome verdanken. Die Bedeutung dieser Studie ist darin zu sehen, daß sie den Menschen Westeuropas das Bewußtsein vermittelt, daß es nunmehr um das bloße Überleben geht. Damit verbindet sich der Eindruck, daß wir uns mitten in einer tiefen Zäsur von epochalem Ausmaß befinden.

Die Antwort auf die Frage einer möglichen Therapie wird entscheidend davon abhängen, wie weit wir die Tiefe und Radikalität der Herausforderung begreifen. Daher kann es nicht gleichgültig sein, wie man die Frage nach der Genese des Umschlags des Prinzips Fortschritt in seine eigene Destruktion beantwortet. Was hat den Fortschritt in der Geschichte seiner eigenen Katastrophe umschlagen lassen? Ist es nur das verlorene Bewußtsein von der Endlichkeit der Welt und der Erschöpfbarkeit ihrer Ressourcen? Ist die Natur des Problems richtig bestimmt, wenn wir es in der Ökonomie suchen, dann kann man die Meinung vertreten, daß die Überwindung einer freien marktwirtschaftlichen Ordnung durch eine gelenkte Wirtschaft auch bereits die Lösung sei. Sieht man den Hebel in einer neuen Form organisierter und institutionalisierter Macht? Dann läuft die Therapie sehr schnell auf die Forderung nach der Errichtung einer Weltregierung hinaus, die imstande wäre, die Verteilungsprobleme für alle weltweit zu lösen. Oder man sieht den entscheidenden Punkt in der Aufgabe, die Technostruktur durch partizipative Demokratie aufzubrechen und aufzulösen. Vor die radikalsten Konsequenzen aber wird der gestellt, der die Ursache für den Umschlag des Fortschritts in seine eigene Selbstaufhebung in der industriellen Produktion der Produktivkräfte sieht. Er muß im Rückschritt den eigentlichen Fortschritt sehen.

Doch alle diese Antworten sind nur partiell richtig, im ganzen aber unbefriedigend. Sie ignorieren die triviale Wahrheit, daß alles mit allem zusammenhängt und daß von einer wirklichen Veränderung nur gesprochen werden könnte, wenn das Ganze, und zwar von Grund auf, betroffen wäre. Für eine solche Veränderung aber wäre von entscheidender Bedeutung die anthropologische Dimension, die Veränderung des Menschen. Es handelt sich um eine fundamentale Fehlorientierung des Bewußtseins unserer Epoche, wenn sie ihren Kampf um eine menschenwürdige Zukunft in Freiheit mit den Begriffen auslegt, die dem ideologischen Arsenal des neunzehnten Jahrhunderts entstammen. Revolution ist keineswegs ein homogener, den Wandel der Zeiten überdauernder, mit sich identisch bleibender Begriff. Viele Zeitgenossen assoziieren mit Revolution nach wie vor den Vorgang des Einsatzes von organisierter Gewalt durch Gruppen, die so den Staatsapparat in ihre Hand bringen wollen, um mit seiner Hilfe dann der Bevölkerung ihre Vorstellungen von einer richtigen Gesellschaft aufzuzwingen. Diese Vorstellung ist ebenso anachronistisch wie die unverändert beibehaltene Rede von einer sozialen Revolution, die den ökonomischen Reichtum nach dem Prinzip egalitärer Gleichheit zu verteilen beabsichtigt. Selbst der Begriff einer technisch-wissenschaftlichen Revolution, die durch wissenschaftliche Entdeckungen bedingte technologische Neuerungen einsetzt, um das Gesamtgefüge sozioökonomischer Bedingungen einem Prozeß ständiger Veränderung zu unterwerfen, ist so aktuell nicht mehr, wie man noch immer annimmt. Die Zeit bahnbrechender naturwissenschaftlicher Entdeckungen geht auf den Beginn unseres Jahrhunderts zurück. Die These, daß das wissenschaftlich-technische Innovationspotential unerschöpflich sei, während die natürlichen Ressourcen begrenzt seien, ist fragwürdig allein aus dem Grunde, weil sie unterstellt, das menschliche Interesse an den exakten Wissenschaften und an der Technik bleibe konstant. Alle diese an der Vergangenheit gewonnenen Modelle revolutionärer Prozesse sind nur noch von begrenztem heuristischem Wert für das Begreifen dessen, was nunmehr weltgeschichtlich das Wesen unserer Epoche ausmacht. In den bewegenden Veränderungen der letzten Jahre sind nur zwei Begriffe entwickelt worden, denen man die Bedeutung des qualitativen Neuen nicht absprechen kann. Einmal der Begriff einer strukturellen Revolution und zum andern die Rede von der Kulturrevolution.

Mit der strukturellen Revolution ist eine Änderung des Ganzen, der Totalität des soziökonomischen und politischen Systems beabsichtigt. Es bedeutet eine tiefe Verwirrung unserer politischen Sprache, daß die Artikulation dieses zweifellos entscheidenden Problems, vor das die westliche Welt am Ende des zwanzigsten Jahrhunderts sich gestellt sieht, sich Vorstellungen bedient, die der revolutionären Theorie des Marxismus entlehnt wurden. Man muß dann das Problem in einer gesellschaftlichen Verfügung und Kontrolle über die Produktionsmittel sehen und glauben, daß sich etwas entscheidend ändern würde, wenn die Eigentumsordnung verwandelt und die Funktionen der Disposition von Gruppen wahrgenommen würden, die sich eine demokratische Legitimation zusprechen könnten. Diese Lösung ersetzt die Realität durch Ideologie. Sie übersieht, daß die Ausrichtung eines qualitativen Wachstums an sogenannten gesellschaftlichen Bedürfnissen ein Problem in erster Linie geeigneter Instrumentarien ist, also auch ein technisches Problem, an dessen Lösung der Sozialismus bisher scheiterte.

Niemand hat die Frage beantworten können, wer qualifiziert ist zu sagen, was die wahren gesellschaftlichen Bedürfnisse in einer bestimmten kontingent-geschichtlich veränderten Situation erfordern. Wichtiger als diese ungelösten Fragen der Organisationsprinzipien einer sozialistischen Gesellschaft ist die grundlegende Frage, ob der Marxismus überhaupt noch beanspruchen kann, die unüberholte Philosophie der Epoche zu sein. Wenn die Aufgabe nicht mehr die Organisation des Fortschritts, die kontinuierliche Steigerung des Lebensstandards der Massen, die Perfektionierung des Sozialstaats, die Herstellung sozialhomogener Gleichheit, die uneingeschränkte Selbstverwirklichung ist, sondern das Verhindern der Katastrophe, dann ist der Marxismus selbst am Ende. In der Realität der von ihm verantworteten politischen Praxis bedeutet Marxismus nichts anderes als die totale Gesellschaft, die nichts anerkennt als den unbedingten Einsatz in der wissenschaftlich-technisch vermittelten Produktion. Im Rahmen des Marxismus ist ein Einwand gegen die uneingeschränkte Entfesselung der industriell erzeugten Produktivkräfte schwer denkbar. Marxistisch kann es nur um die Vollendung des Gesetzes der produktiven Zerstörung gehen, das Schumpeter als das Lebensgesetz eines dynamischen Kapitalismus erkannte. Es war daher kein Zufall, sondern es entsprach einer tief in der Natur der Sache angelegten Notwendigkeit, daß die Erneuerung des revolutionären Gedankens auch in der Bundesrepublik die Gestalt einer kulturrevolutionären Konzeption annehmen mußte.

Was wir in der Bundesrepublik der letzten Jahre erlebt haben, ist die Parodie dieser Notwendigkeit. Es ist reiner Irrsinn, die kulturrevolutionäre Veränderung des Menschen auf dem Grunde seiner ideologiekritischen Reduktion auf Bedürfnis und Interesse anzustreben. Die diesem Ansatz entsprechende Anweisung, durch eine Entlarvung des interessebedingten falschen Bewußtseins des anderen sich selber das Recht zu erringen, sein Verhalten nach den Maximen kalkulierter Lustmaximierung zu regulieren, hat die Frage Nietzsches von neuem aufgeworfen, wodurch der Mensch gesellschaftsfähig wird.

Nur wenn der anarchistische Verfall der freiheitlichen Demokratie fortschreitet und nur wenn die Fähigkeit des Systems, sein eigenes Überleben zu sichern, weiter gelähmt wird, kann sich der totalitäre Sozialismus als die Rettung empfehlen. Wenn die weltwirtschaftlichen Veränderungen und die Erschöpfung der Rohstoff- und Energiequellen langfristig eine Schrumpfung des Wachstums in der westlichen Welt und als deren Folge eine strukturelle Arbeitslosigkeit produzieren sollte, dann könnte diese in Verbindung mit der marxistischen Ideologie dem Kommunismus sehr wohl die unerwartete Chance eines Endsieges über den Westen zuspielen.

Je mehr sich unter den schweigenden Mehrheiten das Gefühl ausbreitet, daß es so nicht weitergehen kann, wachsen aber auch die Chancen, unseren Begriff von Fortschritt, unsere Erwartungen, aber auch unsere Intentionen und Bedürfnisse zu revidieren. Wenn der Mensch unverändert in seiner Grundintentionalität an einer Befriedung fixiert bleibt, die zu ihrer Voraussetzung den unkorrigierten Fortschritt hat, dann werden wir nur durch Katastrophen lernen, die uns dazu die Zeit lassen. Es ist auch gar nicht zu leugnen, daß eine realistische Einschätzung unserer Situation gezwungen ist, die Hoffnung in einer dosierten Katastrophentherapie zu sehen. Nur geht dieser Realismus von einer illusionären Voraussetzung aus, nämlich von der Annahme, der Nihilismus könne auch nur den Willen zum Überleben garantieren. Es ist eine völlig offene Frage, welchen Preis die Menschen für das bloße Überleben zu zahlen bereit sind. Es ist die tragende Prämisse aller aus dem Geist des Darwinismus entwickelten anthropologischen Ansätze, das Überleben im Rahmen naturrevolutionärer Prozesse als garantiert anzusehen. Nietzsche, der in mancher Hinsicht dem Darwinismus Entscheidendes verdankt, hat ihm an dieser Stelle scharf widersprochen. Seine These besagt, daß der Mensch lieber das Nichts will, als gar nichts zu wollen.

Die Erfahrung unseres Jahrhunderts hat dieser These Nietzsches weitgehend entsprochen. Nicht nur die destruktiven Konsequenzen der Eindimensionalität eines instrumentalen Verständnisses von Vernunft gefährden unsere Gesellschaft, sondern die durch die Eindimensionalität produzierten Ausbrüche eines Irrationalismus, der sich wie im Faschismus mit der Gewalt verbündet und der damit die Fähigkeit der Gesellschaft auflöst, einen neuen Konsens zu finden. Eher werden sich die Menschen in die absurdesten Formen des Aberglaubens flüchten, als an die Effizienz zu glauben. Die Erfahrung, daß sie, wenn sie nicht mehr an Gott glauben können oder dürfen, weil die Theologen ihnen sagen, daß er tot sei oder nur eine Chiffre für das, was die Menschen ersehnen, oder ein Existential, wie sie sich verstehen, daß sie dann eben wieder beginnen, an den Teufel zu glauben, hat sich von neuem bestätigt. Wenn an der Vermutung etwas Wahres ist, daß der durch die geistigen Kräfte der Aufklärung gespeiste Fortschritt sich seinem nunmehr definitiven Ende nähert, dann ist an der neuen Schule allein die gruppendynamisch organisierte Aufhebung des selbstbewußten, an der Autorität des Vaters gebildeten individuellen Ich in die Solidarität der Gruppe das einzige, was an ihr modern ist. Auch hier nahm

Reform des religiösen Bewußtseins

Hitler ahnungsvoll vorweg, was der emanzipatorische Zeitgeist heute als Aufklärung sanktioniert, wenn er die kleinste kollektive Einheit, in die das Kind integriert werden sollte, Horde nannte. A. Piatgorsky, ein Mann der russischen Opposition, berichtete jüngst über die metaphysische Situation in der UdSSR, daß es in diesem Lande privat organisierte Seminare gebe, an denen sich unter der Leitung eines Professors der Elektrotechnik Manager, Ärzte, Juristen und Intellektuelle beteiligten, die seit mehr als dreißig Jahren über die Frage nach dem Verhältnis von Platon, Hegel und der Bedeutung des Christentums für die Existenz des Menschen in der modernen Welt nachdenken. Es wäre in einem neuen Sinn ein wahrer Fortschritt im Kampf gegen die drohende Barbarei, wenn es in der Bundesrepublik möglich wäre, vor allem für die Führungskräfte der Industrie Seminare mit einer vergleichbaren Fragestellung in Freiheit zu organisieren. Sonst könnte es sein, daß man der dieser Gruppe von einem Jesuiten gegebenen Empfehlung folgen müßte, den Marxisten die Analyse und Interpretation der Realität zu überlassen.

Ein Traktat, der für die Reform der religiösen Bewußtseins sich einsetzt, kann der Frage nach der Tragfähigkeit des kirchlichen Christentums nicht ausweichen. Es gibt keine Reform des religiösen Bewußtseins in der westlichen Welt, die das Christentum ignorieren könnte. Niemand traut den institutionalisierten Christentümern noch die geistige Kraft zu einer Erneuerung unseres Volkes zu. Sie reflektieren die gesellschaftlichen Prozesse auf die Chancen hin, die sie ihnen für ihre institutionelle Selbstbehauptung noch lassen. Viele Theologen dagegen haben die Umwandlung der Kirche in ein soziales Institut, in ein sozialkaritatives und psychotherapeutisches Leistungsgewerbe vorangetrieben. Es ist dann einleuchtend, daß Soziologie und Psychologie ihnen die Argumente für den Nachweis ihrer gesellschaftlichen Nützlichkeit liefern müssen.

Das Ende des Christentums wird von vielen Kulturkritikern als unvermeidbar in einer Zeit angesehen, in der der Atheismus zum Grundgefühl und zu einer selbstverständlichen Grundeinstellung der Massen wurde. Wenn diese These richtig ist, dann hätten wir es in der Gegenwart mit einer Krise zu tun, die nicht nur dem Verfall der antiken Kultur, sondern dem Übergang der primitiven Kulturen zur Ausbildung der geschichtlichen Hochreligionen vergleichbar wäre. Kulturrevolution ist dann nicht nur das Resultat eines organisierten und systematisch vorangetriebenen Prozesses, sondern ein Grundvorgang im Geschehen der Zeit, in dem sich für konstant gehaltene anthropologische Strukturen auflösen und fragwürdig wird, was man allzu selbstverständlich für die Natur des Menschen hielt und was nun als ein historisch bedingtes Vorurteil durchschaubar wurde.

Am unmittelbarsten betroffen von diesen anthropologischen Veränderungen ist die Kategorie der Individualität. Die negative Dialektik Adornos hat am radikalsten die Auflösung des Individuums reflektiert, und Horkheimer hat die Analyse durch die Zukunftsperspektive einer verwalteten Welt ergänzt, in der der Sinn erlischt. Es ist daher verständlich, daß im Zentrum des religiösen Aufbruchs der Gegenwart die Frage nach dem Sinn steht. Wir haben es im exakten Sinn des Wortes mit Quasi-Religionen zu tun, zu der sich auch der Sozialismus verwandelt hat, weil die Bewegung im Bruch mit der geschichtlichen Kontinuität aus der Erfahrung des Nichts auf eine totale Veränderung drängt. Unter Quasi-Religion versteht man das eigentümliche Phänomen, daß moderne, säkulare und politische Bewegungen in ihrem Totalitarismus nicht nur spezifisch religiöse Elemente aufweisen, sondern sich auch von spezifisch religiösen Axiomen aus interpretieren. Dazu gehört der Absolutheitsanspruch, das Versprechen auf totale Erlösung, Erlösung von jedem Unrecht, Erlösung von allem Hunger. Der Verlust des Kontaktes mit einer Realität, die man verantworten müßte, bewirkt eine Gleichsetzung der Transzendenz mit der Utopie. Die dem Fortschritt immanente These, daß alles machbar sei, führt zu einer Überwältigung der Wirklichkeit durch den Gedanken des Möglichen. Da den Menschen erfolgreich eingeredet wird, daß es nur an den Strukturen liege, wenn das Wünschbare nicht verwirklicht wird, ist alles nur noch eine Frage der Identifizierung des Schuldigen, an dem es liegt, daß es nicht so ist, wie man es sich vorstellt, daß es sein könnte. Die Gefahr, die in der Gleichsetzung des religiösen Seins des Menschen mit seinem Bewegtsein von Sinn liegt, besteht in der simplen Tatsache, daß es auch falschen Sinn gibt. Wenn die subjektive Erfahrung von Sinn bereits die Wahrheit des Erfahrenen zu verbürgen vermöchte, dann wäre die Differenz zum Wahn beseitigt. Die Aufklärung selber hat durch die Zerstörung der objektiven Vernunft die Möglichkeit von kollektiven Verbindlichkeiten beseitigt, und damit die Produktion von religiösen Ersatzformen geradezu erzwungen. Der Ausweg von Habermas, die Objektivität des Sinns darin garantiert zu sehen, daß er sich als unbegrenzt intersubjektiv kommunizierbar erweist, ist keiner, denn der Wahn herrscht dann erst absolut, wenn er kollektiv sich ausbreitet. Nur wenn Religion begriffen werden kann, ist sie von der falschen zu unterscheiden. Am Ende des Fortschritts ist daher Religionsphilosophie die wichtigste Sache überhaupt geworden.

Gerade wenn die besten Traditionen der Geschichte der Aufklärung nicht verraten werden sollen, ist die Erneuerung des Kampfes, den der deutsche Idealismus mit der Aufklärung um die Wahrheit ihrer religiösen Substanz geführt hat, von unmittelbarer Aktualität. Es blieb dem Schwachsinn moderner Liberaler überlassen, in den Kirchen noch länger eine Bedrohung der Freiheit zu sehen. Die Geschichte hat vielmehr die Grundüberzeugung der letzten großen Philosophen bestätigt, daß mit ihrer Entchristlichung die aufgeklärte Gesellschaft sich selbst zerstört, und Dostojewski hat nur eine reale Tendenz ausgesprochen, wenn er sagte, daß an die Stelle des entfernten christlichen Gottes die Dämonen einrücken würden. Es hat noch niemand zeigen können, warum dann nicht alles erlaubt sein sollte und wodurch substantielle Freiheit von Beliebigkeit zu unterscheiden wäre. Die neuerdings aufgekommene Rede von der Sozialpflichtigkeit partikularer und divergierender Interessen hat den Charakter einer Beschwörungsformel, die der Dompteur den Raubtieren zuruft, um sich selber Mut zu machen. Was uns heute von apologetischem Interesse, das Hegel noch am Christentum hatte, trennt, ist der Kampf Nietzsches gegen die christliche Religion als einer tödlichen Gefahr gerade für eine Menschheit, die nunmehr praktisch die Verantwortung nicht nur für sich selbst, sondern auch für den Kosmos übernehmen muß. Es handelt sich um die Einsicht, daß das Christentum aus seiner Eigenart heraus unfähig sei, den Menschen ethisch auf die Bewahrung und Erhaltung der Natur zu verpflichten. Erst das Christentum habe den Menschen durch den Schöpfungsauftrag, sich die Erde zu unterwerfen, auf den Weg der Beherrschung der Natur gebracht, der in der apokalyptischen Situation der Gegenwart endet. Es geht hier nicht um die Frage, ob die Neuzeit sich zu Recht auf diesen Auftrag berufen konnte oder nicht; es ist eine Tatsache, daß ohne die christliche Befreiung des Menschen aus kosmischer Abhängigkeit die Verwandlung der Natur in ein Objekt beliebiger und schrankenloser Ausbeutung nicht denkbar gewesen wäre.

Es ist eine Grundfrage, wie unter den Bedingungen einer fast total gewordenen Aufhebung der Natur in den technologischen Prozeß der absoluten Selbstproduktion der Menschheit Natur noch als ein Gegenstand ethischer Verantwortung gedacht, wie das Lebensrecht für alle lebendigen Wesen begründet werden kann. Die methodisch betriebene Vergegenständlichung schlägt unübersehbar auf den Menschen zurück, der selber auch ein Teil der Natur ist. Die ökologische Krise ist unüberwindbar, wenn der Mensch seiner selbst nicht ansichtig wird als ein Wesen, der in den Haushalt und die Kreisläufe der Natur auch einbezogen und ihnen unterworfen ist und ihnen nicht nur als souveränes Subjekt gegenübersteht. In einer sehr dramatischen Weise hat die Wendung von der Geschichtlichkeit der Natur einen neuen Sinn bekommen, nachdem offenbar wurde, daß die Natur eine Zukunft hat, seitdem die Eingriffsmöglichkeiten des Menschen auch ihre Zerstörung einschließen. Die politische Verantwortung muß sich nun auf die Natur selbst, mindestens soweit sie die Existenzgrundlage des Menschen bildet, erstrecken. Wenn man die Rolle bedenkt, die der Naturbegriff in der Metaphysik von Aristoteles bis zu Kants Kritik der Urteilskraft gespielt hat, dann wird das ganze Ausmaß der Gefährdung des Menschen deutlich. Die Naturspekulation in der Metaphysik hatte den Sinn, eine Grundordnung und Grundfügung alles bewegt und lebendig Seienden zu vergegenwärtigen, die ein durchaus prä-reflexives Vertrauen der Menschen in den Sinn seines Vorkommens in der Welt zu begründen vermochte. Dieser Rekurs auf Natur als Ursprung und Grund archäologischer und teleologischer Vergewisserung unbezweifelbarer Sinnhaftigkeit ist dem Menschen jetzt verwehrt. Nicht geht es darum, wie weit der Mensch der Natur vertrauen kann oder darf, sondern wie sich die Natur des Zugriffs der Menschen erwehren wird. Mit Wissenschaft und Technik hat der Mensch in den Prozeß und Ablauf der Natur eingegriffen, ohne daß irgend jemand zu sagen wüßte, mit welchen Konsequenzen für ihn selber. Sind die Konsequenzen unabsehbar, dann sind sie auch nicht zu kontrollieren. Der Prozeß kann und darf dann nicht länger nach freigewählten Zwecken gesteuert werden, sondern muß als Prozeß gestoppt und unter eine Kontrolle gebracht werden, die nicht länger nur Rücksicht nimmt auf den Willen des Menschen.

Die sonst ganz unverbindliche Rede vom Konservativen bekommt von den Notwendigkeiten der Erhaltung der Natur her ihren neuen und präzisen Sinn. Fortschritt in der rücksichtslosen Ausbeutung der Natur ist eine lebensgefährliche Angelegenheit geworden. Gerade eine Renaissance konservativer Gesinnung müßte auf einer Veränderung des Menschen bestehen. Kulturrevolution ist kein Hirngespinst einiger linker Ideologen, sondern die notwendige Antwort auf die Herausforderung eines Fortschritts, der zur Illusion der Epoche wurde. Es wird erheblicher Anstrengungen bedürfen, bis die fällige Revolution der Denkungsart ins allgemeine Bewußtsein eingedrungen ist. Ohne die Organisation kollektiver Lernprozesse dürfte das nicht möglich sein.

Die in diesem Buch vereinigten Studien versuchen von verschiedenen Gesichtspunkten und unterschiedlichen Fragestellungen aus, ein Plädoyer für die Notwendigkeit einer Reform des religiösen Bewußtseins vorzutragen. Die Grundfrage ist bestimmt von der Vermutung, daß die Grundposition der aufgeklärten Religionskritik und die dem Fortschrittsglauben immanente Destruktion der religiösen Überlieferungen im Blick auf die zutage liegenden Konsequenzen revisionsbedürftig sind. Nur die Religionen waren in der Geschichte fähig, den Menschen zu einer Änderung seiner Grundintentionen zu bewegen und revolutionäre Verwandlungen der Gesamtorientierung seines Bewußtseins zu bewirken. Hegel hat in seiner Geschichtsphilosophie das Christentum als die entscheidende revolutionäre Macht in der Weltgeschichte begriffen und alle in ihr erreichten Fortschritte im Bewußtsein und in der Verwirklichung der Freiheit auf den christlichen Glauben als ihre substantielle Voraussetzung zurückgeführt. Er hat den im Grundprinzip der modernen Welt angelegten Anspruch auf eine Versöhnung der Welt aus und mit sich selber als die einseitige Versöhnung erkannt und von ihr gesagt, daß sie mit der Verzweiflung identisch sei. Wenn der Mensch an sich gut ist, das Böse nur in den Verhältnissen gesucht wird, dann ist das Christentum abgeschafft, und der Terror hat ein gutes Gewissen. Dann kann man mit Habermas in der Entpsychiatrisierung der Geisteskrankheit, in der Entkriminalisierung des Verbrechens und in der Entstaatlichung der Politik einen Erfolg der Kulturrevolution sehen und die Unterscheidung von Gut und Böse durch die Unterscheidung von Integrierten und Nichtintegrierten ersetzen. Dann ist die moderne Gesellschaft am besten organisiert, wenn es wie in einer geschlossenen Anstalt nur noch Insassen und Wärter gibt, vielleicht nicht gerade wie im Zuchthaus, aber doch wie in einer psychiatrischen Klinik.

Es sind vier neuralgische Punkte des Selbstverständnisses des gegenwärtigen Menschen, die eine Reform des religiösen Bewußtseins unmittelbar betreffen.

Einmal die Grundeinsicht, die im Zentrum der geschichtlichen Religionen steht, daß der Mensch mit und aus sich selber sich und seine Welt bedroht. Die anthropologische Frage ist durch die kulturrevolutionären Prozesse auch zum Angelpunkt aller politischen Theorie und allen politischen Handelns geworden. Die Frage, was man dem Menschen zutrauen kann und was nicht, entscheidet nunmehr über die Chancen seines Überlebens. Ob Emanzipation oder Herrschaft aufgrund von Zustimmung gut oder schlecht, förderlich oder abträglich ist, ist faktisch nur durch die Wahl anthropologischer Prinzipien entscheidbar.

Zweitens: Es geht um den Begriff und das aus ihm gefolgerte Verhältnis zu dem, was man die Entfremdung des Menschen nennt. Wenn es gelingt, das Grundwissen der geschichtlichen Religionen um die Eigenart menschlichen In-der-Welt-Seins zu vergegenwärtigen, nur dann ist es denkbar, daß die Bedingungen der Entfremdung mit denen der Freiheit zu vereinbaren sind. Diese Formel klingt etwas abstrakt und akademisch, aber in der These ist die Chance eingeschlossen, von der die Fähigkeit des Menschen abhängt, die technologische Gesellschaft rational zu bewältigen.

Drittens: Es geht um die mögliche Begründung einer Verantwortung über das eigene befristete Leben hinaus. Es nutzt wenig, an die Lebensinteressen zukünftiger Generationen zu erinnern, wenn alle ethischen Erwägungen nur um die eigene Selbstverwirklichung und die eigene Daseinsbefriedung kreisen. Was die sozialistische Gesellschaft befähigt, die Bürger für ihre Ziele in Anspruch zu nehmen, ist ihr Glaube, dem Interesse der zukünftigen Menschheit zu dienen. Und da es im Marxismus nur auf die Gattung ankommt, ist das Glück des einzelnen ganz unerheblich.

Schließlich ist ohne die Erneuerung einer sinnvollen Rede von Schöpfung jede Bemühung um eine Reform des religiösen Bewußtseins vergeblich. Wenn es z. B. bei Paulus heißt, daß die Kreatur harrt und seufzet und ihre Befreiung von der Freiheit der Kinder Gottes erwartet, dann ist die Konstellation von Schöpfung und Freiheit eröffnet, die von der für die christliche Tradition bestimmenden metaphysischen Spekulation wieder verstellt wurde. Mit dem Satz des Paulus ist gemeint, was wir heute erfahren: Das Geschick von Natur ist unlöslich an die Freiheit des Menschen geknüpft, an ihren rechten Gebrauch wie an ihren Mißbrauch. Schöpfung ist geschichtlich kontingent, also ontologisch zufällig, sie müßte nicht sein. Schöpfung und Eschatologie schließen daher einander nicht aus. Eine Eschatologie, die nicht das Postulat einer neuen

Erneuerung

Schöpfung, eines neuen Himmels und einer neuen Erde zu tragen vermag, ist mit der Utopie auswechselbar und ermöglicht die Verwandlung des Christentums in eine sozialrevolutionäre Ideologie. Die Übersetzung theologischer in soziologische Kategorien, an der moderne Theologen Gefallen finden, ist ein Verrat an der christlichen Wahrheit, ohne die eine Radikalisierung der ethischen Verantwortung durch die kosmische Dimension nicht gelingen kann.

Soviel sollte durch diese wenigen Bemerkungen zu den Schwerpunkten einer Reform des religiösen Bewußtseins deutlich sein: Nicht eine Wiederbelebung christlicher Traditionsbestände kann die Aufgabe sein, sondern die Erneuerung der christlichen Substanz durch eine revolutionäre Verwandlung ihrer dogmatischen, ethischen, politischen und soziologischen Gestalt. Die Forderung Hegels nach einer Revolution des christlichen Bewußtseins ist unerfüllt. Ohne sie werden die Resultate des Fortschritts und die Errungenschaften der Aufklärung morgen nicht einmal mehr Gegenstand einer historischen Erinnerung sein. Ein Konservatismus, der Überleben geistlos sichern will, wird bald seines Nihilismus geständig sein müssen.

Am Anfang dieses Kapitels steht ein Abschnitt über ideenpolitische Perspektiven der neuen Schule und der neuen Kirche. Diese Perspektiven sind nicht progressiv, sondern sie sind von gestern. Sie haben die Zukunft vergessen. Darüber tröstet auch keine Welle der Nostalgie hinweg. Es ist eine Illusion zu glauben, man könne eine Tendenz wenden, die man nicht einmal zur Kenntnis genommen, geschweige denn verstanden hat. Wir haben bewußt auf eine Erläuterung des Begriffs von Metaphysik verzichtet. In aller Vorläufigkeit heißt hier metaphysisch: nicht-soziologisch. Metaphysik heute hat es mit der Ermittlung der Bedingungen zu tun, unter denen allein Überleben Sinn haben könnte.

Fünftes Kapitel
Atheismus und Moral

Die Grundbewegung der Geschichte ist für Nietzsche die Bewegung, durch die für ihn die Wahrheit über die »Wahrheit« herauskommt, nämlich, daß es mit dem Sein der Metaphysik nichts ist, weil das Sein und der Wille zum Sein ein Produkt des Willens zum Nichts ist. Damit muß aber Nietzsche den diesen Nihilismus mit allen Konsequenzen aus der Endschaft der Metaphysik übernehmenden Willen als den Willen zur Bejahung und Anerkennung der in der Metaphysik verdrängten und verneinten Realität setzen. Für Nietzsche ist daher der Wille zur Macht, der sich als dieser will, der Wille des Übermenschen.

Der Übermensch ist für Nietzsche der Mensch, der die durch die bisherige Metaphysik vollzogene Weltverdoppelung, ihre Spaltung in eine wahre und scheinbare gegen eine seiende und werdende überwunden hat, weil er den Willen zur Rache an der existierenden Realität durch eine fingierte in eine umfassende, nichts Wirkliches auslassende Bejahung verwandelt hat.

Es ist sicher zutreffend, daß Nietzsche das Christentum und damit die christliche Theologie als eine Gestalt des Platonismus begriffen hat und somit die metaphysische Auslegung des biblischen Gottes mit diesem selbst verwechselte und fälschlich identifizierte, aber es fehlt auf einen anderen Gott als diesen im Werke Nietzsches jeder Hinweis – es sei denn, man nehme die Dichtung des Gottes Dionysos als den von Nietzsche gemeinten Ersatz. Die Frage von Nietzsches Verhältnis zum Christentum ist zwar noch keineswegs befriedigend beantwortet, aber es kann keinen Zweifel an der Überzeugung Nietzsches geben, daß sich für ihn die positive geschichtliche Leistung des Christentums darin erschöpft, durch eine Verfeinerung und Verschärfung des Gewissens dazu beigetragen zu haben, sich selbst aufzuheben und so zu liquidieren.

Im übrigen ist die christliche Moral – und sie ist für Nietzsche die Gestalt geschichtlicher Verwirklichung des christlichen Glaubens – das weltgeschichtliche Verhängnis schlechthin. Der Verhängnischarakter der christlichen Moral wird für Nietzsche dann offenbar, wenn sie es nicht mehr vermag, dem aus der Erfahrung der Negativität unausweichlich erwachsenen Leiden einen Sinn zu geben oder wenn ihre Verwirklichung zu einer desperaten Entzweiung und Entfremdung mit der Realität führt, wie sie sich durch die Konstitution der modernen Welt in den letzten 300 Jahren für Nietzsche herausgebildet hat.

Folgt man der Entstehung und Entwicklung von Nietzsches Denken, so stellt sich sein Werk als der vielleicht radikalste Versuch dar, die im Wesen und Prinzip der modernen Welt angelegten Folgerungen konsequent zu Ende zu denken bis zu dem Punkt, an dem sie gezwungen wäre, aus der christlichen metaphysischen Verhüllung der von ihr selbst produzierten Realität herauszutreten und sich als das zu übernehmen, was sie ist. Hierin liegt in der Tat seine noch keineswegs ausgeschöpfte Aktualität für die Gegenwart beschlossen. Er hat damit die Metaphysik nicht vollendet, sondern die Konsequenzen gedacht, die sich aus ihrer Verneinung ergeben. Die Neuzeit ist daher für Nietzsche auch nicht Endzeit, sondern sein Verhältnis zu ihr muß als der am Ausgang des bürgerlichen Zeitalters kontrapunktisch zu Marx unternommene Angriff auf die moderne Welt mit dem Ziel begriffen werden, sie auf den Zustand unentschiedener Halbheiten und unsauberer Kompromisse herauszutreiben. Was Nietzsche nicht ertrug, war das Spiel der Moderne, bei dem die Linke nicht weiß, was die Rechte tut, die sie kennzeichnende Schizophrenie eines gespaltenen Bewußtseins, das Marx als die strukturbedingte Heuchelei der bürgerlichen Gesellschaft angeprangert hat und für ihn ein wesentliches Motiv zu ihrer revolutionären Aufhebung ist. »In solchen Zeiten, wie heute, seinen Instinkten überlassen sein, ist ein Verhängnis mehr. Diese Instinkte widersprechen, stören sich, zerstören sich untereinander; ich definierte das Moderne bereits als physiologischen Selbstwiderspruch« (Nietzsche, Friedrich: Götzendämmerung [§ 41]).

Es wäre an der Zeit, wenn überhaupt, Nietzsche nicht mit Kierkegaard, wie seit Jaspers üblich, sondern mit Marx nicht zu vergleichen, sondern hinter ihrer durchaus vordergründigen Verschiedenheit ihre, wenn auch sehr komplexe Identität zu erkennen. Erst beide zusammen vermitteln eine Einblick in das, was gegenwärtig weltgeschichtlich ist, und nur so vermögen sie die Einsicht in Versuche zu fördern, die vieldeutige, unendlich sich vermittelnde, an Gegensätzen unerschöpflich reiche und daher entschieden gefährdete moderne Welt durch eine, alle bisherige Geschichte abschließende, prinzipielle Neugründung, eindeutig zu vollenden. Erst wenn man Nietzsche und Marx zusammen als die beiden Denker dessen begreift, was nach dem Abschied von der bisherigen Geschichte, der Umkehrung und Verkehrung der Metaphysik von Platon bis Hegel heute weltgeschichtlich ist, dann wird man erkennen können, daß die Aufhebung der modernen, sogenannten bürgerlichen Welt zu einer Reproduktion und nicht Beseitigung der Gegensätze geführt hat, mit dem entscheidenden Unterschied allerdings, daß sie sich zumindest für das ideologische Bewußtsein ins Unversöhnliche verfestigt und fixiert haben.

Die existenzphilosophische Deutung Nietzsches durch Karl Jaspers (Karl Jaspers: Nietzsche. Einführung in das Verständnis seines Philosophierens. 3. Aufl., Berlin 1950), der in Nietzsche ein dem Denken Kierkegaards geschichtsphilosophisch gleichzeitiges Symptom der Krise der Metaphysik und einer Antizipation seines eigenen Denkens gesehen hat, wie die These der Nietzsche-Interpretation von Karl Löwith (Karl Löwith: Von Hegel zu

Nietzsche. Der revolutionäre Bruch in der Philosophie des 19. Jahrhunderts. Stuttgart 1964), der Nietzsche als den auf der Spitze der Moderne unternommenen Versuch einer Wiederholung der antiken Naturerfahrung interpretierte, vermögen nicht die erneute Aktualität von Nietzsches Denken im revisionistischen Kontext marxistischer Theorie verständlich zu machen. Ebenso sind die Bemühungen christlicher Theologen, die Vereinbarkeit christlichen Glaubens mit dem marxistischen Humanismus zu erweisen, noch eher an einer für das 19. Jahrhundert eigentümlichen Konstellation orientiert, als daß sie die Realität der Gegenwart betreffen könnten, die sich in Nietzsches Denken in einer bisher nicht überbotenen Radikalität abzuzeichnen begann. Die Rolle, die Nietzsche für Theorie und Praxis der Befreiung in der Dritten Welt in einer nicht immer leicht erkennbaren Weise spielte und in zunehmendem Maße spielen wird, greift auf den Bereich marxistischen Denkens in der Gegenwart über. Jugoslawische Marxisten widmen einen ganzen philosophischen Kongreß Nietzsche und seiner Bedeutung für die Lösung marxistischer Aporien in der Gegenwart, Marcuses Denken wird mehr durch Nietzsche als durch Marx bestimmt. Die Forderung nach einem neuen Menschen, der den Gefahren und Chancen einer technologischen Gesellschaft zu entsprechen vermöchte, hat eher mit den Visionen Nietzsches zu tun als mit dem Hervortreten des wahren Menschen aus seiner Selbstentfremdung durch die Revolution des Proletariats bei Karl Marx. Horkheimer schließlich hat in einem Interview mit schockierender Eindeutigkeit Nietzsche im Vergleich zu Marx den größeren Denker genannt.

Die Frage nach dem Verhältnis von Nietzsche zu Marx ist durch den geschichtlichen Gang und durch die Resultate der Emanzipation selber erzwungen. Die Geschichte der Emanzipation hat im 20. Jahrhundert dem Schrecken Nietzsches mehr entsprochen als den Hoffnungen von Karl Marx. Die marxistische Erwartung einer möglichen Einrichtung der Gesellschaft, in welcher Technologie und Humanität auch nur tendenziell sich ohne Entfremdung als vereinbar erweisen könnten, ist heute nur als utopische Erneuerung der romantischen Traditionen möglich, denen Marx nicht entsagte, weil er sie zu wenig durchschaute.

Die Überlegenheit Nietzsches über Marx beruht nun nicht darin, daß er die Illusion der Romantik im Gegensatz zu Marx völlig überwunden hätte, sondern sie beruht vielmehr in seiner Einsicht, daß die Technik nicht nur das Verhältnis des Menschen zur sogenannten äußeren Natur tiefgreifend veränderte, sondern auch den Menschen selber und damit seine »innere« Natur unmittelbar betrifft. Nietzsche hat nicht die moderne Gesellschaft als die Gestalt der Freisetzung einer geschichtslos abstrakten, bisher gesellschaftlich unterdrückten Natur des Menschen gesehen, sondern er hat die Emanzipation aus der Geschichte als die ungeheure Herausforderung begriffen, welcher sich der »Alte« Mensch nicht gewachsen erweisen könnte. Fundamentaler als alle politischen, gesellschaftlichen und technischen Veränderungen sind für Nietzsche die religiös-metaphysischen und ethischen. Die geschichtsphilosophische Wendung, die Nietzsche dem Atheismusproblem gegeben hat, ist für das Verständnis und die Aktualität seines Denkens von grundlegender Bedeutung:

»Habt ihr nicht von jenem tollen Menschen gehört, der am hellen Vormittage eine Laterne anzündete, auf den Markt lief und unaufhörlich schrie: ›Ich suche Gott! Ich suche Gott.‹ – Da dort gerade viele von denen zusammenstanden, welche nicht an Gott glaubten, so erregte er ein großes Gelächter. Ist er denn verlorengegangen? sagte der eine. Hat er sich verlaufen wie ein Kind? sagte der andere. Oder hält er sich versteckt? Fürchtet er sich vor uns? Ist er zu Schiff gegangen? ausgewandert? – so schrien und lachten sie durcheinander. Der tolle Mensch sprang mitten unter sie und durchbohrte sie mit seinem Blicken. ›Wohin ist Gott?‹ rief er, ›ich will es euch sagen! Wir haben ihn getötet – ihr und ich! Wir alle sind seine Mörder! Aber wie haben wir dies gemacht? Wie vermochten wir das Meer auszutrinken? Wer gab uns den Schwamm, um den ganzen Horizont wegzuwischen? Was taten wir, als wir diese Erde von ihrer Sonne losketteten? Wohin bewegt sie sich nun? Wohin bewegen wir uns? Fort von allen Sonnen? Stürzen wir nicht fortwährend? Und rückwärts, seitwärts, nach allen Seiten? Gibt es noch ein Oben und ein Unten? Irren wir nicht wie durch ein unendliches Nichts? Haucht uns nicht der leere Raum an? Ist es nicht kälter geworden? Kommt nicht immerfort die Nacht und mehr Nacht? Müssen nicht Laternen am Vormittage angezündet werden? Hören wir noch nichts von dem Lärm der Totengräber, welche Gott begraben? Riechen wir noch nichts von der göttlichen Verwesung? – auch Götter verwesen! Gott ist tot! Gott bleibt tot! Und wir haben ihn getötet! Wie trösten wir uns, die Mörder aller Mörder? das Heiligste und Mächtigste, was die Welt bisher besaß, es ist unter unseren Messern verblutet – wer wischt dies Blut von uns ab? Mit welchem Wasser könnten wir uns reinigen? Welche Sühnefeiern, welche heiligen Spiele werden wir erfinden müssen? Ist nicht die Größe dieser Tat zu groß für uns? Müssen wir nicht selber zu Göttern werden, um nun ihrer würdig zu erscheinen? Es gab nie eine größere Tat – und wer nur immer nach uns geboren wird, gehört um dieser Tat willen in eine höhere Geschichte, als alle Geschichte bisher war!‹ – Hier schwieg der tolle Mensch und sah wieder seine Zuhörer an: auch sie schwiegen und blickten befremdet auf ihn. Endlich warf er seine Laterne auf den Boden, daß sie in Stücke sprang und erlosch. ›Ich komme zur früh‹, sagte er dann, ›ich bin noch nicht an der Zeit. Dies ungeheure Ereignis ist noch unterwegs und wandert – es ist noch nicht bis zu den Ohren der Menschen gedrungen. Blitz und Donner brauchen Zeit, das Licht der Gestirne braucht Zeit, Taten brauchen Zeit, auch nachdem sie getan sind, um gesehen und gehört zu werden. Diese Tat ist ihnen immer noch ferner als die fernsten Gestirne – und doch haben sie dieselbe getan!‹ – Man erzählt noch, daß der tolle Mensch desselbigen Tages in verschiedene Kirchen eingedrungen sei und darin sein Requiem aeternam deo angestimmt habe. Hinausgeführt und zur Rede gesetzt, habe er immer nur dies entgegnet: ›Was sind denn diese Kirchen noch, wenn sie nicht die Grüfte und Grabmäler Gottes sind!‹« (Nietzsche, Friedrich: Die fröhliche Wissenschaft. 3. Buch [§ 108]).

Dieser Text Nietzsches ist der zentrale Text zum Problem des Atheismus überhaupt. Alles, was vor diesem Text zum Atheismus gesagt und gedacht wurde, ist mit der Bedeutung dieses Textes ebenso wenig zu vergleichen wie das, was nach ihm gedacht und geschrieben wurde. Bei der Interpretation gehen wir von scheinbar äußerlichen und gleichgültigen Momenten aus. Die Rede vom Tode Gottes wird von Nietzsche einem Menschen in den Mund gelegt, den Nietzsche den tollen Menschen nennt. Wir verstehen unter einem »tollen« Menschen einen solchen, den wir auch verrückt nennen. Er benimmt sich so, daß wir ihn nach den Regeln und Maßstäben des gesunden Menschenverstandes nicht anders als verrückt nennen können. Denn er läuft am hellen Tage mit einer Laterne umher und das noch auf einem Marktplatz. Einen Menschen, der das tut, nennen wir verrückt. Doch was heißt verrückt? Verrückt ist derjenige, der herausgerückt ist aus allen Zusammenhängen, nach denen sich der gesunde Menschenverstand in der Welt zu verstehen und zu orientieren pflegt. Einen aus allen gängigen und vorgegebenen Zusammenhängen des Verstehens herausgerückten Menschen nennt man verrückt. Daß es sich bei der Wahl der Metaphorik des Tollen und Verrückten bei Nietzsche nicht um eine Verstiegenheit handelt, sondern um einen wesentlichen, zur Auslegung des Menschen und seines Geschicks in der modernen Welt gehörenden Zug, davon zeugt die Dichtung. Das Irre, der Wahnsinn und das Irrenhaus werden, und das aus Gründen, die unmittelbar mit dem Problem Nietzsches zusammenhängen, zu Orten und Zeichen, an denen das Geschick des Menschen in der modernen Gesellschaft sichtbar wird. Auch Hegel war der Meinung, daß man nicht in die Philosophie hineinkommen könne, ohne daß einem Hören und Sehen vergehe; nur in der verständigen Welt sei ein gestrickter Strumpf besser als ein zerrissener. In diesem Sinne legt Nietzsche die Verkündigung des Todes Gottes einem »tollen« Menschen in den Mund.

Wo tritt dieser Mensch auf? Auch das ist von einer gewissen Bedeutung. Er tritt nicht an einem beliebigen Ort auf, sondern mitten in der Stadt, auf dem Marktplatz. Wenn man die Bedeutung der Wahl dieses Ortes erkennen will, dann muß daran erinnert werden, daß die große Philosophie des Abendlandes, mindestens die Tradition der Philosophie, die Nietzsche zerstören will, auch mit dem Auftritt eines Mannes auf der Agora begann, den man als seltsam, als a-topos empfunden hat, nämlich mit Sokrates. Die Philosophie ist an ihrem Anfang eine eminent städtische, bürgerliche Angelegenheit. Nietzsche weiß das, und dieses Wissen ist von Bedeutung für die Beurteilung der Konsequenzen, die Nietzsche aus seinem Willen zur Destruktion entschlossen zieht. Der tolle Mensch zündet am hellichten Tag eine Laterne an. Im Gegensatz zu der Persepektive, nach der die um ihn Herumstehenden den Zeitpunkt seines Auftretens als lichten Tag erfahren, wird die Zeit von dem tollen Menschen als Finsternis und Nacht gedeutet. Mit der Erinnerung an die Athenische Agora verbindet sich in der Metaphorik Licht-Finsternis die Erinnerung an das Christus-Ereignis, das im Johannesevangelium als Licht in der Finsternis dieser Welt verkündigt wird und von dem gesagt wird, daß die Finsternis das Licht nicht angenommen habe.

Auch bei Nietzsche wird das Licht der Verkündigung durch den tollen Menschen von der Menge nicht erkannt, weil sie die Finsternis für Licht und das Anzünden der Laterne für ein seltsames und abwegiges Tun hält. Der tolle Mensch schreit nun unaufhörlich »Ich suche Gott!« »Ich suche Gott!« Der tolle Mensch sucht Gott. Die Antwort derer, die herumstehen: Gelächter. Auch die Antwort der thrakischen Magd auf das Benehmen des Thales war nicht zufällig ihr inzwischen berühmt gewordenes Lachen. Bei Nietzsche fragen die Herumstehenden: »Hat Gott sich verlaufen wie ein Kind, oder hält er sich versteckt? Fürchtet er sich vor uns, ist er so schüchtern?« Der tolle Mensch springt mitten unter sie und durchbohrt sie mit seinem Blick: »Wohin ist Gott? Ich will es euch sagen! Wir haben ihn getötet!«

Das ist der entscheidende Satz. Bei Nietzsche handelt es sich nicht um die Frage, ob eine Theorie über einen Gott genannten absoluten Gegenstand möglich ist oder nicht. Es handelt sich gar nicht um eine theoretische Angelegenheit, sondern um eine praktische, d. h. konkret, es geht bei der Verkündigung des Todes Gottes um eine Tat, um einen Mord. Der Horizont, innerhalb dessen durch Nietzsche die Frage nach Gott gestellt wird, ist der Horizont der Praxis. Die Tat der Tötung Gottes ist für Nietzsche ein epochales Ereignis. Es ist nicht eine beliebige Tat, sondern eine Tat von epochaler Bedeutung, deren Bedeutung nur im Vergleich zu der Stellung ausgesagt werden kann, die für die christliche Zeitrechnung dem Eintritt Gottes in die Geschichte zukommt. Denn alle Geschichte gewinnt von dieser Tat her eine neue Mitte und damit eine neue Struktur der Zeitrechnung und Epocheneinteilung. Alle Geschichte wird, insofern sie dieser Tat vorausgeht, zur vergangenen Geschichte, zur Vorgeschichte. Und alle Geschichte, die der Tat folgt, wird zur Nachgeschichte, denn sie wird von einer qualitativ anderen Art sein als alle bisherige Geschichte.

Nietzsche nennt das Ereignis der Tötung Gottes ein ungeheures Ereignis, weil es über alle Dimensionen des den Menschen bisher Vorstellbaren, Gewohnten und Vertrauten hinausgeht. Alles, was von dieser Art ist, nennen wir ungeheuerlich. Das Ungeheure dieser Tat qualifiziert alle gewesene wie alle zukünftige Geschichte in einer neuen Weise. Doch denen, die diese Tat begangen haben, ist die Tat fremd. Den Tätern ist das, was sie in ihrem Sein von Grund auf bestimmt, das Fremde. Ihr Sein ist das Sein von Gottesmördern, aber dieses ihr eigenes, durch die Tat der Tötung Gottes qualifizierte und bestimmte Sein ist denen, die die Tat vollbracht haben, fremd. Nietzsche sagt: »Es ist ihnen unbekannt.«

Es ist deutlich, wie Nietzsche an dieser Stelle strukturanalog zu Marx denkt. Die gleiche zentrale Stelle, die die Kategorie der Selbstentfremdung in der marxistischen Theorie einnimmt, nimmt das Entfremdetsein von der eigenen Täterschaft, der Tötung Gottes, bei Nietzsche ein. Nietzsche wählt daher konsequent und in Übereinstimmung mit seiner christlichen Herkunft die Form der Verkündigung als Form der Mitteilung. Doch wie ist das gottheitliche Wesen gedacht und bestimmt, dessen Tötung in der Rede des tollen Menschen verkündigt wird? »Das Heiligste und Mächtigste, was die Welt bisher besaß, es ist unter unseren Messern verblutet.«

Es sind drei Metaphern, die für die Auslegung und Bestimmung des gottheitlichen Wesens für Nietzsche maßgebend sind: das Meer, der Horizont und die Sonne. Wir beginnen, entgegen der Folge bei Nietzsche, mit der Frage: was bedeutet es, daß das gottheitliche Wesen unter dem Bild der Sonne angesprochen wird? Mit dem Bild der Sonne geht Nietzsche auf das Sonnengleichnis in der Platonischen Philosophie zurück. Hier steht die Sonne für die Idee des Guten. Die Sonne oder die Idee des Guten ist der Grund, von dem her alles Seiende sein Sein hat, im Sein gehalten wird und von dem her es erkannt wird. Wenn Nietzsche und wir alle heute praktisch davon ausgehen, daß es diesen Gott nicht mehr gibt, dann bedeutet das: es gibt kein Sein, und es gibt keine Wahrheit. Dann haben Sein und Wahrheit keinen Grund, und es gibt daher keinen Grund für eine mögliche Einheit von Wahrheit und Sein. Sein ist dann nicht wahr, und die Wahrheit ist dann nicht. Nietzsche hat in seinem Denken nichts anderes zu denken versucht als das, was gedacht werden muß, wenn es Gott als den Grund von Wahrheit und Sein nicht mehr geben soll.

Was bedeutet nun das Bild des Horizontes? Auch das können wir uns am besten verdeutlichen mit Hilfe der Platonischen Kategorie von »Peras«, also dem, was Platon unter Grenze versteht. Das Prinzip, auf dessen Grund der Mensch sich selbst und seine Welt als Gestalt apperzipieren konnte, auf dessen Grund Kultur möglich war, das kann es alles nicht mehr geben, wenn es den Horizont, der alles Seiende in seinem ihm eigenen Umriß einschließt und von allen anderen Seienden zugleich abgrenzt, nicht mehr gibt. Und schließlich, wie das Meer unendlich, unausschöpfbar ist, so ist das unter der Metapher des Meeres gedachte Sein Gottes unerschöpflich. Gott verfügt über einen Bestand von Möglichkeiten, der unendlich ist. Das allem immer schon Zuvor- und Voraussein Gottes, was Gestalt angenommen und damit auch in dieser eingeschlossen ist, die Unerschöpflichkeit des Seins Gottes soll durch das Bild des Meeres ausgesagt werden.

Ist es beliebig, daß Nietzsche in der Auslegung des gottheitlichen Wesens, von dessen Tod die Rede ist, gerade in drei Hinsichten spricht? Es ist die Frage, ob nicht mit dieser dreifachen Hinsicht in Nietzsches Rede von Gott ein Zusammenhang mit der trinitarischen Tradition der christlichen Theologie nahegelegt werden soll. Das würde bedeuten, daß unter der Metapher der Sonne Gott als der Schöpfer ausgesagt wird, von dem alles Seiende sein Sein empfängt, unter der Metapher des Horizontes Gott als der Sohn – als die gestalthafte Präsens Gottes in der Welt – und daß unter der Meeresmetapher das gemeint ist, was die Theologie des Geistes unter dem Voraus- und Mehrsein Gottes gegenüber allem verstand, was von ihm gedacht und gesagt werden kann. Es ist nicht mit Sicherheit zu entscheiden, ob Nietzsche wirklich das trinitarische Modell der christlichen Theologie vor Augen hatte. Aber es wäre ja denkbar, daß die drei Hinsichten Nietzsches, unter denen er das gottheitliche Wesen auslegt, nicht ohne Zusammenhang mit der trinitarischen Überlieferung der Theologie verstanden werden kann.

Im 5. Buch der Fröhlichen Wissenschaft spricht Nietzsche von den Konsequenzen, welche die Tat der Tötung Gottes für die Struktur der ihr folgenden Geschichte haben wird. Schon in der Rede des tollen Menschen hieß es, daß wir, um der Größe der Tat gewachsen zu sein, selber die Rolle Gottes einnehmen müßten. Der Übermensch ist bei Nietzsche der Mensch, der die Rolle Gottes in einer gewissen Hinsicht zu übernehmen hat. Wenn wir selber zwar nicht Gott, aber doch wie Gott werden müssen, um der Größe der Tat zu entsprechen, dann bedeutet das, daß der Mensch die Rolle des Gründens und damit der Ermöglichung alles Seins zu übernehmen hat. Dann muß der Mensch selber die Ermöglichung der Gestalt alles Seienden im Ganzen übernehmen und damit die Verantwortung für das Ganze der Welt und ihre geschichtliche Zukunft tragen. Die Konsequenzen, die sich aus dem Tode Gottes für den Menschen ergeben, sind für ihn unentrinnbar. In diesem Zusammenhang muß der Grundsatz von Nietzsches Anthropologie gesehen werden: der Mensch ist das noch nicht festgestellte Tier. Das heißt, es ist noch nicht ausgemacht, es ist noch nicht herausgekommen, was es mit dem Menschen auf sich hat. Und der, der darüber zu befinden und zu entscheiden hat, was aus dem Menschen werden soll, oder genauer gemacht werden soll, ist der Mensch selber.

Nachdem Gott tot ist, kann es ja niemanden mehr geben, der den Menschen in seinem Sein feststellen könnte, wenn es nicht der Mensch selbst tut. Wenn aber der Mensch das sich selbst in seinem Sein feststellende Wesen ist, dann ist er – und das ist der zweite Grundsatz von Nietzsches Anthropologie – das Wesen des Übergangs. Er ist in sich das übergängige Wesen. Er ist noch auf dem Wege zu sich selbst. Er muß sich selbst definieren und in seinem Sein hervorbringen. Als das übergängige Wesen muß er sich überschreiten. Er ist über sich hinaus.

Doch wichtiger als die anthropologische, ist die geschichtsphilosophische Perspektive – von Nietzsche aus gesehener – zukünftiger Geschichte.

»Das größte neuere Ereignis – daß ›Gott tot ist‹, daß der Glaube an den christlichen Gott unglaubwürdig geworden ist – beginnt bereits seine ersten

Schatten über Europa zu werfen. Für die wenigen wenigstens, deren Augen, deren Argwohn in den Augen stark und fein genug für dies Schauspiel ist, scheint eben irgendeine Sonne untergegangen, irgendein altes tiefes Vertrauen in Zweifel umgedreht: ihnen muß unsre alte Welt täglich abendlicher, mißtrauischer, fremder, älter scheinen. In der Hauptsache aber darf man sagen; das Ereignis selbst ist viel zu groß, zu fern, zu abseits vom Fassungsvermögen vieler, als daß auch nur seine Kunde schon angelangt heißen dürfte; geschweige denn, daß viele bereits wüßten, was eigentlich sich damit begeben hat – und was alles, nachdem dieser Glaube untergraben ist, nunmehr einfallen muß, weil es auf ihm gebaut, an ihn gelehnt, in ihn hinein-gewachsen war: zum Beispiel unsre ganze europäische Moral. Diese lange Fülle und Folge von Abbruch, Zerstörung, Untergang, Umsturz, die nun bevorsteht: wer erriete heute schon genug davon, um den Lehrer und Vorausverkünder dieser ungeheuren Logik von Schrecken abgeben zu müssen, den Prohpeten einer Verdüsterung und Sonnenfinsternis, derengleichen es wahrscheinlich noch nicht auf Erden gegeben hat? ... Selbst wir geborenen Rätselrater, die wir gleichsam auf den Bergen warten, zwischen Heute und Morgen hingestellt und in den Widerspruch zwischen Heute und Morgen hingespannt, wir Erstlinge und Frühgeburten des kommenden Jahrhunderts, denen eigentlich die Schatten, welche Europa alsbald einwickeln müssen, jetzt schon zu Gesicht gekommen sein sollten: woran liegt es doch, daß selbst wir ohne rechte Teilnahme für die Verdüsterung, vor allem ohne Sorge und Furcht für uns ihrem Heraufkommen entgegensehen? Stehen wir vielleicht zu sehr noch unter den nächsten Folgen dieses Ereignisses – und diese nächsten Folgen, seine Folgen für uns sind, umgekehrt als man vielleicht erwarten könnte, durchaus nicht traurig und verdüsternd, vielmehr wie eine neue schwer zu beschreibende Art von Licht, Glück, Erleichterung, Erheiterung, Ermutigung, Morgenröte ... In der Tat, wir Philosophen und ›freien Geister‹ fühlen uns bei der Nachricht, daß der ›alte Gott tot‹ ist, wie von einer neuen Morgenröte angestrahlt; unser Herz strömt dabei über von Dankbarkeit, Erstaunen, Ahnung, Erwartung – endlich erscheint uns der Horizont wieder frei, gesetzt selbst, daß er nicht hell ist, endlich dürfen unsre Schiffe wieder auslaufen, auf jede Gefahr hin auslaufen, jedes Wagnis des Erkennenden ist wieder erlaubt, das Meer, unser Meer liegt wieder offen da, vielleicht gab es noch niemals ein so ›offenes Meer‹« (a.a.O. 5. Buch [§ 343]).

Für Nietzsche ist im Tode Gottes eingeschlossen, daß der Glaube an den christlichen Gott unglaubwürdig wurde. Mit dem Glauben an den christlichen Gott wird aber die gesamte europäische Moral hinfällig. Die von dem Ereignis des Todes Gottes geprägte Epoche wird durch eine Logik bestimmt, die es nach Nietzsche zu sagen gestattet, was kommen wird. Nietzsche versteht sich als Lehrer und Vorausverkündiger einer – von ihm aus gesehen – zukünftigen Epoche der Geschichte, die der Logik des Schreckens gehorchen muß. Nun ist die Geschichte, die der Logik des Schreckens folgt, unsere eigene Gegenwart. Sie entfaltet sich in ihrer universalen, alle Bereiche des menschlichen Daseins auf der ganzen Erde erfassenden Intensität. Wenn man die Bereicherung des Arsenals von Grausamkeit durch die Erfindung des psychischen Terrors denkt, durch welche die jüngsten Träger des Emanzipationsprozesses sich ausgezeichnet haben, dann ist auch diese Tatsache ein Kommentar zu der Frage nach dem Verhältnis von Nietzsche zu Marx in der Gegenwart. Die von beiden Denkern in ihrer Notwendigkeit begriffene und daher geforderte totale Emanzipation von der Metaphysik vollzieht sich in der Tat in zunehmendem, immer bedrohlicherem Maße im Zeichen dessen, was Nietzsche die Logik des Schreckens nannte. Das hat Nietzsche klarer gesehen als irgendein anderer Denker sonst. Was Nietzsche aus der Emanzipation vom Glauben an den christlichen Gott hervorgehen sieht, sind jene unheilverkündenden, geheimnisvollen dunklen Visionen, wie Untergang, Zerstörung, Umsturz, Abbruch, Schrecken, und wovon er als einer unausweichlichen und für ihn feststehenden Notwendigkeit ausgeht, ist die Unhaltbarkeit aller bisherigen Moral.

Für Nietzsche ist die Kritik der Moral und der Versuch ihrer Neubegründung eine notwendige Konsequenz des Todes Gottes, d. h. des Fortfalls des Grundes, auf dem alle bisherige Moral gegründet war. Wenn Gott tot ist, dann wird alle überkommene Ethik und Moralität hinfällig. Was ist in diesem Zusammenhang unter Moral zu verstehen? Ethos war der Ort, an dem jemand wohnt. Ethik ist dann die Gestalt einer Praxis, durch die sich der Mensch zu einem Gegenstand der Verwirklichung in seinem Sein wird, die es ihm ermöglicht, bei sich selbst und in seiner Welt heimisch, zu Hause zu sein, so wie es bei Platon darauf ankommt, daß der Mensch es lernt, mit sich selbst befreundet zu sein. Von Natur ist es der Mensch nicht. Das wird er erst in einer Praxis, die das Wesen der Ethik ausmacht. Mit dem Hinfälligwerden aller ethischen Ordnungen und Traditionen in der emanzipierten Gesellschaft wird daher alles unvertraut und fremd. »Unsere alte Welt wird täglich mißtrauischer und fremder.« An die Stelle des Vertrauens tritt erst der Zweifel und schließlich das Mißtrauen, der Verdacht. Der Geist ist seit und durch Nietzsche in sich ständig radikalisierenden Formen in die Schule des Verdachts gegangen. Die Schule, die Nietzsche als die Schule des Mißtrauens und des methodischen und prinzipiell gewordenen Verdachtes begründet, ist zur einzigen Stätte und Behausung des Geistes geworden. Die Schule des Verdachtes, der mißtrauischen Auflösung einer jeglichen Weise des Vorverständigtseins, bei Nietzsche ein geistiges, ein philosophisches Ereignis, ist inzwischen selber zu einer vertrauten Praxis des Menschen mit sich selbst und den Mitmenschen geworden. Der Satz Sartres: »Die Hölle ist der andere«, der zentrale Satz über die gesellschaftliche Natur des Menschen in seiner Philosophie, ist zugleich der dritte gleich wesentliche Grundsatz von Nietzsches Anthropologie. Sartre hat in einer subtilen, existenziellen Psychopathologie die Konsequenzen aufgedeckt, die sich aus der höllischen Art ergeben, mit der die Menschen in der atheistischen Gesellschaft und der atheistischen Kirche miteinander umgehen. Der höllische Charakter dieses Umgangs ist bestimmt durch den Wechsel von Masochismus und Sadismus. Die Dialektik, so glaubt Sartre, im Anschluß an Nietzsche, das gesellschaftliche Sein des Menschen interpretieren zu können, ist die Bewegung, die dem Zirkel gehorcht, nach welchem der Sadismus den Masochismus und der Masochismus den Sadismus hervortreibt.

Die sich wechselseitig hervortreibende und darin potenzierende Bewegung ist der Prozeß, durch den der Mensch in einer prinzipiell unvertrauten Welt sich gezwungen sieht, entweder den andern zu unterwerfen oder, wenn das nicht gelingt, sich dem andern. Die Dialektik von Herrschaft und Knechtschaft tritt damit bei Nietzsche nach Hegel und Marx in ein neues Stadium. Sie wird von Nietzsche reflektiert auf ihre Implikationen hin, die sie für den Verfall der Moralität hat. Alle Konsequenzen, die sich aus dem Tode Gottes für ihn ergeben, faßt Nietzsche in der Aussage zusammen, daß das Gesetz des Zeitalters nach der Tötung Gottes der Nihilismus sein werde.

»Was ich erzähle, ist die Geschichte der nächsten zwei Jahrhunderte. Ich beschreibe, was kommt, was nicht mehr anders kommen kann: die Heraufkunft des Nihilismus. Diese Geschichte kann jetzt schon erzählt werden, denn die Notwendigkeit selbst ist hier am Werke. Diese Zukunft redet schon in hundert Zeichen, dieses Schicksal kündigt überall sich an; für diese Musik der Zukunft sind alle Ohren bereits gespitzt. Unsre ganze europäische Kultur bewegt sich seit langem schon mit einer Tortur der Spannung, die von Jahrzehnt zu Jahrzehnt wächst, wie auf eine Katastrophe los: unruhig, gewaltsam, überstürzt: einem Strom ähnlich, der ans Ende will, der sich nicht mehr besinnt, der Furcht davor hat, sich zu besinnen.« (Nietzsche, Friedrich: Wille zur Macht [Anfang]).

Nietzsches Philosophie ist eine Philosophie des Mutes, sich zu besinnen. Sie ist Gestalt und Ausdruck einer universalen und radikalen Besinnung auf das Ereignis und die Konsequenzen des Ereignisses, das Nietzsche den Nihilismus nennt. In diesem Sinne ist Nietzsches Denken Philosophie. Unter dem Nihilismus denkt Nietzsche die Geschichte, die kommt und die als die ankommende jetzt schon erkannt und erzählt werden kann. Nihilismus ist also hier nicht identisch mit einer Theorie, die besagt: alles ist im Grunde genommen nichts, sondern eine Geschichte, die sich vollzieht und die die Geschichte der europäisch christlichen Kultur in ihrem Grunde ausmachte und in die sie sich jetzt verwandelt. »Was bedeutet Nihilismus? – Daß die obersten Werte sich entwerten. Es fehlt das Ziel; es fehlt die Antwort auf das »Warum« (a.a.O.S. 10).

Als Nihilismus wird also von Nietzsche eine Verfassung der Welt und ein geschichtlicher Zustand angesprochen, der dadurch bestimmt ist, daß es keine Antwort auf die Frage nach dem Telos des Ganzen gibt. Nietzsche hat gesagt, daß wir das erste Geschlecht seien, das keine Antwort auf die Frage nach der Wahrheit hätte. Sein Denken stellt daher den Versuch dar, ein Experiment mit der Wahrheit anzustellen. In diesem Sinne ist Nietzsches Philosophie als eine Experimentalphilosophie zu verstehen. Wie aber ist es möglich, mit der Wahrheit unter Bedingungen zu experimentieren, die eine Erkenntnis der Wahrheit nicht zulassen? Nietzsche geht so vor, daß er beabsichtigt, die Wahrheit über die Wahrheit an den Tag zu bringen. Seine geschichtsphilosophisch bestimmte Theorie bildet dabei den Horizont für dieses Experiment. Der radikal gewordene Nihilismus steht in diesem Zusammenhang für die Überzeugung, daß das Dasein sich als unhaltbar erweist, wenn es sich um die höchsten Werte handelt, die das Dasein für sich selber verbindlich anerkennt. Für Nietzsche wird also im Begriff des Nihilismus nicht eine geschichtliche Verfassung des Daseins angesprochen, für die es keine Überzeugungen mehr gibt. Im Gegenteil: es gibt sehr wohl ausgemachte und anerkannte Überzeugungen über höchste Werte. Ohne diese Voraussetzung wäre die Rede vom Nihilismus selber sinnlos. Es geht vielmehr um das Verhältnis dessen, was das Dasein für seinen höchsten Wert hält, zu dem faktischen Dasein selber. Erst aus der Perspektive seines höchsten Wertes beurteilt, erweist sich das Dasein als unhaltbar. Erst wenn sich die geschichtliche Wirklichkeit in der Perspektive seiner höchsten Werte als unhaltbar herausstellt, dann tritt ein, was Nietzsche die Herrschaft des Nihilismus nennt.

»Aber unter den Kräften, die die Moral großzog, war die Wahrhaftigkeit: diese wendet sich endlich gegen die Moral, entdeckt ihre Theologie, ihre interessierte Betrachtung – und jetzt wirkt die Einsicht in diese lange eingefleischte Verlogenheit, die man verzweifelt, von sich abzutun, gerade als Stimulans. Wir konstatieren jetzt Bedürfnisse an uns, gepflanzt durch die lange Moral-Interpretation, welche uns jetzt als Bedürfnisse zum Unwahren erscheinen: andererseits sind es die, an denen der Wert zu hängen scheint, derentwegen wir zu leben aushalten. Dieser Antagonismus. – Das, was wir erkennen, nicht zu schätzen und das, was wir uns vorlügen möchten, nicht mehr schätzen zu dürfen – ergibt einen Auflösungsprozeß.«

Dies ist die Antinomie: »Sofern wir an die Moral glaubten, verurteilen wir das Dasein,« (a.a.O. S. 11).

Der Nihilismus, die Verneinung der Moral, ist also für Nietzsche eine Konsequenz aller bisherigen Moral. Beim Nihilismus geht es um einen Vorgang, in welchem sich die Moral gegen sich selbst wendet. Die Moral löst sich in der Wendung gegen sich selber auf. Auf dem Boden der sich auflösenden Moral ist ein moralisches Bedürfnis im Menschen erzeugt worden, das sich gegen die Moral wendet, die es selber hervorgebracht hat. In der Auflösung der Moral durch die in der Moral entwickelte Wahrhaftigkeit, die sich gegen ihren eigenen Grund wendet, denkt Nietzsche auf eine höchst praktische Weise ebenso geschichtlich wie dialektisch. Nicht zufällig bestimmt er den nihilistischen

Weltzustand durch den Begriff des Antagonismus, der aufgebrochen ist zwischen dem, was wir erkennen, und dem, was wir schätzen. Die methodisch erkannte Wirklichkeit widerlegt die Werte und die Werte widerlegen die Wirklichkeit. Wenn die Wirklichkeit, die ist, und der Wert, der sein soll, unvermittelt und antagonistisch auseinander- und einander entgegentreten, dann tritt der Nihilismus ein.

»Was ist im Grunde geschehen? Das Gefühl der Wertlosigkeit wurde erzielt, als man begriff, daß weder mit dem Begriff ›Zweck‹, noch mit dem Begriff ›Einheit‹, noch mit dem Begriff ›Wahrheit‹ der Gesamtcharakter des Daseins interpretiert werden darf. Es wird nichts damit erzielt und erreicht; es fehlt die übergreifende Einheit in der Vielheit des Geschehens: der Charakter des Daseins ist nicht ›wahr‹, ist falsch ... man hat schlechterdings keinen Grund mehr, eine wahre Welt sich einzureden ... Kurz: die Kategorien ›Zweck‹, ›Einheit‹, ›Sein‹, mit denen wir der Welt einen Wert eingelegt haben, werden wieder von uns herausgezogen – und nun sieht die Welt wertlos aus ...« (a.a.O. S. 15).

Da in dem ganzen Prozeß der Welt als Natur und Geschichte nichts erzielt und erreicht wird und die im Werden befindliche Welt kein Prinzip von Ordnung, Einheit oder Ganzheit erkennen läßt und der Anblick des bloß chaotischen Werdens nicht ertragen wird, flüchtet man sich aus der ziel- und einheitslosen Welt des Werdens hinaus – wohin? In eine Welt, die es an sich nicht gibt, sondern die man sich zum Zwecke der Flucht vor der wirklichen Welt als eine an sich wahre fingiert und hinter der Welt des bloßen Werdens ansetzt, als eine an sich bestehende und den Bestand des Menschen verbürgende Hinterwelt. Die zu der Welt des Werdens hinzugedachte, also ausgedachte Welt ist die mit dem Sein der Metaphysik gemeinte wahre Welt. Wie ist es zur Ausbildung der Metaphysik und damit zur Ansetzung einer die Welt des Werdens überbietenden und übersteigenden wahren Welt gekommen? Die Antwort Nietzsches lautet: zu der Ansetzung einer solchen an sich dem Werden überlegenen Welt ist es gekommen aus einem dominierenden Bedürfnis heraus. Die Welt wahrer und seiender Beständigkeit wird von Nietzsche auf ein Bedürfnis zurückgeführt, und zwar auf ein Bedürfnis des Menschen als eines Subjektes, das einer solchen Welt bedarf. Was ist der Grund einer solchen Bedürftigkeit nach Nietzsche? Das Bedürfnis, das hinter der Ausbildung einer Welt wahren Seins steht, ist das Bedürfnis nach Flucht, ist ein Eskapismus.

Weil man die Welt bloßen, an sich sinn- und zwecklosen Werdens nicht ertragen kann, weicht man der als sinn- und zwecklos erfahrenen Welt bloßer Veränderung und bloßen Werdens aus und rettet sich in eine an sich wahre Welt, die man als Asyl braucht und zu der einzig wirklichen Welt hinzudenkt. Wovon die Metaphysik redet, ist also für Nietzsche ein bloßer Schein, eine Fiktion, durch die man sich den unerträglichen Charakter der wirklichen Welt des Werdens erträglich macht. Nun hängt aber das Sein der Wahrheit von der Annahme einer solchen, dem Werden überlegenen Welt des Seins ab. Wenn der Nihilismus als psychologischer Zustand eintritt und man an das Sein der Metaphysik nicht mehr glauben kann, dann fällt mit der an sich seienden und beständigen Welt des Seins die Wahrheit selbst dahin. Der Satz Nietzsches, daß wir das erste Geschlecht in der Geschichte seien, das keine Antwort auf die Frage nach der Wahrheit hat, ist also das Resultat der Theorie eines Prozesses, durch den die Metaphysik unglaubwürdig wurde. Mit dem Hinfall der Metaphysik fällt auch der Gedanke einer an sich seienden Wahrheit fort. Nihilismus als psychologischer Zustand ist das Ergebnis eines Prozesses, in welchem alle den Prozeß überdauernden Bestände sich aufgelöst haben. Es bleibt nur noch der Prozeß. Es bleibt nur noch das reine sinn-, zweck- und einheitslose und jede Wahrheit aus dem Felde schlagende Werden an sich. »Was ist im Grunde geschehen? Das Gefühl der Wertlosigkeit wurde erzielt« (a.a.O.).

In seiner philosophisch geschlossensten und vielleicht bedeutendsten Leistung, in seiner Schrift »Zur Genealogie der Moral« hat nun Nietzsche den Versuch einer neuen Antwort auf seine alte Frage unternommen. Er hat das Problem des Ursprungs der Metaphysik so gestellt, daß sie mit der Frage nach der Herkunft der Moral zusammenfällt. Nicht eine mythologische Genealogie wird mehr entwickelt, sondern eine ethische, die Metaphysik aus ihrer Funktion für die Ethosordnungen begreifende Antwort gibt Nietzsche in dieser Schrift. Die Metaphysik ist aus einer Grundstellung der Moral hervorgegangen, insofern die Metaphysik das Resultat einer bestimmten Interpretation der Welt darstellt, die ihrerseits auf bestimmte stellungnehmende Akte des Menschen zur Realität zurückgeführt werden kann.

Die Metaphysik wird auf Akte der stellungnehmenden Subjektivität als den Grund ihrer Herkunft zurückgeführt, auf Akte des Schätzens, d. h. auf Akte des Vorziehens und Nachsetzens. Welche Akte sind dies? Es sind die Akte, in denen die gegebene Welt des Werdens und der Veränderung zurückgesetzt, oder besser, herabgesetzt wird zugunsten der Bejahung einer Welt ständigen Seins. Die Metaphysik in der ihr eigenen Tendenz zur Weltverdoppelung ist das Resultat eines Abschätzens der Wirklichkeit, sie geht zurück auf Akte der Bejahung und der Verneinung. In der Metaphysik wird die Welt des Seins bejaht und die Welt des Werdens verneint. Die Methode des Verdachts gibt diesem Gedanken eine die Metaphysik in ihrem Grund stürzende Wendung, der bei Nietzsche die Form annimmt, daß die Welt des Seins um willen einer Verneinung bejaht wird. Die Bejahung in der Metaphysik steht im Dienste einer Verneinung. Die Welt des Seins wird bejaht, um die Welt des Leidens, die Welt sinnlicher Mannigfaltigkeit und Veränderung verneinen zu können. Die aus einer Bejahung, die im Dienste einer Verneinung erfolgt, hervorgehende Metaphysik versteht Nietzsche als die Gestalt einer bestimmten Moral, als die Herrschaft eines Ideals, welches Nietzsche das asketische Ideal nennt.

Die herrschende Moral ist die Herrchaft des asketischen Ideals über die geschichtlich wirksam gewordene Selbstauslegung des Menschen. Ein asketisches Ideal als Prinzip handelnder Selbstverwirklichung des Menschen verneint praktisch, was in der Herabsetzung des Sinnlichen und der Leiblichkeit in der Metaphysik theoretisch verneint wird. Der auf dem Boden der Metaphysik sich in seinem Menschsein begründende und verwirklichende Mensch ist der Mensch, der im Gehorsam gegen ein von ihm selbst aufgerichtetes Ideal sich selbst verneint. Der sich als natürliches, leibhaftes, vergehendes und stetig sich veränderndes Wesen verneinende Mensch steht damit in der Abhängigkeit von einer verneinenden Praixs, also einer nihilistischen Praxis. Die Metaphysik ist daher in ihrem Kern und in ihrem Grunde nihilistisch. Das Wesen der Metaphysik – von der Metaphysik unerkannt und unerkennbar, aber durch die Konsequenzen der Auflösung der Herrschaft der Metaphysik erkennbar geworden – besteht darin, daß sie nihilistisch ist, von Grund auf und von Anfang an. Warum? Die Metaphysik ist nihilistisch, weil sie die leitenden Bejahungen, die die Metaphysik und den Menschen bestimmenden und in seinem Dasein orientierenden Bejahungen im Dienste einer Verneinung stehen, nämlich im Dienste einer theoretischen und praktischen Verneinung der Welt des Scheins, der Sinnlichkeit, des Leibes und der Vergänglichkeit. Die für Nietzsche einzig wirkliche Welt wird zugunsten einer bloß angenommenen und aus einem Bedürfnis heraus gesetzten Welt verneint. Der Nihilismus und der Atheismus müssen in ihrem Kern, wenn die Metaphysik für den Nihilismus aufzukommen hat, noch selber metaphysisch sein.

»Es ist immer noch ein metaphysischer Glaube, auf dem unser Glaube an die Wissenschaft ruht, – auch wir Erkennenden von Heute, wir Gottlosen und Antimetaphysiker, auch wir nehmen unser Feuer noch von jenem Brande, den ein Jahrtausende alter Glaube entzündet hat, jener Christen-Glaube, der auch der Glaube Plato's war, daß Gott die Wahrheit ist, daß die Wahrheit göttlich ist ... Aber wie, wenn gerade dies immer mehr unglaubwürdig wird, wenn Nichts sich mehr als göttlich erweist, es sei denn der Irrtum, die Blindheit, die Lüge, – wenn Gott selbst sich als unsre längste Lüge erweist? – An dieser Stelle thut es Noth, Halt zu machen und sich lange zu besinnen. Die Wissenschaft selber bedarf nunmehr einer Rechtfertigung (womit noch nicht einmal gesagt sein soll, daß es eine solche für sie giebt). Man sehe sich auf diese Frage die ältesten und die jüngsten Philosophien an: in ihnen allen fehlt ein Bewußtsein darüber, inwiefern der Wille zur Wahrheit selbst erst einer Rechtfertigung bedarf, hier ist eine Lücke in jeder Philosophie – woher kommt das? Weil das asketische Ideal über alle Philosophie bisher Herr war, weil Wahrheit als Sein, als Gott, als oberste Instanz selbst gesetzt wurde, weil Wahrheit gar nicht Problem sein durfte. Versteht man dies »durfte«? – Von dem Augenblick an, wo der Glaube an den Gott des asketischen Ideals verneint ist, giebt es auch ein neues Problem: das vom Werthe der Wahrheit«(Nietzsche, Friedrich: Zur Genealogie der Moral. 3. Abhdlg. [§ 24]).

Der Atheismus stellt für Nietzsche nicht die Gegenposition zur Metaphysik dar, sondern er ist vielmehr die Rest- und Verkümmerungsform der Metaphysik selber. Die entscheidende Frage, mit der die Zweideutigkeit Nietzsches unübersehbar wird, lautet: was aber ist der Grund dafür, daß der Mensch in der Metaphysik die Realität zugunsten eines selbstgesetzten Ideals verneinte? Mit dieser Frage berühren wir den Bereich der Zweideutigkeit Nietzsches, weil es nämlich aufgrund vieler Äußerungen so scheinen kann, daß Nietzsche die die Metaphysik bestimmende Verneinung nun ihrerseits zurückführte auf eine allem Leben innewohnende Tendenz. Die das Leben in seinem Lebendigsein bestimmenden Tendenzen trennt Nietzsche in aufsteigende, starke und in abfallende, schwache. Das von der einen Art beherrschte Leben nennt Nietzsche stark, das von der andern Art beherrschte schwach. Die schon die Geburt der Tragödie bestimmenden Grundmächte des apollinischen und dionysischen, des weiblichen und männlichen, des begrenzenden und des unbegrenzenden, werden zurückgenommen in das, was Nietzsche das Leben nennt. Die Metaphysik ist für Nietzsche dann ein Symptom für die Art des Lebens, das sich in der Metaphysik ausdrückt und darstellt. Insofern nun in der Metaphysik eine Verneinung am Werke war, ist die Metaphysik das Symptom für ein degenerierendes, schwaches Leben.

Dem schwachen und degenerierenden Leben wird von Nietzsche ein anderes, das starke Leben gegenübergestellt, dessen Stärke daran gemessen werden muß, daß es, einer metaphysischen Rechtfertigung unbedürftig, die Stärke seiner Physis als das Maß aller Dinge nimmt und durchzusetzen vermag. Die Lehre vom Willen zur Macht ist hier, also in der Reflexion auf die anthropologischen Konsequenzen des Verfalls der Ethosordnungen, noch vor aller fragwürdigen Ontologisierung, angelegt.

Das Leben nennt Nietzsche schwach, welches das Prinzip seiner Rechtfertigung nicht aus sich selbst, sondern aus einem anderen Sein nimmt. Es ist das sich selbst entfremdete Dasein. Zug um Zug entspricht die Entwicklung von Nietzsches Denken dem Ansatz von Karl Marx. Die Destruktion der Metaphysik und des in ihr begründeten religiösen Lebens wirkt sich, ungeachtet des bei beiden Denkern divergierenden Grundwillens ihrer Erkenntnis, analog aus. Wenn das schwache Leben sich durch ein anderes, von ihm selbst unabhängiges Sein rechtfertigen läßt, so nimmt das starke das Prinzip aller Rechtfertigung aus sich selbst. Aber was heißt das? Ein starkes Leben, welches das Prinzip der Rechtfertigung aus sich selbst nimmt, erklärt sich damit als rechtfertigungsunbedürftig. Ein starkes Leben ist von der Art, daß es die Zumutung, einer Rechtfertigung bedürftig zu sein, gerade ablehnt. Es setzt sich selbst als das Maß für alles, was anders ist, und unterwirft das andere dem von ihm selbst und als sich selbst gesetzten Maß. Nun erst nähern wir uns dem entscheidenden Punkt unserer Interpretation Nietzsches. Es muß die Frage gestellt werden: nach welchem und aufgrund welchen Prinzips wird von Nietzsche geschieden und unterschieden zwischen starkem und aufsteigendem Leben auf der einen und schwachem und verfallendem Leben auf der andern Seite, wenn sich nicht nach einem von niemandem verhängten Fatum das Sein wie bei den Vorsokratikern im Vergehen des einen das Werden des andern nach der Ordnung der Zeit vollzieht und der Tod ein Kunstgriff des Lebens sein soll, sich besser am Leben zu erhalten? Daß Nietzsche dieser Versuchung, alles einer unvordenklichen Ananke zu unterwerfen, auch erlegen ist, daran besteht kein Zweifel. Vor allem beim späten Nietzsche des unveröffentlichten Willens zur Macht, der in der Heideggerschule als der eigentliche und wahre Nietzsche gilt, setzt sich diese Tendenz beherrschend durch. In der Übertragung des Physisprinzips auf die Geschichte wirkt sich diese Tendenz verhängnisvoll in der Form der Fatalisierung der Geschichte aus, die keine Verantwortung der Person mehr zuläßt und dazu beiträgt, die finstersten Zwangsvollzüge der Geschichte zu sanktionieren. Die Zuordnung Nietzsches zum Faschismus ist nur ein Aspekt dieses Zusammenhangs. An dieser Stelle ist Marx, dank seiner Herkunft von Hegel, der Affirmation der Katastrophe entgangen. Nietzsche hatte – nicht ohne verhängnisvolle Folgen – Arthur Schopenhauer zu seinem Lehrer. Daher wird an diesem Punkt die zu erwartende neomarxistische Nietzscherezeption Nietzsche mit Marx korrigieren wollen. In der Destruktion der Vernunft ist die von Nietzsche gewollte Überwindung des Historismus nicht möglich. Er kann nur ontologisiert werden.

»Alle großen Dinge gehen durch sich selbst zugrunde, durch einen Akt der Selbstaufhebung: so will es das Gesetz des Lebens, das Gesetz der notwendigen Selbstüberwindung im Wesen des Lebens, – immer ergeht zuletzt an den Gesetzgeber selbst der Ruf; ›patere legem, quam ipse tulisti‹« (a.a.O. 3. Abhdlg. [§ 27]).

Dies ist ein Satz von tiefer Zweideutigkeit, wenn nicht gefragt wird, mit welcher Art von Notwendigkeit wir es hier zu tun haben. Wird die Frage mit dem Wesen des Lebens selbst beantwortet, dann handelt es sich um nicht viel mehr als eine Banalität, es sei denn, man höre das christliche memento mori hindurch: denke, daß du sterben mußt und daß du über jedes unnütze Wort einst Rechenschaft ablegen mußt. Es ist die Frage nach dem im Ganzen des Lebens erst eine Scheidung und Unterscheidung ermöglichenden Prinzip, die grundlegende Frage, die an jede offene oder latent atheistische Philosophie gestellt werden muß. Nachdem Nietzsche das einzige Prinzip, das dieser Bedingung genügt, das es bisher gab, mit der Metaphysik und der sie legitimierenden Frage Platons nach dem Guten destruiert hat, ist die Frage unausweichlich: wer oder was steht für das Recht, nach welchem ich überhaupt noch im Ganzen des Seienden scheiden kann nach oben und unten, nach links und rechts, zwischen einem Leben, das dekadent genannt zu werden verdient, und einem Leben, das verdient, daß ihm die Zukunft gehört? Alle Unterscheidungen, die bisher galten, hatten in der Metaphysik ihre Voraussetzung. Die Metaphysik hatte Gott als den Grund für ein solches Prinzip in Anspruch genommen, das eine Orientierung und Scheidung und damit Unterscheidung im Ganzen der Wirklichkeit ermöglichte. Ohne diese Voraussetzung entbehrt alle Kritik selber eines einsichtigen Prinzips. Nun sagt aber Nietzsche, daß die Metaphysik nihilistisch sei und daß sie sich in ihrer Geschichte aufgelöst habe.

Nach welchem Prinzip, nach welchen Kriterien unterscheidet nun Nietzsche selber zwischen untergehendem und aufsteigendem Leben? Auf diese Frage gibt es bei Nietzsche zwei in ihrem Zusammenhang ungeklärte Antworten. Die erste Antwort lautet: das starke Leben erweist sich als stark in dem Maße, in dem es sich selbst und seine Setzungen durchsetzt. Das starke Leben bewährt sich als Wille zur Macht in der ständigen Bemächtigung seiner selbst und verifiziert sich durch die von ihm selbst geschaffenen Realitäten. Auf dieser Basis wird die Frage nach einem Prinzip, nach einem Grund der Rechtfertigung dafür, daß eine Macht sich das andere, es übermächtigend, unterwirft, als ein Symptom für die Dekadenz des Fragenden zurückgewiesen. Dann gibt es kein Prinzip, keine Wahrheit, keine Begründung, sondern es bleibt nur der Kampf um die Macht. Das Leben, das sich durchsetzt, ist im Recht. Und insofern es unterworfen wird und aus der Geschichte verschwindet, hat es unrecht. Es gibt heute Bestrebungen, das Völkerrecht dahingehend zu ändern, daß nach einem Kriege der Besiegte vor Gericht gestellt werden soll. Indem Nietzsche die Rechtfertigungsunbedürftigkeit aller Macht, insofern sie sich als diese betätigt und durchsetzt, vertreten hat, ist er mindestens dem Irrtum nicht erlegen, Wünschbarkeiten für Realitäten zu halten. Es ist ja eine Tatsache, daß uns vor der Zerstörung durch die Macht nur die Macht schützt. Wo die Macht nicht zu schützen vermag, gehört der Krieg keineswegs der Vergangenheit an.

Es war Nietzsches große Sorge, daß der Verfall aller menschlichen Ordnungen in einer durch den Nihilismus und Atheismus bestimmten Praxis unvermeidbar ist, wenn in einem durch diese Praxis gekennzeichneten Zeitalter der Unterschied nicht gelernt wird zwischen dem, was ist, und dem, was wünschbar ist. Nietzsche geht in seiner Zeitkritik von der Notwendigkeit der Einübung in eine solche Scheidungskunst aus. Wenn das zutrifft, was Nietzsche über die Folgen des Endes der Metaphysik gesagt hat – und niemand zweifelt heute mehr daran, daß die Metaphysik am Ende ist – dann hätte jede Wünschbarkeit unter den Bedingungen des Nihilismus nur dann eine Chance, wirklich zu werden, wenn eine Macht den Wunsch realisiert und gegenüber widerstrebendem Willen durchsetzt. Nun ist es aber nicht die ganze Antwort Nietzsches, daß er die Begründungs- und Rechtfertigungsunbedürftigkeit für das Zeitalter des Nihilismus gefordert hat. In der ›Genealogie der Moral‹ finden wir noch ein anderes Kriterium, nach welchem Nietzsche zwischen stark und schwach geschieden hat. Es ist das Kriterium des Leidens. Dem Unterschied von stark und schwach geht eine Erfahrung voraus, die Nietzsche das Leiden nennt. Stark und schwach, vornehm und gemein, gut und schlecht, allen diesen Scheidungen geht das Vermögen voraus, Leiden zu bejahen oder zu verneinen. Es heißt bei Nietzsche »Sieht man vom asketischen Ideale ab: so hatte der Mensch, das Tier – Mensch bisher keinen Sinn!« (a.a.O. 3. Abhdlg. [§ 28]).

Die in der Metaphysik begründete Moral und das asketische Ideal waren die Voraussetzungen, unter denen das Tier-Mensch einen Sinn hatte. Sieht man vom asketischen Ideal ab, dann hatte das Dasein kein Ziel.

»Sein Dasein auf Erden enthielt kein Ziel;« wozu Mensch überhaupt? – war eine Frage ohne Antwort; der Wille für Mensch und Erde fehlte; hinter jedem großen Menschen-Schicksale klang als Refrain ein noch größeres ›Umsonst!‹ Das eben bedeutet das asketische Ideal: daß Etwas fehlte, daß eine ungeheure Lücke den Menschen umstand – er wußte sich selbst nicht zu rechtfertigen, zu erklären, zu bejahen, er litt am Probleme seines Sinns. Er litt auch sonst, er war in der Hauptsache ein krankhaftes Tier: aber nicht das Leiden selbst war sein Problem, sondern daß die Antwort fehlte für den Schrei der Frage ›wozu leiden?‹. Der Mensch, das tapferste und leidgewohnteste Tier, verneint an sich nicht das Leiden: er will es, er sucht es selbst auf, vorausgesetzt, daß man ihm einen Sinn dafür aufzeigt, ein Dazu des Leidens. Die Sinnlosigkeit des Leidens, nicht das Leiden war der Fluch, der bisher über die Menschheit ausgebreitet lag – und das asketische Ideal bot ihr einen Sinn! Es war bisher der einzige Sinn« (a.a.O.).

Wenn man den Menschen auf den Grund geht, dann wird man als diesen Grund die Erfahrung des Leidens finden. Was heißt hier Leiden? Was wird von Nietzsche als Leiden angesprochen? In der Tat wäre auch schon die Frage nach Gott gegenstandslos, wenn nicht am Grunde des In-der-Welt-Seins des Menschen eine Frage, ein Problem läge, auf das sich alle Rede von Gott beziehen kann. Wenn es ein solches radikales, den Menschen in der Wurzel seines Daseins bestimmendes Problem nicht gibt oder wenn gesagt und geglaubt wird, daß es eine Sache der Organisation und der gesellschaftlichen Produktion sei, einschließlich der eines neuen Menschen, die Frage unnötig zu machen, dann wäre die Frage nach Gott erledigt. Nietzsche dagegen hält die Erfahrung des Leidens für unumgänglich. Das Leiden gehört zum Rang des Menschen. Er kann mehr leiden als irgendein Wesen sonst. Die Notwendigkeit, alle Formen unnötig gewordenen Leidens abzuschaffen, berührt die Einsicht Nietzsches nicht. Im Gegenteil, die Menschen vor dem Hungertod zu bewahren, wäre eher möglich, wenn dieses Problem nicht mit dem Ziel verknüpft würde, Leiden schlechthin zu beseitigen.

Leiden heißt für Nietzsche: der Mensch kommt her von einem an der Wurzel seines Daseins liegenden Bruch, von der Erfahrung einer Entzweiung seiner selbst und seiner Welt. Diese Entzweiung wird vom Nietzsche der »Genealogie der Moral« nicht angesetzt als Resultat einer entzweienden Praxis der Metaphysik. Man sagt heute, die Entzweiung sei das Resultat einer theologischen oder metaphysischen Praxis oder sie sei das unbegriffene Resultat eines erst in der Geschichte eingetretenen Bruches von Welt und Mensch. »Das eben bedeutet das asketische Ideal, daß etwas fehlte, daß eine ungeheure Lücke den Menschen umstand.« Der Mensch erfährt sich selbst im Zusammenhang einer Welt, auf die er angelegt und auf die er angewiesen ist, die ihm aber gleichzeitig entgegen ist. Wenn das Entgegensein dessen, worauf man angelegt und angewiesen ist, erfahren wird, dann macht der Mensch die Erfahrung des Leidens. Er erfährt die Welt, die in einem für ihn entscheidenden Belang die Tendenz hat, ihn zu verneinen. Aufgrund dieser notwendigen Erfahrung des Leidens gab das asketische Ideal dem Dasein einen Sinn, und zwar darum, weil sich der Mensch in der Metaphysik aus der Fraglichkeit seiner selbst rettete in eine Welt ewigen, beständigen und wahren Seins. Er rettet sich aus der Faktizität seines Leidens, indem er sich in der Bewegung des Ressentiments, ohnmächtig, die Wirklichkeit zu verändern, gegen diese kehrt und sie denunziert.

»Er greift in ›Gott‹ die letzten Gegensätze, die er zu seinen eigentlichen und unablöslichen Thier-Instinkten zu finden vermag, er deutet diese Thier-Instinkte selbst um als Schuld gegen Gott (als Feindschaft, Auflehnung, Aufruhr gegen den ›Herrn‹, den ›Vater‹, den Urahn und Anfang der Welt), er spannt sich in den Widerspruch ›Gott‹ und ›Teufel‹, er wirft alles Nein, das er zu sich selbst, zur Natur, Natürlichkeit, Tatsächlichkeit seines Wesens sagt, aus sich heraus als ein Ja, als seiend, leibhaft, wirklich, als Gott, als Heiligkeit Gottes, als Richterthum Gottes, als Henkerthum Gottes, als Jenseits, als Ewigkeit, als Marter ohne Ende, als Hölle, als Unausmeßbarkeit von Strafe und Schuld« (a.a.O. 3. Abhdlg. [§ 22]).

Der Austritt aus der Welt des Irrsinns einer zweitausendjährigen Geschichte fordert die Überwindung des Geistes der Rache. Nietzsche ist gegen eine vom asketischen Ideal geprägte moralische Praxis, weil sie durch den Geist der Rache bestimmt wurde. Aber wenn die Metaphysik und die in der Metaphysik begründete Praxis des asketischen Ideals hinfällig wurde, dann fällt der Mensch auf das bloße Leiden zurück, und es gibt keine Antwort mehr: wozu Leiden?

Nach dem Verfall des asketischen Ideals bleibt die Frage nach dem Sinn des Leidens ohne Antwort. Das Leiden aber bleibt. An dieser Stelle wird der grundlegende Gegensatz Nietzsches zu Marx deutlich. Im Marxismus geht es um eine Welt, in welcher der Mensch nicht mehr gezwungen ist, auf das Leiden zurückzukommen. Für Nietzsche aber ist eine Praxis der Beseitigung aller Formen und Gründe des Leidens für den Menschen keine mögliche Praxis. Von der Vision einer Welt ohne Mangel ist die Ideologie der Wohlstandsgesellschaft genauso bestimmt, wie sich der Kommunismus am überzeugendsten in der Verheißung manifestiert, das Problem des Todes endlich praktisch zu lösen. Entweder muß eine Welt erhofft werden, in der es Mangel und Tod nicht mehr geben wird, ober sie müssen wenigstens aus der Öffentlichkeit verdrängt und so unkenntlich gemacht werden. Wo sie sichtbar werden, dürfen sie nur als die Aufforderung verstanden werden, die Welt zu verbessern. Welches ist nun das Gegenideal Nietzsches zum asketischen Ideal? Für Nietzsche ist der Atheismus nicht der Gegensatz zur Metaphysik, sondern er ist die auf ihren Kern reduzierte Metaphysik selber. Er ist die Katastrophe, insofern er den katastrophalen Charakter aller bisherigen Geschichte offenbar macht. Er verneint alle Ideale, gibt keine Antwort auf die Frage nach dem Sinn, aber er hält in der Askese gegen das asketische Ideal an der Voraussetzung dieses Ideals fest, nämlich durch seinen Willen zur Wahrheit. Er ist die Katastrophe, weil er am Willen zur Wahrheit festhält und gleichzeitig alles, was auf diesem Willen beruhte, negiert.

Das ist der Selbstwiderspruch, in welchem die in ihre Vollendung eintretende Emanzipation nicht bleiben kann, den sie aber auch nicht aufheben kann, am wenigsten dann, wenn sie die Identität mit sich selbst jenseits der Wahrheit oder die Wahrheit jenseits der Identität will. Der Atheismus und Nihilismus verstehen sich falsch in Hinsicht auf ihre Voraussetzung. Sie wähnen, nach der Destruktion der Metaphysik und des Glaubens an einen weltüberlegenen Gott hätte es noch einen Sinn, nach Wahrheit und Sinn zu fragen. Denn indem sie die Wahrheit wollen, und sei es die Wahrheit über die Metaphysik und den christlichen Gott, nehmen sie in Anspruch, was sie ausdrücklich verneinen. Sie glauben, daß es dann noch einen Sinn hat, nach dem Sinn zu fragen. Atheismus, strenge Wissenschaft sind für Nietzsche Formen der Verhüllung dieser Tatsache. Seit Kopernikus fällt der Mensch aus dem Zentrum heraus und wird zum Tier ohne Gleichnis und ohne Abzug. Es bleibt die Notwendigkeit einer Überwindung des Geistes der Rache. Will der Mensch nicht gleichnislos auf seine naturgegebene Animalität zurückfallen, dann muß – mit der Überwindung des Geistes der Rache – der Geist des Verneinens überwunden werden. Nietzsche sagt nein zur Verneinung. Das Ziel ist es, zu einer vollständigen, das Ganze der Wirklichkeit umgreifenden Bejahung zu gelangen. Es ist das Problem Hegels.

Die das Ganze der Wirklichkeit umfassende Bejahung schließt die Bejahung des Leidens und der Zusammenhänge ein, die das Leiden unumgänglich werden lassen. Der Atheismus soll durch eine alles Verneinen noch selber verneinende Bejahung überwunden werden. Die Hegelsche Negation der Negation, die unendliche Negativität als ein notwendiges Moment der Verwirklichung von Freiheit, die bei Hegel die Bewegung des spekulativen Begriffs in seiner Unendlichkeit ausmacht, nimmt bei Nietzsche im Verlust der Christologie die Forderung an, die eigene Vernichtung noch als ein Moment der Steigerung des Lebens zu wollen und zu bejahen. Das Subjekt, das eine solche, auch noch die eigene Vernichtung in sich aufnehmende Bejahung vermag, nennt Nietzsche den Übermenschen. Er hat die Position jenseits von Gut und Böse erreicht. Wenn Nietzsche als die ethische Aufgabe im Zeitalter des Nihilismus die Überwindung des Geistes der Rache bestimmt und ihre Erfüllung von einer Art des Menschen erwartet, der aus dem Geist der schenkenden Tugend handelt, dann hat Nietzsche in der Form der leidenschaftlichen Verneinung der christlichen Tradition die Substanz des christlichen Glaubens, noch gegen seinen Willen, wieder entdeckt. Wovon sollte sich der Christ in seinem Handeln bestimmen lassen, wenn nicht von der Überwindung des Geistes der Rache? Das Gewinnen einer Position jenseits von Gut und Böse, eines Standpunktes, von dem aus die Wirklichkeit nicht in eine anzuerkennende und in eine zu verneinende gespalten ist, ist das fundamentale Problem der Begründung der christlichen Existenz überhaupt. In der Frage nach der Rolle des Gesetzes für das Weltverhältnis des Christen geht es um dieses Problem. Für den Christen, der von der Herrschaft des Gesetzes befreit wurde, ist das Gesetz nicht länger die Voraussetzung, von der er sich in seinem In-der-Welt-Sein bestimmen läßt, auch wenn er die gesetzliche Forderung als Folge eines Versagens seiner Freiheit wieder akzeptieren muß.

Nachdem Nietzsche aber die Geschichte in einer nichts auslassenden und alles erfassenden Erkrankung enden läßt, ist die Frage, wie der tödlich erkrankte Patient sein eigener Arzt werden kann, nicht zu beantworten. Nietzsche selber hat sich gerne in der Rolle des Arztes der Kultur gesehen, und er hat den Philosophen, wie Platon, die Funktion des Gesetzgebers zugesprochen.

»Wir modernen Menschen, wir sind die Erben der Gewissens-Vivisektion und Selbst-Tierquälerei von Jahrtausenden: darin haben wir unsere Übung, unsere Künstlerschaft vielleicht, in jedem Fall unser Raffinement, unsere Geschmacks-Verwöhnung. Der Mensch hat allzulange seine natürlichen Hänge mit ›bösem Blick‹ betrachtet, so daß sie sich in ihm schließlich mit dem ›schlechten Gewissen‹ verschwistert haben. Ein umgekehrter Versuch wäre an sich möglich – aber wer ist stark genug dazu? –, nämlich die unnatürlichen Hänge, alle jene Aspirationen zum Jenseitigen, Sinnenwidrigen, Instinktwidrigen, Naturwidrigen, Tierwidrigen, kurz die bisherigen Ideale, die allesamt lebensfeindliche Ideale, Weltverleumder-Ideale sind, mit dem schlechten Gewissen zu verschwistern. An wen sich heute mit solchen Hoffnungen und Ansprüchen wenden?« (a.a.O. 2. Abhdlg. [§ 24]).

Das ist die verzweifelte Frage Nietzsches. Nietzsche wußte nun, daß mit der Religion der Ernst aus dem menschlichen Leben hinweggenommen wurde.

Der geheimste Antrieb Nietzsches ist der Versuch, durch die Erzeugung eines Bewußtseins umfassendster Verantwortung dem menschlichen Dasein ein Gewicht wiederzugeben, das in der neuen Unschuld leicht verloren werden kann. Die »Anarchie der Triebe«, die die menschliche Gesellschaft mit ihrer Selbstauflösung bedroht, bringt Nietzsche vom Weg einer ästhetischen Rechtfertigung, den Herbert Marcuse heute wieder einschlägt, ab und läßt ihn zu dem Kritiker der Moderne werden, der in der Ethik das Fundamentalproblem gesehen hat, von dem die Zukunft des Menschen abhängen wird.

»Ein Tier heranzüchten, das versprechen darf – ist nicht gerade jene paradoxe Aufgabe selbst, welche sich die Natur in Hinsicht auf den Menschen gestellt hat, ist es nicht das eigentliche Problem vom Menschen?« (a.a.O. 2. Abhdlg. [§ 1]).

Mit dieser Frage ist das Grundproblem Nietzsches am klarsten umrissen, das sich aus der Destruktion aller bisherigen Moral am Leitfaden einer kompromittierenden Genealogie ergibt. In einer anderen Richtung als Marx zieht Nietzsche Konsequenzen, die im Prinzip der Natur, wie sie der neuzeitlichen Naturrechtstradition zugrunde liegt, angelegt sind. Während Marx aus der technologischen Unterwerfung der Natur im fortgeschrittenen Kapitalismus den Schluß zieht, daß nach einer revolutionären Veränderung der Eigentumsordnung eine Gesellschaft ohne Herrschaft möglich wird, folgert Nietzsche aus der Freisetzung der geschichtslos-abstrakten Natur durch die bürgerliche Gesellschaft die Totalisierung der Herrschaft. Die Entlastung von dem Druck der äußeren Natur verschärft den Zwang, durch den sich das Naturwesen, das Tier-Mensch zu dem Problem wurde, daß seinen Möglichkeiten technischer Verfügung erst gewachsen sein muß. Indem Nietzsche von der Züchtung des Menschen als einem Tier, das versprechen darf, spricht, stellt er die Forderung nach einer Selbstherstellung des Menschen, der die Mittel technischer Naturveränderung und ihrer Beherrschung nun auf sich selbst anzuwenden gezwungen ist. Der Verfall überkommener gesellschaftlicher Herrschaftsordnungen entläßt den Menschen nicht aus dem Zwang einer Formierung seiner eigenen Natur, sondern wirft zum erstenmal die Frage auf, wodurch der Mensch gesellschaftsfähig gemacht werden kann. Ein Tier, das versprechen darf, ist ein Wesen, das für seine eigene Identität auf Zukunft hin einstehen kann und damit fähig wird, Zukunft zu wollen und zu verantworten. Der Ansatz, den Nietzsche mit Hobbes und Marx teilt, besteht in der Gleichsetzung des Werdens des Menschen mit dem Entstehen der Gesellschaft als Herrschaft. Mit der Naturrechtstradition der Neuzeit geht Nietzsche von der essentiellen Unvereinbarkeit des natürlichen Menschen mit seiner gesellschaftlichen Existenz aus. Als Naturprodukt ist der Mensch für Nietzsche ein Tier, das in der unmittelbaren Einheit mit dem jeweiligen Augenblick zum Leben in der Gesellschaft so unfähig ist, daß er erst Mensch in und durch die Gesellschaft wird. Erst die Gesellschaft macht ihn zum Menschen. Der Mensch ist das Produkt seiner Selbstherstellung, die ihr Maß in der Natur hat. Da aber die Natur in ihrer vorgesellschaftlichen Verfassung die ungebändigte, in sich maßlose Natur ist, bedarf jede Ordnung eines Gesetzgebers, der sie setzt und durchsetzt. Das Wesen der Gesellschaft ist also die Gewalt. Die Geschichte ist die Geschichte der grausamen und gewaltsamen Verwandlung des Tier-Menschen in ein gesellschaftliches Wesen. Die Grausamkeit bestimmte das Wesen der Praxis, durch die dem Menschen ein Gedächtnis, eine Identität eingebrannt wurde.

Die Geschichte menschlicher Kultur ist für Nietzsche die vergeistigte und verinnerlichte Form einer Grausamkeit, durch die sich der Mensch dem schweifendem Dasein der Vorgeschichte entrang, die sich in der Verdrängung durch die Kultur in dieser nur fortsetzte.

»Je schlechter die Menschheit ›bei Gedächtnis‹ war, um so furchtbarer immer der Aspekt ihrer Bräuche; die Härte der Strafgesetze gibt insonderheit einen Maßstab dafür ab, wieviel Mühe sie hatte, gegen die Vergeßlichkeit zum Siege zu kommen und ein paar primitive Erfordernisse des sozialen Zusammenlebens diesen Augenblicks-Sklaven des Affektes und der Begierde gegenwärtig zu erhalten« (a.a.O. 2. Abhdlg. [§ 3]).

Von gemeinsamen Voraussetzungen mit Marx ausgehend kommt Nietzsche zu einem entgegengesetzten Schluß – Herrschaft ist die essentielle, nur durch den Verfall des Menschen und der Gesellschaft aufzuhebende Bedingung seines Menschseins. Die Emanzipation aus der Geschichte erzwingt die Totalität von Herrschaft. Diese Einsicht Nietzsches ist um so bedeutsamer, als er mit Marx von der Notwendigkeit einer Destruktion der Geschichte überzeugt ist. »Im Menschen ist soviel Entsetzliches – die Erde war zu lange schon ein Irrenhaus« (a.a.O. 2. Abhdlg. [§ 22]).

Der Verdacht gegen die bisherige Moral ist Nietzsches Apriori, ist also selber nicht zu begründen, sondern begründet sich im Leiden, im Ekel am Anblick des gegenwärtigen Menschen, der sich für das Ziel und die Vollendung des Weltprozesses hält.

»Was zu fürchten ist, was verhängnisvoll wirkt ... das wäre nicht die große Furcht, sondern der große Ekel vor dem Menschen; insgleichen das große Mitleid mit demMenschen. Gesetzt, daß diese beiden eines Tages sich begatteten, so würde unvermeidlich etwas vom Unheimlichsten zur Welt kommen, der letzte Wille des Menschen, sein Willen zum Nichts, der Nihilismus« (a.a.O. 3. Abhdlg. [§ 20]).

Die Frage Nietzsches lautet also nicht: Herrschaft oder nicht Herrschaft, sondern die Frage ist die, welche Art von Herrschaft den Menschen gedeihen und welche ihn verkommen läßt. Es ist die Frage Platons. Nachdem aber bei Nietzsche die schon in der Tradition christlicher Theologie undurchschaute Gleichsetzung des biblischen Gottes mit der Platonischen Idee des Guten unaufgeklärt blieb, ist die Frage nach einem Prinzip, auf dessen Grund man über das Gedeihen des Menschen etwas sagen könnte, nicht zu beantworten. Die seiner Theorie der Genese der asketischen Moral zugrunde liegende hypothetisch fingierte Geschichte setzt genauso dogmatisch den abstrakten Naturbegriff neuzeitlicher Emanzipation voraus, wie das bei Rousseau der Fall ist. Nietzsche entrinnt nicht den Fallstrücken eines negativen Rousseauismus. Die Frage nach der guten oder schlechten Herrschaft glaubt Nietzsche beantworten zu können in der unmittelbaren Etablierung eines Physisprinzips, das merkwürdig zwischen Hobbes und den Vorsokratikern schillert und welches es gestattet, die einen Herrscher gut und die andern schwach zu nennen. Die in der ersten Abhandlung der Genealogie der Moral vollzogene Reduktion von Gut und Böse auf zwei die Einheit der Menschheit auflösende Arten menschlicher Natur, reproduziert die Herrschaftsformen moderner Gesellschaft als durch die Natur selber gesetzt – und antizipiert damit das Revolutionsproblem im Neomarxismus der Gegenwart. Revolution wird dann identisch mit der Anwendung einer Methode, mit der ich den Menschen in seiner Natur verändern will. Die von Nietzsche aus erkennbare Ironie dieser Wendung besteht darin, daß in der Negation des technologischen Prinzips dasselbe Prinzip sich totalitär durchsetzt. Nietzsches Ansatz hat für ihn die fatale Folge, daß er nicht mehr erklären kann, was er erklären will, nämlich: wie die Sklavenmoral der Christen und Demokraten über die Herrenmoral siegen konnte, oder wie die Geschichte als die Geschichte entartender Physis gedacht werden kann. Indem er die überkommene christliche Moral in destruktiver Absicht auf ihren ungeschichtlichen, physiologischen, vormoralischen Grund hinterfragt, gelingt es ihm zwar, die christliche Überlieferung als eine fortschreitende Folge von Schritten in einem Prozeß des Verfalls zu interpretieren, aber er vermag nicht, das nur auf der Folie einer konstruierten hypothetischen Geschichte einsichtige Problem zu lösen, wie der Verfall sich in der Form der Herrschaft vollziehen konnte. Alle bisherige, von Platon, den Juden, Christen und Demokraten anerkannte Moral hatte zu ihrer gemeinsamen Voraussetzung die Einheit der Menschheit. Diese Voraussetzung wird von Nietzsche durch die Statuierung zweier voneinander unabhängiger, sich antagonistisch zueinander verhaltenden Grundtypen revolutionär in Frage gestellt. Es gibt Herren und Sklaven, Mächtige und Ohnmächtige von Natur. Die einen setzen sich für alle als das Maß, die andern unterwerfen sich passiv und ohnmächtig der von den Starken über sie verhängten Ordnung. Die Projektion tatsächlicher geschichtlicher Herrschaft in die Vorgeschichte zwingt Nietzsche die Frage auf, wie die durch die Natur vorgegebene Ordnung der Macht sich zur Herrschaft der Ohnmächtigen über die ursprünglich Mächtigen verkehren konnte. Die Kategorie des Ressentiments hat in diesem Zusammenhang die Funktion, die Methode auf ihren Begriff zu bringen, nach welcher die Übermächtigung der Herren so möglich wurde, daß die Mächtigen sich einer ihrer Natur widerstreitenden Moral unterwarfen. In der erfolgreichen Unterwerfung der Natur durch das, was nicht Natur ist, sei es Gott, Vernunft, Gewissen, oder ein Ideal, vollzieht sich aber für Nietzsche nicht die Aufhebung der Macht in die Kultur, sondern in ihrer Verinnerlichung und Vergeistigung setzt sie sich als die verdrängte indirekt um so wirksamer durch. Geschichte wird zur Geschichte der Formen der Macht und ihrer Pathologie. Das marxistische Grundaxiom, nach dem alle Geschichte Geschichte von Herrschaft ist, wird von Nietzsche mit dem Ziel einer Rehabilitierung der Macht geteilt. Nicht die Bestimmtheit der Geschichte durch Herrschaft ist zu verurteilen, sondern ihr Mißlingen durch das Herrwerden des falschen Typus Mensch. Die bisherige Moral ist dann für Nietzsche nichts anderes als ein Instrument der Verfälschung ursprünglicher Natur und ihre gleichzeitige Verhüllung. Die Geschichte ist falsch und verkehrt von dem sie beherrschenden Prinzip einer Verneinung der Macht her, und die in dieser Grundverkehrung gründende Moral erfüllte die Funktion, dies zu maskieren und zu verbergen. Auch hinter dem Willen zur Verneinung steht ein Bedürfnis nach Macht. Auch hinter dem Willen zur Aufhebung von Herrschaft steht ein Wille zur Herrschaft. Das Phänomen des schlechten Gewissens wird für Nietzsche der Schlüssel, durch den er sich die verborgene weil verdrängte Bestimmtheit aller Geschichte durch den Kampf um die Macht ebenso aufdeckt, wie er das schlechte Gewissen selber als ein Symptom ihrer mißglückten Verdrängung interpretiert. Die Konstellation, wie sie durch die Durchdringung von Marxismus und Psychoanalyse in der Gegenwart sich abzeichnet, wurde von Nietzsche in hellsichtiger Weise vorweggenommen, weil sie durch ihn interpretiert werden kann als die mit der Abschaffung des Gewissens nun möglich gewordene Praxis, in welcher das Bewußtsein des Verdrängungsmechanismus verlorengeht. Nietzsche hat in der nochmaligen Verkehrung der Verkehrung diesem Trend vorgearbeitet, indem er das Gewissen als Funktion der Vergesellschaftung der menschlichen Natur und als ein Symptom nicht gelungener Aufhebung der Natur in die Gesellschaft begriffen hat.

Sechstes Kapitel
Revolution – unser Schicksal?

Ist unsere Gesellschaft vorrevolutionär?

Die Frage, ob sich unsere Gesellschaft in einer vorrevolutionären Situation befindet, schließt die weitergehende Frage ein, ob es überhaupt noch möglich ist, den Begriff der Revolution auf die gegenwärtige Gesellschaft anzuwenden. Diese Frage wird in der Regel und mit durchaus plausiblen Gründen verneint, weil man mit dem Begriff der Revolution die Vorstellung organisierter Gewalt verbindet, die mit dem Ziel eingesetzt wird, den Staatsapparat zu erobern, um dann mit seiner Hilfe die gesellschaftliche Ordnung grundsätzlich zu verändern. Nun sind aber in der Bundesrepublik die Gruppen, die in diesem Sinne zu revolutionärer Gewalt greifen, vor allem quantitativ so unerheblich, daß es eine Überschätzung wäre, wenn man ihnen den Umsturz der bestehenden Ordnung zutrauen wollte.

Auch das Bild, das in den Führungsgruppen von Wirtschaft und Industrie über die Lage in der Bundesrepublik verbreitet ist, läßt kaum Anzeichen einer Sorge vor drohendem Umsturz erkennen. Im Gegenteil. Diese Gruppen gingen bis vor kurzer Zeit noch von der durchaus einleuchtenden Voraussetzung aus, daß die Bundesrepublik, wie alle vergleichbaren entwickelten Industriegesellschaften, sich in einem Prozeß permanenten technologischen und sozialen Wandels befinde und daß die Teilsysteme der Gesellschaft dem von der Wissenschaft und Technik ausgehenden Druck, sich zu verändern und sich anzupassen, nicht gewachsen seien. Es sei verständlich, daß diesem Prozeß ständiger Veränderung die vorhandenen Techniken der Koordination und Steuerung der Gesellschaft nicht immer entsprächen. Durch die Pluralisierung der gesellschaftlichen Kräfte und Gruppen sei es fast unmöglich geworden, die Probleme der Führung, Verwaltung und Steuerung einer modernen Gesellschaft zu lösen. Es tritt dann das ein, was die Systemtheorie Disparitäten und Disfunktionalitäten im Verhältnis der Teilsysteme einer Gesellschaft zueinander nennt. Es tritt ein unaufgearbeiteter Stau von Aufgaben und Problemen auf, der sich in einem wachsenden Unbehagen über die gesellschaftliche Entwicklung niederschlägt. Dieses Unbehagen kann von minoritären Gruppen gegen die bestehende Ordnung mobilisiert werden.

Aber, so meinen in der Regel die Führungskräfte in Wirtschaft und Industrie, es gebe keinen Grund, die Operationen radikaler Minderheiten am Rande der Gesellschaft ernst zu nehmen. Die Bundesrepublik gehöre zu den stabilsten und in sich konsolidiertesten Staaten der westlichen Welt. In keinem Wahlkampf nach 1945 habe irgendeine Partei oder Gruppe bei der überwältigenden Mehrheit der Wähler eine Chance gehabt, die sich nicht durch ein Programm und eine Politik der »Mitte« empfohlen hätte. Was an tiefgreifenden Mängeln im Laufe der Jahre im System aufgetreten sei, würde von der sozialliberalen Koalition überwunden werden, die ja im Zeichen einer konstruktiven Reform angetreten sei und durch die letzten Wahlen mit einer eindeutigen Mehrheit im Bundestag gestärkt hervorgegangen sei, eine Mehrheit, die ihr gestatte, den Willen zur Reform auch in die Tat umzusetzen.

Es besteht kein Zweifel, daß es durchaus möglich ist, die Lage in der Bundesrepublik in diesem relativ optimistischen Lichte zu sehen. Die Weigerung, sich auf eine revolutionäre Deutung der gesellschaftlichen Situation einzulassen, ist aber auch bestimmt durch Modelle revolutionärer Prozesse, wie sie sich der geschichtlichen Erinnerung verdanken. Für den Untergang der Weimarer Republik waren eine ökonomische Verelendung der Massen und das definitiv erkennbar gewordene Ende der politischen Handlungsmöglichkeiten des demokratischen Systems entscheidend. Da von beiden Erscheinungen in der Bundesrepublik nicht gesprochen werden kann, muß man mit einer allergischen Reaktion bis in konservative Kreise hinein bei dem Versuch rechnen, die gegenwärtige gesellschaftliche Entwicklung in einen Zusammenhang mit Revolution zu bringen.

Was die Führungskräfte unserer Gesellschaft aber vielleicht noch mehr daran hindert, das qualitativ Neue in der Gegenwart wahrzunehmen, ist die Gewißheit ihres Erfolges im Sinne ihrer eigenen Ziele. Es ist ihnen unbekannt, daß Marx den Untergang des Kapitalismus nicht als Folge eines Versagens dieses Systems vorhergesagt hat, sondern als Folge eines es selbst überwältigenden Erfolgs. Solange die Führungskräfte ihr Selbstbewußtsein auf ihren faktischen Erfolg stützen, solange fehlt ihnen die Möglichkeit zu erkennen, daß die Gesellschaft heute von denen verändert wird, die sie interpretieren, und daß ihre revolutionäre Verwandlung nicht von der Ökonomie, sondern vom Bewußtsein ausgeht.

Im Hinblick auf diese Hypothese soll gezeigt werden, in welchem Umfang und Ausmaß eine typisch vorrevolutionäre Situation in der Bundesrepublik gegenwärtig schon gegeben ist.

Die Intelligenz fällt ab

Mit Intelligenz ist die Gruppe von Intellektuellen gemeint, die ihre Aufgabe darin sieht, eine Antwort auf die Frage nach der Legitimation der Institutionen einer Gesellschaft zu geben, das geschichtliche Selbstverständnis der Gesellschaft zu formulieren und die langfristigen Ziele des gesellschaftlichen Prozesses öffentlich zu diskutieren. Diese für den Prozeß der Meinungsbildung in einer Gesellschaft so entscheidende Gruppe hat es also nicht primär mit der Realität an sich und den Problemen ihrer praktischen Bewältigung zu tun, sondern mit ihrer Interpretation, ihrer Auslegung und Deutung, also mit der Praxis von Sinnfindung und Sinnvermittlung.

Sie wurde und wird daher auch die räsonierende und ideologische Intelligenz genannt. Sie erscheint der ökonomisch-technischen Intelligenz als unproduktiv und daher häufig als parasitär und realitätsfremd, damit beschäftigt, die Meinungen über das Ganze zu erzeugen, deren jene zur Rechtfertigung ihres eigenen Machtanspruchs bedarf.

Es gilt schon seit langem als selbstverständlich, daß die Intelligenz in der Bundesrepublik links steht. Diese vermeintliche Tatsache war relativ bedeutungslos, solange die produktive Intelligenz und ihr Nachwuchs sich ihrer Rolle, ihrer Aufgaben und ihres gesellschaftlichen Selbstverständnisses gewiß waren. Davon kann heute keine Rede mehr sein. Dadurch erhält nunmehr der Rückzug eines großen Teils der ideologischen Intelligenz aus der bestehenden Gesellschaft einen neuen Stellenwert. Er bedeutet, daß entscheidende meinungsbildende Gruppen die Antworten nicht mehr akzeptieren, mit denen die Gesellschaft die Frage nach ihrer Legitimation beantwortet. Eine Gesellschaft ohne Rechtfertigung ist aber zum Untergang verurteilt und kann sich nur noch durch den zum Scheitern verurteilten Griff nach der Gewalt retten.

Eine Gruppe von jungen Sozialwissenschaftlern an deutschen Universitäten hat jüngst über den Zusammenhang von Wissenschaftskritik und sozialistischer Praxis öffentlich reflektiert und kam zu dem Schluß, daß es nunmehr an der Zeit sei, das Bündnis zwischen revolutionärer Intelligenz an den Universitäten und der Arbeiterschaft in den Betrieben zu organisieren. Im Zusammenhang damit maß sie dem Werk von Josef Stalin eine besondere Bedeutung zu. Es ist bekannt, daß die Rehabilitierung von Stalin in vollem Gange ist. Das ist eine häufig übersehene, aber durchaus reale Folge des Abfalls der Intelligenz von der Gesellschaft.

Monokausale Erklärungen der Gesellschaft

Unter einer monokausalen Theorie der Erklärung einer Gesellschaft versteht man den Versuch, alle Widersprüche, Spannungen und Konflikte auf eine einzige, sie alle bedingende und erzeugende Grundursache zurückzuführen. Diese Funktion übernimmt in der Bundesrepublik gegenwärtig das Theorem vom »Widerspruch zwischen Kapital und Arbeit«. Es geht dabei nicht um die These, daß das Verhältnis von Kapital und Arbeit noch nicht befriedigend geordnet sei, sondern darum, daß mit der Aufhebung dieses als Widerspruch empfundenen Verhältnisses im Prinzip *alle* Widersprüche und Spannungen in der Gesellschaft gelöst seien oder doch überwunden werden können.

Es gibt kaum noch eine Analyse unserer Gesellschaft, bis in die konservativen Parteien hinein, die nicht von dem angeblichen Grundwiderspruch zwischen Kapital und Arbeit als dem Schlüssel zur Lösung aller Probleme aus-

Ernstfall

ginge. Konkret bedeutet dies, daß die Frage der Einschränkung oder der Beseitigung des Privateigentums an Produktionsmitteln zum Angelpunkt der Analyse der Veränderung unserer Gesellschaft gemacht worden ist und sich auch im Bewußtsein der Bevölkerung immer mehr durchzusetzen beginnt.

Die Hinwendung zur Utopie

Die Hinwendung zur Utopie steht in einem engen Zusammenhang mit der Verbreitung einer monokausalen Erklärungstheorie. Wenn man davon überzeugt ist, den berühmten Punkt gefunden zu haben, aus dem heraus eine Heilung aller Übel als möglich erscheint, dann kann man auch die Herstellung einer im Prinzip harmonisch befriedeten, also utopischen Gesellschaft für denkbar halten. Es hat daher keinen Sinn, sich gegen die Utopie als solche zu wenden, wenn man die theoretischen Grundannahmen teilt, aus denen sie sich mit innerer Konsequenz ergibt.

Das Warten auf das auslösende Ereignis

Alle vorrevolutionären Tendenzen bestimmen die Physiognomie einer Gesellschaft, solange nicht ein Ereignis eintritt, an dem sich die Lage kristallisiert und wodurch die Revolution aus der Latenz zur Manifestation gelangt. Ein solches Ereignis gibt es in der Bundesrepublik – noch – nicht. Es könnte nur dann die Rolle eines auslösenden Faktors spielen, wenn es die Massen ergriffe, wenn es gelänge, die Massen gegen das System zu mobilisieren. Die wilden und zunehmend politisch motivierten Streiks sind Symptome für eine Entwicklung, in deren Verlauf eine solche Möglichkeit nicht mehr undenkbar ist.

Ein anderer Aspekt drückt sich in der Frage aus: Wieviel Arbeitslose kann die Bundesrepublik verkraften? Wieviel Prozent stellen den Ernstfall dar? Nur soviel ist sicher, daß der Ernstfall bei einem Prozentsatz eintreten wird, der weit unter dem in der Weimarer Republik erreichten liegt.

Die dem deutschen Arbeiter unterstellte apolitisch-konservative Grundeinstellung ist kein Anlaß zur Beruhigung, wenn sich zeigt, daß er außer der Erfüllung seiner materiellen Erwartungen keine Gründe sieht, sich mit der freiheitlichen Ordnung zu identifizieren, da man ihm erfolgreich eingeredet hat, daß die bestehende Freiheit nur die Freiheit einiger Weniger sei, die Mehrheit auszubeuten.

Organisierte Gruppen, die fähig sind, planmäßig im Sinne revolutionärer Ziele zu handeln

Nach Auskunft des Verfassungsschutzamtes existieren genügend Gruppen, die auf eine Revolutionierung der Bundesrepublik hin arbeiten. Alle diese Gruppen stehen auf dem Boden des Marxismus. Viele freuen sich darüber, daß diese revolutionären Gruppen untereinander nicht einig sind. Sie sind sich aber einig in den Prinzipien, von denen sie sich bei der Analyse der Gesellschaft leiten lassen, und in der Notwendigkeit einer revolutionären Veränderung. Sie sind sich nur nicht einig in der Antwort auf die Frage, welche Version des Marxismus in der Bundesrepublik erfolgversprechend ist. Was sie trennt, sind also nur Fragen der revolutionären Strategie und der tagespolitischen Taktik. Je eindeutiger die revolutionären Chancen sich entwickeln, um so leichter würde dann auch eine Übereinstimmung im Vorgehen zu erreichen sein.

Die Schwäche der staatlichen Gewalt

Schließlich gehört es zu den Eigenarten einer Gesellschaft in einer vorrevolutionären Situation, daß der Träger der legalen Gewalt, also der Staat, nur zögernd und inkonsequent zur Verteidigung der bedrohten Ordnung bereit ist.

Auch dafür gibt es in der Bundesrepublik bedenkliche Symptome. Vertreter der öffentlichen Ordnung reden bereits vom Gesetz, das nur formal sei und der Aufrechterhaltung materieller Ungerechtigkeit diene. Wenn aber das geltende Recht dem Schutz materiellen Unrechts dient, dann scheint der Schluß naheliegend, daß Revolution sittliche Pflicht sei. Es gibt Rahmenrichtlinien, in denen die politische Mündigkeit eines Schülers in dessen Fähigkeit gesehen wird, die geltenden Spielregeln, also das Recht, gezielt außer Kraft zu setzen, um »emanzipatorische Prozesse« zu fördern.

Hier geht es um ein prinzipielles Problem, nämlich um die Frage, *wie* geltendes Recht geändert werden soll. Wenn Individuen oder Gruppen aufgrund ihrer Einschätzung der Gesellschaft das Recht zugesprochen wird, geltendes Recht gezielt und kontrolliert außer Kraft zu setzen, dann wird die Methode provozierter Regelverletzung faktisch legalisiert. Dann kann jede Institution jederzeit lahmgelegt und umfunktioniert werden.

Eine andere Methode, den Rechtsstaat zu zerstören, ist die Erpressung des Staates durch gesellschaftliche Gruppen, die sich formal an dessen Regeln halten, um sie materiell zu pervertieren.

Man kann sehr ernste Zweifel hegen, ob unser Staat über den Willen und die Macht verfügt, den beim Rückgang des ökonomischen Wachstums sich verschärfenden Umverteilungskampf in den Grenzen rechtlicher Regulierung zu halten. Der Rechtsstaat ist so real wie der Wille und die Macht des Staates, die Grundrechte für jeden einzelnen durchzusetzen, wenn ihnen Gefahr droht. Versagt hier der Staat, ist eine Vertrauenskrise unvermeidbar. Es entsteht eine Situation, in der sich die politische Kraft durchsetzen wird, der man dann zutraut, eine normale Situation zu garantieren.

Es gibt bereits Menschen in diesem Lande, die den Kommunisten zwar nicht zutrauen, die Selbstentfremdung des Menschen aufzuheben, die es aber für denkbar halten, daß sie sich als die letzte Ordnungsmacht eines Tages auch in der Bundesrepublik empfehlen könnten. Die rein mit juristischen Argumenten geführte Diskussion über die Frage, ob Mitglieder einer kommunistischen Organisation Beamte, Richter oder Lehrer werden dürfen, wird der Wirklichkeit nicht gerecht. Wenn Wolfang Roth, ein Mitglied des Vorstandes der stärksten Partei im Bundestag, in Ost-Berlin erklären kann, daß die sozialistischen Kräfte des Friedenslagers der Menschheit unter der Führung von Breschnew, Gierek, Honnecker und Willy Brandt, unterstützt von der Jugend, einen Sieg über den militaristisch-kapitalistischen Komplex und seine konservativen und reaktionären Handlanger, die Parteien der CDU und CSU, errungen hätten, dann liegt die Frage nahe, ob Mitgliedern *dieser* Parteien die Erziehung unserer Jugend noch länger anvertraut werden kann. Es ist dann konsequent, wenn in Schulen, in denen nach den Rahmenrichtlinien unterrichtet wird, nicht nur erforscht wird, welche Partei die Eltern der Kinder wählen, sondern auch denen eine schlechte Note erteilt wird, die nicht auf dem Boden des Sozialismus stehen. Wie sollte sonst eine Erziehung zum Frieden von diesen Voraussetzungen aus möglich sein?

Was heißt Revolution?

Wenn man auch dem Schluß nicht ausweichen kann, daß bestimmte und wesentliche Kriterien für eine vorrevolutionäre Lage in der Bundesrepublik erfüllt sind, so folgt daraus noch nicht die eindeutige Bejahung unserer Frage: Steht die Bundesrepublik vor oder gar schon in einer Revolution? Die Frage kann überhaupt nicht geklärt werden, wenn nicht Übereinstimmung erzielt wird, was denn eigentlich Revolution heißt. Keine der sogenannten politisch relevanten Gruppen spricht offen von Revolution. Dies nicht nur aus semantischen Gründen. Das sprachliche Äquivalent für Revolution heißt heute »Systemveränderung«. Es handelt sich um eine Systemveränderung besonderen Typs. Sie muß qualitativ sprengend und daher das System überwindend sein.

Systemüberwindung an der Basis

Doch ehe wir auf die Strategie systemverändernder Prozesse im Rahmen einer Realanalyse der gesellschaftspolitischen Entwicklung eingehen, soll wenigstens kurz und summarisch auf den Stand der Kräfte systemverändernder Praxis eingegangen werden. Der Verfassungsschutz vermutet, daß es mehr als 60 000 Berufsrevolutionäre gibt, also Personen, die den größten Teil ihrer Zeit in den Dienst einer Praxis stellen, die auf den Umsturz der im Grundgesetz definierten Ordnung zielt. Für die Oktoberrevolution in Rußland reichten 25 000 Berufsrevolutionäre aus. Doch die Zahl ist überhaupt nicht entscheidend. Stets wurden Revolutionen von Minoritäten gemacht. Entscheidend sind die in einer Gesellschaft objektiv enthaltenen Chancen und die Fähigkeit revolutionär gesinnter Gruppen, diese Chancen für ihre Ziele zu nutzen. Ob es diese objektiven Chancen gibt oder nicht, kann nicht unabhängig von der Frage beantwortet werden, wer die Gesellschaft interpretiert. Die Deutsche Kommunistische Partei, die immerhin über 50 000 bis 60 000 Mitglieder zu verfügen scheint, hat das Problem völlig richtig bestimmt, wenn sie unter Organisation des Klassenkampfes die Organisation kollektiver Lernprozesse in den Betrieben versteht. Es geht um eine Politisierung des Bewußtseins, das endlich erkennen soll, daß alle neuralgischen Punkte in Betrieb und Gesellschaft als Auswirkungen des verdrängten Klassenkampfes verstanden werden müssen. In der Perspektive kommunistischer Strategie muß daher die Frage lauten: Wer organisiert mit welchen Zielen und welchen Methoden kollektive Lernprozesse an der Basis?

Systemüberwindung im Überbau

Viel bedrängender als die kommunistische Basisarbeit wird die Politisierung an den Universitäten empfunden. Die Feststellung des Beraters des Bundeskanzlers, des Politologen Richard Löwenthal, daß die Universität Schauplatz einer machtvollen Bewegung sei, die sich gegen den Staat richte, ist bekannt. Der Ausgang der Wahlen an den Hochschulen unterstreicht diese Feststellung. Politisierung der Universitäten bedeutet auch, daß ein um die Sozialdemokratie so hochverdienter Mann wie der ehemalige Bürgermeister von Hamburg, Weichmann, an einer deutschen Universität keinen Vortrag über das Grundgesetz halten kann, weil er als angeblicher Volksverräter niedergeschrien wird. Was eine »Reformuniversität« ist, wissen wir von einem Mitglied des Gründungsausschusses der Universität Bremen: eine Universität, die sich zu einer stalinistischen Kaderschmiede entwickelt. Der Nachfolger auf dem Lehrstuhl von Adorno, der Soziologe Horst Baier, hat der deutschen Öffentlichkeit mitgeteilt, daß der Fachbereich Gesellschaftswissenschaften an der Universität Frankfurt mit Unterstützung des hessischen Kultusministers von intransigenten marxistischen Dozenten übernommen worden sei. Das 25-jährige Bestehen der Freien Universität Berlin wurde kommunistischen Gruppen zum Anlaß einer Massenkundgebung im Auditorium maximum, die unter dem Motto stand: »25 Jahre im Dienst des Monopolkapitalismus«. Diese Symptome dürfen nicht verallgemeinert werden, aber sie werfen die Frage nach den schweigenden Mehrheiten auf. Diese Mehrheiten schweigen, weil sie offenbar nicht davon überzeugt sind, daß es sich lohnt, die angegriffene Ordnung zu verteidigen. Sie warten auf eine Alternative.

Die Entwicklung an der Schule ist noch gefährlicher als die an den Universitäten. Die hessischen Rahmenrichtlinien sind als verfassungsfeindlich, wissenschaftsfeindlich und als Einübung in eine neue Form dogmatisch gesetzter

Ideologie überzeugend kritisiert worden; tatsächlich sind sie anderes und mehr: eine Form der Überführung der Emanzipation in die Barbarei. Am Verhältnis der aufgeklärten Kinder zu den Eltern wird es deutlich: Die Eltern erscheinen als die deformierten Produkte einer falschen Sozialisation in einer falschen Gesellschaft, als die Integrierten, die bewußtlos die Geschäfte des Klassenfeindes betreiben.

Die Unterwanderung der traditionellen Parteien

Was die Parteien betrifft, so haben zweifellos die Kräfte der Systemveränderung ihre stärksten Einbrüche in der SPD erzielt. Das ist bekannt und bedarf keiner weiteren Beweise. Heute integriert die von den Systemveränderern etablierte Basis die Führung und nicht mehr umgekehrt.

Das mindert nicht die Größe des Dienstes, den diese Partei der Demokratie in Deutschland dadurch erwiesen hat, daß sie sich zum Ort und Organ des Austrags der Diskussion der fundamentalen Probleme unserer Gesellschaft gemacht hat. Aber die Führung war geistig und theoretisch dieser Herausforderung nicht gewachsen. Sie wollte und will wohl mit dieser Bewegung die absolute Mehrheit erreichen. Kurzfristig wird diese Erwartung wohl enttäuscht werden, aber langfristig ist es durchaus möglich, daß die Hoffnung sich erfüllt. Nur wird die Partei das mit dem Verlust ihrer geschichtlichen Identität bezahlen müssen. Die Chancen für einen Sieg der neuen Sozialisten hängen ausschließlich daran, ob es möglich ist oder nicht, für die wirklichen Probleme, deren sich der neue Sozialismus bemächtigt hat, eine Alternative zu ihrer Lösung zu entwickeln.

Es ist bei diesem Überblick über die systemverändernde Praxis mit den Schwerpunkten Schule, Universität, öffentliche Medien und Parteien bewußt die Frage ausgeklammert worden, welchen Kräften es um eine Sprengung auch der Rahmenordnung der Gesellschaft geht und welche Kräfte eine qualitative Veränderung innerhalb der bestehenden Verfassung anstreben. Diese Unterscheidung betrifft nur die Frage der Methoden und ist daher akzidentell. Wichtig und bedeutsam würde sie erst, wenn gezeigt werden könnte, daß der Differenz in der Methode und den Mitteln auch eine Differenz in den Zielen entsprechen würde. Doch eben dies scheint fraglich zu sein. Was ist das Ziel? Das Ziel ist die Verwandlung aller gesellschaftlichen Institutionen, ja des Lebens des Menschen selber in einem langfristigen, totalen und radikalen Prozeß ständiger Veränderung. Der Prozeß selbst ist das Ziel. Das Ziel der Veränderung der Gesellschaft ist das ständige Sichverändern von allem und jedem.

Das soll nun näher erläutert werden.

Totale Veränderung als Ziel

Die Herausforderung der Gesellschaft geht aus von einem langfristigen Prozeß. Mit diesem Prozeß ist die Bewegung gemeint, die mit dem Auftreten der außerparlamentarischen, zunächst studentischen Opposition nur sichtbar wurde und inzwischen wesentliche Institutionen erfaßt und tiefgreifend verändert hat. Die gegenwärtige Situation kann angemessen als eine Phase in diesem Prozeß begriffen werden, dessen Bestimmung es ist, in eine völlig offene und durch keinen Endzustand begrenzte Zukunft zu führen. Bundeskanzler Brandt hat auf dem SPD-Parteitag in Hannover dazu gesagt, es könne keine Antwort auf die Frage geben, auf welchen Zustand die Gesellschaft sich hinbewegen soll, da jede Antwort nach dem Ziel dogmatisch wäre. Die sozialistische Gesellschaft könne nur durch einen unendlichen Prozeß, durch ständige Arbeit an der Veränderung und der Transformation aller Verhältnisse und Ordnungen dieses Landes erreicht werden.

Schon Lenin erblickte die Überlegenheit des Marxismus über die Kräfte einer bürgerlichen Gesellschaft darin, daß diese grundsätzlich unfähig seien, in den Begriffen eines langfristigen geschichtlichen Prozesses zu denken, eine langfristige Strategie zu entwickeln und diese in einer ebenso flexiblen wie konsequenten Taktik auch durchzusetzen.

Die verantwortlichen Kräfte einer liberal-bürgerlichen Gesellschaft seien dazu nicht imstande, weil sie nur die Oberfläche des Prozesses, nur die einzelnen Wellen sähen, nicht aber die aus der Tiefe der Gesellschaft treibende Strömung. Daher seien sie auch unfähig, im Sinne einer langfristigen gesellschaftspolitischen Strategie geschlossen und solidarisch zu handeln. Es ist keine Frage, daß die Erfahrung der letzten Jahre diese Prognose Lenins bestätigt hat. In der Tat ist für diese Gruppen das kennzeichnend, was man einen *konstitutionell gewordenen Opportunismus* nennen könnte, der übrigens in allen Parteien und Institutionen anzutreffen ist. Diese von Grund auf opportunistische Haltung und Einstellung wird häufig als Zeichen für die Stärke einer pluralistischen Gesellschaft ausgegeben, die jede Form von Verweigerung, Opposition und Negation durch Permissivität mühelos verkraften könne. Das mag zutreffen, solange das ökonomische Potential für materielle Gratifikationen unerschöpflich scheint. Ist dieses aber erschöpft, dann wird die Lösung aller Konflikte durch materielle Zuteilungen nicht mehr möglich sein. Dann wird sich der Opportunismus der Führung als die eigentliche und gefährlichste Bedrohung der Freiheit erweisen.

Es handelt sich um einen Prozeß, der alles und alle betrifft, der nichts ausläßt und alles von den Grundlagen her in den Strom seiner Veränderungen hineinreißt und ergreift. Vielleicht ist tatsächlich der Industriebetrieb, der Bereich der materiellen Reproduktion der Gesellschaft, die letzte Institution, die von diesem Prozeß noch nicht nachhaltig verändert wurde. Daher wird der

Kampf in den nächsten Phasen um die Neuverteilung der Macht in diesem Bereich sich abspielen. Im übrigen sind über die Institutionen hinaus alle Lebensbereiche von diesem Prozeß betroffen. Im Schatten und als Auswirkung dieses Prozesses sind alle Fragen zu politischen Fragen geworden. Die Zukunft der Ehe, die Existenz der Familie, die Organisation des Kindergartens, die Inhalte der Lehre in der Schule, die Prioritäten der wissenschaftlichen Forschung, die Ziele wirtschaftlicher und industrieller Unternehmungen sind politische Fragen geworden. Das trifft für die Fragen des Selbstverständnisses der Kirchen in gleichem Maße zu. Keine Gruppe der Gesellschaft, die den Willen hat, an diesem Prozeß mitzuwirken, kann daher noch länger ein Pathos aus dem Selbstbewußtsein gewinnen, apolitisch zu sein. Die Führungskräfte in Wirtschaft und Industrie müssen daher ihr Selbstverständnis korrigieren und der veränderten Lage Rechnung tragen, wenn sie sich nicht selbst als willenlose Objekte zur beliebigen Disposition für diejenigen zur Verfügung halten wollen, die den Prozeß organisieren.

»Demokratisierung« – Dimensionen des revolutionären Prozesses

Worum geht es politisch? Politisch geht es um die »Demokratisierung der Gesellschaft«. Der wichtigste Ort der Durchsetzung politischer Strategien sind primär nicht die Parteien, die Institutionen der parlamentarischen politischen Demokratie, sondern die Institutionen der »Gesellschaft«. Die Demokratisierung im Sinne der Erweiterung dessen, was man demokratisch legitimierte Partizipation nennen könnte, ist auch notwendig, insofern jeder einzelne das Risiko aller Entscheidungen, die über die Zukunft unserer Gesellschaft gefällt werden, mittragen muß. Das mit der Demokratisierung der Gesellschaft verbundene Ziel soll aber wesentlich weiter führen. Es soll ein Zustand erreicht werden, in welchem niemand mehr Objekt einer Entscheidung ist, an deren Zustandekommen er nicht beteiligt war, ja, die er nicht selber getroffen hat. Durch Mitbestimmung zur Selbstbestimmung! Würde dieses Ziel erreicht, dann wäre in der Tat das mit jeder Entscheidung sich stellende Risiko demokratisiert und es gäbe keine Möglichkeit mehr, für alle Übel der Welt eine Gruppe verantwortlich zu machen – seien es die Juden, seien es die Unternehmer, die Konservativen oder wer auch immer. Mit der Demokratisierung der Gesellschaft ist zugleich eine Verwandlung unseres Demokratieverständnisses verbunden.

Es ist eine Demokratie, die das realisieren will, was einer ihrer Theoretiker – Jochen Steffen – einmal die »wahre Demokratie« genannt hat, in der das Volk unmittelbar die Herrschaft über sich und durch sich selbst ausübt. Es geht in der Zielsetzung um das, was man eine Art Basisdemokratie nennen könnte. Basisdemokratie bedeutet, daß der Souverän, das Volk, unmittelbar und real seine souveränen Rechte wahrnehmen und ausüben kann. Damit ist die von Marx gestellte Aufgabe, die formale, indirekte und repräsentative parlamentarische, die sogenannte bürgerliche Demokratie gesellschaftlich zu überwinden, von neuem auf die Tagesordnung der Geschichte gesetzt worden.

Es leuchtet ein, daß damit essentielle Elemente und Prinzipien des freiheitlichen Demokratieverständnisses zur Disposition stehen:

1. Das Prinzip der Gewaltenteilung. Darauf hat Schelsky aufmerksam gemacht. Es geht nicht nur darum, daß die Trennung von Legislative, Exekutive und Jurisdiktion in einer dem Rätemodell folgenden Praxis unhaltbar ist, sondern daß die Balance einander kontrollierender und einander begrenzender Gewalten durch das Bestehen autonomer gesellschaftlicher Gruppen dann überhaupt beseitigt werden kann. Freiheit ist zweifellos an Spielräume in der Gesellschaft gebunden, die allerdings auch zur Beseitigung der Freiheit benutzt werden können.
2. Die Konsequenz der Basisdemokratie wäre die Einführung des imperativen Mandats.
3. Schließlich würde eine Demokratie im Sinne der Demokratisierungstheoretiker zur Liquidierung jeder legalen Opposition führen. Damit wird die Zukunft der politischen Freiheit überhaupt zum Problem, da mit unserem uns bisher leitenden Begriff politischer Freiheit untrennbar das Recht verbunden ist, nicht mitmachen zu müssen, das Recht, dagegen sein zu dürfen, und das Recht einer legalen, institutionalisierten Chance, auch eine inhaltliche Mehrheitsentscheidung durch eine qualitativ andere inhaltliche Mehrheitsentscheidung zu ersetzen.

   Die für das Schicksal der Demokratie in diesem Lande entscheidende Frage ist es daher, ob die unaufgebbaren Rechtsansprüche und Formen des Rechtsschutzes mit einer direkten Demokratie zu vereinbaren sind oder nicht.
4. Eine weitere qualitative Veränderung unseres Demokratieverständnisses ist darin zu sehen, daß der Demokratisierungsprozeß mit dem Ziel der Herbeiführung einer sozialistischen Gesellschaft verklammert wird. Eine sozialistische Gesellschaft neuen Typs soll nun eine Gesellschaft sein, in der die Menschen nicht nur vor dem Gesetz gleich sind und nicht nur gleiche Chancen haben sollen, sondern in der sie auch gleich sind hinsichtlich ihrer konkreten Lebensumstände und Lebensbedingungen. Soziale Egalität soll die neue Formel für die Verwirklichung der Freiheit durch sozial homogene Gleichheit sein. Wenn aber die wahre Demokratie sich erst im Sozialismus vollendet, dann ist nur der ein wahrer Demokrat, der von seinen demokratischen Rechten und Möglichkeiten einen bestimmten Gebrauch macht, eben einen Gebrauch, der für die Herbeiführung des Sozialismus förderlich und dienlich ist. Man kann dann jedem, der die inhaltlichen Zielvorstellungen von einer sozialistischen Gesellschaft nicht mit mir teilt, auch das Recht absprechen, sich noch länger einen wahren Demokraten zu nennen oder ein solcher genannt zu werden.

Der Streit um die Verfassung

Mit dem sukzessiv sich verändernden Verständnis von Demokratie und der Bindung des Prozesses der Demokratisierung an die Sozialisierung der Gesellschaft bricht aber zwischen den tragenden politischen Kräften in unserem Lande ein fundamentaler Konflikt über Fragen der Rahmenbedingungen der gesellschaftlichen Ordnung aus, der seinen Niederschlag in dem Streit um den Sinn verfassungskonformen Handelns findet. Die Polarisierung ist so harmlos nicht mehr, wenn sie den minimalen Konsens auslöscht, ohne den keine Gesellschaft existieren kann. Die Gesellschaft muß sich dann tendenziell in zwei feindliche Lager spalten, die zunächst den Bürgerkrieg ideologisch gegeneinander führen, und es ist nur eine Frage der Zeit, daß sich das Problem der Gewalt dann in einem ganz neuen Sinne darstellt. Die Diskussion der Ereignisse in Chile hat sehr deutlich werden lassen, daß keine der beiden Gruppen der anderen mehr zutraut, auf die Verwirklichung des Programms zu verzichten, wenn die Verwirklichung im Rahmen der verfassungsmäßigen Ordnung nicht mehr möglich erscheint.

Die Revolution der steigenden Erwartungen

Wenn eine sozialistische Gesellschaft dadurch definiert ist, daß alle Formen gesellschaftlicher Ungleichheiten und Abhängigkeiten abgeschafft und alle Formen von Privilegien abgebaut werden sollen, dann handelt es sich dabei – auch nach der Meinung des Vorsitzenden der SPD Brandt – um eine Utopie. Nun bewegt sich aber in einer scheinbar unkorrigierbaren Weise die Gesellschaft auf dieses utopische Ziel einer herrschaftsfreien Gesellschaft hin, in welcher es keine Form von Abhängigkeit und Fremdbestimmung mehr geben soll. Der utopische Trend der Gesellschaft wirkt sich auf sie aus in der Gestalt einer Revolution der steigenden Erwartungen. Das Bewußtsein entfernt sich immer mehr von der Anerkennung gesellschaftlicher Realitäten und Notwendigkeiten. Es gehört zum Wesen dieser Revolution der steigenden Erwartungen, daß Wirtschaft und Industrie keinen Beitrag mehr zur Befriedung der Gesellschaft leisten können, weil jede erfüllte Erwartung zum Anstoß für die Erzeugung weitergehender Erwartungen wird. Mit jeder Erfüllung einer Erwartung werden neue Erwartungen erzeugt und damit wird der Prozeß von neuem in Gang gesetzt.

Industrielle Mitbestimmung

Im sozialen Bereich geht es um das, was man früher Vermögenspolitik nannte. Die Beteiligung der Arbeiter am Produktionsvermögen, kombiniert mit der paritätischen Mitbestimmung, ist von dem Präsidenten der Bank für Gemeinwirtschaft, Walter Hesselbach, zu Recht ein revolutionäres Konzept genannt worden. Mit dieser Konzeption können die Machtstrukturen in Wirtschaft und Industrie aufgebrochen und fundamental verändert werden. Das Ziel besteht darin, eine Herrschaft des Faktors Arbeit über den Faktor Kapital mit systemkonformen Methoden und bei Bewahrung der parlamentarischen Demokratie zu erreichen. Das Ziel ist daher mit der Verfassung zu vereinbaren und in ihrem Rahmen auch sicher zu erreichen. Die Herausforderung, die mit diesem Konzept für die etablierten Führungskräfte verbunden ist, liegt in der Frage nach ihrer Legitimation, die nun eine politische Dimension gewonnen hat. Die neuen Machthaber behaupten, daß sie wissen, worin das wahre Interesse der Arbeitnehmer besteht, und sie nehmen für sich die Qualifikation in Anspruch, darüber entscheiden zu können, welche Art der Verwendung der Produktionsmittel geeignet ist, den wahren Bedürfnissen der Arbeitnehmer zu dienen. Damit stehen wir vor dem vielleicht bedeutsamsten politischen Problem dieses Landes, nämlich vor der Frage, wer darüber entscheidet, was das wahre Interesse der Arbeitnehmer ist und welche Art der Verwendung der Produktionsmittel diesem wahren Interesse entspricht.

Diese Frage ist politisch offen und ungeklärt. Alle kommunistischen Experimente sind ökonomisch an der Tatsache gescheitert, daß die Frage durch die Ausbildung eines neuen Typs politischer Herrschaft, des »demokratischen Zentralismus«, gelöst wurde, d. h. durch die Herrschaft eines einzigen Mannes oder eines Gremiums, die von sich aus, ohne die Arbeiter zu fragen, definieren, was deren Interesse zu sein hat. Es wäre nun völlig verfehlt, wenn man allen sozialistischen Kräften in der Bundesrepublik unterstellen wollte, daß sie diese Lösung wollen. Die Demokratisierung der Entscheidungsprozesse in Betrieben soll ja gerade die Funktion erfüllen, die Etablierung einer Form totaler bürokratisch-saatlicher Herrschaft zu verhindern. Man spricht nicht von Verstaatlichung, sondern von Vergesellschaftung. Es wird die Frage der näheren Zukunft sein, ob die Gesellschaft an der Alternative vorbeikommt, entweder ihre anarchistische Auflösung zu akzeptieren oder die Rettung in einer neuen Form totalitärer Kontrolle zu suchen. Denn in der spezifisch gesellschaftlichen Dimension geht es um das von Marx an die Revolution des Proletariats geknüpfte Versprechen, Herrschaft in jeglicher Gestalt aufzuheben. Es geht gesellschaftlich um die Aufhebung menschlicher Selbstentfremdung oder doch um die Herstellung einer Gesellschaft ohne Herrschaft, in der es dem Menschen möglich sein soll, seine Bedürfnisse selbst zu definieren und sie repressionsfrei zu befriedigen. Alle an dem Begriff der Emanzipation angeknüpften Erwartungen lassen sich in der Überzeugung zusammenfassen, daß nunmehr die Verwirklichung eines befriedeten Daseins, eine Form konflikt- und enttäuschungsfreier, lustbetonter Selbstverwirklichung des Menschen möglich und daher auch notwendig geworden sei. Der neue Grundwiderspruch, der sich nunmehr abzeichnet, ist der Versuch, dieses Versprechen fast totaler Freiheit durch den Ausbau und die Ausweitung der Mechanismen sozialer Kontrolle zu erreichen.

Kulturrevolution: Der »neue Mensch«

Dieser Zielsetzung entspricht die politanthropologische und kulturrevolutionäre Arbeit an der Veränderung des Menschen in allen Bereichen – des Kindergartens, der Schule, der Hochschule, der Universität, der Presse, der Kunst usw. Man hat entdeckt, daß es keinen Sinn hat, nur Organisationen, Strukturen und Institutionen zu verändern, sondern daß man in und mit dieser Veränderung gleichzeitig kontinuierlich und systematisch einen »neuen Menschen« produzieren muß. Was in Wahrheit über die Leistungsfähigkeit unserer Gesellschaft entscheiden wird, ist daher nicht das, was in den politischen Programmen der Parteien diskutiert, sondern das, was bei der Anstrengung, einen neuen Menschen zu produzieren, herauskommen wird. Alle Veränderungen unserer Gesellschaft sind Resultate kulturrevolutionärer Veränderungen, die so vor sich gehen, daß erst die Sprache, dann über die Sprache das Bewußtsein und schließlich über das Bewußtsein die Bedürfnisse der Menschen verändert werden. Aus den veränderten Bedürfnissen geht die Revolution der steigenden Erwartungen hervor, und diesen neuen Erwartungen werden entsprechend neue Werte und Normen gesetzt und politisch durchgesetzt.

Die fundamentale Dimension des Prozesses der Veränderung der Gesellschaft vollzieht sich in der anthropologischen Veränderung, in dem Bereich der Bildung und Deutung der gesellschaftlichen Realität. Hier ist nicht der Ort, um die Kulturrevolution, so wie sie sich gegenwärtig in der Bundesrepublik vollzieht, im einzelnen zu interpretieren. Aber über die technisch-ökonomische Effizienz dieser Gesellschaft und damit über ihre Selbsterhaltung wird heute in den Institutionen der Bildung, der Erziehung, der öffentlichen Medien, der Kunst und des Theaters entschieden. Hier werden im Menschen selber die Bedingungen aufgelöst, die es ihm bisher ermöglicht haben, den Leistungszumutungen einer technologischen Gesellschaft zu entsprechen. Nietzsche hat richtig vorausgesagt, daß im 20. Jahrhundert derjenige Träger der eigentlichen Macht sein werde, der imstande ist, den Sprachgebrauch in einer Gesellschaft neu zu regeln. Es nutzt den Managern von Wirtschaft und Industrie gar nichts, wenn sie ihre traditionelle Sprache beibehalten, wenn die Sprache der Gesellschaft durch andere bereits erfolgreich geändert worden ist. Die Bürger müssen heute politisch entscheiden, ob die Kinder aus der Geschichte nur noch lernen sollen, daß alles änderbar ist; sie müssen politisch entscheiden, ob sie eine Erziehung gegen das Recht für richtig halten; sie müssen politisch entscheiden, ob die Familie als eine auch gesellschaftlich gerechtfertigte Lebensform weiterhin noch anerkannt werden soll oder nicht. Wenn etwas im Blick auf die Entwicklung dieses Landes beunruhigen sollte, dann ist es die Tatsache, daß keine politische Kraft erkennbar ist, die fähig und gewillt wäre, die Herausforderung der Kulturrevolution anzunehmen.

Wenn wir diese Herausforderung nicht annehmen, dann werden die Fragen der Paritäten, der Organisationen und der Umverteilung des ökonomischen Produktivvermögens in ihrer Bedeutung nur geringfügig sein im Verhältnis zu den Veränderungen die sich in der Tiefendimension der Gesellschaft schon heute sichtbar und erkennbar vollziehen. Erst mit der anthropologischen Revolution hat der langfristige und totale Prozeß seine radikale Dimension erreicht. Was Marx für den Überbau gehalten hat, d. h. also für den Bereich, in dem es um die Prozesse der Motivation und der Veränderung des Bewußtseins geht, ist heute für unsere Gesellschaft zu der eigentlich fundierenden Praxis geworden, von der auch die ökonomischen und technologischen Entwicklungen dieser Gesellschaft abhängen werden. Die verändernden Prozesse gehen vom Überbau aus und hier werden die neuen Zielvorgaben und Orientierungsdaten gesetzt, nach denen sich dann auch die übrigen Institutionen ausrichten oder nach denen sie gerichtet werden. Obwohl sich also der Marxismus in der Form einer verkehrenden Aufhebung der von Marx angenommenen Zuordnung von Unterbau und Überbau durchsetzt, verhalten sich die durch diesen Prozeß herausgeforderte Gesellschaft und auch die sie politisch repräsentierenden Gruppen noch immer gemäß den inzwischen geschichtlich dementierten Grundannahmen des Marxismus.

Diese Gruppen glauben nämlich, daß über das Schicksal der Gesellschaft in letzter Instanz die ökonomischen Bedingungen entscheiden, und sie meinen, daß demgegenüber alle Veränderungen des Bewußtseins ephemerer Natur sind. Wir haben es gegenwärtig aber nicht mit einer Situation materieller Verelendung, sondern mit dem Elend des Bewußtseins zu tun. Erst das Elend des menschlichen Bewußtseins, die Krise der Legitimationen und die Krise des Sinns, hat in unserer Gesellschaft dem Marxismus die Chance gegeben, das Interpretationsmonopol in der Gesellschaft zu erringen, das er nun fast ohne Konkurrenz und Alternative ausübt.

Die Renaissance des Marxismus

Denn zu den erstaunlichsten Veränderungen der politischen und geistigen Landschaft unserer Gesellschaft, die ja an Veränderungen wirklich nicht arm ist, gehört ja das Phänomen, das zwar außerordentlich starke Irritationen auslöst, aber eigentlich noch nicht verstanden und diskutiert wird: nämlich die Renaissance des Marxismus. Diese Renaissance führte zu einer fast alternativlosen Monopolstellung des Marxismus in der Interpretation gesellschaftlicher Prozesse. Dieses Phänomen ist um so faszinierender, wenn man die Grundannahmen der Marxschen Lehre mit der Realität der kommunistischen Gesellschaften im 20. Jahrhundert konfrontiert. Das Besondere des marxistischen Gedankens besteht in seinem Anspruch, aus einer theoretischen Interpretation des Ganzen der Geschichte im allgemeinen und der geschichtlichen Gegenwart des 19. Jahrhunderts im besonderen eine Anleitung für die praktisch revolutionäre Veränderung einer bestimmten Gesellschaft, nämlich der bürgerlichen, zu geben. Marxismus ist Anweisung zu revolutionärer Praxis – das ist der alte und zentrale Kern marxistischer Theorie. Die theoretische Grundlegung der Praxis der Revolution ist aber mit dem Anspruch verbunden, die Bedingungen und Ursachen des geschichtlichen Prozesses begriffen zu haben. Zu den Grundannahmen von Marx gehört die These, daß alle Geschichte in ihrem Grunde antagonistisch, nämlich durch die mehr oder weniger militante Auseinandersetzung von Klassen bestimmt sei: Die Klassen kämpfen um die Macht, um nach ihren Interessen die Gesellschaft im ganzen zu beherrschen und zu organisieren. Die These, daß alle Geschichte das Resultat von Auseinandersetzungen antagonistischer Kräfte, von Kämpfen zwischen Herrschenden und Beherrschten sei, faßt Marx in seiner großartigen Theorie des Kapitalismus im 19. Jahrhundert zusammen. Im Blick auf den Neomarxismus ist es wichtig, sich daran zu erinnern, daß die umfassendste Apologie des Kapitalismus im Kommunistischen Manifest von Marx enthalten ist.

Karl Marx hat der Klasse der Kapitalisten und der von ihr organisierten Gesellschaft eine welthistorische Leistung zugeschrieben: die Leistung, der Geschichte den Charakter eines Prozesses revolutionärer Veränderung aller Lebensverhältnisse und Lebensbedingungen verliehen zu haben. Die erste wahrhaft revolutionierende Klasse in der Geschichte ist für Marx die Klasse der Kapitalisten. Der Kapitalismus hat durch die Veränderung der Produktivkräfte, durch Wissenschaft und Technik der Geschichte den Charakter einer Bewegung verliehen, durch welche alle Lebensbedingungen und Lebensverhältnisse permanent revolutioniert werden. Die Bourgeoisie ist für Marx also nicht das ekelerregende Subjekt einer apolitischen und nur an ihren materiellen Profit denkenden Klasse, sondern die Vollbringerin einer beispiellosen welthistorischen Leistung. Marx vertritt die These, daß der alle bisherige Geschichte bestimmende antagonistische Charakter einer Auseinandersetzung von Herrschenden und Beherrschten seine äußerste Vereinfachung und Zuspitzung erst im Kapitalismus erfahren hat: Die überwältigende Mehrheit der Menschen in der kapitalistischen Gesellschaft bildet das Proletariat, dem eine verschwindende Minorität von Ausbeutern, die Eigentümer von Produktionsmitteln, gegenübersteht.

Aus dieser dramatischen Zuspitzung zieht Marx den Schluß, daß der Kapitalismus, indem er sich selbst verwirklicht, in der Gestalt des Proletariats seinen eigenen Totengräber erzeugt. Das Proletariat müsse die Revolution wollen, weil anders die Aufhebung der extremsten, ökonomisch bedingten Lebensnot nicht möglich sei. Aus der Revolution des Proletariats sieht Marx eine geschichtliche Entwicklung hervorgehen, in der mit den Klassen der Staat, d. h. die Politik, überhaupt aufgehoben wird. Mit der Revolution des Proletariats, also mit der Aufhebung des Privateigentums an Produktionsmitteln, wird sich das Proletariat selbst aufheben, indem es sich sein ihm in der bisherigen Geschichte vorenthaltenes gesellschaftliches, also bisher entfremdetes Wesen aneignet. Damit bedeutet die Revolution des Proletariats für Marx einen qualitativen Sprung in der Geschichte. Während bisher die Menschen der Geschichte unterworfen waren und sie nur erlitten als Objekte ihnen fremder Herrschaftsinteressen, soll durch die proletarische Revolution der Mensch aus dieser Objektrolle heraustreten und den geschichtlichen Prozeß im Interesse einer Verwirklichung totaler und allseitiger Freiheit kontrollieren.

Wenn man auf diese Grundannahmen und die mit ihnen verbundenen Verheißungen und Versprechungen des Marxismus aus der Gegenwart der Bundesrepublik zurücksieht, dann muß man feststellen, daß es so unverständlich nicht ist, wenn ein zunehmender Teil gerade der politisch engagierten Jugend sich zu diesen Grundannahmen wie zu einem neuen quasi religiösen Heilsglauben verhält. Denn das ist die stimulierende Vision, die ihnen der Marxismus von der Zukunft vermittelt: Aufhebung menschlicher Selbstentfremdung, Ende von Staat und Herrschaft, Verwirklichung totaler und allseitiger Freiheit! Es ist eine religiös zu nennende Antriebsmotivation, die hinter der Erneuerung des Marxismus steht.

Nun muß man an diese Perspektive, die Marx vor mehr als hundert Jahren in der Auslegung des geschichtlichen Prozesses entwickelt hat, die Frage stellen: Wie verhält sich die Realität marxistischer, d. h. auf Grund marxistischer Prinzipien organisierter Gesellschaften zu diesen Verheißungen? Es kann kein Zweifel daran bestehen, daß es keine Theorie über eine geschichtliche Zukunft gibt, die in einer so umfassenden Weise von der Geschichte dementiert worden wäre wie die marxistische. Die Wirklichkeit kommunistischer, sich auf Marx berufender Gesellschaften stellt die Umkehrung, ja die pervertierende Umkehrung alles dessen dar, was Marx gewollt, gemeint und prognostiziert hat. Es gibt keine Gesellschaft, die aus der Revolution eines sich in ihr befreienden Proletariats hervorgegangen wäre. Die kommunistische Revolution in der Sowjetunion ist ein Werk von Berufsrevolutionären. Sie erst brachten eine noch stark agrarisch-feudalistisch strukturierte Gesellschaft dazu, eine moderne Industrie und so etwas wie ein modernes Proletariat zu entwickeln. Nicht das Absterben des Staates und damit das Ende von Herrschaft überhaupt ist eingetreten, sondern eine neue Form von perfekter und totaler Herrschaft. Anstelle der von Marx versprochenen Befreiung des Bewußtseins ist unter den Bedingungen kommunistischer Herrschaft die marxistische Theorie degeneriert zu einer Ideologie, die nur noch die Funktion erfüllt, totale Herrschaft zu legitimieren. Wenn wir an den eigentlichen Anspruch des

Marxismus denken, nämlich die Selbstentfremdung des Menschen aufzuheben, dann gibt es heute keinen kommunistischen Theoretiker, der zu behaupten wagte, daß in den kommunistisch aufgebauten Gesellschaften die Selbstentfremdung beseitigt worden sei. Im Gegenteil: Es ist zu einer Potenzierung der Selbstentfremdung des Menschen gekommen, die weit über das Ausmaß hinausgeht, das Marx an der bürgerlichen Gesellschaft kritisiert hat.

Damit stehen wir vor dem Paradox einer Renaissance des Marxismus in der Bundesrepublik. Im Blick auf die Realität kommunistischer Systeme und im Blick auf das Dementi, das die Geschichte dem marxistischen Anspruch entgegenstellte, Selbstentfremdung durch die sozialistische Revolution aufzuheben, ist es schwer zu verstehen, daß es in der Bundesrepublik zu einer Renaissance des Marxismus kommen konnte. In der nunmehr abgeschlossenen Phase nach 1945 sind wir davon ausgegangen, daß wir in diesem Lande eine freiheitliche, rechts- und sozialstaatliche Ordnung aufgebaut haben, in der nicht nur das Recht auf Freiheit des einzelnen, sondern auch die materiellen Chancen, von diesem Recht einen Gebrauch machen zu können, in einer Weise gesichert sind, die in der deutschen Geschichte ohne Beispiel ist. Ohne eine Berücksichtigung der Rolle, die die »kritische Theorie« der Frankfurter Schule bei der Erneuerung des Marxismus und seiner modifizierten Anpassung an die veränderten Strukturen einer technologischen Gesellschaft spielt, ist dieser Vorgang nicht zu verstehen. Der entscheidende Punkt ist der, daß alle Vertreter des Neomarxismus im Widerspruch zu Marx leugnen, daß das Proletariat oder die lohnabhängigen Massen in einer Gesellschaft ökonomischen Überflusses noch die geeigneten Träger revolutionärer Aufhebung menschlicher Selbstentfremdung sein können. Das Proletariat ist daher nicht mehr der vom Kapitalismus erzeugte eigene Totengräber. Die Fehlentwicklungen, zu denen alle marxistisch inspirierten Experimente in der Geschichte des 20. Jahrhunderts führten, haben die Neomarxisten damit zu erklären versucht, daß sie das Scheitern der Revolution auf den Menschen zurückführten. Mit der Problematik einer anthropologischen Revolution bricht nun der für den Neomarxismus entscheidende Grundwiderspruch auf. Denn wenn der Mensch nichts anderes als das Produkt seiner sozio-ökonomischen Bedingungen ist, dann kann er nicht mehr die Frage beantworten, wie die Hervorbringung eines Subjekts denkbar wäre, das die Herrschaft der determinierenden Bedingungen brechen könnte.

Wir können daher die Lage der Bundesrepublik, die gegenwärtige gesellschaftliche, politische und soziale Wirklichkeit dieses Landes, als Ausdruck des verzweifelten Versuches ansehen, unter Anerkennung der Fehlentwicklungen des etablierten Marxismus auf der einen und der theoretischen Grundwidersprüche des Neomarxismus auf der anderen Seite, dennoch an den Grundzielen des Marxismus festzuhalten und den Sozialismus zu verwirklichen. Daher wird jede Antwort auf die Frage vermieden, wie die neue sozialistische Gesellschaft positiv und konkret aussehen soll. Es wird unterstellt, daß sie gedacht werden kann als das Resultat einer sukzessiven Liquidation von Strukturen und Institutionen der bestehenden Gesellschaft. An die Stelle konkreter Ziele tritt die Methode, das Bestehende zu verflüssigen – nämlich die Demokratisierung –, und an die Stelle einer Theorie tritt die Mobilisierung von Glaubenskräften durch die Erregung utopischer Hoffnungen. Der Marxismus setzt sich daher in einer völlig verwandelten Gestalt und nach einer neuen Logik durch. Das, was ihn stark macht, ist die Tatsache, daß sein Monopol auf die Interpretation der Gesellschaft bislang ohne Konkurrenz ist. Selbst die ihn bekämpfen, haben insofern kapituliert, als sie seine Grundvoraussetzung akzeptieren, daß die Gesellschaft die neue Gestalt des Absoluten geworden ist. Das geistig-ethische Vakuum, das sich in der ersten Aufbauphase nach dem Kriege gebildet hat, ist zu einem Sog geworden, das den Marxismus magnetisch an- und in sich hineinzieht.

Es ist eine Frage, die für die praktischen Konsequenzen, die sich aus der analysierten Entwicklung ergeben, möglicherweise von entscheidender Bedeutung ist, welches die Ursachen dieser Entwicklung sind, auf welche Gründe man sie zurückführt.

Standortbestimmung

Es kann nicht übersehen werden, daß wir uns in einem Prozeß der Revision aller Grundentscheidungen befinden, von denen wir beim Aufbau der Demokratie nach 1945 ausgingen. Betroffen von dieser Revision ist die Überzeugung vom Ende der Geschichte; die Reduktion des Staates auf die Gesellschaft; die Meinung, man könne die Gesellschaft durch Pluralismus gegen Ideologien immun machen; die Rolle des Wohlstandes als Ersatz für alle geschichtlichen Interpretationssysteme unserer gesellschaftlichen Wirklichkeit und schließlich unser Begriff von Freiheit. Es war nach den Erfahrungen des Krieges naheliegend zu glauben, man könnte die geschichtliche Vergangenheit am besten bewältigen durch den Austritt aus der Geschichte unter dem Protektorat der USA und den Willen, unsere Beziehungen zum Rest der Welt nach den Prinzipien einer guten Nachbarschaft zu entwickeln. Dann brauchte man nur noch der Versöhnung mit dem Westen die mit dem Osten folgen zu lassen. Es wird häufig die Frage gestellt, worin sich die Hinwendung zum Sozialismus in der Bundesrepublik von der unterscheidet, die auch in den übrigen Industriegesellschaften des Westens beobachtet werden kann. Die Kulturrevolution in der Bundesrepublik vollstreckt den Bruch mit der geschichtlichen Kontinuität und erstrebt die neue Gesellschaft als das Resultat einer Praxis, die sich absolut diskontinuierlich zu aller geschichtlichen Erfahrung verhält. Die Geschichtslosigkeit ist aber keine Erfindung der Neuen Linken, sondern bestimmte bereits die geistige Physiognomie und die gesellschaftliche

Identität

Realität der Wohlstandsgesellschaft nach dem Kriege. Der Verlust der nationalen Identität und der geschichtlichen Erinnerung, durch die jene allein vermittelt werden kann, bedeutete faktisch das Ende aller Traditionen. Es ist sehr wohl vorstellbar, daß in einigen Jahren die Deutsche Demokratische Republik eine offensive Politik der Wiedervereinigung gegen die Bundesrepublik mit dem Anspruch führen wird, daß das Erbe bürgerlicher Kultur in der sozialistischen Gesellschaft aufgehoben sei, während der dekadente Westen es dem Moloch der ökonomischen Produktion opfert oder dem Nihilismus zur Auflösung überläßt. Es muß anerkannt werden, daß die DDR Erhebliches für die Pflege des Gedächtnisses der großen Denker der bürgerlichen Epoche unternimmt. Die Feier des 200. Geburtstages von Hegel wurde in Form eines Staatsaktes begangen, durch den dieser Staat zum Ausdruck brachte, daß ihm nicht nur das Denken Hegels etwas bedeutet, sondern auch der Anspruch, in einer Tradition zu stehen, zu der Hegel gehört, die somit ein Moment des neuen staatlichen Selbstbewußtseins bildet. Das kann man vom Staat der Bundesrepublik nicht behaupten. Mit der Preisgabe aller geschichtlichen Traditionen hat sich der Staat auch der Möglichkeit beraubt, etwas anderes zu repräsentieren als gesellschaftliche Interessen. Es war ein fundamentaler Irrtum, wenn man nach dem Kriege glaubte, daß die Bedrohung der Freiheit nur vom Staat ausgehen könnte, nicht aber auch von der Gesellschaft. Wenn man das glaubt, dann ist es richtig, den Staat zu minimalisieren und ihn praktisch in die Gesellschaft aufzulösen. Dann ist er nicht mehr und kann auch nicht mehr sein als eine Instanz, die einen Kompromiß zwischen divergierenden partikularen Interessen vermittelt und auf Widerruf durchsetzt. Die wahre Gefahr für die verfassungsgeschützten Freiheiten und Rechte der einzelnen und der gesellschaftlichen Gruppen besteht heute darin, daß eine partikulare gesellschaftliche Gewalt sich des Staates als eines bloßen Apparates bemächtigt, um ihre Meinung vom öffentlichen Wohl durchzusetzen.

Wenn die Gewerkschaften sich als die Macht verstehen, die das Interesse der überwältigenden Mehrheit der Bevölkerung zu vertreten hat, dann kann sie auch beanspruchen, die Funktionen faktisch zu übernehmen und auszuüben, die traditionell der Staat wahrgenommen hat. Die Kombination von Vermögenspolitik und paritätischer Mitbestimmung muß zu einer Machtakkumulation bei den Gewerkschaften führen, deren Ausmaß schließlich den Gedanken nahelegen könnte, sie auch institutionell mit den Rechten auszustatten, damit sie die mit dieser Macht verbundene polititische Verantwortung zu übernehmen vermögen. Mit einer solchen Entwicklung wären die Chancen des einzelnen, an der Gestaltung der Gesellschaft mitzuwirken, vernichtet. In der modernen Gesellschaft kann nur der souveräne Rechtsstaat Sachwalter der Freiheit des einzelnen sein. Nur er kann die partikularen gesellschaftlichen Gewalten zwingen, ihre Interessen dem allgemeinen Wohl unterzuordnen. Worin dieses allgemeine Wohl besteht und was es fordert, das könnte ermittelt werden, wenn die Demokratie in den Parteien wirklich praktiziert würde und die Parteien endlich ihren Charakter als Weltanschauungsparteien überwinden würden.

Es ist richtig, daß es Freiheit nur in einer pluralistisch verfaßten Gesellschaft geben kann; es ist aber ebenso deutlich geworden, daß man die Antwort auf die Fragen nach den Zielen und dem Selbstverständnis der Gesellschaft nicht unter Hinweis auf den Pluralismus beantworten kann. Ebensowenig wie der einzelne können die historisch-sozialen Einheiten ihre Identität finden, bewahren und darstellen ohne geistige Interpretationen der Realität im ganzen. Wenn man hier eine Stelle leer läßt, dann bleibt sie nicht frei, sondern wird von ideologischen Kräften besetzt und ausgenutzt. Faktisch ist diese Stelle ja auch gar nicht frei geblieben, sondern von einer Ersatzideologie ausgefüllt worden: der Ersatzideologie des permanenten Wachstums, der Steigerung des materiellen Lebensstandards, dem Selbstverständnis der Gesellschaft als einem eingetragenen Verein zur Ausbeutung der Natur und zu wechselseitigem Nutzen.

Es war grotesk zu glauben, daß das Interesse an den Segnungen materiellen Nutzens und Wohlergehens ausreichen könnte, das gemeinsame Leben der Menschen in unserer Gesellschaft zu ermöglichen und zu garantieren. Selten ist mit dem so radikal ernst gemacht worden, was Hegel den »Atheismus der sittlichen Welt« genannt hat, wie in der Wohlstandsgesellschaft der Bundesrepublik. Der Verlust der Geschichte, die Vergesellschaftung des Staates, die Entideologisierung durch einen angeblich aufgeklärten politischen Pragmatismus und die Ökonomisierung aller Lebensinhalte haben ein geistig-ethisches Vakuum entstehen lassen und diese Gesellschaft unfähig gemacht, ihre eigenen Kinder zu erziehen und zu sozialisieren.

Die Revolte der Jugend, die absurd verzweifelte Anstrengung, sich als ein revolutionäres Subjekt zu konstituieren, ist eine verständliche Konsequenz dieses Unvermögens der Gesellschaft, die Anforderungen der primären Sozialisation zu erfüllen. Es ist eine Tatsache, daß die jugendlichen Subkulturen von Angehörigen gebildet werden, die einem sogenannten gehobenen bürgerlichen Milieu entstammen. Es waren liberal eingestellte und gebildete Eltern, die das praktizierten, was man einen permissiven Erziehungsstil nennt, also das Gegenteil von einem autoritären.

Wir haben inzwischen einige Erfahrungen mit der Gleichsetzung von Liberalität und Permissivität gemacht. Es waren bürgerlich-liberale Kreise, die in Bremen der SPD zu dem größten Wahlerfolg ihrer Geschichte verhalfen, weil sie die Reformuniversität für notwendig hielten. Nur wußten sie nicht, welche Reform sie wollten. Inzwischen hat sich die Reformuniversität, wie wir sagten, zu einer stalinistischen Kaderschule entwickelt. Die Krise, die der Klassenkampf für seine Zwecke ausbeutet, hat mehr mit der geistig-ethischen Lage als mit der ökonomischen Ausbeutung des Menschen zu tun.

Die Herausforderung durch die Renaissance des Marxismus ist aber im Kern identisch mit der Auseinandersetzung um den Sinn von Freiheit. Für die Führungskräfte wird sehr viel davon abhängen, ob sie begreifen, daß die gegenwärtige Situation ein Resultat und Produkt der bisherigen gesellschaftlichen Praxis und nicht wie ein Blitz aus heiterem Himmel über die Wohlstandsgesellschaft gekommen ist. Damit ist aber das Paradox dieses Phänomens noch keineswegs erklärt. Denn gemessen an den ursprünglichen Zielen von Marx ist kaum eine Gesellschaft der westlichen oder östlichen Welt der Verwirklichung der ursprünglichen marxistischen Forderungen und Verheißungen so nahe gekommen wie die bürgerliche Bundesrepublik Deutschland. Dazu gehört die fast totale Vergesellschaftung des menschlichen Lebens und die Auflösung der Entzweiung von Staat und Gesellschaft: In kaum einem Land ist das Prinzip politischer Herrschaft so weitgehend abgeschafft und eine tendenzielle Angleichung und Nivellierung der Anteile am ökonomischen Produkt eingeleitet worden wie in der Bundesrepublik. Der alles bestimmende Grund und die »Substanz« des gesellschaftlichen Lebens ist in der Tat die Ökonomie geworden. Die im Sinne von Marx noch unaufgehobene Selbstentfremdung hängt mehr von der Technologie als von den Eigentumsverhältnissen ab. Die Befreiung von ökonomisch bedingtem Mangel und von herrschaftsbedingter Verfügung über den Menschen konnte in einer Gesellschaft erreicht werden, in der die Produktionsmittel nicht verstaatlicht wurden, und zwar in einem viel weitergehenden Maß als in den Staaten des Sozialismus. Auch verspricht unsere Gesellschaft keine andere Freiheit als die uneingeschränkter Bedürfnisbefriedigung, wie sie auch der Kommunismus verspricht. Allerdings ist der, wenn wir ihn so nennen wollen, praktizierte Marxismus in der Bundesrepublik nur ein halber Marxismus. Er ist rational-pragmatisch domestiziert und von eschatologischen Dimensionen und Verheißungen entleert. Die totale Freiheit bringt er nicht. Und wenn man unter Gerechtigkeit die totale Gleichheit versteht, dann kann selbstverständlich auch davon keine Rede sein. Wenn eine kommunistische als eine Gesellschaft definiert wird, in der es nur Probleme der Verteilung gibt und jeder nach seinen Bedürfnissen und nicht nach seinen Leistungen aus dem gesellschaftlichen Vermögen versorgt wird, dann ist die Bundesrepublik noch weit vom Kommunismus entfernt. Es handelt sich in der Praxis hier um einen entutopisierten, der menschlichen Natur, wie wir sie aus der Geschichte kennen, angepaßten Marxismus, der den veränderten Bedingungen einer hochkomplexen Industriegesellschaft Rechnung trägt. Noch nie waren die Bürger dieses Landes so frei wie jetzt. Was sich aber nunmehr vollzieht, ist die von vielen als völlig unbegreifbar und irrational empfundene Tatsache, daß zunächst die Jugend sich im Namen der marxistischen Eschatologie gegen die sozialen Verhältnisse wendet, um diese zu revolutionieren und durch qualitativ andere zu ersetzen. Man wird an Hegel erinnert, der im Blick auf die Situation nach der Französischen Revolution am Anfang des 19. Jahrhunderts feststellte, daß »Leichtsinn und Langeweile« einreißen, der Bau der Welt zerbröckle und die Grundfesten der bestehenden Gesellschaft schweigend hinweggetan und aufgelöst werden. Was sich in diesem Lande vollzieht, ist eine revolutionäre Veränderung des Bewußtseins. Das »Reich der Vorstellungen« wird revolutioniert und die Wirklichkeit wird dann, wenn dieser Prozeß abgeschlossen werden sollte, nicht mehr standhalten.

Warum ist das so? Weil die neomarxistische Theorie (G. Rohrmoser, Das Elend der kritischen Theorie. Freiburg [3]1973) aus der These vom erreichten Überfluß den Schluß gezogen hat, daß in der Gesellschaft des überwundenen Mangels nunmehr der Austritt des Menschen aus allen Verhältnissen seiner Selbstentfremdung betrieben werden könne. Die verstörten und irritierten Repräsentanten des bestehenden Systems können diesem überschwenglichen Anspruch nur den Hinweis auf pragmatische und ökonomische Notwendigkeiten entgegensetzen. Sie halten jeden weiteren Schritt in der emanzipatorischen Umgestaltung der Gesellschaft für Utopie und beantworten den neuen Glauben mit einer durch die Einsicht in die Faktizität genährten Skepsis. Es ist unschwer zu erkennen, wie dieser Kampf ausgehen wird. Wenn die Grenzen der Freiheit nicht sinnvoll begründet und legitimiert werden können, dann gewinnt der Anarchismus an Plausibilität.

Es ist schwer einzusehen, daß die Demokratisierung eine Antwort sein könnte, da sie ja den Prozeß der Verflüssigung aller vorgegebenen Institutionalität nur operationalisiert, nur formal die Spielregeln ändert, aber sich allen Zielen und Inhalten gegenüber indifferent verhält. Die Demokratisierung ist nur dazu geeignet, den Austrag von Konflikten anzuheizen und zu intensivieren, ohne eine Entscheidung darüber zu treffen, *welche* Realisierung von Konflikten unsere freiheitliche Ordnung sich nicht leisten kann. Nachdem die hessischen Rahmenrichtlinien auch das Verhältnis der Kinder zu ihren Eltern als eine gesellschaftliche und politisch-relevante Konfliktsituation interpretiert haben, ist der systemüberwindenden Phantasie keine Grenze mehr gesetzt. Die Antriebe, die hinter der systemsprengenden Veränderung der Gesellschaft stehen, sind letztlich, wie wir sagten, religiöser Natur. Mit dem Ende des bürgerlichen Ersatzglaubens an den Fortschritt und infolge der Krise der christlichen Kirchen hat sich ein ganz neues Bedürfnis nach kollektiver Sinngebung gebildet, dem die Sozialdemokraten ihren Wahlsieg verdankten. In der Person von Willy Brandt hatte sie auch gleichzeitig den symbolischen Träger für die Hoffnung gestellt, daß ein freiheitlicher und humaner Sozialismus dieses Bedürfnis befriedigen könnte. Viele sehen in dieser Änderung einer kollektiven Gestimmtheit ein Symptom für die Schwäche des Christentums, das in einer entchristlichten Gesellschaft die überdauernden oder sich neu entzündenden religiösen Bedürfnisse nicht zu erkennen und daher auch nicht zu befriedigen vermag.

Es gehört zur Ironie der Geschichte, an der sie wahrlich nicht arm ist, daß es den Kirchen am schwersten fällt, sich von der ihnen lieb gewordenen Vorstellung zu trennen, die Welt sei säkular und aufgeklärt und der Mensch in ihr rational und mündig. Wenn die These vom Bedürfnis nach einer neuen Form religiös-kollektiver Sinngebung des Ganzen zutreffen sollte, dann haben wir es mit einer Remythologisierung der Gesellschaft und nicht mit der zweiten oder dritten Aufklärung zu tun. Man kann zwar mit der politischen Ausbeutung des ideologiekritischen Potentials des Marxismus und der Psychoanalyse die legitimierenden Prinzipien des Rechtsstaates zerstören, Psychosen und Neurosen für die Bildung revolutionärer Subjektivität nutzen und ein Klima des Verdachtes, des Mißtrauens und der Verweigerung in der bestehenden Gesellschaft erzeugen, aber nicht eine wie immer geartete Ordnung des menschlichen Zusammenlebens begründen. Welch ein verzweifelter Akt des Glaubens gehört zu der Überzeugung, mit der Beseitigung des privaten Eigentums an Produktionsmitteln werde alles ganz anders, sei der Ausweg aus dem finsteren Tunnel der Geschichte gefunden! Man muß die religiösen Hintergründe der neuen Bewegung sehen, um zu verstehen, daß die Argumentation mit den Erfolgen der Sozialen Marktwirtschaft kein taugliches Mittel sein kann, die Legitimationskrise unserer Gesellschaft zu überwinden. Der Glaube, man könne die Lösung der neuen gesellschaftspolitischen Probleme den Auswirkungen der sich selbst regulierenden Prozesse der marktwirtschaftlichen Ordnung anvertrauen, ist so eitel wie der der Neuen Linken.

Über die ziel- und sachgemäße Ordnung der ökonomischen Prozesse kann nur noch im Rahmen einer umfassenden gesellschaftspolitischen Konzeption entschieden werden. Marktwirtschaft ist kein Ersatz für Gesellschaftspolitik. Viele mögen den Begriff Gesellschaftspolitik nicht, weil sie argwöhnen, daß er totalitäre Ambitionen verbirgt. Wenn aber alles zur Gesellschaft geworden ist und die Gesellschaft die Stelle eines neuen Absoluten einnimmt, dann genügt Gegenaufklärung nicht, und über die Grenzen des Machbaren muß politisch entschieden werden.

Zusammenfassung

Je nach dem Begriff von Revolution, von dem man ausgeht, kann man die Frage, ob die Bundesrepublik vor einer Revolution stehe, oder sich bereits in einer solchen befinde, mit ebenso überzeugenden Gründen bejahen wie verneinen. Beurteilt man die Situation nach den bereits eingetretenen Veränderungen, dann ist Schlimmeres denkbar geworden als das, was man mit der traditionellen Vorstellung von einer Revolution verbindet. Nicht die Politik, nicht die soziale Reform, nicht der gesellschaftliche Wandel wird über das Schicksal der Freiheit in unserer Gesellschaft entscheiden, sondern ausschließlich die Antwort, die diese Gesellschaft auf die kulturrevolutionäre Herausforderung gibt. In Verbindung mit einer wirtschaftlichen Rezession ist alles denkbar: Versinken in Anarchie, Diktatur von rechts und totalitäre Herrschaft von links. Der Grundmangel im Aufbau unseres demokratischen Staates besteht darin, daß der Ernstfall nicht vorgesehen ist. Was bisher die kritischen Situationen bewältigt hat, sind die gelebte Moralität der Menschen und die ideologiekritisch und emanzipatorisch noch nicht aufgelösten ethischen Selbstverständlichkeiten. Nur so ist es erklärlich, daß in der Ölkrise, die keine war, die Begrenzung der Fahrgeschwindigkeit von 90 Prozent aller Autofahrer eingehalten wurde.

Diese Tatsache ist ein Beweis dafür, daß die moralische Motivation für Einschränkungen und Verzicht in der Bevölkerung durchaus vorhanden ist. Die Konsequenzen, die sich aus unserer Analyse ergeben, lassen sich mühelos ziehen: Es kommt darauf an, der Gefahr zu begegnen, daß die Entwicklung entweder zu einer anarchischen Auflösung aller Formen eines gemeinsamen und geordneten Lebens oder zu einem Umschlag in eine neue Art totalitären Kollektivismus führt. Die neue Bewegung hat das Ziel, eine Veränderung mit qualitativer revolutionärer Qualität, richtig erkannt, nur ist sie von ihren marxistisch-psychoanalytischen Voraussetzungen aus nicht in der Lage, ihren Anspruch auf einen Fortschritt im Bewußtsein der Freiheit und ihrer Verwirklichung auch einlösen zu können.

Revolution ist nicht an sich schlecht und verdammenswert. Jeder Fortschritt im Prozeß realer und konkreter Freiheit ist das Resultat einer Revolution; ganz abgesehen davon, daß keine Revolution im traditionalen Stil mehr möglich wäre, haben sich jedoch nicht nur die Bedingungen, sondern auch die Aufgaben einer Revolution fundamental gewandelt. Zum erstenmal in der Geschichte ist die Sicherung der Naturbasis menschlicher Existenz eine Sache menschlicher Entscheidung und Verantwortung geworden. Was an dem emanzipatorischen Austritt aus aller bisherigen Geschichte so irritiert, ist der Versuch, die Lösung der neuen Probleme in einem Sprung aus aller geschichtlichen Kontinuität heraus zu erreichen. Der Bruch mit jeder geschichtlichen Tradition führt nicht nur zu gefährlichen Illusionen – die nicht begriffene Geschichte hat sich noch stets durch die Verkehrung erhofften Fortschritts in Rückschritt gerächt –, sondern auch dazu, daß alle Errungenschaften erreichter Freiheit im Namen der Emanzipation verspielt werden.

Die Soziale Marktwirtschaft hat nur gewisse Bedingungen für die Freiheit verwirklicht, aber nicht die Freiheit schlechthin. In der Beschränkung ihrer Ziele auf die abstrakte Bedürfnisbefriedigung hat sie keine Widerstandskräfte gegen jenen Geschichtsnihilismus entwickeln können, der den Gedanken der Freiheit deformiert und aller Faszination bei dem größten Teil der Jugend beraubt hat. Die Kritik an den Versuchen emanzipativer Überwindung eines manipulierten Daseins durch ein an der Idee wahrer Humanität orientiertes Leben darf sich daher nicht gegen die Intention als solche wenden, nicht einmal gegen die Anerkennung der Notwendigkeit, die Gesellschaft durch ein neues Bewußtsein ihrer selbst zu konstituieren, sondern nur gegen die illusionären Grundlagen und Prinzipien, an denen sie sich orientieren.

Die Realität hat die Frontbildung von links und rechts weitgehend gegenstandslos werden lassen. Ihre Erneuerung im Namen von Ideologien aus dem 19. Jahrhundert mutet nicht nur gespenstisch an, sondern ist auch von tödlichen Gefahren begleitet und kann zu der fatalen Konsequenz führen, daß wir alles verlieren und zerstören, was wir mühsam auch noch durch die faschistische Epoche hindurch gerettet haben. Die Menschen wissen oder ahnen das auch im Grunde.

Das Problem der Gesellschaft ist daher in erster Linie ein Problem der Führung. Es kann nicht bestritten werden, daß in Wirtschaft und Industrie Macht ausgeübt wird, deren Legitimation immer weniger einsichtig gemacht werden kann. Der Hinweis auf vergangene Erfolge vermag nicht mehr zu überzeugen, wenn im allgemeinen Bewußtsein sich die Kriterien ändern, an denen man Erfolg mißt. Von diesem Vertrauensschwund sind nicht nur die Unternehmer betroffen. Auch die Führungskräfte, die technische, organisatorische, planende und disponierende Intelligenz, werden schon bald mit Fragen nach ihrer Legitimation konfrontiert werden, auf die sie in keiner Weise vorbereitet sind. Das Wort vom »Fachidioten« ist nur ein Symptom im Wandel der Einschätzung dieser so erfolgreichen Gruppe. Es besteht keine Chance für eine vernünftige Lösung unserer Probleme, wenn es nicht gelingt, der technologischen Führung, die den Apparat der materiellenn Reproduktion der Gesellschaft steuert, ein diesen Problemen, die humaner, sozialer, gesellschaftstheoretischer Natur sind, adäquates Bewußtsein zu vermitteln. Das Schicksal der deutschen Ordinarien an manchen Universitäten spricht eine deutliche und warnende Sprache. Mit der in den Rahmenrichtlinien legitimierten Methode kontrollierter Regelverletzung können mühelos auch die sogenannten hierarchischen Strukturen der Industrie aus den Angeln gehoben und die Organisation der Wirtschaft lahmgelegt und umfunktionalisiert werden.

Die Kriterien, von denen effektive und verantwortungsvolle Führung abhängt, müssen daher um neue erweitert werden, die der Situation gerecht werden. In erster Linie geht es um die Aneignung eines *Minimums an Theoriefähigkeit.* Nur wenn die Führungskräfte ihre Funktion, ihre Ziele und ihre Entscheidungen im Rahmen eines gesellschafts- und ordnungspolitischen Konzeptes erkennen und reflektieren, können sie ihre Aufgabe erfüllen. Sie müssen legitimationsfähig werden. Die sogenannte Demokratisierung der Wirtschaft steht ins Haus. Demokratisierung einer Institution bedeutet aber für die in ihr tätige Führung, daß diese jederzeit einem Legitimationszwang ausgesetzt ist. Da die neue Demokratie im Prinzip die Entscheidung von der Basis her legitimieren will, wird es darauf ankommen, daß die Führungskräfte politisch handlungsfähig sind im Sinne dieser Tendenz. Die wahren Machthaber werden diejenigen sein, die fähig sind, kollektive Lernprozesse an der Basis zu organisieren. Denn es wird von dem Ausgang dieser Lernprozesse abhängen, was als das wahre Interesse der Arbeitnehmer auch von diesen selbst akzeptiert wird. Wer interpretiert die Realität und wer schafft die neuen Plausibilitäten? Das ist die nunmehr alles entscheidende Frage. Selbstverständlich wird man mit dem Argument rechnen müssen, daß die Führungskräfte so stark den ökonomischen Zwängen unterworfen seien, daß ihnen die Zeit und die Kraft fehle, die Herausforderung anzunehmen. Wenn das aber zutrifft, dann hat die Systemkritik recht, die aus dieser Tatsache den Schluß zieht, daß man die etablierte Führung auf die Rolle bewußtloser Funktionäre eines anonym-technologischen Prozesses reduzieren muß. Die vielbeklagte Autoritätskrise hat doch ihren Grund auch in dem geschwundenen Vertrauen in die Fähigkeit der Autoritäten, den gesellschaftlichen Prozeß in Übereinstimmung mit Zielen zu steuern, zu beherrschen und zu gestalten, die mit den Prinzipien der Gesellschaft, zu denen sie sich bekennt, zu vereinbaren sind.

Die Humanisierung der Arbeitswelt ist auf der Tagesordnung der Geschichte. Der Marxismus zieht die Kraft seiner Argumente aus der Entdekkung der Selbstentfremdung des Menschen in der modernen, rationalen, arbeitsteiligen und gewinnorientierten Produktion. Was ist mit der Selbstentfremdung gemeint? Gemeint ist damit die These, daß der Mensch in der modernen Produktion als Produktivkraft, und zwar als die wichtigste Produktivkraft verstanden wird und daß über ihn verfügt wird nach den Prinzipien optimaler Effizienz und Rationalität. Es wird dabei abstrahiert vom Menschen als einem Wesen selbstbewußter Freiheit, das darauf angewiesen ist, auch in der produktiven Praxis in seinem Selbstbewußtsein anerkannt zu werden. Es ist bekannt, daß die von Marx analysierten Strukturen entfremdeter Arbeit in den kommunistischen Gesellschaften nicht überwunden sind. Sie können auch gar nicht überwunden werden, da sie im technologischen und arbeitsteiligen Charakter moderner Produktion begründet und völlig unabhängig von der Eigentumsordnung sind. Dennoch glaubt der neue Sozialismus in der Bundesrepublik, daß die Vergesellschaftung der Produktion oder die gesellschaftliche Kontrolle der Produktion die entscheidende Voraussetzung auch für die Lösung der Probleme bildet, die nunmehr unter dem Schlagwort der Humanisierung der industriellen Arbeitswelt diskutiert werden.

Man kann sich schwer vorstellen, daß die Leistungskraft und die Konkurrenzfähigkeit der Wirtschaft mit rein technischen und ökonomischen Argumenten gegen das Programm einer Humanisierung der Arbeitswelt zu verteidigen ist. Die Frage der Humanisierung ist in erster Linie keine Frage der veränderten Organisation des Produktionsprozesses, sondern eine Frage der Ziele, des Selbstverständnisses und des Bewußtseins. Nicht in den heute diskutierten Fragen der Einführung neuer politischer Methoden und Spielregeln, nicht in den Fragen der Durchsetzung eines neuen Schlüssels zur Um- umd Neuverteilung des ökonomischen Produktes, nicht in gesellschaftlichen Veränderungen liegt die Herausforderung, sondern in der anthropologischen Dimension des revolutionären Prozesses.

Das Elend der Überflußgesellschaft ist nicht das materielle Elend, sondern es ist das Elend des menschlichen Bewußtseins. Das bedeutet konkret, daß wir vor der Aufgabe stehen, das zu leisten, was noch 1945, aus verständlichen Gründen, aus dem Zwang der Situation heraus, versäumt worden ist. Solange eine Situation des ökonomisch unmittelbaren Drucks in einer Gesellschaft besteht, ist die Befriedigung der Bedürfnisse in ihren Prioritäten von der Realität vorgezeichnet und vorgeschrieben. Wenn der unmittelbare Druck weicht, wird die Frage der Interpretation der Bedürfnisse zu einem vorrangigen Problem, und damit stehen wir jetzt unter erschwerten Bedingungen in der gegenwärtigen Phase vor der Aufgabe, unsere Gesellschaft von Grund auf neu zu verfassen und zu konstituieren.

Forderungen an eine radikale Mitte

Das Werk der Erneuerung der Gesellschaft aus dem Grunde von Freiheit und Vernunft kann nur von den Kräften einer erst zu bildenden radikalen Mitte geleistet werden. Sie muß durch ideen-politische Alternativen und durch neue Perspektiven von der zukünftigen Gestalt unserer Gesellschaft die geistige und politische Initiative zurückgewinnen, um entscheiden zu können, ob wir mit der bürgerlichen Gesellschaft auch die Freiheit mit abschaffen wollen oder nicht. Würde die in dieser Gesellschaft erreichte Gestalt und Wirklichkeit der Freiheit als Recht abgeschafft, dann wäre die Überwindung kein Fortschritt, sondern Regression. Der Kampf in der Tschechoslowakei um einen »Sozialismus mit menschlichem Antlitz« war doch ein Kampf um die Einführung eines Minimums von rechtsstaatlicher Sicherheit und rechtsstaatlich gesicherter Garantien für die Freiheit des einzelnen.

Eine Theorie, die das Ziel verfolgt, die Kräfte der Mitte bewußt und politisch handlungsfähig zu machen, wird daher gezwungen sein, die Frage nach den Inhalten der Freiheit zu stellen und von ihnen aus den Kampf um die Neukonstruktion der Freiheit unter den veränderten Bedingungen unserer Zeit zu führen.

Wir müssen von neuem die Frage stellen, welche von den Gestalten der europäischen Freiheitsgeschichte für uns noch verbindlich sind und daher in verwandelter Form aktualisiert werden müssen. Die Diskussion um Normen und Werte wird im Nichts enden, wenn wir die Befreiung der Gesellschaft aus einem Geschichtsnihilismus anstreben, der nunmehr seine praktischen Konsequenzen zieht. Einer der theoretischen Protagonisten der Emanzipation, Jürgen Habermas, hat in einem Aufsatz vor einiger Zeit die nachdenkliche Frage gestellt, ob diese Emanzipation nicht die falsche sein könnte

(J. Habermas, Kritik und Kultur. Frankfurt a. M. 1973). Das wäre denkbar, weil sie die Aufhebung der herrschaftsbedingten Kultur mit ihrer Abschaffung verwechselt und damit der Emanzipation die Sprache raubt, in der sie die Idee des guten Lebens artikulieren könnte. Habermas sieht die Zukunft einer Gesellschaft, die apokalyptischer Züge nicht entbehrt: In allen Institutionen sind die Freiräume erobert und etabliert, in denen ein herrschaftsfreier Dialog um Normen und Prinzipien einer humanen und gerechten Gesellschaft geführt werden könnte; aber den von der Herrschaft Befreiten fehlt die Sprache, mit der sie zum Ausdruck bringen könnten, was denn nun das Wahre und Bessere ist.

Die vermittlungslose Abschaffung der Kultur ist nichts anderes als die Barbarei, die Marx verhindern wollte. Es geht daher um die Neubegründung der Freiheit. Für Platon ist der Gedanke schlechthin grundlegend, daß Freiheit und Gerechtigkeit vereinbar sein müssen (G. Rohrmoser, Nietzsche und das Ende der Emanzipation. Freiburg 1971). Wenn man dagegen Gerechtigkeit mit Gleichheit identifiziert, dann muß man von der Unvereinbarkeit von Freiheit und Gerechtigkeit ausgehen. Dann geht die Herstellung sozialhomogener Gleichheit auf Kosten der Freiheit – und die Freiheit fordert den Preis der Gleichheit. Entscheidend ist heute der für Platons politische Philosophie grundlegende Gedanke, daß es keine Freiheit geben kann, die nicht die Verwirklichung von Gerechtigkeit für jeden, tendenziell für jeden einzelnen in sich einschließt, so wie es umgekehrt keine Gerechtigkeit geben kann, die nicht die Bedingungen der Freiheit für jeden einzelnen verwirklicht. Es ist die Grundverlegenheit unserer Epoche, daß wir Gleichheit und Freiheit in einem sich gegenseitig zerstörenden und sich ausschließenden Verhältnis sehen. Es macht die Tragödie aller sozialistischen Bewegungen aus, daß sie im Falle ihres Sieges einem Kollektivismus den Weg bereiten, in welchem mit dem Ende der Freiheit des einzelnen auch das Ringen um die Verwirklichung der Gerechtigkeit endet. Über die antike Welt hinaus wurde in der beginnenden Neuzeit ein unaufgebbarer Schritt in der Geschichte der Freiheit getan durch die Ausbildung des Rechtsstaates.

Er ist hervorgegangen aus der Überwindung des konfessionellen Bürgerkrieges, also aus einer Situation, in der die einander bekämpfenden Bürgerkriegsparteien sich nicht einigen konnten, wem das Monopol auf Interpretation der Wahrheit zustehen sollte. Der Rechtsstaat ist die Antwort auf eine geschichtliche Herausforderung. Ihm haben wir eine der größten Errungenschaften der Geschichte zu verdanken. Rechtsstaat bedeutet die Anerkennung der Freiheit des einzelnen als Recht, in welchem er durch den Staat geschützt wird, ohne daß dieser Schutz von seinem Verhältnis zur Wahrheit abhängig gemacht wird. Rechtsstaat bedeutet, daß jeder vor dem Gesetz gleich ist. Rechtsstaat bedeutet aber auch, daß dem Staat allein das Monopol auf legale Gewalt zusteht, die er nur in Übereinstimmung mit einem Gesetz anwenden darf, das den Schutz des einzelnen zu seinem Prinzip hat. Wenn der Ausbau des Sozialstaates den Rechtsstaat unterminiert, dann ist der neue Sozialismus eine neue Art von Sklaverei. Daher wird es in der Auseinandersetzung mit dem Neomarxismus zentral um die Frage nach der Zukunft eines das Recht auch gegen gesellschaftliche Ansprüche verteidigenden Staats gehen. Wenn die Politisierung der Wahrheitsfrage anhält, der Dissens im Grundverständnis der Verfassung zunimmt, dann bedeutet das de facto die Verwandlung der Gesellschaft in zwei miteinander nach dem Freund-Feind-Verhältnis verkehrende Bürgerkriegslager.

Wir dürfen aber nicht die Erfahrung des 20. Jahrhunderts vergessen, daß letzten Endes die Freiheit nicht durch Programme, Spielregeln und auch nicht durch Verfassungen erhalten wird, sondern durch die Substanz eines gemeinsam gelebten Ethos. Die Gemeinsamkeit des sittlichen Lebens ist das einzige Element, in welchem die Freiheit überleben kann. Mit der Pathologie sittlicher Gemeinsamkeiten und ethischer Selbstverständlichkeiten ist der Untergang der Freiheit unaufhaltsam. Das Leben in der Gesellschaft ist dann durch ein Klima systematisch erzeugten Mißtrauens bestimmt, in dem jeder jeden verdächtigt. Die Verbreitung und Popularisierung der marxistischen und psychoanalytischen Ideologiekritik liefern heute jedem Sekundaner die Waffen, mit denen er die Gesellschaft durchschauen, entlarven und, zunächst theoretisch, liquidieren kann. Die sogenannte bürgerliche Gesellschaft wird es sich daher überlegen müssen, ob sie es sich gestatten kann, ihre bedeutendste geistige Rechtfertigung, das Erbe der philosophischen Bewegung von Kant bis Hegel, ihren Feinden zu überlassen. Die von einem in wesentlichen Punkten nicht unerheblich revidierten Marxismus gegen die Gesellschaft und ihre freiheitlichen Grundlagen geführte Offensive bezieht ihre Waffen ja nicht nur von Marx, sondern ebenso aus dem deutschen Idealismus, vor allem von Hegel, der in der bürgerlichen Gesellschaft die geschichtliche Möglichkeit sah, die Geschichte der mit den Griechen beginnenden Freiheit zu vollenden. Hegel hat diese Vollendung nie mit der bürgerlichen Gesellschaft als solcher gleichgesetzt. Er sah in ihr aber nicht nur eine Schranke, sondern auch eine Bedingung für die Freiheit, während Marx in ihr nur eine Schranke sah.

Hegel stimmte mit Marx grundsätzlich darin überein, daß die bürgerliche Gesellschaft als solche geschichtlich unvollendet sei. Die Auseinandersetzung mit der Französischen Revolution ist für das Verständnis der Hegelschen Dialektik darum von zentraler Bedeutung, weil es Hegel hier gelungen ist, sowohl die Legitimität als auch die unaufhebbaren Schranken des die moderne Gesellschaft begründenden Emanzipationsprozesses zu begreifen. Die trennende und alles auflösende Gewalt des Verstandes wird als einziges Prinzip gesellschaftlich-politischen Handelns, wie die Französische Revolution Hegel eindringlich belehrte, zur Furie des Verschwindens. Hegel hat die Rettung vor diesem Prozeß des Verschwindens im Übergang zum »sittlichen Staat« gesucht. Der Staat ordnet sich bei Hegel der Kontinuität einer Geschichte ein, deren Subjekt die Freiheit in ihrer griechischen, christlichen und spezifisch neuzeitlichen Gestalt ist. Die Frage Hegels nach dem Ort der Konstitution eines über seine formale Allgemeinheit hinausgehenden Staates ist in der Gegenwart zur Grundfrage einer jeden vernünftigen Rede von der Vernunft des Staates überhaupt geworden. Der formale Charakter der Demokratie kann weder durch die Rechtsstaatlichkeit allein noch durch seinen bloß gesellschaftlichen Inhalt gesichert werden. Der Bruch, der durch die Französische Revolution eintrat, ist auch für Hegel nicht geheilt, und die Aporie der Zeit wird dahingehend zusammengefaßt, daß die politischen Institutionen in der Luft hängen. Sie haben ihren Grund in der sittlichen Gesinnung ihrer Bürger noch nicht gefunden. Das gilt heute wie zu Hegels Zeiten. Ohne eine substantielle Vergegenwärtigung der Wahrheit der christlichen Religion hielt Hegel das Übel für unheilbar.

In einer Gesellschaft ohne Geschichtsbewußtsein, ohne Religion und ohne Ethos stehen wir vor der Aufgabe einer nachmarxistischen Alternative für unsere Gesellschaft. Die Alternative zum Klassenkampf und zur politischen Mobilisierung des Mißtrauens und des Hasses kann nur die Ethik sein. Der industrielle Prozeß hat die Ethik aufgelöst, auf die er doch zugleich angewiesen war. Ethik ist als gelebte Form menschlichen Lebens nie etwas anderes gewesen als die essentielle Bedingung der Erhaltung einer menschlichen Gesellschaft, deren Subjekt der Mensch als ein Wesen selbstbewußter Freiheit ist. Die Bildung eines ethischen Bewußtseins, einer allgemeinen Verbindlichkeit, ist die einzig denkbare Alternative zu der Etablierung eines Systems allgegenwärtiger Kontrolle oder anarchistischen Verfalls. Nur als ein die Freiheit begründendes und gleichzeitig begrenzendes Gesetz ist Ethik noch denkbar. Es ist unschwer einzusehen, daß das Fundament aller ethisch gebundenen Gemeinsamkeit allein die Religion sein kann. Das Versagen der Kirchen sollte zu einer neuen Sicht der Gemeinde führen, die sich erst dann als mündig erwiese, wenn sie die Revolution des christlichen Bewußtseins auch ohne die Kirchen vollbringen könnte. Was das Wesen einer solchen Revolution des christlichen Bewußtseins unter den Bedingungen des »Atheismus der sittlichen Welt« in unserer Gesellschaft ausmacht, das ist in der letzten großen Bewegung der Philosophie von Kant bis Hegel gedacht und auf den Begriff gebracht worden. Auch Marx war nur ein Schüler Hegels. Ohne die Aneignung und institutionell vermittelte Präsenz des letzten substantiellen Gedankens unserer Geschichte ist die bürgerliche Gesellschaft dazu verurteilt, ihre Liquidation mit ihrer Vollendung zu verwechseln.

Es ist hier nicht der Ort, auf die Fragen einer anverwandelnden Transformation der letzten Philosophie der Freiheit in unserer Gegenwart einzugehen. Berge von Vorurteilen und tief verwurzelten Voreingenommenheiten müßten hier abgebaut werden. Von einer mindestens gleich großen Bedeutung wie das

Modell einer nachmarxistischen Zukunft der Gesellschaft ist die Konzeption einer neuen Philosophie des wirtschaftlichen und industriellen Unternehmens, die das Unternehmen gesellschaftspolitisch in die Dimension des gesellschaftlichen Prozesses integriert, also politisch, sozial und anthropologisch bestimmt. Der Versuch, die sozialistische Zukunft im Kampf gegen die unaufhebbaren Notwendigkeiten einer den Menschen sich selber entfremdenden technologisch bestimmten Produktion zu gewinnen, ist eitel. Die anarchische Freisetzung natürlicher Lust- und Glücksansprüche kann nur in totalitärer Kontrolle enden. Führung im Bereich wirtschaftlicher und industrieller Produktion wird in Zukunft nur möglich sein, wenn sie die Motivation zur Leistung und damit die Sinnfrage als die Bedingung anerkennt, von der das bloße Überleben abhängt. Jürgen Habermas, der das Erbe der kritischen Theorie des Neomarxismus in der Bundesrepublik angetreten hat, entwickelte eine Strategie des herrschaftsfreien Dialoges als Antwort auf die Frustration des Sinnverlangens und der Krise der Legitimation. Die Menschen selbst sollen nach der von ihm aufgestellten Regel des kompetenten Sprechens die Normen finden und sich auf sie einigen, nach denen die Gleichheit im Anteil am Reichtum und an der Macht in der Gesellschaft hergestellt werden könnten. Habermas ist, um dieses Ziel zu erreichen, gezwungen, kontrafaktisch, wie er es nennt, die Utopie eines herrschaftslosen Zustandes als bereits verwirklicht zu unterstellen. Wahrscheinlicher ist die Annahme, daß auch der Kampf um die zukünftige Gestalt der Gesellschaft sich in der Form einer Auseinandersetzung von Gruppen abspielen wird, von denen sich diejenige durchsetzen wird, die neue Plausibilitäten des reflexionslosen Akzeptierens von Normen zu schaffen und durchzusetzen vermag.

Die etablierten Führungskräfte haben noch nicht hinreichend deutlich verstanden, daß die Evidenz der Sachen, der sie zu folgen meinen, längst ideologiekritisch als eine Gestalt neuer totalitärer Herrschaft entlarvt wurde, hinter der sich partikulare materielle Interessen verbergen. Die Rationalität, die einst den Stolz und das Selbstbewußtsein des neuzeitlichen und aufgeklärten Menschen bildete, ist längst als Schein denunziert worden, der die Möglichkeit repressionsloser Befriedigung unterdrückt. Die Dialektik der Aufklärung schlägt ganz undialektisch in neue Formen von Hörigkeit gegenüber einem Sinn um, den diejenigen setzen, die den Mut haben, von sich zu behaupten, daß der Wille des Kollektivs aus ihnen spricht. Die Bedingungen der Selbsterhaltung sind nicht nur unvereinbar geworden mit einer maßlosen Begehrlichkeit, die nur gewalttätig sich erfüllen kann, sondern auch mit einem Reich der Freiheit, das jenseits der Entfremdung liegen soll. Es besteht die Gefahr, daß die Techniker, die den Apparat materieller Reproduktion steuern, sich gegen die Freiheit wenden, weil sie sie nur noch als bedrohende, nicht aber als rettende zu verstehen vermögen. Sie würden dann Opfer der Analyse ihrer Gegner, weil sie nicht fähig gewesen sind, eine eigene zu entwickeln.

Die Schicksalsfrage für die Freiheit in diesem Lande stellt sich in dem Moment, in dem die psychoanalytische und marxistische Ideologiekritik das Bewußtsein der Massen ergreift. Dann wird es »keine Parteien mehr geben«. Dann erst werden Fronten sich bilden, die den tatsächlichen Verhältnissen entsprechen. Es wird eine Stunde der Prüfung sein, in der sich zeigen wird, was an Substanz in diesem Lande noch vorhanden ist.

Siebtes Kapitel
Die Strategie des Neomarxismus

Es ist eine berechtigte Frage, ob man zum gegenwärtigen Zeitpunkt in der Bundesrepublik von einer Herausforderung des Marxismus sprechen kann. Die geistige und politische Landschaft der Bundesrepublik wird ja gegenwärtig nicht in erster Linie durch die Kenn- und Orientierungsworte des Marxismus interpretiert, sondern durch ganz andere Vokabeln. Das große Stichwort heißt heute: Tendenzwende. Natürlich gibt es Gründe, die eine solche Rede von der Tendenzwende als berechtigt erscheinen lassen. Zum erstenmal nach vielen Jahren kann man von einer echten Chance sprechen, die die Opposition hat, in diesem Lande die Regierungsverantwortung wieder zu übernehmen. Es ist eine echte Chance, mehr sicher nicht. Das andere große Stichwort, das an die Stelle der neomarxistischen Orientierungsvokabeln getreten ist, findet sich bereits in der Regierungserklärung 1974, mit der mitten in der Legislaturperiode die neugebildete Regierung durch den Bundeskanzler das Programm für den letzten Teil dieser Legislaturperiode vorgelegt hat. Das zentrale Wort dieser Regierungserklärung heißt: Stabilität. Es geht nunmehr um Rückgewinnung der Stabilität. An die Stelle des mit so großen, fast euphorischen Erwartungen und Hoffnungen verbundenen Kennworts Emanzipation, der Hoffnung auf die Realisierung einer emanzipatorisch befreiten und befriedeten Gesellschaft, ist eine Entmythologisierung der Sprache dieser Hoffnung getreten. Man sollte dabei nicht vergessen, daß die Regierung Stabilität jetzt genauso interpretiert, wie die Opposition in ihrem letzten Wahlkampf Stabilität verstanden hat. Stabilität wird primär ökonomisch verstanden und interpretiert. Mit dem Begriff der Tendenzwende verbindet sich gegenwärtig der Eindruck, daß die erste konzentrierte Offensive der Kräfte, die man die Kräfte einer sozialistischen Systemveränderung oder gar -überwindung nennen kann, daß diese Offensive abgeschlagen ist, daß der harte Kern der Herausforderung, die neomarxistischen Gruppen, an den Rand der Gesellschaft zurückgedrängt worden sind und daß sie, zum Teil in Gruppenkämpfen sich gegenseitig paralysierend, nur mühsam um die Formulierung ihrer programmatischen Zielsetzung ringen, die die Aussicht hat, auf ein Minimum an Toleranz auch in der eigenen Partei zu rechnen. Die Tendenzwende berührt also vor allem eine Veränderung der Sprache, durch die die gegenwärtige Situation interpretiert wird. An den mittel- oder gar langfristigen Tendenzen der Entwicklung unserer Gesellschaft dürfte sich dagegen nichts entscheidend geändert haben. Ich nenne einige dieser grundlegenden Tendenzen:

1. Es gibt strukturelle, d. h. in der Struktur dieser Gesellschaft angelegte Entwicklungen, die durchaus früher, als man gegenwärtig anzunehmen geneigt ist, die Bundesrepublik in die ernsthafte Gefahrenzone einer wirklichen Bewährungsprobe, eines Testfalles, führen könnten. Das erste Problem ist mittelfristig die Frage, ob die auch durch die Opposition genährte Erwartung, daß wir nach einem zeitlich begrenzten Zwischenspiel der Rezession an die Befriedigung der Erwartungen, was die kontinuierliche Steigerung der Wachstumsraten betrifft, wieder anknüpfen können und ob dann der mit einer solchen kontinuierlichen Steigerung der Wachstumsraten verbundene Stil von Politik wieder erfolgreich praktiziert werden kann. Dieser Stil ist dadurch gekennzeichnet, daß alle die Existenz, die Ordnung dieser Gesellschaft berührenden und unmittelbar betreffenden Probleme und Konflikte gelöst werden, indem die für die Wahlen relevanten Wünsche und Erwartungen der gesellschaftlichen Gruppen mit Hilfe der Verteilungsmasse erfüllt werden konnten. Sollte sich diese Erwartung aber nicht erfüllen, dann wird es realistisch sein davon auszugehen, daß wir für die weitere Zukunft mit einer Intensivierung des Verteilungskampfes in der Bundesrepublik rechnen können. Ebenso ist zu erwarten, daß diese Intensivierung des Verteilungskampfes sich verbinden wird mit einer Interpretation und Auslegung dieses Kampfes in der Sprache des Klassenkampfes, und es ist durchaus möglich, daß dann die marxistischen Sprachregelungen eine echte Chance haben, auch das allgemeine Bewußtsein dieser Gesellschaft zu erreichen.

2. Gibt es Anlaß zu der Frage, ob die als Konsequenz des Prozesses in den letzten Jahren in der Bundesrepublik sich abzeichnende und zum Teil auch schon eingetretene Polarisierung im Verhältnis der beiden großen, die Demokratie tragenden Parteien dann nicht die Qualität eines manifesten, d. h. politischen Bürgerkrieges annehmen kann. Denn es gehört zu den überkommenen Hypotheken der im Zeichen der Renaissance des Marxismus betriebenen Entwicklung der Bundesrepublik, daß wir nunmehr davon ausgehen müssen, und zwar bei einer realistischen Einschätzung der Lage, daß wir in diesem Lande gegenwärtig über keine konsensfähige Demokratie mehr verfügen, daß die entscheidenden Gruppen von nicht zu vereinbarenden und divergierenden Modellen von Demokratie ausgehen. In einer solchen Situation müßte der Verlust eines konsensfähigen Demokratiebegriffes die politische Aktualisierung der bisher ideologiekritischen Polarisierung im Verhältnis der beiden Parteien zur Folge haben. Sollten die sozialen Spannungen in diesem Lande zunehmen, wächst die Bedeutung eines substantiellen Verhältnisses der Gesellschaft zum Recht. Wenn z. B. in einem Materialienbuch für den Geschichtsunterricht im Lande Hessen der Satz zu finden ist, daß die Hinwendung zur Kriminalität eine natürliche und logische Konsequenz der in dieser Gesellschaft herrschenden Verhältnisse sei, dann kann man sich im Ernst fragen, ob die Existenz der Baader/Meinhof-Terrororganisation oder die neuen Grup-

pen der Politgangster und ihre Aktivitäten nicht das natürliche Produkt einer fundamental veränderten Einstellung zur Idee des Rechtes sind. Wenn wir im Blick auf die Auswirkungen fundamental ungelöster struktureller Probleme unserer Gesellschaft die Frage nach der Herausforderung des Marxismus stellen, dann glaube ich, muß man sie anders beantworten, als das häufig in der gegenwärtigen Situation geschieht. Was sind die ersten konkreten und greifbaren Konsequenzen des Phänomens der Renaissance des Marxismus in der Bundesrepublik? Die erste und deutlichste Konsequenz ist die Bildung eines revolutionären Potentials in diesem Lande. Viele Menschen übersehen, welch eine grundlegende Veränderung ein revolutionäres Potential für die Gesamtsituation und die Chancen einer freiheitlichen Gesellschaft bedeutet, ihre Probleme unter den Bedingungen der Existenz dieses Potentials durchzusetzen. Die zweite Konsequenz besteht darin, daß die vor allem durch den Neomarxismus entscheidend mitgeprägte und inspirierte kulturrevolutionäre Bewegung in diesem Lande die Resistenzkraft einer freiheitlichen Gesellschaft zum Überleben nicht gerade gestärkt sondern vermindert hat. Die realen Chancen, die sich aus den Konsequenzen der Renaissance des Marxismus ergeben, sind also im Augenblick nur realistisch einzuschätzen und zu beurteilen in einer Situation, in der sich auch bei größeren Teilen der Bevölkerung die Meinung oder der Eindruck durchsetzen könnte, daß das etablierte System und die es tragenden Kräfte mit den durch das System produzierten Problemen nicht fertig werden können. Nur im Blick auf die Begrenztheit der, wie die Systemtheoretiker sagen, Problemlösungskapazität der Gesellschaft, können die jetzt schon erkennbaren Konsequenzen der neomarxistischen Bewegung auch in ihren politischen Perspektiven und Chancen realistisch eingeschätzt werden. Viel wichtiger ist es, eine Antwort auf die Frage zu finden, wie eine solche Renaissance des Marxismus in der Bundesrepublik überhaupt möglich gewesen ist. Es wird hier von einem Rätsel gesprochen. Die Antwort auf diese Frage und auf eine Lösung des Rätsels ist um so wichtiger, als alle Chancen einer richtigen strategischen Antwort auf die eingetretenen Konsequenzen von der Beantwortung der Frage abhängen, wie es dazu kommen konnte und welches die Gründe und Faktoren sind, die dieses Phänomen erst ermöglicht und begünstigt haben. Erst in der Mitte der sechziger Jahre hat sich die an den deutschen Universitäten damals sich bildende außerparlamentarische Opposition die Gesellschaftstheorie und Kritik der Frankfurter Schule, also die neomarxistische Sozialphilosophie des Instituts für Sozialforschung an der Frankfurter Universität, zu eigen gemacht. Wenn wir nach dem Ausgangspunkt fragen, von dem die Renaissance des Marxismus nachweisbar und erkennbar ausging, dann war es die Rezeption einer Theorie, von der ja damals niemand hätte annehmen können, daß sie zu solchen Konsequenzen führen würde. Am Anfang der Bewegung stand das Bedürfnis nach einer Theorie, die ganz bestimmten Bedingungen zu genügen vermochte. Welche waren diese Bedingungen? Im wesentlichen waren es drei Bedingungen. Es bestand das Bedürfnis nach einer theoretischen Interpretation, nach einer theoretischen Durchdringung und Erklärung der konkreten Erfahrung, die diese studentische Gruppe in der Gesellschaft mit der Gesellschaft damals machte, d. h. methodisch bestand das Bedürfnis nach einer Theorie, die zu befriedigen die modernen Wissenschaften grundsätzlich gar nicht imstande sind, weil sie den konkreten lebensweltlichen Erfahrungskontext nicht in den Zusammenhang ihrer Fragestellung aufgenommen haben. Man forderte eine Theorie, die die Gesellschaft als Totalität, die Gesellschaft im Ganzen und nicht nur in partiellen Hinsichten zu erklären imstande ist. Man wollte drittens die eigene lebensweltliche Erfahrung im Lichte der begriffenen Totalität der Gesellschaft und im Kontext des historischen Prozesses verstehen. Eine Theorie, die zunächst einmal diesen Theoriebedürfnissen optimal zu entsprechen schien oder vielleicht auch wirklich entsprochen hat, war die Erneuerung des Marxismus in der kritischen Theorie der Frankfurter Schule. Es war eine der fundamentalen Schwächen unserer Gesellschaft, die diese Renaissance des marxistischen Gedankens in der Bundesrepublik ermöglicht und in Gang gebracht hat. Eine Schwäche, von der ich sagen würde, daß sie ihre Ursachen in dem Fehlen von Theorie, Interpretation, Erklärung und geschichtlichem Selbstverständnis gehabt hat. Es war das Bedürfnis nach einer geschichtlich vermittelten Identität der Gesellschaft. Die zunächst einmal vorläufig als Theoriedefizit und Theorievakuum beschriebene Schwäche hat sich, bis zum heutigen Tag und möglicherweise auch darüber hinaus, als der entscheidende Einbruch oder Ansatzpunkt zur Ausbildung einer durch die kritische Theorie angeregten und inspirierten Strategie erwiesen.

Worin bestand die in der nunmehr zu rekonstruierenden damaligen Situation entwickelte Strategie? Die erste Phase der Strategie bestand darin, daß man die Kernthese des Neomarxismus, daß nämlich in einer entwickelten technologischen Industriegesellschaft des 20. Jahrhunderts die Wissenschaft zur wichtigsten Produktivkraft einer solchen Gesellschaft avanciert sei, auch zum Ausgangspunkt des strategischen Handelns machte. Es ging um das strategische Ziel, durch die Politisierung, ja vielleicht Revolutionierung der Institutionen der Wissenschaft die Gesellschaft im Ganzen revolutionär zu verändern. Das war die damalige, aus dieser Ausgangssituation sehr verständliche und plausible primäre strategische Zielsetzung. Die Verwirklichung dieses Zieles, das wissen wir heute, ist gescheitert. Es hat sich als unmöglich erwiesen, von den Universitäten durch eine Politisierung und Revolutionierung der Wissenschaft, als der wichtigsten Produktivkraft der Gesellschaft, die Gesellschaft im Ganzen zu revolutionieren. Die zweite Phase der Strategie wurde bestimmt durch ein neues Konzept, das in der populär gewordenen Formel den Niederschlag gefunden hat, die da heißt: Marsch durch die Institutionen oder Anwendung der Doppelstrategie. Was ist mit diesem, die zweite Phase bestimmenden strategischen Konzept eigentlich gemeint? Zunächst einmal ist der Marsch durch die Institutionen der Versuch, in die für die Reproduktion der Gesellschaft, zu der ja keineswegs nur die Ökonomie gehört, wichtigsten Institutionen einzudringen, um von der Besetzung entscheidender Schlüsselpositionen aus sie von innen her aufzubrechen und zu verändern und, wenn möglich, subversiv aufzulösen. Als dieser Versuch eines Marsches durch die Institutionen, d. h. durch Inanspruchnahme der in den Institutionen eingeräumten und gewährten freiheitlichen Spielräume, sie von innen her zu verändern, auf Widerstand stieß, versuchte man im Sinne der Doppelstrategie, gleichzeitig durch Mobilisierung der Basis gegen die Institutionen von außen den Druck zu verstärken. Das war die Konzeption, die die zweite Phase bestimmte, von der ich glaube, daß sie im Grunde genommen jetzt als abgeschlossen gelten kann, und es wird die Frage sein, durch welche dritte strategische Phase diese Strategie des Marxismus abgelöst wird.

Wenn auch der Erfolg in den Universitäten sicher nicht ausreichte, um die Gesellschaft als Ganzes zu revolutionieren, so muß man aber doch davon ausgehen, daß diesen Kräften der Gewinn entscheidender Machtpositionen an den Universitäten gelungen ist. Nicht an allen Universitäten, davon kann keine Rede sein, sondern an bestimmten Universitäten und in bestimmten Fachbereichen sind entscheidende Schlüsselpositionen für die funktionale Ausnutzung der durch die Universitäten angebotenen Möglichkeiten erobert worden. Warum war die Eroberung dieser Machtpositionen für die strategische Zielsetzung so wichtig? Es ging den Gruppen darum, mit den Mitteln der bürgerlichen Universität Kader auszubilden, die dann die langfristige Arbeit an der Veränderung der Gesellschaft erfolgreich fortsetzen können. An einigen Universitäten erwies sich diese Strategie als besonders erfolgreich. Ich erinnere an die Feststellung eines Gründungsmitgliedes der Reformuniversität Bremen, des sich selber zu dem progressiven Flügel der SPD zugehörig betrachtetenden Historikers Emanuel Geiss, der erklärt hat, daß die Reformuniversität Bremen im Begriff sei, in eine stalinistische Kaderschmiede verwandelt zu werden. Stalinistische Kaderschmiede bedeutet, daß in den Bereichen der Universität, in denen eine marxistische Machteroberung geglückt ist, auch der marxistische Pluralismus abgeschafft wird. Im Unterschied zu einer solchen stalinistischen Kaderschmiede gibt es von den Marxisten eroberte Fachbereiche, wie z. B. in Frankfurt, in denen es durchaus einen marxistischen Pluralismus gibt, d. h. es gibt unterschiedliche Versionen und Interpretationen des Marxismus, die noch im Gespräch, wenn auch in einem der geschlossenen marxistischen Gesellschaft, rational und offen wechselseitig um ihre Anerkennung ringen. Dagegen bedeutet stalinistische Kaderschmiede, daß nur eine Version des Marxismus die dogmatisch richtige, gültige und verbindliche ist und daß nach dieser als richtig anerkannten und verbindlichen Position die Kader für die langfristige Veränderung der Gesellschaft ausgebildet werden. Z. B. hat vor kurzer Zeit ein Wissenschaftler der Freien Universität in Berlin, der einen Ruf in die Vereinigten Staaten von Amerika annahm, mitgeteilt, daß man davon ausgehen müsse, daß in diesem und im nächsten Jahr die Freie Universität rund 4000 voll akademisch ausgebildete Marxisten verlassen werden, und von diesen 4000 handle es sich bei 2000 um angehende Lehrer, bei 250 um angehende Erziehungswissenschaftler und der Rest verteile sich auf die übrigen Sozialwissenschaften. Als weiterer Beleg für diesen Erfolg marxistischer Gruppen an den deutschen Universitäten weise ich auf die Ergebnisse einer Befragung von Junglehrern des Landes Hessen hin, die befragt wurden, was sie von der Notwendigkeit einer sozialistischen Überwindung und Veränderung unseres gesellschaftlichen Systems halten. 80 Prozent der befragten Lehrer waren von der Notwendigkeit einer sozialistischen Systemveränderung oder gar Überwindung überzeugt und 40 Prozent von den 80 Prozent meinten, daß sie nicht einmal zu einem Minimum an Loyalität dem Staate gegenüber verpflichtet seien, der ihnen die Chance zur Einübung der Lehrer in die langfristige sozialistische Systemveränderung gewährt.

Die zweite Phase, die wir unter dem Stichwort »Marsch durch die Institutionen« bezeichnet haben, hat natürlich Veränderungen durchgesetzt, Prozesse ausgelöst, die weit über den Rahmen der Universitäten hinausgehen. Es dürfte keine Übertreibung sein, wenn man feststellt, daß alle politisch organisierten Gruppen in diesem Lande, also alle Parteien, auch die Gewerkschaften, links von der CSU, von einer Erklärung der Gesellschaft ausgehen, die entweder marxistisch ist oder dem Marxismus und seiner Fragestellung nahekommt. Man muß sich daher immer wieder wundern, wieviele Menschen und auch führende Leute der deutschen Industrie und Wirtschaft mit dem Stichwort Marxismus die Vorstellung verbinden, die Herausforderung des Marxismus sei identisch mit der Existenz von relativ unbedeutenden Gruppen, die irgendwo an den Universitäten oder in irgendwelchen Subkulturen weit jenseits der bundesrepublikanischen etablierten Gesellschaft existieren. Realistische Einschätzung muß davon ausgehen, daß der Marxismus sowohl als Interpretationsangebot, d. h. der Anspruch des Marxismus, ein zu der bestehenden Gesellschaft konkurrierendes und alternatives Modell zu entwickeln, und der Marxismus als eine organisierte politische Kraft sich mit unterschiedlichen Gewichten und Akzentuierungen quer durch das gesamte Spektrum der organisierten politischen Kräfte in der Bundesrepublik hindurch erstreckt. Natürlich ist der Spielraum, sagen wir zwischen einer These, die davon ausgeht, daß es in der Bundesrepublik ein ungelöstes und alles entscheidendes Grundproblem gibt, und den Gruppen, die harte politische Zielsetzungen verfolgen, sehr breit gespannt. Zwischen diesen beiden Möglichkeiten, einmal den Marxismus als ein analytisches Instrumentarium auf die Interpretation der Gesellschaft anzuwenden, und der strategischen Konzeption einer politisch revolutionären Veränderung der Strukturen der Gesellschaft, gibt es viele Alternativen.

Bedeutsam in der Gegenwart ist der Anspruch des Marxismus, allein über die angemessenen Voraussetzungen zur Analyse und zur Interpretation der gesellschaftlichen Realität zu verfügen. In diesem Punkt nimmt der Marxismus ein fast konkurrenzloses Interpretationsmonopol ein. Vor einiger Zeit bot ein Managementinstitut in Heidelberg ein marxistisches Seminar für Führungskräfte an, das von Jochen Steffen und dem Jesuitenpater Rupert Lay geleitet wurde. In diesem Seminar für Führungskräfte der deutschen Industrie und Wirtschaft gab der Jesuitenpater Rupert Lay den dort versammelten Führungskräften die Empfehlung, davon auszugehen, daß die Marxisten mit ihrer Interpretation der Realität der Bundesrepublik völlig recht hätten und es daher nicht zweckmäßig sei, sich mit ihnen in eine Diskussion über die angemessene Interpretation der gesellschaftlichen Wirklichkeit in der Bundesrepublik einzulassen. Wenn aber die Interpretation des Marxismus richtig ist, dann hat der Marxismus überhaupt recht, und es ist nur eine Frage der Zeit, der Umstände und der Chancen, die die objektive Lage der Gesellschaft bietet, um dann aus dem den Marxisten konzedierten Recht auf Interpretation der Realitäten die praktischen Konsequenzen zu ziehen. Wie wäre es sonst verständlich, daß das Mitglied einer Partei, die sich die Freie Demokratische Partei nennt, bei der Frage der Einstellung eines Lehrers in den öffentlichen Dienst in Hamburg, der Mitglied der Kommunistischen Partei war, sagte, dieser Kommunist sei ein kritischer Demokrat? Wenn man den Marxisten das Interpretationsmonopol auf die Analyse der Realität einräumt, dann ist es völlig konsequent, wenn das Mitglied dieser Partei der Meinung ist, daß die Kommunisten im Grunde genommen die einzig wirklich progressiven und kritischen Demokraten seien. Durch diese Entwicklung ist die Frage, wer die Gesellschaft interpretiert, durch den Neomarxismus zu einer Schlüsselfrage auch der politischen Macht in diesem Lande geworden.

Welche Sicht der Gesellschaft, welche Interpretation ist denn durch die Renaissance des Marxismus an die Stelle der bisher geltenden Interpretation gesetzt worden? Wir waren alle bis in die Mitte der sechziger Jahre hinein davon überzeugt, daß Ralf Dahrendorf mit seiner These recht hat, daß in den entwickelten Industriegesellschaften des Westens überhaupt und auch in der Bundesrepublik Deutschland das Ende des Zeitalters der Ideologien gekommen sei. Damals meinte Dahrendorf, nie wieder würde eine Ideologie in diesem Lande eine politische Chance erhalten. Welche Sicht, welche Interpretation hat die Mobilisierung des Marxismus ermöglicht? Ich muß hier wenigstens mit drei Sätzen auf die grundlegenden ideologiekritischen Prinzipien des Marxismus eingehen, um von ihren Konsequenzen her dann aufzuzeigen, wie der Altmarxismus auf dem Hintergrund dieser Gesellschaftskritik eine Chance bekommen konnte. Die drei fundamentalen ideologiekritischen Prinzipien des Neomarxismus der Frankfurter Schule lauten:

1. Die Bundesrepublik gehört zu dem Typus entwickelter Industriegesellschaften, in dem sich eine neue Form von totalitärer Herrschaft gebildet hat, in der die formale repräsentative Demokratie nur eine Fassade darstellt und die latent faschistisch ist. Das ist die erste These: In der Bundesrepublik, aber nicht nur in der Bundesrepublik, hat sich ein neuer Typus auch politisch relevanter totalitärer Herrschaft herausgebildet, nämlich eine Form totalitärer Herrschaft, die identisch ist mit der Herrschaft der Technologie über die Gesellschaft. Das ist die neue, geistesgeschichtlich grundlegende Veränderung auch gegenüber der Lehre von Marx. Für die Führungskräfte der deutschen Industrie und Wirtschaft bedeutet diese These, daß diese Gruppe keinen Anspruch mehr darauf hat, als politisch unschuldig respektiert zu werden, sondern daß sie, die ihre Rolle in der Gesellschaft so versteht, technische oder ökonomische Sachnotwendigkeiten durchsetzen zu müssen, damit bewußt oder unbewußt das Erfüllungsorgan einer neuen Form auch politisch relevanter Beherrschung, d. h. Unterdrückung des Menschen, geworden ist. Dann hilft es den Führungskräften gar nichts, wenn sie an ihrem Rationalitätsbegriff festhalten und mit formalen Kriterien möglicher Effizienz den ökonomischen und technischen Prozeß der Gesellschaft organisieren. Eben dieses Selbstverständnis wird durch die Interpretation des Neomarxismus als ideologische Ablenkung von der wahren Natur ihrer repressiven Herrschaft interpretiert, die sie tatsächlich ausübt. Diese geistige und damit auch politische Herausforderung der technischen Intelligenz hat bis zum heutigen Tag nicht nur keine Antwort gefunden, sondern ist in ihrer Tiefendimension und in den langfristigen Auswirkungen überhaupt noch nicht zur Kenntnis genommen worden. Wir wenden uns dem

2. Prinzip zu. Da heißt es: Die Bundesrepublik gehöre zu den Gesellschaften, die im ganzen ohne Vernunft seien, indem sich die Gesellschaft im ganzen ungesteuert, durch keine Vernunft kontrolliert, auf neue Katastrophen zu bewege. Die Vernunft, die allein in der Gesellschaft anerkannt werde, sei eine eindimensionale, eine instrumentelle Vernunft, die nur eine Rationalisierung der Mittel, aber keine vernünftige Wahl der Ziele und Zwecke selbst zulasse. Mit diesem geistig ideologiekritischen Ansatz ist die Frage verbunden, die auch morgen die Frage nach der Zukunft der sozialen Marktwirtschaft bestimmen wird. Es ist die These, die Ziele, um deren Bewältigung die Manager in der deutschen Industrie und Wirtschaft und nicht nur sie sich bemühten, seien nur die Abfallprodukte, nur die Folge negativer Auswirkungen des selber unkontrollierten und ungesteuerten technisch-ökonomischen Prozesses. Die Ziele seien die Produkte eines naturwüchsig ablaufenden, selber vernünftig nicht kontrollierten und gesteuerten Prozesses. Mit dieser These ist die Frage verbunden, ob nicht die deutsche Wirtschaft, um es ganz konkret zu sagen, dringend der Etablierung von gesellschaftlichen Kontrollsystemen bedarf, da

man diesen einseitig ökonomistisch handelnden Funktionären der Kapitaleigner nicht länger den Machtspielraum zubilligen kann und damit einen maßgebenden Einfluß auf das Schicksal der Gesellschaft im Ganzen. Die Forderung nach einer gesellschaftlichen Kontrolle der Produktivkräfte ist sehr vermittelt, aber doch durchaus plausibel aus dieser Kritik am Vernunftbegriff unserer Gesellschaft durch den Neomarxismus erwachsen. Die

3. These lautet: Zu dieser Gesellschaft gibt es keine Alternative, d. h. konkret, diese Gesellschaft ist geschichtslos, sie ist nicht in der Lage, einen wirklichen Fortschritt im Bewußtsein der Freiheit und ihrer Verwirklichung hervorzubringen. Die Gesellschaft tritt auf der Stelle, sie wiederholt nur die Bedingungen ihrer erweiterten materiellen Reproduktion und sie hat keine Antwort auf die Frage nach dem Ziel, nach dem Zweck oder nach dem Sinn des Ganzen. Die eigentliche Krise der Gesellschaft ist eine Krise ihrer Legitimation und damit eine Krise ihrer Motivation. Die Frage ist doch, ob wir das in dieser Gesellschaft noch vorhandene Potential an Willen zur Erhaltung einer freiheitlichen Gesellschaft mit Aussicht auf Erfolg mobilisieren können, wenn wir diese Frage nach dem Sinn oder dem Ziel, der Zukunftsperspektive der Gesellschaft, unbeantwortet lassen. Es gibt nicht nur die pseudorevolutionäre Euphorie, es gibt auch die indifferente Apathie (s. dazu Rohrmoser, Die Krise der Institutionen, München 1973[4]).

Dies sind die drei Grundsätze der Gesellschaftskritik des Neomarxismus, und man muß sehen, daß die Väter der kritischen Theorie der Frankfurter Schule bis heute keine plausible Antwort gegeben haben, wie diese Gesellschaft im Ganzen durch wen, auf welches Ziel hin, mit welchen Mitteln erfolgreich verändert werden könnte. Das ist die Hinterlassenschaft, das Erbe der Aporie, oder sagen wir es deutlich, des theoretischen Scheiterns der Erneuerung des Marxismus in der kritischen Theorie der Frankfurter Schule (s. dazu Rohrmoser, Das Elend der kritischen Theorie, Freiburg 1973[3]). Die Vertreter dieser Theorie haben keine Antwort auf die Frage gegeben, wer, wie, auf welches Ziel hin geändert werden soll. Ohne ein Verständnis der erfolgreichen Neu- und Uminterpretation unserer Gesellschaft, durch die neue Fragen und neue Antworten an die Stelle der überkommenen traten, kann man die Entwicklung der letzten Jahre und ihre unbewältigten Hypotheken nicht verstehen. Welches sind die Folgen, die Hypotheken, wenn man von dieser Kernfrage der Uminterpretation unserer Gesellschaft ausgeht? Es geht hier um die Anerkennung des Satzes, daß die schlechteste Theorie erfolgreicher sein kann als die beste Praxis, wenn diese Praxis ohne Artikulation und ohne überzeugende theoretische Aussage und Selbstdarstellung bleibt. Erste Folge dieser Aporie ist die Konzeption einer Veränderung der Gesellschaft in Form eines langfristig angesetzten Prozesses. Der theoretische Hintergrund erzwingt die Antwort, daß sich eine so interpretierte Gesellschaft überhaupt nicht ändern kann, es sei denn in einem von vornherein als langfristig angelegten Prozeß, einem Prozeß, der viele Phasen und viele Stationen zu durchlaufen hat und der einer definierenden Antwort nach dem Endzustand dieses Prozesses ausweicht. Die Gruppen, die an einer Veränderung unseres gesellschaftlichen Systems arbeiten, haben die Fähigkeit, in langfristig angelegten Prozessen zu denken, und sie haben die Fähigkeit, diesen Prozeß in einer ebenso flexiblen wie konsequenten Anpassung an unterschiedliche Konstellationen und Bedingungen zu verfolgen. Wenn die bürgerliche Gesellschaft und die sie tragenden Kräfte herausgefordert werden durch eine langfristig angelegte Prozeßstrategie, dann scheinen diese Kräfte unfähig zu sein, in langfristigen Prozessen zu denken, dann zeichnet sie ein konstitutioneller Opportunismus aus. Sie passen sich zu herabgesetzten Preisen zögernd den von diesen Gruppen erzeugten Veränderungen der Gesellschaft an. Das ist das Bild, das die Führungsgruppen durch alle Parteien hindurch bieten. Was sollte sonst Kurt Biedenkopf bewogen haben, in einem Streitgespräch mit Horst Ehmke über den zweiten Orientierungsrahmen der Sozialdemokratischen Partei festzustellen, daß er in fast allen Punkten mit den Verfassern des Langzeitprogramms, des langzeitigen Orientierungsrahmens, übereinstimme? Nur sei er im Unterschied zu den Sozialdemokraten der Meinung, daß man die Modalitäten und die Rolle des Staates anders verstehen müsse als die Verfasser des Langzeitprogramms. Die Voraussetzung einer dieser Situation der Gesellschaft angemessenen Antwort kann daher nur die Entwicklung einer ebenso langfristigen strategischen Konzeption sein. Zu den weiteren Eigenarten der nunmehr veränderten Situation unserer Gesellschaft gehört es, daß das wichtigste Mittel einer Steuerung der Veränderung der Gesellschaft im Rahmen einer langfristigen Prozeßstrategie die Sprache ist. Bei Friedrich Nietzsche steht, daß im 20. Jahrhundert diejenigen die wahre Herrschaft in einer Gesellschaft ausüben werden, die fähig seien, den Sprachgebrauch in einer Gesellschaft zu ändern und ihren eigenen erfolgreich durchzusetzen. Der Einsatz der Semantik als ein Mittel der politischen Veränderung einer Gesellschaft hat sich in einem erstaunlichen Maße als erfolgreich erwiesen. Wie wäre es sonst zu verstehen, daß die für konservativ gehaltenen Schülergruppen heute Forderungen erheben, die die Jungsozialisten vor fünf oder sechs Jahren formuliert haben und die damals als radikale Herausforderung interpretiert wurden und heute von der Gesellschaft als Zeichen einer konservativen Gesinnung und einer Renaissance des Konservatismus erleichtert zur Kenntnis genommen werden.

Die entscheidende Frage, um die es nunmehr in der Perspektive einer solchen langfristigen Veränderung unserer Gesellschaft geht, ist die, ob eine qualitative Veränderung des Systems mit systemkonformen Mitteln möglich ist oder nicht. Es ist sozusagen eine Schicksalsfrage. Viele sind den Diskussionen auf Jungsozialistenkongressen und ähnlichen Veranstaltungen verständnislos und irritiert gefolgt, aber es ging um die entscheidende Frage: Kann ich die Gesellschaft mit systemkonformen Mitteln überwinden oder nicht? Ist eine qualitative Veränderung unserer gesellschaftlichen Ordnung mit systemkonformen Mitteln möglich? Es sollte nicht übersehen werden, daß alle sozialistischen Kräfte in den demokratischen Parteien und vor allen Dingen auch die maßgebenden Kräfte der deutschen Gewerkschaften auf dem Boden des Konzepts einer solchen systemkonformen langfristig programmierten Veränderung der Gesellschaft stehen. Das heißt, es sind Demokraten. Es wäre ganz unsinnig, diesen sozialistischen Kräften ihren Anspruch, wirkliche Träger einer freiheitlichen Demokratie zu sein, streitig zu machen. Der Vorsitzende der IG Metall hat auf dem Kongreß in Hannover gesagt, »Genossen, Ihr müßt revolutionär denken und evolutionär handeln.« Er hat darin erläutert, was evolutionäres Handeln zur Durchsetzung eines revolutionären Zieles bedeutet. Es bedeutet

1. Etablierung einer paritätischen Mitbestimmung oder einer Lösung, die dieser nahekommt. Es bedeutet
2. Umverteilung des Produktivvermögens der Gesellschaft in den diskutierten Formen. Es bedeutet
3. Investitionskontrolle. Es bedeutet
4. Verstaatlichung und dann Vergesellschaftung der Großindustrie und der Großbanken. Und es bedeutet
5. Die Errichtung eines Systems von Wirtschafts- und Sozialräten, welche die gesellschaftliche Kontrolle über den Produktionsprozeß ausüben.

Es besteht kein Zweifel daran, daß diese Ziele im Rahmen des Rechtsstaates und der parlamentarischen Demokratie durchsetzbar sind. Es handelt sich bei dieser Herausforderung um die Verwirklichung eines Programms, das Karl Marx immer als eine Voraussetzung für die Überwindung einer kapitalistischen Gesellschaft gefordert hat. Es ist absehbar, daß in einiger Zeit über die Investitionskontrolle die Diskussion genauso geführt werden wird wie über die Mitbestimmung. Der Erfolg dieser Diskussion wird davon abhängen, ob es gelingt, die Mehrheit der Bevölkerung dieses Landes davon zu überzeugen, daß eine Sicherung der Arbeitsplätze ohne eine Art gesellschaftlich ausgeübter Investitionskontrolle nicht möglich ist.

Damit bin ich bei dem letzten abschließenden und entscheidenden Punkt: der Strategie des Neomarxismus. Viele, auch die etablierten Führungskräfte der deutschen Wirtschaft meinen ja, Veränderung einer Gesellschaft nach den Anweisungen des Marxismus bedeute, daß diese Veränderung ansetze an der ökonomischen Basis. Das heißt also, wenn ich nach den Zielvorstellungen des Marxismus handle, dann fange ich im Betrieb, im wirtschaftlichen Unternehmen, unmittelbar an, denn nur durch eine Veränderung der ökonomischen Basis kann ich ja die Veränderungen einer Gesellschaft auslösen, auf die es mir ankommt. Das Paradoxe ist, daß die Renaissance des Marxismus in der Bundesrepublik von einem Ansatz aus entwickelt wird, der Karl Marx auf den Kopf stellt. Der Ansatz für diese Strategie ist nicht der Industriebetrieb, nicht die ökonomische Basis, sondern der Ansatz ist das Bewußtsein, sind die Institutionen, die der Interpretation von Wirklichkeit und der Formulierung und Vermittlung von Sinn gewidmet sind. Der Ansatz, mit dem sich der Marxismus am folgenreichsten in den Gang der politischen Dinge eingeschaltet hat, ist die Kulturrevolution. Daraus ergibt sich die Forderung: Wir müssen die Gesellschaft, wenn wir sie so ändern wollen, wie uns das vorschwebt, zu ändern beginnen in der Familie, in der Schule, in der Universität, in den Institutionen der öffentlichen Medien, den Institutionen des Theaters und der Kunst. Es handelt sich um eine Kulturrevolution, insofern das Zentrum der Revolution das menschliche Bewußtsein ist und nicht die materiellen Produktivkräfte, wobei man aber bedenken muß, daß mit diesem kulturrevolutionären Ansatz auch über die Zukunft der Organisationsform der materiellen Produktivkräfte entschieden wird. Eine Folge des mangelnden Verständnisses der Führungskräfte in den deutschen Unternehmen für diese Strategie ist, daß sie immer wieder die Lage in den eigenen Betrieben im ganzen als relativ normal, ja als eine heile Welt empfinden. Tatsächlich hat in diesem Bereich der Gesellschaft der Marxismus bisher keine durchschlagenden Erfolge erzielt, weil er sie auch gar nicht erzielen wollte. Im Bereich der kulturellen Institutionen ist er in einem Maße erfolgreich gewesen, wie dies fast ohne geschichtliches Beispiel ist. Daß eine relativ kleine Gruppe in einer so kurzen Zeit die Ideen der politischen Orientierung der Menschen eines ganzen Landes und ihrer entscheidenden Erziehungs- und Bildungsorganisationen so erfolgreich verändert hat, wie es durch diese Strategie geschehen ist, wirft die Frage auf, ob es hier überhaupt noch langfristig eine Revision geben kann. Mit dieser Kulturrevolution geht es um entscheidende Fragen:

1. Nach dem Verhältnis der Gesellschaft zur eigenen Geschichte.
2. Was ein Staat ist, ob ein Staat mehr als eine Vermittlungsinstanz für die Herstellung wechselnder provisorischer gesellschaftlicher Kompromisse ist.
3. Nach der Zukunftsperspektive unserer Gesellschaft.

Es geht um die Frage nach dem Recht, es geht um die Frage nach der Zukunft der Familie und es geht um die Frage nach der Sprache und der Bedeutung der religiösen, in diesem Falle der christlichen Überlieferung. Diese Fragen sind die eigentlichen, fundamentalen Herausforderungen, die mit der Renaissance des Marxismus verbunden sind. Man kann, glaube ich, ohne Übertreibung sagen, daß es in diesem Lande keine verantwortliche und organisierte politische Kraft gibt, die den politischen Charakter dieser Kulturrevolution in ihren langfristigen Konsequenzen erkannt, geschweige denn sich als fähig erwiesen hätte, eine Antwort auf diese Herausforderung zu geben und sie politisch auch durchzusetzen. Es gehört zu diesen Konsequenzen, daß bis heute unsere Gesellschaft fast total politisiert wurde. Es gibt keinen Bereich, keine relevante Frage, die nicht politisch wurde. Die Frage nach der Zukunft der bürgerlichen Familie, den Grundsätzen der frühkindlichen Erziehung, der Auswahl der Lehrinhalte in den Schulen, den Prioritäten der wissenschaftlichen Forschung, den Zielen und den Organisationsformen wirtschaftlicher und industrieller Unternehmungen, die Fragen des Selbstverständnisses der Kirchen, alle diese Fragen sind politische Fragen geworden. Wer an der Gestaltung der Zukunft unserer Gesellschaft mitwirken, wer in diesen Prozeß eingreifen will, der wird das nur politisch tun können. Was war also die Strategie? Erstens: Die Strategie besteht darin, die fundamentalen Schwächen der Gesellschaft besser zu erkennen als die, die diese Gesellschaft vertreten. Der Neomarxismus hat das geistige, ethische und geschichtliche Vakuum dieser Gesellschaft als entscheidenden Ansatzpunkt für seine Strategie erkannt. Zweitens ist die Tatsache, daß in einer durch ihr geistiges Vakuum bedrohten Gesellschaft die Frage, wer sie interpretiert, zu einer Schlüsselfrage auch der politischen Macht geworden ist. Drittens die Einsicht, daß man die Gesellschaft langfristig nur erfolgreich verändern kann, wenn man eine Konzeption und ein Modell für diese Veränderung hat. Viertens eine Konzeption, die es erlaubt, unter Berücksichtigung der faktischen und objektiven Bedingungen der Gesellschaft, diese mit den Mitteln der Semantik durchzusetzen. Schließlich braucht man theoretisch geschulte, ausgebildete Gruppen, die dieses Konzept nach der vereinbarten Strategie ebenso entschlossen wie mit aller Kraft unter ständiger Ausnutzung und Erkenntnis der Schwächezustände dieser Gesellschaft verwirklichen. Statt von einer Tendenzwende zu reden, ist es daher realistisch, davon auszugehen, daß der Ernstfall diesem Lande noch bevorsteht. Die neomarxistischen Gruppen haben häufig darüber nachgedacht, warum die Führungskräfte der deutschen Industrie und Wirtschaft für sie kein Problem darstellen. Sie gehen davon aus, daß es sich um Leute handle, die durch das System so korrumpiert sind oder so korrumpierbar sind, daß man nur die Machtverhältnisse zu ändern brauche, und sie funktionieren nach den durch den neuen Machthaber gesetzten Bedingungen. Sie sind ferner davon, wie ich glaube zu Recht, überzeugt, diese Gruppe, auch die deutschen Unternehmer, könnten gar nicht, selbst wenn sie wollten, auf diese Herausforderung reagieren, denn sie unterlägen den ökonomischen Zwängen so total, daß sie nicht die Kraft, vor allen Dingen auch nicht die geistige Kraft fänden, die Herausforderung zu erkennen und das Notwendige zu tun.

Was mich optimistisch stimmt, ist die Feststellung eines Teilnehmers an einem gesellschaftstheoretischen Seminar im Raume Stuttgart. Er hat gesagt:

»Meine Herren, die Situation ist erkannt. Wir müssen davon ausgehen, daß eine große Auseinandersetzung, ein Kampf der Geister im letzten Drittel unseres Jahrhunderts bevorsteht, und wir müssen die besseren Argumente haben. Wir müssen die Fähigkeit erlernen, die Mehrheiten von unseren besseren Argumenten zu überzeugen.«

Hic Rhodus, hic salta.

Achtes Kapitel
Humanität heute – Ende oder Vollendung

Es muß um eine mögliche Vereinbarkeit von Emanzipation und Humanität heute gehen. Um diese Frage nach der Bedingung einer möglichen Vereinbarung von Humanität und Emanzipation auf die gegenwärtige Industriegesellschaft anwenden zu können, müssen Begriff, Voraussetzungen und Konsequenzen des Verständnisses von Humanität zugrunde gelegt werden, die heute maßgebend sind. Das Telos der modernen emanzipativen Gesellschaft ist die Verwirklichung von Humanität. Dieses der Gesellschaft selbst von ihrem geschichtlichen Ursprung an eingezeichnete Programm verwirklicht sich in der Gegenwart in der doppelten Funktion des modernen Staates als Rechtsstaat und Sozialstaat. In Übereinstimmung mit seinem Selbstverständnis als demokratisch verfaßter Rechtsstaat garantiert der Staat dem einzelnen auch die formalen Bedingungen seines Rechts auf Freiheit. Als Sozialstaat ist er in zunehmendem Maße darum bemüht, auch sozial die Bedingungen herzustellen, unter denen es dem einzelnen möglich ist, von diesem formalen Recht auf Freiheit auch inhaltlich materiell entsprechenden Gebrauch zu machen. Insofern könnte man also durchaus zu einem positiven Resultat in der Entscheidung der Frage nach dem Stand der Bedingungen von Humanität in der Gegenwart kommen. Die Gegenwart dieser Gesellschaft ist durch die Entfaltung eines Prinzips bestimmt, das sich an ihrem Anfang, nämlich am Beginn der Neuzeit in dem Postulat einer Errichtung des regnum hominis ausgesprochen hat. Das ist das Telos der emanzipativen Gesellschaft, wie es von Francis Bacon formuliert wurde. Es geht in der Entwicklung dieser Gesellschaft um das Reich des Menschen, um die menschliche Gesellschaft. Dieses Telos macht es deutlich, mit welcher Totalität sich dieses Prinzip der Emanzipation in der Gegenwart durchsetzt und verwirklicht. Im Stadium seiner vollen Entfaltung verwirklicht sich dieses Prinzip jedoch so, daß es sich gegenüber allen geschichtlich überkommenen religiösen und sogenannten ideologischen Auslegungen dieses Prozesses ebenso indifferent wie universal verhält.

Die emanzipierte Gesellschaft ist die Weltgesellschaft von morgen, in der sich durch die Technik und die Wissenschaft homogene Lebensbedingungen tendenziell, universal für alle Kulturen, alle Völker, alle Klassen und alle Rassen durchsetzen. Im Horizont dieser totalen Entfaltung dieses Emanzipationsprinzips ist die Frage nach der Humanität zur bewegenden Grundfrage überhaupt geworden. Die große geschichtliche Bedeutung der Philosophie besteht darin, daß sie diese Frage nach der Humanität, nach der Verwirklichung des Menschen zum tragenden und bewegenden Moment ihres ganzen Denkens gemacht hat. Im Verhältnis zu den traditional überkommenen Formen der Humanität ist die Gegenwart durch die Tendenz bestimmt, daß sich die Subjektivität des einzelnen in diese universale, emanzipative Gesellschaft aufhebt oder doch fast vollständig in sie integriert wird. Aber eine solche Aussage über die Aufhebung der Subjektivität des einzelnen in die Gesellschaft setzt natürlich eine Orientierung an einem Verständnis von Humanität voraus, das der Gegenwart selber nicht mehr entspricht. Die Aufhebung der freien Subjektivität durch die sachlichen Vermittlungsprozesse der modernen Gesellschaft lassen das Wesen des Menschen nicht unberührt. Die neomarxistische kritische Theorie stimmt in ihrer Analyse mit der konservativen Theorie darin überein, daß in der modernen Industriegesellschaft ihr technologischer Charakter immer eindeutiger, beherrschender und totaler hervortritt.

Die ursprünglich auf die Auseinandersetzung mit der Natur beschränkte Technik greift auf die Gesellschaft und ihre Organisationsprobleme über und läßt Humanität zu einem Gegenstand möglicher technischer Manipulation werden. Das ist ein Novum, daß nicht nur das Bewußtsein, sondern auch die dem Bewußtsein vorausliegenden Schichten des Menschen bis in die biologische Bestimmung des Substrates hinein als ein Gegenstand möglicher Manipulation erscheinen. Der technologischen Beherrschung entspricht die Bestimmung des Menschen als eines ungeschichtlichen Trieb- und Bedürfniswesens. Der Mensch wird genommen als ein Ensemble nicht fixierter, entwicklungsfähiger Triebe und Bedürfnisse. Und er kann dann als solcher auf die Bedürfnisse hin konditioniert oder manipuliert werden. Durch die häufig nicht durchschaute Reduktion des Menschen auf ein solches abstrakt-ungeschichtliches, naturales Bedürfniswesen werden nun entscheidend die Formen bestimmt, in denen die Humanität sich selbst auslegt und begreift.

Über das grundsätzliche Verhältnis von Humanität und technologischer Gesellschaft scheinen in der Gegenwart drei Positionen möglich zu sein.

Die erste versteht die Gegenwart als das Ende von Humanität überhaupt. Die voll entfaltete säkulare emanzipative Gesellschaft ist dann das Ende von Humanität überhaupt. Dann hat es keinen Sinn mehr, noch länger in einem substantiellen Sinn von Humanität in der Gegenwart überhaupt zu reden. Diese Gleichsetzung der Gegenwart mit dem Ende der Humanität ist wiederum durch theologische und philosophische Auslegungen der Tradition geleitet und bestimmt. Ein das Menschsein des Menschen bestimmender Wesenbegriff habe sich in dem Prozeß der Vergesellschaftung des Menschen aufgelöst. Man könne daher nicht mehr von einem einheitlich geprägten und bestimmbaren Wesen des Menschen ausgehen. Jeder Versuch, einem vorgegebenen, inhaltlich bestimmten Wesensbegriff des Menschen zum Prinzip einer Verwirklichung von Humanität heute zu machen, muß unter den gegenwärtigen gesellschaftlichen und politischen Bedingungen zu totalitärer Herrschaft führen. Daher gehen alle im 20. Jahrhundert ausgebildeten Begriffe der Humanität von dem Verlust eines inhaltlich bestimmten Begriffs von Humanität aus.

Aber in diesen Verlust des Wesens eingeschlossen ist die Infragestellung einer Grundüberzeugung traditionaler Humanität, die von Platon bis Hegel galt, daß zum Menschen die Fähigkeit zur Transzendenz gehört. Dieser zum Menschen gehörende Zug zur Transzendenz meinte, daß sich der Mensch in seinem Wesen nicht verwirklicht, wenn er sich als ein bloß naturales Faktum versteht. Er transzendiert sich auf seine in der Vernunft angelegte Bestimmung hin. In Nietzsches Lehre vom letzten Menschen ist im Grunde genommen nichts anderes gemeint als die Bedrohung des Menschen durch den Verlust seiner Fähigkeit zur Transzendenz. Der letzte Mensch hat nach Nietzsche ein Lüstchen am Tage, ein Lüstchen in der Nacht, er habe das Glück erfunden und im übrigen vermöge er nur noch zu blinzeln. In der Gegenwart wird diese Prognose dann aktuell, wenn der Mensch in dem nach einem Kreislaufmodell gedachten Prozeß von Produktion und Konsumtion verschwindet. Er ist nichts anderes als die Stelle des Umschlags von Produktion in Konsumtion, von Konsumtion in Produktion.

Das ganze Problem der Freizeit hat in dieser Struktur eine zentrale Wurzel, weil in diesem Kreislauf des Umschlags von Produktion in Konsumtion und umgekehrt die von der Gesellschaft produzierte Freiheit den Menschen in diesem Prozeß einbehält. Darum gehört die Dialektik des Interessanten und der Langweile unabdingbar zu den durch diese Gesellschaft präformierten Bewußtseinsvoraussetzungen.

Die zweite These über das Verhältnis möglicher Humanität zur Industriegesellschaft besagt, daß die Gegenwart eine Verwirklichung von Humanität zum erstenmal in der Geschichte möglich gemacht habe. Nicht Ende, sondern Vollendung der Humanität sei durch die progressive und nun in das Stadium ihrer Perfektion eintretende Ausbildung der modernen emanzipativen Gesellschaft möglich geworden. Von der möglichen Vollendung der Humanität in der modernen Industriegesellschaft zu sprechen, hat zur Voraussetzung, daß die Verwirklichung von Humanität in den traditionalen, vormodernen, voremanzipativen Gesellschaften nicht gelingen konnte, solange nicht die entgegenstehenden Bedingungen durch den Übergang zur Emanzipation aufgehoben werden konnten. Der Verwirklichung substanzieller Humanität in einer vormodernen traditionellen Gesellschaft stand zunächst die Abhängigkeit des Menschen von der Natur entgegen. Solange der Mensch in der Auseinandersetzung mit der Natur sein Leben in den Dienst der Produktion der unerläßlichen Mittel zum Leben einsetzen mußte, war er nicht frei für sich selbst. Die in der Kargheit der Natur begründete Abhängigkeit des Menschen schloß also eine Verwirklichung der Humanität für alle prinzipiell aus.

Darüber hinaus stand der Verwirklichung von Humanität in einer vormodernen, voremanzipativen Gesellschaft das in der Abhängigkeit des Menschen von der Natur begründete Prinzip hierarchisch autoritärer Herrschaft von Menschen über Menschen entgegen. Daher soll der Mensch zu sich selbst befreit werden, wenn die moderne Gesellschaft die Naturabhängigkeit überwindet. Karl Marx hatte den hier gemeinten Sachverhalt im Blick, wenn er von der Zerstörung der naturwüchsigen, gesellschaftlichen und politischen Ordnung durch die Entfaltung des Prinzips permanenter Revolution durch die moderne bürgerliche Gesellschaft sprach. Die Humanität ist nicht zu haben, wenn dieses Prinzip diffamiert oder negiert wird. Karl Marx war weit von jeder Verdächtigung und Diffamierung der Technik und Industrie-Gesellschaft in ihrer Bedeutung für die mögliche Humanität, von der keiner ausgeschlossen sein sollte, entfernt. Und die Völker sogenannter unterentwickelter Länder richten ihre Hoffnung darauf, daß auch bei ihnen eine solche technische und wissenschaftliche Zivilisation entwickelt wird, weil nur so ihr Übergang in die freie Humanität möglich sein kann, denn mindestens die Probleme der Ernährung und des Bevölkerungswachstums sind ohne weitere Entwicklung des technologischen Prinzips nicht zu lösen.

Die dritte These zur Frage nach der Humanität in der Gegenwart kann man als die herrschende Position sowohl im Osten wie im Westen bezeichnen. Die in der Dialektik vom Ende und möglicher Vollendung von Humanität in der Gegenwart ausgesprochene Dialektik soll neutralisiert werden. Diese Neutralisierung ist auf das engste mit dem verbunden, was man die Herrschaft des Geistes des Positivismus nennen könnte. Mit diesem Geist des Positivismus sind nicht nur die moderne Wissenschaft und ihre Methoden gemeint, sondern ihre Auslegung durch eine bestimmte Form von Philosophie. Der Geist des Positivismus ist dann wirksam, wenn sich die Theorie auf die rationale Organisation der Gesellschaft beschränkt und den Menschen und seine Humanität scheinbar unbestimmt läßt und sie damit für die Bestimmung durch irrationale Entscheidungen freigibt. Darum gehört zu der Entfaltung des methodisch beschränkten Prinzips der Rationalität, der die Wissenschaft ihre Erfolge zu verdanken hat, die Preisgabe der geschichtlich gesellschaftlichen Realität an den Irrationalismus, der – wie Hegel gesehen hat – dieser Form von Rationalität wie ein Schatten folgt. Die gesellschaftlich-ökonomischen und politischen Zusammenhänge, in denen die Wissenschaften tatsächlich stehen, können nur um den Preis halbierter Rationalität durch die sich positivistisch verstehenden Wissenschaftler methodisch abgeblendet werden.

In den drei genannten Positionen wurde die Frage nach dem Verhältnis von Humanität und Geschichte beantwortet durch die kontroverse Bedeutung, die die Industriegesellschaft für die Humanität hat. Es bleibt die Frage, welches eigentlich die konkreten Inhalte sind, die Humanität auszeichnen sollen. Die Frage nach den Inhalten findet in der öffentlichen Diskussion in der Gegenwart drei Antworten.

Erstens wird Humanität als ein Zustand der Gesellschaft gedacht und gefordert, der es dem Menschen ermöglicht, spontan seine Anlagen zu entfalten und seine Bedürfnisse zu befriedigen. Der hier in diesem Begriff von Humanität vorausgesetzte Begriff vom Bedürfnis bleibt aber merkwürdig schillernd und unbestimmt. Er schillert sozusagen zwischen einer neutralen und einer geschichtlichen Auslegung. Ein Bedürfnis als solches ist ja in sich unbestimmt, so wie Platon in der Auseinandersetzung mit der Sophistik das klar und sichtbar gemacht hat. In der naturalen Auslegung des Bedürfnisses wird der Mensch auf eine Bedürfnisnatur festgelegt, die entweder einen Katalog von Bedürfnissen enthält, denen das Prädikat zuerkannt wird, dem Menschen natürlich zu sein, und dann ist Freiheit negiert, oder die Bedürfnisnatur ist unbestimmt und neuen Bedürfnissen offen, dann wird aber auch eine Aussage über die Inhalte von Humanität unmöglich wegen dieser Offenheit und Veränderlichkeit der Bedürfnisnatur des Menschen in der Geschichte.

Zweitens läßt man sich angesichts dieser Schwierigkeiten nicht auf den Bedürfnisbegriff ein und bestimmt Humanität als Autonomie. Der Mensch ist dort Mensch, wo er autonom ist. Der in Übereinstimmung mit einem Gesetz stehende Mensch, das er sich selbst gegeben hat, ist der autonome, der humane Mensch. Autonomie bedeutet dann formale Selbstbestimmung. Das gilt für den einzelnen, für Gesellschaften, Klassen und Rassen. Sie alle werden in ihrer Humanität erst anerkannt, wenn ihnen dieses Vermögen von formaler Selbstbestimmung zugesprochen wird und es ihnen auch faktisch möglich ist, von diesem Vermögen formaler Selbstbestimmung einen Gebrauch zu machen. Konkret bedeutet das, es ist inhuman, wenn der Mensch einer Entscheidung unterworfen wird, an deren Zustandekommen er nicht in Übereinstimmung mit dem Gesetz formaler Selbstbestimmung beteiligt wird. Das Programm der Fundamentaldemokratisierung einer Gesellschaft ist an diesem Begriff von Autonomie orientiert. Es ist inhuman, wenn der Mensch durch einen anderen zum bloßen Objekt einer Entscheidung gemacht wird. Die Formalität dieses Begriffs der Humanität liegt im Prinzip von Autonomie selbst. Es ist daher verständlich, daß die Formalität durch einen anderen Gedanken, nämlich den der Verantwortung kompensiert werden soll. Man sagt, der Mensch sei das Wesen der Verantwortung. Im Horizont der Gegenwart bedeutet Verantwortung, daß der Mensch sich zwar in allen seinen Anlagen spontan entfalten soll und sich nur einer Entscheidung unterwerfen darf, an deren Zustandekommen er selbst beteiligt wird. Er soll sich motivieren lassen durch die Überzeugung, daß er eine Verantwortung für sich selbst und für die Gestalt seiner Welt zu übernehmen hat.

Die Frage, die hier gestellt werden soll, lautet natürlich, ob der Gedanke der Verantwortung das leistet, was er leisten soll: die Formalität des Autonomieprinzips zu überwinden. Der Appell an das Verantwortungsgefühl bleibt so formal wie Autonomie und Bedürfnis. Diese Formalität kann auch nicht dadurch überwunden werden, daß der Mensch sich von den Konsequenzen her verantworten soll. Denn einmal sind zukünftige Konsequenzen nicht eindeutig einem einzigen Urheber zurechenbar, zum anderen soll doch die Zukunft selbst durch die Verantwortung als Prinzip eine prinzipielle neue und andere sein.

Wenn nun das bisher in diesen verschiedenen Hinsichten gegebene Verständnis von Humanität in der Gegenwart auf den geschichtlichen Ort zurückverfolgt wird, an dem es entstanden ist, dann stößt man selbstverständlich auf die grundlegenden Axiome marxistischer Anthropologie. Die Bedeutung des Marxismus für jede Bestimmung des Begriffs von Humanität in der Gegenwart ist nicht in seiner politischen und militärischen Stärke begründet, sondern sachlich darin, daß Karl Marx in der Mitte des 19. Jahrhunderts den Entwurf des Menschen von sich selbst, der dem Verständnis von Humanität in der neuzeitlichen emanzipativen Gesellschaft zugrunde liegt, auf seinen prägnanten Begriff gebracht hat. Diesen Begriff von Humanität läßt sich Marx durch Francis Bacon und Rousseau vorgeben. Die Grundthese ist, daß der Mensch das in der geschichtlich gesellschaftlichen Praxis sich selbst produzierende Wesen sei. Gesellschaft wird hier als eine Weise von Praxis aufgefaßt, in welcher und durch welche der Mensch in seinem Menschsein sich selbst herstellt. Eine den Praxisbezug ausklammernde und negierende Form der Anthropologie bekommt die Realität des Menschen in der modernen Gesellschaft nicht mehr in den Blick. Eine indirekte Bestätigung dafür sind ja die maßgeblich gewordenen Formen bürgerlicher Anthropologie, wie sie von Scheler bis Plessner und Gehlen vertreten wurden. In ihr wird versucht, mit dem Mittel empirischer moderner Wissenschaft diese Voraussetzung des Verständnisses des Menschen als eines Wesens, das sich selbst herstellt, zu verifizieren. Gehlen sagt, der Mensch ist ein Mängelwesen. Das heißt nichts anderes, als daß der Mensch selber erst die Bedingungen herstellen muß, kraft deren er als Mensch in der Welt da sein kann. Damit wird in der quasi-empirischen bürgerlichen Anthropologie der marxistische Entfremdungsbegriff ontologisiert. Die Entfremdung wird zu einer Naturkonstante erhoben, die durch keine geschichtliche Anstrengung des Menschen aufgehoben oder abgeändert werden könnte. Der Mensch ist dann schon kraft seiner biologischen Verfassung ein entfremdetes, weil mangelhaftes Wesen. Selbst die Theologie orientiert sich inzwischen, wie die Entwürfe der politischen Theologie und der Theologie der Revolution zeigen, zunehmend an dieser Anthropologie.

Die Berufung auf den Menschen, und zwar auf den Menschen in dieser Formalität ist in der Gegenwart zu der letzten die Bürgerkriegslager übergreifenden universalen Theorie, oder sollte man sagen »Ideologie« geworden. Es gibt heute keine Partei, Kirche oder Interessengemeinschaft, die nicht ihr Handeln durch die Berufung auf den Menschen zu legitimieren versuchte. Weil aber die Berufung auf den Menschen so formal und unbestimmt ist, hat diese Formalisierung die Konsequenz, daß nach der Humanität in der Gegenwart geradezu in der Form der Machtpolitik gefragt wird: wer ist in der Gegenwart berechtigt zu definieren, was der Mensch sein kann und was er sein soll? Der Schatten Nietzsches fällt auf eine emanzipative Gesellschaft, aber unter radikalisierten Bedingungen. Wer bestimmt den unbestimmt gewordenen Begriff der Humanität in der Gesellschaft der Gegenwart? Sind das die Technokraten oder die nach dem demokratischen Prozeß der Willensbildung gewählten Politiker oder die in dem kommunistischen System für diese Frage zuständigen Ideologen? Sind es in den westlichen Gesellschaften die, die über das Monopol der öffentlichen Kommunikationsmittel verfügen? Ist die christliche Kirche überhaupt noch ein mögliches Subjekt, das an diesem Prozeß der Bestimmung von Humanität mit Aussicht auf Erfolg mitwirken kann?

Es wäre nun noch zu fragen, ob die Philosophie in der Gegenwart eigentlich über die Voraussetzungen verfügt, die mit der Unbestimmtheit der Humanität aufgeworfenen Probleme zu lösen. Wir beziehen uns auf die philosophischen Positionen von Bloch, von Sartre und von Marcuse. Diese drei Philosophen sollen hier nur betrachtet werden, insofern sie sich zu dem unsere Analyse leitenden Grundproblem, nämlich der Frage nach dem Verhältnis gegenwärtiger Industriegesellschaft zur Humanität bestimmen lassen. Daß es in der Blochschen Philosophie des Utopischen, seiner Ontologie des Noch-Nicht-Seins, nicht zu einer Bestimmung des unbestimmt gebliebenen Begriffs der Humanität kommen kann, liegt im Begriff und im Prinzip einer solchen Philosophie selber beschlossen. Der homo, der Mensch, wird in der Blochschen Philosophie thematisch unter dem Titel eines homo absconditus. Die traditionell theologische Rede vom deus absconditus wird anthropologisiert, umfunktionalisiert in eine Lehre vom homo absconditus. Die Blochsche Theorie besagt, daß der Mensch sich selbst noch immer ein fremdes und unbekanntes Wesen ist, d. h. im Zusammenhang unserer Analyse, daß er an sich selbst noch unbestimmt sei. Im geschichtlich marxistisch interpretierten Kontext besagt die geschichtsphilosophische Grundthese Blochs über den homo absconditus, daß in allen bisherigen geschichtlichen Prozessen der Mensch in der Wahrheit seines Menschseins noch nicht hervorgetreten sei. Er sei noch nicht hervorgetreten, er stehe noch selbst mitten in diesem nach vorn auf Zukunft hin offenen Prozeß und sei auf das Telos dieses Prozesses bezogen in der Form einer Tendenz. Die anthropologische Grundkategorie bei Bloch ist die Kategorie der Tendenz. Tendenz meint das strebende, verlangende Aussein auf etwas. Der Mensch selber ist zunächst nur ein Moment dieser aus seinem Sein aufbrechenden, über ihn in seiner Gegenwärtigkeit hinausgehenden und auf das Telos des Weltprozesses zielenden Tendenz. In dieser Tendenz geht es nach Bloch um die Herstellung der Welt als Heimat. Die Herstellung der Welt als Heimat bedeutet für Bloch die aufgehobene Entfremdung in Subjekt und

Objekt zugleich. Sie meint bei Bloch den Zustand, in welchem der Mensch offenbar geworden ist. Er ist sich zu der Welt nicht wie zu einer anderen, sondern wie zu einer eigenen. Die Welt wird hierbei zu einem Moment des sich mit sich selbst vermittelnden Menschen selber. Sie verliert den Charakter dinglicher Fremdheit und wird zu einem Moment an der sich mit sich selbst vermittelten Humanität, die in dieser gelingenden Selbstvermittlung sich ihr Wesen aneignet und so die Entfremdung aufhebt und die Welt als Heimat herstellt.

In der Telosbestimmung der Herstellung der Welt als Heimat bei Bloch als Aufhebung der Entfremdung von Subjekt und Objekt zugleich wird von Bloch eine Identität angenommen, die die traditionelle Metaphysik nur dem Gott zugesprochen hat: die Identität von Existenz und Essenz. Dem Gott in der Metaphysik wurde allein der Besitz einer solchen unmittelbaren Identität von Essenz und Existenz zugesprochen. Diese metaphysischen, dem Gott allein zukommenden Bestimmungen werden von Bloch dazu gebraucht, den Zielzustand als Vollendung des Weltprozesses zu definieren, auf welchen der Mensch in einer ihn und sein Sein umspannenden und überschreitenden Grundtendenz gerichtet ist. Wenn aber Bloch im Blick auf den Menschen in seiner geschichtlich-gesellschaftlichen Gegenwart sagt, daß er an sich selbst noch Tendenz ist, dann sagt er ja nichts anderes, als daß er an sich selber noch unbestimmt ist. Das Resultat unserer Analyse, die Unbestimmtheit der Humanität, wird also bei Bloch zum Prinzip einer exklusiv und total zukunftsbezogenen Philosophie der Hoffnung in der Gestalt einer Ontologie des Noch-Nicht-Seins. Die Ontologie des Noch-Nicht-Seins bedeutet anthropologisch die Erhebung des Faktums, daß Humanität unter den Bedingungen gegenwärtiger Industriegesellschaft unbestimmt ist, zu einem Prinzip. Das Faktum wird zum Prinzip gemacht. Indem dieser Vorgang aber bei Bloch selber transzendental unbegründet bleibt, fällt er hinter den Ansatz von Fichte gerade zurück.

Noch ergiebiger für unseren Zusammenhang ist eine Erörterung der Anthropologie von Sartre. Die Bedeutung Sartres, auch des Sartre der »Kritik der dialektischen Vernunft«, besteht darin, daß er das Problem der unverwirklichten Humanität in der Gegenwart auf dem Boden der Voraussetzungen und des Anspruchs der marxistischen Theorie zu lösen sucht, nämlich die Selbstentfremdung des Menschen aufzuheben. Wenn aber der marxistische Anspruch, die Selbstentfremdung des Menschen aufzuheben, im Verhältnis zur Gegenwart reflektiert wird, dann muß der Mensch im Verhältnis zu dieser seiner Gegenwart in der Sicht Sartres definiert werden als permanente Krise. Die Aussage über den Menschen der Sartreschen Philosophie lautet: Der Mensch ist das Wesen der permanenten Krise, er ist das Wesen, das notwendig scheitern muß. Das Menschsein, so heißt es in einem Sartreschen Frühwerk, ist eine nutzlose Leidenschaft. Warum eigentlich? Warum muß bei Sartre die Reflexion auf das Verhältnis von Humanität und den Strukturen gegenwärtiger Industriegesellschaft zu der These führen, daß der Mensch eine nutzlose Leidenschaft sei? Es ist ja deutlich, wie sehr diese anthropologische Grundaussage Sartres zu einem Verständnis politischer Formen der Praxis in der jüngsten Vergangenheit beiträgt. Der Mensch muß bei Sartre als eine Sache nutzloser Leidenschaft bestimmt werden, weil in der Form einer ausdrücklichen Negation einer möglichen Wesensbestimmung des Menschen der Mensch in der Sartreschen Philosophie verstanden wird als der Entwurf seiner selbst. Der Mensch ist das sich selbst entwerfende, sich selbst setzende Wesen. Diese Auslegung ist bei Sartre allerdings mit der Bestimmung verbunden, daß ein jeglicher Entwurf an der Unüberwindbarkeit der verdinglichten Strukturen der Gegenwart scheitern muß. Das ist die eigentliche Pointe der Sartreschen Anthropologie: die Erhebung der faktischen Unüberwindbarkeit der verdinglichten Strukturen der Gegenwart durch einen subjektiven Entwurf als einer ontologischen Notwendigkeit. Die Ontologisierung der Absurdität menschlicher Existenz ist das durchgehende Prinzip der Sartreschen Philosophie, an welchem auch seine Bemühung um eine Synthese von Existentialismus und Marxismus nichts geändert hat.

In der Theorie von Herbert Marcuse wird vielleicht die radikalste Anstrengung gemacht, aus dieser Aporie auszubrechen. Marcuse muß das Postulat einer Erzeugung eines homo novus wieder erneuern, also ein altes Theologumenon, die Lehre vom neuen Menschen. Diese Lehre vom neuen Menschen kehrt bei Marcuse in der Form wieder, daß er zwar an dem emanzipativen Entwurf des Verständnisses von Humanität festhält, aber eben doch in seinen Voraussetzungen qualitativ verändert. Die qualitative Veränderung, die Marcuse an dem emanzipativen Grundentwurf vollzieht, besteht darin, daß er die These vertritt, daß die Überwindung der total gewordenen Entfremdung, unter die das Subjekt und sein Bewußtsein subsumiert sei, nur möglich ist, wenn sich die Trieb- und Bedürfnisstruktur des Menschen selber qualitativ ändert. Er gerät dabei in einen Zirkel, eine petitio principii. Eine qualitative Veränderung der Triebe und Bedürfnisse und damit der Antriebsstruktur des Menschen kann nur gedacht werden als das Resultat einer Überwindung der repressiven Herrschaft gegenwärtiger Industriegesellschaft. Aber das Resultat einer solchen Überwindung muß von ihm gleichzeitig als die Bedingung der Möglichkeit für eine solche Überwindung gefordert werden. Das Programm einer Vollendung von Emanzipation durch Revolution tritt damit bei Marcuse in das akute Stadium einer kritischen Selbstaufhebung. Daß Marcuse diese kritische Selbstaufhebung der Emanzipation als solche nicht reflektiert hat, ist darauf zurückzuführen, daß er sich vor der Reflexion der kritischen Selbstaufhebung emanzipativen Humanitätsverständnisses in die Utopie hinein gerettet hat. Das utopische Postulat Marcuses, nämlich eines neuen Menschen, der durch eine andere Struktur seiner Antriebe und Bedürfnisse vom bisherigen Menschen unterschieden sein soll, hat bei

Marcuse die Funktion, die von ihm selber eingeleitete kritische Selbstaufhebung emanzipativer Vollendung der Emanzipation, sich selber zu verbergen. Wenn der die Humanität emanzipativ realisierende Mensch in seiner Bedürfnisstruktur erst ein qualitativ anderer werden muß, also ein »homo novus« als Bedingung gefordert wird, dann fällt dieser Entwurf entweder aus dem die Emanzipation tragenden Selbstverständnis in der Form der Utopie völlig heraus, oder er bedeutet eben das, als was er von Marcuse selber nicht anerkannt oder nicht prinzipiell genug reflektiert wird, nämlich die Krise des Emanzipationsentwurfes von Humanität überhaupt. Darin besteht die eminente, auch philosophische Bedeutung der von Marcuse vertretenen Position. Die kritische Selbstaufhebung des emanzipativen Verständnisses von Humanität bei Marcuse wird auch daran deutlich, daß er sich die Kultur- und Gesellschaftskritik Heideggers fast bruchlos aneignen konnte. Seine Kritik an der technologischen Gesellschaft der Gegenwart ist nicht mehr von einem auch vom Marxismus geteilten Begriff von Technik und Wissenschaft bestimmt, sondern von einem Verständnis, das in der Gegentradition zum Marxismus, nämlich durch Heidegger entwickelt wurde. Die technisch-wissenschaftliche Welt wird von Marcuse genetisch zurückgeführt auf einen Entwurf, auf ein Projekt des Menschen, das heißt auf die Realisierung einer Möglichkeit, zu dem es also noch andere Entwurfsmöglichkeiten gegeben habe und daher auch noch geben könne. Die faktische Notwendigkeit, die hinter der Ausbildung der modernen Welt steht, wird auf so etwas im schlechtem Sinne Idealistisches zurückgenommen, wie einen kontingenten Entwurf des Menschen. Der technisch-wissenschaftlichen Welt kommt ontologisch nur die Bedeutung eines kontingenten Faktums zu, und sie kann daher prinzipiell als überwindbar und durch andere Formen menschlicher Praxisentwürfe überholbar erscheinen. Die philosophische Denkbarkeit einer Aufhebung der Verdinglichung technologischer Gesellschaft wird durch ihre genetische Reduktion auf eine kontingente Entwurfsmöglickeit des Menschen begründet. Damit ist auch seine Utopie eines qualitativ anderen Zustandes selber ebenso denkmöglich geworden wie sein Gegenteil, die als total verdinglicht interpretierte Welt. Für unseren Zusammenhang aber fasse ich das Ergebnis der Analyse von Marcuse in drei Thesen zusammen:

1. In der Marcuseschen Theoric vollzieht sich die kritische Selbstaufhebung des emanzipativen Entwurfs von Humanität.
2. Die Krise ist daher mit den Voraussetzungen und Mitteln der Emanzipation selber nicht mehr überwindbar, denn das Resultat ist auch Bedingung seiner Möglichkeit.
3. Die Denkmöglichkeit einer utopischen Alternative zur bestehenden Gesellschaft ist das Ergebnis einer Uminterpretation technologischer Notwendigkeiten als eines kontingenten Entwurfes der sich selbst setzenden und entwerfenden Existenz des Menschen.

Die von der Gegenwart selbst als philosophisch-repräsentativ anerkannten Theorien vermögen das Problem der formalen Unbestimmtheit von Humanität nicht zu lösen. Bei Bloch wird die Unbestimmtheit zum Prinzip einer Ontologie des Noch-Nicht-Seins, bei Sartre wird die Notwendigkeit des faktischen Scheiterns ontologisiert und bei Marcuse in der Gestalt des utopischen Postulates abstrakt und vermittlungslos transzendiert.

Als Grund für die unbestimmt gewordene Humanität wurde für uns die selbst unbestimmte und unbegriffene Dialektik der Thesen von der Vollendung und vom Ende der Humanität in der gegenwärtigen technologischen Gesellschaft erkennbar. Die Frage ist nun, wie man diese Identität, diese geschichtsphilosophische Gleichzeitigkeit von Vollendung und Ende der Humanität in der emanzipativen Industriegesellschaft selber versteht. Offensichtlich ist sie eine Folge des Prinzips, das der emanzipativen Gesellschaft von ihrem geschichtlichen Anfang, ihrer inneren Verfassung nach, immanent ist. Das Prinzip besagt, daß die emanzipative Gesellschaft in der Tat wie keine geschichtlich traditionale Gesellschaft aus sich selbst heraus den Spielraum möglicher Verwirklichung von Humanität erweitert und ihn gleichzeitig wieder verdeckt und zerstört. Die emanzipative Gesellschaft ist die Gesellschaft des Fortschritts, insofern sie Bedingungen zur Verwirklichung von Humanität aus sich heraus produziert. In der Fixierung durch ihre eigene emanzipative Theorie unterliegt sie aber einer fundamentalen Verwechslung ihrer selbst als Funktion mit sich selbst als Telos. Sie bedarf der Aufklärung über sich selbst, insofern sie das, was nur Funktion ist, schon als Telos nimmt. Im Horizont dieser für sie selber fundamentalen Selbstideologisierung bedarf die zweite Aufklärung im 20. Jahrhundert nicht weniger einer Aufklärung als die erste im 18. Jahrhundert. Indem die emanzipative Gesellschaft das, was ihre Funktion ist, als Telos nimmt, ist sie gezwungen, in der Beschränktheit ihres emanzipativen Verständnisses die Möglichkeit selbst zu negieren, die erst die durch sie erzeugten Bedingungen von Humanität zu realisieren vermöchten. Die Dialektik der Emanzipation gründet in dieser Verkehrung, durch welche die Bedingungen von Humanität sich gegen ihre Ermöglichung wenden.

Keiner hat diese Dialektik radikaler reflektiert als Fichte in seinem Übergang von der Wissenschaftslehre zur Religionsphilosophie. In der Beschränktheit ihres emanzipativen Selbstverständnisses negiert sich die substantielle Subjektivität selber als die Bedingung, die für die Verwirklichung von Humanität vorausgesetzt werden müßte. Die Aporie der Humanität ist durch diese Dialektik von Bedingung und Ermöglichung der Freiheit umschrieben. Jeder Versuch, den Ort der Humanität abgelöst von der Struktur dieser Dialektik jenseits dieser Strukturen zu finden, führt mit innerer Notwendigkeit zur Utopie mit dem Eingeständnis der Ohnmacht, sie verwirklichen zu können. Marcuse sagt ausdrücklich, daß in der gegenwärtigen Gesellschaft kein Subjekt ermittelt werden könne, das ebenso willens wie fähig wäre, die jenseits der Entfremdung gesezte Humanität zu realisieren. Das Problem ist die Suche nach einem solchen Subjekt. Wenn aber die Humanität reflektiert wird als eine, die durch die Entwicklung der emanzipativen Welt aufgelöst wurde, und damit die Forderung verbunden wird, traditionale Humanität unter den gegenwärtigen, ihr essentiell entgegengesetzten Bedingungen zu realisieren, dann kommt man zu demselben Eingeständnis einer ohnmächtig gewordenen Utopie. Die Schwäche der dritten Position technokratischer Neutralität besteht darin, daß sie die angesprochene Dialektik erst gar nicht in den Blick bekommt. Das Problem der Humanität muß in der Form der Frage nach einem Ort der Konstitution der freien Subjektivität gestellt werden, der von dieser Dialektik unabhängig ist. Zum anderen muß der Freiheitsbegriff, der zu seinem Subjekt die Subjektivität hat, so bestimmt werden, daß die Entzweiung nicht als Negation, sondern als eigene Bedingung angenommen werden kann. Die Annahme der Entzweiung von Subjektivität und technologischer Gesellschaft setzt voraus, daß die entwickelte Dialektik nicht abgeschafft werden darf, sondern verflüssigt werden muß. Die totale Verwirklichung von Emanzipation ist nur um den Preis selbst vergessener und sich selbst verstellender Subjektivität möglich. Den drei bisher entwickelten Formen formaler Humanität entsprechen ebenso drei Gestalten in einem Begriff der Freiheit, die heute allein noch möglich ist.

1. Der emanzipationsunabhängige Grund von Freiheit.
2. Eine Freiheit, die nicht bei sich selbst bleibt, sondern sich auf die Welt als Bedingung ihrer Verwirklichung überschreitet und in ihrer Verwirklichung nicht an das Postulat total aufgehobener Selbstentfremdung gebunden ist.
3. Die den tödlich gewordenen Zirkel von Bedingungen und Ermöglichung auf eine geschichtliche Verwirklichung hin überschreitet, die zwar nicht Entfremdung aufhebt, aber eine Vereinbarkeit von Humanität und Emanzipation ermöglicht.

Die Grundfrage der Humanität in der Gegenwart konvergiert mit den Bedingungen möglicher Freiheit, die sich im christlichen Glauben weltgeschichtlich erschlossen hat. Hegel stimmt in seiner Religionsphilosophie mit der reformatorischen Anthropologie in der Überzeugung überein, daß der Mensch unter den Bedingungen der modernen Welt gezwungen ist, etwas zu wollen, und zwar um seiner selbst willen, was er nicht kann. Die Heillosigkeit von Humanität ist in der modernen Welt durch die Vermittlungslosigkeit gekennzeichnet, mit der Wollen und Vermögen auseinanderfallen. Der deutsche Idealismus hat in der Gestalt der Religionsphilosophie sich um die Auslegung der Zugehörigkeit des christlichen Glaubens zu dieser modernen Welt als ihrer substantiellen Voraussetzung bemüht, weil es um die Überwindung dieses Hiatus zwischen Begriff und Faktum, zwischen Wollen und Vermögen, zwischen Subjektivität und Gesellschaft ging, einen Hiatus, den Fichte einen irrationalen nannte. Den Willen, der sich in der bewußtlosen Endlichkeit mit sich selbst versöhnen will, hat Hegel in seiner Dialektik der Endlichkeit böse genannt. In der Gegenwart des Endes der Emanzipation, also des Endes ihrer Möglichkeit, sich noch länger mit Humanität als vereinbar erweisen zu können, kommt der Überzeugung Hegels besondere Bedeutung zu, daß nur die trinitarisch begriffene Religion die Dialektik der Emanzipation vernünftig zu begreifen vermag. Die Frage, mit der wir schließen möchten, lautet: Kann Emanzipation mit Humanität vereinbar sein, bleiben oder es wieder werden, wenn sie sich nicht auf den geschichtlich gewordenen Grund hin öffnet, dem sie sich verdankt?

Neuntes Kapitel
Der religionsphilosophische Hintergrund – Christen vor der Wahl

Hegel hat die Rede vom Tode Gottes in den geistesgeschichtlichen Horizont einer Frage nach dem möglichen Ende des Christentums unter den Bedingungen der modernen Welt gestellt. Hegel hat es für möglich gehalten, daß aus einer falschen Antwort der Theologie auf die Herausforderung der modernen Welt das mögliche Ende des Christentums – als einer geschichtsmächtigen und die Realität dieser Welt noch ernsthaft und sie im Grunde betreffenden Kraft – folgen könnte. Am Ende seiner Religionsphilosophie, in der er den geschichtlichen Gang der Entstehung und der geschichtlichen Wandlungen des Geistes der christlichen Gemeinde denkend ausgelegt hatte, sieht er die christliche Gemeinde einem inneren Zwiespalt verfallen.

»Sehen wir nun aber die Realisierung der Gemeinde, nachdem wir ihr Entstehen und Bestehen betrachtet haben, in ihrer geistigen Wirklichkeit in diesen inneren Zwiespalt verfallen, so scheint diese ihre Realisierung zugleich ihr Vergehen zu sein. Sollte hier aber von einem Untergang gesprochen werden können, da das Reich Gottes für ewig gegründet ist, der Heilige Geist als solcher ewig in seiner Gemeinde lebt und die Pforten der Hölle die Kirche nicht überwältigen werden? Vom Vergehen sprechen, hieße also mit einem Mißton endigen.

Allein, was hilft es? Dieser Mißton ist in der Wirklichkeit vorhanden. Wie in der Zeit des römischen Kaisertums, weil die allgemeine Einheit in der Religion verschwunden war und das Göttliche profaniert wurde und ferner das allgemeine politische Leben rat- und tatlos und zutrauenslos war, die Vernunft sich allein in die Form des Privatrechts flüchtete oder, weil das an und für sich Seiende aufgegeben war, das besondere wohl zum Zweck erhoben wurde, so ist auch jetzt, da die moralische Ansicht, die selbsteigene Meinung und Überzeugung ohne objektive Wahrheit sich zum Geltenden gemacht hat, die Sucht des Privatrechts und Genusses an der Tagesordnung. Wenn die Zeit erfüllt ist, daß die Rechtfertigung durch den Begriff Bedürfnis ist, dann ist im unmittelbaren Bewußtsein, in der Wirklichkeit die Einheit des Inneren und Äußeren nicht mehr vorhanden und ist im Glauben nichts gerechtfertigt. Die Härte eines objektiven Befehls, ein äußerliches Daraufhalten, die Macht des Staates kann hier nichts ausrichten; dazu hat der Verfall zu tief eingegriffen. Wenn den Armen nicht mehr das Evangelium gepredigt wird, wenn das Salz dumm geworden und alle Grundfesten stillschweigend hinweggenommen sind, dann weiß das Volk, für dessen gedrungen bleibende Vernunft die Wahrheit nur in der Vorstellung sein kann, dem Drange seines Inneren nicht mehr zu helfen. Es steht dem unendlichen Schmerze noch am nächsten; aber da die Liebe zu einer Liebe und zu einem Genuß ohne allen Schmerz verkehrt ist, so sieht es sich von seinen Lehrern verlassen. Diese haben sich zwar durch Reflexion geholfen und in der Endlichkeit, in der Subjektivität und deren Virtuosität und eben damit im Eitlen ihre Befriedigung gefunden, aber darin kann jener substantielle Kern des Volkes die seinige nicht finden« (G. W. F. Hegel, Vorlesungen über die Philosophie der Religion. Theorie. Werkausgabe Suhrkamp, Frankfurt a. M. 1969, S. 342–343).

In diesem Horizont eines möglichen geschichtlichen Endens der christlichen Religion hat Hegel im Gegensatz zu Nietzsche sich als Philosoph aus theologischem Ursprung und theologischer Motivation der Rettung dieses Verderbens im Element des Denkens und des Begriffs angenommen. Im Gegensatz zu ihm hat Nietzsche entschlossen die Konsequenzen eines endgültigen Verfalls des Christentums ins Auge gefaßt und hat die radikale Eliminierung des Christentums und der christlichen Überlieferung zum Zentrum seines Willens gemacht. Es dürfte kein Zufall sein, daß Nietzsche mit diesem Willen nun am Horizont des durch den Neomarxismus repräsentierten Bewußtseins als eine Karl Marx überholende, verfremdende und verwandelnde Kraft auftaucht (siehe hierzu: Günter Rohrmoser, Nietzsche und das Ende der Emanzipation. Freiburg 1971). Es dürfte daher die Frage sein, ob es richtig ist, wenn wir unsere Lage noch länger durch Karl Marx entscheidend bestimmt und begriffen sehen oder ob nicht vielmehr Nietzsche sich als neues Zentrum in der geistigen Konstellation der Gegenwart herausstellt und die Stelle einzunehmen beginnt, die bisher Karl Marx einnahm.

Dafür gibt es auch im Marxismus und Neomarxismus unübersehbare Symptome. Jugoslawische Marxisten widmen einen Philosophischen Kongreß Nietzsche und der Frage nach seiner Bedeutung für die Lösung marxistischer Aporien in der Gegenwart. Marcuses Denken wird mehr durch Nietzsche als durch Marx bestimmt. Die Forderung nach einem neuen Menschen hat eher etwas mit den Visionen Nietzsches zu tun als mit dem Hervortreten des wahren Menschen nach der gelungenen Revolution des Proletariats. Und Max Horkheimer schließlich hat in schockierender Eindeutigkeit Nietzsche im Vergleich zu Marx den tieferen Denker genannt.

Die Frage nach dem Verhältnis von Nietzsche zu Marx ist durch den geschichtlichen Gang und durch die in der Gegenwart erkennbaren Konsequenzen der Emanzipation selber erzwungen. Denn bei Nietzsche handelt es sich kontrapunktisch zu Marx um eine fundamental andere Antwort auf die geschichtliche Erfahrung und auf den Prozeß der Emanzipation am erkennbar gewordenen Ende des bürgerlichen Zeitalters. Die Geschichte der Emanzipation im 20. Jahrhundert hat doch offensichtlich dem Schrecken Nietzsches mehr entsprochen als den Verheißungen von Karl Marx. Die marxistische Erwartung einer möglichen Einrichtung der Gesellschaft, in welcher Technologie und Humanität sich auch nur tendenziell ohne Entfremdung als vereinbar erweisen könnten, ist heute nur noch als die utopische Erneuerung romantischer Traditionen möglich, denen Marx nicht entsagte, weil er sie zuwenig durchschaute.

Schon in der »Geburt der Tragödie aus dem Geiste der Musik« ging es Nietzsche darum, die Auslegung des menschlichen Daseins in der modernen Welt aus ihrer wissenschaftlichen Auslegung herauszulösen. Die Wissenschaft kommt für Nietzsche als eine das Schicksal der modernen Welt bestimmende positive Kraft um so weniger in Betracht, als es ihm in dieser Schrift darauf ankommt, den die Wissenschaft motivierenden Glauben als einen Wahn, und damit die Wissenschaft selber als Wahn erkennbar werden zu lassen, der sich von den Wahngebilden der Kunst nur durch den geringeren Nutzen für das Leben unterscheidet. »Nun steht freilich neben dieser vereinzelten Erkenntnis, als einem Exzeß der Ehrlichkeit, wenn nicht des Übermutes, eine tiefsinnige Wahnvorstellung – welche zuerst in der Person des Sokrates zur Welt kam –, jener unerschütterliche Glaube, daß das Denken, an dem Leitfaden der Kausalität, bis in die tiefsten Abgründe des Seins reiche und daß das Denken das Sein nicht nur zu erkennen, sondern sogar zu korrigieren imstande sei. Dieser erhabene metaphysische Wahn ist als Instinkt der Wissenschaft beigegeben und führt sie immer und immer wieder zu ihren Grenzen, an denen sie in Kunst umschlagen muß: auf welche es eigentlich, bei diesem Mechanismus, abgesehen ist« (Friedrich Nietzsche, Die Geburt der Tragödie aus dem Geiste der Musik, § 15. Werke in 3 Bänden. Herausgegeben von Karl Schlechta, München 1954, Bd. 1 S. 84 f.).

Nietzsche versucht in dieser frühen Schrift in einer radikalen Weise die gesamte europäische Tradition von ihren Fundamenten her in Frage zu stellen und sich zum Problem zu machen. »Was ich damals zu fassen bekam, etwas Furchtbares und Gefährliches, ein Problem mit Hörnern, nicht notwendig gerade ein Stier, jedenfalls ein neues Problem: heute würde ich sagen, daß es das Problem der Wissenschaft selbst war – Wissenschaft zum ersten Male als problematisch, als fragwürdig gefaßt« (Friedrich Nietzsche, Versuch einer Selbstkritik, § 2, a.a.O. S. 10).

Nun kann man aber die Wissenschaft nicht zu einem Problem für sich selbst machen, wenn man nicht aus der Optik der Wissenschaft und des Wissenschaftlers heraustritt. Daher hat Nietzsche die Optik der Wissenschaft und des Wissenschaftlers verlassen und an ihre Stelle über die Vermittlung der Optik der Kunst das gestellt, was er die Optik des Lebens nennt. Nietzsche folgt also methodisch der Bewegung der deutschen Philosophie von Kant bis Hegel, indem er die Objektivationen der Kultur auf den sie produzierenden Grund im Leben hinterfragt und sie auf dieses Leben hin destruiert. Die Nötigung aber, von der Wissenschaft auf die Kunst und von der Kunst auf das Leben zurückzugehen, entspringt nach Nietzsche einer Not des Lebens selbst. »Aber wohl kann auch dieser Ungläubige die Frage stellen, welcher Art ein Geschlecht sein müsse, in dem Wagner sein [Volk] wiedererkennen würde, als den Inbegriff aller derjenigen, welche eine gemeinsame Not empfinden und sich von ihr durch eine gemeinsame Kunst erlösen wollen« (Friedrich Nietzsche, Richard Wagner in Bayreuth, § 10, a.a.O. S. 430).

Um welche Not aber handelt es sich? Es geht um die Not, die Nietzsche bestimmt sieht durch die Grundfrage nach dem Verhältnis des Menschen zum Schmerz und zum Leiden. Es geht um die Erfahrung des Leidens und des Schmerzes, der der Mensch unterworfen ist als ein leibhaftiges und in der Sensibilität die Welt sinnlich erfahrendes Wesen. Hiermit nimmt Nietzsche den Ansatz von Feuerbach in sein Denken hinein. Was den Menschen leiden läßt, ist für Nietzsche das Leben selbst. In der Erfahrung des leidenden Menschen wird das Leben erfahren als im Widerspruch mit sich selbst befindlich. Dieser Grundwiderspruch, der mit dem Auftritt des seiner selbst bewußten, individuierten Menschen in allem Leben aufbricht, ist nach Nietzsche die Wunde des Daseins. Er nimmt mit dem Aufbruch des Menschen zur Kultur, also zur Gestaltwerdung seiner selbst, die Form eines peinlichen, unlösbaren Widerspruchs an. »Und so stellt gleich das erste philosophische Problem einen peinlichen, unlösbaren Widerspruch zwischen Mensch und Gott hin und rückt ihn wie einen Felsblock an die Pforte jener Kultur« (Nietzsche, Die Geburt der Tragödie, § 9, a.a.O. S. 59).

Wie kann aber das Leben, angesetzt als Einheit mit sich selbst, sich selbst entgegentreten? Wo kommt der Grund der Möglichkeit dieses Grundwiderspruchs, dieser Grundentzweiung von Mensch und Welt her, wie ist er zu begreifen? Angesichts dieses Grundwiderspruchs des Lebens, der im leidenden Menschen für Nietzsche manifest wird, stellt Nietzsche die Frage: Wie kann das Leben angesichts der Erfahrung perennierenden Leidens gerechtfertigt werden? Das Grundbedürfnis des Menschen als eines an sich selbst leidenden Lebens besteht also in dem Bedürfnis, gerechtfertigt zu werden. Das Bedürfnis nach Legitimation oder nach Rechtfertigung ist das Fundamentalproblem allen menschlichen Daseins.

Daher geht es im Ansatz dieser Schrift bei Nietzsche um einen Beitrag zum Grundproblem des neuzeitlichen Bewußtseins; es geht um das Problem der Theodizee. Das letzte und geheimste Motiv von Nietzsches Moralkritik, die ja heute universal und praktisch geworden ist, hängt auf das engste mit der Theodizeefrage zusammen. Nach den Kriterien der christlichen Moral kann das essentiell unmoralische Leben nur verurteilt werden, und nach den Kriterien des Lebens muß das Christentum verurteilt werden. Daher sieht Nietzsche eine aus dieser geistigen Konstellation hervorgehende Möglichkeit der modernen Welt: ihre Selbstvernichtung aus Moralität.

In der Tat ist ja das Gesetz zu der fast einzigen Weise des Umgangs mit uns selbst und mit der Welt geworden. Die Praxis aber, die nach Nietzsche der moralischen Verwerfung entspringt, ist für Nietzsche die Praxis des aktiv werdenden Nihilismus: die Zerstörung und die Lust an der Zerstörung. Es sollte doch zu denken geben, daß diese Analyse des Fortschritts der modernen Welt auf ihre mögliche aktive Selbstzerstörung hin in einer Zeit der Höhe bürgerlicher Sekurität vollzogen wurde und nicht unter dem Eindruck der manifest gewordenen Barbarei des Faschismus. Es könnte daher sein, daß die heute vorgelegten Analysen von Politologen, Soziologen und Neomarxisten auch gar nicht an die Wurzeln dieses der emanzipativen Gesellschaft immanenten Zwanges zur Selbstzerstörung heranreichen. Nietzsche sieht wie Marx die aus dem Antagonismus der modernen Kultur resultierende Tendenz, die sich gegen den Menschen selbst und seine Grundbedürftigkeit nach Sinn und Rechtfertigung wendet.

Nietzsche aber hat im Unterschied zu Marx diesen Antagonismus der modernen Kultur über den der Produktionskräfte und Produktionsverhältnisse hinaus auf einen Bereich zurückgeführt, der heute im Programm der Kulturrevolution zum eigentlichen politischen Grunddatum unseres Zeitalters geworden ist und den man metaphysisch, religiös, ästhetisch oder naturphilosophisch charakterisieren kann, ohne daß damit allzu viel gewonnen wäre. Der Satz, durch den Nietzsche in hellsichtiger Weise die gegenwärtige, aus der bewußt gewordenen Unvereinbarkeit von technologischer Zivilisation und Bedürfnis nach unmittelbar erfahrenem Sinn hervorgegangene Konstellation vorweggenommen hat, lautet: »Alles, was wir jetzt Kultur, Bildung, Zivilisation nennen, wird einmal vor dem untrüglichen Richter Dionysos erscheinen müssen« (Nietzsche, Die Geburt der Tragödie, § 19, a.a.O. S. 109).

Mit der Zitation des Gottes Dionysos meint Nietzsche die Gestalt eines Gottes, der eine transmoralische Rechtfertigung des Menschen in dieser Weltsituation ermöglichen soll. Das Problem, das sich für Nietzsche am Horizont der modernen Welt abzeichnet, ist also die Frage, ob es für sie eine transmoralische Rechtfertigung des Menschen geben kann, die nicht mehr christlich im Sinne einer metaphysisch-moralischen Auslegung ist. Es hat weitreichende Konsequenzen für das Verständnis Nietzsches und unserer eigenen Lage, wenn man begreift, daß Nietzsche am Ende der bürgerlichen Kultur die Frage des jungen Luther wiederholt, die zum Ausgang der Reformation wurde. Nietzsche war sich von Ferne dieses Zusammenhangs durchaus bewußt: »Alle unsere Hoffnungen strecken sich vielmehr sehnsuchtsvoll nach jener Wahrnehmung aus, daß unter diesem unruhig auf- und niederzuckenden Kulturleben und Bildungskrampfe eine herrliche, innerlich gesunde, uralte Kraft verborgen liegt, die freilich nur in ungeheuren Momenten sich gewaltig einmal bewegt und dann wieder einem zukünftigen Erwachen entgegenträumt. Aus diesem Abgrunde ist die deutsche Reformation hervorgewachsen: in deren Choral die Zukunftsweise der deutschen Musik zuerst erklang« (Nietzsche, Die Geburt der Tragödie, § 23, a.a.O. S. 126).

Nietzsche nennt den Choral Luthers auch einen dionysischen Lockruf. Das Dionysische ist für Nietzsche der Begriff für die durch die wissenschaftliche Zivilisation verdrängte wahre Realität, zu der sich die wissenschaftliche Zivilisation wie ein Schein verhält. Die konsequente Fortentwicklung des romantischen Gedankens, daß sich der Mensch durch die Macht des Dionysischen von der Fesselung durch die Rationalität und ihre Repressionen befreien müsse, ist auch eine Hoffnung des jungen Nietzsche gewesen. »Unter dem Zauber des Dionysischen schließt sich nicht nur der Bund zwischen Mensch und Mensch wieder zusammen: auch die entfremdete, feindliche oder unterjochte Natur feiert wieder ihr Versöhnungsfest mit ihrem verlorenen Sohne, dem Menschen« (Nietzsche, Die Geburt der Tragödie, § 1, a.a.O. S. 24).

Geleitet von dieser Vision geht also die Kritik Nietzsches über die marxistsche Kritik an der kapitalistischen Gesellschaft hinaus an die Fundamente einer zivilisierten, arbeitsteilig organisierten Gesellschaft überhaupt. Die Stadt der Zivilisation erscheint bereits hier in dem fahlen Licht einer ausgeglühten Kraterlandschaft, die auch ohne atomare Katastrophe vom Tod alles wahrhaften und ursprünglichen Lebens zeugt. »Vergebens spähen wir nach einer einzigen kräftig geästeten Wurzel, nach einem Fleck fruchtbaren und gesunden Erdbodens: überall Staub, Sand, Erstarrung, Verschmachten« (Nietzsche, Die Geburt der Tragödie, § 20, a.a.O. S. 113).

Wenn man den letzten Impuls des Aufstands der Jugend gegen alle Formen der modernen Zivilisationsgesellschaft verstehen will, hier wird er von Nietzsche ausgesprochen. Man kann nicht behaupten, daß die Kritik an der modernen, technisch-wissenschaftlichen Zivilisation im Neomarxismus Nietzsche an Radikalität übertroffen hat. Nur vorübergehend richtete Nietzsche seine Hoffnung auf die Kunst. Aufgabe der Kunst sei es, das Auge vom Blick ins Grauen der Nacht zu erlösen und das Subjekt durch den heilenden Balsam des Scheins aus dem Krampfe der Willensregungen zu befreien. Die Hoffnung auf Rettung des Menschseins in der modernen Welt durch die Kunst gehört auch heute noch zu den bewegenden Kräften der Gegenwart. Nur daß an die Stelle der von Nietzsche erhofften Wiederherstellung des Mythos im Gesamtkunstwerk die Kunst sich heute zum Happening verwandelt und an die Stelle der Erlösung durch den dionysischen Orgiasmus als dürftige Ersatzform dieser Hoffnung die Pornographie und die sexuelle Revolution treten, durch die das entfesselte Leben der Öde und Langeweile technologischer Zivilisation angepaßt wird. »Von dem Orgiasmus aus führt ein Volk nur ein Weg, der Weg zum indischen Buddhismus, der, um überhaupt mit seiner Sehnsucht ins Nichts ertragen zu werden, jener seltnen exstatischen Zustände mit ihrer Erhebung über Raum, Zeit und Individuum bedarf« (Nietzsche, Die Geburt der Tragödie, § 21, a.a.O. S. 114).

Die religionsgeschichtliche Zukunft eines entchristlichten Abendlandes ist nicht die rationale, mündig gewordene Profanität, sondern die geistige Eroberung Europas durch asiatische Formen der Religiosität und durch ihre Ersatzformen. Diesem Typus von Religiosität allein entspricht ja wohl auch das, was im Grunde gemeint ist, wenn von atheistischer Religion die Rede ist. Das Grundmotiv negativer Dialektik, die Überwindung der *stabilitas* selbstbewußter, rationaler Selbstheit des Menschen im Rückstieg in die Natur zeichnet sich hier ab. Nietzsche stellt diesem Rückstieg des Menschen in die amorphe Natur die Macht entgegen, die er das Apollinische nennt. Nietzsche nennt den Gott Apoll die ethische Gottheit. Während es in der Bejahung des Gottes Dionysos um die paradoxe Identität von Bejahung und Verneinung, von Zerstörung und Verwirklichung, von Ermöglichung und Vernichtung oder von Wollust und Grausamkeit geht, erhofft Nietzsche die Rettung aus dieser Teufelsküche durch den ethischen Gott Apoll. »Hier bricht jedoch die apollinische Kraft auf Wiederherstellung des fast zersprengten Individuums gerichtet ... Der Gedanke und das Wort retten ... Mit der ungeheuren Wucht des Bildes ... reißt das Apollinische den Menschen aus seiner orgiastischen Selbstvernichtung empor« (Nietzsche, Die Geburt der Tragödie, § 21, a.a.O. S. 117).

Man könnte auch Nietzsches Gedanken als den Ort verstehen, an dem der religionsphilosophische Grund des Abbruchs der Dialektik in der zweiten Hälfte des 19. Jahrhunderts erkennbar wird, indem die für Hegel zentralen christologischen Motive seiner Dialektik aufgelöst werden. Denn ohne Zweifel steht die Auffassung des Dionysischen als der Einheit des Lebens selbst oder als eine seiner Manifestationsgestalten in einem dialektischen, aber von Nietzsche undialektisch begriffenen Zusammenhang. Was Adorno als ein Kennzeichen gegenwärtigen Bewußtseins bestimmt hat, daß dialektische Sachverhalte undialektisch gedacht werden, auch dafür ist Nietzsche ein beredtes und eindringliches Zeugnis.

Wenn Nietzsche auf dem Boden einer nun negativ gewordenen Theodizee auch noch die Bejahung der Zerstörung des Menschen als einer individuierten und selbstbewußten und sich an das Gewissen bindenden Gestalt gefordert hat, dann muß man die Frage stellen, ob das Ästhetik ist oder Wahnsinn. Da aber die Pointe bei Nietzsche darin besteht, daß das an sich selbst kranke Leben der heilenden Macht der Tragödie bedürfe, um seine potentielle Gefährdung durch den Wahnsinn in den schönen Schein hinein zu retten, um sich im Anblick des stellvertretend leidenden Helden mit dem eigenen Geschick zu versöhnen, ist es durchaus möglich, aus dem Untergang des tragischen Bewußtseins in der Gegenwart den Untergang dieser Zivilisation im Wahnsinn zu erschließen und für nicht mehr ganz unmöglich zu halten. Denn es ist ja schwerlich zu leugnen, daß diese von Nietzsche ernsthaft ins Auge gefaßte Möglichkeit inzwischen nicht mehr nur utopisch ist. Wenn die im Anschluß an die Geburt der Tragödie herausgearbeiteten Voraussetzungen dieses Gedankens zutreffen, dann reduziert sich der Glaube Nietzsches auf den Glauben an die heilenden Wirkungen des Wahns. Was dann nach dem von Nietzsche bejahten Ende von Metaphysik und Christentum den Menschen in der modernen Welt allein noch am Leben festzuhalten vermag, ihn zu motivieren vermag, diese Realität noch zu ertragen, ist von der Art des Wahns, der nicht mehr nach seiner Wahrheit befragt werden darf, da allein der Nutzen für das Leben entscheidet. »Das wahre Ziel wird durch ein Wahnbild verdeckt. Nach diesem strecken wir die Hände aus, und jenes [den Willen zum Leben] erreicht die Natur durch unsere Täuschung« (Nietzsche, Die Geburt der Tragödie, § 3, a.a.O. S. 31).

Daß die frühe Schrift Nietzsches gerade heute für die Bestimmung des geistesgeschichtlichen Horizontes, in den wir uns hineinbewegen, so wichtig ist, hat seinen Grund darin, daß hier zum letztenmal der für die philosophische Entwicklung von Kant bis Hegel grundlegende Versuch gemacht wird, Geschichtsphilosophie und Theodizee miteinander zu verknüpfen. Stand die im Horizont einer Philosophie der Weltgeschichte beabsichtigte Theodizee von Kant bis Hegel im Dienste des Nachweises eines in der Geschichte erreichten Fortschritts im Bewußtsein der Freiheit, also in dem Dienste des Bemühens, ein Resultat der Geschichte vorzuweisen, das sich auch vor Gott sehen lassen kann, da dieser Gott nicht nur die innerliche, sondern die ganze und reale Freiheit gewollt hat, so verkehrt Nietzsche diesen Willen in sein Gegenteil. Geschichte dient nun dem Erweis eines mit dem Verlassen des Mythos einsetzenden Prozesses fortschreitenden Verfalls.

Es ist die Frage, ob schon hinreichend genug bedacht wurde, was es für den Versuch der Artikulation reformatorischen Selbstbewußtseins in der Gegenwart bedeutet, wenn dieser Versuch auf dem Boden eines nun auch praktisch und total gewordenen Geschichtsnihilismus gemacht werden muß. Bereits der Blick auf die Geschichte der Metaphysik diente Nietzsche zu dem Nachweis, daß die Metaphysik nichts anderes als eine den faktischen Verfallscharakter der Geschichte verhüllende Illusion gewesen sei.

Nietzsche hat sich von dem Glauben an die Macht der Kunst, den Menschen mit seinem Verfall zu versöhnen, im Gesundungsbad des Positivismus befreit. Die Phase des mittleren Nietzsche, die Phase also der Zuwendung zum Positivismus, war für Nietzsche in der methodisch therapeutischen Leistung des Positivismus begründet, um sich mit seiner Hilfe von der Vernebelung des Blicks auf die harten und grausamen Realitäten der modernen Welt zu befreien. Der Positivismus wird also immer dann notwendig, wenn es gilt, sich von einem Betrug zu befreien, wenn die Hoffnung erregt wird, daß eine unmittelbare Einheit des Menschen mit der Natur wieder möglich sei und dieser Glaube sich in Wahnsystemen verfestigt.

Im Übergang von der »Geburt der Tragödie« zu den »Unzeitgemäßen Betrachtungen« hatte Nietzsche erkannt, daß die das Bewußtsein der Menschen in der Moderne am entschiedensten formierende und bestimmende Kraft nicht durch die Naturwissenschaften, sondern durch die modernen Geschichtswissenschaften repräsentiert wird. Die modernen Geschichtswissenschaften sind für Nietzsche die geistige Macht, durch die alle Formen der Ständigkeit in dem uferlosen Strom eines Prozesses aufgelöst werden, der selber kein Ende und keinen Anfang hat. Im Verhältnis zu der Unendlichkeit dieses Prozesses, vor dem aller Anspruch auf Überdauern vergeht, ist dann das einzelne Individuum nur ein Moment von ephemerer Gleichgültigkeit, von dem dann allerdings nicht mehr allzuviel Aufhebens zu machen sei. Nietzsche hat das Problem einer Begründung des Sinns menschlichen Daseins auf den Hintergrund dieser Erfahrung der Wirklichkeit als eines endlosen Prozesses gestellt. Die Rettung des Menschen in der Neukonzeption der Aufgabe der Bildung führt bei Nietzsche zu der Erkenntnis, daß durch die Bildung das innere Chaos des Menschen organisiert werden müsse, indem man sich auf seine echten Bedürfnisse zurückbesinnt. In der Rückbesinnung auf seine echten Bedürfnisse solle der Mensch das Chaos der Innerlichkeit in sich organisieren.

In der zweiten Abhandlung der »Genealogie der Moral« hat Nietzsche das Problem des Menschen in der modernen Welt, von dessen Lösung die Existenz einer menschlichen Gesellschaft überhaupt abhänge, so bestimmt, daß es darauf ankäme, den Menschen als ein Tier heranzuzüchten, das versprechen darf. Für Nietzsche besteht also die Auflösung des Fundamentalproblems der menschlichen Existenz in einer modernen Gesellschaft darin, ihn zu befähigen, versprechen zu können, das heißt für seine eigene Identität auch in Zukunft aufkommen zu können. Die Konstitution der Einheit der Subjektivität mit sich selbst fällt also mit der Ermöglichung der modernen Gesellschaft zusammen. Wenn das zutrifft, dann muß die reformatorische Theologie aus der Konstellation heraustreten, die ihr Selbstbewußtsein im 19. Jahrhundert und auch noch weitgehend ihre existentialen Reaktionsformen und die Sprachtheologie im 20. Jahrhundert bestimmte, und den Mut haben zu erkennen, daß eine an die Wurzeln des Zustands der Gesellschaft reichende Analyse zeigt, daß die in die Privatheit und Innerlichkeit abgeschobene Subjektivität nicht auf einen Bereich außerhalb der Gesellschaft beschränkt werden kann, sondern daß die Subjektivität das Fundamentalproblem der Existenz der Gesellschaft selbst ist. Die Natur ist kein mögliches Subjekt mehr für die Praxis einer Aufhebung gesellschaftlicher Selbstentfremdung. Da Nietzsche in seinem Programm der Bildung als einer Organisation des inneren Chaos die Besinnung auf die echten Bedürfnisse aufgenommen hat, muß man die Frage nach dem Prinzip stellen, nach welchem zwischen echten und unechten, zwischen wahren und falschen Bedürfnissen entschieden werden kann.

Nach der Destruktion der Philosophie als eines Organs der Bildung geschichtlicher Vernunft war Nietzsche methodisch gezwungen, als Antwort auf die Frage nach der Instanz einer möglichen Unterscheidung zwischen echten und falschen Bedürfnissen, nach denen die Formierung der chaotischen Innerlichkeit erfolgen soll, die Natur in Anspruch zu nehmen. In diesem Zusammenhang und an dieser Stelle hat nun Nietzsche die Hoffnung auf eine Regeneration des Lebens auf die Jugend gerichtet, weil nach der Meinung Nietzsches die Jugend die Gestalt ist, in der das noch nicht total von der Verdinglichung erfaßte und entfremdete Sein der Natur sich meldet und sich gegen die Herrschaftsbedingungen der Zivilisation auflehnt. Die Abwendung von der Vernunftphilosophie führt Nietzsche mit innerer Notwendigkeit zur Proklamation eines Reiches der Jugend. Der Weg Nietzsches zur Proklamation eines Reiches der Jugend wurde ihm durch die Prinzipien seiner negativen Ontologie und durch das Scheitern der Theodizeefrage aufgezwungen. Auf dem Boden der These der Absurdität allen gewordenen Seins konnte die Theodizeefrage nur zu der theologischen Sanktion der Absurdität alles Seins führen.

Im Blick auf diese für die Gottesfrage entscheidende Voraussetzung des Denkens Nietzsches sind Sartre und Adorno, wie Heidegger nur seine Epigonen. Eine vom Geschichtsnihilismus aus entwickelte radikale Zivilisations- und Kulturkritik kann auf die Erneuerung des Glaubens an die Natur, also einer neuen Naturmythologie, gar nicht verzichten. »Ja man weiß, was die Historie durch ein gewisses Übergewicht vermag, man weiß es nur zu genau: die stärksten Instinkte der Jugend: Feuer, Trotz, Selbstvergessen und Liebe zu entwurzeln, die Hitze ihres Rechtsgefühls herabzudämpfen, die Begierde, langsam auszureifen, durch die Gegenbegierde, schnell nützlich, schnell fruchtbar zu sein, zu unterdrücken oder zurückzudrängen, die Ehrlichkeit und Keckheit der Empfindung zweiflerisch anzukränkeln; ja sie vermag es selbst, die Jugend um ihr schönstes Vorrecht zu betrügen, um ihre Kraft, sich in übervoller Gläubigkeit einen großen Gedanken einzupflanzen und zu einem noch größeren aus sich herauswachsen zu lassen« (Nietzsche, Vom Nutzen und Nachteil der Historie für das Leben, § 9. Unzeitgemäße Betrachtungen, a.a.O. S. 276).

An dieser Stelle wird bei aller Nähe doch die Kluft erkennbar, die Nietzsche von Marx trennt, da ja Marx unmöglich die Hoffnung auf eine bessere Welt der biologisch verstandenen Jugend hätte anvertrauen können. Nur wenn man die Rettung von der Kraft erwartet, mit welcher das an der Hypertrophie des Bewußtseins leidende Leben den stimulierenden Wahn als den rettenden zu ergreifen vermag, muß man die Zukunft dieser Welt von der Errichtung des Reiches der Jugend erwarten. Was die biologische Jugend unter den Bedingungen des Geschichtsnihilismus und der orgiastischen Flucht in die Natur zur Rettung der Menschheit befähigt, ist allein ihre Fähigkeit, sich von den Gebilden des Wahns ergreifen zu lassen, ohne nach ihrer Wahrheit zu fragen.

Die Analyse der Gegenwart in der Perspektive ihrer Antizipation durch Nietzsche und die sie leitende Frage nach einer möglichen Rede von Gott führt uns zu Hegel zurück, der, von einem mit Nietzsche vergleichbaren Ansatz ausgehend, Folgerungen zog, die denen Nietzsches widersprechen. Wir nehmen die Frage im Zusammenhang der Auseinandersetzung Hegels mit dem Christentum auf, die ihn von seinen frühesten Anfängen, den sogenannten theologischen Jugendschriften, bis zu der späten Religionsphilosophie kurz vor seinem Tode begleitet hat (siehe hierzu: Günter Rohrmoser, Emanzipation und Freiheit. Goldmann, München 1970). Hegel hat seine Auseinandersetzung mit dem Christentum im Horizont der auch für ihn realen Möglichkeit geführt, daß es mit dem Christentum als einer die Realität bestimmenden Macht vorbei sein könnte, und hat diese Möglichkeit verbunden mit einer Antwort auf die geschichtliche Erfahrung vom Tode Gottes.

Aber ehe wir uns der Hegelschen Antwort zuwenden, soll noch kurz erläutert werden, was unter der These von einem möglichen geschichtlichen Ende des Christentums zu verstehen ist. Wir sind ja heute der Auffassung, die Welt sei säkular, profan und mündig geworden, und damit meinen wir, daß diese Welt sich aus ihrer Herkunft und ihrem Zusammenhang mit dem christlichen Glauben entfernt habe, daß sie sich, wie man sagt, von der Macht der christlichen Wahrheit emanzipiert habe, und daß die Welt versuche, sich aus sich selbst heraus zu begründen und zu verfassen. Auf dem Boden dieses Vorverständnisses einer auch uns heute noch leitenden Vorstellung von einer mündig und säkular gewordenen Welt, wird das Christentum grundsätzlich als eine Sache erkennbar, die das Schicksal dieser Welt im Ernst und im Grunde nicht mehr betreffen kann. Wenn hinter der Rede von der autonomen und säkularen Welt überhaupt ein Sinn steckt, dann doch eben der, daß das Schicksal und Geschick der Welt nicht mehr im Ernst von der Sache der christlichen Wahrheit betroffen werden kann. Das bedeutet andererseits, daß dann die Sache des Christentums aufhört, die Welt noch länger ernsthaft zu interessieren, und die christliche Wahrheit abgeschoben und abgedrängt wird in den Raum der privaten Subjektivität und ihrer Beliebigkeit. Sie wird eine Sache des beliebigen Dafürhaltens.

Man muß aber nun feststellen, daß die langfristig sich abzeichnende Tendenz dahin zielt, diesen Bereich der privaten Subjektivität selber abzuschaffen. In die universale und radikale Politisierung aller Bereiche der Gesellschaft und des menschlichen Daseins ist eingeschlossen die Aufhebung oder – zugespitzt formuliert – die Liquidation eines solchen privaten Raums persönlicher Freiheit, in welchem es bisher für den Glauben noch eine Möglichkeit gab, sich in Freiheit zu der christlichen Wahrheit zu verhalten oder nicht. Wenn der Raum der sogenannten bürgerlichen Besonderheit und Beliebigkeit in die Prozesse der atheistischen und säkularen Gesellschaft aufgehoben wird und tendenziell verschwindet, dann wird aus der Logik der Entwicklung der modernen Welt heraus das tatsächliche und definitive Ende des Christentums als eine das menschliche Sein und das Geschick der Welt nicht weiter betreffende und verwandelnde Kraft in Betracht zu ziehen sein.

Wenn wir von dem möglichen Ende des Christentums reden, dann stellen wir diesen Vorgang in den Zusammenhang der Hegelschen Auslegung, der diese Entwicklung im Blick hat. Natürlich braucht dieser Vorgang nichts daran zu ändern, daß die Pforten der Hölle die Kirche Jesu Christi nicht überwinden werden. Nur sollte das Wort von den Pforten der Hölle für Theologen ein Anlaß sein, den Acheron, den Untergrund der Gesellschaft, nüchtern und illusionslos ins Auge zu fassen.

Die Bewegung der modernen Welt auf ihre eigene atheistische Säkularität hin ist aber nun in der Gegenwart begleitet durch die Auflösung des Glaubens an das Prinzip und den Prozeß des Fortschritts. Der Prozeß der Säkularisierung fällt mit dem Verlust des Glaubens an das Prinzip Fortschritt zusammen. Die gleiche, sich auf die Totalität ihres eigenen säkular atheistischen Verständnisses hin bewegende Welt wird von einem nicht-christlichen, ja vielleicht anti-christlichen Denker wie Theodor W. Adorno interpretiert im Zeichen einer geradezu apokalyptischen Konstellation (siehe hierzu: Günter Rohrmoser, Das Elend der kritischen Theorie. Rombach, Freiburg 1970). Je mehr sich die Welt auf die totale Säkularität hin verfaßt und organisiert, in dem Maße nimmt die Welt nach der Adornoschen Theorie die Notwendigkeit an, ihre politische Praxis als die physische Liquidation von Individuen, Gruppen, Völkern und Kulturen zu verstehen, die der Durchsetzung des eigenen politischen Willens jeweilig entgegenstehen. Daher ist für Adorno das religionsgeschichtlich fundamentale Faktum im 20. Jahrhundert Auschwitz. Adorno hat gesehen, daß die moderne Welt als das Resultat ihres eigenen, gegen die Wahrheit des Christentums betriebenen Fortschritts genötigt ist, das Prinzip Fortschritt selber abzuschaffen. Daher ist für Adorno diese Welt totaler Säkularität die falsche Welt. Diese Welt sei im ganzen falsch und verkehrt, da in ihr das Ganze gegen die in ihm angelegten besseren, humanen Möglichkeiten organisiert wird.

Der repräsentativste Philosoph der die gegenwärtige Gesellschaft erfassenden Bewegung hat also unsere Welt als im ganzen falsch und verkehrt bestimmt, die sich nach Kategorien verfaßt und versteht, die in der jüngeren Phase der Theologie geradezu theologisch legitimiert wurden. Die religiöse Position, die den Hintergrund seiner negativen Dialektik bildet, ist eine säkularisiert jüdische Position, weil nach Adorno nur im Lichte des säkularisierten Glaubens an den wiederkehrenden Messias die Welt in ihrem total verkehrten Charakter erkennbar wird.

Hegel hat nun in seinen Jugendschriften die Welt auf dem Höhepunkt der Aufklärung im 18. Jahrhundert genauso interpretiert, wie das die negative Dialektik heute tut, und das Urteil, das Hegel im Bezug auf diese Situation und auf die Verfassung und das Selbstverständnis des christlichen Glaubens fällt, lautet: Wir Christen sind dahin gekommen, wo einst die Juden waren. Hegel sieht also die Endposition der christlichen Wahrheit in einer undurchschauten, aber von der Theologie betriebenen und sanktionierten Rejudaisierung des christlichen Glaubens begründet. Die Möglichkeit eines Endens der christlichen Wahrheit in der Form ihrer Rejudaisierung geht für Hegel aus der Annahme der fundamentalen These hervor, daß das Ganze falsch sei. Für Hegel kann sich die Endschaft des Christentums auch in der Form vollziehen, daß die christlich-theologische Form und der christliche Name beibehalten, aber der Inhalt gegen die Wahrheiten nicht- oder vorchristlicher religiöser Gestalten des Bewußtseins ausgewechselt wird.

In einer solchen Situation ist die christliche Theologie in einer ihr traditionelles Verständnis überschreitenden Weise auf die Philosophie angewiesen. Die christliche Theologie ist darum in einer besonderen Weise auf die Philosophie angewiesen, weil die Auseinandersetzung mit der These von der totalen Verkehrtheit der Welt und mit der Analyse des geschichtlichen Prozesses, der zu dieser Verkehrtheit geführt hat, und mit der Frage, wie eine Erkenntnis des total Verkehrten überhaupt möglich ist, die Theologie zwingt, von sich aus die zentralen, religionsphilosophischen Fragen wieder zu stellen. Oberprimaner verlangen daher mit einem größeren inneren, sachlichen Recht, als ihnen bewußt ist, die Einbeziehung der Religionsphilosophie in die Mitte des christlichen Religionsunterrichtes. Das hat nichts mit einer Auslieferung der theologischen Wahrheit an die Philosophie zu tun, sondern hängt mit der möglichen Selbstbehauptung der theologischen Wahrheit in einer geschichtlichen Konstellation zusammen, in welcher die die Theologie herausfordernden Fragen selber religionsphilosophischer Natur sind.

Hegel hat in seinen Jugendschriften die Analyse einer Zeit und einer geschichtlichen Lage gezeichnet, die von der These ausgeht, daß das Ganze der geschichtlichen Welt verkehrt sei. Hegel hat diese Verkehrtheit des Ganzen in voller Übereinstimmung mit der negativen Dialektik Adornos als die totale Herrschaft des Prinzips Herrschaft über alle Zusammenhänge des menschlichen Daseins und seiner Welt interpretiert. Der Mensch ist unter den Bedingungen universaler Herrschaft zum Objekt der Herrschaft geworden, er ist total verdinglicht. Das ist der Ausgangspunkt. Hegel analysiert, wie Adorno, diese Herrschaft der totalen Verdinglichung als eine Gestalt des sich selbst entfremdeten und zerrissenen Lebens. Angesichts der wirklich gewordenen Gestalt total gewordener Entfremdung analysiert Hegel diesen Zustand mit Hilfe der nichtchristlichen, wieder in den antiken Raum zurückverweisenden Kategorie des Schicksals. Adorno redet von universaler Verblendung oder von dem Bann, Hegel spricht vom Schicksal.

Es wäre in diesem Zusammenhang interessant zu fragen, aus welchen Gründen die moderne Welt religionsphilosophisch gezwungen ist, sich selbst mit vorchristlichen Kategorien auszulegen, wenn für die Bestimmung des Selbstbewußtseins die christliche Wahrheit ihre Bedeutung verloren hat. Das Schicksal, von dem Hegel spricht, besteht darin, daß das Ganze sich gegen sich selbst, sich gegen seine besseren, in ihm angelegten Möglichkeiten der Verwirklichung von Humanität und Freiheit gewandt hat. Die Aussage von der Verkehrtheit kann Hegel aber nun im Unterschied zum neomarxistischen Bewußtsein der Gegenwart nur begründen, indem er diesen Zustand an dem Begriff von Freiheit im neutestamentlichen Zeugnis mißt. Hegel hat den neutestamentlichen Freiheitsbegriff ursprünglich als die Bewegung des Menschen auf Autonomie hin verstanden, und gemessen an diesem Begriff von Autonomie war das Ganze, wie es sich geschichtlich entwickelt hatte, verkehrt.

Noch bedeutsamer aber als die Analyse selber ist die Tatsache, daß Hegel sich in seinen Untersuchungen von der Frage nach dem Grund der Herkunft des Prozesses leiten ließ, der zu dieser Verkehrung führte. Die Frage nach der Herkunft des geschichtlichen Prozesses führte Hegel zu einer Auslegung des jüdischen Geistes, die zwar am gegenwärtigen Stand der Erkenntnis des Alten Testaments nicht verifiziert werden kann, die aber bedeutsam für die Fragestellung der Hegelschen Jugendschriften ist, weil Hegel an der paradigmatisch verstandenen Gestalt des Abraham die religiöse Verfaßtheit der Aufklärung und des aufgeklärten Bewußtseins im 18. Jahrhundert ausgelegt hat. Das Hegelsche Problem wird von vornherein verfehlt, wenn man nicht den Kontext entsprechend berücksichtigt, in welchem Hegel das Alte Testament begreift. Hegel versteht den Geist des Judentums von seinen Voraussetzungen aus als eine geschichtliche Bewegung, die in der totalen Vergesetzlichung aller Welt- und Lebensbereiche endete. Die jüdische, in der Aufklärung von neuem zum Zuge gekommene Gestalt der Verkehrung des Ganzen ist die totale Vergesetzlichung des Lebens. Was in der Sicht Hegels Jesus zum Zeitpunkt seines Auftretens vorfindet, ist eben diese Vergesetzlichung. In den Jugendschriften entwickelt Hegel eine Theorie der Dialektik des Gesetzes, die ohne den Rückgriff auf die reformatorische Tradition nicht möglich wäre. Die Dialektik des total vergesetzlichten Lebens ist für Hegel durch zwei Momente bestimmt.

1. Das Gesetz ist die Bedingung der Selbsterhaltung des entfremdeten Lebens. Das Gesetz ist die Weise, in der das entfremdete Leben allein sich erhalten kann. Die Zerstörung des Gesetzes würde daher die Zerstörung der Bedingung der Selbsterhaltung des entfremdeten Lebens bedeuten.
2. Das Gesetz ist aber auch gleichzeitig die Fixierung der Entfremdung selber. Indem das Gesetz das entfremdete Leben ermöglicht, wird die Entfremdung auch gleichzeitig durch das Gesetz fixiert.

Es gibt nun in der modernen Welt zwei Möglichkeiten, gegen das gesetzlich fixierte, entfremdete Leben Widerstand zu leisten. Die zwei Gestalten des Widerstandes gegen die totale Vergesetzlichung des entfremdeten Lebens sind die schöne Seele und der Verbrecher. Im Zusammenhang der Reflexion auf die Möglichkeiten eines Widerstandes gegen die Entfremdung gelangt Hegel bereits in den Jugendschriften zu einer Theorie der Notwendigkeit des Verbrechens in der modernen Welt, weil das Verbrechen in einer durch die gesetzlich fixierte Entfremdung bestimmten Konstellation auch die Praxis ist, in welcher das durch das Gesetz unterdrückte Leben gegen seine Vergesetzlichung rebelliert.

Die zweite Gestalt, die Hegel ins Auge faßt, ist bestimmt durch die Möglichkeit der schönen Seele, das heißt also, durch den Rückzug der Subjektivität auf sich selber, auf die Subjektivität, die sich aus dem verkehrten Ganzen auf sich selbst hin zurücknimmt. Die gewaltlose Selbstverklärung der schönen Seele und ihre Selbstheiligung sowie der Ausbruch dieser Subjektivität in das Verbrechen und in die Gewalt, sind für Hegel die beiden Seiten desselben Vorgangs. Der Rückzug der Subjektivität und der Ausbruch der Subjektivität in die Gewalt gehören für Hegel unmittelbar zusammen und sind die zwei geschichtlich maßgebenden Erscheinungsformen desselben Prinzips.

In der sich abzeichnenden Polarisierung in der Kirche und der sie reflektierenden Theologie wird man dann das Opfer dieser unerkannten Dialektik, wenn man glaubt, den Rückzug der Subjektivität und ihren gewalttätigen Ausbruch als Gegensätze bestimmen zu können, und die beiden Erscheinungen dem Fortschritt und der Reaktion, der Position von links und von rechts zuordnet. Diese Art der Zuordnung wird von Hegel als die Folge der unbegriffenen Dialektik verstanden. Sowohl der Ausbruch wie der Rückzug muß vielmehr zu einer Potenzierung der Entfremdung führen. Überwindung der Entfremdung durch Gewalt führt ebenso zu ihrer Steigerung, wie der Rückzug der Subjektivität – aus dem als verkehrt unterstellten Ganzen – das Ganze seiner Verkehrtheit überläßt und damit potenziert.

Im Blick auf diese Grundaporie der modernen Welt und ihrer in einem undialektischen Begriff von Aufklärung angelegten Vergesetzlichung stellt Hegel die Frage nach der Bedeutung, die dem Auftreten des Jesus von Nazareth in und für diese Situation zukommt. Hegel bestimmt in dieser ersten Phase seiner Auseinandersetzung mit dem Christentum das Wesen der christlichen Religion als eine Macht der Versöhnung im Geiste der Liebe oder als die Macht der Wiederherstellung des entfremdeten und in seiner Gesetzlichkeit gefesselten Lebens in die ursprüngliche Einheit und Freiheit mit sich selbst. Unter den Bedingungen der total gewordenen Entfremdung ist der christliche Glaube die Macht der Versöhnung, und der Geist der Liebe führt für Hegel nicht zu einer sentimentalen Aufweichung der Härte der gesetzlichen Strukturen dieser Welt, sondern mit der Versöhnung der Subjektivität im Glauben ist vielmehr das Christentum für Hegel die einzige geistige Kraft in der modernen Welt, die Freiheit im Subjekt hervorzubringen vermag, um deretwillen doch alle revolutionär gemeinten Veränderungen erst einen Sinn haben.

Freiheit als die Frucht der Versöhnung macht nach Hegel das Subjekt erst fähig, Veränderungen in der modernen Welt herbeizuführen, die nicht zu einer Potenzierung der Entfremdung führen. Durch die Hervorbringung einer Versöhnung in der Subjektivität ist für Hegel der christliche Glaube die Kraft, die den Menschen allein über seine Entfremdung hinausführen kann. Die Wahrheit des christlichen Glaubens ist die einzige Wahrheit, die für Hegel erst eine sich an der Vernunft orientierende Analyse des total verkehrten Charakters der Welt ermöglicht. Als Glaube ist die christliche Wahrheit der Grund einer die Einsicht in die Verkehrtheit der Welt faktisch ermöglichenden Erkenntnis. Der Glaube selber ist die konkrete geschichtliche Vermittlung von Faktizität und Transzendentalität, an deren beziehungslosem Auseinanderfallen alle Revolutionen in der modernen Welt bisher scheiterten.

Hinter der grundlegenden Veränderung des Verhältnisses von Theologie und Philosophie stand für Hegel die Sorge, daß die christliche Theologie in der Beschränkung ihres Inhalts auf die einzelne Subjektivität die Bedingung nicht realisieren könnte, die sie selber als Ermöglichung von Vernunft und Theorie ist. Die denkende Vergegenwärtigung der Wahrheit des Glaubens wird daher bei Hegel zu einer zentralen Form des Gottesdienstes, einer Diakonie, durch die die christliche Gemeinde der modernen Welt den Grund und die Fähigkeit vermittelt, sich selbst in ihrer Vernunft zu erkennen und anzunehmen.

Wenn die die Subjektivität umwandelnde Macht des Glaubens abgeschafft ist, erst dann ist die Herstellung einer politischen Totalität in der modernen Welt überhaupt und wieder möglich. Die essentielle Voraussetzung aller Formen totalitärer Herrschaft muß daher die ausdrückliche oder schweigende Auslöschung der Macht dieses Glaubens sein. Solange dieser Glaube die Fundamente einer jeden nur politischen Ordnung bedroht, kann keine gesellschaftliche oder politische Macht mit dem Anspruch auftreten, nun erst für die Menschheit das Heil bringen zu können. Und wenn er ausgelöscht ist, dann ist der Weg der modernen Welt in die Barbarei eines neuen Kollektivismus frei. Es wäre daher zu überlegen, ob durch diese Sicht Hegels nicht der Theologie und Kirche eine Möglichkeit eröffnet wird, ihr Selbstbewußtsein neu zu artikulieren. Von der Selbstbehauptung der christlichen Kirche scheint entscheidend die Möglichkeit abzuhängen, den Prozessen zu widerstehen, die auf die Errichtung neuer totalitärer Zwangssysteme hindrängen. Die Verkündigung der wahren Auffassung vom Tode Christi ist dann selber von fundamentaler politischer Bedeutung. Nach dem Verfall der liberalen und humanitaristischen Form des Verständnisses von Freiheit ist die Aktualität christlicher Tradition identisch geworden mit der Aktualität von Freiheit überhaupt in unserer Welt.

Zehntes Kapitel
Freiheit und Selbsterhaltung

Daß die Frage nach ihrer Zukunft auch an die Philosophie gerichtet wird, ist offenbar unvermeidbar und dringend. Warum? Auch diese Frage zu stellen ist notwendig, denn es handelt sich ja in der Frage nach der Zukunft der Philosophie um keine für sie selbstverständliche, d. h. sich aus ihrem Selbstverständnis mit Notwendigkeit stellende Frage, sondern eher um das Gegenteil. Denn solange es noch Philosophie gab, fragte sie primär weder nach Zukunft, noch nach Vergangenheit, noch nach Gegenwart, sondern nach dem, was in einem allen zeitlichen Wandel überdauernden Sinn die Wirklichkeit in ihrem Grunde und im ganzen ausmacht.

Noch für Hegel war dieses Verständnis der Philosophie im Verhältnis zur Zeit maßgebend und grundlegend. »Darauf kommt es dann an, in dem Scheine des Zeitlichen und Vorübergehenden die Substanz, die immanent, und das Ewige, das gegenwärtig ist, zu erkennen« (Vorrede zur Rechtsphilosophie). »Denn was ist zu begreifen, ist die Aufgabe der Philosophie, denn das was ist, ist die Vernunft« (ebendort). Der Versuch dagegen, sich über die Gegenwärtigkeit der Substanz hinwegzusetzen und aus dem Bedenken des Zukünftigen die Aufgabe der Philosophie zu bestimmen, wird von Hegel als eitel und als ein Ausdruck der Eitelkeit verurteilt und bekämpft. »Wenn die Reflexion, das Gefühl und welche Gestalt das subjektive Bewußtsein habe, die Gegenwart für ein Eitles ansieht, über sie hinaus ist und es besser weiß, so befriedet es sich im Eiteln, und weil es Wirklichkeit nur in der Gegenwart hat, so ist es selbst nur Eitelkeit« (Vorrede zur Rechtsphilosophie).

Es ist nützlich, von dem Urteil Hegels auszugehen, das über ein Bewußtsein von den Voraussetzungen einer substantiellen Philosophie ausgeht, das sich mit der Entschiedenheit aus und von der Zukunft her gewinnen und konstituieren will, wie das für das gegenwärtige Bewußtsein so offensichtlich der Fall ist. Wenn Philosophie gezwungen ist, die Entscheidung über ihre eigene geschichtliche Möglichkeit und ihren eigenen allgemein verbindlichen Sinn so eng mit dem Entwurf auf Zukunft hin zu verknüpfen, dann handelt es sich dabei um einen Vorgang, der nicht oder doch nicht allein aus ihr selbst begriffen werden kann. Vorausgesetzt ist vielmehr in diesem Entwerfen der Zukunft die Annahme der These vom Ende der Metaphysik auf der einen und die alles Denken und Sein in sich aufhebende und okkupierende, schlechthinnige Offenheit gegenwärtiger Welt durch Zukünftigkeit auf der anderen Seite. Nicht nur fundamentalontologisch, sondern auch ganz real und empirisch ist die Möglichkeit Herr geworden über die Wirklichkeit. Nicht etwa weil es selbstverständlich wäre, von der Frage nach der möglichen Zukunft gegenwärtiger Welt auszugehen, ist Zukunft zu einem alles beherrschenden Thema geworden, sondern weil Zukunft überhaupt fragwürdig geworden ist. Nicht weil das in der Philosophie gesuchte und gemeinte höchste Gut und seine Verwirklichung in die Reichweite einer möglichen gesellschaftlichen Praxis gerückt wäre, dankt Philosophie ab, sondern eben die Bemühung um eine solche Verwirklichung eines Höchsten und Äußersten, das alles Gegebene unendlich übersteigt, ist einer Welt suspekt geworden, die durch ihre eigene geschichtliche Lage genötigt ist, sich um eine Vermeidung des größten Übels, nämlich der eigenen physischen Selbstvernichtung, zu sorgen.

Es gehört zu den größten Paradoxien unserer gegenwärtigen Welt, daß gerade durch den Versuch der Verwirklichung eines höchsten Gutes, nämlich des totaler und unentfremdeter Freiheit, die Geschichte in eine Lage gekommen ist, in der sie ihre eigene Abschaffung durch Selbstvernichtung befürchten muß. In diesem Vorgang waltet die gleiche Logik wie in der Notwendigkeit, nach der ein Versuch, das Prinzip des Politischen durch ein darauf gerichtetes politisches Handeln aufzuheben, zur Etablierung totalitärer Herrschaftsformen geführt hat.

Auf der anderen Seite ist es ja keineswegs abwegig oder gar als Abfall und Verrat von und an den größten Überlieferungen philosophischen und theologischen Denkens zu beklagen, wenn in einer solchen Situation der Gedanke seine ganze Kraft auf den Entwurf konzentriert, Zukunft neu zu eröffnen und zu zeigen, unter welchen Bedingungen allein sie denn eine für den Menschen geglückte noch zu sein oder wieder zu werden vermöchte. Ja, es ist erstaunlich genug, daß Theologie und Philosophie sich im Zusammenhang eines Prozesses wieder Gehör verschaffen konnten, in welchem es darum geht, die Geschichte der emanzipierten Welt und damit der Emanzipation aus der Geschichte revolutionär zu vollenden. Doch die Gestalt, in der sich hier Philosophie und Theologie von neuem ins Spiel der Geschichte hineinzubringen versuchen, trennt sie ebenso radikal von den Voraussetzungen und Überzeugungungen der Welt der Tradition wie von dem Denken, das auf ihrem Boden ausgebildet wurde. Eine Philosophie der Hoffnung versucht ebenso intensiv, dem anamnetischen Bann bloßen Eingedenkens ins immer schon seiende Sein zu entrinnen, wie ein seinsgeschichtliches Andenken sich bemüht, ins Unvordenkliche zurückzudenken, um dem Sein die Stätte einer neuen Ankunft zu bereiten.

In der Tat, die Erfahrung katastrophischer Geschichte macht den Versuch, unmittelbar an die in das geglückte und gelungene Sein verliebte Metaphysik anzuknüpfen, sinnlos und unmöglich. Das Chimärisch-Illusionäre, das allen der Wiederherstellung der Tradition und traditionaler Metaphysik gewidmeten Bemühungen anhaftet, ist nur eine Bestätigung der Unwiderruflichkeit, mit der die moderne Welt aus dem Zusammenhang ihrer metaphysischen Herkunft herausgetreten ist. Jedes Denken, das an die verlassene Metaphysik wieder anknüpfen will, ist gezwungen, diesen Versuch selber geschichtlich zu reflektieren und zu rechtfertigen. Eine solche geschichtliche Rechtfertigung und Reflexion liegt auch dann vor, wenn es in den Prolegomena einer zukünftigen Metaphysik um den Nachweis geht, daß die Macht der Geschichte über das Denken ein bloßer Schein sei oder ein Verhängnis, dem es in einem Akt absoluter Negation zu entrinnen gelte.

Es ist allerdings die Frage, ob aus diesem Zwang, geschichtlich denken zu müssen, mit Notwendigkeit folgt, daß dem die Metaphysik und ihre Tradition abstrakt negierenden Denken die Zukunft gehört. Ist ein schlagenderes und überzeugenderes Argument für die Notwendigkeit einer Philosophie auch in der Zukunft denkbar als nämlich dieses, daß doch offenbar weder Wille noch subjektive Gewißheit allein ausreichen, die Realität zu verbürgen, der die Gewißheit gewiß und zu welcher der Wille entschlossen ist. Die Versicherung, daß das Sein sich als veränderbar doch schon dadurch erwiesen habe, daß es verändert wurde, bleibt merkwürdig abstrakt angesichts der Erfahrung, daß die Bedrohungen in einer sich ständig verändernden Welt sich doch gerade aus dem ergeben, was sich allem Willen zur Veränderung als veränderungsunwillig gezeigt hat, nämlich dem Menschen selber. Die Erfahrung des Terrors in allen seinen mannigfaltigen Gestalten hat ihre ausgezeichnete hermeneutische Bedeutung darin, daß an ihr der Widerspruch sichtbar wird, der sonst verdeckt bliebe, nämlich zwischen dem Sein des Menschen und der Wirklichkeit, die ihm zugemutet wird.

Wer diese hier nur summarisch angedeutete Konstellation bedenkt – unter dem Zwang einer Notwendigkeit, in der es um Leben und Tod der Menschheit als Ganzes geht, in Zukunft hinein verändernd handeln zu müssen und dies doch nur in unbestimmbaren Grenzen tun zu können –, wird die in der Gegenwart sich anbahnende dialogische Konfrontation von Christentum und Marxismus als einen in der Struktur eben dieser Situation angelegten und durch sie bedingten Vorgang begreifen. Der hier sich anbahnende und von beiden Seiten, wenn auch mit gewissen Vorbehalten bejahte Dialog ist von der größten Bedeutung für die Beantwortung nach der Zukunft der Philosophie, weil eine Kooperation zweier Mächte als möglich erscheint, die am ausdrücklichsten und entschiedensten beansprucht haben, die Philosophie zu beerben und die in ihr als Philosophie unabgegoltenen Hoffnungen auf Freiheit und wahre Erfüllung auch real einlösen zu können.

Die These, die hier als Antwort auf die Frage nach der Zukunft der Philosophie vertreten werden soll, besagt zunächst nicht mehr, als daß die Zukunft identisch ist mit Zukunft von Freiheit in unserer geschichtlichen Welt überhaupt. Sie besagt zweitens, daß die Philosophie nur dann eine Zukunft hat, wenn sie, und dies gegenwärtig, den Erweis erbringen kann, daß sie selbst eine wesentliche Bedingung, wenn nicht die substanziell entscheidende, eben dieser Freiheit darstellt. Also sie, die Philosophie selber, sei eine wesentliche Bedingung eben der Freiheit, von der ihrerseits wiederum abhängt, ob es eine Zukunft überhaupt wird geben können. Und drittens schließlich ist der Ausgang eines solchen geforderten Erweises der Notwendigkeit der Philosophie nicht unbeeinflußt von der Entscheidung der Frage, ob der Marxismus und die christliche Theologie im Falle ihrer durchaus noch offenen Kooperation eigentlich über die Voraussetzungen verfügen, von denen aus die Bedingungen der Freiheit in unserer Welt erst in den Blick kommen können.

Die Frage nach der Zukunft der Philosophie geht insofern von einer problematischen Voraussetzung aus, indem sie zu unterstellen scheint, daß die Gegenwärtigkeit der Philosphie eine ausgemachte und von niemandem ernstlich in Frage gestellte Sache sei. Das ist sie aber nicht, wenn die Forderung berechtigt ist, daß alle Gestalten des Bewußtseins, die mit dem Anspruch auftreten, Philosophie leisten zu können, an dem höchsten Begriff gemessen werden müssen, den Philosphie in ihrer Geschichte gewonnen hat. An dem Maß dieses ihres eigenen Begriffs gemessen kann aber nun Philosophie oder sollte sie doch nicht weniger sein als Theorie der Wirklichkeit im ganzen, der Totalität alles dessen, was in einem substanziellen Sinn in allem Wirklichen die Wirklichkeit ist; sie müßte, um diese geforderte Theorie des Ganzen leisten zu können, der selbst vernünftige Vollzug der Vernunft sein, und sie muß somit Theorie der Freiheit und Theorie der sie ermöglichenden Bedingungen sein. Sie müßte sich in der Konstellation der Gegenwart daher konstituieren als eine, um eine Formulierung von Habermas in abgewandelter Form aufzugreifen, Geschichtsphilosophie in praktischer Absicht. In ihrem Vollzug wird sie weder das Moment transzendentaler Reflexion noch das einer produktiven Antizipation entbehren können. Als transzendental wird sie sich darum verstehen müssen, weil es ihr um die Ermittlung der Bedingungen der Möglichkeit geht. Als Geschichtsphilosophie, weil sie diese Bedingungen nicht selbst setzt, sondern als in der Geschichte erzeugte Bedingungen ausmacht, und die durch sie verfolgte Absicht wird mit Recht eine praktische genannt werden können, weil sie die Bedingungen ihrer Verwirklichung nicht schon durch sich selbst zu garantieren vermag. Die Philosophie, wie sie hier zu fordern ist, wird vor allem an die von Kant in einer durchaus der unsrigen analogen Situation zu Ehren gebrachte Kategorie des Postulates anschließen. Aber sie wird auch unverkürzt die Hegelsche Forderung einer konkreten Vermittlung erfüllen müssen. Es ist ja keineswegs zufällig, daß sich für uns der Ort zwischen Kant und Hegel als der für die philosophische Erkenntnis fruchtbarste erweisen wird. Nun steht aber jede Reflexion, die die Philosophie zu ihrem Gegenstand selbst macht, vor einer eigentümlichen Schwierigkeit, nämlich daß der Erweis ihrer Notwendigkeit mit dem Vollzug ihrer Verwirklichung zusammenfällt.

Da diese Forderung, die sich aus dem Wesen der Philosophie selbst ergibt, hier nicht erfüllt werden kann, bleibt nur die Möglichkeit, Sinn und Notwendigkeit der Philosophie in der Form einer Auseinandersetzung mit der Erfahrung zu bestimmen, die in Anspruch genommen wird, um ihr ihre Ohnmacht, ihre Inkompetenz und damit ihr Historisch-geworden-sein zu bestätigen. In der These, daß die geschichtlichen Möglichkeiten der Philosophie erschöpft seien, stimmen in überraschender Übereinstimmung alle wesentlichen Gestalten des geistigen Bewußtseins im gegenwärtigen Zeitalter überein: 1. Der Marxismus, 2. die christliche Theologie, 3. die moderne Wissenschaft. Ihr Befund wird – und das dürfte ein gewichtiges Argument für die Richtigkeit ihrer Argumentation sein – durch die Verfassung bestätigt, in der sich die universitätsmäßig organisierte Philosophie befindet. Diese reflektiert entweder die Notwendigkeit eines Endes der Metaphysik, historisiert das Verhältnis zu ihrer eigenen Überlieferung, sucht etwas ratlos aber beharrlich nach Kategorien und Bestimmungen, die so in der Tradition noch nicht hinreichend bedacht worden seien, oder weicht vor der Geschichte in die Tradition geisteswissenschaftlicher Hermeneutik aus und erhebt die Sprachphilosophie zur neuen Grunddisziplin der Philosophie überhaupt. Allen diesen Formen ist gemeinsam, daß sie einer direkten Auseinandersetzung mit den Mächten ausweicht, die in einem geschichtlich bedeutsamen Sinn den Anspruch erheben, die Philosophie entweder beerben oder ersetzen zu wollen. Vor dieser notwendigen Konfrontation kann sie sich aber weder nach hinten, in die Vergangenheit, noch nach vorn, in die Zukunft, retten. Sie wird vielmehr ihre gute alte Art dadurch bewähren müssen, daß sie von dem ausgeht, was ist, und das heißt in unserem Zusammenhang konkret, daß sie die ihr in der Geschichte und durch diese zuteil gewordene Kritik zunächst einmal akzeptiert.

Die Philosophie muß sich in der Gegenwart dazu entschließen, im Vertrauen auf die Vernunft der Wirklichkeit, die das subjektive Bewußtsein immer übersteigt, sie auch da anzuerkennen, wo diese sich gegen die Philosophie in einer ihrer traditionalen Ausprägungen gewandt hat. Das hat in unserem Zusammenhang folgende Konsequenzen:

1. Die Philosophie vermag nicht mehr Theorie des Ganzen ohne oder gar gegen die modernen Wissenschaften zu sein. Die daraus sich ergebende Aufgabe, daß die abstrakte Entgegensetzung zu den Wissenschaften überwunden und diese in den Zusammenhang der Philosophie zurückgeholt werden müssen, ist faktisch ungelöst geblieben, weil die modernen Wissenschaften in ihrem sie noch tragenden Selbstverständnis ebenso das Ganze wie den Anspruch der Philosophie auf Erkenntnis und Wissenschaft verneinen.
2. Die Philosophie vermag die Forderung nach Verwirklichung des Ganzen in einem reinen, nur sich selbst voraussetzenden Vollzug der Vernunft nicht mehr einschränkungslos aufrechtzuerhalten angesichts des im biblischen Glauben vernommenen Anspruchs eines eschatologischen Vorbehalts des Got-

tes, der in allen welt- und heilsgeschichtlichen Gestalten seiner Vermittlung noch aussteht als der, der Ende und Vollendung aller Dinge an sich hält.

3. Die Philosophie vermag ihren Anspruch auf Verwirklichung der Freiheit nicht einschränkungslos aufrecht zu erhalten angesichts der ihr im Marxismus zuteil werdenden Kritik, die von Marx an Hegel geübt und entwickelt wurde. Die marxistische Kritik ist insofern nicht ohne ein gewisses Recht, als Hegel selber am Ende der Religionsphilosophie fordert, daß die Philosophen sich als ein von der Welt ausgesonderter Priesterstand konstituieren sollten, denen das Bedenken des Heiligen aufgetragen sei, während die Lösung der durch die Französische Revolution in die Geschichte hineingebrachten Aporie der Geschichte selbst zu überlassen sei. Die Aporie, die Hegel im Auge hat, ist der Vorgang, durch den sich die substantielle subjektive Gesinnung von den sie tragenden Institutionen abgespalten hat. »Die Institutionen hängen in der Luft.« Man kann diesen Punkt auch anders formulieren, und dann besagt er, daß die Philosophie auf die Anwendung des im Marxismus erarbeiteten begrifflichen Instrumentariums gesellschaftlicher Analyse und Kritik unter Bedingungen nicht verzichten kann, unter denen sich die geschichtlichen Institutionen aufgelöst haben, mit denen Hegel als Garanten der Freiheit noch rechnen konnte. Wenn aber nun der Einspruch moderner Wissenschaft, marxistischer Forderung nach revolutionärer Verwirklichung und christlichen eschatologischen Glaubens, daß die nach Zukunft hin offene Geschichte nur durch Gott selbst zu der in ihr ausstehenden Erfüllung gebracht werden könne, von der Philosophie anerkannt wird, dann wäre sie in der Tat zu der Resignation gezwungen und zu der Verkümmerung verurteilt, die sich in der Gegenwart an ihr so offensichtlich zeigen. Es wäre aber nun durchaus denkbar, ein Plädoyer der Notwendigkeit von Philosophie zu halten – wie es Odo Marquard höchst geistvoll gefordert hat –, das seine Kraft und seine Argumente aus den Folgen ihrer Preisgabe zieht. Denn alle drei, die Philosophie ersetzen oder sie ablösen und beerben wollen also Wissenschaft, Theologie und Marxismus, verbinden mit ihrem Erbantritt das Versprechen, die Geschichte zu beenden – durch die Wissenschaft – oder sie zu vollenden – durch den von ihr frei gewordenen Menschen im Marxismus oder im Glauben an den die Geschichte durch eine neue Schöpfung vollendenden Gott in der christlichen Theologie.

Am konsequentesten ist der Versuch, die zur bloßen Vorgeschichte depotenzierte bisherige Geschichte in eine Zukunftsgeschichte realer unentfremdeter Freiheit aufzuheben, im Marxismus unternommen worden. Dieser Anspruch des Marxismus ist für die Philosophie und die Entscheidung der Frage nach ihrer zukünftigen Möglichkeit und Notwendigkeit darum von so großer Bedeutung, weil die Aufhebung der Entfremdung im Vollzug revolutionärer Veränderung nicht die bloße, abstrakte Negation der Philosophie, sondern in der Form ihrer Aufhebung ihre Verwirklichung einschließen soll. Der Marxismus beansprucht, die durch das falsche Bewußtsein von sich selbst verzerrte und bereits als gegeben unterstellte Wirklichkeit der Wahrheit aus dieser Verfälschung herauszulösen und real verwirklichen zu können. Was sich in dem säkularen Experiment des Marxismus zeigen muß – und das nicht nur theoretisch, sondern praktisch –, ist dies: Ist eine Verwirklichung der Freiheit ohne oder gar gegen die Philosophie möglich? In der Tat ist die Frage nach der Zukunft der Philosophie durch den Marxismus und aller sich auf die Gesellschaft und ihre Veränderung beschränkenden Formen der Praxis zu einer Frage von weltgeschichtlicher Bedeutung und elementarer Dringlichkeit geworden. Die Bedeutung für den Gang der Weltgeschichte, die sich die Philosophie in ihren großen Gestalten immer selbst zuerkannt hat, ist also durch den Marxismus und die durch ihn ausgelöste Bewegung, die Emanzipation mit sich selbst zu vollenden, indirekt bestätigt worden.

Die Philosophie hat durch das Faktum, daß der Marxismus die Verwirklichung totaler und unentfremdeter Freiheit an die praktische, sie in ihrer selbständigen theoretischen Existenz aufhebende Verwirklichung der Philosophie gebunden hat, aufgehört, das Erbteil einiger privater einzelner, weniger erlesener Zirkel oder gar eine bloße Frage der Schulen zu sein. Es gehört zu den nicht hoch genug zu schätzenden Verdiensten, die sich der Marxismus um die Philosophie erworben hat, klar gemacht zu haben, daß es in allen Versuchen, die Geschichte durch eine bewußte und kontrollierte Form gesellschaftlicher Praxis, also durch eine Emanzipation aus ihr heraus zu vollenden, um das Geschick und die Zukunft der Philosophie in unserer Welt geht. Daß es sich in diesem universalen, keinen Bereich und keine Gestalt des menschlichen Daseins auslassenden Experiment um einen Prozeß handelt, dessen Bedeutung und Auswirkungen sich keineswegs nur auf den kommunistischen Herrschaftsbereich erstrecken, sondern die moderne Welt in allen ihren Erscheinungsformen betreffen, braucht nicht besonders erwähnt zu werden. Die grundlegende Bedeutung des marxistischen Experimentes wird allein schon durch die Rückwirkungen bestimmt, die es auf den nichtkommunistischen Teil der Welt hat. So total aber der Prozeß selbst in seiner zeitlich-geschichtlichen wie in seiner räumlich-geographischen Erstreckung ist, so umfassend und von vitaler Bedeutung ist die potenzielle Aktualität der Philosophie durch ihn geworden.

Gegen die vielleicht als einseitig empfundene Akzentuierung der gegenwärtigen Weltkonstellation durch die Perspektive und Problematik des Marxismus stellen die durch die modernen Sozialwissenschaften inspirierten Formen gesellschaftlicher und politischer Praxis – also vorwiegend die sich am Modell technokratischer Herrschaft ausrichtenden – keinen wirklich zureichenden Einwand dar.

Insofern die modernen Sozialwissenschaften sich pragmatisch und funktional definieren, stellen sie in unserem Zusammenhang den Versuch einer Neutralisierung und Verschleierung der im Prozeß gegen die Geschichte beschlossenen Gegensätze und Frontstellungen dar. Auch ein sich im Namen des Endes der Philosophie auf bloße Selbsterhaltung und Stabilisierung beschränkendes Interesse, das sich in der Organisation und Verwaltung der Gesellschaft erschöpft, kann auf die Dauer der Frage nicht entgehen, in den Dienst welchen Zieles der Inbegriff der auf reine Mittel reduzierten Weltbestände nun eigentlich eingesetzt werden soll. Es ist evident, daß der Hinweis auf die Notwendigkeit bloßer Selbsterhaltung nicht genügt. Denn die Frage, warum Selbsterhaltung selber sein soll, ist ebenso unabweisbar, wie es nicht ausreicht, sie als sinnlos und als Ausdruck subjektiven Unbehagens zurückzuweisen. Eine die Entfremdung in der biologischen Konstitution des Menschen ungeschichtlich fixierende und damit essentiell faschistische Theorie kann in der Gegenwart mit durchaus plausiblen Argumenten wieder auftreten, weil sie selbst ein Index für das faktisch unübersehbare Scheitern einer auf die Aufhebung der Entfremdung gerichteten Praxis darstellt.

Wie immer man die Möglichkeiten beurteilen mag, Entfremdung durch eine praktisch revolutionäre Verwirklichung im Kommunismus aufzuheben und die durch diesen Versuch neu produzierte Entfremdung in allen ihren durch Marx kritisierten Gestalten – ideologisch, politisch, moralisch und pseudoreligiös – noch mit den Mitteln des Marxismus zu begreifen –, daran, daß die Geschichte alle durch die revolutionären Bewegungen gegen die Philosophie gerichteten Entwürfe dementiert und damit die Philosophie rehabilitiert hat, ist ein ernster Zweifel nicht möglich. Die mit den Mitteln der Aufklärung gegen die Aufklärung verfochtene These, daß die Befreiung von Herrschaft in der Totalität von Herrschaft geendet hat, versucht, die bestehenden Verhältnisse durch die Destruktion der Sinn-Kategorie zu rechtfertigen, was in sich selber sinnlos ist.

Jede an der Verwirklichung eines höchsten Gutes orientierte Zielvorstellung geschichtlichen Handelns sieht sich gegenwärtig mit einer geschichtlichen Lage konfrontiert, in der es um die Vermeidung des summum malum, um das bloße Überleben geht. Nicht um die Gestaltung einer bestimmten Zukunft, sondern um die Möglichkeit einer Zukunft überhaupt geht es. Was vermag Philosophie in dieser Situation zu leisten?

Das Ende der Neuzeit sieht sich auf die Ausgangssituation emanzipativer Befreiung zurückgeworfen. Ging es aber noch bei Hobbes um eine auf den territorialen Flächenstaat sich begrenzende Überwindung des konfessionellen Bürgerkriegs, also um die noch selbst ungeschichtlich gedachte Konstitution des Rechtsstaates und um die Durchsetzung seines Prinzips formeller Gleichheit, so geht es heute um das Problem einer Überwindung des Weltbürgerkriegs, in welchem Völker, Kontinente, ideologische Blöcke und in Zukunft wohl verschiedene Rassen um die Verwirklichung materieller Gleichheit kämpfen. Die Lösung Hobbes' ist für uns allein dadurch unwiederholbar, weil das die formelle Gleichheit restringierende und auf Seiten der Subjektivität die Formalität kompensierende Moment einer gemeinsamen und inhaltlichen Wahrheit fehlt, das sich für Hobbes in dem Satz ausdrückte: Jesus is the Christ. Carl Schmitt hat die substantielle Bedeutung, die diesem Satz für das Denken Hobbes zukommt, unwiderlegbar deutlich gemacht. Es ist aber ebenso durch den von Carl Schmitt nachgewiesenen Zusammenhang der Hobbesschen politischen Philosophie mit der Reformation deutlich geworden, wie sehr das Prinzip des Politischen in der modernen Welt durch christliche Voraussetzungen bedingt ist. Die Ersetzung der Herrschaft von Menschen über Menschen durch die Verwaltung von Sachen durch Karl Marx ist eine unumgängliche Konsequenz seiner Religionskritik, und es ist sehr die Frage, ob die im gegenwärtigen Kommunismus gewünschte Verwirklichung gewisser rechtsstaatlicher Garantien ohne eine Revision eben dieser Religionskritik möglich ist. Die sehr stark ideologische Ausrichtung des gegenwärtigen Dialoges zwischen Christen und Marxisten könnte viel konkreter werden, wenn dieser Zusammenhang ernster bedacht würde. An die Stelle des christologischen Grundaxioms der politischen Philosophie des Thomas Hobbes ist in der Gegenwart das als solches zunächst leere und kontroverse Prinzip der Freiheit getreten. Zum Glück aber gibt es bei aller Heterogenität in der Auslegung gegenwärtiger Geschichtswelt ein allen Mächten, die auf die Gestalt der Zukunft Einfluß nehmen, Gemeinsames, an das die Philosophie in einem durchaus noch hermeneutischen Sinne anknüpfen und von dem sie ausgehen kann.

Allen Kräften, Individuen, Gruppen und Ideologien ist ihrem ausdrücklichen Selbstverständnis und in ihrer Auslegung der Gegenwart ein doppeltes Interesse gemeinsam: das an der Selbsterhaltung und das an der wie immer verstandenen Freiheit als ein Recht auf Selbstbestimmung und Selbstverwirklichung. Keine Konzeption und kein Wille hat in unserer Welt die geringste Chance, sich durchzusetzen, die oder der in einem Widerspruch mit beiden oder auch nur mit einem von beiden Grundpostulaten gerät, auf deren Boden sich eine mögliche Einheit der Welt abzuzeichnen beginnt, die substantieller ist als die bloße Übereinstimmung in der Anwendung und Entwicklung eines in sich homogenen, weil gegen alle geschichtlichen Bedingungen indifferenten technisch-industriellen Produktionsapparates.

Die Grundthese vorliegender Untersuchung aber besagt nun, daß gerade die offenbare Disparatheit zweier Momente, Interessen oder Grundpostulate, oder noch besser: Notwendigkeiten, von deren möglicher Vereinigung das Gelingen eines jeden Entwurfs gegenwärtiger Welt auf Zukunft hin abhängt, die Philosophie ... notwendig zu ... einer unerläßlichen Bedingung von Zukunft selber macht. Die katastrophische Grundsituation der Gegenwart ist durch eine Konstellation bestimmt, in welcher die beiden unerläßlichsten Bedingungen einer jeden wünschbaren und akzeptablen Zukunft des Menschengeschlechts, in einen ruinösen Zirkel gegeneinandergekehrt, sich wechselseitig verneinen.

Vereinfacht ausgedrückt: eine nur auf Selbsterhaltung gerichtete Praxis negiert Freiheit und damit die Bedingungen möglicher Selbsterhaltung ebenso wie eine auf die Herstellung totaler und unentfremdeter Freiheit gerichtete Praxis Freiheit negiert. Diese wechselseitige Voraussetzung von Freiheit und Selbsterhaltung macht das qualitative Novum in der geschichtlichen Erfahrung unserer Gegenwart aus, die keinen Rückgriff auf irgendeine Gestalt bisheriger Philosophie, einschließlich der Hegelschen, ohne weiteres zuläßt. Gerade der ruinöse, nun wirklich tödliche Charakter dieses Zirkels ist es, der Philosophie notwendig macht.

Die Notwendigkeit einer neuen produktiven Anstrengung des philosophischen Gedankens, der qualitativ über seine bisherige Geschichte hinauszugehen gezwungen ist, bedeutet aber nun ebensowenig, daß es darauf ankommt, die Neustiftung der Philosophie von einem Originalgenie zu erwarten. Die in einer bestimmten Schule gepflegte Attitüde, die Wendung, ja den Umschlag im Geschick der Welt von einem sich rein und vorstellungsfrei in und durch sich selbst vollbringenden Denken zu erwarten, trägt durch die Forderung der Destruktion der Tradition dazu bei, die reale Antizipation unserer Lage zu verkennen, die in der geschmähten Philosophie des deutschen Idealismus, und hier insbesondere der Hegels, geleistet wurde. Was in der marxistischen Hegel-Kritik, vor allem bei Karl Marx selbst, den stärksten Anstoß provozierte, macht doch, wie heute nicht mehr übersehen werden kann, auch die Stärke des Hegelschen Denkens für uns aus. In den mannigfaltigsten Variationen ist immer wieder der Vorwurf abgewandelt worden, Hegel habe zwar zu Recht Geschichte als Fortschritt im Bewußtsein der Freiheit gedacht, aber er hätte ihn eben nur im Bewußtsein und die der Geschichte vindizierte Vernunft ohne Subjekt gedacht. Es ist hier nicht der Ort, nachzuweisen, daß ein wesentlicher Mangel dieser Kritik in dem Unwillen besteht, den spezifisch theologischen, ja christologischen Gehalt und Grund vernünftiger Vermittlung bei Hegel zu begreifen. Es ist vielleicht heute fällig, im Lichte der Erfahrungen, die die Welt mit dem Versuch des Marxismus gemacht hat, diesen Grundeinwand gegen die Philosophie zu überprüfen. Bei Marx hatte die Hegel-Kritik einen immerhin einsehbaren Sinn, denn er beanspruchte ja im Proletariat das bei Hegel vermißte, durch die Geschichte selbst produzierte Subjekt einer sie vollendenden vernünftigen Praxis totaler Befreiung gefunden zu haben. Was aber nun, wenn das Proletariat ausfällt und die Stelle wieder frei und unbesetzt ist? Dies ist nun offensichtlich in der Gegenwart der Fall. Der Entwurf einer das Ganze verändern wollenden Praxis ist, eingestandenermaßen, nur als Utopie möglich. Sie schürt das Unbehagen, ohne zeigen zu können, wie der Grund dieses Unbehagens praktisch beseitigt werden kann. Die Beschränkung der zukünftigen Rolle der Philosophie auf das Ausdenken und Entwerfen von Zukunft würde die an der traditionalen Philosophie beklagte Ohnmacht einer ihr widersprechenden Wirklichkeit gegenüber nur wiederholen.

Gewichtiger noch als die fehlende Möglichkeit, die verändernde Praxis in die Reichweite betreibbarer Verwirklichung zu bringen, ist allerdings das Fehlen eines möglichen Subjektes, das sich zum Träger dieser entworfenen Praxis machen könnte. Ist es sinnvoll, wenn eine, christliche Eschatologie auf die Struktur futuristischen Denkens umschaltende Theologie den Christen die Rolle des ausgefallenen Proletariats zuzumuten trachtet? Wären die Christen, wenn sie sich auf diese Rolle einließen, nicht gezwungen, den kritischen Subjekten einer absoluten Kritik, die den Grundsatz des Spinoza »veritas est index sui et falsi« in den Satz verkehren muß: »falsitas est index sui et veritatis«, immer ähnlicher zu werden? Es gibt doch zu denken, wenn z. B. bei Moltmann dem Christen die permanente Revolution abverlangt wird, ohne daß konkret gezeigt werden könnte, was denn nun und wie etwas in grundlegender Weise geändert werden kann. Die sich dann abzeichnenden Forderungen sind von einer solchen Allgemeinheit und machen den Grundbestand kritischer und aufgeklärter Humanität so selbstverständlich aus, daß die Frage gestellt werden kann, ob das die Welt nicht alles schon viel länger und besser weiß, als daß sie es nötig hätte, darauf zu warten, daß es ihr von der christlichen Theologie noch einmal wiederholt wird.

Es wäre ein ernster und sehr bedenkenswerter Tatbestand, wenn gezeigt werden könnte, wie sehr in der ruhelosen Abstraktion – gegen die sich schon Hegel als einer alles mit Verschwinden bedrohenden Furie gewandt hat – verschleiert wird, daß das revolutionäre Potenzial in unserer Welt sich mit der Substanz, um deren Liquidation es sich doch in allen revolutionären Anstrengungen auch handelte, erschöpft hat. Der bedrohliche Aspekt, der in jedem Akt realer Veränderung liegt, hat nicht ohne guten, philosophisch einsehbaren Grund, den Aspekt Hoffnung überschattet. Es kann nicht länger verborgen bleiben, daß die eines gegenwärtigen Grundes ihrer Gewißheit beraubte Hoffnung selbst zum Ursprung wachsender Enttäuschung wurde. Die teils beklagte, teils begrüßte Entideologisierung gegenwärtigen Bewußtseins ist nur dann gefährlich, wenn die Frage nach einem rechtfertigenden Grund und Telos geschichtlicher Praxis überhaupt abgewiesen werden soll.

Mit dem Erweis, daß im geschichtlichen Prozeß ein diesen rechtfertigendes Ziel anhängig ist, das sich durch den Prozeß verwirklicht, war die erneuerungswerte Geschichtsphilosophie des deutschen Idealismus befaßt. Der große Schritt und die bedeutsame Leistung Hegels bestand in ihrem Zusammenhang in dem Entschluß, Geschichte als Geschichte der Erzeugung der Bedingungen und damit konkreter Vermittlung von Freiheit zu denken. Der hiatus irrationalis, der gegenwärtig zwischen Telos und dem Zusammenhang der seine Verwirklichung ermöglichenden Bedingungen klafft, ist nicht durch Entwurf, sondern nur durch die Anstrengung der Vernunft zu schließen.

Die sozusagen konkrete Abstraktheit, die allen wissenschaftlichen, revolutionären und eschatologischen Handlungsentwürfen innewohnt, ist durch die

Weigerung bestimmt, die Vernunft der wirklichen Geschichte anzuerkennen, durch die Weigerung, in der abstrakten Überantwortung der bisherigen Geschichte an den Verfall die in ihr ausgebildeten und ermittelten Bedingungen der Freiheit für die Gegenwart produktiv anzueignen. In dem ruinösen Zirkel von Freiheit und Selbsterhaltung liegt die eminent positive, die Verwirklichung von Philosophie herausfordernde Chance, daß Freiheit nämlich zu einer Bedingung von Selbsterhaltung geworden ist.

Die Dialektik der Emanzipation, ständig die Bedingungen praktisch zu negieren, die sie selbst erst ermöglichen, hat einen Stand der menschlichen Dinge heraufgeführt, der den Streit zwischen Bewahrung und Veränderung, Tradition und Revolution, Fortschritt und Rückschritt, Konservativismus und Liberalismus als gegenstandslos erscheinen läßt. Im funktionalen Prozeß ständiger Verflüssigung und Veränderung geschieht nichts, weil immer dasselbe geschieht. Das Moment des qualitativ Anderen wird in der Totalität einer Praxis der Vergesellschaftung des Daseins zum Verschwinden gebracht. Im Modell des Gedankens der ewigen Wiederkehr des ewig Gleichen hat Nietzsche den Umschlag von Aufklärung in Archaik ebenso vorweggenommen, wie Freud im Modell der Wiederkehr des Verdrängten die Notwendigkeit einer Geschichte reflektiert hat, die nur darum gezwungen ist, sich zu repetieren, weil das Bewußtsein unterhalb seiner Möglichkeiten leben muß. Angesichts der Dialektik im Stillstand, wie Walter Benjamin sie genannt hat, die aus der unaufgelösten Spannung eines ständigen Umschlags von abstrakter Antithetik in ebenso abstrakte Einheit sich nährt, gilt es in der Tat, Dialektik konkret auszutragen [Adorno].

Hegels Rechtsphilosophie machte als konkrete Bedingungen von Verwirklichung der Freiheit in der modernen Welt aus: die transzendentale Subjektivität, die emanzipative atheistische Gesellschaft, den Staat in seiner doppelten Funktion als formeller Rechtsstaat und Staat der Sittlichkeit und den christlichen Glauben als eine Macht der Versöhnung, die für Hegel darum die wahre ist, weil sie nicht enttäuscht werden kann und dies darum nicht, weil sie nichts von dem, was ist, auszuschließen braucht. Alle diese von Hegel genannten Bedingungen sind potenziell oder auch real in unserer Welt anwesend – nur unvermittelt und ohne die Chance institutioneller Voraussetzungen, die es ihnen, einschließlich der Philosophie, erlauben würden, sich geschichtlich zu inkarnieren. Die Macht, die, wie es scheint, über alle anderen Bedingungen der Freiheit Herr geworden ist, ist die emanzipativ bürgerliche Gesellschaft, die nach der Hegelschen Bestimmung der Not- und Verstandesstaat ist.

Von allen Veränderungen, die seit Hegel eintraten, wiegt der Verfall und der Untergang des substantiellen Staates am schwersten. Philosophie hat, wenn man von den singulären Bedingungen der Philosophen im 17. und 18. Jahrhundert absieht, ohne den Zusammenhalt mit einer das Substantiell-Allgemeine verbindlich verkörpernden Institution nur die Wahl, sich zum Träger des revolutionären Gedankens zu machen [was aber, wie oben ausgeführt wurde, heute problematisch geworden ist] oder sich als Träger der Vernunft des christlichen Glaubens in einer Welt zu begreifen, in der das Schicksal der Vernunft unlösbar mit eben diesem Glauben verknüpft ist. Oder Philosophie muß sich damit bescheiden, unter den Bedingungen des Zerfalls substantiell politischer Institutionen das Bewußtsein wach zu erhalten, daß auf sie nicht verzichtet werden kann. Philosophie muß, unter eben diesen Bedingungen des Ausfalls substantieller politischer Institutionen, ihres postulativen Charakters geständig sein.

Sie kann sagen: wenn ihr Freiheit und Selbsterhaltung wirklich wollt und damit wollt, daß Zukunft mehr ist als eine bloße Hoffnung, dann könnt ihr beides nur unter den Bedingungen haben, die auszumachen Philosophie als Sachwalter latenter Vernunft kraft ihrer eigenen Tradition verpflichtet ist und von denen sie selbst eine der wesentlichsten darstellt. Sie kann und muß weiter den konkreten und vielfältigen Formen und Gestalten der Praxis vorausdenken, durch welche die ermittelten Bedingungen möglicher Freiheit verwirklicht werden können. Die Kantische Bestimmung des Philosophen als eines Lehrers des Ideals wird ihr von neuem ehrwürdig erscheinen wie die Platonische Philosophie, der diese Bestimmung sich verdankt. Aber gerade dann, wenn sie bescheiden ihrer sehr begrenzten Möglichkeiten ansichtig wird, auch zu der Verwirklichung dessen beizutragen, was zu fordern sie nicht lassen kann, wird sie mit voller Gewalt auf die Frage Platons zurückgeworfen, nämlich die Frage nach der Möglichkeit der Genesis des Philosophen selber in einer von der Sophistik beherrschten Welt geschichtlichen Zerfalls und der Auflösung. Die keineswegs optimistische Antwort Platons weist in die Richtung so schwer greifbarer Kategorien wie Fügung und Zufall. Wenn man weiter bedenkt, daß von Augustinus bis Marx die Philosophie aus der Kraft christlicher Tradition in Zustimmung und Widerspruch, in Hinwendung und Abkehr ihren innersten Impuls nahm, wird man pessimistisch sein im Entscheid der Platonischen Frage in einer Zeit, in der die Überzeugung von der Unerheblichkeit der Metaphysik fast schon zu einem, die Konfessionen verbindenden Glaubenssatz geworden ist. Eingeengt zwischen der totalitären Gewalt, mit der sich die emanzipative Gesellschaft durchsetzt, die keinen anderen Inhalt in sich hat als die Reproduktion des natürlichen Lebens, und der Leidenschaft, mit der eine eschatologisierte Theologie danach drängt, revolutionär zu werden, ist es für die Philosophie schwer geworden, ihren Ort und Stand auszumachen. Es ist verständlich, daß sie in einer solchen Situation auf einen ihr noch überlieferten Spruch hört, in welchem Jesus und Platon übereinstimmen: daß den Menschen nicht die Veränderung, wie notwendig sie auch sein mag, freimachen wird, sondern die Wahrheit allein.

Elftes Kapitel
Geschichte und Utopie

Shakespeare: Erfahrung der Geschichte

Die Utopie, die für das gegenwärtige Bewußtsein am nachdrücklichsten den Begriff einer negativen Utopie bestimmt hat, wurde von Huxley geschrieben und trägt den Titel »Brave new World«. Der Titel stellt ein Zitat Shakespeares dar und stammt aus der Romanze »Der Sturm«. Es legt sich daher die Vermutung nahe, daß es nicht ganz abwegig sein dürfte, die Frage nach der Struktur und nach der Funktion des Utopischen in den Romanzen Shakespeares zu stellen. Allerdings ist die Genese des Utopischen nicht in den Romanzen selber, sondern in den Tragödien und Historien Shakespeares zu finden. Da aber eine Untersuchung nach den Motiven und den Gründen, die zu einer Freisetzung der Struktur des Utopischen in den Romanzen Shakespeares geführt haben, eine Gesamtinterpretation Shakespeares erfordern würde, soll die Vorgeschichte des Utopischen auf eine Behandlung des Geschichtsproblems in »Richard II« beschränkt und die Interpretation des Problems der Tragödie, als die Frage nach einer aus den Fugen geratenen Welt, am »Hamlet« entwickelt werden, um dann von dem gewonnenen Horizont aus zu zeigen, wie der Vorgang einer Heilung der aus den Fugen geratenen Welt zum zentralen Thema der Shakespeareschen Romanzen wurde. Wir gehen also von der Frage nach der Erfahrung der Geschichte aus, so wie sie Shakespeare als den Übergang der mittelalterlichen zur neuzeitlichen Welt in »Richard II.« in einer paradigmatischen Weise gestaltet hat (Günter Rohrmoser: Shakespeare. Erfahrung der Geschichte. München 1971).

Beginn in Richard II.

In »Richard II.« gestaltet Shakespeare den für seine Geschichtskonzeption entscheidenden Vorgang, in dem ein König, Richard, die weltliche Würde seiner quasi göttlichen Stellung verspielt, indem er ihren eigentlichen Sinn verkennt. Mit dem Fall des Heilskönigs ist die sichtbare Anwesenheit des den Menschen und sein Leben ermöglichenden Heils zerstört. Das Dasein ist seiner tragenden Fügung beraubt, und die Geschichte wird der Raum, in dem der Mensch das Gelingen seines Daseins selbstverantwortlich zu leisten hat. Um das Grundsätzliche dieses Zusammenhanges auszusagen, greift Shakespeare auf den Sündenfall als Analogie zurück. Die Königin fragt nach dem Sturze Richards den Gärtner:

»How dares thy harsh rude tongue sound this unpleasing news?
What Eve, what serpant, hath suggested thee
To make a second fall of cursed man?
Why dost thou say King Richard is depos'd?
Dar'st thou, thou little better thing than earth,
Divine his downfall?«

(Richard II., III., 41)

Die Folgen des Sturzes werden ebenfalls analog denen des Sündenfalls beschrieben:

»And if you crown him let me prophesy,
The blood of English shall manare the ground
And future ages groan for this foul act;
Peace shall go sleep with Turks and infidels,
And in this seat of peace tumultuous wars
Shall kin with kin and kind with kind confound;
Disorder, horror, feat and mutiny
Shall here inhabit, and this land be call'd
The field of Golgotha and dead men's skulls.
O! if you rear this house against this house,
It will the woefullest division prove
That ever fell upon this cursed earth.
Prevent it, resist it, let it not be so,
Lest child, child's children, cry against you woe!«

(Richard II., IV., 1)

Doch wo liegen die besonderen Bedingungen, die das Geschehen veranlassen? Einmal im Wesen der Person Richards selbst. Er ist launisch, prunk- und genußsüchtig, verschwenderisch, folgt den Ratschlägen verantwortungsloser Schmeichler und verursacht den finanziellen Ruin seines Reiches. An seiner persönlichen Schuld ist also gar nicht zu zweifeln. Ohne königlich zu handeln, verhält er sich im Sinne des Zeremoniells und der bloßen Gebärde in vollendeter Weise. Die mit seinem Amt gegebenen Möglichkeiten der Repräsentation kommen dem schauspielerischen Bedürfnis seiner Person entgegen und lösen sich aus ihrem eigentlichen Bedeutungszusammenhang bedenklich heraus. Das Bild, das Richard zunächst bietet, ist das eines Herrschers, der in verständnisloser Gleichgültigkeit gegenüber der religiös-sittlichen Substanz seines Amtes, diese im rituellen Vollzug seiner Selbstverwirklichung und -darstellung verbraucht. Als König den irdischen Bedingungen menschlicher Notdurft und Mühe enthoben, stilisiert er sich in die Sonnenhöhe ewigen Glanzes hinauf. Wir haben eine neue Spielart defizienten Königtums vor uns: einen König, der es dem Amte nach ist, aber in seiner Person sich den objektiven

Verpflichtungen seiner königlichen Stellung entzieht und diese zur eigenen Selbstverklärung mißbraucht.

Die Verblendung Richards besteht nicht in der königlichen Berufskrankheit, sondern in einer tragischen Verkennung der veränderten Geschichtsstunde. Die Dinge haben sich durch die Entfaltung und Entwicklung der individuellen Kräfte und feudalen Teilgewalten so verschoben, daß zu ihrer Bewältigung ein tatkräftiger, klug sorgender und zu politischen Entscheidungen befähigter Herrscher eine dringende Notwendigkeit der Stunde ist. Von der allgemeinen Lage aus gesehen, mutet die narzißhafte Verspieltheit Richards geradezu gespenstig an. Sein Versagen gibt dem Usurpator Bolingbroke das Recht der faktischen Notwendigkeit, die Rettung des Ganzen auf eigene Verantwortung zu übernehmen. Was von seinem Grunde her und in sich selbst betrachtet einen Bruch heiliger Ordnung darstellt, führt im Zusammenhang der ablaufenden Ereignisse, die sich menschlichem Eingriff entziehen, zu einer neuen Form geschichtlichen Handelns, der politischen. Diese unterscheidet sich von der überlieferten Form göttlich sanktionierter Machtausübung dadurch, daß sie, auf bestimmte, pragmatisch definierte Zwecke bezogen, sich jeweilig von ihrem Erfolg aus zu rechtfertigen hat. An die Stelle des Handelns, das eine in sich selbst gegründete Ordnung ausdrückt, das, auch abgesehen von einem zu erreichenden Ziel, Sinn und Rechtfertigung von seinem Grunde her in sich trägt, tritt das unabschließbare, sorgenvolle Unternehmen der profanen politischen Tat, die die Ordnung nicht als gegeben voraussetzt, sondern sie zum Zweck der Herstellung macht. Der Platz, der in der Vergangenheit von den göttlichen Heilsinstituten besetzt war, wird von den Notwendigkeiten der wechselnden Situationen eingenommen, mit denen der Mensch aus der Kraft seiner politischen virtus heraus einen im ganzen hoffnungslosen Kampf aufnimmt, in dem nur Teilerfolge zu erringen sind. Bolingbroke ist in diesem Sinne der erste Politiker auf dem Königsthron.

Für das, was in dieser Veränderung aus dem Menschen wird, steht der leidende Richard nach seinem Sturz stellvertretend. Richard, der als König sich hybrid mit der das Irdisch-Endliche transzendierenden Idee seines Amtes identifizierte, erkennt im Verlust der Krone das sterbliche Gesicht des Königs:

»For God's sake, let us sit upon the ground
And tell sad stories of the death of kings:
How some have been depos'd, some slain in war,
Some haunted by the ghosts they have deposed,
Some poison'd by theyr wives, some sleeping kill'd;
All murder'd: for within the hollow crown
That rounds the mortal temples of a king
Keeps Death his court, and there the antic sits,
Scoffing his state and grinning at his pomp;

Allowing him a breath, a little scence,
To monarchize, be fear'd, and kill with looks,
Infusing him with self and vain conceit
As if this flesh which walls about our life
Were brass impregnable; and humour'd thus
Comes at the last, and with a little pin
Bores through his castle wall, and farewell king!
Cover your heads, and mock not flesh and blood
With solemn reverence; throw away respect,
Tradition, form, and ceremonious duty,
For you have but mistook me all this while:
I live with bread like you, feel want,
Taste grief, need friends; subjected thus,
How can you say to me, I am a king?« (Richard II., III., 2)

Der verborgene Grund der übersteigerten Auffassung seiner königlichen Person wird sichtbar: Dieser König, der die göttliche maiestas als persönliche Eigenschaft usurpierte, ist im Innern seiner Seele von dem Grauen vor der vergehenden Endlichkeit seines faktischen Daseins erfaßt. Sein Fall zwingt ihn, die endlichen Bedingungen allgemeinmenschlicher Solidarität zu übernehmen, denen er in den glanzvollen Tagen seiner Herrschaft zu entrinnen suchte. Ergreifend ist das Erkennen seines Selbst in der Spiegelszene nach seiner Abdankung:

». . . Was this face the face
That every day under his household roof
Did keep ten thousend men? Was this the face
That like the sun did make beholders wink?
Was this the face that fac'd so many follies,
And was at last out-fac'd by Bolingbroke?
A brittle glory shineth in this face:
As brittle as the glory is the face;
For there it is, crack'd in a hundred shivers.
Mark, silent king, the moral of this sport,
How soon my sorrow hath destroy'd my face.« (Richard II., IV., 1)

Er wird selbst als der beraubte König Symbol für das, was in Zukunft Königsein heißen wird. Richard, der sich als König der Zeit zum Zwecke launischen Spiels bediente, wird zum Zeichen der Zeit, dessen sie sich nun bedient, um ihr verborgenes Leid auszusagen.

»I wasted time, and now doth time waste me;
For now hath time made me his numbering clock.«
(Richard II., V., 5)

Auch nach seinem Sturz bleibt Richard in einer seltsamen Verkehrung der eigentlichen Königsaufgabe seinem persönlichen Charisma treu. Auf der Höhe seiner Macht spiegelte er, den wirklichen Verhältnissen der Zeit entfremdet, eine utopische Projektion seines Selbst im Medium majestätischer Attribute und Gebärden; nach seinem Fall reflektiert er den metaphysischen Verlust der Zeit, der ihr im Untergang heilsgewissen Königtums zugefügt wurde und den das Geschick seiner Person für jeden sichtbar macht. Richard bleibt auch im Kerker König der alten Ordnung. Auf dem Thron nahm er ein nicht mehr Seiendes real und verlor sich so im Imaginären; im Kerker nimmt er Zukünftiges voraus und wird so zum Bilde wahren, nicht wirklichen Königseins.

Mit der Unwirklichkeit seiner Position hängt die Rolle zusammen, die die Phantasie in seinem Leben spielt. Den Herrscher bringt sie um Reich und Krone, dem Dulder im Kerker ermöglicht sie es, sich in Überwindung des eigenen Leidens im Zusammenhang des Ganzen zu sehen und zu begreifen. Dem sonst seiner Gottesunmittelbarkeit so sicheren Richard wird Gott zu einem Rätsel. Die Vieldeutigkeit der Welt und ihre Möglichkeiten sind der letzte Gedanke, der ihn beunruhigt. Dieser Vorgang ist in unserem Gedankengang besonders wichtig, weil er zeigt, wo in der Sicht Shakespeares die Gründe für die Veränderung zu suchen sind, die durch den Sturz Richards bewirkt wurde. Sie liegen über dem nachweislichen Versagen Richards hinaus in einer Wandlung des Menschen und seines Gottesverhältnisses. Eine neue Erfahrung der Verlorenheit des Menschen im notwendigen Gang dieser Welt schließt den Rückgriff auf alle innerweltlichen Versicherungen des ewigen Heiles aus. In Übereinstimmung mit dieser Erfahrung vermag der Mensch der Geborgenheit in der Nähe Gottes nicht mehr gewiß zu sein und wird an der Selbstverständlichkeit, mit der er Gott in den sichernden Zusammenhang seiner Welt bezogen hatte, irre. Die Wandlung des Verschwenders Richard, der wahnbefangen und blind glaubte, Gott müsse seiner heiligen Person in den Nöten und Gefahren der Welt in Form von Sonderaktionen zu Hilfe kommen, zu dem Richard, der bespottet und bespien von seinem eigenen Volke durch Londons Straßen reitet und schließlich im Kerker über die Unausdeutbarkeit von Bibelstellen grübelt, zeigt deutlich, wie grundlegend diese Veränderungen sind.

Übergang zum Hamlet

Das ist also der Grundvorgang, der das Gesamtwerk Shakespeares in einer grundlegenden Weise bestimmt hat, und es könnte im einzelnen gezeigt werden, daß in dieser Erfahrung des Geschichtlichwerdens der Welt die grundlegenden Bedingungen angelegt sind, aus denen sich die Shakespearische Tragödie entwickelt hat. Das soll mindestens an einem Beispiel gezeigt werden, nämlich durch eine Interpretation des Hamlet. Da es im Hamlet um das Problem einer aus den Fugen geratenen Welt geht, ist zugleich eine Grundkonstellation gegeben, die für den Einsatz der Utopie bestimmend ist.

Hamlet wird durch den aus dem Reich der Toten zurückkehrenden Geist seines Vaters in nächtlicher Stunde heimgesucht und erhält von ihm eine Mitteilung und einen Auftrag. Die Mitteilung besteht in der Enthüllung eines ungeheuerlichen, die Ordnung der natürlich-sittlichen und gesellschaftlich-staatlichen Welt aufhebenden Verbrechens: sein Oheim, Claudius, habe heimtückisch seinen eigenen Bruder, den königlichen Vater Hamlets, ermordet, dann sich usurpatorisch die Krone aufs Haupt gesetzt und seine Gemahlin Gertrud, die Mutter Hamlets, geheiratet. Ungeheuerlicher noch als dieser Frevel selbst ist die Tatsache, daß er verborgen bleiben konnte. In den Augen der Welt hat Claudius als rechtmäßiger Herrscher den Thron in Besitz genommen und erweist sich in seinen ersten Amtshandlungen als ein kundiger und geschickter Monarch. Der Auftrag, der an Hamlet durch den nächtlichen Geist ergeht, heißt Rache, mit der Einschränkung, seine Mutter zu schonen. Die Aufgabe ist ebenso schwierig wie umfassend, denn der Auftrag ist nicht mitteilbar. Die Botschaft erreicht Hamlet aus dem Reich des Todes; der Mund, der sie übermittelt, gehört einem Gespenst. Doch Hamlet nimmt den Auftrag an und faßt ihn in den Worten zusammen:

»The time is out uf joint; O cursed spite,
That ever I was born to set it right!«

(Hamlet, I, 5)

Er ist sich sofort über seine veränderte Stellung in der Welt im klaren:

»You, as jour business and desire shall point you, –
For every man hath business and desire,
Such as it is, – and, for mine own poor part,
Look you, I'll go pray.«

(Hamlet, I, 5)

Hamlet ist erwählt und verdammt zugleich: erwählt, weil ihm die Sendung zuteil wurde, die Wahrheit und sittliche Substanz, zu denen die Zeit den Zusammenhang verloren hat, ohne daß ihr der Verlust zu Bewußtsein gekommen wäre, in einer verbindlichen Weise wieder herzustellen und zu verwirklichen, verdammt, weil das Werk der Wiederherstellung des Ganzen konkret für Hamlet Rache bedeutet. Hamlet steht in der Welt als ein durch geheimnisvolle Fügung gezeichneter, der als einzelner es auf sich nimmt, aus eigener Kraft die Wahrheit des Sittlichen in einer abgefallenen Geschichtswelt durchzusetzen. Das Zögern Hamlets vor der Verwirklichung seiner Mission entspricht dem transzendentalen Aspekt seiner Aufgabe. Jeder unmittelbare, die Verhältnisse der Dinge ändernde Eingriff durch direkte Aktion würde die

Verfassung der Dinge nicht wandeln, sondern unvermeidlich Hamlet selbst in den Verfallszusammenhang der Welt einbeziehen. Das Vorgehen des Laertes beweist, daß dieser Weg für Hamlet unmöglich ist.

Denn während in »Richard III.« das Böse sich in einer Monstre-Gestalt verkörperte und zu einem für alle sichtbaren Menetekel wurde, ist es in der Welt Hamlets verborgen und verhüllt sich in den Ordnungsbezügen einer störungsfrei funktionierenden Gesellschaft. Dem dänischen Königshofe ist das usurpatorische Wesen des Brudermörders Claudius, dem man als einem klugen und eindrucksvoll repräsentierenden Herrscher geflissentlich dient, so verborgen wie das eigene Unwesen. Das Motiv des Brudermordes ist sicherlich als eine Erinnerung an die theologische Deutung des Ursprungs des Staates aus dem ersten Brudermord zu verstehen, wie sie von Augustinus in seiner Civitas Dei vorgetragen wurde. Die Besessenheit, mit der Hamlet das Bild dieses verworfenen und degenerierten Königs zeichnet, von dem sich die edle Gestalt des verblichenen Königs um so strahlender abhebt, entspringt nicht der überanstrengten Phantasie des Prinzen Hamlet, sondern entspricht dem Urteil einer absoluten, die endlichen Bedingungen nicht berücksichtigenden Instanz.

Sein Auftrag trennt Hamlet radikal von dem opportunistischen Getriebe der politisch-gesellschaftlichen Welt endlicher Zwecke und Bedürftigkeiten. Hamlets Position führt über die tragische Lage des Brutus hinaus. Im »Julius Cäsar« ist die Entfremdung des Helden von seiner geschichtlichen Welt das Resultat eines Prozesses, den er tragisch irrend selbst ausgelöst hat. In Hamlet steht die Entfremdung als ein über ihn verfügtes Verhängnis am Anfang, und der Prozeß, in den er eintritt, soll die in der Welt herrschende und sich in Claudius zusammenfassende Gestalt des Bösen aufheben und in diesem Unternehmen das eigene sittliche Wesen bewahren.

Der Vorgang, in dessen Verlauf der böse Grund der Welt seines Herkommens ins Bewußtsein gehoben wird, bezieht Hamlet gleichzeitig dieser Welt in einer neuen Weise ein. Den kleinen Anschlägen und Machenschaften setzt Hamlet einen umfassenden, das Ganze betreffenden Plan entgegen. Dem schwelenden Gift des anonym Bösen begegnet er mit einer universalen Strategie, die der Wahrheit dienen soll, aber in deren Verwirklichung er selbst den Bedingungen der entfremdeten Welt verfällt.

Hamlet überschreitet das endliche Maß seiner Verantwortung und glaubt, das Amt eines Weltrichters übernehmen zu können, obwohl ihm doch nur eine bestimmte Tat aufgetragen wurde. Er tritt wie ein Sendbote auf, der die Verdammnis ankündigt, ehe das Jüngste Gericht endgültig hereinbricht. Er verschmäht, durchdrungen von seiner heiligen Mission, nicht die Mittel und Praktiken des Bösen: List, Verstellung, Täuschung und die mitleidlose, schnell zustoßende Tat. Selbst der Wahnsinn, das Mittel der Distanzierung im agierenden Dabeisein, offenbart paradox die Zweideutigkeit der hamletischen Aktion: das Gute in einer bösen Verfallswelt nicht anders verwirklichen zu können, als daß der Träger der Teleologie der von ihm herausgeforderten Welt verfällt und das Gute aufhört, gut zu sein. Das Verhalten Hamlets zu seiner Mutter und zu Ophelia zeigt, wie weit dieses Verfallensein Hamlets reicht. Das Inhumane in seinem Handeln ist eine Folge der falschen Identifizierung mit seinem Auftrag. Für Hamlet hat sich der besondere, an ihn ergangene Auftrag so ins Allgemeine reflektiert, daß die Schwäche und Gebrechlichkeit der Kreatur ihn nicht zu hindern und sein Rasen nicht zu zügeln vermögen. Der angenommene und gespielte Wahnsinn des Hamlet verdeckt die Gefahr des Ausbruchs eines potentiellen, wirklichen Wahnsinns: des metaphysischen Wahnsinns eines Menschen, der Gott, indem er ihn vertritt, ersetzen zu können glaubt. Der Auftrag, der aus einem das Irdische übersteigenden Bereich ergeht, trifft einen endlichen Menschen. Der hybride Anspruch Hamlets, eine übermenschliche Dynamis der Verurteilung und der Verdammnis zu besitzen, führt ihn in den Wahn und Ophelia in den Tod. Der im Hades weilende Geist des Vaters eilt selbst herbei, um das Schlimmste der Züchtigung zu verhüten, die Hamlet an seiner eigenen Mutter vornimmt.

Die tragische Einsicht, die der Konzeption des Hamlet zugrunde liegt, ist die Erkenntnis, daß der Versuch des einzelnen, die entfremdete Welt mit ihrer Wahrheit zu versöhnen, nicht zur Aufhebung der Entfremdung führt, sondern zu ihrer Verdoppelung. Der Prozeß des Hamlet macht sichtbar, daß nicht nur eine Entfremdung möglich ist, die in der Entfernung von der Substanz des Sittlichen besteht, sondern auch die des Hamlet, der, um das Konkrete unbekümmert, sich mit der Substanz identifizierte. Die lieblose Durchsetzung der auch noch so hochgeachteten Ordnung verkehrt den Sinn von Ordnung selbst. Das Telos der Mission Hamlets enthält ihren Ursprung: den Tod. Hamlets Wirken läßt einen Berg von Leichen, Schuldigen und Unschuldigen, zurück. In Hamlets Tun fehlt die Liebe. Die Tragik seines erlauchten Wesens besteht in der Nötigung, auf die erlittene Erkenntnis der dem Tod, der Lüge und dem Chaos verfallenen Welt mit Ekel, Melancholie und Zynismus antworten zu müssen. Ihr Grund ist eine Verzweiflung, die sich nicht selbst übernehmen will und, in Anklage umschlagend, im Reflektieren des Todes das Grauen vermehrt.

Erst die Begegnung mit der realen Gefährdung bringt in Hamlet einen Wandel hervor. Der dem Mordanschlag und den Seeräubern entronnene Hamlet findet sich zur Übernahme seiner Endlichkeit befreit. Hamlet erfährt, was er reflektierend nicht erreichen konnte, Sinn im Unsinn, Überstehen im Scheitern, Rettung im Untergang. Er nennt es Vorsehung:

> ». . . we defy augury: there's a special providence in the fall of a sparrow. If it be now, 'tis not to come, if it be not to come, it will be now; if it be not now, yet it will come: the readiness is all. Since no man has aught of what he leaves, what is't to leave betimes? Let be.« (Hamlet, V, 2)

Der Entschluß Hamlets, sich der Vorsehung zur Verfügung zu halten, bedeutet eine Entlastung von der Überspannung seines Entwurfes, das Ganze der Welt planend in die Wiederherstellung aufzunehmen. Das für die menschliche Vernunft unerkennbare Ganze der geschichtlichen Welt verwirklicht sich gerade im kontingenten Raum des Endlich-Faktischen als nur glaubend hinzunehmende Vorsehung.

Die Ereignisse, die den Abschluß des verwirrenden Geschehens bringen, sind nicht nur das Ergebnis von Hamlets Planen, sondern stellen sich wie zufällig ein und werden von Hamlet im Zusammenhang mit einer von ihm unabhängig wirkenden Teleologie angenommen. Das dunkle Panorama einer von hoffnungslosem Verfall gezeichneten Geschichtswelt öffnet sich für Hamlet einem Plan, der, ohne dem Handeln der Menschen zu entspringen, die Geschichte sinnvoll durchdringt. Der Absage an die planende Bewältigung der geschichtlichen Lage, in der sich Hamlet selbst die Rolle der Vorsehung anmaßt, entspricht seine aufbrechende Bereitschaft, den Anforderungen der jeweiligen Situation konkret nachzukommen, auch wenn diese Situation für ihn den Tod bedeutet.

»Give me the cup: let go; by heaven, I'll have't.
O God! Horatio, what a wounded name.
Things standing thus unknown, shall live behind me.
If thou didst ever hold me in thy heart,
Absent thee from felicity awhile,
And in this harsh world draw thy breath in pain,
To tell my story.«

(Hamlet, V, 2)

Die letzten Worte des sterbenden Hamlet zeigen ihn willig, in das Land hinüberzugehen, aus dem kein Wanderer wiederkehrt und vor dem er einst grauend zurückbebte.

Die Lehre des Hamlet ist tragisch: auch der reinste und höchste Geist vermag sich nicht einer universal gewordenen Verblendung zu entziehen und verfällt ihr gerade dann, wenn er aus der Kraft höchster Sittlichkeit darangeht, das entstellte Bild des Menschen wieder herzustellen. Die dem tragenden Zusammenhang der Sitte entfremdete subjektive Sittlichkeit zerstört sich selbst, wenn sie sich als allgemeines Gesetz statuieren will. Der Plan Hamlets, die Welt zu reinigen, verwirklicht sich noch im Scheitern seiner ursprünglichen Entwürfe. Das Tun Hamlets war im Sinne einer höheren Notwendigkeit nicht umsonst. Das Werk der Reinigung vollzieht sich nicht *durch,* sondern geschieht *mit* seiner labyrintisch verrätselten Existenz. Der Aufklärer einer dunklen, ungesühnten Vergangenheit, der Zerstörer einer im Schein des Rechts lebenden Gegenwart wird, nachdem sein Werk getan ist, der Prophet einer neuen Zukunft.

»But I do prophesy the election lights
on Fortinbras: he has my dying voice;«

(Hamlet, V, 2)

Über das tragische Opfer seiner Person hinweg öffnet sich die Geschichte einem neuen Anfang. Hamlet hätte sich nicht nur, wenn er auf den Thron gelangt wäre, sondern er hat sich königlich bewährt als der *arme* Hamlet, der die Reinheit und den Adel seiner Seele der Schuld einer befleckten Welt zum Opfer brachte. Horatius' Nekrolog:

»Now cracks a noble heart. Good-night, sweet prince!
And flights of angels sing thee to thy rest!«

(Hamlet, V, 2)

bestätigt anschließend, daß ein edles Gefäß zerbrach, weil höhere, göttliche und dämonische Mächte in einem für Hamlet nicht zu durchschauenden Zusammenwirken sich seiner als eines Instrumentes bedienten.

Übergang zu den Romanzen

Das wäre also der zweite Schritt. Der erste Schritt: Das Geschichtlichwerden der Welt, die Tragödie als die Konsequenz, die sich aus dieser Konstellation ergibt, wenn der einzelne den Auftrag erhält, die aus den Fugen geratene Welt wieder einzurenken. Den dritten und entscheidenden Schritt zur Freisetzung der Struktur des Utopischen stellen Shakespeares Romanzen dar. In ihnen wird die Heilung der Welt, ihre Therapie, zum Ereignis der Kunst. In ihnen geht Shakespeare über das in der Geschichtswelt enthaltene Maß des Möglichen hinaus und verwirklicht in der Gestalt des Kunstwerkes den Zusammenhang irrealer Bedingungen, die eine Heilung der Welt möglich machen. Und doch sind die Romanzen Utopien in einem ganz besonderen Sinn. Ihr fiktiver und utopischer Charakter wird ebenso entschieden artikuliert wie aber auch, was sich vor allem am Schluß des Sturm zeigt, wieder zurückgenommen. Also Shakespeare entwickelt nicht nur aus den hier bestimmten Voraussetzungen die utopische Struktur einer Dichtung, die Wege einer möglichen Heilung der Welt, sondern er kritisiert sie auch und nimmt sie so zurück, daß ihre Zurücknahme gleichzeitig einen Abschied von der Dichtung selbst bedeutet. Wir gehen von der Interpretation des »Cymbeline« aus.

Gewiß ist »Cymbeline« in künstlerisch formaler Hinsicht von den drei Romanzen am schwächsten. Für unsere Interpretation jedoch ist »Cymbeline« außerordentlich aufschlußreich, weil die den Romanzen zugrunde liegende Erfahrung und Gestaltung der Welt hier besonders deutlich zu erkennen sind:

Die Ereigniszusammenhänge in diesem Werk sind fast unentwirrbar und nur schwer zu durchschauen. Die artistische Freiheit des Dichters schaltet unumschränkt und souverän mit Epochen, geschichtlichen Räumen und geographischen Gesetzlichkeiten. Menschen aller Weltgegenden und Zeitalter begegnen und verlieren sich wieder im Labyrinth des vielsträngigen Geschehens. Da ist zunächst das offenbar noch einem sagenhaften Weltzustande zugeordnete Königtum des Cymbeline, dann die durch geschichtliche Reminiszenzen anklingende Welt der Römer – von Cäsar ist die Rede, der die nebelverhangene Insel erobert habe –, dann die an die Komödien erinnernde Welt der Gesellschaft, in der Posthumus in Rom verweilt und endlich das Idyll der Walliser Bergwelt, das der Gesellschaft entrückt ist und in dem Guiderius und Arviragus heranwachsen. Diese verwirrende Vermengung von Zeiten und Räumen, die die komplexe Struktur der Handlung aufbaut, die Parallelität der verschiedenen Schicksalsläufe der einzelnen, die mit nahezu gleichem Gewicht behandelt werden, haben offenbar einen besonderen Sinn. Es geht darum, dem im Grunde sich in allem Einzelgeschehen Ereignenden den Rang einer allgemeinen Aussage über die Welt im ganzen zu verleihen.

Wurde in der bisherigen Entwicklung Shakespeares ein besonderes Geschehen oder ein Ereignis zum Gegenstand dramatischer Gestaltung erhoben, von dem aus die Welt gesehen und interpretiert wird, so ist sein Verfahren im »Cymbeline« und den übrigen Romanzen dem genau entgegengesetzt. Die Aussage der allgemeinen Struktur der Welt ist das Primäre, die Handlung und die in ihr spielenden Figuren dienen einer Konstruktion, die ihrer innersten Absicht nach formelhaft und schematisch einen Grundriß der Welt und ihres Geschehens entwickelt. Die Personen und die dargestellten Vorgänge interessieren nicht mehr um ihrer selbst willen, sondern werden auf die ihnen innewohnende exemplarische Bedeutung hin gestaltet, die der Veranschaulichung, man könnte geradezu sagen: der Demonstration von Vorgängen und Abläufen dient, die in der Welt immer wiederkehren, eine Wiederkehr des immer Gleichen: Bestrafung und Leiden der Guten, scheinbares Triumphieren der Bösen, leidenschaftliche Verblendung der Könige, verbrecherische Anschläge auf Thron und Herrschaft, Überwindung von Wert und adligem Wesen durch Schein, Betrug und aufgeblasenen Dünkel. Alle diese Voraussetzungen und Katastrophen sind in vollem Maße wirksam. Die in den Tragödien und den Dark Comedies ausgesagte Welt ist in keiner Weise zurückgenommen und als bloß fiktiv aufgehoben. Im Gegenteil, in »Cymbeline« wird der hoffnungslose Eindruck noch durch die Häufung einer verwirrenden Vielfalt von tragisch angelegten Schicksalen verstärkt. Der König ist seinem Selbst entfremdet, die Königin plant Mord und Verbrechen gegen alle, die ihrem Machtwillen im Wege stehen, Posthumus ist verbannt, Imogen befindet sich zunächst in der Gewalt der gesinnungslosen Cloten und wird dann gar das Ziel eines Mordanschlages ihres eigenen, über ihre Untreue betroffenen Gatten.

Belarius rächte seine mit Undank belohnte Treue durch den Raub der Königssöhne: man kann sich wirklich nicht über das Fehlen von Ansätzen zu einer sich tragisch verwirrenden Welt beklagen.

Doch nun geschieht etwas Merkwürdiges: die scheinbar unabwendbare, dem Bösen zueilende Kausalität dringt nicht durch. Die Anschläge der Bösen schlagen fehl und richten sich am Ende gegen sich selbst. Wo liegen aber die Gründe für diese ans Wunderbare grenzende Aufhebung einer sich zunächst als unwiderruflich einstellenden Konstellation? Welche Kräfte und Strukturen machen sie möglich? Von der richtigen Beantwortung dieser Frage hängt offenbar die Bestimmung des die Romanzen begründenden Weltprinzips ab. Die Täter und Handelnden gehen bei ihren Anschlägen und Entwürfen von einer falschen Voraussetzung aus. Sie halten es für möglich, das Geschehen in der Welt planend und berechnend vorauszunehmen. Sie unterwerfen den noch nicht eingetretenen Ablauf der Dinge einer Kausalität, die ihrem bösen Willen entspringt, jedoch nicht mit dem tatsächlichen schicksalhaften Gang der Ereignisse in Übereinstimmung gebracht werden kann. Die Welt ist nicht ein Gewebe aus Willkür und Zufall, aus dem sich der Mensch eine beliebige Notwendigkeit herausnehmen kann, sondern die einer Gesetzlichkeit, die für die durchschauende Vernunft unerkennbar ist.

Dieses menschliche Unvermögen, das Ganze der Welt erkennend zu durchdringen und zum Gegenstand einer planenden Bewältigung zu machen, verurteilt jedoch den Menschen in den Romanzen nicht zur wesenlosen Ohnmacht. Dieses Nicht-können begründet vielmehr in der Romanzenwelt die eigentümliche Freiheit des Menschen, die in seiner Möglichkeit liegt, nicht Scheinkausalitäten anheimzufallen, deren Anerkennung ihn in die weltlose Isolierung durch den eigenen Wahn treiben würde. Es ist offenbar eine neue Relation des Menschen zur Welt auf dem Grunde ihrer religiösen Erfahrung, an welcher die nicht teilhaben, die böse sind oder es, wie Posthumus, erst werden. Diese neue Weltbeziehung des Menschen, die für die Romanzen charakteristisch ist, beruht auf einem nicht weiter zu begründenden Vertrauen auf das Gute und das richtige Sein der Welt. Dieses Vertrauen ermöglicht dem Menschen die duldende und hoffende Annahme des eigenen Geschicks, die ihn für die unübersehbaren Möglichkeiten der Welt offenhält. Man muß hier darum von einer religiösen Möglichkeit des Menschen sprechen, weil sei nicht den Vollzug der Welt der dunklen und unbestimmten Gewalt eines Fatums anheimstellt, sondern den Glauben an eine Lenkung der Welt einschließt, die der Anerkennung und dem Leiden an der eigenen begrenzten Möglichkeit helfend antwortet.

Um das zu beweisen, daß in der Tat diese neue Struktur der Welt das zentrale Moment in »Cymbeline« darstellt, müssen wir uns einer genaueren Interpretation zuwenden. Die von Gundolf behauptete Strukturlosigkeit liegt nämlich keineswegs vor. Gundolf spricht von der »Absurdität«, dem abenteuerlichen Durcheinander der Cymbelinehandlung, die gedankenflüchtig die Schwebe von Märchen mit dem angestrengten Gebossel von Detektivgeschichten und dem steifen Pomp von Haupt- und Staatsaktionen vermischt. Von unserem Ansatz aus ist es durchaus möglich, das »abenteuerliche Durcheinander der Cymbelinehandlung« auf die bestimmenden Motive hin zu entwirren.

Das Geschehen in »Cymbeline« spielt zwischen zwei Polen: der Königin, die den dem Bösen und der Intrige Raum gebenden Hof vertritt, auf der einen und Guiderius und Arviragus – mit denen das Heil für die wiederherzustellende Gesamtordnung aufwächst – im Idyll der Walliser Berge auf der anderen Seite. Zwischen diesen beiden Polen, der bösen Selbst- und Weltentfremdung und der das Heil tragenden Übereinstimmung von Selbst und Welt, vermittelt das Imogen-Posthumus-Geschehen.

Die Gemahlin des Cymbeline ist mit den Zügen der bösen, gleißnerischen Königin aus dem Märchen gezeichnet. Sie bedient sich des von ihrer Schönheit berückten und seines besseren Selbst entfremdeten Königs, um eine Störung der in der legitimen Nachfolge zum Ausdruck kommenden Gesamtordnung in die Wege zu leiten. Um ihrem aufgeblasenen Sohn, dem Tölpel Cloten, den Weg zum Thron zu ebnen, schreckt sie selbst vor dem Mittel des Mordes nicht zurück. Das Motiv des aus geheimnisvollen Kräutern zubereiteten Giftes, von dem sie durch den weisen Arzt Kenntnis erhalten hat, ist für ihr Verhältnis zur Natur sehr bezeichnend. Aus den zur Heilung bestimmten Kräften der Natur will sie den Tod bereiten. Ihre Anschläge scheitern und sie stirbt rätselhaft an dem Gift des Bösen, das sie sich selbst durch ihre verbrecherische Gesinnung bereitete, und endet unter fürchterlichen Qualen, nachdem sie noch kurz vor ihrem Tode vom Wahnsinn ereilt wurde. Die Bösen in den Romanzen enden alle in der Hölle des Wahnsinns als sichtbarem Ausdruck ihrer Selbst- und Weltentfremdung. Wiederum ein entscheidender Unterschied zu den Tragödien! In ihnen greift der das Gute verwirklichende Held angesichts der Unüberwindbarkeit des Bösen zur Maske des Wahnsinns, wie Hamlet, oder wird tatsächlich wahnsinnig, wie Lear, der in einer dem Bösen überantworteten Welt nicht mehr bewußt weiterleben kann.

Besondere Beachtung verdienen die Königskinder Guiderius und Arviragus. Als Kinder bereits von dem sich rächenden Belarius dem König geraubt und von ihrem Vater für tot gehalten, wachsen sie, ohne Kenntnis ihrer hohen Abkunft, in einer naturnahen, der Gesellschaft und dem Staate entrückten Welt auf. Unbefleckt von der bösen, auf Schein und leere Repräsentation gestellten Hofwelt, kommt in ihnen die höchste Möglichkeit des Menschen in den Romanzen zur reinen Erscheinung. Die Kargheit und die Beschwernisse der äußeren Bedingungen, unter denen sie leben, bringen gerade den in ihrem Sein angelegten Adel zur vollen Entfaltung:

»Thou divine nature, how thyself thou blazon'st
In these two princely boys. They are as gentle

As zephyrs, blowing below the violet,
Not wagging his zweet head; and yet as rough,
Theyr royal blood enchaf'd, as the rud'st wind,
That by the top doth take the mountain pine,
And make him stoop to the vale. 'This wonder
That an invisible instinct should frame them
To royalty unlearn'd, honour untaught,
Civility not seen from other, valour
That wildly grows in them, but yields a crop
As if it had been sow'd!«

(Cymbeline, IV, 2)

Unabhängig von der institutionellen Verleihung kommt das Königsein ihnen kraft einer Erwählung durch die »Göttliche Natur« zu. Die Erwählung zum König ist nicht mehr, wie für den Heilskönig des Mittelalters, an das Amt gebunden, dem die göttliche Verheißung als eine nur als magisch zu bezeichnende Qualität anhaftet, sondern vermittelt sich durch die Natur, die hier eigentümlich ins Göttliche überhöht erscheint, ohne allerdings mit Gott identifiziert zu werden. Der geschichtliche und personale Charakter ihrer natürlichen Bestimmung zum König bleibt darin gewahrt, daß sie verborgen, ja in einer Art von Inkognito leben. Die Kategorie des Inkognito kann in diesem Zusammenhang eingeführt werden, da sie die Art sehr präzise bestimmt, in der das Heil in der Romanzenwelt anwesend ist. Der Unterschied zur theologischen Verwendung dieses Begriffs bleibt dadurch gewahrt, daß der Träger der heilenden Funktion sich selbst nicht von dieser her versteht. Erst die wunderbare Bewährung der Knaben in der Geschichte – sie retten das Reich durch ihre heldenhafte Tapferkeit im Kriege – macht ihr verborgenes Sein offenbar und ermöglicht die Wiederkehr des Heils für die tragisch gestörte Welt. Die Darstellung ihres Aufenthaltes in den Walliser Bergen nimmt darum einen so großen Raum ein, weil hier das Weltprinzip, das in den Romanzen ausgesagt wird, besonders rein erscheint. Es ist eine Welt der frommen Ehrfurcht, des Vertrauens und der Geduld, die das Schicksal reifen läßt, bis es seinen verborgenen Sinn selbst enträtselt.

Das Problem der Handlung besteht nun darin, wie der herrschende falsche Schein widerlegt und das verborgene Wesen zur Erscheinung kommen kann, oder von der Fabel her formuliert: wie die von der bösen Königin geplante Vernichtung zum Weg der Heilung führt. Shakespeare hat diese Aufgabe genial gelöst. Er bewältigt sie durch die Posthumus-Imogen-Handlung. Posthumus vermag das Vertrauen nicht zu bewähren, das ihm durch seine Verbannung abverlangt wird. Seine frevelnde Herausforderung des Scheins führt ihn zu einer heillosen Verkennung des Wesens. Das Hybride seines Handelns besteht in der Anerkennung des Scheins als Zeichen für die Treue der

Imogen. Er übersieht, daß er sich selbst in der Situation der Bewährung, des Vertrauens, befindet und legt sein eigenes Erliegen der Imogen zur Last. Die teuflische Intrige Joachimos konnte nur gelingen, weil Posthumus dem äußeren, wenn auch noch lückenlos geführten Indizienbeweis mehr vertraute als der unbegründeten Gewißheit seines Herzens. Er erliegt sich selbst, entfällt dem Zusammenhang des Vertrauens und der guten Gesinnung, wird offen böse und verbrecherisch und kann erst nach einer langen, qualvollen Heimsuchung leidend wieder den Bezug herstellen, den er in sich selbst verraten hat. Die Wiederkehr des Heils in die entwirrte Welt wird erst durch die standhafte Bewährung der Imogen ermöglicht, die in auswegloser Lage, allen Anfechtungen und Versuchungen ausgesetzt, unwandelbar an ihrem Glauben und ihrem Vertrauen festhält. In ihrer Bewährung vermittelt sich im tragischen unentwirrbaren Feld seltsamer Überraschungen und Geschehnisse die Möglichkeit eines neuen, dem guten und heilen Sein der Natur entspringenden Anfangs mit dem entfremdeten Gang der Geschichte. Daß Posthumus in die leichte Welt der römischen Gesellschaft verschlagen wird, in der die Intrigen zu Hause sind, und Imogen in die ursprüngliche Welt des Guiderius und Arviragus, der von ihr nicht erkannten Brüder, ist sicherlich nicht zufällig. Die vertrauende Nähe zum Ursprung und die extreme Entfremdung im Raume gesellschaftlicher Nichtigkeiten stehen sich gegenüber. Imogen hat die Scheinwelt des Hofes hinter sich gelassen, in der zu leben ihr nicht länger möglich war.

Es ist für den Sinn des Ganzen wichtig, daß das Werk nach der eigentlich nur blaß gezeichneten Gestalt des Königs Cymbelius benannt ist. In seiner weit in der Vergangenheit zurückliegenden Schuld hatte die Verwirrung ihren Grund. Sein Unrecht an Belarius hatte den Raub der Königskinder zur Folge und damit das In-Frage-stellen der überkommenen Ordnung. Das überraschende Wiederfinden der verloren geglaubten Königskinder fällt mit seiner eigenen Rückkehr zu sich selbst zusammen. Der versöhnte König anerkennt am Ende, was geheimnisvoll, von keinem Menschen gewollt und geplant, Ereignis wurde:

»Laud we the gods;
And let our crooked smokes cling to their nostrils
From our bless'd altars . . .
. . . Never was a war did cease,
Ere bloody hands were wash'd, with such a peace.«

(Cymbeline, V, 5)

Nachdem wir uns bei der Interpretation des »Cymbeline« die Probleme vergegenwärtigt haben, die für die Romanzen zentral sind, ist der Übergang zum »*Wintermärchen*« nicht schwer zu finden. Wir werden uns auch hier auf die Frage beschränken, wie der Prozeß der Heilung gestaltet ist. Es ist nicht zu bezweifeln, daß gegenüber der Häufung der Motive und dem geradezu barocken Reichtum an Geschehen in »Cymbeline« im »Wintermärchen« eine deutliche Konzentration auf wesentliche Momente festzustellen und die Komposition des Ganzen einfacher, man möchte sagen märchenhafter und darum leichter zu durchschauen ist. Die Verknüpfung der Momente, die den Prozeß der Heilung bestimmen, sind in »Cymbeline« viel schwerer zu erkennen und miteinander in Beziehung zu setzen als im »Wintermärchen«. Die Abläufe verwirren und verschlingen sich nicht so labyrintisch ineinander, sondern sind klar und deutlich umrissen, voneinander abgehoben und gegeneinander abgegrenzt. Die Bedingungen, unter denen die Heilung wirksam wird, und die Voraussetzung, an die sie gebunden ist, sind deutlich herausgearbeitet. Der Prozeß selbst vollzieht sich nicht so rätselhaft *mit* den in das Geschehen verwickelten Personen, sondern stärker *durch* sie. Mit einem Wort: der Prozeß der Heilung wird im Vergleich zu »Cymbeline« konkreter.

Das Geschehen im »Wintermärchen« spielt in zwei scharf voneinander getrennten Weltbereichen, die auch zeitlich in einer Ordnung des Nacheinander erscheinen. Der alten Welt des Königs Leontes in Sizilien, in der sich die Bedingungen einer möglichen Tragik entwickeln, antwortet als überwindende Möglichkeit die Perdita-Welt in Böhmen. Das Geschehen hat die Überführung der beiden Weltstrukturen ineinander zu seinem Inhalt, eine Überführung, die als sieghafte Überwindung tragischer Selbst- und Weltentfremdung das eigentliche Telos des Spieles darstellt. Auf der Ebene des immanenten Ablaufs wird die aufgerissene Kluft durch den Chorus der Zeit verbunden, die selbst auftritt und den Winter des Lebens verkündigt. Auf der Ebene der transzendent-göttlichen Teleologie des Gesamtgeschehens hält der Spruch des delphischen Orakels das Auseinanderfallen von Verlust und Wiederkehr des Verlorenen wie eine Klammer zusammen. Die ruhende Gestalt, um die wie um eine Achse das Geschehen schwingt, ist Hermione. In Hermione fallen die oben erwähnten Weisen der Verknüpfung sozusagen ineinander. Ihre Nicht-Teilhabe am Zeitablauf, nämlich während der sechzehn Jahre, qualifiziert die Zeit zum Winter, ihr Wiedereintreten in den zeitlichen Zusammenhang fällt mit der Erfüllung des göttlichen Spruches zusammen.

Ausgangspunkt der heillosen Verwirrung eines ungetrübten, durch keine aktuelle Schuld befleckten Zustands ist die grundlos aufbrechende Eifersucht des Leontes, ein Motiv, das uns bereits aus »Cymbeline« und »Othello« bekannt ist. Es wird kein Versuch unternommen, das Sinnlose nachträglich psychologisch zu motivieren. Der Verzicht auf jede Psychologisierung, die den Weltcharakter des Geschehens durch die Bindung an das zufällige und beschränkte Sein der Personen auflösen würde, gehört überhaupt zu den kennzeichnenden Eigentümlichkeiten der Romanzen. Leontes reflektiert seinen Zustand so:

»... There may be in the cup
A spider steep'd and one may drink, depart,
And yet partake no venom, for his knowledge
is not infected; but if one present
The abhorr'd ingredient to his eye, make known
How he hath drunk, he cracks his gorge, his sides,
With violent hefts. I have drunk, and seen the spider.«

(Winter's tale, II, 1)

Das ist es: Leontes sah die Spinne. Das Bewußtsein selbst ist der Grund der Selbstentfremdung des Leontes. Dem Verlust der wirklichen Beziehung zur Welt entspricht die Leere seines Bewußtseins, die mit Wahn auszufüllen für ihn unumgänglich wird. Die phantastische Erwägung des Möglichen beraubt ihn seines Verstandes und läßt ihn, wie ein zweiter Othello, an der Zerstörung seines Glückes arbeiten. Der im Wahn verblendete König wird zum Tyrannen und ist bereit, im Widerspruch zu jeder menschlichen Gerechtigkeit und zum göttlichen Spruche, die untadelige Hermione zu töten. Das tatkräftige Einstehen der Paulina reizt den Rasenden zum Äußersten; er befiehlt, daß das gerade in der Katastrophe von Hermione geborene Kind auszusetzen und dem Elend preiszugeben sei. Der Übergriff des Leontes richtet sich gegen die Grundordnung der natürlich-sittlichen Welt. Das unschuldige Kind, das von keinem Verbrechen und Wahn weiß, soll das Opfer einer Verblendung werden, die sich selbst so vergißt, daß sie nicht nur die Vernichtung des wirklichen Glücks bewirkt, sondern sogar nach der Unschuld auslangt, an die die mögliche Wiederkehr des Heils gebunden ist. Erst als der im Traum der Selbstvergessenheit verlorene Leontes kein Opfer mehr findet, Hermione für ihn tot und sein Kind verschollen ist, tritt ebenso grund- und übergangslos sein Erwachen ein. Was der Tor sieht, sind die Ruinen seines Glücks. Was ihn erwartet, ist die Dürre eines schuldgequälten Lebens. Was ihn verdammt, ist der göttliche Spruch, an dessen Erfüllung er nicht mehr glauben kann. Dieser Spruch lautet nämlich: »Hermione ist keusch, Polyxenes tadellos, Camillo ein treuer Untertan, Leontes ein eifersüchtiger Tyrann, sein unschuldiges Kind rechtmäßig erzeugt, und der König wird ohne Erben leben, wenn das, was verloren ist, nicht wiedergefunden wird.«

Die Parallele zu Cymbeline liegt klar zutage. Verblendung, verursacht durch Wahn und Schuld, bringt sich um das gegenwärtige Glück und muß nach langer Zeit der Reue und Qual in auswegloser Verdüsterung des Lebens die Fähigkeit erlernen, zu ermessen, was man einst besaß und was nun unwiederbringlich dahin ist. Die Gestalt des Leontes, der mit der Last dumpfer Schwermut beladen und mit dem Bewußtsein, durch eigene Schuld das Teuerste seines Lebens zerstört zu haben, müde und verzweifelt dahinlebt, ergreift ebenso wie das Geschick eines Lear und Othello, ja sein Geschick ist schlimmer, denn er ist verdammt, mit einer Erkenntnis weiterzuleben, die ihn vernichtet.

Auch im »Wintermärchen« ist die Wiederkehr von Heil und Leben in ein trostloses und dürres Dasein an das Sein des Kindes gebunden, in dem der Ursprung sich selbst bewahrt und das so zum Gegenstand der Hoffnung zu werden vermag, weil in dem Kinde die Welt immer wieder von neuem beginnt. Ähnlich wie in »Cymbeline ist es auch hier: Perdita, die Verlorengeglaubte, jedoch durch geheimnisvollen Eingriff der Natur Gerettete, wächst, sich selbst unbekannt, als eine Schäferstochter in Böhmen heran. Das Idyll der Schäferwelt birgt eine Welt in sich, die an das goldene, vorgeschichtliche Zeitalter erinnernd, dem Zugriff des Tragischen entrückt zu sein scheint. Allerdings nur scheinbar, denn Polyxenes, der König in Böhmen, steht unbeugsam einer Verbindung seines Sohnes Florizel mit der schönen Perdita im Wege. Die Blindheit der alten Welt erneuert sich in Polyxenes. Wo sich die Wiederkehr des verlorenen Heils vorbereitet, wittert er Unheil und Katastrophen und scheut die Intrige nicht, um dem entgegenzuarbeiten. Aber die strahlende Überwindungskraft der Jugend, die den Spruch des Gottes für sich hat, ist stärker. Fliehend finden sie, was sie suchten: ihr Glück. Was wie Erschwerung aussah, erweist sich am Ende als Weg, auf dem sich die Versöhnung und Vereinigung aller in der verlassenen Leontes-Welt vollzieht.

Das Standbild der Hermione beginnt sich zu bewegen, die Starre des Winters löst sich, das Verlorene findet sich wieder; was unwiederbringlich schien, kehrt zurück, was grausamste Wirklichkeit war, scheint nur ein Traum gewesen zu sein. Der Prozeß vollendet sich von der glücklichen Harmonie des Anfangs durch tragische Entfremdung hindurch zur Wiederkehr des Verlorenen am Ende. Die tragische Geschichte versinkt in der Perspektive des paradiesischen Anfangs, der im Kinde immer wieder in die verfahrene Welt eintritt, und in der Perspektive des Endzustandes aller Dinge, in dem die Toten nicht tot sind, sondern wieder auferstehen, wenn die Schuld durch Reue gelöscht ist und die Hoffnung nicht starb. Das Auftreten der Zeit als Chorus zeigt ihre neue Funktion. Sie besiegelt nicht mehr die Endschaft unseres irdischen Geschicks, sondern ist das Medium, in dem sich Anfang und Ende, die selbst zeitlos sind, treffen und als gegenwärtiges Heil erscheinen.

Nach der Behandlung von »Cymbeline« und dem »Wintermärchen« kommt unsere Untersuchung mit der Interpretation des *»Sturm«* zu ihrem Abschluß. Von der leitenden Thematik der Heilung her gesehen, bildet der »Sturm« ohne Zweifel den Gipfel der drei Romanzen. In »Cymbeline« war der Prozeß der Heilung erst im überraschenden, die Verwicklungen zum glücklichen Abschluß bringenden Ausgang zu erkennen. Im »Wintermärchen« konkretisierte sich der Heilungsvorgang in den einzelnen Phasen seines Verlaufs. Im delphischen Orakel und in der Hermione-Gestalt gewann die verborgen wirksame Heilsteleologie selbst greifbare Gestalt. Im »Sturm« nun wird uns ein voller

Einblick in den Träger und in den Zusammenhang gewährt, durch den und in dem sich die Heilung vollzieht.

Es ist in einem gewissen Sinne richtig, wenn man im »Sturm« und vor allem in der Gestalt des Prospero Shakespeare selbst wiederzuerkennen glaubte, der die Bedingungen seiner dichterischen Heilung der Welt in einer Metapher auf die Bühne bringt, ehe er sich endgültig und für immer verstummend verabschiedet. Der große Zauberer Prospero, der in dem zwiegesichtigen Verfahren seiner Magie, in der Weisheit und dichterische Weltbewältigung vollmächtig wirksam werden, die Welt selbst zum Gegenstand seiner geistdurchdrungenen Herrschaft macht, teilt sicherlich wesentliche Züge mit dem Dichter Shakespeare, der sich im »Sturm« mit den Möglichkeiten und Grenzen seiner Poesie auseinandersetzt. Doch sind Prospero und seine geheimnisvolle Inselwelt in einem nur mit Faust und dem Don Quijote vergleichbaren Sinne zu einer symbolischen Gestalt geworden, in der sich das geschichtliche Selbstverständnis des modernen Menschen ausgedrückt wiederfinden könnte. Ob man eine solche Gestalt auf ihren biographischen Ursprung zurückverfolgen kann, will angesichts einer so fernreichenden Wirkung wenig besagen. Es liegt im Wesen eines Symbols, in das eine ganze Welt von Bezügen eingegangen ist, daß sich die Interpretation ihrer Grenzen voll bewußt bleiben muß.

Es ist uns vielleicht erst heute möglich, das Wesen und die besonderen Bedingungen einer Gestalt wie Hamlet zu erkennen, weil die Epoche, der er zugeordnet war, hinter uns liegt. Anders verhält es sich mit Prospero. Er scheint zunächst einem Vergleich mit der Hamlet-Problematik völlig entrückt zu sein. Vom Problem der Heilung der Welt her gesehen, verhält er sich zu ihm wie die Antwort auf eine Frage. Hamlet mußte seinen Entwurf einer ihm widerstrebenden Welt aufzwingen. Der in das Grauen der Einsamkeit gestellte Hamlet hatte eine ganz verrottete Geschichtswelt zum Gegner. Nur im Zerbrechen seiner Person konnte die Vorsehung als eine geheimnisvolle, die entfallene Welt auf ein gutes Telos hin überwindende Macht in Erscheinung treten. Von Grund auf verschieden sind die Voraussetzungen für den an einer Heilung der Welt arbeitenden Prospero. Er befindet sich von vornherein in einer so weitgehenden Übereinstimmung mit dem die Welt lenkenden Vorsehungszusammenhang, daß er und sein Wirken mit der Vorsehung selbst verwechselt werden können.

Noch eindeutiger als von Hamlet unterscheidet er sich von den Königen in »Cymbeline« und im »Wintermärchen«. Zu Beginn des Dramas hat Prospero schon den Wahn, der eine Folge endlicher Verstrickungen ist, hinter sich gelassen, einen Wahn, dem die Könige in »Cymbeline« und im »Wintermärchen« noch unterworfen und insofern nicht Regisseure, sondern Objekte des Heilungsverfahrens waren.

Prospero stand, ehe er zum Herrn der Insel wurde, in einer anderen Gefahr. Die geheimnisvolle Tiefe der Welt, die die Könige befremdet und erstaunt erst am Ende ihrer tragischen Verwirrungen erfuhren, zieht Prospero von Anbeginn mit unwiderstehlicher Faszination an. Das Verhältnis Prosperos zur Weisheit und damit zur magischen Kunst, die Welt und die kosmische Energie ihrer Elemente für sich wirken zu lassen, ist im Symbol des Buches gestaltet. Als Prospero noch Herzog von Mailand war, versäumte er, verzückt von den Tiefen, die sich seinem erkennenden Geiste auftaten, sein irdisches Erbteil, die Bannung des Bösen durch ausgeübte Herrschaft. Sein ganzes, auf die Erkenntnis gerichtetes Streben entfremdete ihn der vorläufigen Welt der Erscheinungen, in der das Endliche im Werk der Herrschaft besorgt werden will. Seine Abkehr setzte die Bösen frei, und er, Prospero selbst, war ihr erstes Opfer. Ein vorsorgendes Geschick verschlug ihn auf eine Insel, deren Ort geographisch nicht zu bestimmen ist. Was er ahnend in der geschichtlichen Notwelt erschaute, kommt hier zur wirklichen Erscheinung.

Unter den irrealen Bedingungen der Inselwelt spielt er wie an einem Modell das Wesen geistbestimmter Herrschaft. Hier realisiert sich die Konzeption Shakespeares von dem, was Herrschaft sein sollte, aber unter den konkreten Bedingungen der wirklichen Geschichte nicht sein konnte und deren Unmöglichkeit den eigentlichen Grund für die aufbrechende und von Shakespeare immer wieder gestaltete Tragik bildete. Auf der Insel findet Prospero die Möglichkeit, eine Herrschaft zu errichten, die die Herrschaft des Geistes über die Welt überhaupt und im ganzen symbolisiert. Zunächst mußten jedoch die dunklen Gewalten der Tiefe und unerlöste Dumpfheit animalischen Vergetierens unterworfen werden. Der Erdkloß Kaliban auf der einen und der Lichtgeist Ariel auf der anderen Seite bezeichnen die beiden Pole der kosmischen Hierarchie, deren Meister der weisheitsvolle und kundige Prospero wird.

Wir müssen uns wohl davor hüten, uns die Insel als die Projektion eines utopischen Wunsches in die Wirklichkeit vorzustellen. Für Gonzalo besteht das Wesen einer idealen Kommunität in der Aufhebung aller Herrschaftsverhältnisse. Wenn darin das Ideal besteht, ist die Inselwelt Prosperos, ungleich konkreter, von diesem weit entfernt; denn seine Welt ist eine Welt wirksamer Herrschaft. Wenn man ein utopisches Moment im Sinne der Nichtübereinstimmung mit der Wirklichkeit suchen wollte, dann könnte dieses nur darin bestehen, daß hier die dem geistigen Anspruch der Herrschaft entsprechenden und ihre Realisierung ermöglichenden Bedingungen gegeben sind. Das Wesen dieser Möglichkeiten besteht in der Magie, über die Prospero verfügt.

Was ist und was bedeutet hier Magie? Magie bedeutet im »Sturm« Gewalt über die Elemente. Das dichteste, zäheste und unerschließbarste Element der Erde ist in Kaliban gegeben. Die geheime Tragik der Kaliban-Gestalt besteht in ihrer Unfähigkeit, am Geiste teilzunehmen, und in dem daraus resultierenden Leiden, Herrschaft, ganz gleich welcher Art, nur als Despotie erfahren zu können. So wie die Herrschaft für ihn Despotie bedeutet, so kann für ihn die Freiheit nur darin bestehen, die Anarchie des Anfangs wieder herzustellen. Im Rausch und im Taumel alkoholischer Exzesse steigert er sich zu der für ihn höchsten Möglichkeit, nämlich zur blinden Unterwerfung unter den ersten Tölpel, der daherkommt und ihm die goldene Freiheit verspricht: eine schauerliche Ahnung und Vorwegnahme der Revolutionen in der Geschichte. Die Vermutung, die Rudolf Alexander Schröder in seinem Aufsatz über Shakespeares »Sturm« geäußert hat, daß nämlich in jedem Menschen etwas von einem Kaliban angelegt sei, ist nur voll zu bestätigen und gibt der Gestalt des Kaliban erst ihr ganzes Gewicht.

Dem Kaliban entspricht auf dem entgegengesetzten Ende der Hierarchie Ariel. Ariel ist in der Interpretation häufig als ein Symbol für den Geist der Poesie gedeutet worden. Wenn man schon eine solche Beziehung für zulässig hält, dann wird man die Behauptung dahingehend einschränken müssen, daß sich in ihm nur eine, allerdings für die Moderne sehr zentral gewordene Möglichkeit der Poesie manifestiert. Es ist die das Wirkliche auf eine freie Unendlichkeit hin entgrenzende Möglichkeit. Wie ist es aber dann zu verstehen, daß auch Ariel der Herrschaft Prosperos einbezogen ist? Das Milde und Zarte im Umgang Prosperos mit seinem geliebten Ariel sollte nicht über die tatsächliche Herrschaft hinwegtäuschen. Prospero erst hatte Ariel aus den Fängen der Urhexe Sykorax befreit. Ein paradoxer Vorgang: die Freiheit selbst bedurfte der Befreiung. Doch um welche Freiheit handelt es sich hier? Ging das Freiheitsbedürfnis des Kaliban dahin, mit der Materie bruchlos identisch sein zu dürfen, so strebt Ariel der Entgrenzung von jeder Endlichkeit zu. In einem Punkte allerdings konvergieren die beiden sonst durch eine Welt voneinander Getrennten: sie stimmen darin überein, Freiheit als Indifferenz von und gegenüber der sittlichen Substanz, der ethischen Beanspruchung zu verstehen. Steht Kaliban diesseits von Gut und Böse, so Ariel jenseits. Prospero steht in der Mitte. Er hat die unendliche Mühe auf sich genommen, das Endliche mit dem unendlichen Anspruch des Geistes gegenüber der Materie zu vermitteln. In dieser Vermittlung besteht aber die Substanz seines sittlichen Auftrages. Ihm ist aufgegeben, die Verwirrung der Welt zu heilen, indem die geschehene Schuld gesühnt, die verletzte Ordnung wiederhergestellt und dem Recht Raum gegeben wird.

Der von ihm erregte Sturm, der die Übeltäter seinen Händen überliefert, gibt ihm die Gelegenheit, das Werk seiner Heilung an der schuldbefleckten Welt zu vollziehen und in der Wiedergutmachung seiner eigenen Verfehlung sein Inseldasein zu beenden. Es ist ein wichtiger Zug im Wesen des Prospero, daß er erst vergibt, nachdem durch vollzogene Strafaktion das Unrecht gesühnt ist. Es ist eigentlich das erste und einzige Mal im gesamten Werk Shakespeares, daß der Vollzug der Bestrafung einen wesentlichen Teil der Handlung bildet, und es ist ebenso für den »Sturm« bezeichnend, daß hier über die Wirksamkeit der Strafe im Sinne einer moralischen Besserung nicht nur nichts ausgesagt, sondern eine skeptische Beurteilung nahegelegt wird. Es bleibt offen, ob die beiläufige Art, in der Prospero am Ende seinen Widersachern vergibt, nicht die Einsicht in die prinzipielle Unmöglichkeit ihrer Besserung einschließt.

Ein kurzer Blick auf die Übeltäter kann die Überzeugung nur verstärken, daß hier auch nicht viel zu bessern ist. Denn kaum sind die Halunken, dem Seesturm entronnen, unter sich, als sie auch schon eine Wiederholung des Mordanschlages planen, zu dessen Bestrafung sie hierher verschlagen wurden. Der Stumpfheit ihrer Gewissen ist wirklich durch keine Ermahnung und keine Pädagogik abzuhelfen. Jedoch die Elemente, deren sie sich zur Durchführung ihres Mordanschlages bedienen müssen, unterstehen im Herrschaftsbereich des Prospero einer sittlichen Teleologie, die eine solche Verwendung ausschließt.

»You are three men of sin, whom Destiny –
That hath to instrument this lower world
And what is in't, – the never-surfeited sea
Hath caused to belch up you; and on this island
Where man doth not inhabit; you 'mongst men
Being most unfit to live. I have made you mad;
And even with such-like valour men hang and drown
Their proper selves. You folls! I and my fellows
Are ministers of fate; the elements
Of whom your swords are temper'd, may as well
Wound the loud winds, or with bemock'd-at stabs
Kill the still-closing waters, as diminish
One dowle that's in my plume.«

(The Tempest, III, 3)

Erst als das Netz des Wahnsinns sie umfängt, erfahren sie im physischen Schmerz, was die Stunde geschlagen hat; daß sie erst auf Grund eines Machtspruches des Prospero vom Wahnsinn ereilt werden, unterstreicht die Stumpfheit ihres Gewissens. Denn die übrigen Übeltäter in den Romanzen führt die Reflexion ihrer bösen Taten selbst in den Wahnsinn.

Weil Prospero von der begrenzten Wirkung der Strafe auf die sittliche Besserung überzeugt ist, darum konzentriert sich sein Hauptinteresse auf die Erziehung von Ferdinand und Miranda. Obwohl auch im »Sturm« – wie in den übrigen Romanzen – in den Kindern eine bessere Welt aufzugehen scheint, werden sie hier nicht in die Welt entlassen, ohne einer Bewährung unterworfen zu werden, die ihren Grund nicht in realen Verstrickungen, sondern in weisheitsvoller Pädagogik hat. Der große Nachdruck, mit dem Prospero auf der Bewahrung der Keuschheit besteht, muß doch wohl dahingehend interpretiert werden, daß der Leidenschaft nicht eher Raum gegeben werden darf, bevor nicht die Ordnung das Heil sichert.

Wir sehen, daß in Prospero – ein völlig einmaliger Fall in der abendländischen Dichtung – der Auslgeich von humaner Verwirklichung und magischer Durchsetzung der auf ein sittliches Ziel hinwirkenden Weltteleologie gelungen ist. Er konnte gelingen, weil der Zauberstab der Magie von einem Geiste gebraucht wird, der, den vergehenden Schein der endlichen Welt durchdringend, ihn so verwandelt, daß in ihm die sittliche Substanz der Welt erscheinen kann. Das Problem, das in »Cymbeline« und im »Wintermärchen« noch offenblieb, nämlich der unüberwindbare Antagonismus von verfälschendem Schein, der herrscht, und Reinheit des Wesens, das verborgen ist, wird im »Sturm« gelöst. Nicht nur eine faktische Verwirrung wird entwirrt, sondern der Grund der Möglichkeit von Tragik überhaupt wird auf dem Wege der Magie aufgehoben. Prospero ist eine »eschatologische« Figur, eschatologisch darum, weil in ihm der Vollendungszustand aller Dinge im gegenwärtigen Ablauf der Welt Ereignis wird.

»Our revels now are ended. These our actors,
As I foretold you, were all spirits and
Are melted into air, into thin air:
And, like the baseless fabric of this vision,
The cloud-capp'd towers, the gorgeous palaces,
The solemn tempels, the great globe itself,
Yea, all which it inherit, shall dissolve
And, like this insubstantial pageant faded,
Leave not a rack behind. We are such stuff
As dreams are made on, and our little life
Is rounded with a sleep. – Sir, I am vex'd:
Bear with my weakness; my old brain is troubled.«

(The Tempest, IV, 1)

Diese Worte unterstreichen sehr nachdrücklich diese Dimension seiner Existenz, in der sich das unausdeutbare Rätsel der Prosperogestalt zusammenfaßt. Ein großes Thema: Prospero der Leidende! Stand in »Cymbeline« und im »Wintermärchen« die Überwindung des Tragischen am Ende, so gebiert sich im »Sturm« eine neue Möglichkeit der Tragik für den, der sie für sich überwunden hat und noch »in der herben Welt voll Müh« ausharren muß. Für dieses Leiden ist nicht mehr der unvollendete Stand der Dinge in der Welt konstitutiv, sondern das Faktum der Welt überhaupt, die er zu tragen hat.

Wenn Prospero im »Sturm« den Zauberstab seiner Magie versenkt, dann stellt er sich nicht mehr unter eine Notwendigkeit, die ihm gegenübersteht, sondern unter seine eigene Freiheitsmöglichkeit, die als die Freiheit eines endlichen Menschen in der Welt immer Schuld bedeutet. Prospero sieht darin die Schuld, daß er im transzendierenden Übergriff auf das große Sein der Welt eine Heilung spielte, die dem Menschen nur in der Hoffnung zukommt. Indem er den vorläufigen Status des In-der-Welt-seins auf eine mögliche Vollendung hin transzendierte, wurde er am konkreten Nächsten schuldig. Er, der die Heilung der Welt in seine eigene Hand nahm, ist nun der Vergebung am meisten bedürftig. Der lange Weg Shakespeares endet in der Bitte um Vergebung. Rilke hat in seinem Gedicht an den Geist des Ariel großartig gestaltet, was blieb, als Zaubern und Dichtung zu Ende gingen:

»Nun schreckt mich dieser Mann,
der wieder Herzog wird. Wie er sich sanft
den Draht ins Haupt zieht und sich zu den andern
Figuren hängt und künftighin das Spiel
um Milde bittet . . . welcher Epilog
vollbrachter Herrschaft. Abtun, bloßes Dastehen
mit nichts, als eigener Kraft: ›und das ist wenig‹.«

Zwölftes Kapitel
Welche Art von Sozialismus bedroht unsere Freiheit?

Es ist eindeutig, daß dieses Thema nur zu einem Zeitpunkt so gestellt und formuliert werden konnte, an dem der Kampf um den Ausgang der Bundestagswahl im Jahre 1976 in der Bundesrepublik bereits voll begonnen hatte. Ein Zeitzeichen also:

Es gehört keine große Phantasie dazu, sich vorzustellen, wie die Fronten in diesem Bundestagswahlkampf verlaufen werden, wenn er im September seinen Höhepunkt erreicht. Die sozialliberale Koalition, repräsentiert vor allem durch den Bundeskanzler, wird diesen Wahlkampf führen, indem sie versuchen wird, den Bürgern der Bundesrepublik deutlich zu machen, daß diese Regierung mit einer einzigartigen Erfolgsbilanz aus der Bewältigung der Auswirkungen der weltwirtschaftlichen Rezession hervorgegangen ist. Sie wird ihre wirtschaftspolitischen Erfolge den Bürgern in einer Sprache vermitteln, die sich von der Sprache der CDU, wenn überhaupt, nur in Nuancen unterscheiden wird. Diese Regierung wird die Bürger unseres Landes dazu aufrufen, stolz zu sein auf den weltweit beachteten und von vielen Menschen in der westlichen Welt beneideten Erfolg des Gesellschaftsmodells Deutschland.

Die Koalition wird also einen Wahlkampf führen, der in seinem Ansatz eindeutig konservativer Natur sein wird. Es wird jede Erinnerung getilgt sein an die Veränderung des Systems und an alle Zusammenhänge, die an das Wort Sozialismus erinnern könnten. Im Resultat wird die Wahlkampfstrategie der sozialliberalen Koalition darauf hinauslaufen, die Bürger zu veranlassen, darüber nachzudenken, ob es in der Tat sinnvoll ist, eine solche um den sozialen Frieden und den ökonomischen Erfolg in diesem Lande »so hoch verdiente« Regierungsmannschaft durch eine andere zu ersetzen. Sie wird für den Fall eines Wahlsieges der CDU die Möglichkeit eines Weges andeuten, der der Bundesrepublik italienische Verhältnisse bescheren könnte.

Demgegenüber ist die Opposition aufgrund einer Vorgeschichte, auf die ich hier nicht näher eingehen möchte, mit der Absicht in den Wahlkampf gegangen, den Bürgern in der Bundesrepublik zu vergegenwärtigen, daß es in und mit dieser Wahl im Oktober 1976 um eine Entscheidung von epochaler Bedeutung geht, um eine Entscheidung, von der der weitere Weg in der Entwicklung der Ordnung der Bundesrepublik abhängen wird. Der Wille, die Bürger mit einer solchen fundamentalen Entscheidung im Wahlkampf zu konfrontieren, hat seinen Niederschlag gefunden in der Formel, daß es in dieser Wahl um die Entscheidung zwischen Sozialismus und Freiheit geht.

Seitdem die Opposition den Wahlkampf mit dieser Formel eröffnet hat, kam es zu einer, wie ich glaube, in dieser Form und diesem Ausmaß nicht erwarteten Reaktion der Vertreter der sozialliberalen Koalition. Die Antwort war Empörung, Verbitterung, Wut über eine Formel, die nach der Interpretation der sozialliberalen Koalition dieses Land in zwei Klassenkampflager spalten soll, wie das der Chef-Theoretiker der Freien Demokraten, Maihofer, auf dem Parteitag der FDP in Freiburg erklärt hat. Nach der Auslegung des Vorsitzenden der SPD, Brandt, zieht die CDU in den Wahlkampf mit einer Gespensterformel. Diese Formel, die auf dem Parteitag in Dortmund von Herrn Ehmke als schwachsinnig, von Herrn Brandt als infam bezeichnet wurde, bringe zum Ausdruck, daß durch den Wahlkampf die Opposition die Zusammenarbeit der Demokraten verhängnisvoll störe. Nach Auffassung des Vorsitzenden der SPD-Fraktion im baden-württembergischen Landtag, Eppler, hat die Opposition durch die Wahl dieser Alternative bereits den Grundpakt der Gemeinsamkeit der Demokraten verlassen.

Diese Reaktion ist erstaunlich. Es kann doch kein Zweifel darüber bestehen, daß die sozialdemokratische Partei Deutschlands in maßgebenden Dokumenten, in denen sie ihre programmatischen Ziele formuliert hat, ihren eindeutigen und entschiedenen Willen zum Ausdruck gebracht hat, die Demokratie in Deutschland durch den Sozialismus zu verwirklichen und zu vollenden. Diese Dokumente sind den Bürgern in diesem Lande bekannt, und es ist daher schwer, das Entsetzen zu verstehen, das die Vertreter der sozialliberalen Koalition empfinden, wenn das Wort Sozialismus von der Opposition in der politischen Auseinandersetzung gebraucht wird.

Aber die Antwort ist einfach. Die Sprecher der sozialliberalen Koalition wenden sich mit dieser Erbitterung und Empörung gegen den Begriff des Sozialismus, weil sie mit Recht davon ausgehen, daß die Menschen in der Bundesrepublik Deutschland mit diesem Begriff Erfahrungen verbinden, die wir im 20. Jahrhundert bei zwei großen weltgeschichtlichen Experimenten bereits gemacht haben, den Sozialismus zu verwirklichen.

Der erste große Versuch war der des Nationalsozialismus. Ich erinnere in diesem Zusammenhang bewußt an den Nationalsozialismus, weil man jeden für einen Sozialisten halten muß, der von sich selber sagt, daß er einer sei. Denn einen kohärenten und identifizierbaren Begriff von Sozialismus gibt es nicht mehr.

Zum anderen geht es um die Erfahrung, die wir mit dem Versuch der Verwirklichung des Sozialismus in dem Teil der Welt gemacht haben, dessen Machthaber von sich selber behaupten, daß er das sozialistische Lager in der Menschheitsgeschichte bilde. Es ist sonderbar, wenn der Vorsitzende der Sozialdemokratischen Partei nun erklärt, daß die Repräsentanten der Deutschen Demokratischen Republik, die sich hier auf den Sozialismus berufen, so viel von Sozialismus verstehen, wie »ein Ochse vom Klavierspielen«. Vor Tische lautete die Version anders. Wenn Sie sich die Mühe machen und in einigen Materialienbüchern zum politischen Unterricht den Teil zur Kenntnis nehmen, in dem ein Systemvergleich gezogen wird, dann werden Sie feststellen können, daß mit großer Objektivität und Sachlichkeit auf die zum Teil noch nicht gelösten Probleme beim Aufbau sozialistischer Systeme hingewiesen wird.

Aber diese Schwierigkeiten werden abgetan und bagatellisiert mit dem grundsätzlichen Bekenntnis, daß die sozialistischen Staaten der Bundesrepublik etwas von fundamentaler Bedeutung voraushaben, nämlich, daß sie grundsätzlich den Weg zur Entwicklung einer sozialistischen Gesellschaft beschritten haben, während der Bundesrepublik der qualitative Sprung im historischen Prozeß der Geschichte noch bevorstehe. Diese Erfahrungen sind der Grund für den Schrecken, der von der Verwendung des Wortes Sozialismus in der Bundesrepublik ausgeht.

Die Tatsache als solche ist schon interessant genug, denn mit dem Sozialismus war doch die Botschaft einer endgültigen und wirklichen Befreiung des Menschen in einer Gesellschaft verbunden, die sich selbst und ihre Verhältnisse unter Kontrolle bringen wird. Die Menschen müßten doch voller Sehnsucht und mit dem Ausdruck der Freude auf die Proklamation des Sozialismus antworten, der ihnen eine solche Freiheit verspricht. Aber die Bevölkerung in der Bundesrepublik reagiert mit Angst, sie reagiert mit Schrecken darauf.

Die Vertreter der sozialliberalen Koalition wissen genau, daß die Mehrheit der Bevölkerung in der Bundesrepublik jedes sozialistische Experiment ablehnt. Warum ist das so? Die Antwort kann gefunden werden, wenn man die existierenden sozialistischen Systeme in dieser Welt mit dem Maßstab mißt, den sie selber anerkennen. Es war doch das Versprechen und die Verheißung, die Karl Marx an die Verwirklichung des Sozialismus nach seinen Prinzipien gebunden hat, daß erst in einem von marxistischen Prinzipien bestimmten Aufbau einer sozialistischen Gesellschaft zum erstenmal in der Geschichte der Menschheit die Selbstentfremdung des Menschen aufgehoben werde. Das heißt: was die christliche Religion bisher nur verkündet hat, wovon die Philosophen bisher nur träumten und was die Humanisten in der bürgerlichen Gesellschaft verraten haben – das soll endlich reale Erfahrung und in einer durch den Sozialismus bestimmten und gestalteten Gesellschaft Wirklichkeit werden.

Es ist eine Frage von grundsätzlicher Bedeutung, in dem Versprechen einer Aufhebung der Selbstentfremdung des Menschen das entscheidende Kriterium für die Beurteilung sozialistischer Wirklichkeit in unserem Jahrhundert zu sehen. Dieses Kriterium würde gültig bleiben, auch dann, wenn es in den sozialistischen Staaten keine Arbeitslosigkeit gäbe, und selbst dann, wenn sie mit ihrem Bruttosozialprodukt die westliche Welt und die Bundesrepublik, ja vielleicht die Vereinigten Staaten, überrundet haben sollten. Auch Erfolge dieser Art würden nichts daran ändern, daß es in der Auseinandersetzung mit den sozialistischen Systemen um den Anspruch geht, die Selbstentfremdung des Menschen aufzuheben.

Einer der führenden marxistischen Philosophen der Gegenwart, Ernst Bloch, hat erklärt, daß in den existierenden sozialistischen Systemen der Ansatz der Marxschen Theorie in seiner Deformation zur Kenntlichkeit gelangt sei. Ernst Bloch sieht darin keinen Betriebsunfall und wertet es auch nicht als Ausdruck der Tatsache, daß der Sozialismus sein Endziel noch nicht erreicht habe. Unser marxistischer Philosoph ist vielmehr der Auffassung, daß in der Wirklichkeit des gegenwärtigen Sozialismus das herausgekommen sei, was von Anfang an, also im Ansatz der Marxschen Theorie, enthalten war.

Bedauerlicherweise haben wir in den fünfziger Jahren und im Anfang der sechziger Jahre in diesem Lande in Freiheit die Diskussion nicht geführt, die wir eigentlich hätten führen müssen. Damals wäre es noch denkbar gewesen, getragen von dem Konsens aller Demokraten, zu überprüfen, wie sich die Realität sozialistischer Staaten zum Ansatz der Lehre von Karl Marx verhält. Damals wäre noch eine geistige Auseinandersetzung möglich gewesen. Sie hat nicht stattgefunden, und weil sie nicht stattgefunden hat, hat sie heute höchst wirksame und bedeutsame politische Folgen. Um diese Konsequenz geht es heute.

Ich darf nun meine erste These zu der Frage formulieren, von welcher Art der Sozialismus ist, mit dem wir es konkret in der Bundesrepublik zu tun haben:

Wir müssen erkennen und anerkennen, daß alle Bemühungen um die revisionistische Neuformulierung des sozialistischen Gedankens durch die reformerischen Kräfte der Bundesrepublik von dem Willen ausgehen, diejenige Erfahrung zu begreifen, aufzunehmen und positiv zu verarbeiten, die in den sozialistischen Staaten im 20. Jahrhundert mit dem Sozialisms gemacht werden mußten. Der Sozialismus in der Bundesrepublik will die Perversion des Sozialismus in ein staatskapitalistisch-dirigistisches System vermeiden. Es ist der eindeutige Wille, aus der Erfahrung mit dieser Perversion einen neuen Weg für die Verwirklichung für den Sozialismus in der Bundesrepublik zu finden.

Wir müssen festhalten: Es wäre eine Tragödie und eine entscheidende Schwächung der Selbstbehauptung der Kräfte in unserer freiheitlichen Demokratie und der noch bestehenden Gemeinsamkeiten in diesem Lande, wenn wir nicht anerkennen würden, daß der in der Bundesrepublik sich evolutionär verstehende Sozialismus nichts anderes will als die Verwirklichung der Freiheit durch den Sozialismus. Wir dürfen uns durch billige Parteipolemik und auch durch Demagogie nicht hindern lassen zu erkennen, daß der Wille der reformerisch sozialistischen Kräfte in diesem Lande darauf gerichtet ist, durch einen neuen Weg zum Sozialismus die Freiheit zu verwirklichen, die von Karl Marx für den Endzustand der sozialistischen Gesellschaft versprochen wurde.

Erst wenn man das anerkennt, kommt man wiederum zu einer überraschenden Entdeckung: Nämlich zu der Entdeckung, daß trotz dieses Willens und in einer nicht mit ihm geklärten und übereinstimmenden Weise der demokratische Sozialismus in der Bundesrepublik in einem theoretischen Kontext entwickelt wurde, der in einer revisionistischen Weise wiederum auf die Grundsubstanz der Marxschen Lehre zurückgeht.

Das hat ein Mann wie Peter von Oertzen in der Diskussion mit dem Generalsekretär der CDU, Biedenkopf, in Göttingen vor mehreren tausend Studenten zum Ausduck gebracht. Er hat in der Auseinandersetzung mit der Formel der CDU die CDU vor einer Verleumdung des Marxismus gewarnt. Er hat nicht vor einer Verleumdung des humanitär-sozialistischen Charakters gewarnt, sondern vor einer Verleumdung des Sozialismus durch eine Partei, die in den Wahlkampf ziehe mit der alternativ gemeinten Formel »Freiheit statt Sozialismus«.

Wir sollten für diese Offenheit dankbar sein. Es könnte der Auseinandersetzung in diesem Lande nur dienen, wenn auch die Troika der SPD in aller Klarheit und Eindeutigkeit sich dazu bekennen würde, daß auch der demokratische Sozialismus in einem theoretisch marxistischen Kontext steht. Aber von welcher Art ist eigentlich der Rückgriff auf den Marxismus, wie er für den demokratischen Sozialismus in der Bundesrepublik in Anspruch genommen wird?

Ich hoffe, daß Sie den Orientierungsrahmen der SPD gelesen und auf den ersten Seiten den Versuch gefunden haben, das Problem zu formulieren, wie es der demokratische Sozialismus sieht und wie es durch eine Bewegung des demokratischen Sozialismus in der Bundesrepublik gelöst werden soll. Es geht also um die Art der Problemstellung. Das Problem des Menschen in der Bundesrepublik wird durch die Selbstentfremdung des Menschen bestimmt. Der Grund für diese Selbstentfremdung des Menschen wird in den sozioökonomischen Bedingungen unserer Gesellschaft gesehen. Sie ist in erster Linie sozioökonomisch bedingt:

Die Produktivkräfte hätten sich vom produzierenden Menschen abgelöst und sie seien eine verselbständigte Gewalt geworden. Die Menschen seien den von ihnen selbst produzierten, aber nicht mehr kontrollierten gesellschaftlichen Verhältnissen unterworfen. Die Lösung, das heißt die Überwindung der durch die sozioökonomischen Strukturen der Bundesrepublik fixierten Selbstentfremdung des Menschen, wird in der Kontrolle der gesellschaftlichen Produktionskräfte gesehen.

Die Antwort lautet: Durch ein System der gesellschaftlichen Kontrolle über die entäußerten Produktivkräfte soll das Ziel einer in Freiheit über sich selbst verfügenden Gesellschaft erreicht werden.

Es ist mir schwer verständlich, wie z. B. der Fraktionsvorsitzende im Landtag von Baden-Württemberg diese zentrale Aussage mit einer christlichen Soziallehre, welcher auch immer, vereinbaren will. Wenn eine grundlegende Differenz zwischen der christlichen Soziallehre und ihrer Tradition die Aussage ist, daß das Subjekt der zukünftigen Freiheit die über sich selbst verfügende Gesellschaft sei, dann muß man erkennen, daß mit der Auswechslung des Subjektes der Freiheit nicht eine nominale, sondern eine fundamentale und sachliche Differenz zu allem behauptet wird, was in zweitausendjähriger abendländischer Geschichte von Platon bis Hegel unter dem Begriff der Freiheit gedacht und verstanden wurde. Wir dürfen uns die Auseinandersetzung nicht durch Worte und Begriffe vernebeln lassen. Wir müssen jeden Begriff mit dem Anspruch der Sache konfrontieren, die mit ihm begriffen werden soll.

Damit bin ich beim dritten Punkt: nämlich der Frage, wie sich das Ziel, das durch den demokratischen Sozialismus verwirklicht werden soll, zu der Antwort verhält, die Karl Marx selbst auf diese Frage gegeben hat.

Das Ziel ist die uneingeschränkte Selbstverwirklichung des Menschen und des Reichtums seiner Anlagen in Freiheit. Die Antwort stimmt also mit der überein, die auch Karl Marx gegeben hat, wenn er den Zustand ins Auge faßt, der die Diktatur des Proletariats ablösen soll. Es geht um die Errichtung einer herrschaftsfreien Gesellschaft. Der Kern des marxistischen Freiheitsbegriffes und der des demokratischen Sozialismus stimmt mit dem der anarchistischen Bewegung des 19. Jahrhunderts überein. Es handelt sich um eine Wiederbelebung des 19. Jahrhunderts. Der Streit zwischen Marxismus und Anarchismus war immer nur ein Streit um die Methode und den Weg. Niemals aber ging es um eine Differenz in der Bestimmung der zu verwirklichenden Freiheit selber.

Wenn man den marxistisch-revisionistischen Kontext des demokratischen Sozialismus in der Bundesrepublik erkannt hat, dann erst stellt sich die Frage von grundlegender Bedeutung für den weiteren politischen Weg in der Bundesrepublik Deutschland. Diese Frage sollte jedem gestellt werden, der sich in einer noch so moderierten Form zum Sozialismus bekennt:

Worauf stützt der demokratische Sozialismus in der Bundesrepublik sein Vertrauen, daß es ihm möglich ist, dieses Endziel der Freiheit zu erreichen, oder dieser Freiheit näher zu kommen, ohne daß auf dem Weg der Mensch sich in eine neue Form der Hörigkeit und versteckter kollektiver Abhängigkeit wiederfindet?

Diese Frage zu stellen, muß doch in einer Demokratie, die von Alternativen lebt, erlaubt sein. Wenn alles durch die Formel der Gemeinsamkeit der Demokraten unter den Tisch gekehrt würde, was für die Zukunft der Gesellschaft von entscheidender Bedeutung ist, dann würde jede Opposition ihre geschichtliche Verantwortung, die sie vielleicht noch hat, verspielen. Worauf also stützen die Kräfte des demokratischen Sozialismus ihr Vertrauen?

Es kommt hier wieder auf den prinzipiellen Charakter der Antwort an.

Sie lautet: Wir wollen die Perversion des Sozialismus verhindern durch die Methode, die wir anwenden, den Sozialismus in Freiheit zu erreichen. Es geht also um eine Unterscheidung in der Methode und um nichts anderes. Das magische Wort, in dem der methodische Weg umschrieben wird, heißt: Demokratisierung der Gesellschaft. Die Demokratie wird auf die Bedeutung einer Methode reduziert, den freiheitlichen Charakter des demokratischen Sozialismus auf seinem Weg wie auch in seinem Zielzustand zu garantieren.

Es würde eine Verleumdung sein, wenn man bis zum Beweis des Gegenteils daran zweifelt, daß der demokratische Sozialismus sein Ziel im Rahmen der parlamentarischen Demokratie und eines Mehrparteiensystems erreichen will. Der Weg soll nicht über eine Diktatur des Proletariats führen, sondern die erforderlichen Mehrheiten und die mehrheitliche Zustimmung sollen in einem offenen demokratischen Willensprozeß beschafft werden.

Man wird nur stutzig, wenn man in diesem Zusammenhang im Orientierungsrahmen liest, daß es dazu notwendig sei, im Vorfeld der organisierten politischen Kräfte eine Bewegung zu entfachen und zu organisieren, die auch heterogene Schichten und Gruppen an der Basis umfassen und so erst die Voraussetzung für eine reale Chance sein soll. Die grundsätzliche Frage, die auch von den Theoretikern dieser Art von Sozialismus nicht beantwortet werden kann, ist die nach der Vereinbarkeit einer solchen Funktionalisierung und Mediatisierung der Demokratie in Richtung einer Art von Basisdemokratie mit der rechtsstaatlichen Verfaßtheit unserer freiheitlichen Demokratie.

Insofern war die christdemokratische Partei Baden-Württembergs mit ihrer ursprünglichen Wahlplattform gut beraten, nicht von Freiheit oder Sozialismus, sondern von sozialistischer Gesellschaft und demokratischem Rechtsstaat zu sprechen.

Wir dürfen uns nicht von der Einsicht abbringen lassen, daß die einzig wirkliche politische Emanzipation, die in der Menschheitsgeschichte erreicht wurde, dem Freiheit gewährenden und schützenden Rechtsstaat zu verdanken ist und keiner anderen geistigen Kraft unserer Überlieferung. Warum haben sich denn die Hoffnungen auf eine Verwirklichung des Sozialismus mit menschlichem Antlitz in der Tschechoslowakei auf die Wiedergewinnung des elementaren rechtsstaatlichen Schutzes der individuellen Freiheit und auf nichts anderes gerichtet? Hoffnung und Sehnsucht der Menschen richten sich nach einer realen Erfahrung mit dem Sozialismus von mehr als zwanzig Jahren auf rechtsstaatlichen Freiheitsschutz.

Natürlich kann eine Bewegung in Richtung auf Sozialismus unter den Bedingungen, die wir hier in der Bundesrepublik vorfinden, nur auf den Weg gebracht werden, wenn sie im Rahmen eines langzeitig und langfristig angelegten Prozesses konzipiert wird. Es ist für eine Opposition in unserer freiheitlichen Demokratie eine Herausforderung, wenn sie mit einer taktisch höchst flexiblen, anpassungsfähigen Strategie konfrontiert wird, die Ziele in einem langzeitigen Prozeß verfolgt. Es handelt sich um eine Strategie, die es auch dem Bundeskanzler erlaubt, in Dortmund zu verkünden, daß sein Wahlspruch und der Wahlspruch seiner Partei lautet: Leben und leben lassen. Das gehört durchaus zu der sprachregelnden Strategie dieses Prozesses.

Daß es um diesen Prozeßcharakter geht, dafür gibt es keinen geringeren Zeugen als den Vorsitzenden der Sozialdemokratischen Fraktion im Deutschen Bundestag, Herbert Wehner, der aus Anlaß seiner Aufstellung zum Kandidaten für den Bundestag erklärte: »Genossen, worauf es in diesem Jahr ankommt, ist die Schlüsselstellung, die wir zu verteidigen haben, das heißt, die Macht zu bewahren, wenn notwendig, mit allen uns zur Verfügung stehenden Mitteln. Erst wenn wir dieses Ziel erreicht haben, können wir an die notwendigen strukturellen Veränderungen denken. Es kommt nicht alles auf einmal, sondern es kommt nach und nach.«

Was der Fraktionsvorsitzende unter strukturellen Veränderungen gemeint haben könnte, hat er auf dem Parteitag in Mannheim so umschrieben, daß nach der Überwindung der wirtschaftlichen Rezession eine von den Sozialdemokraten getragene Regierung dafür sorgen werde, daß die Sozialdemokratische Partei nie wieder in eine solche Lage kommen würde wie in der gegenwärtigen Rezession. Sie werde zu verhindern wissen, daß sie abhängig ist von der Fähigkeit und Bereitschaft privater Unternehmer, zu investieren. Damit wird der Stoß- und Richtungswille deutlich.

Eine weitere fundamentale Differenz zwischen den traditionellen Wegen eines vom Marxismus inspirierten Sozialismus und dem demokratischen Sozialismus in der Bundesrepublik besteht darin, daß der Ansatzpunkt für eine langfristig angelegte Prozeßstrategie nicht im unmittelbaren Eingriff in die ökonomischen Strukturen gesehen wird, sondern im menschlichen Bewußtsein. Dieser Ansatz hat die bedeutsame Konsequenz, daß es um eine politische Arbeit in der Gesellschaft geht und daß daher diejenigen im Prinzip den Ausgang des politischen Kampfes für sich entscheiden werden, die die Sprache regeln, in welcher die Gesellschaft Auskunft gibt über ihre eigene Identität und über die Probleme, die sie beunruhigen.

Das ist eine Erkenntnis, die bisher von der Opposition nicht in hinreichendem Maße berücksichtigt wurde, so sehr auch der Generalsekretär der CDU sich um eine Gegenstrategie und Gegenoffensive in dem Kampf um Begriffe und Worte bemüht hat. Es bleibt nur die Frage, ob nicht die Wirksamkeit semantischer Strategien auf die Dauer davon abhängt, wie der Sprachgebrauch und die Wahl des Sprachgebrauchs eingebunden werden in eine fundamental die Probleme der Gesellschaft erschließende und interpretierende theoretische Konzeption, die hier nicht mit Ordnungspolitik verwechselt werden darf. Denn auch die Entscheidungen der Ordnungspolitik setzen theoretische Grundentscheidungen voraus, die man nicht einfach als gegeben hinnehmen kann.

Jetzt erst haben wir die zentrale These des Referates erreicht. Es geht um die Frage, ob der Typ des Sozialismus, mit dem wir es konkret in der Bundesrepublik zu tun haben, zu vereinbaren ist mit der Freiheit, wie sie bisher in der Gesellschaft verstanden wurde.

Die Quintessenz der Strategie des demokratischen Sozialismus ist die Kulturrevolution. Die Quintessenz ist nicht das Programm der Strukturveränderungen, ist nicht die evolutionäre Ausweitung der Verteilungsmechanismen, ist auch nicht der traditionelle Kampf politischer Gruppen um die Zustimmung der Bevölkerung. Alle diese Prozesse werden umfangen und getragen von einer Bewegung, die man nicht anders als kulturrevolutionär verstehen und interpretieren kann.

Kulturrevolution in diesem Zusammenhang bedeutet den Versuch, durch in Technologien übersetzte Ideologiekritik, die auf die metaphysikkritischen Entwürfe der zweiten Hälfte des 19. Jahrhunderts, also auf Marx, Nietzsche und Freud zurückgeht und im Kontext der kritischen Theoreme aktualisiert wurde, für konstant gehaltene anthropologische Strukturen und Verhaltensmuster aufzulösen und damit eine Art von sozialistischer Subjektivität des Menschen durch Technologien zu erzeugen, die emanzipatorisches Bewußtsein herstellen sollen. Die wichtigste Herausforderung des Sozialismus in der Bundesrepublik ist dieser Versuch, der darauf gerichtet ist, durch Umwertung anthropologische Strukturen zu verändern, indem die gesellschaftlichen Institutionen der Sozialisation des Menschen in den Dienst der Emanzipation gestellt werden. Das Ziel einer an die Bildung eines selbstbewußten autonomen Ichs orientierten Sozialisation soll durch Sozialisationsprozesse ersetzt werden, in der an die Stelle der Autonomie des Einzelnen die Gruppe tritt.

Solange die Opposition die geistige Auseinandersetzung in diesem Land führt und den Menschen nicht deutlich macht, daß es hier um eine Sozialisierung der Sozialisationsinstitutionen geht, solange redet die Opposition an der Erfahrung der Bürger vorbei. Es gibt wenig Sinn, die Bürger zu veranlassen, sich Gedanken darüber zu machen, wie die öffentlichen Haushalte saniert werden können, wer den weiteren Ausbau des Sozialstaates finanzieren soll, wenn die zu seiner Finanzierung notwendige Summe die Höhe von bald 500 Milliarden im Jahre 1978 erreichen sollte, welche technokratischen Lösungen es für die Probleme gibt, die sich aus der Kostenexplosion unseres Gesundheitswesens ergeben.

Das alles geht am Bewußtsein der Menschen vor der Wahl weitgehend vorbei. Was sie betrifft, und zwar hautnah, ist der kulturrevolutionäre Sozialismus, der den Sozialismus durch eine Art von Sozialisation des Menschen erreichen will.

Wenn man nun konkret die Frage stellt, wie sich der kulturrevolutionäre Sozialismus mit seinem Kampf um eine emanzipatorische Neubestimmung des Sinnes von Sozialisation in der Gesellschaft ausgewirkt und wie er sich umgesetzt hat in eine neue Tendenz des politischen Prozesses und des politischen Handelns in diesem Land, so muß man erkennen, daß der Bürger nicht verstehen kann, wenn die von der Union ausgegebene Formel als die Unterstellung interpretiert wird, daß eine von den Herren Schmidt und Genscher geführte Koalitionsregierung nach dem 3. Oktober eine direkt auf die Verwirklichung des Sozialismus gerichtete Politik betreiben wird. Das glauben die Bürger nicht. Sie glauben es auch aus gutem Grunde nicht.

Was wir wirklich haben, ist doch ein Prozeß des Präsozialismus in der Bundesrepublik. Es geht nicht um eine auf die Verwirklichung des Sozialismus gerichtete Politik, sondern es geht um Präsozialismus. Ich empfehle Ihnen, in Ihren Sprachschatz das Wort Präsozialismus aufzunehmen. Kein geringerer als Friedrich Engels hat einmal gesagt, welche Hindernisse in einer Gesellschaft beseitigt werden müssen, damit die Verwirklichung des Sozialismus auch eine echte Chance hat. Engels nannte drei Hindernisse:

1. müßten die mittelständischen Gruppen der Gesellschaft zerstört werden;
2. müsse die bürgerliche Familie aufgelöst werden;
3. müsse der Einfluß der christlichen Religionen auf die Gesellschaft zurückgedrängt und, wenn möglich, progressiv ausgeschaltet werden.

Wenn man nun den Prozeß der letzten zehn Jahre in der Bundesrepublik mit diesen Kriterien interpretiert, dann ist es doch keine Verleumdung, sondern eine Realität, daß wir der Beseitigung dieser Hindernisse so nah gekommen sind, wie es in der Kürze der zur Verfügung stehenden Zeit überhaupt denkbar war. Dazu gehört, daß in den letzten Jahren mehr als 37 000 kleinere und mittlere Unternehmen Konkurs angemeldet haben. Was die Kulturrevolution beabsichtigt und was als ihr Wille auch politisch vollstreckt wurde, ist ein beispielloser ökonomisch-sozialer und kultureller Enteignungsprozeß der Kräfte der Mitte in diesem Land.

Wenn das auch nur im Ansatz richtig sein sollte, dann bedeutet Ordnungspolitik, wie sie eine freiheitlich-demokratische Partei allein verstehen kann, etwas anderes, als Ludwig Erhard und andere Veteranen der Sozialen Marktwirtschaft unter Ordnungspolitik sich vorgestellt haben. Die CDU wird keine konstruktive Antwort für die Probleme der mittelständischen Gruppen unserer Gesellschaft finden, wenn sie ihnen nicht auch das Angebot einer ideenpolitischen Alternative zu den Prozessen der kulturellen Entwicklung macht, d. h. zu der Zerstörung und Auflösung aller ethischen und sittlichen Werte, die doch erst die gesellschaftliche Existenz und Leistungsfähigkeit dieser Gruppen ermöglicht und begründet haben.

Das kann man nicht mit Leerformeln der Ordnungspolitik aus der Welt schaffen.

Oder nehmen wir das Ziel einer Zerstörung der Familie. Da hat Ihnen die Regierung ein einmaliges Geschenk gemacht. Sie hat vor einigen Monaten einen Bericht vorgelegt, der von einer von ihr eingesetzten Kommission ausgearbeitet und mit einem Vorwort verabschiedet wurde, in dem sich die Regierung zu der Tendenz und den Zielen dieses Berichtes bekennt und dem Bericht eine große Verbreitung in der Bundesrepublik wünscht. Was sind die Ziele? Ich würde es begrüßen, wenn mir die Zeit zur Verfügung stünde, den Bericht genau und in Einzelheiten zu interpretieren. Ich nenne hier nur die vier wichtigsten Ziele:

1. Die Familie soll für die Gesellschaft kontrollierbar gemacht werden.
2. Die Erziehungsprozesse in der Familie sollen für die Gesellschaft transparent gemacht werden.
3. Das Kleinkind soll aus der Fixierung an die eigenen Eltern herausgebrochen werden, wie es in der militaristischen Kampfsprache des Berichtes lautet.
4. Wir müssen ein System von ideellen und materiellen Gratifikationen entwickeln, das die Familie instandsetzt, wie der Bericht das nennt, eine Metakommunikation zu führen.

Metakommunikation heißt, die Veranstaltung der Diskussion in den Familien mit dem Ziel zu ermöglichen, sich als soziales System zu riskieren und in Frage zu stellen. Denn die kleinbürgerliche Familie in der Bundesrepublik sei nicht nur autoritär, sondern totalitär.

Es ist doch keine Verleumdung, wenn die Opposition im Blick auf diese Ziele, die von jedem Bürger in der Bundesrepublik in diesem Bericht nachgelesen werden können, die Frage stellt, was das für die Zukunft der bürgerlichen Familie und damit der Familie überhaupt in diesem Lande bedeutet. Selbst die christlichen Kirchen scheinen nicht zu erkennen, daß es sich hier um eine Frage handelt, in der es für sie ums Ganze geht. Welche programmatischen Zielsetzungen müssen noch verkündet werden, bis deutlich wird, daß eine Harmonisierung der Auseinandersetzung unerträglich ist, wenn es um die grundlegenden Fragen der menschlichen Person, ihrer Freiheit und ihrer Gewissensbindung in dieser Welt des 20. Jahrhunderts geht?

Die CDU mag Schwierigkeiten haben, zu erläutern, was das Wort »christlich« in ihrem Namen bedeutet. Aber eine Partei, die sich christlich nennt und nicht diese sie in ihrem Kern treffende Herausforderung sieht, verliert das Recht, sich eine christliche Partei in diesem Lande noch länger zu nennen.

Ich gehe jetzt nicht auf die gegenwärtig so bewegende Frage ein, ob der demokratische Sozialismus das System der Sozialen Marktwirtschaft oder das marktwirtschaftliche System abschaffen will oder nicht. Der Begriff des demokratischen Sozialismus, der eine Demokratisierung aller gesellschaftlichen Bereiche und Institutionen in sich einschließt, hat die strukturelle Veränderung des marktwirtschaftlichen Systems zur unabdingbaren Voraussetzung, weil nach dem Begriff des demokratischen Sozialismus in der deutschen Wirtschaft und Industrie eine demokratisch nicht legitimierte Macht ausgeübt wird.

In Holger Börners Helfer-Handbuch werden die Namen von führenden Vertretern der deutschen Industrie genannt, in denen sich der Wille zu einer

Täuschung und Irreführung der Wähler zugunsten der CDU verkörpere. Wenn es um die Macht geht, gibt es also keinen Pardon.

Nachdem Kant den Philosophen das Recht zuerkannt hat, in eine Utopie verliebt zu sein, lassen Sie mich abschließend beschreiben, wie ich mir eine Opposition in unserer Republik vorstelle, die sich den genannten Herausforderungen stellt. Wie müßte die Antwort – wenigstens im Ansatz – aussehen, die ich an der Seite der Opposition zu vertreten bereit wäre?

Ich kann dieses Angebot mit um so größerer Überzeugung machen, weil in einem Buch eines Schülers von mir, Hans Erler, dem Sohn des unvergessenen Fritz Erler, ein zentraler Satz steht, der besagt, daß Fritz Erler heute in der Partei der Christdemokraten gegen den Verrat an der freiheitlich-pluralistischen Demokratie durch die Sozialdemokratische Partei Willy Brandts kämpfen würde. Das Buch ist das Ergebnis sehr eingehender Prüfungen und Äußerungen seines Vaters im Vergleich zu denen von Willy Brandt. Hans Erler kämpft mit seiner Untersuchung um den Sinn, für den sein Vater gelitten, gekämpft und gelebt hat. Er glaubt zu sehen, daß das Erbe, das Lebenswerk seines Vaters, vertan wird, und daß unter Willy Brandt die Sozialdemokratische Partei im Begriff ist, sich in eine marxistische Kaderpartei zu verwandeln und auf den Weg der Volksfront zu begeben. So weit das Fazit von Hans Erler (Hans Erler: Fritz Erler contra Willy Brandt. Demokratie oder Volksfront in Europa. Stuttgart 1976). Wenn ich richtig verstanden habe, dann gibt es auf die geistig-fundamentale Herausforderung der Freiheit in unserem Lande durch die CDU zwei Antworten.

Die eine Antwort lautet: Wir müssen den Kontinuitätsbruch in der Geschichte der Bundesrepublik rückgängig machen. Auf dem Parteitag in Hannover lautete die entsprechende Gegenformel: Die CDU muß die Aufklärung vollenden.

Ich glaube, wir müssen in einer radikalen geistigen Auseinandersetzung darüber nachdenken, ob die Opposition ihren geistigen Auftrag richtig versteht, wenn sie ihn als die Vollendung der Aufklärung interpretiert.

Wenn diese Partei auch in den letzten Jahrzehnten unseres Jahrhunderts eine politische Kraft darstellen soll, muß darüber nachgedacht werden, ob nun nicht die Stunde gekommen ist, in der es darum geht, von neuem zu ringen um die Zustimmung der Arbeiter zu einem Ausbau unserer rechtsstaatlich verfaßten pluralistischen Demokratie, die sie als eine wirkliche Alternative zum demokratischen Sozialismus empfinden können.

Die alten Sozialdemokraten, die sich der Verwirklichung der sozialen Demokratie in Freiheit verbunden wissen, deren Väter und Großväter in der Sozialdemokratischen Partei für soziale Gerechtigkeit gekämpft und große Opfer gebracht haben und die sich durch Männer wie Kurt Schumacher, Fritz Erler, Ernst Reuter repräsentiert wußten, müssen darauf vertrauen können, daß ihr Kampf nicht vergebens war.

Welch eine historische Chance bedeutet es, daß unter der Führung des Ministerpräsidenten Filbinger bei den letzen Landtagswahlen in Baden-Württemberg rund 57 Prozent der Arbeitnehmer die CDU gewählt haben! Leider war die CDU nicht imstande, die Bedeutung dieser Tatsache den Bürgern der Bundesrepublik zu vermitteln. Sie wäre jedem Bürger zum Bewußtsein gebracht worden, wenn es die Sozialdemokraten gewesen wären, denen es gelungen wäre, einen vergleichbaren Einbruch in die Wählergruppen des politischen Gegners zu erzielen. Auf die Gründe dieser Unterlassung gehe ich nicht ein.

Wir müssen erkennen, daß die Intentionen, die hinter der anarchistisch hedonistischen kulturrevolutionären Bewegung in der Bundesrepublik stehen, im Kern konservativer Natur sind. Der Ausbruch des Protestes, der Kritik und der Herausforderung unserer Gesellschaft geht hervor aus einem in seinem Kern konservativen Willen, dem Willen, die humane Substanz und die Freiheit gegen die vielfältigen Zwänge unserer Gesellschaft zu konstituieren und in den politischen Entscheidungsprozessen wieder ins Spiel zu bringen. Wir werden der Herausforderung nicht gerecht, wenn die Konservativen in diesem Lande nicht Selbstkritik üben. Sie müssen Kritik daran üben, daß dieser Bewegung in der sie bestimmenden Intention keine konservative Antwort und Theorie zur Verfügung stand, durch die der Ausbruch in den destruktiven Nihilismus hätte vermieden und verhindert werden können.

Hier liegt auch ein Grund für das Versagen der christlichen Kirchen und ihrer Theologen. Die meisten, die sich heute konservativ nennen, sind Renegaten. Diesem Konservatismus wird nicht die Zukunft gehören, weil er geistlos ist und nur den Imperativen der Selbsterhaltung folgt. Er vermittelt keine inspirierende Vision von einer menschenwürdigen Zukunft der Freiheit für die Jugend dieses Landes. Hier wird die CDU wie keine andere politische Kraft gefordert.

Es gilt, aus den Gespensterkämpfen des 19. Jahrhunderts herauszutreten. Die Entgegensetzung gesellschaftsrechtlicher und privatrechtlicher Organisationsform ist eine Widerspiegelung der Konstellation von Sozialismus und Liberalismus im 19. Jahrhundert und betrifft nicht die Substanz der geistigen Probleme in unserer Gesellschaft.

Die CDU darf nicht die Intention der Kulturrevolution verkennen. Es war doch ein Zeichen des Lebens- und Freiheitswillens der Jugend und der Menschen in unserer Gesellschaft, die in den letzen zehn Jahren unser Land in Atem gehalten haben. Die CDU darf nur den Ausverkauf der Freiheit nicht mitmachen.

Freiheit ohne eine geistige, sittliche und geschichtliche Substanz ist ein leeres Wort und kann auch noch die Beseitigung des Inzest-Tabus legitimieren. Es kann keine Freiheit geben, die nicht den Willen zur Gerechtigkeit in sich aufnimmt. Die Antwort der CDU auf den Sozialismus in der Bundesrepublik kann nur der Wille zur Gerechtigkeit sein. Man kann nicht im Namen eines individualistischen Privatismus gegen das System der sozialen Sicherung kämpfen. Aber seit Augustin können wir wissen, daß auch in einer Räuberbande Gerechtigkeit herrschen kann, wenn Gerechtigkeit nur formal verstanden wird.

Die Gerechtigkeit muß ihren Maßstab in der Konkretheit der sittlichen Idee haben, wie sie ihren Niederschlag und Ausdruck in einer mehrtausendjährigen Geschichte abendländischer Freiheit gefunden hat. Wird diese Geschichte nicht erinnernd aufgenommen und fortgeführt, dann bedeutet Freiheit nichts anderes als die Freisetzung der abstrakt ungeschichtlichen Bedürfnisnatur des Menschen, und es bleibt nur, wie in seiner Rede vor der Katholischen Akademie der Bundeskanzler Schmidt in Hamburg ausgeführt hat, die Wahl zwischen Anarchie und totalitärer Kontrolle. Es gilt, an dieser konservativen Intention anzuknüpfen, sie zu sich selbst zu bringen und zu der gestaltenden Kraft einer Gesellschaft zu machen, in der das Glück erfahren werden kann, das Bürgern zuteil wird, denen Freiheit gewährt ist.

Antwort auf die Kritik von Erhard Eppler und der SPD

Der vorliegende Text ist der Inhalt eines frei gehaltenen Referates, das am 26. 6. 1976 vor den Landesdelegierten der baden-württembergischen CDU in Sindelfingen aus Anlaß der Aufstellung der Kandidaten zum Bundestag vorgetragen und auf Band genommen wurde. Es handelte sich also um eine relativ interne Veranstaltung eines ausgewählten Führungskreises der CDU von Baden-Württemberg. Eine Veröffentlichung war nicht beabsichtigt, so daß ich ungeschützter formulieren konnte, als es in einer Veranstaltung vor einem weniger homogen zusammengesetzten Auditorium der Falle gewesen wäre.

Über das Referat wurde in der Stuttgarter Zeitung berichtet, wobei Formulierungen verwendet wurden, die im Referat nicht vorkamen. Diesen Bericht der Presse haben der Landesvorstand der SPD und der Vorsitzende Erhard Eppler – ohne Kenntnis des Referats! – zum Anlaß genommen, mit einer Diffamierungskampagne zu antworten, die sich vor allem gegen mich mit dem Ziel richtete, mich aus dem geistig-politischen Leben dieses Landes auszuschalten. Ich wurde als Parteipropagandist vom Schlage eines F. J. Strauß zum politischen Feind der SPD erklärt. Angeblich ominöse Hintergründe meiner Berufung an die Universität Hohenheim wurden ins Spiel gebracht, um die Regierung und den Ministerpräsidenten des Landes ins Zwielicht anfechtbarer und halb legaler Machenschaften zu rücken.

Die Kampagne wurde inzwischen fortgesetzt. Im Parlamentarisch-Politischen Pressedienst (PPP) der SPD heißt es: »Rohrmoser reiht sich nahtlos in die Phalanx der Unionspolitiker Carstens, Dregger, Filbinger und Strauß ein, um einer neuen Auflage des verhängnisvollen Deutschnationalismus das Wort zu reden.« Über meinen weltanschaulichen Standort könne es keinen Zweifel geben, denn der sei schon den Titeln (!) meiner Werke zu entnehmen (s. S. 30, 31 dieser Schrift).

Wenn das so wäre, dann würde das die geistige Auseinandersetzung in der Tat wesentlich vereinfachen. Es leuchtet sicher ein, daß mir angesichts der schwerwiegenden Angriffe der SPD und ihrer den Tatbestand des Rufmordes und der Ehrabschneidung erfüllenden Diffamierungen keine andere Wahl bleibt, als durch eine Veröffentlichung des Referates den Bürgern die Möglichkeit zu geben, sich selber ein Urteil zu bilden.

Ich vermute, daß in die so ermöglichte Urteilsbildung das Vorgehen des Landesvorsitzenden der SPD, Erhard Eppler, einbezogen werden muß. Es ist kein schöner Anblick, wenn die organisierte Verbandsmacht einer großen politischen Partei gegen einen Einzelnen eingesetzt wird, um ihn moralisch, geistig und politisch zu vernichten. Das gab es bisher nur in totalitären Systemen. Franz Josef Strauß ist Vorsitzender einer großen und mächtigen Partei, ich aber gehöre keiner Partei an. Ich bin Mitglied der Evangelischen Kirche und war mit Erhard Eppler zusammen Synodaler in der Synode der Evangelischen Kirche Deutschlands. Ich erwähne diese Tatsache, weil Eppler ein Politiker mit hohem moralischem Anspruch ist und nicht widerspricht, wenn man ihn einen Christen nennt. Einen solchen blinden, haßerfüllten Angriff, ohne sachliche Argumente, nur mit Disqualifikationen und Verwerfungen geführt, hätte ich nicht für möglich gehalten. Er paßt auch nicht zu der Erklärung von Willy Brandt, daß die SPD die Partei der geistigen Freiheit sein wolle.

Ich habe das Referat gehalten, weil es mir darum ging, nicht zuletzt die SPD vor Unterstellungen und Mißverständnissen zu schützen und den demokratischen Sozialismus gegen das Argument zu verteidigen, er wolle die Freiheit nicht. Insofern ist die Aussage: Rohrmoser malte das Gespenst der Unfreiheit an die Wand, eine niederträchtige Lüge. Ich habe mit keinem Satz die Sozialdemokratische Partei für den anarchistisch-nihilistischen Charakter der Kulturrevolution verantwortlich gemacht, weil es mir fern liegt, die aufrechten Demokraten in dieser Partei zu beleidigen oder zu verunglimpfen.

Die Grundintention des Referates richtet sich nicht gegen die SPD, sondern auf die CDU. Wer fair ist, wird erkennen, daß es um einen Appell an diese Partei geht, die geistige Herausforderung anzunehmen und auch in der Grundorientierung zu einer wirklichen Alternative zu werden. Es ist ein Verdienst der noblen Liberalität des Ministerpräsidenten Filbinger, daß dieses Referat so gehalten werden konnte. Er hat hier die gleiche Liberalität bewiesen wie seinerzeit bei der Berufung des Marxisten Ernst Bloch nach Tübingen.

Es ist makaber, wenn die SPD, deren Landesregierungen zum Teil die Verwandlung von ganzen Fachbereichen in marxistische Kaderschmieden hingenommen oder gar gefördert haben, ausgerechnet anläßlich meiner Berufung nach Baden-Württemberg die Nötigung empfindet, eine sogenannte Dokumentation vorzulegen. Es ist bestürzend und alarmierend, den moralischen Verfall einer Partei feststellen zu müssen, die einst unter Schumacher, Reuter und Erler ein Bollwerk der Freiheit in diesem Lande war. Warum muß Herr Eppler einen Philosophen diffamieren und dem Terror ausliefern, der zu den wenigen in unserem Lande gehört, in deren Denken die Verteidigung der christlichen Wahrheit eine entscheidende Rolle spielt?

Interview in der »Welt«

Die Welt fragte Professor Rohrmoser in Stuttgart, was er in Sindelfingen sagte, warum er es sagte und was er von den Angriffen gegen ihn hält.

WELT: Herr Prof. Rohrmoser, Sie haben einen Vortrag gehalten vor dem Landesausschuß der CDU über das Thema »Welche Art von Sozialismus bedroht unsere Freiheit?« – Was hat Sie eigentlich bewogen, einen solchen Vortrag vor einem Parteigremium der CDU zu halten?

Rohrmoser: Sie wissen ja, daß wir inzwischen alle davon ausgehen müssen, daß der Wahlkampf entscheidend bestimmt wird durch die Auseinandersetzung um die sogenannte Alternativformel »Freiheit oder Sozialismus«. Ich bin über die Begründungen, die bisher in der Öffentlichkeit für die Notwendigkeit dieser Alternativformel bekanntgeworden sind, nicht glücklich. Ich war in der Tat der Meinung, daß die SPD auf ihrem Parteitag in Dortmund bis zu einem gewissen Grade zu Recht den Eindruck haben konnte, daß sie mit ihren Zielsetzungen von der Opposition nicht richtig interpretiert und verstanden wurde. Es geht im wesentlichen dabei um zwei Punkte:
1. Es ist der Eindruck – ob bewußt oder unbewußt, wage ich nicht zu entscheiden – entstanden, als hätte die SPD vor, einen Sozialismus von der Art in der Bundesrepublik zu verwirklichen, wie er in der Deutschen Demokratischen Republik oder in anderen osteuropäischen Staaten verwirklicht ist und
2. mag der Eindruck entstanden sein, als suggeriere die Formel, daß die SPD durch den demokratischen Sozialismus die Freiheit in diesem Lande beseitigen wolle.

Diese Argumentation und diesen Eindruck halte ich für sachlich unzutreffend und politisch für bedenklich, wenn nicht sogar gefährlich; wir wissen, daß die führenden Vertreter der SPD in Dortmund diese Formel interpretiert haben als infam, als schwachsinnig und als einen Schritt der Oppositionspartei, die Gemeinsamkeit der Demokraten in diesem Lande verlassen oder sogar zerstört zu haben. Und das war der Ausgangspunkt, der mich bewogen hat, dieses Referat in Sindelfingen zu halten. Es geht mir also auch und sogar primär darum, die Sozialdemokratische Partei mit ihrer Programmatik des demokratischen Sozialismus vor falscher Interpretation und vor Mißverständnissen in Schutz zu nehmen. Daher beschäftigte sich dieses Referat in einem wichtigen ersten Teil mit dem Versuch, demokratischen Sozialismus oder den Weg zum demokratischen Sozialismus zu interpretieren als das Ergebnis einer Auseinandersetzung der demokratischen Sozialisten in der Bundesrepublik mit der Erfahrung, die wir mit dem Sozialismus im 20. Jahrhundert gemacht haben, und zweitens die Sozialdemokratie vor dem Verdacht zu schützen, als wolle sie durch diesen demokratischen Sozialismus etwas anderes erreichen als die Verwirklichung der Freiheit. Allerdings der Freiheit, wie sie auch Karl Marx in Übereinstimmung mit den anarchistischen Bewegungen des 19. Jahrhunderts verstanden hat, das heißt, einen Zustand der Freiheit, der gleichbedeutend ist mit dem progressiven Abbau aller Strukturen der Herrschaft und möglicher Fremdbestimmung des Menschen in der Gesellschaft überhaupt. Der zweite Punkt war, deutlich zu machen, daß die zentrale, die wichtigste Gefährdung der freiheitlichen Ordnung der Bundesrepublik nicht von der Politik der sozialliberalen Koalition, auch nicht von den weitgehenden Veränderungen des sozialen Systems in der Bundesrepublik ausgeht, sondern daß das Zentrum der Bedrohung der freiheitlichen Ordnung in der Bundesrepublik das ist, was ich den kulturrevolutionären Sozialismus nenne. Ich habe diesen Begriff des »kulturrevolutionären Sozialismus« erläutert mit einem Wort von Friedrich Engels, der einmal gesagt hat, daß die drei wichtigsten Dinge, die auf dem Wege zum Sozialismus zu geschehen haben,

– die Zerstörung des Mittelstandes,
– die Auflösung der bürgerlichen Familie,
– die progressive Zurückdrängung und, wenn möglich, das Ausschalten des Einflusses der christlichen Religion in der Gesellschaft ist.

Und ich habe, das ist in diesem Zusammenhang doch besonders wichtig, mit keinem Satz die SPD für diesen kulturrevolutionären Sozialismus verantwortlich gemacht, sondern – wenn überhaupt – nur die Auffassung vertreten, daß die Sozialdemokratische Partei Deutschlands sich vielleicht am weitesten diesen neomarxistischen, hedonistischen und anarchistischen Strömungen dieses kulturrevolutionären Sozialismus in der Bundesrepublik geöffnet hat.

Und der dritte Punkt, um den es mir in diesem Referat ging, war, der CDU als der Oppositionspartei ihre geschichtliche Verantwortung bewußt zu machen, insofern die Bürger in diesem Lande das Recht haben, von der Opposition eine wirkliche, eine glaubwürdige Alternative auch für die kulturrevolutionäre Herausforderung eines Sozialismus neuen Typs zu erwarten, und in diesem Zusammenhang habe ich mich viel mehr kritisch mit der CDU als mit der Sozialdemokratischen Partei in diesem Referat auseinandergesetzt.

WELT: Aber dessen ungeachtet, kamen die hektischen Reaktionen von der SPD?

Rohrmoser: Mit dem Slogan »Freiheit oder Sozialismus« ist die fundamentale Auseinandersetzung über den weiteren Weg nicht nur der Bundesrepublik, sondern Westeuropas im letzten Viertel unseres 20. Jahrhunderts eröffnet. Ich bin davon überzeugt, daß es auf längere Sicht um diese und um keine andere Entscheidung in der Bundesrepublik und Westeuropa gehen wird.

Um so gefährlicher wäre es aber, wenn durch eine nicht argumentative Vertretung dieser Entscheidung diese fundamentale und epochale Grundentscheidung Schaden nehmen würde und die Bürger dann das Bewußtsein hätten, es sei gar nicht so schlimm oder es gehe im Grunde genommen um andere Dinge. Es geht mir also schon auch um die Opposition, vor allen Dingen darum, die Opposition dazu zu veranlassen, auch den Wahlkampf auf dem Niveau einer Argumentation zu führen, in der wirklich deutlich wird, daß es hier um eine grundlegende Entscheidung geht. Das war die Motivation, soweit die Opposition damit zu tun hat.

Zu der Frage, wie eigentlich zu verstehen ist, daß auf ein solches Referat die SPD mit einer solchen blinden, haßerfüllten und maßlosen Verleumdungs- und Hetzkampagne gegen einen einzelnen reagiert, müßte ich drei Dinge sagen:

– Der Vorsitzende der SPD, Willy Brandt, hat auf dem Parteitag in Dortmund erklärt, daß die Sozialdemokratie die Partei der geistigen Freiheit in diesem Lande sein will. Aus Reaktionen der SPD auf meine Rede ist aber zu entnehmen, daß die Freiheit des Geistes nur die Freiheit für den Geist sein wird, den die SPD selber definiert, und für keinen anderen.

– Helmut Schmidt hat auf dem gleichen Parteitag die Maxime ausgegeben, leben und leben lassen. Ich muß nun nach dieser, meiner persönlichen Erfahrung, den Schluß ziehen, daß dies eine der leider häufigen und typischen Täuschungs- und Tarnungsformen der SPD für den Bürger ist, die nicht die Realität zur Kenntnis nehmen sollen, die sich hinter diesen Formen – vor allem was die SPD angeht – verbirgt.

– Drittens komme ich zu der Rolle, die in dieser Verleumdung der SPD-Vorsitzende von Baden-Württemberg, Herr Eppler, gespielt hat – dazu muß ich Ihnen folgendes sagen: Ich habe vor einigen Jahren gemeinsam mit Eppler zusammen als Synodaler in der Synode der Evangelischen Kirche Deutschlands gesessen, und ich hätte es nie für möglich gehalten, daß ein Politiker, der sich ohne zu widersprechen, in der Öffentlichkeit einen Christen nennen läßt, eine Methode in der Politik anwenden würde, die bisher typisch für totalitäre Organisationen und totalitäre Systeme war. Ich empfinde es als typisch totalitär, wenn die organisierte Verbandsmacht einer großen politischen Partei mit dem Mittel der Diffamierung arbeitet, um einen einzelnen, als Kritiker empfundenen Gegner, aus dem politischen Leben des Landes auszuschalten und beruflich zu diskriminieren. Ich empfinde es auch als unvereinbar mit dem hohen moralischen Anspruch, mit dem Herr Eppler auftritt, daß er sich diese bedenklichen und verabscheuungswürdigen Methoden zu eigen macht, die natürlich auf die Dauer nur auf eine Zerstörung der freiheitlichen Demokratie in diesem Lande hinauslaufen müssen.

Ich sage Ihnen offen, ich war noch zum Zeitpunkt meines Referates in Sindelfingen der festen Überzeugung, daß mindestens von der gegenwärtigen Sozialdemokratischen Partei keine Bedrohung der Freiheit in unserem Lande ausgeht, muß mich aber nach dieser persönlichen Erfahrung korrigieren. Auch ohne daß man sich auf den ganzen Hintergrund der ideologischen Diskussionen um den demokratischen Sozialismus einläßt: eine Partei, die sich solcher Mittel gegen den einzelnen bedient, der selber nicht Mitglied einer Partei ist, ist in ihrem Charakter und ihrem Impuls totalitär und in der Tat freiheitsgefährdend und bedrohend.«

Dreizehntes Kapitel
Besinnung auf den vergessenen Staat

Es legt sich an diesem Ort der Reflexion nahe, zu fragen, ob die Verlegenheit, in die die neomarxistische Theorie gerät, wenn an sie die eigentlich politische Frage: wer entscheidet? gestellt wird, ihre Ursache nicht in der Blindheit dieser Theorien gegenüber der Bedeutung des geschichtlichen Staates für die Praxis intendierende Theorie hat.

Aus dem Zusammenhang gegenwärtiger repräsentativer Philosophie ist der Staat nicht nur verbannt, sondern der Ort selber ist verschwunden, den er in der Tradition noch bei Hegel eingenommen hat. Erst durch die Theorien, auf die sich die außerparlamentarische Opposition in jüngster Zeit zu berufen pflegt, ist die Frage nach dem Staat in der Form der Frage nach der Möglichkeit und der Bedeutung eines direkten oder indirekten effektiven Widerstandes gegen die bestehende Ordnung wieder aktuell geworden. Es geht dabei um den Versuch, einen Willen zu konstituieren, der das im Prinzip einer technologisch verwalteten Wirtschafts- und Wohlstandsgesellschaft eingeschlossene Ziel einer bloßen Erhaltung des Bestehenden prinzipiell in Frage stellt.

Die Frage nach dem Staat muß aber am Ende des Zeitalters der Revolution als eines Mittels der politischen Veränderung vorgegebener Herrschaftsstrukturen dann wieder aktuell werden, wenn das an die letzte Revolution geknüpfte Ziel einer Beendigung der Geschichte offensichtlich nicht eingetreten ist. Wenn die Geschichte zu Ende und die vom Neomarxismus reflektierte und vom Positivismus geleugnete Problematik der Selbstentfremdung kein Problem mehr wäre, dann würde in der Tat ein Zustand erreicht, in welchem die Frage nach dem Staat gegenstandslos geworden wäre. Karl Marx ist ja davon ausgegangen, daß in der modernen Welt der Hegelsche Staat eben der wahre Staat ist. Hegels Staat ist für Marx darum der wahre Staat, weil er unter der in der Moderne eingetretenen Bedingung der Entzweiung von Subjektivität und Gesellschaft diese moderne Gesellschaft in der Einheit der Geschichte der Freiheit erhält. Der substantiell sittliche Staat Hegels ist die Form der geschichtlichen Einheit dessen, was sich tendenziell in der Form von Gesellschaft und Subjektivität getrennt hat. Durch ihn wird er als Not- und Verstandesstaat in der Entzweiung ebenso anerkannt wie im Übergang zu seiner sittlich-substantiellen Bestimmung im Sinne des Hegelschen Begriffs aufgehoben.

Wenn sich der Staat von Hegel her in der vermittelten Einheit dieser seiner doppelten Bestimmung halten soll, dann kann der sittliche Staat weder aus der

Subjektivität noch aus der Gesellschaft als seinem Grund hervorgehen. Durch diese Überlegung aber ist die Problematik unseres Verhältnisses zu Hegels politischer Philosophie bestimmt. Die Geschichte nach Hegel hat sowohl die substantielle Subjektivität wie einen der Gesellschaft überlegenen und von ihr in seiner Begründung unabhängigen Staat aufgelöst. Der Staat ist zu einem Element und zu einer Funktion an dem sich unendlich reproduzierenden Leben der modernen Gesellschaft geworden. In der Tat, der Hegelsche Staat ist tot, nachdem Carl Schmitt sein geschichtliches Ende schon 1933 festgestellt hat. Die philosophisch unhaltbare These von Karl Marx, daß der Hegelsche Staat nichts anderes als ein Reflex der in der bürgerlichen Gesellschaft unbewältigten Entfremdungsproblematik sei, ist nachträglich durch die Geschichte in gewisser Weise verifiziert worden. Wenn aber diese Entfremdung selber eine im Prozeß der Gesellschaft sich auflösende Gestalt angenommen hat, dann bleibt nur das politische Ziel, die Geschichte als Vorgeschichte zu beenden. In dem Entwurf einer Aufhebung der Vorgeschichte wird aber nun der Staat selber aufgehoben. In der Überwindung der Klassengesellschaft geht es auch und primär um eine Aufhebung des Prinzips Herrschaft und des Prinzips des Politischen überhaupt. Mit der Beseitigung der Herrschaft einer Klasse über die anderen Klassen werden das Politische und der Staat als die geschichtlich gewordene Gestalt der Einheit des Politischen selber überwunden.

Die Frage nach dem Staat kann also nur im Hinblick auf den Ausgang des Experimentes einer Praxis gestellt werden, die zu ihrem Ziel die Beseitigung des Staates hat. Was diesen Versuch gerade in der Gegenwart als so außerordentlich bedeutsam erscheinen läßt, ist die für den Marxismus eigentümliche Verknüpfung der Beseitigung staatlicher Herrschaft mit der sie motivierenden Entfremdungs- und Entzweiungsstruktur. Die Praxis des Stalinismus wird tendenziell in östlichen wie in westlichen Systemen durch eine permanent wirksame Erziehungsdiktatur abgelöst. Jeder Einzelne ist Objekt dieses von der Gesellschaft selbst ausgeübten Zwanges mit dem Ziel, ihn zur Identität mit der Gesellschaft zu bringen. Die Integration des Einzelnen in die gesellschaftliche Totalität, auf die kein politisches System verzichten zu können glaubt, nimmt aus Gründen, die dem Prozeß der Vergesellschaftung selber immanent sind, die Form der Manipulation an. Selbst die Befreiung von der Manipulation kann, wie die Erfahrungen unserer Gegenwart zeigen, selber auf Manipulation nicht verzichten. Gemessen an traditionellen Modellen des Politischen scheint die Aufhebung der den Staat konstituierenden Entzweiungsstruktur nur durch eine totalitäre Praxis möglich zu sein, deren Subjekt die Gesellschaft selbst ist. So wie die zur Herstellung eines endgültigen und totalen Friedens geführten Kriege die blutigsten zu sein pflegen, so unterliegt die politische Praxis zur Beseitigung des Politischen dem Zwang des Totalitären. Während diese Verhältnisse sich in östlichen Gesellschaften relativ offen abzeichnen, sind sie im Westen nur indirekt zu erschließen. Die politischen Theorien sind hier durch eine doppelte Verlegenheit charakterisiert. Einmal durch die Unmöglichkeit, die Utopie totaler Freiheit im Sinne des Neomarxismus, zum andern durch die Unmöglichkeit, substantielle Formen der Sittlichkeit in der Gegenwart restaurativ zu verwirklichen. Die negative Einheit von Utopie und Restauration wird an dem Verhältnis der Theorien von Adorno und Heidegger zu unserem Problem sehr deutlich.

Beide Theorien kommen im Verhältnis zur Gegenwart, von einander entgegengesetzten Voraussetzungen aus, zum gleichen Resultat. Für beide Theorien ist die Situation des Politischen in der Gegenwart durch die total gewordene Herrschaft des Prinzips Herrschaft bestimmt. Sowohl eine an den Voraussetzungen des Neomarxismus als auch eine am Ursprung orientierte Praxis einer Veränderung der Gegenwart ist in der Gegenwart unmöglich geworden. Wenn man davon ausgeht, daß sich in der Geschichte zunehmender Seinsvergessenheit die Nähe zu einem ursprünglichen Sein aufgelöst hat, dann führt diese Auflösung in der Gegenwart ebenso zu einer totalen Herrschaft des Prinzips Herrschaft wie eine Dialektik, die bereits im Mythos selber angelegt ist, sich in der Gegenwart in total gewordener Herrschaft vollendet. Ist aber die Herrschaft in der Gegenwart total geworden, dann muß die Gegenwart sowohl im Verhältnis zur Utopie als auch im Verhältnis zum Ursprung mit Fichte als ein Zeitalter schlechthinniger Sündhaftigkeit bzw. Negativität bestimmt werden. Unbedingt gewordene Negativität in der Gegenwart schließt aber jede Veränderung dieser Gegenwart aus, die nicht immer schon von eben diesem Prinzip überholt wäre. Die Geschichte scheint die den neuzeitlichen Emanzipationsprozeß vorwärtstreibende Dialektik von Tradition und Revolution in sich aufgehoben zu haben. Das Potential möglicher qualitativer geschichtlicher Veränderung scheint durch die bisher wirklich gewordene Emanzipation erschöpft zu sein. Nicht nur die Annäherung, sondern die Gleichheit der Standpunkte von Links und von Rechts scheint vollkommen zu sein. Sie sind identisch geworden, zumindest sind sie einig in ihrem Willen, eine sich bloß selbst reproduzierende Gesellschaft zu überschreiten, wie in der Ratlosigkeit eine Praxis zu konstituieren, durch die das möglich wäre. Die Geschichte der Gesellschaft scheint nur noch dem Gesetz der Selbstrepetition zu folgen. Der Prozeß der Wiederkehr des ewig Gleichen nimmt die Möglichkeit qualitativer Veränderungen tendenziell in sich hinein und löst sie auf. Im Begriff eines nachrevolutionären Zeitalters ist die hier beschriebene Struktur angesprochen, die eine qualitative Veränderung nicht zuläßt und in der ein substantieller politischer Wille ohnmächtig geworden zu sein scheint.

Eine wesentliche Form, auf diese Struktur zu reagieren, zeichnet sich in der Konjunktur des Positivismus ab, der die eigentlich herrschende Gestalt des Geistes in der Gegenwart darstellt. Nicht Marx, sondern Comte ist die beherrschende Figur des gegenwärtigen Zeitalters. Der Positivismus lebt – geschichtlich beurteilt – von der gegenseitigen Neutralisierung der beiden Grundmöglichkeiten eines Willens, die technologische Gesellschaft, sei es im Rückgriff auf Formen traditionaler Sittlichkeit, sei es im Vorgriff auf Utopie zu verändern. Daß die These von der Unmöglichkeit einer qualitativen Veränderung des Bestehenden zu den wesentlichen Voraussetzungen der Konjunktur des Positivismus gehört, wird an der Theorie von Arnold Gehlen deutlich. Die Kategorie der Kristallisation meint bei Gehlen eine fertig gewordene Welt, die keine mögliche Geschichte mehr in sich hat, so daß sie sich nur noch um ihre eigene Stabilisierung bemühen kann. Die mit dieser Welt nicht übereinstimmende Subjektivität gilt, wenn sie sich nicht ästhetisch ablenken und befriedigen läßt, als parasitär und potentiell gefährlich.

Die Aufnahme der Frage nach dem Ort und der Bedeutung des Staates muß also angesichts dieser Situation und im Ausgang von ihr gestellt werden. Was sie für die Philosophie bedeutet, vermag aber nur ein kurzer Rückblick auf das geschichtliche Verhältnis der Philosophie zum Staate zu verdeutlichen. Die Situation, die Plato in seinem Dialog Kriton beschreibt, ist von paradigmatischer Bedeutung. Sokrates, ein guter Mann, ist von einer Polis, die nicht mehr um sich selbst und um ihren eigenen Grund weiß, auf Grund eines zu unrecht ergangenen Schuldspruches zum Tode verurteilt. Er sitzt im Gefängnis und erwartet die Vollstreckung des Todesurteils. Aber es gibt Freunde; die wollen die Stadt von der Schmach reinigen, die sie sich selbst antut, indem sie einen gerechten Mann zum Tode verurteilt. Sie wollen auf konspirativem Wege und unter Zuwiderhandlung des von der Polis gefällten Spruches Sokrates aus dem Gefängnis retten. Wenn es erlaubt wäre, könnte man von einer Partisanentätigkeit im Dienste substantieller Vernunft reden. Aber Sokrates weigert sich, sich retten zu lassen. Die Nomoi, so sagt er, seien ihm Vater und Erzieher gewesen und daher müsse er auch dann noch an dem wahren Grund der Polis festhalten, wenn diese auch von sich selbst abgefallen sei. Die Weigerung des Sokrates ist darin begründet, daß die Polis für ihn sowohl die Ermöglichung seines biologischen wie seines geistigen Seins gewesen ist. Nicht nur die bloße, sondern auch die geistige Selbsterhaltung habe er der Polis zu verdanken. Sokrates ist sich dabei seiner Verantwortung für den Schuldspruch voll bewußt. Es kam ihm darauf an, die Polis zu zwingen, sich in der Art ihres Verhaltens zu ihm als die zu erweisen, die sie ist. An dem von Platon entwickelten Paradigma des Verhaltens des Sokrates zur Polis wird sichtbar, daß die Philosophie auch in einer verfallenden Gesellschaft nicht eigentlich durch den Willen zur Restauration oder durch den Willen zur Utopie definiert werden kann.

Die sich bei Sokrates abzeichnende Möglichkeit einer Entzweiung von Subjektivität und politischer Gemeinschaft wird auf dem Boden des Neuen Testamentes realisiert. Im Zuge der Entpolitisierung der Gegenwart geht es auch um die Beseitigung einer Entzweiung, die sich in dem neutestamentlichen Satz ausgesprochen hat, daß man Gott geben müsse, was Gottes ist, und dem Kaiser, was des Kaisers ist. Zur Theologie ohne Gott gehört die Preisgabe des Staates als eines bewegenden Problems theologischer Reflexion. In dem Spruch des Neuen Testamentes werden ja nicht nur Gott und Kaiser einander entgegengesetzt, sondern es wird auch gefordert, daß sie in der rechten Weise zueinander in Beziehung gesetzt werden. Es handelt sich um die Aufrichtung einer im Grunde unerfüllbaren Anforderung, beiden gerecht zu werden, dem nämlich, was dem Staate auf Grund seiner Gerechtigkeit zukommt und dem, was der Subjektivität zukommt, insofern sie sich unter dem Anspruch Gottes erfaßt. In dem durch das Christentum bestimmten Geschichtszeitalter geht es also auch um die Realisierung eines Anspruchs von Gerechtigkeit, der sowohl den Staat wie die fromme Subjektivität übergreift. Wie zentral die hier angesprochene Entzweiung zwischen der religiösen und der politischen Ordnung ist, wird in der Geschichtstheologie Augustins deutlich. Der Anfang der Geschichte fällt bei Augustin mit der Ausbildung dieser Entzweiung zusammen. Die Theorien der Emanzipationen bis zur Gegenwart stehen in einem nachweislichen Zusammenhang mit der Geschichtstheologie Augustins. Das Ende der Geschichte als Ende der Entzweiung zu denken ist nur dann sinnvoll. wenn der Anfang von Geschichte mit dieser Entzweiung zusammenfällt. Die Einheit der Menschheit ist in der Geschichte für Augustin immer nur in der doppelten Gestalt der civitas terrena und der civitas dei präsent. Eine unmittelbare Einheit ist für Augustin nur durch Gott selbst möglich. Das Wesen der Emanzipation ist geschichts-theologisch durch die Auflösung dieser doppelten Gestalt der Aktualität der Einheit des Menschengeschlechts in die eine von der civitas dei sich emanzpierende civitas terrena bestimmt. Die Grundlegung der politischen Theorie am Beginn der Neuzeit durch Thomas Hobbes ist durchaus als eine Konsequenz der Reformation zu begreifen. Denn die aus der christlichen Tradition stammende Forderung nach einer Trennung der gläubigen Subjektivität von der Konstitution der politischen Einheit einer menschlichen Gesellschaft aus sich selbst heraus ist von Hobbes radikal erfüllt worden. Die von ihm preisgegebene politische Bedeutung der civitas dei wird von Hegel in den Zusammenhang der neuzeitlichen Theorie der Emanzipation in seiner Lehre vom sittlichen Staat hineingeholt und diese damit qualitativ verändert. Dem Rückgriff auf die Reformation bei Hegel kommt dabei eine substantielle Bedeutung zu. Der Weg der vernünftigen Anerkennung und Verwirklichung des sittlichen Staates unter den Bedingungen der emanzipativen Gesellschaft wird von Hegel im Zeichen des Kreuzes begriffen. Die liberale und totalitäre Hegelinterpretation scheitert daran, daß der Anspruch Hegels über Hobbes hinaus, die Reformation auch politisch-gesellschaftlich zu vollenden, übersehen wird.

Die Hobbes'sche Theorie des Staates versteht Hegel als den Begriff des Staates, den er in der Rechtsphilosophie den Not- und Verstandesstaat genannt hat. Für Hegel ist Hobbes' Staat darum ein Not- und Verstandesstaat, weil er die Macht der bürgerlichen Gesellschaft als eine unabhängige von ihm bestehende Größe anerkennt und sie auf die formale Sicherung der Bedingungen einschränkt, unter denen die Individuen ihre Interessen so verfolgen und durchsetzen, daß die Gesellschaft dabei nicht in den Naturzustand des Kampfes aller gegen alle zurückfällt. Der Staat ist damit nichts anderes als die formal-abstrakte Organisationsform dieser Gesellschaft. Das Aufkommen der modernen Gesellschaft und ihre Emanzipation vom substantiell geschichtlichen Staat hat Hegel in den »Wissenschaftlichen Behandlungsarten des Naturrechts« als Tragödie im Sittlichen begriffen. Er geht dabei von einer Auslegung der Sophokleischen Antigone aus. Die Tragödie im Sittlichen entwickelt sich dann, wenn die autochthonen Mächte der Nacht und des Unterirdischen dem lichten apollinischen Tag, der Macht der heiteren und freien Welt der Polis in unversöhnlicher Fremdheit gegenüberstehen. Die Mächte der Nacht sind die Mächte der Bedürfnisbefriedigung und der unmittelbaren Sittlichkeit der Familie. Das sind alles Bestimmungen, in denen sich die bürgerliche Gesellschaft durchsetzt. Sie bricht wie eine fremde Gewalt in die organische Totalität der Polis ein und hebt sie in ihrer Einheit auf. Die bloß natürliche Notwendigkeit der Bedürfnisbefriedigung in der Arbeit und in der Familie bereitet der Polis den Untergang, wenn sie sich als eine eigene Gewalt begreift. Ebenso wichtig sind die Zusammenhänge, in denen Hegel auf das Geschick des Staates am Ausgang der Geschichte substantieller Freiheit reflektiert. Die beiden wichtigsten Stellen zu diesem Zusammenhang findet man in der Ästhetik und in der Religionsphilosophie. Hegel hat den Staat ja nicht als die Wirklichkeit des absoluten, sondern des objektiven Geistes begriffen. Er ist nicht geschichtliche Präsenz des absoluten, sondern des objektiven Geistes. Wenn Hegel vom Staat als dem erscheinenden Gott spricht, dann steht diese Rede zunächst im Zusammenhang der Hobbes'schen Tradition, der ja den Leviathan einen sterblichen Gott genannt hat. Zum anderen endet die Rechtsphilosophie nicht mit der Theorie des sittlichen Staates, sondern mit einigen Paragraphen, die der Theorie der Weltgeschichte gewidmet sind. Der Staat ordnet sich bei Hegel der Kontinuität einer Geschichte ein, deren Subjekt die Freiheit in ihrer griechischen, in ihrer christlichen und in ihrer spezifisch neuzeitlichen Gestalt ist. Ebenso hat ja auch Hegel in seiner Theorie der bürgerlichen Gesellschaft auf die Notwendigkeit reflektiert, durch welche die bürgerliche Gesellschaft über sich hinausgetrieben wird. Er sieht das Problem der Kolonisation und meint, daß es für die kolonisierenden Mächte am besten sei, wenn sie den Kolonien die Freiheit zurückgäben. Zum andern sieht Hegel das Phänomen des Pöbels, des späteren Proletariats, mit dem er nichts anderes anzufangen weiß, als es der Fürsorge der Polizei zu empfehlen. Selbst in der Rechtsphilosophie hat die Aufhebung und Vermittlung der Gesellschaft in den Staat eine Grenze in der Dialektik, die über die bürgerliche Gesellschaft hinausführen wird. Die bürgerliche Gesellschaft ist nicht reich genug, und zwar gerade in ihrem Reichtum selber, um der Armut des Pöbels begegnen zu können. Der Blick in die Zukunft führt von Europa weg nach Amerika und Rußland als die Länder, in welche der Weltgeist überwechseln wird. Aber über die Zukunft zu reden, ist nicht die Sache der Philosophie. Es kann also nicht übersehen werden, daß es bei Hegel selber Einsichten gibt, die auf eine mögliche Grenze der geschichtlichen Tragfähigkeit seiner Staatstheorie verweisen. Für die Aktualität Hegels noch bedeutsamer sind die Stellen in der Encyklopädie, der Ästhetik und der Rechtsphilosophie zum Staat und zum Verhältnis von Staat und Kirche. Im § 522 der Encyklopädie nennt Hegel es eine Torheit neuerer Zeiten, eine Revolution ohne Reformation gemacht zu haben. Es ist eine Torheit, weil für Hegel der Staat in nichts anderem gründen kann, als in der substantiellen sittlichen Gesinnung seiner Bürger. Die politische Gestalt dieser substantiellen Gesinnung ist das Vertrauen. Hegel sieht deutlich, daß, wenn einmal an die Stelle des Vertrauens das Mißtrauen getreten ist, es keine Möglichkeit gibt, der Dialektik des Mißtrauens zu entgehen. Die Dialektik des Mißtrauens wird dadurch erzeugt, daß man gegen jeden Schutz eines möglichen Mißbrauchs politischer Gewalt von neuem das Mißtrauen hegen muß. Es gibt dann keine Möglichkeit, das sich selbst potenzierende Mißtrauen zu beheben.

Die Hegelsche Ästhetik ist für eine differenzierte Interpretation der Hegelschen Theorie des Staates wichtig, weil Hegel in ihr die politische Realisierung der Welt als Heimat, wie sie in der gegenwärtigen Utopie gedacht ist, prinzipiell ausschließt. Wie schon die Rede vom Kreuz der Gegenwart in der Einleitung der Rechtsphilosophie erkennen läßt, ist der Staat in der modernen Welt im Verhältnis zur unmittelbaren Subjektivität prinzipiell der abstrakte Staat, das heißt, er ist in seinem Bestehen nicht auf die Taten der substantiellen Individualität angewiesen. Hegel diagnostiziert im Hinblick auf den deutschen Erziehungsroman des 18. Jahrhunderts, daß die Individualität sich an der festgewordenen Objektivität des Staates die Hörner ablaufen werde. Die Jünglinge würden, nachdem sie zunächst Rumor im Kopf gehabt hätten, sich mit der bestehenden objektiven Ordnung versöhnen, indem sie in ihr Platz und Stellung fänden. Die Zeiten der schönen Sittlichkeit sind für Hegel mit den Griechen vorbei. Welt als Heimat ist auf dem Boden der griechischen Skulptur. Da Hegel in der Ästhetik von der Auflösung der Kunst als der Verwirklichung des Ideals im Prozeß der Geschichte ausgeht, ist es nicht erstaunlich, daß sich in der Ästhetik die distanziertesten Äußerungen Hegels zu der Möglichkeit der Subjektivität, sich im Staat zu befrieden, finden lassen.

Noch radikaler als die Aussagen in der Ästhetik sind die Ausführungen Hegels am Ende der Religionsphilosophie. Hier fordert Hegel, daß die Philosophie sich in der Aussonderung und Ausgrenzung vom epochalen Schicksal der Zeit als ein selbständiger Priesterstand konstituieren solle, um die Wahrheit zu überliefern. Der Bruch, der durch die Französische Revolution eingetreten ist, sei nicht geheilt und die Aporie der Zeit wird dahingehend zusammengefaßt, daß die politischen Institutionen der Freiheit in der Luft hängen, das heißt, sie haben ihren Grund in der sittlichen Gesinnung der einzelnen Individuen noch nicht gefunden, im Gegenteil, die sittliche Gesinnung der Subjektivität sei den Institutionen entgegengesetzt und wie die Zeit mit dieser Aporie fertig werden könne, das sei dem Lauf der Geschichte zu überlassen.

Um aber den berühmten § 270 der Rechtsphilosophie angemessen zu verstehen, müßte man die Geschichts- und die Religionsphilosophie im ganzen heranziehen. Ich zitiere wenigstens den Anfang: »Es ist hier der Ort, das Verhältnis des Staates zur Religion zu berühren, da in neueren Zeiten so oft wiederholt worden ist, daß die Religion die Grundlage des Staates sei und da diese Behauptung auch mit der Prätension gemacht wird, als ob mit ihr die Wissenschaft des Staates erschöpft sei, – und keine Behauptung mehr geeignet ist, so viele Verwirrung hervorzubringen, ja die Verwirrung selbst zur Verfassung des Staates, zur Form, welche die Erkenntnis haben soll, zu erheben ... Die wesentliche Bestimmung aber über das Verhältnis von Religion und Staat ergibt sich nur, indem an ihren Begriff erinnert wird. Die Religion hat die absolute Wahrheit zu ihrem Inhalt, und damit fällt auch das Höchste der Gesinnung in sie.«

Die Hegelsche Theorie ist eine Theorie der Einheit der Einheit und der Trennung von Staat und Kirche, d. h. sie ist eine dialektische Theorie. Durch diesen ihren dialektischen Charakter ist sie von allen anderen sich auf dieses Verhältnis beziehenden Theorien theologischer, juristischer oder politikwissenschaftlicher Natur unterschieden. Eine dialektische Theorie ihres Verhältnisses ist für Hegel möglich, weil sowohl Religion wie Staat von einer gemeinsamen substantiellen Wahrheit getragen und bestimmt sind. Eine Versöhnung durch den Staat wäre für Hegel nur möglich, wenn diese substantielle Einheit der Wahrheit der Religion und des Staates geschichtlich wirklich geworden ist. Hegel sagt, ihr Inhalt sei identisch. Ihre Trennung aber ist bedingt durch die Unterschiedenheit der Form, in welcher dieser Inhalt als Staat und als Kirche erscheint. Die eine Wahrheit tritt in der Trennung von Staat und Kirche in einer unterschiedenen Form auf. In der Kirche stellt der Inhalt sich dar als Lehre, als Kultus und als die gläubige Subjektivität. Doktrin und Kultus der Kirche und nicht nur die gläubige Subjektivität sind Gestalten der Präsenz der Wahrheit in der christlichen Religion. Prinzipiell aber bleibt die Wahrheit in der Gestalt der Religion gebunden an die Form der Anschauung und der Vorstellung. Das heißt, sie ist noch eingehüllt in die Besonderheit der Subjektivität.

Im Staat aber hat dieselbe Wahrheit die Form der Objektivität des Gedankens angenommen. Die entscheidende Frage ist natürlich, wenn die Einheit die Einheit des Inhaltes und die Trennung der Form ist, wie dann das Verhältnis von Einheit und Trennung selbst bestimmt ist. Hegel sagt, daß diese beiden Formen der Wahrheit, also die Form der Subjektivität und die Form begrifflicher Objektivität, sich wechselseitig fordern, voraussetzen und einander garantieren. In der Wendung der besonderen Subjektivität gegen die objektive Allgemeinheit des Staates zerstört diese in der modernen Welt sich selbst. Ebenso aber zerstört der Staat den Grund seiner Existenz, wenn er sich gegen die Wahrheit der Religion wendet. In diesem Zusammenhang nennt Hegel die Spaltung der christlichen Religion in die evangelische und katholische Konfession ein Glück. Die entscheidende Frage ist natürlich nicht, warum Hegel, über die Rolle des Staates als Not- und Verstandesstaat hinaus, den Staat als den Ort realisierter Sittlichkeit gefordert, sondern – vor allem – wie er sich die Konstitution dieses sittlichen Staates unter den Bedingungen der modernen Entfremdung von Subjektivität und Gesellschaft gedacht hat. Die Frage Hegels nach diesem Ort der Konstitution eines über die formelle Allgemeinheit hinausgehenden Staates ist auch im Verhältnis zur Gegenwart, zur Grundfrage einer jeden Rede über den vernünftigen Staat überhaupt geworden, nachdem offenbar wurde, daß der formale Charakter der Demokratie weder durch die Rechtsstaatlichkeit allein noch durch seinen bloß sozialgesellschaftlichen Inhalt gesichert werden kann. Mit dem Scheitern der im Marxismus erhofften Befreiung vom Staat ist an die Stelle der ausgefallenen, noch von Hegel vorausgesetzten Bedingung in der Subjektivität, grundsätzlich der Terror in allen seinen mannigfaltigen Gestalten und Ausprägungen getreten. Die totalitäre Praxis moderner Diktatur ist nur eine Möglichkeit. Die Permanenz einer Diktatur durch Erziehung aller durch alle ist eine andere Möglichkeit. Die viel beklagte allgegenwärtige Diktatur der Manipulation ist sicher die sanfteste Form des Terrors, aber auf die Dauer gesehen die vielleicht gefährlichste. Die Frage nach einer Überwindung dieser Strukturen hat die Frage nach dem Staat von neuem aktuell werden lassen. Auch die Einsicht in den epochegebundenen Charakter des Staates enthebt uns nicht der Notwendigkeit zu sehen, daß der Ort des Politischen durch den Untergang des Staates nicht freigeblieben ist.

Wenn aber nur der sanfte oder der offene Terror an die Stelle getreten ist, die durch den Untergang des Staates freigeworden ist, dann stellt sich die Frage, ob auf dem Boden einer atheistischen Theorie dieser Terror nicht zu einem unlösbaren Problem wird.

Aber auch unter den Bedingungen eines geschichtlichen Prozesses, unter denen sich die Gesellschaft als eine unbedingte Totalität ausbildet, ist das Problem des Staates aktuell geblieben oder es wieder geworden. Es bleibt die Frage nach den Gründen seiner Notwendigkeit und es bleibt die Frage nach seinen Grenzen. Wir sind es gewohnt vom Staat in einer Weise zu reden, als handle es sich um einen universalgültigen und auf beliebige Verhältnisse und Zustände anwendbaren Begriff. Wir wenden auf alle geschichtlichen Epochen und Kulturen im Blick auf die jeweils anzutreffende politische Organisationsform den Begriff des Staates an. Es gibt Bücher, die handeln vom Staat der Griechen, vom Staat der Ägypter ja sogar vom Staat der Chinesen. Es ist aber diese abstrakt universale Rede vom Staat, die uns daran hindert, das Problem zu erkennen, mit dem wir es heute im letzten Viertel des 20. Jahrhunderts zu tun haben.

Der Staat ist kein auf alle Zeiten, Kulturen und Völker abstrakt anwendbarer Begriff, sondern der Staat ist ein konkreter, bestimmter, ein, wie Carl Schmitt es nannte, epochengebundener Begriff. Er ist das Produkt einer bestimmten geschichtlichen Entwicklung, er ist gebunden an bestimmte geschichtliche Voraussetzungen, und er ist die Antwort auf eine geschichtliche Herausforderung.

Als ein an spezifisch kontingente Voraussetzungen gebundenes Phänomen unterliegt der Staat dem geschichtlichen Wandel. Den Staat muß es nicht geben, und es ist unbegründet zu glauben, daß man mit ihm als einer konstanten Größe immer und unter allen Umständen rechnen kann.

Um diese eminente Geschichtlichkeit des Staates richtig zu verstehen, muß man ihn im Blickpunkt der Perspektive des Theoretikers sehen, der vielleicht die radikalsten Konsequenzen aus seiner geschichtlichen Bedingtheit und Verfaßtheit gezogen hat, nämlich in der Perspektive von Karl Marx. Karl Marx meinte im Blick auf die zukünftige Entwicklung die Prognose wagen zu können, daß der Staat verschwinden wird. Zum Grundbestand der Lehre von Marx gehört die Lehre vom Ende des Staates. Er meinte, daß bereits in seiner Zeit die Bedingungen für sein Verschwinden so weit herangereift seien, daß es eine Sache der unmittelbaren Zukunft sei, daß dieses Verschwinden auch eintreten werde. Er ging dabei von einer Voraussetzung aus, die wir heute allgemein teilen, nämlich daß der Staat eine Form organisierter Herrschaft ist. Der Oberbegriff, dem der Staat bei Marx subsumiert wird, heißt Herrschaft. Als eine Form politisch organisierter Herrschaft befände er sich immer im Dienste und in der Abhängigkeit von bestimmten gesellschaftlichen, marxistisch exakt formulierbarer ökonomischer Interessen. Der Staat ist also die Form, in der eine in einer Gesellschaft ökonomisch herrschende Klasse im Interesse ihrer Erhaltungsbedingungen die Gesellschaft im Ganzen organisiert.

Hinter dem universalen Anspruch des Staates glaubte also Marx das partikulare Interesse einer Klasse entdecken zu können. Daraus folgt, daß der Staat für die marxistische Theorie (und das ist eine Überzeugung, die wir auch heute in der Bundesrepublik allgemein und fast uneingeschränkt teilen) nichts anderes als ein Instrument ist. Er erfüllt eine Funktion für letzten Endes ökonomisch definierbare Interessen. Er ist damit ein spezifisches Phänomen einer in Klassen zerrissenen Gesellschaft. Einen Staat hat es gegeben, den Staat wird es geben, solange die Gesellschaft in Klassen gespalten ist und im Namen eines partikularen Interesses die Gesellschaft im Ganzen politisch organisiert wird. Von der Überwindung des Klassencharakters einer Gesellschaft wird das Absterben des Staates eine automatische Folge sein.

Das Subjekt, das diesen geschichtlichen Auftrag, die Klassengesellschaft abzuschaffen und durch eine klassenlose Gesellschaft zu ersetzen, zu vollziehen hat, ist für Karl Marx das zur Revolution verurteilte Proletariat. Was aber wird das Proletariat nun konkret im Vollzug seines revolutionären Auftrags tun? Es wird die Institution des Privateigentums beseitigen. Dann taucht die entscheidende Frage auf:

Wer soll anstelle der Privateigentümer über den Einsatz der Produktionsmittel verfügen? Es heißt, sie sollen vergesellschaftet werden. Mit der Vergesellschaftung der Produktionsmittel wird ein Prozeß eingeleitet, in dessen Verlauf der Staat absterben wird. Dann gibt es keine Herrschaft des Menschen über den Menschen mehr und damit auch keine Notwendigkeit mehr für Politik.

Die These vom Ende des Staates impliziert das Ende von Herrschaft und daher von Politik überhaupt. Was wird an die Stelle des Staates treten? Die rationale Organisation der Gesellschaft ihres Stoffwechsels mit der Natur, die Verwaltung der Sachen; die rationale Organisation des Wechselprozesses der Gesellschaft mit der Natur im Rahmen einer rationalen Verwaltung von Sachen und Sachprozessen soll, zum erstenmal in der Geschichte, die Aufhebung der menschlichen Selbstentfremdung ermöglichen. Die rational verwaltete Gesellschaft tritt in den Dienst des Zweckes einer ungehinderten Entwicklung und Entfaltung des Reichtums der menschlichen Natur in Freiheit. An diesen Entwurf vom geschichtlichen Ende des Staates müssen wir einige Fragen richten.

Was ist aus diesem Entwurf unter den Bedingungen einer Praxis geworden, die versucht, nach der Lehre und den Prinzipien von Karl Marx, den Staat abzuschaffen und durch eine rational verwaltete Gesellschaft zu ersetzen? Die geschichtlich reale Form der Vergesellschaftung der Produktionsmittel war ihre Verstaatlichung. Man kann daran zwar von Marx her Kritik üben, aber man muß zur Kenntnis nehmen, daß Vergesellschaftung der Produktionsmittel unter den Bedingungen des existierenden Sozialismus ihre Verstaatlichung bedeuten. Was wir der Erfahrung mit dem Sozialismus entnehmen können, ist die Tatsache, daß der Prozeß der Verstaatlichung der Produktionsmittel, der Ersetzung des Privateigentums an Produktionsmittel durch eine staatlich bürokratische Kontrolle tendenziell zur totalen Verstaatlichung der Gesellschaft, d. h. einer Unterwerfung der Gesellschaft unter einer allgegenwärtigen und alle Lebensbereiche des Menschen einbeziehenden bürokratischen Kontrolle geführt hat. Die historische Realität des Sozialismus ist bestimmt durch den Umschlag der von Karl Marx geforderten Aufhebung des Staates in eine fast totale Beherrschung der Gesellschaft durch eine staatlich organisierte Bürokratie.

Verstaatlichung der Produktionsmittel bedeutet konkret den Einsatz der Produktionsmittel nach einem Plan. Wenn wir heute über Planen und die Notwendigkeit von Planung reden, dann müssen wir wissen, daß Planung Herrschaft ist. Effektive Planung bedeutet nichts anderes als effektive Herrschaft. Eine Planung ist nur in dem Maße effektiv, in dem effektive Herrschaft durchgesetzt werden kann. Es bedeutet ferner, daß in die Planung des Einsatzes der Produktionsmittel mit innerer Notwendigkeit eingeschlossen ist der geplante und durch Herrschaft verfügte Einsatz des Menschen als Produktivkraft in den Prozeß der geplanten Gesellschaft. Da der Mensch aber nicht nur abstrakte Produktivkraft oder Arbeitskraft ist, sondern ein selbstbewußtes Wesen, muß die Kontrolle und Lenkung des menschlichen Bewußtseins in den geplanten Totalzusammenhang der bürokratisch gelenkten Gesellschaft einbezogen werden. Die politische Herrschaft ist also die Bedingung der Möglichkeit einer Planung der Produktion. Darin einbezogen ist also die direkte und totale Verfügung über den Menschen selber. D. h. konkret, daß der Staat direkt und unmittelbar über die Institutionen der Sozialisation des Menschen verfügt, über die Familie, die Schule, die Hochschule etc. Die Geschichte hat den Marxschen Entwurf vom Ende des Staates dementiert.

Dieses Dementi provoziert die Frage: Hat Karl Marx sich über die Notwendigkeit des geschichtlichen Prozesses getäuscht, der unter den Bedingungen der modernen Gesellschaft zu einem Absterben des Staates führen sollte? Der Schluß drängt sich auf, wenn man den Entwurf ins Auge faßt, der gegenwärtig als Programm des demokratischen Sozialismus in der Bundesrepublik diskutiert wird. In unserem Zusammenhang ist dieser Entwurf wichtig, weil der demokratische Sozialismus in der Bundesrepublik beansprucht, eine Konsequenz aus der Erfahrung zu ziehen, nach den Anweisungen von Marx den Sozialismus zu verwirklichen. Er will einen Sozialismus, der eine staatlich bürokratisch kontrollierte Gesellschaft gerade vermeiden und verhindern soll. Der demokratische Sozialismus soll einlösen, was die bisherigen Versuche mit dem Sozialismus schuldig blieben, nämlich den Abbau und die Auflösung des Staates in die Gesellschaft. Er will das Versprechen einer aufhebung des Staates, eines Abbaus von Herrschaft und d. h. einer wirklichen Aufhebung einer jeden Form von menschlicher Fremdbestimmung einlösen. Insofern geht es in der Tat – aus der Perspektive des demokratischen Sozialismus geurteilt – nicht um Freiheit oder Sozialismus, sondern um den Versuch, durch diesen neuen Typ des Sozialismus die Freiheit, die Marx versprochen hat, die aber unter den Bedingungen des existierenden Sozialismus nicht erreicht wurde, nunmehr in der Bundesrepublik langfristig zu verwirklichen.

Wie will er das erreichen? Das ist eine Schicksalsfrage, von deren Antwort die Zukunft der Freiheit überhaupt abhängen wird. Worauf sollten wir unser Vertrauen stützen, daß es dem demokratischen Sozialismus gelingen könnte, den Menschen von Staat und von gesellschaftlichen Zwängen zu befreien?

Durch eine revolutionäre Veränderung der Kommunikationsstrukturen bis in die Familie hinein. Freiheit soll durch formale Verfahren eines Demokratisierung genannten Willensbildungs- und Entscheidungsprozesses, der die Frage der Normen und der Werte einbezieht, verwirklicht werden. Es tauchen natürlich grundlegende Probleme auf, die nichts zu tun haben mit der Existenz von Privateigentum an Produktionsmitteln, die nichts zu tun haben mit dem nichtsozialistischen Bewußtsein der Bürger in der Bundesrepublik, sondern die etwas zu tun haben mit den unveränderbaren technologischen Bedingungen, an die der materielle Reproduktionsprozeß der Gesellschaft gebunden ist und die der Zumutung einer totalen Demokratisierung widersprechen.

Daher hat Jochen Steffen, ein ehrlicher Mann, gesagt, was wir brauchen, sei eine strukturelle Revolution, und die sozialistische Veränderung der Gesellschaft nach den Zielsetzungen des demokratischen Sozialismus könne nur durch den Staat erfolgen. Steffen stellt sich das so vor, daß innerhalb des Rahmens der parlamentarischen Demokratie eines Tages als Resultat einer machtvollen, alle Gruppen erfassenden Bewegung die sozialdemokratische Partei die Mehrheit erringt, sich des Staatsapparates bemächtigt und den zur Funktion denaturierten Staat in den Dienst der Verwirklichung einer sozialistischen Gesellschaft stellen wird. Die unsere Gesellschaft in Richtung auf demokratischen Sozialismus verändernde Macht ist dann die Partei, die zur Erreichung ihres Zieles das im Staat verkörperte Monopol auf legale Gewalt einsetzt. Was Steffen als Ergebnis eines solchen staatlich herbeigezwungenen Sozialisierungsprozesses vorschwebt, ist ein Zustand, in welchem es eine staatlich gelenkte und geplante Globalentwicklung der Wirtschaft gibt und eine dezentralisierte Form der Mikroentscheidungen auf betrieblicher und lokaler Ebene; also einer Art Mischung von staatlicher Lenkung mit der anarchistischen Freisetzung dezentraler Entscheidungsbefugnisse von Individuen und einzelnen Unternehmungen.

An der Basis soll der Arbeiter unmittelbar und direkt über Unternehmensziele, über den Einsatz der Produktionsmittel befinden können. An diesem Entwurf wird prägnant deutlich, in welchem Stadium des Prozesses in der Bundesrepublik wir uns gegenwärtig befinden. Der Staat ist auf dem Wege eines nach vorn hin offenen, aber in der Sache unentschiedenen Übergangs, sich entweder in ein Instrument totalitärer Kontrolle der Gesellschaft als Ganzes zu verwandeln oder zu Gunsten der anarchistischen Subkulturen und isolierter Teilsysteme abzudanken. Was die Bundesrepublik im geschichtlichen Moment der Gegenwart charakterisiert, ist die Unentschiedenheit und Offenheit nach beiden Seiten.

Es wird von der geistigen und politischen Kraft aller der Freiheit verpflichteten und verbundenen Bürger dieses Landes abhängen, ob wir morgen die anarchistische Auflösung oder die neue totalitäre Kontrolle haben werden. Damit sind wir bei der Analyse dieses Übergangszustandes.

Mit welchen Kräften und Tendenzen in der Gesellschaft müssen wir rechnen, die uns entweder in die eine oder in die andere Richtung drängen? Dazu ist eine historische Reminiszenz notwendig. Wir haben den Nationalsozialismus verstanden und verstehen ihn bis zum heutigen Tage als eine Kraft und Bewegung eminenter Staatlichkeit. Die Folge davon ist, daß jede Forderung nach Stärkung des Staates als letzten Endes faschistisch abqualifiziert wird. Carl Schmitt sagte im Augenblick der Machtübernahme durch die Faschisten 1933: Nun ist der Hegelsche Staat tot. Carl Schmitt hatte begriffen, daß der Faschismus eine Bewegung zur Zerstörung des Staates war, daß es sich im Kern um eine staatsverneinende, nihilistische Bewegung handelte. Der Nationalsozialismus war eine Partei, also ein Teil, der es durch den systematischen Einsatz aller Instrumente der Propaganda und der Ausnutzung aller Schwächen eines demokratischen Staates schaffte, sich des Staatsapparates zu bemächtigen und in den Dienst seiner Ziele zu stellen. Der Rechtsstaat wurde vernichtet, und der Schutz der Grundrechte wurde beseitigt. Womit dann die den Einzelnen total erdrückende Staatsallmacht sich legitimiert – ob mit der Rassenlehre oder mit der Zukunftsverheißung einer Befreiung der arbeitenden Menschheit –, das ist für den unmittelbar betroffenen Einzelnen gleichgültig.

Die Gleichsetzung des Faschismus mit einem starken Staat hat für die Bundesrepublik erhebliche Konsequenzen gehabt. Es galt der Satz: Je weniger Staat, um so mehr Freiheit. Die Praxis einer Minimalisierung des Staates hat dazu geführt, daß der Staat der Gefahr unterliegt, zu einem durch die jeweilige parlamentarische Mehrheit zu bedienenden Instrument zu degenerieren, zufällig ausgehandelte Kompromisse zwischen den gesellschaftlichen Gruppen und Interessen durchzusetzen, eine Art von Clearingstelle zur Transformation von Kompromissen, auf die sich die mächtigsten gesellschaftlichen Gruppen geeinigt haben. Überspitzt formuliert heißt das, daß der Staat praktisch von Gnaden der Gesellschaft lebt. Er trägt die Prädisposition in sich, daß eine starke gesellschaftspolitische Kraft sich seiner bemächtigt und ihn als ein Instrument benutzt, um totale Ziele anzusteuern.

Von daher ist es konsequent, wenn der Bundeskanzler Helmut Schmidt in seiner Rede über die Grundwerte in Hamburg zu dem Schluß kam, daß der Staat nicht imstande sei, Entscheidendes für die Erhaltung und Sicherung der Grundwerte zu tun, daß er das Seil kappte, das unseren Staat mit irgendeiner Art von Ethos verbindet. Es ist nur scheinbar ein Paradox, wenn dieser progressiven Aufhebung des Staates in die Gesellschaft eine fast gleichlaufende Verstaatlichung der Gesellschaft entspricht. Der Staat, der in die Gesellschaft aufgehoben wird, durchdringt in zunehmendem Maße mit einer totalitären Tendenz die Gesellschaft selber.

Was ist der geistige Grund für die Permanenz der Ausweitung der staatlichen Kontrolle über alle Lebensbereiche? Diese Tendenz ist begründet in dem Willen des Menschen nach Sicherheit. Unser Staat ist nicht nur Instanz der legalen Machtausübung, er ist nicht nur Rechtsstaat, der die Grundrechte schützt, er ist vor allem, wie Forsthoff es genannt hat, Staat der sozialen Daseinsvorsorge und Fürsorge. Er ist umverteilender und Chancen und Gratifikationen zuteilender Staat. Die zweite Tendenz, die die Ausweitung des Staates progressiv vorantreibt, ist die Tendenz der Egalität, der Gleichheit. Ich kann nicht Gleichheit fordern, ohne damit dem Staat die Legitimation zu einer sukzessiven Ausweitung seiner verwaltenden Kontrollfunktion über alle Lebensbereiche des Menschen zuzusprechen.

Die Konsequenzen dieser Entwicklung werden nicht immer hinreichend bedacht. Die Neomarxisten machen zu Recht darauf aufmerksam, daß es unlogisch sei, daß dem Staat eine Allzuständigkeit zuerkannt werde – also eine Zuständigkeit für die Sicherung des wirtschaftlichen Wachstums, eine Zuständigkeit für die soziale Sicherheit, eine Zuständigkeit für die Rechtssicherheit, ja eine Zuständigkeit für das physische und psychische Wohlbefinden eines jeden einzelnen Bürgers, für die Verwirklichung der Forderung nach Chancengleichheit, ja für die administrative Exekution einer Art von Kulturrevolution –, ihm aber gleichzeitig die Macht verweigert werde, um dieser Allzuständigkeit auch gerecht werden zu können. Dieser Widerspruch sei der Grund für ein wachsendes Legitimationsdefizit unseres Staates.

Was ist es aber eigentlich, daß die Menschen von dem Wahn der Möglichkeit eines Weges erfaßt werden, an dessen Ende die totale Egalität stehen soll? Würde dieser Wahn Wirklichkeit, dann müßte sich die menschliche Natur so verändern lassen, daß die Menschen mit dem Status von wohlversorgten Haustieren, domestiziert und immer zufrieden, mit dem was sie bekommen, bereit wären sich abzufinden. Das Phänomen, das beunruhigt, ist die Tatsache, daß es Menschen gibt, und zwar sehr viele, die glauben, dies sei ein Ziel, für das es sich lohne zu kämpfen und zu arbeiten. Hier scheint doch der Grund für die vielberedete Legitimationskrise zu finden zu sein. Die Legitimationskrise wirkt sich in der Unausweichlichkeit des Zwanges aus, nur noch etwas rechtfertigen zu können, von dem einsichtig gemacht werden kann, daß es der Verwirklichung der Egalität dient. Es können keine Unterscheidungen mehr legitimiert werden. Herrschaft wird nur noch mit der Notwendigkeit eines Abbaues von bestehenden Privilegien begründet. Privilegien, die abgeschafft werden müssen, sind aber immer nur die Privilegien der anderen.

Die wirksamste Methode, den Prozess in die gewünschte Richtung einer angeblich privilegienlosen Gesellschaft voranzutreiben, ist die unterschwellige oder offene Mobilisierung des sozialen Neides. Wird das öffentliche Klima einer Gesellschaft aber durch Neid, Begehrlichkeit und durch Erzeugung illusionärer Erwartungen vergiftet, dann ist nicht nur die Kategorie des Allgemeinwohls zerstört, sondern dann ist auch dem Staat die geistige Grundlage seiner Existenz entzogen. Dann ist Gerechtigkeit eine Phrase und Solidarität die Praxis, wie Herbert Wehner sagte, nach der eine Hand die andere wäscht.

Da helfen dann auch keine Beschwörungsformeln der Ordnungspolitik mehr. Nur ein Staat kann der Würde des Menschen dienen, der selber über Würde verfügt.

Die Notwendigkeit des Staates ist begründet in der Freiheit. Die Freiheit bedarf der Gewährung und Garantie eines Spielraums, in welchem der Einzelne leben und handeln kann. Ohne den Staat gibt es keine normale Situation. Ein Symptom für die Abwesenheit des Staates ist der latente und schließlich der offene Bürgerkrieg.

Was ist aber die Begründung für die Grenzen des Staates? Wiederum die Freiheit. Der Staat muß die Freiheit ermöglichen, und der Staat muß sich gleichzeitig um Willen dieser durch ihn ermöglichten Freiheit begrenzen, damit die Freiheit atmen und leben und durch eine Vielfalt von persönlichen und bürgerlichen Initiativen sich entfalten kann. Das bedeutet konkret in jeder Epoche und in jeder gesellschaftlichen Situation etwas Unterschiedenes und Verschiedenes. Jetzt geht es um die fundamentale Entscheidung, ob wir den Staat seiner fortschreitenden Paralyse überlassen oder ob wir ihn neu konstituieren auf dem Grund einer Freiheit, die sich nicht selber dem Staat verdankt und die daher auch kein Staat das Recht hat zu beseitigen.

Vierzehntes Kapitel
Ideenpolitische Perspektiven

Die Herausforderung der Gesellschaft in der Bundesrepublik Deutschland und in anderen westlichen Ländern geht aus von einem langfristigen Prozeß. Mit diesem Prozeß ist die Bewegung gemeint, die mit dem Auftreten der außerparlamentarischen, zunächst studentischen Opposition nur sichtbar wurde und inzwischen wesentliche Institutionen erfaßt und tiefgreifend verändert hat. Die gegenwärtige Situation kann angemessen als eine Phase in diesem Prozeß begriffen werden, dessen Bestimmung es ist, in eine völlig offene und durch keinen Endzustand begrenzte Zukunft zu führen.

Schon Lenin erblickte die Überlegenheit des Marxismus über die Kräfte einer bürgerlichen Gesellschaft darin, daß diese grundsätzlich unfähig seien, in den Begriffen eines langfristigen geschichtlichen Prozesses zu denken, eine langfristige Strategie zu entwickeln und diese in einer ebenso flexiblen wie konsequenten Taktik auch durchzusetzen.

Die verantwortlichen Kräfte einer liberal-bürgerlichen Gesellschaft seien dazu nicht imstande, weil sie nur die Oberfläche des Prozesses, nur die einzelnen Wellen sähen, nicht aber die aus der Tiefe der Gesellschaft treibende Strömung. Daher seien sie auch unfähig, im Sinne einer langfristigen gesellschafts-politischen Strategie geschlossen und solidarisch zu handeln. Es ist keine Frage, daß die Erfahrung der letzten Jahre diese Prognose Lenins bestätigt hat. Für diese Gruppen ist kennzeichnend, was man einen konstitutionell gewordenen Opportunismus nennen könnte, der in allen Parteien und Institutionen anzutreffen ist. Diese opportunistische Einstellung und Haltung wird häufig als Zeichen für die Stärke einer pluralistischen Gesellschaft ausgegeben, die jede Form von Verweigerung, Opposition und Negation durch Permissivität mühelos verkraften könne. Das mag zutreffen, solange das ökonomische Potential für materielle Gratifikationen unerschöpflich scheint. Ist dieses aber erschöpft, dann wird die Lösung aller Konflikte durch materielle Zuteilungen nicht mehr möglich sein. Dann wird sich der Opportunismus der Führung als die eigentliche und gefährlichste Bedrohung der Freiheit erweisen.

Es handelt sich um einen Prozeß, der alles und alle betrifft, der nichts ausläßt und alles von den Grundlagen her in den Strom seiner Veränderungen hineinreißt und ergreift. Vielleicht ist tatsächlich der Industriebetrieb, der Bereich der materiellen Reproduktion der Gesellschaft, die letzte Institution, die von diesem Prozeß noch nicht nachhaltig verändert wurde. Daher wird der Kampf in den nächsten Phasen um die Neuverteilung der Macht in diesem Bereich sich abspielen. Im übrigen sind über die Institutionen hinaus alle Lebensbereiche von diesem Prozeß betroffen. Im Schatten und als Auswirkung dieses Prozesses sind alle Fragen zu politischen Fragen geworden. Die Zukunft der Ehe, die Existenz der Familie, die Organisation des Kindergartens, die Lerninhalte der Schule, die Prioritäten der wissenschaftlichen Forschung, die Ziele industrieller und wirtschaftlicher Unternehmungen sind politische Fragen geworden. Das trifft für die Fragen des Selbstverständnisses der Kirchen in gleichem Maße zu. Keine Gruppe der Gesellschaft, die den Willen hat, an diesem Prozeß mitzuwirken, kann daher noch länger ihr Pathos in dem Selbstbewußtsein gewinnen, apolitisch zu sein.

Es geht gesellschaftlich um die Aufhebung menschlicher Selbstentfremdung oder doch um die Herstellung einer Gesellschaft ohne Herrschaft, in der es dem Menschen möglich sein soll, seine Bedürfnisse selbst zu definieren und sie repressionsfrei zu befriedigen. Alle an den Begriff der Emanzipation geknüpften Erwartungen lassen sich in der Überzeugung zusammenfassen, daß die Verwirklichung eines befriedeten Daseins, eine Form konflikt- und enttäuschungsfreier, lustbetonter Selbstverwirklichung des Menschen nun möglich und daher auch notwendig geworden sei. Der neue Grundwiderspruch, der sich abzeichnet, ist der Versuch, dieses Versprechen fast totaler Freiheit durch den Ausbau und die Ausweitung der Mechanismen sozialer Kontrolle zu erreichen.

Dieser Zielsetzung entspricht die politanthropologische und kulturrevolutionäre Arbeit an der Veränderung des Menschen in allen Bereichen – des Kindergartens, der Schule, der Hochschulen, der Presse, der Kunst usw. Man hat entdeckt, daß es keinen Sinn hat, nur Organisationen, Strukturen und Institutionen zu verändern, sondern daß man in und mit dieser Veränderung gleichzeitig kontinuierlich und systematisch einen »neuen Menschen« produzieren muß. Über die Leistungsfähigkeit unserer Gesellschaft wird nicht entscheiden, was in den politischen Programmen der Parteien diskutiert, sondern was bei der Anstrengung, einen neuen Menschen zu produzieren, herauskommen wird. Alle Veränderungen unserer Gesellschaft sind Resultate kulturrevolutionärer Veränderungen, die so vor sich gehen, daß erst die Sprache, dann über die Sprache das Bewußtsein und schließlich über das Bewußtsein die Bedürfnisse der Menschen verändert werden. Aus den veränderten Bedürfnissen geht die Revolution der steigenden Erwartungen hervor, und diesen neuen Erwartungen entsprechend werden neue Werte und Normen gesetzt und politisch durchgesetzt.

Die fundamentale Dimension des Prozesses der Veränderung der Gesellschaft vollzieht sich in der anthropologischen Veränderung, in dem Bereich der Bildung und Deutung der gesellschaftlichen Realität. Hier ist nicht der Ort, um die Kulturrevolution, so wie sie sich gegenwärtig in der Bundesrepublik vollzieht, im einzelnen zu interpretieren. Aber über die technisch-ökonomische Effizienz dieser Gesellschaft und damit über ihre Selbsterhaltung wird heute in den Institutionen der Bildung, der Erziehung, der öffentlichen Medien, der Kunst und des Theaters entschieden. Hier werden im Menschen selber die Bedingungen aufgelöst, die es ihm bisher ermöglicht haben, den Leistungszumutungen einer technologischen Gesellschaft zu entsprechen. Nietzsche hat richtig vorausgesagt, daß im 20. Jahrhundert derjenige Träger der eigentlichen Macht sein werde, der imstande ist, den Sprachgebrauch in einer Gesellschaft neu zu regeln. Es nutzt den Managern von Industrie und Wirtschaft gar nichts, daß sie ihre traditionelle Sprache beibehalten, wenn die Sprache der Gesellschaft durch andere bereits erfolgreich geändert worden ist. Die Bürger müssen heute politisch entscheiden, ob die Kinder aus der Geschichte nur noch lernen sollen, daß alles änderbar ist; sie müssen politisch entscheiden, ob sie eine Erziehung gegen das Recht für richtig halten; sie müssen politisch entscheiden, ob die Familie als eine auch gesellschaftlich gerechtfertigte Lebensform weiterhin noch anerkannt werden soll oder nicht. Wenn etwas im Blick auf die Entwicklung dieses Landes beunruhigen sollte, dann ist es die Tatsache, daß keine politische Kraft erkennbar ist, die fähig und gewillt wäre, die Herausforderung der Kulturrevolution anzunehmen.

Wenn wir diese Herausforderung nicht annehmen, dann werden die Fragen der Paritäten, der Organisationen und der Umverteilung des ökonomischen Produktivvermögens in ihrer Bedeutung nur geringfügig sein im Verhältnis zu den Veränderungen, die sich in der Tiefendimension der Gesellschaft heute schon sichtbar und erkennbar vollziehen. Erst mit der anthropologischen Revolution hat der langfristige und totale Prozeß seine radikale Dimension erreicht. Was Marx für den Überbau gehalten hat, d. h. also für den Bereich, in dem es um die Prozesse der Motivation und der Veränderung des Bewußtseins geht, ist heute für unsere Gesellschaft zu der eigentlich fundierenden Praxis geworden, von der auch die ökonomischen und technologischen Entwicklungen dieser Gesellschaft abhängen werden. Die verändernden Prozesse gehen vom Überbau aus, und hier werden die neuen Zielvorgaben und Orientierungsdaten gesetzt, nach denen sich dann auch die übrigen Institutionen ausrichten oder nach denen sie gerichtet werden. Obwohl sich also der Marxismus in der Form einer verkehrenden Aufhebung der von Marx angenommenen Zuordnung von Unterbau und Überbau durchsetzt, verhalten sich die durch diesen Prozeß herausgeforderte Gesellschaft und auch die sie politisch repräsentierenden Gruppen noch immer gemäß den inzwischen geschichtlich dementierten Grundannahmen des Marxismus.

Diese Gruppen glauben nämlich, daß über das Schicksal der Gesellschaft in letzter Instanz die ökonomischen Bedingungen entscheiden, und sie meinen, daß demgegenüber alle Veränderungen des Bewußtseins ephemerer Natur sind. Wir haben es gegenwärtig aber nicht mit einer Situation materieller Verelendung, sondern mit dem Elend des Bewußtseins zu tun. Erst das Elend des menschlichen Bewußtseins, die Krise der Legitimationen und die Krise des Sinns haben in unserer Gesellschaft dem Marxismus die Chance gegeben, das Interpretationsmonopol in der Gesellschaft zu erringen, das er nun fast ohne Konkurrenz und Alternative ausübt.

Es ist eine für die Zukunft dieser Gesellschaft entscheidende Frage, wie man das Wesen und den spezifischen Charakter der Prozesse bestimmt, in deren Zeichen unsere Epoche steht. Wenn wir uns zunächst auf die Bundesrepublik beschränken, dann ist das Ziel aller konstitutionellen Veränderungen und Reformen die Verwirklichung von Demokratie. Es ist natürlich die Frage, was dabei unter Demokratie zu verstehen ist. Denn wir leben doch in einer Demokratie, die nicht zu Unrecht für sich beanspruchen kann, das mit ihr verbundene Versprechen auf Freiheit für jeden einzelnen verwirklicht zu haben, und zwar formal und materiell, sowohl im Vergleich zur vergangenen deutschen Geschichte wie im Vergleich zu den Ländern in der Welt, die sich demokratisch nennen. Der Begriff von Demokratie, auf dessen Verwirklichung die im Vollzug befindlichen Prozesse zielen, muß also an einem Postulat gewonnen sein, das über jede geschichtliche Realität hinausgeht. Es geht um die Überwindung des bürgerlichen Formaldemokratie-Verständnisses und seine Ersetzung durch einen Realbegriff von Demokratie.

Karl Marx hat in seiner Kritik an der Hegelschen Rechtsphilosophie und in seiner Abhandlung zur Judenfrage am entschiedensten darüber nachgedacht, was mit einer realen Demokratie gemeint sein könnte. Es ist die mit der Beseitigung einer jeden gegenüber dem Menschen verselbständigten und verfestigten politischen Form intendierte Herstellung einer unmittelbaren Einheit des Menschen mit seinem gesellschaftlichen Wesen, die Aneignung der gesellschaftlichen Gattungsnatur durch den einzelnen. Das Bestehen einer politischen Konstitution ist dann bereits ein Symptom für eine politische Entfremdung des Menschen. Die romantischen Quellen entspringende Utopie einer Verwirklichung des allseitigen, sich total verwirklichenden Menschen, der keinem arbeitsteiligen Bereich mehr unterworfen sein soll, setzt nicht nur das Absterben des Staates, sondern auch eine Gesellschaft des Überflusses, einen entwickelten ökonomischen Reichtum voraus, durch den das Problem der Knappheit der Güter gelöst und überwunden wird. Es ist entscheidend für das Urteil über alle Entwürfe einer Demokratisierung der Gesellschaft, sich an diesen Grundgedanken von Marx zu erinnern, daß die Emanzipation des Menschen seine Emanzipation von der Politik in sich einschließt.

Der von konservativen Theoretikern herausgestellte Grundwiderspruch, eine Beseitigung des Politischen nur selber politisch betreiben zu können, ist dem Konzept einer gesellschaftlichen Befreiung immanent. Befreiung, das Überschreiten der Schranken des bürgerlich formalen Demokratiebegriffes, muß daher den Austritt aus der Geschichte zum Ziel der Geschichte erklären. Das paradoxe Grundfaktum des 20. Jahrhunderts besteht darin, daß die Geschichte alle diese Erwartungen und Hoffnungen enttäuscht hat und dieser Entwurf doch nichts von seiner Faszination verloren zu haben scheint.

In der sozialistischen Demokratie soll die Verwirklichung einer Identität von Freiheit und Gleichheit möglich sein. Es liegt kein durchdachtes und ausgearbeitetes Modell vor, das eine Vereinbarkeit der beiden Grundpostulate von Freiheit und Gleichheit einsichtig macht, die geschichtlichen Erfahrungen berücksichtigt und die Leistungsfähigkeit der ökonomischen und technologischen Systeme garantiert. Was dem gegenwärtigen Bewußtsein zu entschwinden droht, ist die Erinnerung daran, daß die Liquidation der Demokratie ein Ergebnis praktizierter Demokratie sein kann.

Es ist eine fundamentale Schwäche aller bisher bekannten Formen der Demokratie, daß sie die Einlösung ihrer Freiheitsgarantien an die Befolgung formaler Regeln bindet. Die Mehrheit kann eben auch beschließen, wie wir wissen, die Demokratie abzuschaffen, und die vielbeschworene freiheitliche Grundordnung enthält keine Anweisung darüber, welche Interpretation in einer konkreten Situation die maßgebende sein soll. Wenn die Grundbegriffe, mit denen die Verfassung politisch interpretiert wird, einen identifizierbaren Gehalt verloren haben und die Ermittlung ihres konkret gemeinten Sinns selbst zu einer Sache des politischen Kampfes wurde, ist das Gesetz kein geeignetes Mittel mehr, die Verfassung zu schützen.

Es ist ganz unbestreitbar, daß ohne einen minimalen Grundkonsensus keine politische Ordnung bestehen kann. Es ist eine Polarisierung der Kräfte denkbar geworden, die das Ende der Handlungsfähigkeit des Staates bedeuten könnte. Auch ist es ein Irrtum zu meinen, das könne sich nur in den aus der Entwicklung vor 1933 bekannten Formen vollziehen. Was die Einsicht in die Lage der Bundesrepublik so außerordentlich verstellt, ist die Tatsache, daß die Grundentscheidungen über den zukünftigen Weg entweder aus Schwäche oder aus Taktik nicht offen zum Gegenstand des politischen Kampfes gemacht werden. Es ist der Sache, um die es geht, nicht dienlich, wenn einer der Zukunft zugewandten Theorie ein an der Erhaltung orientierter Pragmatismus entgegengestellt wird.

Ist es denn ausgemacht und entschieden, wie die Zukunft aussieht und was sie von uns in Wahrheit verlangt, und sind denn die Bedingungen erkannt, von denen die Erhaltung abhängt? Es zeugt von keinem großen Reichtum an Phantasie, wenn die bekannte Konstellation mit den Leerformeln der Kämpfe des 19. Jahrhunderts, mit progressiv und reaktionär, mit links und rechts, Fortschritt und Reaktion, mehr verschleiert als gedeutet wird. Der Gebrauch dieser oder ähnlicher Wendungen setzt voraus, es gäbe etwas, was besteht, und es gäbe etwas, was sich wandelt nach dem Begriff, den die Akteure von ihren Veränderungen, die sie in Gang setzen, vorher hatten. Beides trifft nicht zu. Was wir vor uns haben, ist ein alles in sich einbegreifender und verändernder Prozeß, von niemandem so gewollt und daher auch von keinem mehr verantwortet, der mit uns, gegen uns, über uns hinweggeht, ein Prozeß, der sich aus sich selbst speist und sich aus sich selbst produziert. Es ist der neue Aggregatzustand der Geschichte, den Marx im Blick hatte, als er die bürgerliche als die erste wahrhaft revolutionäre Klasse erkannte, die der geschichtlichen Bewegung den Charakter einer permanenten Revolution gab und die nicht existieren kann, ohne alle Verhältnisse ständig zu verändern.

Wenn aber die geschichtliche Bewegung selber die Gestalt eines revolutionären Prozesses angenommen hat, dann ist es schwer, wenn nicht unmöglich, zu sagen, was unter diesen Bedingungen eine Revolution besagen soll, die man noch machen müsse und von der man sagt, daß sie noch ausstehe. Gemessen an der Erfahrung mit der Entfesselung dieses durch die bürgerliche Gesellschaft mehr blind und bewußtlos ausgelösten Katarakts, waren die Motive von Marx noch konservativer Natur. Er sah das mögliche Ende in der Heraufkunft der Barbarei und setzte auf die rettende Kraft der revolutionären Subjektivität in der Gestalt des ausgebeuteten Industrieproletariats. Diesem traute er zu, die entwickelten Produktivkräfte durch eine veränderte Organisation der Verhältnisse, in denen sie sich bisher entfalteten, unter die Kontrolle des Menschen zurückzuzwingen und in den Dienst einer Selbstverwirklichung des Menschen zu stellen. Die Erneuerung dieses Vertrauens von Karl Marx in unserer Gegenwart war nur in einer Welt möglich, die aus Verzweiflung entschlossen ist, an die Stelle der unbegriffenen Geschichte die Herrschaft des Geistes der Illusion zu setzen, den sie den Religionen so gern zugesprochen hat.

Die Tabuierung der Auseinandersetzung mit dem Marxismus, erst durch den Faschismus und dann nach dem Krieg durch selbstauferlegtes Verbot, hat die Einsicht in die Natur des politischen Marxismus in den kommunistischen Staaten nicht gerade gefördert. Die weltgeschichtliche Leistung des sowjetischen Kommunismus besteht darin, daß er in einem Schnellverfahren eine moderne Industriegesellschaft produziert und in der politischen Form des demokratischen Zentralismus die mit diesem Prozeß gegebenen Fragen einer Legitimation politischer Herrschaft nach den Kriterien der Effizienz gelöst hat. Daß sich der sowjetische Typ des Kommunismus immer mehr zu einer konservativen Macht entwickelt und daß auf einem Hegelkongreß in Amsterdam die Neue Linke mit einem eigens für diesen Zweck zubereiteten Hegel bekämpft wurde, ist keineswegs zufällig, und man sollte zur Kenntnis nehmen, daß sich die UdSSR philosophisch das Erbe der idealistischen, also bürgerlichen Philosophie vor allen Dingen aneignet, um die ethischen und pädagogischen Probleme des Auf- und Ausbaus ihrer Gesellschaft zu lösen.

Der durch Lenin auf den Kopf gestellte Marx hat seine Funktion, die Ideologien des bürgerlichen Verfalls auszuschalten, längst erfüllt. Es mag geistesgeschichtlich reizvoll sein, das Marxsche Programm einer gesellschaftlichen Aufhebung menschlicher Selbstentfremdung an der sowjetischen Wirklichkeit zu überprüfen. Für die Einschätzung der politischen Realitäten unseres Jahrhunderts gibt das aber nicht viel her. Gegebenenfalls reicht die Breschnew-Doktrin aus, sich gegen den Neomarxismus zu schützen, wenn er politisch relevant werden sollte.

Die gleiche Rolle in der Anpassung an das in der westlichen Welt erreichte geschichtliche Niveau spielt auch die Amalgamierung der Tradition mit marxistischen Gedanken in China. Die übernommene Dialektik ermöglicht hier, was Marx den Vollzug und nicht die Abschaffung der höchsten Gedanken der Vergangenheit genannt hat. Es ist eine noch viel zuwenig reflektierte Tatsache, daß der Marxismus sich bisher nicht als die Macht des Austritts aus der Geschichte, sondern als die Kraft und Methode erwiesen hat, mit der es traditionalen Gesellschaften gelang, den Eintritt in den weltgeschichtlichen Prozeß zu erreichen, ohne die durch die bürgerliche Gesellschaft repräsentierte Phase des geschichtlichen Prozesses zu durchlaufen.

Ob es außer dem marxistischen Modell für die Entwicklung einer traditionalen in eine moderne Industriegesellschaft ein besseres und wirksameres gibt, diese Frage muß hier offenbleiben. Auf jeden Fall haben wir uns bisher keine Gedanken über ein solches Modell gemacht.

Anders sieht die marxistische Perspektive in einer Gesellschaft aus, die die Bedingungen bereits entwickelt hat, an die Marx das Eintreten seiner Verheißungen knüpfte. Die Entwicklung des Marxismus zu einer entscheidenden, vielleicht der entscheidenden gesellschaftspolitischen Kraft in der Bundesrepublik Deutschland hat viele Gründe. Sie sind um so schwerer zu ermitteln, als der Marxismus in der Pluralität seiner revisionistischen Gestalten sich einer eindeutigen Identifizierung entzieht. Doch wird man sich nicht zu weit von der Wahrheit entfernen, wenn man alle systemverändernden Entwürfe in Richtung auf eine sogenannte reale Demokratie in seinem theoretischen Kontext sieht.

Wer zur Überzeugung gebracht worden ist, daß die Verwertung der ökonomischen und technologischen Ressourcen der Gesellschaft im Interesse des privatkapitalistischen Profits der Verwirklichung menschlicher Emanzipation allein im Wege steht, für den sind Art und Form der Organisation des Klassenkampfes nur eine Frage der Taktik und des Zeitpunkts. Wer vermöchte konkret darüber zu entscheiden, welche Art des Klassenkampfes noch zu den legitimen Mitteln systemkonformer Veränderungen gehört oder welche nicht? Warum sollten die demokratiekonformen Methoden der Abschaffung der Demokratie nicht auch bei der Überwindung des Systems sich bewähren? Dieses Instrumentarium klassischer marxistischer Politik konnte sich allerdings erst durchsetzen, nachdem die ideologiekritische Zertrümmerung des sogenannten bürgerlichen Überbaus nunmehr abgeschlossen ist.

Die im Zeichen der neomarxistischen Theorie der Frankfurter Schule stehende Phase der Entfachung der emanzipatorischen Bewegung in der Bundesrepublik hatte die mit Hegelschen und Motiven der Transzendental-Philosophie angereicherte marxistische Ideologiekritik dazu benutzt, die rechtliche, politische, wirtschaftliche und moralische Ordnung der Bundesrepublik als unhaltbar, repressiv, ausbeuterisch und latent faschistisch zu erweisen, wenn man sie an den Zielen emanzipativer Autonomie des Menschen mißt.

Es soll hier nicht die Frage gestellt werden, was an dieser geistig moralischen Vernichtung des sozialen Rechtsstaates haltbar ist und was nicht, entscheidend für den weiteren Gang der Dinge war es allein, daß diese neomarxistische Kritik eine Krise bewußt gemacht hat, die in der pluralistischen Selbstinterpretation der Gesellschaft nicht gelöst, sondern nur verdrängt wurde. Es ist eine Krise, an der im Grunde alle nichtkommunistischen Gesellschaften des Westens teilhaben, die man eine Krise der Legitimation, der fundamentalen Grundorientierung des Menschen, eine Krise des Sinns, des Bewußtseins nennen kann. An der Einschätzung der Tiefendimension dieser Krise und von der Radikalität der Antwort, die man auf sie sucht, hängt das Schicksal der Freiheit und der menschlichen Person in unserer Welt ab. Nicht das ökonomische, materielle Elend, dem noch Marx als Triebkraft zur Revolution vertraute, sondern das Elend des Bewußtseins, des Geistes und damit die Auslaugung der sittlichen Kräfte ist es, was den Ausbruch und Aufstand gegen die Gesellschaft motiviert. Es ist eine Verkehrung der von Marx angenommenen Situation. Hier ist Marx selber auf den Kopf gestellt. Erst nachdem die Unfähigkeit der etablierten Kräfte der Gesellschaft offenkundig wurde, auf diese Herausforderung andere als funktional-pragmatische Antworten zu geben, konnte der klassische Marxismus nach einem mehr romantisch anarchischen Zwischenspiel das sichtbar gewordene Vakuum füllen.

Es gibt überhaupt keinen Grund für die Annahme, daß die marxistische Auslegung des Verfalls der bürgerlichen Legitimationen mehr bedeuten könnte als einen Kommentar zu diesem Verfall. Ebensowenig kann es einen Zweifel daran geben, daß der politische Marxismus der Logik der Konsequenzen nicht entgehen kann, die ihn dort kennzeichnen, wo er die Form einer Praxis annimmt.

Die Verwandlung des marxistischen Humanismus in eine Form totalitärer Herrschaft, die Ausbildung neuer, so von Marx nicht geahnter Form der Entfremdung des Menschen ist eben kein Unglück, das ihm aus unvordenklichen Gründen zustieß, sondern ist begründet im Ansatz von Marx selbst. Mit der bürgerlichen Gestalt der Subjektivität ist nicht nur die Schranke totaler gesellschaftlicher Selbstbefreiung, sondern eine Grenze bezeichnet, ohne deren Anerkennung die menschliche Subjektivität, also das Resultat einer langen Geschichte der Freiheit, beseitigt wird.

Nie hat der Karl Marx nachfolgende Marxismus eine Antwort auf die Frage geben können, wie der die revolutionäre Umgestaltung der Gesellschaft organisierende Staat sich selbst aufheben oder durch wen er aufgehoben werden könnte. Wenn es aber auf diese Fragen keine befriedigende Antwort gibt – und schon Max Weber hat darauf hingewiesen, daß Kommunismus identisch sei mit totaler Beherrschung durch Bürokratie –, dann ist es schwer zu begreifen, daß man sich ein größeres Übel nicht vorstellen kann als den staatlich restringierten und kontrollierten Kapitalismus, zu dem der Kommunismus nur den totalen Staatskapitalismus als Alternative anbieten kann.

Im Blick auf diese Realität muß die revolutionäre Systemveränderung anders vorgehen als bisher. Dieser Stil einer marxistischen Machterprobung ist dann nicht mehr länger opportun. Man muß dann Systemveränderung nach der Strategie eines langfristigen Prozesses betreiben. Dann sind die Maßnahmen und die einzelnen Schritte und ihre Begründungen beliebig auswechselbar, je nach dem, was die Opportunität gebietet. Dieses Vorgehen wird wesentlich dadurch erleichtert, daß diejenigen, die durch die intendierten Veränderungen bedroht sind, mit dem für sie selber typischen Opportunismus geschlagen werden können. Die bisherige Erfahrung hat ja bewiesen, daß diese Gruppen unfähig sind, in Begriffen eines langfristigen Prozesses zu denken, den radikalen, das Ganze betreffenden Charakter der Herausforderung zu begreifen und die geistige, nicht pragmatische Dimension des Prozesses zu verstehen. Es führt zu einer tiefgreifenden Verkennung des Wesens revolutionärer Prozesse in unserer Zeit, wenn man sie an den Modellen der politischen und sozialen Revolutionen der Vergangenheit mißt.

Während es sich bei der politischen Revolution um eine Veränderung des Mechanismus und der Regeln handelt, nach denen Macht gebildet und ausgeübt wird, bei der sozialen um die Etablierung eines anderen Schlüssels zur Verteilung des materiellen Reichtums, bei der gesellschaftlichen um eine qualitative Veränderung der sozio-ökonomischen Bedingungen, die sowohl die Ausübung von politischer Macht als auch den Anteil an der ökonomischen Produktion ermöglichen, nimmt Revolution die Stellung eines anthropologischen, universellen Prinzips und Programms ein.

Das Prinzip der Revolution kann nicht mehr politisch sein, denn die Französische Revolution hat bereits die formale Demokratie, wenigstens ihrem Anspruch nach, verwirklicht. Die Revolution kann auch nicht mehr ökonomisch sein: In einem Land wie der Bundesrepublik nimmt der Lebensstandard tendenziell zu, und es funktioniert auch der Rechtsstaat wenigstens notdürftig. Eine politische und ökonomische Motivation für eine revolutionäre Totalumwälzung der Gesellschaft ist also nicht leicht evident zu machen. Was unter Kulturrevolution und permanenter Revolution verstanden wird, hat diese Transformation des Revolutionsprinzips in die Anthropologie zur Voraussetzung.

Es geht um eine revolutionäre Veränderung, die bis in die biologischen Strukturen des Menschen reichen soll. Es wird suggeriert, daß die Menschen vom Druck politischer Repression und libidinöser Frustration befreit werden könnten, sofern nur der erzeugte Reichtum in den Dienst eines befriedeten Daseins gestellt würde. Das Befreiende und das Unterdrückende seien in der Gesellschaft wechselseitig bedingt und durch Drängen einander so ununterscheidbar, daß ein zur Überwindung des verkehrten Ganzen geeignetes Subjekt nicht mehr ausgemacht werden kann.

Die paradoxe Wendung führt also zur Aufhebung des traditionalen Begriffs von Emanzipation, wie er noch dem Denken von Marx zugrunde lag. In ihrer vulgären Interpretation führt diese Theorie zu einer neuen Bestimmung der Rolle der Sexualität in der Befreiung von der Gesellschaft. Der revolutionäre Protest im Namen des unverwirklichten Lebens muß nicht die große Revolution selber sein, für die sie sich selbst hält und von vielen auch so verstanden wird, sondern kann auch Symptom einer an die Wurzel der bloßen Selbsterhaltung reichenden Erkrankung dieser Gesellschaft sein. Die Träger des revolutionären Protestes zeigen selber die Male der Deformation einer Gesellschaft, gegen die sie protestieren. Eine am Ziel totaler Befreiung orientierte Praxis ist mit den realen Bedingungen des Funktionierens einer modernen Industriegesellschaft unvereinbar. Ein revolutionärer Eingriff in das Funktionieren des technischen Produktionsapparates müßte die Gesellschaft in ihrer Existenz bedrohen.

Die Irritationen durch marxistischen Ökonomismus sollen den Blick nicht dafür verstellen, daß Revolution heute den Charakter einer Kulturrevolution angenommen hat. Die Kunst und ihre in die politische Praxis übertragenen Mittel sind der Ort, an dem Ursprung und Ziel des revolutionären Wirkens sich artikulieren. Nur in der Kunst überlebt vor seiner sich allerdings schon ankündigenden religiösen Erneuerung der Wille zu einer totalen Versöhnung. Die unmittelbare Einheit von allem mit allem in der mythisch archaischen Tiefe des Ursprungs ist auch das Ziel. In ihr meldet sich durch Technik und Moral unterdrückte und gefesselte Natur. Der Aufstand der Natur gegen die ihr durch Herrschaft zugefügte Verstümmelung und Unterdrückung vollzieht sich nicht mehr, wie Marx lehrte, in der Revolution des Proletariats, sondern in der Gestalt des ästhetisch sensibilisierten Leibes. Den revolutionären, schleichenden und gar nicht dramatischen Bewegungen, die den Grund der westlichen Zivilisation erschüttern und allmählich umwälzen, liegt die Erfahrung des von der Kunst zur Sprache gebrachten Ekels an der Gesellschaft zugrunde. Die Revolution aus dem Geiste der Ästhetik schließt die Absage an die Zwecke der Selbsterhaltung in sich ein. Nur noch die Kunst bringt den Wahn hervor, der das erschöpfte Individuum zur Fortführung des Lebens, wie die Erfahrung mit der Jugend zeigt, stimuliert. Diese Vorgänge können mit politischen und gesellschaftlichen Kategorien nicht mehr begriffen werden. In ihrer Politisierung nimmt die Kunst selber die Gestalt einer Aktion an, durch die vom schockierten Unterbewußten her anthropologische Strukturen aufgebrochen und verändert werden sollen.

Das Bekenntnis von Martin Walser oder Peter Weiss zur kommunistischen Weltrevolution ist daher nicht einmal originell. Im Gegenteil: es waltet hier eine objektive Ironie, die nur darum nicht tragisch genannt zu werden verdient, da man es inzwischen besser wissen könnte. Die ästhetische Erkenntnis, die in der modernen Gesellschaft die Freiheit des Künstlers zur Voraussetzung hat, sich mit der Gesellschaft nicht identifizieren zu müssen, zerstört sich selber, wenn sie für eine Ideologie optiert. Es ist völlig konsequent, daß eine Partei, die über die Macht verfügt, die Versöhnung auf dem Verwaltungsweg zu verordnen und durchzusetzen, den opponierenden Intellektuellen ins Irrenhaus bringt, weil der, der der objektiv gewordenen Versöhnung widerspricht, objektiv irre ist. Die subjektiv davon abweichende Selbstinterpretation hat dann nicht mehr Recht, als einem bürgerlichen Vorurteil in der kommunistischen Gesellschaft zuerkannt werden kann. Die Diskussion um die Möglichkeit einer Kunst des sozialistischen Realismus ist darum unfreiwillig komisch, weil unter der Bedingung einer im Kommunismus konsequent aufgehobenen Geschichte die Kunst entweder realistisch und dann keine Kunst ist, oder sie ist nicht realistisch im Sinne des sozialistischen Realismus. Lukács' Interpretation Solschenizyns als eine Form der Wiedergewinnung der wahrhaften Prinzipien des sozialistischen Realismus nach ihrer Perversion durch den Stalinismus bestätigt nur diesen Tatbestand.

Welch ein verzweifelter Akt des Glaubens gehört zu der Überzeugung, mit der Beseitigung des privaten Eigentums an Produktionsmitteln werde alles ganz anders, sei der Ausweg aus dem finsteren Tunnel der Geschichte gefunden! Man muß die religiösen Hintergründe der neuen Bewegung sehen, um zu verstehen, daß die Argumentation mit den Erfolgen der Sozialen Marktwirtschaft kein taugliches Mittel sein kann, die Legitimationskrise unserer Gesellschaft zu überwinden. Der Glaube, man könne die Lösung der neuen gesellschaftspolitischen Probleme den Auswirkungen der sich selbst regulierenden Prozesse der marktwirtschaftlichen Ordnung anvertrauen, ist so eitel wie der der Neuen Linken.

Über die ziel- und sachgemäße Ordnung der ökonomischen Prozesse kann nur noch im Rahmen einer umfassenden gesellschaftspolitischen Konzeption entschieden werden. Marktwirtschaft ist kein Ersatz für Gesellschaftspolitik. Viele mögen den Begriff Gesellschaftspolitik nicht, weil sie argwöhnen, daß er totalitäre Ambitionen verbirgt. Wenn aber alles zur Gesellschaft geworden ist und die Gesellschaft die Stelle eines neuen Absoluten einnimmt, dann genügt Gegenaufklärung nicht, und über die Grenzen des Machbaren muß politisch entschieden werden.

Je nach dem Begriff von Revolution, von dem man ausgeht, kann man die Frage, ob die Bundesrepublik vor einer Revolution stehe oder sich bereits in einer solchen befinde, mit ebenso überzeugenden Gründen bejahen wie verneinen. Beurteilt man die Situation nach den bereits eingetretenen Veränderungen, dann ist Schlimmeres denkbar geworden, als man mit der traditionellen Vorstellung einer Revolution verbindet. Nicht die Politik, nicht die soziale Reform, nicht der gesellschaftliche Wandel wird über das Schicksal der Freiheit in unserer Gesellschaft entscheiden, sondern ausschließlich die Antwort, die diese Gesellschaft auf die kulturrevolutionäre Herausforderung gibt. In Verbindung mit einer wirtschaftlichen Rezession ist alles denkbar: Versinken in Anarchie, Diktatur von rechts und totalitäre Herrschaft von links. Der Grundmangel im Aufbau unseres demokratischen Staates besteht darin, daß der Ernstfall nicht vorgesehen ist. Was bisher die kritischen Situationen bewältigt hat, sind die gelebte Moralität der Menschen und die ideologiekritisch und emanzipatorisch noch nicht aufgelösten ethischen Selbstverständlichkeiten. Nur so ist es verständlich, daß in der Ölkrise, die keine war, die Begrenzung der Fahrgeschwindigkeit von 90 Prozent aller Autofahrer eingehalten wurde.

Diese Tatsache ist ein Beweis dafür, daß die moralische Motivation für Einschränkungen und Verzicht in der Bevölkerung durchaus vorhanden ist. Die Konsequenzen, die sich aus unserer Analyse ergeben, lassen sich mühelos ziehen: Es kommt darauf an, der Gefahr zu begegnen, daß die Entwicklung entweder zu einer anarchischen Auflösung aller Formen eines gemeinsamen und geordneten Lebens oder zu einem Umschlag in eine neue Art totalitären Kollektivismus führt. Die neue Bewegung hat das Ziel, eine Veränderung mit qualitativer revolutionärer Qualität, richtig erkannt, nur ist sie von ihren marxistisch-psychoanalytischen Voraussetzungen aus nicht in der Lage, ihren Anspruch auf einen Fortschritt im Bewußtsein der Freiheit und ihrer Verwirklichung auch einlösen zu können.

Revolution ist nicht an sich schlecht und in jedem Fall zu bekämpfen. Jeder Fortschritt im Prozeß realer und konkreter Freiheit ist das Resultat einer Revolution; ganz abgesehen davon, daß keine Revolution im traditionalen Stil mehr möglich wäre, haben sich jedoch nicht nur die Bedingungen, sondern auch die Aufgaben einer Revolution fundamental gewandelt. Zum erstenmal in der Geschichte ist die Sicherung der Naturbasis menschlicher Existenz eine Sache menschlicher Entscheidung und Verantwortung geworden. Was an dem emanzipatorischen Austritt aus aller bisherigen Geschichte so irritiert, ist der Versuch, die Lösung der neuen Probleme in einem Sprung aus aller geschichtlichen Kontinuität heraus zu erreichen. Der Bruch mit jeder geschichtlichen Tradition führt nicht nur zu gefährlichen Illusionen – die nicht begriffene Geschichte hat sich noch stets durch die Verkehrung erhoffften Fortschritts in Rückschritt gerächt –, sondern auch dazu, daß alle Errungenschaften erreichter Freiheit im Namen der Emanzipation verspielt werden.

Die Soziale Marktwirtschaft hat nur gewisse Bedingungen für die Freiheit verwirklicht, aber nicht die Freiheit schlechthin. In der Beschränkung ihrer Ziele auf die abstrakte Bedürfnisbefriedigung hat sie keine Widerstandskräfte gegen jenen Geschichtsnihilismus entwickeln können, der den Gedanken der Freiheit deformiert und aller Faszination bei dem größten Teil der Jugend beraubt hat. Die Kritik an den Versuchen emanzipativer Überwindung eines manipulierten Daseins durch ein an der Idee wahrer Humanität orientiertes Leben darf sich daher nicht gegen die Intention als solche wenden, nicht einmal gegen die Anerkennung der Notwendigkeit, die Gesellschaft durch ein neues Bewußtsein ihrer selbst zu konstituieren, sondern nur gegen die illusionären Grundlagen und Prinzipien, an denen sie sich orientieren.

Das Elend der Überflußgesellschaft ist nicht das materielle Elend, sondern es ist das Elend des menschlichen Bewußtseins. Das bedeutet konkret, daß wir vor der Aufgabe stehen zu leisten, was nach 1945 aus verständlichen Gründen, durch den Zwang der Situation, versäumt worden ist. Solange eine Situation des ökonomisch unmittelbaren Drucks in einer Gesellschaft besteht, ist die Befriedigung der Bedürfnisse in ihren Prioritäten von der Realität vorgezeichnet und vorgeschrieben. Wenn der unmittelbare Druck weicht, wird die Frage der Interpretation der Bedürfnisse zu einem vorrangigen Problem. Damit stehen wir jetzt unter erschwerten Bedingungen in der gegenwärtigen Phase vor der Aufgabe, unsere Gesellschaft von Grund auf neu zu konstituieren und zu verfassen.

Das Werk der Erneuerung der Gesellschaft aus Freiheit und Vernunft kann nur von den Kräften einer erst zu bildenden radikalen Mitte geleistet werden. Sie muß durch ideenpolitische Alternativen und durch neue Perspektiven von der zukünftigen Gestalt unserer Gesellschaft die geistige und politische Initiative zurückgewinnen, um entscheiden zu können, ob wir mit der bürgerlichen Gesellschaft auch die Freiheit mit abschaffen wollen oder nicht. Würde die in dieser Gesellschaft erreichte Gestalt und Wirklichkeit der Freiheit als Recht abgeschafft, dann wäre die Überwindung kein Fortschritt, sondern Regression. Der Kampf in der ČSSR um einen »Sozialismus mit menschlichem Antlitz« war doch ein Kampf um die Einführung eines Minimums von rechtsstaatlicher Sicherheit und rechtsstaatlich gesicherter Garantien für die Freiheit des einzelnen.

Eine Theorie, die das Ziel verfolgt, die Kräfte der Mitte bewußt und politisch handlungsfähig zu machen, muß daher die Frage nach den Inhalten der Freiheit stellen und von da aus den Kampf um die neue Begründung der Freiheit unter den veränderten Bedingungen unserer Zeit führen.

Wir müssen von neuem die Frage stellen, welche Gestalten der europäischen Freiheitsgeschichte für uns noch verbindlich sind und daher in verwandelter Form aktualisiert werden müssen. Die Diskussion um Normen und Werte wird im Nichts enden, wenn wir die Befreiung der Gesellschaft aus einem Geschichtsnihilismus anstreben, der nunmehr seine praktischen Konsequenzen zieht. Einer der theoretischen Protagonisten der Emanzipation, Jürgen Habermas, hat in einem Aufsatz die nachdenkliche Frage gestellt, ob diese Emanzipation nicht die falsche sein könnte (Habermas: Kritik und Kultur. Frankfurt/Main 1973). Das wäre denkbar, weil sie die Aufhebung der herrschaftsbedingten Kultur mit ihrer Abschaffung verwechselt und damit der Emanzipation die Sprache raubt, in der sie die Idee des guten Lebens artikulieren könnte. Habermas sieht die Zukunft einer Gesellschaft, die apokaplyptischer Züge nicht entbehrt: In allen Institutionen sind die Freiräume erobert und etabliert, in denen ein herrschaftsfreier Dialog um Normen und Prinzipien einer humanen und gerechten Gesellschaft geführt werden könnte; aber den von der Herrschaft Befreiten fehlt die Sprache, mit der sie zum Ausdruck bringen könnten, was denn nun das Wahre und Bessere ist.

In einer Gesellschaft ohne Geschichtsbewußtsein, ohne Religion und ohne Ethos stehen wir vor der Aufgabe einer nachmarxistischen Alternative für unsere Gesellschaft. Die Alternative zum Klassenkampf und zur politischen Mobilisierung des Mißtrauens und des Hasses kann nur die Ethik sein. Der industrielle Prozeß hat die Ethik aufgelöst, auf die er doch zugleich angewiesen war. Ethik ist als gelebte Form menschlichen Lebens nie etwas anderes gewesen als die essentielle Bedingung der Erhaltung einer menschlichen Gesellschaft, deren Subjekt der Mensch als ein Wesen selbstbewußter Freiheit ist. Die Bildung eines ethischen Bewußtseins, einer allgemeinen Verbindlichkeit, ist die einzig denkbare Alternative zur Etablierung eines Systems allgegenwärtiger Kontrolle oder anarchistischen Verfalls. Nur als ein die Freiheit begründendes und gleichzeitig begrenzendes Gesetz ist Ethik noch denkbar. Es ist unschwer einzusehen, daß das Fundament aller ethisch gebundenen Gemeinsamkeiten allein die Religion sein kann. Das Versagen der Kirchen sollte zu einer neuen Sicht der Gemeinde führen, die sich erst dann als mündig erwiese, wenn sie die Revolution des christlichen Bewußtseins auch ohne die Kirchen vollbringen könnte. Was das Wesen einer solchen Revolution des christlichen Bewußtseins unter den Bedingungen des »Atheismus der sittlichen Welt« in unserer Gesellschaft ausmacht, das ist in der letzten großen Bewegung der Philosophie von Kant bis Hegel gedacht und auf den Begriff gebracht worden.

In der drohenden Polarisierung der Gesellschaft durch entschlossene Frontbildungen von rechts und links wird die Mitte, wie schon einmal, aufgeweicht oder erdrückt. Sprachlosigkeit oder Verlust aller Prinzipien führen zur chronisch gewordenen Form eines institutionalisierten Opportunismus, der auf die Dauer gefährlicher sein kann als die Entscheidung für eine extreme Lösung.

Die politische und gesellschaftliche Macht wird in untereinander sich bekämpfende Gruppen aufgeteilt, und wer das Unglück hat, zwischen den eng gewobenen Netzen der neuen Machtverteilung durchzufallen, für den gibt es keine Instanz mehr, an die er appellieren könnte. Doch auch die post-industrielle Gesellschaft steht, wie schon so oft in der Geschichte der modernen Gesellschaft, vor der entscheidenden Frage, welcher Verzicht auf Freiheit notwendig ist, damit die mögliche Freiheit gerettet werden kann.

Im funktionalen Prozeß ständiger Verflüssigung und Veränderung geschieht nichts, weil immer dasselbe geschieht. Das Moment eines qualitativ anderen Zustandes, in welchem die Freiheit mit ihren technologischen Bedingungen vermittelt wäre, wird in der Totalität einer Praxis der Vergesellschaftung des menschlichen Daseins zum Verschwinden gebracht. Aufklärung schlägt in Archaik um, Fortschritt in Regression, Freiheit in Kontrolle, die Selbstbefreiung des Individuums in seine Entmündigung, rationale Herrschaft in Anarchie und die totale Freiheit in Diktatur. Die Gegensätze verkehren sich ineinander, und die Unterschiede sind keine mehr. In der Gleichgültigkeit aller Prinzipien setzt sich der Fortschritt in der Herrschaft des Willens zur Macht um so wirksamer durch, je mehr die geschichtliche Realität hinter den selbst produzierten Wahnvorstellungen versinkt.

Fünfzehntes Kapitel
Überlebenschancen der freiheitlichen Demokratie

Die Frage nach den Überlebenschancen der parlamentarisch freiheitlichen Demokratie wird gestellt. Führende Repräsentanten des westlichen demokratischen Systems haben die Sorge, ja Befürchtung geäußert, daß die parlamentarische Demokratie die nächsten zehn bis zwanzig Jahre nicht überleben könnte. Vielen ist die dann später dementierte Prognose des ehemaligen Außenministers der Vereinigten Staaten, Henry Kissinger, noch im Gedächtnis, daß sich in Westeuropa im Laufe der nächsten zehn Jahre irgendeine Art von marxistischem Sozialismus durchsetzen würde. Die hier zum Ausdruck kommende Auffassung von der Entwicklung Westeuropas hat inzwischen schärfere Konturen angenommen. In Italien trennt die kommunistische Partei von der Erreichung ihres Zieles, den von ihr angestrebten historischen Kompromiß durchzusetzen, nur noch wenige Meter. In diesem Lande kann weder ohne noch gegen die Kommunisten regiert werden. In Frankreich würde, wenn heute Wahlen stattfänden, die Volksfront die absolute Mehrheit erreichen. In Großbritannien haben die von marxistisch-sozialistischen Kräften gesteuerten Gewerkschaften das Land wirtschaftlich ruiniert, und die nationale Einheit verfällt. In der Bundesrepublik scheint eine der Säulen der freiheitlichen Demokratie, die große traditionsreiche sozialdemokratische Partei Deutschlands, nur noch begrenzt regierungs- und oppositionsfähig, in ihrer Handlungsfähigkeit gelähmt und von innerem Verfall bedroht. Tiefgreifende Erscheinungen der Erosion haben die parlamentarische Demokratie erfaßt, und die Frage wird gestellt, ob die westlichen Gesellschaften noch regiert werden können. Wer die Zeichen der Zeit nicht übersieht, aber sie auch nicht dramatisiert, wird daher ernsthaft die Eventualität eines Endes der freiheitlichen Demokratie ins Auge fassen müssen.

Die historische Erfahrung lehrt uns, daß es uns nichts nützt, wenn wir uns weigern, das Undenkbare zu denken. Im Gegenteil. Die Selbstbehauptung der Freiheit ist an geschichtliche Bedingungen gebunden, die keineswegs als normal gelten können und deren Dauer eher unwahrscheinlich sind. Wir müssen daher, wenn wir die Situation nüchtern analysieren wollen, der Versuchung widerstehen, die Gründe für den Verfall der Demokratie in einer angeblichen Notwendigkeit des historischen Prozesses zu sehen, noch sollten wir uns auf die Suche nach Sündenböcken begeben, noch argwöhnen, daß sie das Opfer einer von außen gelenkten subversiven Strategie sei. Der Grund des Verfalls, wenn er denn einer ist, ist in ihr selber zu finden. Die Gefährdung der Demokratie ist mit ihr selber gegeben. Sie hängt zusammen mit dem, was die Demokratie für ihr höchstes Gut hält, mit der Freiheit.

Über das Schicksal der Demokratie entscheidet letzten Endes der Begriff, das Verständnis, das sie von der Freiheit hat. Diese Feststellung kann nicht beanspruchen, neu zu sein. Sie ist so alt wie die Demokratie in Europa und damit in der Welt überhaupt. Die erste, klassisch zu nennende Analyse der Pathologie der Demokratie, die mit ihrer Selbstliquidation endete, verdanken wir Platon. Den großen Anfang der politischen Philosophie verdanken wir der Antwort, die Platon auf die Herausforderung, die die politische Gestaltung und Bewahrung der Freiheit immer und unter allen Umständen für sich selber bedeutet, gegeben hat. Die Antwort, die Platon im achten Buch seiner »Politeia« gegeben hat, ist bemerkenswert und denkwürdig in drei Hinsichten:

1. Die Gefährdung der Demokratie ist eine Gefährdung durch sich selbst.
2. Der Ursprung der Gefahr ist die Art und Weise, wie die Demokratie die Freiheit versteht.
3. Das Mißverständnis der Freiheit führt mit innerer Notwendigkeit zu ihrem Verfall und zu einem Umschlag in ihr Gegenteil, in die Tyrannei.

Die Pathologie der Demokratie setzt dann ein, wenn die Freiheit, das höchste Gut, sich, wie Platon sagt, auf alles erstrecken soll, wenn sie alle Institutionen, alle Bereiche des menschlichen Lebens erfassen und durchdringen soll. Also wenn ein Prozeß in Gang gesetzt wird, den man einen Prozeß der Fundamental- und Totaldemokratisierung der Gesellschaft nennen kann. Nicht nur das Verhältnis der Regierenden zu den Regierten soll demokratisiert werden, sondern auch das der Lehrer zu ihren Schülern, der Eltern zu ihren Kindern, wie das der Älteren zu den Jüngeren in einer Gesellschaft überhaupt. Für die Polis Athens gilt es mit den traditional überkommenden Gestalten der Autorität die Autorität der Tradition und damit jeglicher Form akkumulierter Erfahrung zu beseitigen. Das Wesen der aus diesem Versuch resultierenden Freiheit ist dann die Anarchie. Anarchisch wird die Freiheit dann, wenn sie als schrankenlose Beliebigkeit verstanden wird. Freiheit bedeutet dann leben, wie man will, das Recht, daß jeder tun und lassen kann, was ihm beliebt. Platon erkennt, daß eine so verstandene Freiheit eines Maßes entbehrt, was die Möglichkeit ihrer Verfaßtheit zunichte macht. Der Ruf nach der Verantwortung findet keinen Adressaten mehr. Die Praxis der Freiheit hat dann keinen Inhalt mehr, keinen Grund: Sie wird unvereinbar mit jeder denkbaren Ordnung, die die Freiheit ja auch immer begrenzen und beschränken muß. Die haltenden Ordnungen des Lebens lösen sich auf, die anarchistischen Konsequenzen schaffen die Plausibilität für die Notwendigkeit der Übernahme der Herrschaft durch einen einzigen Mann. Es ist die Tyrannei, in der die verfallende Demokratie ihre Rettung sucht und sich selbst liquidiert. Platon hält die Demokratie unter den faktisch möglichen

Formen der politischen Organisation einer Gesellschaft für die beste, weil sie dem Philosophen, und wir können heute hinzufügen: weil sie dem Christen die Freiheit gewährt, nach seiner Überzeugung zu leben.

Die von Platon gewonnenen Einsichten in den selbstverursachten Verfall der Demokratie wurden erneuert und bewährt in der Bemühung, sie einzubringen in die Erfahrung einer neuen Art von Selbstgefährdung, wie sie mit der Demokratie in der modernen Gesellschaft verbunden ist. In dem nach Platons »Politeia« vielleicht größten Werk der Philosophie, in der »Phänomenologie des Geistes«, vollzieht Hegel eine Analyse des Umschlags der Freiheit in eine Herrschaft des Terrors, der ein paradigmatischer Rang zuerkannt werden muß.

Das Kapitel in der »Phänomenologie« trägt die Überschrift »Die absolute Freiheit und der Schrecken«. Worum geht es? Der Versuch der Errichtung eines Reiches der Freiheit, der Republik, der wahren Demokratie in der Französischen Revolution endete in der terroristischen Herrschaft der Tugend des Robespierre. Die absolute Freiheit sollte herrschen und das heißt die wahre Gesinnung. Der Begriff der absolut verstandenen Freiheit, um deren Verwirklichung es ging, schloß die Forderung in sich ein, daß jeder sein konkret empirisches Interesse dem abstrakt Allgemeinen aufopfern soll. Das konkret besondere Leben des Individuums sollte im Namen der politisch republikanischen Tugend vernichtet werden, damit das Allgemeine politisch realisiert werden kann. Der wahre Demokrat sollte sich durch seine Gesinnung ausweisen, wenn aber die wahre Gesinnung herrschen soll, dann herrscht ein Zustand des allgemeinen Mißtrauens und des Verdachtes. Jeder kann gegen jeden jederzeit den Verdacht richten, daß er nicht in der rechten Gesinnung sei. Es gilt nur noch die Unterscheidung zwischen denen, die die geforderte Gesinnung haben, und denen, die sie nicht haben. Von diesem Zustand sagt Hegel, daß dann der Tod des Einzelnen so viel wert sei wie das Austrinken eines Glases Wassers und das Abschlagen eines Kohlhauptes. Wer denkt nicht in diesem Zusammenhang an die Terroristen, denen man geneigt ist, eine idealistische Motivitation zuzubilligen? Was wir von Hegel lernen können, ist die Einsicht in die Gründe der Notwendigkeit, mit der die abstrakte rousseauistische Freiheit in der Geschichte zum Terror geführt hat, zum Terror führt und zum Terror führen wird. Freiheit, die das Recht des Partikularen und geschichtlich Besonderen verneint, wird zur Furie des Verschwindens, und am Fallbeil des Henkers erkennt man den Fortschritt in der Verwirklichung dieser Freiheit.

Es ist dieselbe Freiheit, in deren Namen heute diejenigen in das rote Verbrecheralbum eingetragen werden, die morgen unter Berufung auf das Interesse des Volkes hingerichtet werden sollen. Der mit der Französischen Revolution angestrengte Prozeß um die politisch gesellschaftliche Verwirklichung der Freiheit ist offen bis zum heutigen Tag. Er hat durch den Anspruch des Marxismus, die bürgerlich beschränkte, weil nur formale Demokratie zu ersetzen durch eine freie und spontane Assoziation, eine neue Dimension angenommen.

Der Marxismus will die absolute Freiheit nicht abschaffen, er will sie erst verwirklichen. Die Zukunftsvision des Marxismus ist inspiriert von dem Willen, mit der absoluten Freiheit ernst zu machen. Die Diktatur des Proletariats hat keinen anderen Auftrag. Der durch sie legitimierte Terror soll mit dem Rechtsstaat die parlamentarische Demokratie selber vernichten, weil im Endzustand es auch ihrer nicht mehr bedarf. In der kommunistisch organisierten Gesellschaft wird die Aneignung des gesellschaftlichen Reichtums uneingeschränkt durch Herrschaft und Fremdbestimmung in den Dienst der Entfaltung der menschlichen Natur gestellt. Was aber ist dann Freiheit? Die Befriedigung beliebiger Bedürfnisse, die anarchistische Freiheit, in der die Demokratie sich auflöst. Wenn in unserem Lande von neuem das mögliche Ende der Demokratie diskutiert wird, dann denken wir nicht an die Erfahrung Platons oder an die Erfahrung Hegels, sondern an den Untergang der Weimarer Republik.

Die Frage lautet dann: Ist Bonn Weimar? Warum hat sich damals die Prognose von Marx nicht im Untergang der ersten deutschen Republik erfüllt? Marx war davon überzeugt, daß der Krise einer kapitalistisch bürgerlichen demokratischen Gesellschaft, die ihren Ausdruck in einer Verelendung der Massen und in der Unfähigkeit der Herrschenden findet, mit diesem Elend fertigzuwerden, nur der Ausweg in den Sozialismus bliebe. Alle Voraussetzungen für eine sozialistische Transformation einer kapitalistischen in eine sozialistisch-marxistische Gesellschaft waren damals doch optimal erfüllt. Es kam aber nicht das kommunistische Endreich der Freiheit, sondern die faschistische Tyrannis. Diese war aber auf dem geschichtsphilosophischen Terminkalender des Marxismus gar nicht vorgesehen. Sie ist daher für die marxistische Theorie eine Verlegenheit geblieben. Nur bei Ernst Bloch dämmert ein Bewußtsein darüber, daß hier etwas geschichtlich manifest wurde, was keineswegs bisher wirklich begriffen worden ist. Bloch hat den Nationalsozialismus als ein Phänomen geschichtlicher Ungleichzeitigkeit gedeutet. Die im Fortschritt der modernen Gesellschaft unaufgehobene, von Marx bisher auch unbegriffene Geschichte hätte gegen die ihr drohende Aufhebung revoltiert. Bauern, Handwerker, Mittelstand und damals auch die Jugend bildeten das Potential für die revolutionäre Beseitigung der liberalen rechtsstaatlichen Traditionen im Namen eines Sozialismus, von dem Marx sich nichts geträumt hatte. Seitdem es sozialistische Staaten gibt, die sich auf Marx berufen, geht vom geschichtlichen Vormarsch des marxistischen Sozialismus der Schrecken aus, der die bürgerlichen Staaten in einander feindlich gegenüberstehende Bürgerkriegslager auseinanderbrechen läßt.

Zeichnet sich in einer freiheitlichen Demokratie die Tendenz einer Polarisierung ab, wie sie dem offenen Ausbruch des Bürgerkrieges vorausgehen kann, dann tritt ihre letale Phase in ein akutes Stadium. Wenn der Vorsitzende der Jungsozialisten erklärt, die Parteien der CDU und CSU seien die Parteien des Klassenfeindes und die Kommunisten nur ein politischer Gegner, dann ist ein Fanal für den Untergang unserer Demokratie gesetzt. Dann haben wir die Lektion, die uns die Geschichte erteilte, nicht gelernt. Es war Herbert Wehner, der diese Erklärung in ihren Konsequenzen als tödlich für unsere Demokratie erkannt hat, und der es eine Gnade nannte, daß wir bisher von diesen Feindschaftserklärungen verschont blieben.

Die durch die Erklärung des Vorsitzenden der Jungsozialisten sich abzeichnende Entwicklung ist um so erstaunlicher, wenn man sich daran erinnert, daß alle am Aufbau dieser Demokratie beteiligten Kräfte nach 1945 entschlossen waren, aus der Erfahrung mit dem Untergang von Weimar und der Weimar ablösenden Epoche des Nationalsozialismus die richtigen Konsequenzen zu ziehen.

Wenn wir aus der Perspektive der damals den Aufbau bestimmenden Grundentscheidungen die gegenwärtige Verfassung unseres Gemeinwesens in den Blick nehmen, dann kommen wir zu einer alarmierenden Feststellung: Alle für unsere Gesellschaft repräsentativen Gruppen stimmen in der Überzeugung überein, daß sich unser freiheitlich verfaßtes Ordnungssystem in einer Krise befindet. In der Einschätzung des Zustandes unserer Demokratie gibt es zwischen den radikalen Reformern, den Liberalen der Mitte und den Konservativen auf dem rechten Flügel keine wesentliche Differenz, also kein Unterschied zwischen Johanno Strasser und Kurt Biedenkopf. Die CSU spricht von einer Staatskrise. Es gibt erhebliche Unterschiede in der Beantwortung der Frage nach den Gründen und den Ursachen der Krise und es gibt erhebliche Abweichungen in den Folgerungen, die aus ihr gezogen werden. Ja, es gibt sogar unvereinbare Standpunkte in der Auffassung dessen, was man unter einer Krise zu verstehen hat, aber man ist sich einig in der Annahme selber.

Wir wollen hier ganz vorläufig und unverbindlich unter Krise eine Situation verstehen, in der die verantwortlichen Träger einer Ordnung, mit denen ihnen zur Verfügung stehenden Möglichkeit und Instrumenten keine Chance mehr haben, mit den die Existenz dieser Ordnung bedrohenden Problemen auf die Dauer fertigzuwerden, wenn sich das Ende des Krisenmanagements abzeichnet und die Gesellschaft vor die Alternative einer alle Elemente der Ordnung einbeziehenden Rekonstruktion, einer Art von konservativ-revolutionärer Erneuerung oder einer Ersetzung des bestehenden sogenannten Systems durch ein qualitativ anderes gestellt wird. Wir werden daher zu fragen haben, ob es Erscheinungen gibt, die für das Recht einer solchen Alternative sprechen. Die These soll erläutert werden im Blick auf den Staat, im Blick auf das System der sozialen Sicherheit und im Blick auf den Bereich der Bildung und Ausbildung und damit auf die Kulturrevolution.

Die Entwicklung in der Bundesrepublik seit den Wahlen im Oktober 1976 ist dadurch gekennzeichnet, daß die krisenhaften Erscheinungen in den Institutionen der Gesellschaft nunmehr auch den Kern des politischen Systems, ja den Staat selber erfaßt haben. Man spricht von Staatsverdrossenheit, von einem Verlust an Glaubwürdigkeit, der die unsere Demokratie tragenden politischen Parteien erfaßt habe. Daß die politischen Parteien schwere, wenn auch unterschiedliche Einbußen an Glaubwürdigkeit hinnehmen mußten, ist ja ganz unbestreitbar.

Der andere Teil der Wahrheit ist die Auswirkung dieser Erosion an Glaubwürdigkeit der Parteien auf die Handlungsfähigkeit des Staates. Der Verlauf der Diskussion um die Notwendigkeit von Kernenergie für die Sicherung des Energiebedarfs in der Bundesrepublik über das Jahr 1985 hinaus ist dafür symptomatisch. Es ist richtig, daß mit der Energiefrage auf das engste verknüpft ist die Frage ob, welche Art und welchen Umfang von Wachstum wir haben wollen. Im Grunde geht es um die Frage, welche Art von Zukunft diese Gesellschaft anstrebt. Es handelt sich um das Problem einer vital das Gesamtinteresse der Gesellschaft betreffenden Vorsorge für die Sicherung der Wettbewerbs- und Zukunftschancen unseres Volkes.

Wenn es ein Problem gibt, das die Existenz und die Notwendigkeit des Staates gerechtfertigt erscheinen läßt, dann ist es dieses. Wer sonst sollte die Kompetenz haben, in diesen Fragen zu entscheiden und zu handeln? Bürgerinitiativen sind eine gute Sache, wenn sie die öffentliche Aufmerksamkeit auf neuralgische Punkte lenken, die das Gemeinwohl negativ beeinflussen. Sie werden aber den Staat und damit sich selber zerstören, wenn sie sich zu Bewegungen des Aufruhrs und des öffentlichen Ungehorsams manipulieren und formieren lassen.

Der Verlauf der Debatte um die Kernenergie läßt erkennen, daß der Staat zunehmend mit Herausforderungen konfrontiert wird, denen zu begegenen die traditionellen Legitimationen nicht mehr ausreichen. Das hier zu erkennenden Legitimationsdefizit des modernen Staates ist ja durchaus verständlich, wenn man bedenkt, daß hinter der Frage nach der Sicherung einer langfristigen Energieversorgung die Frage der Wachstumsproblematik steht, und daß mit der Frage nach der Art und dem Umfang des Wachstums sich die viel tiefergreifende Frage abzeichnet, welche Art von Zukunft die Gesellschaft eigentlich will.

Mit dem sich in vielen Zeichen der Zeit ankündigenden Zusammenbruch des die moderne Welt motivierenden und legitimierenden Glaubens in einen unbegrenzten Fortschritt endet auch das Zeitalter des Überlebens des Christentums in der Form einander ablösender Prozesse der Säkularisierung.

Auf diese Situation ist der Staat so wenig vorbereitet wie wir alle. Die Herausforderung des Rechtsstaates durch den politischen Terrorismus ist daher nur ein Symptom. Die Vorfälle an der Universität Göttingen haben mit der Illusion aufgeräumt als sei diese Gesellschaft einig in dem Abscheu über das erbarmungslose Verbrechen an Generalbundesanwalt Buback und seinen Mitarbeitern. Viele von uns stehen fassungslos vor der Tatsache, daß vor einer Versammlung von 2000 Studenten der Mord an Buback begrüßt wird und die Existenz von Verbrecheralben offenbar wird, in welche die Namen derjenigen eingetragen werden, die den Rechtsstaat heute noch entschlossen verteidigen und denen in Aussicht gestellt wird, daß sie nach dem Sieg der Revolution öffentlich im Namen des Volkes, das sie heute angeblich unterdrükken, zur Rechenschaft gezogen werden sollen. Jeder weiß, was das bedeutet, und der zuständige Minister ermahnt die Studenten, sich an ihre staatsbürgerliche Verantwortung zu erinnern.

Es scheint vergessen zu werden, daß die Freiheit nur so lange eine Überlebenschance hat, so lange ein starker, dem Recht verpflichteter Staat die Freiheit schützt. Aus dieser für die Freiheit verhängnisvollen Entwicklung erwächst dem Christen in besonderer Weise die Verpflichtung, von neuem über den Staat nachzudenken. Mit der Absage an sogenannte obrigkeitsstaatliche Traditionen ist es leider nicht getan, vor allem der evangelische Christ weiß aus der Tradition der Reformation und aus der Theologie Martin Luthers um die Abgründe und die Versuchungen der Macht, er weiß aber auch, daß die öffentliche Gewalt nach dem Willen Gottes den Auftrag erhalten hat, dem Chaos zu wehren und dafür zu sorgen, daß der Staat nicht einem mordlüsternen Mob ausgeliefert wird, der sich für eine angeblich unerträgliche Repression in einer der freiheitlichsten Ordnungen der Welt die Absicht hat zu rächen. Konkret bedeutet das, daß es dem Christen nicht erlaubt ist, für die Abschaffung des Staates in der Form seiner Vergesellschaftung einzutreten. Die Ersetzung rechtlich gebundener und kontrollierter Herrschaft, die aufgrund von Zustimmung der ihr Unterworfenen besteht, und in der nach geordneten Verfahren ein Wechsel der Herrschenden von den Beherrschten herbeigeführt werden kann, die Ersetzung dieser Rechtsordnung durch die Herrschaft einer herrschaftsfreien Kommunikation aller mit allen ist nicht einmal eine schöne Utopie. Sie würde bedeuten, daß alle Normen jederzeit zur Disposition stehen und diejenigen faktisch die Macht ausüben werden, die sich eine kommunikative Kompetenz zuerkennen oder denen man eine solche Kompetenz zuerkennt.

Die Dialektik der Macht könnte nur dann gebrochen werden, wenn die Macht des Bösen gebrochen werden könnte. Das aber liegt nicht in unserer Hand. Wir rühren an ein unheimliches Problem, wenn wir an das Wissen des christlichen Realismus erinnern, daß der Mensch auch vor sich selbst geschützt werden muß.

Der Staat darf weder mit der Gesellschaft zusammenfallen, noch darf er von ihr getrennt werden. Auch in der Einheit des Staates mit der Gesellschaft muß die Differenz gewahrt bleiben, die erst dem Staat den Spielraum gibt, nicht nur zu exekutieren und zu regulieren, sondern auch dann konstituieren zu können, wenn elementare Freiheiten und ihre Bewahrung diese Notwendigkeit erzwingen sollte. Der Staat der Freiheit hat auch einen sittlich begründeten Anspruch auf den Gehorsam seiner Bürger. Wenn wir nur einen Bruchteil der Hingabe unserem Staat zuteil werden ließen, die wir einem mörderischen Gewaltregime entgegengebracht haben, dann brauchte uns um die Zukunft des Staates in der Bundesrepublik nicht bange zu sein.

Eine zweite für die Zukunft der Freiheit vielleicht noch wichtigere Herausforderung ist die Erhaltung und der Ausbau des Systems der sozialen Sicherung. Die Bundesrepublik hat eines der umfassendsten und vollkommensten Systeme der sozialstaatlichen Daseinsvorsorge und Sicherung entwickelt, das es in der Welt überhaupt gibt. Nichts trägt mehr zur relativen Stabilität auch unserer freiheitlichen Ordnung bei als diese Tatsache. Sie stellt den Grund für die besondere Stellung der Bundesrepublik im Vergleich zu dem Zustand dar, in dem sich die westlichen Demokratien befinden, wenn wir einmal von den Vereinigten Staaten von Amerika absehen. Die finanziellen Grundlagen aber des Rentensystems sind gefährdet. Das Defizit bis 1979 beträgt 83 Milliarden DM. Wie es danach weitergehen soll, weiß zur Stunde niemand.

Ob wir das System aufrecht erhalten können, hängt auf die Dauer von der ökonomischen Leistungskraft und von der Garantie kontinuierlicher Wachstumszuwachsraten ab. Der Zusammenhang zwischen ökonomischer Leistung und sozialer Sicherheit ist unauflöslich.

Aber heute schon beginnen die Konsequenzen sozialer Sicherheit auf die Voraussetzungen zurückzuschlagen, die diese Sicherheit erst ermöglicht haben. Die Kosten lähmen die Motivation, die wir für die Leistung brauchen. Das Handwerk und der Mittelstand befinden sich im eisernen Griff der sich ständig steigernden Kosten. Annähernd 40 000 z. T. gesunder Unternehmungen haben Konkurs anmelden müssen, weil sie den steuerlichen Belastungen nicht mehr standhielten.

Jeder Fortschritt in der staatlich garantierten Daseinsvorsorge treibt den Prozeß der Bürokratisierung voran. Der Wunsch nach einer Eindämmung dieses Prozesses bleibt eitel, wenn die Erwartung nach sozialer Absicherung gegen jedes denkbare Risiko auf den Staat fixiert bleibt. Die kritische Theorie bei Max Horkheimer erwartete den Untergang des Individuums in der verwalteten Welt. Der Sinn erlischt – so sah es Max Horkheimer. Wir übersehen im Blick auf die sich abzeichnende Gefahr, daß die Freiheit einen langsamen, unmerklichen, vielleicht sanften Tod stirbt, erstickt und durch ein sich immer enger zusammenziehendes Netz bürokratisch gefesselt zu werden droht, daß wir es im Grunde mit einer der wichtigsten Dimensionen des religiösen Problems in der Gegenwart zu tun haben.

Denn die an den Staat gerichtete Erwartung auf eine Sicherung vor allen denkbaren Risiken des Lebens wird genährt durch eine wachsende Gestimmtheit der Angst. Die Mutter dieser ganz absurden Vorstellung, als müsse und könne es so etwas wie eine absolute Sicherheit geben, ist die nackte Angst. Zwischen der Angst als dem Grundgefühl unserer Epoche und dem Ausufern der Utopie im Feld der Zukunftserwartungen besteht ein innerer Zusammenhang. Die Mythologie der Emanzipation und ihrer Verfahrenstechniken sind auch eine Strategie der Angstbewältigung.

Der Stellenwert der Religion für die Verwirklichung der Chancen einer rationalen Politik hat sich tiefgreifend verändert. Ohne einen religiösen oder quasi religiösen Glauben hat es nie eine Politik großen Stils gegeben. Der Marxismus-Leninismus ist dafür ein Beweis. Die Vorläufer des Kommunismus in Rußland waren überzeugt, daß sich das revolutionäre Experiment nur dann lohne, wenn es gelänge, den Tod abzuschaffen. Denn in der Welt habt ihr Angst. Der evangelische Arbeitskreis in der CDU hat allen Grund, von neuem darüber nachzudenken, welche Bedeutung dem christlichen Glauben für die Politik der Freiheit zuwächst: »Denn ich habe die Welt überwunden.«

Ohne die Ausbeutung der Angst durch die totalitären Diktaturen unseres Jahrhunderts hätte es sie nicht gegeben. Schon bei dem religiösen Atheisten Feuerbach steht der Satz, daß für den modernen Menschen der vorsorgende Staat an die Stelle der göttlichen Vorsehung treten werde. Mit einem bißchen aufgeklärtem Liberalismus ist es nicht getan. Die Formeln der Ordnungspolitik bleiben abstrakt und leer. Damit sind wir bei der dritten Herausforderung, an der sich das Schicksal der Freiheit in unserem Lande entscheiden wird.

Ich meine die Herausforderung durch die Kulturrevolution. Kulturrevolution in der Bundesrepublik ist der über die Institutionen der Bewußtseinsbildung, also über Kindergarten, Schule, Universität, öffentliche Medien, Kirchen, Theater und Kunst laufende Prozeß, den Menschen mit Hilfe der Sprache in seinem Bewußtsein und in seinen Bedürfnissen so zu verändern, daß er nur Normen und Werten zustimmt, die erst in einer anderen, d. h. in einer sozialistischen Gesellschaft verwirklicht werden können, wie man glaubt. Wie die Marxisten sagen, wird der Überbau revolutioniert und das auf den Weg gebracht, was Marcuse die Revolution als anthropologisches Prinzip nennt.

Die Herausforderung durch den Sozialismus in der Bundesrepublik ist im Kern unverändert kulturrevolutionärer Natur. Selbstverständlich hat jeder Christ das Recht und die Freiheit Sozialist zu sein. Er kann sein Engagement christlich mit einer Ausdeutung der Bergpredigt begründen, er kann es ethisch, humanistisch und sozial, ja er kann es mit bestimmten Elementen der idealistischen deutschen Philosophie tun. Wenn er der Aussage von Marx folgt, der von sich sagte, daß er kein Marxist sei, kann er sein Engagement für den Sozialismus auch mit den Deutungs- und Interpretationsinstrumenten tun, die von Karl Marx zur Verfügung gestellt wurden und von denen er selber überzeugt war, daß sie immer von neuem dem Test der Geschichte unterworfen werden müßten. Die erste Wissenschaft war für Marx nicht der historische und dialektische Materialismus, sondern die Wissenschaft von der Geschichte. Die Christen sollten sich von keinem Marxisten in der Radikalität übertreffen lassen, mit der sie sich den konkreten Aufgaben der jeweiligen Situation und damit den geschichtlichen Wandel und seinen Notwendigkeiten stellen. Er muß und wird dann auch erkennen, daß der Anspruch des Marxismus, die menschliche Selbstentfremdung aufheben zu können, definitiv gescheitert ist.

Damit reduziert sich aber das Problem, ob die Planung der Ökonomie und damit der Gesellschaft auf die Befriedigung der wahren Bedürfnisse hin nach den Anweisungen des Marxismus auch dann noch möglich ist, wenn eine Gesellschaft den Grad von Komplexität erreicht hat, wie das für die Gesellschaft der Bundesrepublik der Fall ist. Denn es geht da nicht um ein Glaubensproblem, sondern um ein technisches. Dafür ist aber die Vernunft zuständig. Man muß dann prüfen, ob für die durch die jeweilig leitenden Wertoptionen vorgegebenen Ziele auch die Mittel zur Verfügung stehen, sie zu erreichen. Die Verwirklichung der Idee der sozialen Gerechtigkeit hat sich aber dann aus dem Kontext des Marxismus gelöst. Die Idee der sozialen Gerechtigkeit und die Notwendigkeit, immer von neuem um ihre Verwirklichung bemüht zu bleiben, diese Notwendigkeit bleibt bestehen. Was der Christ aber meiner Meinung nach nicht kann, ist, zum Parteigänger einer anarchistisch-nihilistischen Kulturrevolution zu werden.

Das Problem der Emanzipation stellt sich für den Christen anders. Die evangelischen Christen sollten hier von ihren katholischen Brüdern lernen, was für den christlichen Glauben mit dieser Art von Kulturrevolution auf dem Spiele steht. Es geht hier um nicht weniger als um den Kampf um die Frage, was Freiheit ist und wie wir uns auf sie verstehen müssen. Ein Mann wie Fritz Erler, ein großer Sozialdemokrat, hatte noch den Mut, seine Freunde vor dem Mißverständnis zu warnen, daß etwas allein schon aus dem Grunde wahr und richtig sei, wenn es das Gegenteil von dem ist, was die Nazis gedacht und getan haben. Die abstrakte Negation von Herrschaft schlägt mit innerer Notwendigkeit in die Wiederherstellung dessen um, was sie verneint, nämlich in eine neue Form von Knechtschaft.

Was versteht nun die Kulturrevolution unter Freiheit? Der zweite Familienbericht der Bundesregierung, durchaus ein Dokument der Kulturrevolution in der Bundesrepublik Deutschland, versteht unter Freiheit das Absolute, d. h. uneingeschränktes Recht eines jeden, über sich selbst zu verfügen und dieses Recht im Interesse des Allgemeinen nur um das Maß einzuschränken, dem man selber zugestimmt hat. Es entbehrt nicht einer inneren Logik, daß die Sozialisation des Menschen im Sinne dieses Freiheitsbegriffes von der Familie nicht geleistet werden kann, die dann vom Familienbericht konsequent als kleinbürgerlich totalitär und repressiv charakterisiert wird.

Die Kulturrevolution will den neuen Menschen, der willig und fähig ist, die Gesellschaft so zu verändern, daß jedem eine lustbetonte und konfliktfreie Befriedigung seiner Bedüfrnisse möglich ist, die zu interpretieren er allein das Recht hat. Dieses Ziel kann nur in der Form eines organisierten Bruches mit der Kontinuität der Geschichte erreicht werden. Die Kulturrevolution ist in ihrem Prinzip geschichtsnihilistisch, in ihren Methoden anarchistisch und in ihren Zielen hedonistisch. Sie läßt den Ausgang des Experimentes offen: entweder anarchistische Auflösung der Gesellschaft oder kollektivistisch-totalitäre Kontrolle.

Wenn die Erfahrung der Geschichte berücksichtigt wird, dann kann es keinen Zweifel an den Konsequenzen geben, die das Experiment für die Antwort auf die Frage nach den Überlebenschancen einer freiheitlichen Demokratie haben wird. Wenn es heute eine Partei in Europa gibt, die aus der Erfahrung mit dem Faschismus und den Gründen, die ihm zur Macht verholfen haben, gelernt hat und für ihre Strategie beachtet, dann ist es die kommunistische Partei Italiens. Ihr maßgebender Theoretiker Antonio Gramsci hat sich bewußt für den Kommunismus als einer kulturkonservativen Alternative zur bürgerlich libertären Dekadenz entschieden. Vor die Wahl zwischen Anarchismus und Kommunismus gestellt, wird sich Italien für den Kommunismus als der letzten und einzigen Ordnungsmacht entscheiden.

Es ist das schwerste Versäumnis der christlichen Parteien in der Bundesrepublik, daß sie die Auseinandersetzung mit der Kulturrevolution nicht offensiv und konstruktiv geführt haben. Diese Auseinandersetzung kann aber auch nur geführt werden, wenn durch eine Besinnung auf die christlichen Wurzeln des von diesen Parteien in Anspruch genommenen Freiheitsbegriffes er spezifisch und eindeutig abgegrenzt werden kann von dem, was die Sozialisten und die Liberalen unter Freiheit verstehen. Selbstverständlich ist Freiheit ohne das Moment der im Gewissen gebundenen Entscheidung über sich selbst und das eigene Handeln nicht denkbar. Aber es ist die Wahrheit, die uns freimachen wird. Die Frage nach der Wahrheit darf durch den Pluralismus nicht ersetzt werden. Wenn es keine Erkenntnis des absolut Unbedingten gibt, dann gibt es auch keine Freiheit.

Diese Einsicht ist das Resultat der letzten großen Philosophie, wie sie von Kant, Fichte, Schelling und Hegel entwickelt wurde. Es gibt zwischen diesen Denkern keine Differenz in der Überzeugung, daß die geschichtliche Aktualität der Freiheit unter den Bedingungen der modernen Gesellschaft an die Substanz der christlichen Wahrheit gebunden ist. Martin Heidegger ist mit der Überzeugung gestorben, daß uns nur noch ein Gott retten könnte. Wenn wir aber das christliche Verständnis von Freiheit im Blick auf die akute Selbstgefährdung unserer Demokratie bedenken, dann gilt es zu erinnern an das christliche Wissen um die Grenzen der Freiheit.

Die härteste Schranke für die freie Selbstverwirklichung ist sich das Selbst, das sich hier und jetzt verwirklichen will. Der christliche Glaube weiß, daß die Freiheit selbst der Befreiung bedarf. Das eigensüchtige Selbst muß von sich selbst befreit werden, wenn es frei werden will. Das ist ohne Leiden nicht möglich.

Eine andere ebenso wenig übersteigbare Schranke für die Freiheit ist der Andere: Das andere Selbst. Er ist für den Christen nicht nur eine Grenze, er ist auch die Ermöglichung seines eigenen Freiseinkönnens. Das Anderssein des Anderen ist dem Christen kein Ärgernis, das es auszulöschen gilt, sondern ist die Gestalt, unter der mich Gott selbst beansprucht. Die Menschen in ihrem oft erschreckenden Anderssein müssen von Christen mehr erwarten dürfen als Toleranz. Die Christen müssen es fertigbringen, gegen den Irrtum zu kämpfen und den Irrenden anzuerkennen in seiner Würde, die er sich nicht selbst verdankt.

Eine Grenze der Freiheit ist aber auch das Recht eines jeden lebendigen Wesens, vor Gott da zu sein. Es ist nach dem Wort des Apostels die Kreatur, die da harrt und seufzet und wartet auf die Freiheit der Kinder Gottes. Es gab und es gibt keine Vollmacht für den Christen, die Natur zum uneingeschränkten Objekt einer Ausbeutung für beliebige Zwecke zu machen. Wir werden einst Rechenschaft geben müssen darüber, ob wir die Natur als herrliche Schöpfung Gottes bewahrt haben. Wir sind auch selber Natur. Wenn wir die Natur vernichten, vernichten wir uns selbst. Wir sind nicht absolut frei in der Wahl unserer Zwecke. Es ist eine Grundfrage, wie unter den Bedingungen einer fast total gewordenen Aufhebung der Natur in den technologischen Prozeß der absoluten Selbstproduktion der Menschheit Natur noch als ein Gegenstand ethischer Verantwortung gedacht, wie das Lebensrecht für alle lebendigen Wesen begründet werden kann. Die methodisch betriebene Vergegenständlichung schlägt unübersehbar auf den Menschen zurück, der selber auch ein Teil der Natur ist.

Die ökologische Krise ist unüberwindbar, wenn der Mensch seiner selbst nicht ansichtig wird als ein Wesen, der in den Haushalt und die Kreisläufe der Natur auch einbezogen und ihnen unterworfen ist und ihnen nicht nur als souveränes Subjekt gegenübersteht. In einer sehr dramatischen Weise hat die Wendung von Geschichtlichkeit der Natur einen neuen Sinn bekommen, nachdem offenbar wurde, daß die Natur eine Zukunft hat, seitdem die Eingriffsmöglichkeiten des Menschen auch ihre Zerstörung einschließen. Die politische Verantwortung muß sich nun auf die Natur selbst, mindestens soweit sie die Existenzgrundlage des Menschen bildet, erstrecken.

Wenn wir zum Schluß noch auf die tiefste Gefährdung des Willens zur Freiheit in unserer Welt eingehen, dann ist es die Gefährdung durch die Stimmung: alles hat keinen Sinn; es gibt für die Freiheit keine Zukunft mehr, ja es ist fraglich, ob es überhaupt noch eine Zukunft geben wird. Das heißt, es bedarf der entschiedenen Vergegenwärtigung der Gewißheit, daß der christliche Glaube Anteil gewährt an einer Kraft, die den Tod überwunden hat. Die christliche Freiheit geht hervor aus dem Tod des Todes. Christlicher Glaube ist Auferstehungsglaube und lebt aus der Gewißheit, daß am Ende nicht die totale Katastrophe stehen wird, sondern ein neuer Himmel und eine neue Erde.

Wenn wir das Fazit ziehen, dann kann dieses nur lauten: Die Bedingungen, an die das Überleben unserer freiheitlichen Demokratie geknüpft ist, ist die kraftvolle Vergegenwärtigung und Verwirklichung wesentlicher Elemente der Wurzel und der Tradition christlichen Verständnisses der Freiheit. Die geschichtliche Verantwortung der Unionsparteien ist größer geworden. Nur wenn diese Parteien sich geistig erneuern und in den grundlegenden Fragen dem Opportunismus absagen, haben sie eine Chance, als eine glaubwürdige Alternative für die Freiheit anerkannt zu werden.

Sechzehntes Kapitel
Kulturrevolution heute

Hochschule – Schule – Familie

Der Familienbericht, die Familienpolitik und Schulpolitik in der Bundesrepublik sollen nur Anlaß und Beispiel sein, an denen gezeigt werden soll, daß sie nur Teile eines viel umfassenderen und langfristiger angelegten Konzeptes sind.

Man muß sich darüber im klaren sein, daß der Begriff der Kulturrevolution auf eine außerordentliche Irritation stößt und einem weitverbreiteten Unverständnis begegnet.

Alle denken zunächst an China. In China geht es ja in Wirklichkeit nicht darum, die Grundmuster einer mehrtausendjährigen Kultur aufzulösen und sie abzuschaffen, sondern es geht darum, sie in einen anderen Aggregatzustand des geschichtlichen Prozesses zu übersetzen.

Bei der Zerstörung aller Formen der Tradition und ihrer Inhalte geht es um die Aneignung, ja um die Neuinkarnation der Substanz chinesischer Kultur in einem neuen geschichtlichen Aggregatzustand. Es geht um eine radikale Umformung der Tradition selber. Die Radikalität der revolutionären Vorgänge in China ist die Radikalität der Umformung des Alten in ein Neues. Wenn wir dagegen den zweifellos historisch belasteten Begriff der Kulturrevolution auf Prozesse, Vorgänge und Ereignisse westlicher Gesellschaften oder gar auf die Gesellschaft der Bundesrepublik anwenden, dann müssen wir uns von dem chinesischen Modell freimachen.

Der Begriff der Kulturrevolution kann auf Prozesse und Verhältnisse in unserem Lande nur angewandt werden, wenn wir unter Kulturrevolution nicht eine einmalige Aktion, eine klare, präzise Programmatik verstehen, sondern wenn wir unter Kulturrevolution – und das ist von entscheidender Bedeutung – einen Prozeß verstehen, der langfristig über viele Phasen und kleinere, unansehnliche Schritte ablaufen soll.

Der Ort in der Gesellschaft, dessen Bestimmung es ist, dem kulturrevolutionären Prozeß als Anlaß und Grund seiner Ermöglichung zu dienen, sind die Institutionen, die wir in Erinnerung an die Bildungstradition des 19. Jahrhunderts, die kulturellen Institutionen nennen.

In diesem Zusammenhang ist an alle die Institutionen zu denken, in denen Bewußtsein gebildet, Sinn vermittelt, Realität interpretiert wird, also in denen es im weitesten Sinne des Wortes um die Vermittlung von Werten und Normen geht. Kulturrevolution in der Bundesrepublik ist der über die Institution der Bewußtseinsbildung, also über Kindergarten, Schule, Universität, öffentliche Medien, Kirchen, Theater und Kunst laufende Prozeß, den Menschen mit Hilfe der Sprache in seinem Bewußtsein und in seinen Bedürfnissen so zu verändern, daß er nur Normen und Werten zustimmt, die erst in einer anderen, d. h. in einer sozialistischen Gesellschaft verwirklicht werden können, wie man glaubt.

Wie die Marxisten sagen, wird der Überbau revolutioniert und auf den Weg gebracht, was Marcuse die Revolution als anthropologisches Prinzip nennt.

Wenn dieser Prozeß nun nicht naturwüchsig, also ungeplant und ungesteuert, abläuft, sondern wenn er zum Ziel einer systematischen Steuerung und Regulation gemacht wird, dann nimmt der in den genannten Institutionen ablaufende Prozeß eine revolutionäre Qualität an. Er wirkt revolutionierend, wenn er in den Dienst der Aufgabe gestellt wird, überkommene Werte und Normorientierungen abzubauen, ideologiekritisch aufzulösen und an die Stelle der geltenden, neue Werte, neue Normen, neue Orientierungen, neue Formen der Sinngebung zu setzen. Wenn wir im Zusammenhang unserer Erörterung von Kulturrevolution reden, dann kommt es darauf an, daß wir auch das, was in der Schule, in der Familie passiert, nicht nur als punktuell und zufällig, als die für die Dauer einer Legislaturperiode definierte Politik verstehen, sondern als Momente, als Dimensionen eines radikalen, tendenziell alle Bereiche der Gesellschaft erfassenden Prozesses.

Das ist der Begriff, die Vorstellung von Kulturrevolution, von der wir ausgehen. Es ist nun provozierend, ärgerniserregend und auch sicher auf vielfältigen Widerstand und Protest stoßend, wenn ich unterstelle, daß es sinnvoll ist, zunächst, und sei es nur hypothetisch, zu untersuchen, ob wir in der Bundesrepublik Deutschland mit einem gewissen Recht von einem kulturrevolutionären Prozeß in dem definierten und geschilderten Sinne reden können. Es ist kein Zufall, daß gerade die bürgerlichen Gruppen in unserer Gesellschaft besonders irritiert und verständnislos reagieren, wenn von diesem Phänomen die Rede ist. Viele fragen sich erstaunt, wie es denn möglich war, wie es zu erklären sei, daß seit der Mitte der sechziger Jahre in diesem Lande ein Prozeß in Gang gesetzt werden konnte, zu dem neben den bekannten anderen Dimensionen auch die Kulturrevolution gehört. Die Antwort auf diese Frage ist zunächst offen und sie verdient eine sorgfältige Besinnung, weil von der Art, wie wir sie beantworten, für unsere Zukunft einiges von erheblicher Bedeutung abhängen wird.

Wir müssen uns daran erinnern, wo dieser Prozeß begann und seinen Ausgang nahm –: an den deutschen Universitäten.

Dieser vielschichtige und in vielfältigen Formen bewußtseinsverändernd wirkende Prozeß begann also an den Deutschen Universitäten. Er ist somit nicht zu verstehen als die Reaktionen auf eine Gesellschaft, die sich in einer ökonomischen Krise befindet und in der soziale Spannungen zunehmen, also in einer Entwicklung, auf die die Bürger mit Unbehagen und Protest reagiert hätten. Der Protest ging, völlig entgegen den Annahmen und Vorstellungen der Marxisten von einer Krise, von den Universitäten aus.

Ein Signal war die Bildung, zum erstenmal nach 1945, einer sogenannten außerparlamentarischen Opposition. Eine außerparlamentarische Opposition ist eine Opposition, die ihren politischen Willen gegen das bestehende System als Ganzes richtet, die sich nicht den Spielregeln des bestehenden Systems unterwirft und sich einfügt, sondern die das Ganze, die Totalität aller Verhältnisse umstoßen will. Es waren die Söhne und Töchter der wohletablierten bürgerlichen Gruppen unserer Gesellschaft, aus denen sich ihre Träger rekrutierten, und nicht die Kinder der deutschen Arbeiter.

Am Beginn stand eine Theorie, die kritische Theorie der Frankfurter Schule, eine Art von neomarxistischer Sozialphilosophie. Der größte Erfolg der kritischen Theorie besteht in der Neu- und Uminterpretation der Gesellschaft. Die Durchsetzung ihrer ideologiekritischen Prinzipien bei einem erheblichen Teil der politisch engagierten und in Fragen der öffentlichen Moral sensiblen Jugend ist eine Folge der seit Mitte der sechziger Jahre in Gang gesetzten Bewegung der Emanzipation. Die Destruktion des Legitimations- und Motivationssystems der pluralistisch und rechtsstaatlich verfaßten parlamentarischen Demokratie in der Bundesrepublik läßt sich auf die drei alles tragenden Grundannahmen zurückführen, von denen die kritische Theorie ausging.

1. Die Bundesrepublik repräsentiert den Typus einer entwickelten modernen Industriegesellschaft, in der sich eine neue Form totalitärer Herrschaft herausgebildet hat, die latent faschistisch ist und in der die parlamentarische Demokratie nur noch die Rolle einer Fassade spielt. Als totalitär wird jetzt die Herrschaft der Technologie in allen Lebensbereichen verstanden, von der ein alle Individuen erfassender und sie in ihren Bedürfnissen unterdrückender, also repressiver Zwang ausgeht. Herrschaft ist nunmehr geronnen und objektiv geworden in den Strukturen technologischer Systeme, hinter denen sich ein politisch bewußtloser und daher nicht reflektierter Wille verbirgt, über die Technik eine Kontrolle, Verfügung, also Herrschaft auszuüben. Die den technologischen Zwängen unterworfenen Menschen sind damit zu ihrer Subjektivität entfremdeten Objekten einer neuen Gestalt, indirekt auch politisch relevanter Beherrschung geworden. Wer die alle Bereiche durchdringende Penetranz der Kategorie Herrschaft in den Rahmenrichtlinien und der Orientierung an einem Begriff von Emanzipation verstehen will, wer Emanzipation als Überwindung einer jeglichen Form von Fremdbestimmung interpretiert, sieht sich auf den Systembegriff der kritischen Theorie verwiesen.
2. Die Gesellschaft ist im Ganzen ohne Vernunft, da sie Vernunft nur instrumental begreift. Unter einem instrumentalen Begriff der Vernunft wird ein

solcher verstanden, der Vernunft auf die Zweck-Mittel-Relation beschränkt und dann nur die Wahl der Mittel rationalisieren kann, aber nicht die Wahl der Ziele und Zwecke.

Als Kriterium vernünftigen Handelns dient dann das Kriterium letztlich ökonomischer Effizienz: Wie kann ich ein vorgegebenes, nur den naturwüchsigen Zwecken gesellschaftlicher Entwicklung entspringendes Ziel mit dem geringstmöglichen Aufwand in kürzestmöglicher Zeit und unter Vermeidung unerwünschter Nebenwirkungen erreichen?

Nach diesem Begriff formaler Vernunft kann ich nur Teile der Gesellschaft rationalisieren, aber das Ganze bleibt der Irrationalität überlassen und bewegt sich ungesteuert auf neue Katastrophen zu.

Diese Argumentationsfigur gestattet es, die Inanspruchnahme gesellschaftlich ausgebildeter und anerkannter Vernunft als selber irrational zu denunzieren und den methodisch undisziplinierten und institutionell nicht kanalisierten Affekten die Vermutung einer höheren Vernunft zuzubilligen. Rationales, zweckgerichtetes Handeln ist dann durchschaubar als ein subtiles Instrument repressiver Herrschaft. Akte willkürlicher Spontanität müssen dann im Rahmen einer negativen Anthropologie als Sabotage eines menschenfeindlichen Schicksals gewürdigt werden, in denen sich die gesellschaftlich verschüttete Autonomie der Subjekte meldet. Beispiele aus der Praxis antiautoritärer Erziehung erübrigen sich.

3. Schließlich gilt nunmehr der gesellschaftskritisch gemeinte Satz, daß die Gesellschaft ohne Alternative sei. Hier hat die kritische Theorie die Grundthese konservativer Kritik in ihren Kontext aufgenommen, daß unsere Gesellschaft geschichtslos sei. Geschichtslosigkeit der Gesellschaft bedeutet in diesem Zusammenhang, daß die Gesellschaft auf der Stelle tritt und bei aller scheinbaren Bewegung auf die Wiederholung der Bedingungen ihrer materiellen Erhaltung zurückgeworfen werde.

   Mit dieser Kritik hat die kritische Theorie eine Frage aktualisiert, die im Grunde eine Philosophen- und Kinderfrage ist, nämlich: Was ist der Sinn des Ganzen, welchen Zielen dient die Selbsterhaltung, oder, noch radikaler: Wozu Selbsterhaltung?

Durch diese Frage ist ein neuralgischer Punkt unserer Gesellschaft getroffen. Wenn nach dem Verfall traditionaler, legitimierender Weltbilder, wie Habermas das nennt, nach dem chronisch gewordenen, eines nur noch durch eine Art von Massenhedonismus mühsam kaschierten Nihilismus die Gesellschaft sich als unfähig erweisen sollte, ein neues Angebot auch kollektiver Sinngebung zu entwickeln, dann bleibt nur der Ausbruch in die Euphorie pseudorevolutionärer Aktionen, das Verdämmern in der Apathie totaler Indifferenz oder die kluge, zynische Ausnutzung aller Chancen zur individualistischen Bedürfnisbefriedigung, die die Gesellschaft bietet, solange sie noch besteht.

Es ist eine bestürzende Tatsache, daß die bisher publizierten Rahmenrichtlinien erkennen lassen, daß sie sich für die zuletzt genannte Möglichkeit entschieden haben.

Als oberstes Ziel wird zwar die Selbstbestimmung und die Fähigkeit zur Mitbestimmung genannt – nur: Was ist das Selbst, das hier sich selbst und mitbestimmen soll? Hier lautet die lakonische Antwort: Bedürfnis und Interesse.

Mit dieser Antwort aber feiert der Verfall der bürgerlichen Gesellschaft einen späten Triumph über die, die vorgeben, kein anderes Interesse zu haben, als sich von der bürgerlichen Gesellschaft zu emanzipieren. Da die kritische Theorie auf die von ihr provozierten ebenso fundamentalen wie radikalen Fragen keine Antwort zu geben wußte, konnten die Folgen nur ideologiekritischer Natur sein, wenn man von der Renaissance des Marxismus einmal absieht, die erst auf dem Hintergrund der totalen Kritik als faszinierende Alternative empfohlen werden konnte.

Die Väter der kritischen Theorie hatten die Frage noch verneint, daß das Proletariat als revolutionäres Subjekt in den entwickelten Industriegesellschaften im 20. Jahrhundert noch zur Verfügung steht. Das bedeutet aber, daß sich eine revolutionäre Strategie den veränderten Bedingungen einer Situation anzupassen hat, in der das Subjekt der Revolution nicht mehr vorhanden ist. Es soll hier nicht die Frage gestellt werden, was an dieser geistig moralischen Vernichtung des sozialen Rechtsstaates haltbar ist und was nicht, entscheidend für den weiteren Gang der Dinge war es allein, daß diese neomarxistische Kritik eine Krise bewußt gemacht hat, die in der pluralistischen Selbstinterpretation der Gesellschaft nicht gelöst, sondern nur verdrängt wurde. Es ist eine Krise, an der im Grunde alle nichtkommunistischen Gesellschaften im Westen teilhaben, die man eine Krise der Legitimation, der fundamentalen Grundorientierung des Menschen, eine Krise des Sinnes, des Bewußtseins nennen kann.

Von der Einschätzung der Tiefendimension dieser Krise und von der Antwort, die man auf sie sucht, hängt das Schicksal der Freiheit und der menschlichen Person in unserer Welt ab. Nicht das ökonomisch materielle Elend, dem noch Marx als Triebkraft zur Revolution vertraute, sondern das Elend des Bewußtseins, des Geistes und damit die Auslaugung der sittlichen Kräfte ist es, was den Ausbruch und Aufstand gegen die Gesellschaft motiviert. Es ist eine Verkehrung der von Marx angenommenen Situation.

Marx wird auf den Kopf gestellt.

Wenn ich von der Voraussetzung ausgehe, daß die Arbeiter erfolgreich in ein System repressiver, am kapitalistischen Profitinteresse orientierten Leistung integriert worden seien, dann muß die Frage nach der erfolgversprechenden Veränderung einer Gesellschaft neu gestellt werden, die im Lichte des Neomarxismus so gedeutet wird, wie wir das gerade angedeutet haben.

Wenn man sich die Frage nach der Strategie der Veränderung einer so interpretierten Gesellschaft einmal selber, und sei es nur experimentell, stellt, dann kann es auf dem Boden der Anerkennung dieser ideenpolitischen Grundlegung nur einen Weg geben, dessen Strategie durch folgende Prinzipien bestimmt wird:

1. Die Veränderung einer so organisierten spätkapitalistischen Gesellschaft ist überhaupt nur möglich im Rahmen eines langfristig angelegten Prozesses. Das ist keine Sache von heute oder morgen, sondern vielleicht von Jahrzehnten oder von mindestens zwei Generationen. Wir müssen fest im Auge behalten, daß es bei den angestrebten Veränderungen um Veränderungen in einer weit ausgreifenden Perspektive geht.
2. Der Ansatzpunkt kann nicht der Versuch eines unmittelbaren Eingriffs in die ökonomischen und sozialen Strukturen unserer Gesellschaft sein. Wie sollte ein solcher Eingriff erfolgreich sein können, wenn ich davon ausgehe, daß die Mehrheit der Bevölkerung der politischen, ökonomischen und sozialen Ordnung der Bundesrepublik zustimmt, die verändert werden soll? An eine wirklich eingreifende Umwälzung aller Verhältnisse kann dann nur gedacht werden, wenn man damit beginnt, das Bewußtsein, die Normen und Werte zu verändern.

Es handelt sich um die paradoxe Umkehrung des ursprünglichen, genuin-marxistischen Ansatzes. Nicht die ökonomische Basis ist der Ausgangspunkt, sondern das menschliche Bewußtsein. Dann muß der Kampf um das menschliche Bewußtsein, der Kampf um die Normen, die Werte und die Veränderung der Grundorientierung des Menschen in der Gesellschaft der Ort sein, an dem der neue Bürgerkrieg vorbereitet, zunächst ausgetragen und im Grunde auch entschieden wird.

Von entscheidender Bedeutung aber ist es, daß ein so angelegter Versuch, eine langfristig gedachte Strategie der Bewußtseinsveränderung nur erfolgreich sein kann, wenn es gelingt, in einer ideologiekritischen Destruktion die fundamentalen Legitimations- und Rechtsprinzipien aufzulösen, in einen Interpretationsprozeß zu verkehren und so zu verflüssigen, daß die grundlegenden Begriffe und Werte der Gesellschaft zur Disposition der Gruppen und Kräfte gestellt werden, die imstande sind, sie erfolgreich zu interpretieren und zu bestimmen. Das bedeutet: Eine Strategie der Veränderung der Gesellschaft über die Veränderung des Bewußtseins muß im Kern ein Kampf um die Sprache der Gesellschaft sein.

Es liegt in der Logik dieser Strategie, daß dann aktuell wird, was ein im Vergleich zu Marx gleich großer Denker des 19. Jahrhunderts, nämlich Friedrich Nietzsche, prognostiziert hat: In Zukunft, also im 20. Jahrhundert, werden diejenigen in einer Gesellschaft die eigentliche Macht ausüben, die fähig sind, ihre Sprachregelungen in der Gesellschaft durchzusetzen. Dann ist die

Wahl der Begriffe und der Sprache kein Nebenkriegsschauplatz, sondern dann wird der Kampf um die Sprache zur entscheidenden Schlacht. Der welthistorische Erfolg Lenins ist nicht zuletzt darauf zurückzuführen, daß er das erkannt hat. Er hat immer wieder seinen Genossen gesagt, daß, wenn es ihnen gelänge, den Klassenfeind, dessen Vernichtung das Gebot der geschichtlichen Stunde sei, zu veranlassen, die marxistischen Sprachregelungen zu übernehmen, dann die entscheidende Schlacht gewonnen sei.

Es wäre nicht uninteressant, der Frage nachzugehen, wie sich die Entwicklung unserer Gesellschaft darstellt, wenn man sie im Lichte der drei Postulate sehen würde, die ihre Evidenz aus der kritischen Theorie, also einer neomarxistischen Sozialphilosophie empfangen, wenn man die Frage stellen würde, wer im Kampf um die Veränderung des Bewußtseins und im Kampf um die Sprache die entscheidenden Siege errungen hat.

Es genügt, die Frage zu stellen. Man denke an das Wort Berufsverbot! In wenigen Jahren konnte sich die kommunistische Sprachregelung bis weit in die demokratischen Parteien hinein durchsetzen, und es wird heute im Ernst, nicht nur von Kommunisten, die These vertreten, die Bundesrepublik befände sich auf dem Wege zu einem faschistischen Polizeistaat.

Es dürfte durch den Rückblick auf die ideologischen Grundannahmen, von denen die Träger des Prozesses ausgehen, deutlich geworden sein, daß die Veränderung zunächst nicht die ökonomische Basis betraf, sondern sie mußte dem Ansatz gemäß und daher konsequent ausgehen von Universitäten, sie mußte von den Universitäten aus die Schulen erreichen und schließlich – und das ist vielleicht die wichtigste Dimension – die Familie.

Wir müssen begreifen, daß dies erhebliche Konsequenzen für die Einschätzung der sozialistischen Herausforderung in diesem Lande hat. Wenn heute das Wort Sozialismus auftaucht, wenn eine bestimmte Art von Schulpolitik oder Familienpolitik als sozialistisch bezeichnet wird, dann geht es um den großen Versuch, zu den bisherigen Erfahrungen mit der Verwirklichung des Sozialismus eine freiheitliche und humane Alternative in der Bundesrepublik zu entwickeln. Es wäre falsch, wenn die CDU im Wahlkampf den Bürgern den Eindruck vermittelt haben sollte, daß es bei dem Sozialismus, mit dem wir es zu tun haben, darum ginge, das Modell in der Bundesrepublik einzuführen, das in der Sowjetunion und der DDR verwirklicht wird. Darum geht es nicht. Es geht zwar um das gleiche Ziel, die Demokratie sich im Sozialismus vollenden zu lassen, aber auch darum, seine Perversion zu vermeiden.

Wir müssen erkennen und anerkennen, daß alle Bemühungen um die revisionistische Neuformulierung des sozialistischen Gedankens durch die reformerischen Kräfte der Bundesrepublik von dem Willen ausgehen, die Erfahrung zu begreifen, aufzunehmen und positiv zu verarbeiten, die in den sozialistischen Staaten im 20. Jahrhundert mit dem Sozialismus gemacht werden mußte. Der Sozialismus in der Bundesrepublik will die Perversion des Sozialismus in ein staatskapitalistisch-dirigistisches System vermeiden. Es ist der eindeutige Wille, aus der Erfahrung mit dieser Perversion einen neuen Weg für die Verwirklichung für den Sozialismus in der Bundesrepublik zu finden.

Wir müssen festhalten: es wäre ein Tragödie und eine entscheidende Schwächung der Selbstbehauptung der Kräfte in unserer freiheitlichen Demokratie und der noch bestehenden Gemeinsamkeiten in diesem Lande, wenn wir nicht anerkennen würden, daß der in der Bundesrepublik sich evolutionär verstehende Sozialismus nichts anderes will als die Verwirklichung der Freiheit durch den Sozialismus. Wir dürfen uns durch billige Parteipolemik und auch durch Demagogie nicht hindern lassen zu erkennen, daß der Wille der reformerisch sozialistischen Kräfte darauf gerichtet ist, durch einen neuen Weg zum Sozialismus die Freiheit zu verwirklichen, die von Karl Marx für den Endzustand der sozialistischen Gesellschaft versprochen wurde.

Erst wenn man das anerkennt, kommt man wiederum zu einer überraschenden Entdeckung: nämlich zu der Entdeckung, daß trotz dieses Willens und in einer nicht mit ihm geklärten und übereinstimmenden Weise der demokratische Sozialismus in der Bundesrepublik in einem theoretischen Kontext entwickelt wurde, der in einer revisionistischen Weise wiederum auf die Grundsubstanz der Marxschen Lehre zurückgeht.

Das hat ein Mann wie Peter von Örtzen in der Diskussion mit dem damaligen Generalsekretär der CDU Biedenkopf in Göttingen vor mehreren tausend Studenten zum Ausdruck gebracht. Er hat in der Auseinandersetzung mit der Formel der CDU die CDU vor einer Verleumdung des Marxismus gewarnt. Er hat nicht vor einer Verleumdung des humanitär-sozialistischen Charakters gewarnt, sondern vor einer Verleumdung des Sozialismus durch eine Partei, die in den Wahlkampf ziehe mit der alternativ gemeinten Formel Freiheit statt Sozialismus.

Wir müssen denen, die ehrlich und offen um einen reformerischen und freiheitlichen Sozialismus, vor allem in der Sozialdemokratischen Partei Deutschlands, ringen, das Recht auf diese Intention zubilligen und ihnen nicht Absichten und Pläne unterstellen, die sie gar nicht haben. Nur muß man ihnen die Frage stellen, woran denn bisher alle Versuche scheiterten, die Freiheit durch Sozialismus zu verwirklichen. Sie scheiterten doch offenbar am Menschen selbst. Auch die Vertreter eines neuen Weges zur Verwirklichung des Sozialismus gehen davon aus, daß der Mensch den Anforderungen einer wahrhaft sozialistischen Gesellschaft nicht gewachsen war und es auch gar nicht sein konnte, denn alle bisherigen Versuche mußten mit Menschen gemacht werden, die Sozialisationsprodukte eben der kapitalistischen Gesellschaft waren, die durch den Sozialismus gerade überwunden werden sollte.

Wenn man sich dies einmal vergegenwärtigt hat, dann wird auch deutlich, worum es eigentlich bei der Veränderung der Strukturen von Familie und Schule geht. Es muß dann das Ziel sein, in den Institutionen kultureller Sinn-

und Wertvermittlung, in Erziehung und Bildung, in den Institutionen der sogenannten primären Sozialisation, also der Familie, einen anderen, einen neuen Menschen hervorzubringen, der auf die Aufgaben des Aufbaus einer sozialistischen Gesellschaft besser, adäquater vorbereitet ist. Das Grundthema der Vorbereitungsphase des Sozialismus muß das Ziel haben, einen für die Verwirklichung der Normen und Ziele des Sozialismus qualifizierten und motivierten Menschen hervorzubringen.

Das ist das Thema der Kulturrevolution in der Bundesrepublik. Wenn man von diesen Prämissen ausgeht, dann wird noch einmal deutlicher, daß nicht der Industriebetrieb, nicht das soziale System, nicht die parteipolitische Auseinandersetzung, sondern die Universitäten, die Schule und die Familie den Ansatz für den kulturrevolutionären Prozeß bilden.

Worin bestand die zu entwickelnde Strategie?

Die erste Phase der Strategie bestand darin, daß man die Kernthese des Neomarxismus, daß nämlich in einer entwickelten technologischen Industriegesellschaft des 20. Jahrhunderts die Wissenschaft zur wichtigsten Produktivkraft einer solchen Gesellschaft avanciert sei, auch zum Ausgangspunkt des strategischen Handelns machte. Es ging um das strategische Ziel, durch die Politisierung, ja vielleicht Revolutionierung der Institutionen der Wissenschaft die Gesellschaft im Ganzen revolutionär zu verändern. Das war die damalige, aus dieser Ausgangssituation sehr verständliche und plausible primäre strategische Zielsetzung.

Die Verwirklichung dieses Zieles, das wissen wir heute, ist gescheitert. Es hat sich als unmöglich erwiesen, von den Universitäten durch eine Politisierung und Revolutionierung der Wissenschaft, also der wichtigsten Produktivkraft der Gesellschaft, die Gesellschaft im Ganzen zu revolutionieren.

Die zweite Phase der Strategie wurde bestimmt durch ein neues Konzept, das in der populär gewordenen Formel den Niederschlag gefunden hat, die da heißt: Marsch durch die Institutionen oder Anwendung der Doppelstrategie.

Was ist mit diesem Konzept eigentlich gemeint?

Zunächst einmal ist der Marsch durch die Institutionen der Versuch, in die für die Reproduktion der Gesellschaft, zu der ja keineswegs nur die Ökonomie gehört, wichtigsten Institutionen einzudringen, um von der Besetzung entscheidender Schlüsselpositionen aus sie von innen her aufzubrechen, zu verändern und wenn möglich subversiv aufzulösen. Als dieser Versuch eines Marsches durch die Institutionen, d. h. durch Inanspruchnahme der in den Institutionen eingeräumten und gewährten freiheitlichen Spielräume, sie von innen her zu verändern, auf Widerstand stieß, versuchte man im Sinne der Doppelstrategie, gleichzeitig durch Mobilisierung der Basis gegen die Institutionen von außen den Druck zu verstärken. Das war die Konzeption, die die zweite Phase bestimmte, von der ich glaube, daß sie im Grunde genommen jetzt als abgeschlossen gelten kann.

Wenn auch der Erfolg in den Universitäten sicher nicht ausreichte, um die Gesellschaft als Ganzes zu revolutionieren, so muß man aber doch davon ausgehen, daß diesen Kräften der Gewinn entscheidender Machtpositionen an den Universitäten gelungen ist. Nicht an allen Universitäten, davon kann keine Rede sein, sondern an bestimmten Universitäten und in bestimmten Fachbereichen sind entscheidende Schlüsselpositionen für die funktionale Ausnutzung der durch die Universitäten angebotenen Möglichkeiten erobert worden.

Warum war die Eroberung dieser Machtposition so wichtig?

Es ging den Gruppen darum, mit den Mitteln der bürgerlichen Universität Kader auszubilden, die dann die langfristige Arbeit an der Veränderung der Gesellschaft fortsetzen können. An einigen Universitäten erwies sich diese Strategie als besonders erfolgreich. Ich erinnere an die Feststellung eines Gründungsmitglieds der Reformuniversität Bremen, das erklärt hat, daß die Reformuniversität Bremen im Begriff sei, in eine stalinistische Kaderschmiede verwandelt zu werden. Stalinistische Kaderschmiede bedeutet, daß in den Bereichen der Universität, in denen eine marxistische Machteroberung geglückt ist, auch der marxistische Pluralismus abgeschafft wird. Im Unterschied zu einer solchen stalinistischen Kaderschmiede gibt es von den Marxisten eroberte Fachbereiche wie z. B. in Frankfurt, in denen es durchaus einen marxistischen Pluralismus gibt, d. h. es gibt unterschiedliche Versionen und Interpretationen des Marxismus, die noch im Gespräch, wenn auch in einem der geschlossenen marxistischen Gesellschaft, rational und offen wechselseitig um ihre Anerkennung ringen.

Dagegen bedeutet stalinistische Kaderschmiede, daß nur eine Version des Marxismus die dogmatisch richtige, gültige und verbindliche ist und daß nach dieser als richtig erkannten und verbindlichen Position die Kader für die langfristige Veränderung der Gesellschaft ausgebildet werden. So hat vor kurzem ein Wissenschaftler der Freien Universität Berlin, der einen Ruf in die Vereinigten Staaten annahm, mitgeteilt, daß man davon ausgehen müsse, daß in den nächsten Jahren die Freie Universität rund 4000 voll akademisch ausgebildete Marxisten verlassen werden, und von diesen 4000 handle es sich um 2000 angehende Lehrer, bei 250 um angehende Erziehungswissenschaftler, und der Rest verteile sich auf die übrigen Sozialwissenschaften.

Als weiterer Beleg für diesen Erfolg marxistischer Gruppen an den deutschen Universitäten weise ich auf die Ergebnisse einer Befragung von Junglehrern des Landes Hessen hin, die befragt wurden, was sie von der Notwendigkeit einer sozialistischen Überwindung und Veränderung unseres gesellschaftlichen Systems halten. 80 % der befragten Lehrer waren von der Notwendigkeit einer sozialistischen Systemveränderung oder gar Überwindung überzeugt und 40 % von den 80 % meinten, daß sie nicht einmal zu einem Minimum an Loyalität dem Staate gegenüber verpflichtet seien, der ihnen die

Chance zur Einübung der Lehrer in die langfristige sozialistische Systemveränderung gewährt.

Niemand wird sich daher wundern, daß vor einiger Zeit der zuständige Senator für Kultur in Bremen der deutschen Öffentlichkeit erklären konnte, daß die Studenten an der Universität Bremen nicht mehr bereit seien, in den Repräsentanten der politischen Parteien und des Senats noch verhandlungsfähige und würdige Partner anzuerkennen.

Das ist die Sprache, die früher unabhängige und souveräne Staaten im Verkehr miteinander benutzt haben.

Der jüngst verstorbene Vorsitzende des Wissenschaftlichen Prüfungsamtes an der Universität Marburg, Prof. Luther, langjähriges Mitglied der Sozialdemokratischen Partei, veröffentlichte eine Dokumentation, in der er die Prüfungen im Bereich der Sozial- und Gesellschaftswissenschaften an der Universität Marburg auswertete und nunmehr dokumentarisch belegt den Beweis führte, daß es in diesem Bereich der Universität gelungen ist, sie erfolgreich in eine kommunistische Parteihochschule zu verwandeln.

Auch die Erklärungen, die an deutschen Universitäten zur Ermordung des Generalbundesanwaltes abgegeben wurden, werden so verständlich. Wenn die Verfasser dieser Erklärungen sich auch noch scheuten, offen ihre Freude und Genugtuung über das Verbrechen zu äußern, so äußerten sie doch volles Verständnis für die Motive, aus denen die Mörder heraus handelten. Warum? Der ASTA der Universität Tübingen erklärte, daß unser gesellschaftliches System auf Gewalt gegründet sei, und zwar auf Gewalt, die die Kapitalisten auf den Rest der arbeitenden Bevölkerung ausübten. Daher seien Opfer und Verbrecher beliebig und auswechselbar. Die logische Konsequenz einer solchen Veränderung in bestimmten Universitäten ist es, daß die Zahl der Lehrer an den Schulen zunimmt, die ihre Bestimmung in der Schule als langfristige Vollstreckung ihres Auftrags zur Systemüberwindung verstehen.

Es gab in der Bundesrepublik zahlreiche und gewichtige Gründe, die für die Notwendigkeit einer Reform der Schule sprachen, Gründe, die durchaus mit der Verbesserung der Aussichten dieser Gesellschaft zusammenhingen, die Chancen ihrer erfolgreichen Selbstbehauptung zu verbessern. Ebenso konnte es keinen Zweifel geben, daß der totale technologische soziale und gesellschaftliche Wandel eine Modernisierung des Schulsystems forderte. Die Konstellation des Verhältnisses von Schule und Gesellschaft wird nur dann grundlegend geändert, wenn die Gesellschaft meint, sich über die Veränderung der Schule selbst reformieren zu müssen, wenn die Schule so in ein Instrument der Gesellschaftspolitik verwandelt wird.

Als oberstes Ziel aller auf die Veränderung der Schule gerichteten Anstrengungen wird ihre Demokratisierung genannt. Erziehung des mündigen Bürgers und Stärkung seiner Fähigkeit, durch Teilnahme am demokratischen Prozeß sich zu emanzipieren, wird dann zur höchsten Norm erhoben.

Das bedeutet nicht nur, daß eine Utopie zur Norm gemacht würde, sondern gleichzeitig eine grundlegende Veränderung unseres Demokratieverständnisses. Es würde die Aufhebung der als bürgerlich charakterisierten, formalen, repräsentativen und indirekten Demokratie in eine reale, direkte und unmittelbare Demokratie zur Folge haben, die die Frage nach der Freiheit gewährenden und schützenden Form des Rechtes offen ließe.

Der utopische Charakter der Ziele der Schulreform als solcher muß noch nicht beunruhigen, sondern die höchst fatalen Konsequenzen müssen beunruhigen, die diese Vision wahrer Demokratie für die von ihr erfüllten Schüler in ihrem Verhältnis zur bestehenden Demokratie hervorbringt. Ist die sozialhomogene Gleichheit das Kriterium wahrer Demokratie, dann gibt es keine existierende Gesellschaft, die das Recht hätte, von sich zu sagen, sie sei bereits eine solche. Gemessen an einem Zustand, in dem wahre Demokratie, als soziale Homogenität verwirklicht wäre, erscheint die bestehende Ordnung der Bundesrepublik als eine Gesellschaft, die in Klassen, oder wie man jetzt noch sagt, in Schichten zerrissen und gespalten ist, die durch repressive Herrschaftszwänge mühsam zusammengehalten wird und in der die Ideologie gleichberechtigter Bürger die Wirklichkeit der Demokratie durch einen Schein ersetzt.

Im vergangenen Jahr veröffentlichte einer der führenden Erziehungswissenschaftler in der Bundesrepublik Deutschland, Hartmut von Hentig, einen Aufsatz über den Zustand und die Verhältnisse in der Deutschen Schule. Von Hentig ist ein Vorkämpfer für die neue Schule in der Bundesrepublik. Ziel der neuen Schule war es, die Schule zu einem Organ der Verwirklichung von Emanzipation zu machen, einen Bürger hervorzubringen, der autonom imstande ist, seine eigenen Interessen, seine Bedürfnisse zu erkennen und zu interpretieren, der fähig ist, im Kampf um die Durchsetzung seiner Bedürfnisse eine Konfliktstrategie zu praktizieren, die dem Ziel dienen sollte, seine autonom verstandenen und interpretierten Bedürfnisse und Zwecke, wenn notwendig, in gemeinsamem solidarischem Handeln zu verwirklichen. Wenn sich herausstellen sollte, daß der Durchsetzung emanzipatorischer Interessen die Strukturen der Gesellschaft entgegenstehen, dann sollte dieser Bürger auch Willens und fähig sein, sie zu verändern.

Das ist die Vision: Der durch die neue Schule geprägte Mensch sollte endlich eine wahrhaft emanzipatorisch befreite Gesellschaft hervorbringen, in der jeder konfliktfrei und lustbetont sich selbst befriedigen kann. Eine Gesellschaft soll auf den Weg gebracht werden, in der jeder die gleiche Chance und die gleiche Freiheit hat, durch solidarisches Zusammenwirken mit den Unterprivilegierten seine eigene Emanzipation zu erreichen.

Es ist deutlich, in welch einer originellen Weise in diesen Entwurf eine libertäre und eine egalitäre Ideologie ein Bündnis eingehen. Gerade in Hessen fragen immer noch viele Bürger, warum die FDP eine an solchen Zielvorstel-

CDU + SPD

lungen ausgerichtete Schulpolitik mitträgt. Die Antwort lautet: Weil sie die ideologischen Grundlagen teilt. Die Jungdemokraten können daher mühelos Positionen beziehen, die weit links von der SPD liegen, sie können ihre jungsozialistischen Freunde ermuntern, sich an Aktionen mit Kommunisten zu beteiligen, weil Kommunisten a priori für die Erweiterung der Bürgerrechte eintreten, sie können an den deutschen Universitäten ohne Hemmung mit Kommunisten den ASTA bilden, wenn so der RCDS ferngehalten werden kann.

Sie können es nicht nur: sie tun es auch. Es ist daher schwer verständlich, wie intelligente, moralisch integre und fest der freiheitlichen Ordnung verbundene Politiker der CDU glauben können, in der Koalition mit der FDP die Rettung für die Bundesrepublik zu finden. Zu diesem Zweck, wenn mir diese Bemerkung erlaubt ist, wäre ein Bündnis mit den Sozialdemokraten, die sich Helmut Schmidt verbunden fühlen und den konsequenten Abgrenzungskurs der SPD gegenüber allen Schattierungen des Kommunismus mittragen, wie dies Herbert Wehner verfolgt, wesentlich besser geeignet.

Hartmut von Hentig sieht die Situation der Schule in der Bundesrepublik so, daß sie sich in einer Entwicklung befindet, von der abzusehen ist, daß der Punkt erreicht werden könnte, an dem sie sich entweder anarchistisch auflöst oder durch die vom Numerus clausus ausgehenden Zwänge so diszipliniert wird, daß sie das Opfer eines Konkurrenz- und Leistungsdruckes wird, der dem der frühkapitalistischen Gesellschaft in nichts nachsteht. Die deutsche Schule ist kaputt – das sagen ja nicht nur die hessischen Elternvereine, das sagen die Jungsozialisten und Reformsozialisten genauso. Offen ist nur die Antwort auf die Frage, wer ihr dieses Schicksal bereitet hat.

Diese Frage muß aber beantwortet werden, wenn wir je die Chance wiedergewinnen wollen, eine Schule zu haben, die human ist und den immer härteren Leistungsanforderungen gerecht wird. Nikolaus Lobkowicz hat hierzu sehr bedenkenswerte Überlegungen angestellt:

»Ich fasse zusammen: Der moderne Sozialstaat hat sich der Bildung als einer umfassenden Versorgungsaufgabe angenommen. Sein wesentliches Ziel bei dieser Planungsaufgabe ist der Chancenausgleich. Um dieser Aufgabe gewachsen zu sein, sieht er sich in stets zunehmendem Maße gezwungen, der Verwalter und Kontrolleur aller Chancen zu sein – nicht nur jener im Bildungsbereich selbst, sondern auch jener, die in den Bildungsbereich hineinführen und die sich nach der Ausbildung eröffnen. Was dabei u. a. auf der Strecke bleibt, ist die Bildung selbst: Es wird nicht mehr nach einer Vorstellung davon erzogen, was der Mensch, um erwachsen und reif zu sein, wissen und können sollte; ja es wird nicht einmal mehr danach erzogen, was den Bedürfnissen des Menschen in der modernen Industriegesellschaft entspricht; vielmehr werden Bildung und Ausbildung fast nur noch als ein System gesehen, das dem Menschen Lebenschancen zuteilt.«

Daß eine Gesellschaft ihre Schule einer Entwicklung überantwortet oder eine Entwicklung zugelassen hat mit dem Ergebnis, daß die Rechten wie die Linken in der Überzeugung übereinstimmen, die Schule sei kaputt, ist ein Vorgang mit einer revolutionären Qualität, dessen Konsequenzen wir uns noch in keiner Weise bewußt geworden sind. Die verantwortlichen Politiker stehen ratlos und verlegen da, sich an der Bahre ihres Patienten ständig neue Experimente ausdenkend, und eine echte Therapie ist nicht in Sicht. Aber mit dem Ruin der Schule soll es nicht sein Bewenden haben. Es geht auch um das Schicksal, um die Zukunft der Familie.

Ich empfehle, den Bericht über die Lage der Familie, wie er von der Bundesregierung, der alten und der neuen, vorgelegt worden ist, sorgfältig zu lesen. In der Empfehlung, mit der das Familienministerium den Bericht begleitet, wird erklärt, daß die Bundesregierung den Kommissionsbericht für einen wichtigen und wertvollen Beitrag hält, daß sie die Ziele im wesentlichen teilt und daß sie nur in einigen Punkten von nur geringfügiger Bedeutung mit diesem Bericht nicht übereinstimmt. Sie wünscht dem Bericht eine größtmögliche Verbreitung. Ich möchte zur Einordnung des Berichts in unseren Zusammenhang die Aufmerksamkeit auf nur vier Punkte lenken.

Der Bericht geht von der These aus, daß Familienpolitik Sozialisationspolitik sei und Sozialisationspolitik sei ein Teil der Gesellschaftspolitik. Die Familie ist also interessant im Blick auf die Sozialisationsfunktion, d. h. im Blick auf ihre Leistung, den Menschen aufgrund von bestimmten Normen und Werten in die bestehende oder eine zukünftige Gesellschaft einzufügen, zu integrieren. Sozialisation wird also als der Inbegriff aller Einwirkungen verstanden, die zu ihrem Ziele haben, den Menschen gesellschaftsfähig werden zu lassen, fähig, in der bestehenden oder zukünftigen Gesellschaft als ihr Mitglied zu leben. Daher ist Sozialisationspolitik ein Teil der Gesellschaftspolitik.

Was heißt das? Das heißt, daß die Entscheidung der Frage, ob und wie weit die Familie ihrer Sozialisationsfunktion gerecht wird oder nicht, abhängig gemacht wird von den Normen und den Zielen, von denen sich diese Regierung gesellschaftspolitisch leiten läßt.

Das Urteil der Therapiebedürftigkeit wird bestimmt von den Zielen, an denen die gesellschaftspolitische Programmatik sich orientiert. Daraus folgt, und das wird auch deutlich ausgesprochen, daß die Sozialisationspolitik durch die Familie nur erfolgt, insofern die Gesellschaft die Erfüllung dieser Aufgabe an die natürlichen Eltern delegiert. Die natürlichen Eltern erfüllen ihre Aufgabe nicht Kraft eigenen, autonomen Rechtes, sondern sie tun es im Auftrage der Gesellschaft. Die Gesellschaft hat dann grundsätzlich auch das Recht zu prüfen, ob die Familie ihre Funktion normgerecht erfüllt oder nicht. Aus diesem Ansatz folgt mit logischer Konsequenz der Anspruch der Gesellschaft, die Sozialisationsprozesse in der Familie zu kontrollieren. Es ist undenkbar, die Familie zu verändern aufgrund gesellschaftlicher Normerwartungen, wenn derjenige, der ein Interesse an der Erfüllung dieser Normen hat, nicht imstande ist, zu überprüfen, ob die Familie auch tatsächlich im Sinne der gewünschten Normen ihre Kinder erzieht.

Sie kann aber nur kontrolliert werden, wenn die Erziehungsprozesse für eine solche gesellschaftliche Normenkontrolle transparent, d. h. durchsichtig gemacht werden. Das sind drei Forderungen, die in einem inneren Zusammenhang stehen, und es muß dann darüber nachgedacht werden, ob die Familie den gesellschaftlich gewünschten Normen gerecht wird oder nicht. Wenn das nicht der Fall sein sollte, dann muß entweder die Familie fähig gemacht werden, den Normen gerecht zu werden, oder sie muß durch gesellschaftliche Organe und Instanzen ersetzt werden.

Es ist deutlich: Wenn ich sage, Familienpolitik als Sozialisationspolitik ist ein Teil der Gesellschaftspolitik, dann haben wir es im Prinzip mit einem totalen Anspruch der Gesellschaft auf den Einzelnen und die Familie zu tun – wozu es Parallelen gibt, auf die ich nicht eigens hinzuweisen brauche.

Um im Sinne der erklärten Ziele tätig werden zu können, muß vorher der Zustand der Familie in der Bundesrepublik analysiert werden. Das Ergebnis der Analyse durch die Mitglieder der Familienkommission der Bundesregierung ist eindeutig negativ. Die Kommission ist mit der Familie in der Bundesrepublik nicht zufrieden. Warum? Es liegt am Familialismus. Ein schreckliches Wort. Familialismus heißt, daß die Familie in der Bundesrepublik kleinbürgerlich ist, daß sie die Menschen abkapselt und fernhält von der Gesellschaft. Die Gesellschaft ist für die kleinbürgerliche Familie eine fremde und eine feindliche Welt.

Der Gesellschaftsbezug des Menschen wird durch die kleinbürgerliche Familie nach innen pervertiert. Das liegt an den affektiven, also gefühlsmäßigen Bindungen, die zur Folge haben, daß die Kommissionsmitglieder die kleinbürgerliche Familie als totalitär charakterisieren. Die kleinbürgerliche Familie ist totalitär wegen der affektiven Bindungen, die ihre Mitglieder miteinander verknüpfen. Es müssen daher ihre Herrschaftsstrukturen analysiert, ja die Machtlage in der Familie muß durchleuchtet werden.

Diese Machtlage wird zurückgeführt auf die totalitären, repressiven Herrschaftsstrukturen des Spätkapitalismus, die sich in ihr, der Familie, widerspiegelt. Der Mann überträgt die Deformationen, die ihm durch das repressive Leistungsprinzip in den Unternehmungen zugefügt wird, auf die Familie, und die Folge ist die Unterdrückung und Frustration der Frau. Sie muß befreit werden. Das geht aber nur, wenn der geschlechtsspezifische Charakter der Rollenverteilung aufgelöst, der Rollentausch eingeübt wird und die Elternrollen, da Eltern ja Dauerpflegepersonen sind, professionalisiert werden. Dann können professionelle Berufsmütter mühelos zur Entlastung der unter der repressiv totalitären Herrschaftsstruktur der kleinbürgerlichen Familie leidenden Frau bereitgestellt werden. Es gibt da durchaus Möglichkeiten. Man kann die Rollen mal tauschen, man kann sie rotieren lassen, und dann kann man sie professionalisieren und schließlich durch gesellschaftlich ausgebildete Ersatzmütter wahrnehmen lassen.

Warum das alles? Es geht um die Gleichheit. Es soll erreicht werden, daß die durch die bestehenden Familienstrukturen sich ständig neu reproduzierenden Ungleichheiten, die durch sie bedingte Ungleichheit der Startchancen der Kinder in der Schule beseitigt werden. Mit dem Ton des Bedauerns stellen daher die Verfasser des Berichtes fest, daß die einzige Maßnahme, die wirklich dem Ziel der Herstellung einer egalitären Gesellschaft dienlich sein könnte, unter den gegebenen Umständen und gegenwärtig nicht durchgesetzt werden kann, nämlich die Abschaffung der kleinbürgerlichen Familie und die direkte und unmittelbare Kollektivierung der frühkindlichen Erziehung.

Das läßt sich aber nicht machen, die Verhältnisse sind noch nicht so, das Bewußtsein der Menschen ist noch nicht so weit, daher muß man sich behelfen. Es müßte möglich sein, die Familienstrukturen im Sinne eines emanzipatorischen Demokratiebegriffs aufzubrechen und das einzuführen, was die Verfasser des Berichtes eine Metakommunikation nennen. Metakommunikation ist eine Art von organisierter Reflexion auf die Weise, wie die Familienmitglieder miteinander sprechen, und auf die normativen Regelungen und die sie motivierenden Werte, nach denen die Familie praktisch verfaßt ist. Die Kommission ist der Meinung, daß, wenn es gelingen würde, eine solche Art von Metakommunikation in der Familie zu etablieren, erreicht werden könnte, was in Übereinstimmung mit der freiheitlichen demokratischen Ordnung in der Bundesrepublik allein erreichbar ist, nämlich die Spontanität zu provozieren, mit der die Familie bereit ist, sich selber als soziales System zu riskieren und in Frage zu stellen. Sie würde dann möglicherweise sich selber abschaffen und dies aufgrund der selbstgewonnenen Einsicht, daß ihre Strukturen für die Normanforderungen einer wahrhaft emanzipatorisch, demokratischen Gesellschaft nicht genügen. Das wäre vielleicht unter den beschränkten Bedingungen und Möglichkeiten zu erreichen, um die Integration der Familienpolitik in die Gesellschaftspolitik zu verwirklichen.

Der zweite Familienbericht der Bundesregierung, wie wir sahen, durchaus ein Dokument der Kulturrevolution in der Bundesrepublik Deutschland, versteht unter Freiheit das absolute, d. h. uneingeschränkte Recht eines jeden, über sich selbst zu verfügen und dieses Recht im Interesse des Allgemeinen nur um das Maß einzuschränken, dem man selber zugestimmt hat.

Es ist daher konsequent, wenn in einem Gesetz zur Neuregelung des Rechtes der elterlichen Sorge beabsichtigt wird, die elterlichen Rechte und Pflichten neu zu definieren.

Das Elternrecht wird nicht mehr als Gewaltverhältnis, sondern als Sorgerecht verstanden.

Das klingt gut. Bedenklicher klingt es, wenn es in einem der nächsten Sätze heißt: Das Vormundschaftsgericht soll bei einer Gefährdung des persönlichen Wohls des Kindes die erforderlichen Maßnahmen treffen können, unabhängig davon, ob den Eltern ein schuldhaftes Fehlverhalten vorzuwerfen ist. Es gibt Mißbrauch elterlicher Gewalt, und es sollte geprüft werden, ob die geltenden Gesetze ausreichen, ihn zu bekämpfen. Eine andere Frage ist es, ob es sinnvoll ist, unter Berufung auf den Mißbrauch das Recht der Eltern unangemessen einzuschränken, dem Staat eine erweiterte Intervention in die Familie hinein zu ermöglichen und damit den Emanzipationskampf zwischen den Generationen in der Familie zu legalisieren.

Die Einhaltung der Sorgepflichten der Eltern gegenüber ihren Kindern ist nur begrenzt justifikabel. Das neue Gesetz liegt auf der Linie des Familienberichtes der Bundesregierung.

Die Kulturrevolution ist in ihrem Prinzip geschichtsnihilistisch, in ihren Methoden anarchistisch und in ihren Zielen hedonistisch. Sie läßt den Ausgang des Experiments offen: Entweder anarchistische Auflösung der Gesellschaft oder kollektivistisch totalitäre Kontrolle. Wenn die Erfahrung der Geschichte berücksichtigt wird, dann kann es keinen Zweifel an den Konsequenzen geben, die das Experiment für die Antwort auf die Frage nach den Überlebenschancen unserer freiheitlichen Demokratie haben wird.

Wenn es heute eine Partei in Europa gibt, die aus Erfahrung mit dem Faschismus und den Gründen, die ihm zur Macht verholfen haben, gelernt hat, und wir ihre Strategie beachten, dann ist es die Kommunistische Partei Italiens. Ihr maßgebender Theoretiker, Antonio Gramsci, hat sich bewußt für den Kommunismus als einer kulturkonservativen Alternative zur bürgerlich-libertären Dekadenz entschieden: Vor die Wahl zwischen Anarchismus und Kommunismus gestellt, wird sich Italien für den Kommunismus als der letzten und einzigen Ordnungsmacht entscheiden.

Es ist das schwerste Versäumnis der christlichen Parteien in der Bundesrepublik, daß sie die Auseinandersetzung mit der Kulturrevolution nicht offensiv und konstruktiv geführt haben. Diese Auseinandersetzung kann aber auch nur geführt werden, wenn durch eine Besinnung auf die christlichen Wurzeln des von diesen Parteien in Anspruch genommenen Freiheitsbegriffes her spezifisch und eindeutig abgegrenzt werden kann von dem, was die Sozialisten und die Liberalen unter Freiheit verstehen.

Selbstverständlich ist Freiheit ohne das Moment der im Gewissen gebundenen Entscheidung über sich selbst und das eigene Handeln nicht denkbar.

Aber es ist die Wahrheit, die uns freimachen wird. Die Frage nach der Wahrheit darf durch den Pluralismus nicht ersetzt werden. Wenn es keine Erkenntnis des absolut Unbedingten gibt, dann gibt es auch keine Freiheit. Diese Einsicht ist das Resultat der letzten großen Philosophie, wie sie von Kant, Fichte, Schelling und Hegel entwickelt wurde. Es gibt zwischen diesen Denkern keine Differenzen in der Überzeugung, daß die geschichtliche Aktualität der Freiheit unter den Bedingungen der modernen Gesellschaft an die Substanz der christlichen Wahrheit gebunden ist. Wenn wir aber das christliche Verständnis von Freiheit im Blick auf die akute Selbstgefährdung unserer Demokratie bedenken, dann gilt es zu erinnern an das christliche Wissen um die Grenzen der Freiheit.

Die herausgeforderte Rationalität – Antwort an die Kulturrevolution

Wer die Frage – ist alles was rational ist, auch immer schon vernünftig? – heute in der Bundesrepublik stellt, läuft Gefahr, einer der beiden Bewußtseinsformationen zugeordnet zu werden, die sich im Kampf um die richtige Interpretation der Gesellschaft unversöhnlich gegenüberstehen. Zudem sieht er sich dem Verdacht ausgesetzt, mit der Frage nach dem Zusammenhang von Vernunft und Rationalität entweder subversive Absichten zu verfolgen oder nostalgischen Zielen und Zwecken nachzutrauern, aus denen sich die irrationale romantische Kulturkritik nährte. Als subversiv, als den notwendigen Grundkonsens in unserer Gesellschaft zerstörend, kann die Frage deshalb verstanden werden, weil sie von Kräften linksradikaler Strategie in einem marxistischen, sprich ideologiekritischen Kontext entwickelt wurde. Die im Kontext ihrer Theorien aufgeworfene Frage nach dem vernünftigen Fundament einer technisch konstruierten Gesellschaft sollte den spätfaschistischen und spätkapitalistischen Charakter dieser Gesellschaft deutlich werden lassen. Zugleich sollten damit die Legitimationen und Motivationen zerstört werden, ohne die eine technologisch strukturierte Gesellschaft, ein technokratisch verwaltender Staat nicht überleben können.

Es waren die Väter der kritischen Theorie der Frankfurter Schule, Theodor W. Adorno und Max Horkheimer, die in ihren Werken: der »Dialektik der Aufklärung«, der »Negativen Dialektik« und der »Kritik der instrumentellen Vernunft«, die Argumente bereitstellten, die die in unserer Gesellschaft herrschende Vernunft als bloß instrumentelle Vernunft denunzierten. Sie meinten damit auf einen Skandal aufmerksam machen zu sollen, der darauf beruht, daß die Vernunft unseres Systems sich darin erschöpfe, »bloßes Hilfsmittel einer allumfassenden Wirtschaftsapparatur zu sein«. Vernunft ist für beide Autoren zum reinen Werkzeug geworden: Sie rationalisiert nur noch die Wahl der Mittel nach einem ökonomischen Effizienzkriterium, ohne selbst über diese starre Zweckgerichtetheit hinaus noch einer von Vernunft geleiteten Wahl über die Ziele und Zwecke der Gesellschaft im Ganzen fähig zu sein. Für Adorno und Horkheimer ist das Denken völlig zum Organ einer sich stabilisierenden Gesellschaft im Spätkapitalismus geworden. Da die Vernunft für beide keine inhaltlichen Ziele setzt, ist »die Organisation des gesamten

Lebens von jedem inhaltlichen Ziel verlassen«. Die Ausrichtung und Steuerung der Gesellschaft durch die Vernunft findet somit nicht statt.

Ziele und Zwecke, nach denen sich trotz allem die gesamtgesellschaftliche Entwicklung ausrichtet, sind für die Theoretiker des Neomarxismus die bloß zufälligen Produkte eines naturwüchsig ablaufenden Prozesses. An diesem Prozeß wirken Wissenschaft, Technik und Ökonomie ohne eine an der Gesamtverantwortung kontrollierte Weise zusammen. Rationalität erlaubt in ihrer bloßen Formalität nur noch die Organisation von Teilsystemen. Die in den gesellschaftlichen Teilsystemen steigende Rationalität führt jedoch, da sie als formale Rationalität gegenüber dem Inhalt des Ganzen der Gesellschaft fremd bleibt, zu einer Irrationalität des Ganzen. Die an die Einlösung des Rationalitätspostulates am Beginn der Neuzeit geknüpfte Hoffnung auf Befreiung von allen Zwängen durch die Erfolge des technischen Fortschritts ist für Adorno und Horkheimer, und darin besteht für sie die Dialektik der Aufklärung, in repressive Unterdrückung umgeschlagen. Der Zwang, der von den Sachnotwendigkeiten einer spätkapitalistisch-industriellen Gesellschaft ausgehe, nehme immer mehr die Form einer totalitären Herrschaft an. In einem Zustand, der universal von der Kategorie der Verdinglichung, der Kategorie der Ware bestimmt wird, sind Wissenschaft, Denken und Vernunft zu reinen systemstabilisierenden Werkzeugen degeneriert. Fremd gegenüber allen das Ganze wie den Einzelnen betreffenden substantiellen Inhalten hat sich Rationalität auf eine bloß formale reduziert.

Die Gewalt dieser ungeheuren Unterdrückungssysteme kapitalistisch organisierter Gesellschaften könne nur gebrochen werden, wenn die Zwänge privat- und profitorientierter Kapitalverwertung aufgehoben und durch eine demokratisch legitimierte Herrschaft aller gesellschaftlichen Kräfte über Wissenschaft, Technik und Wirtschaft ersetzt werden. Die Antwort auf unsere am Anfang gestellte Frage, ob alles, was rational, auch vernünftig sei, ist somit im Kontext der neomarxistischen Ideologiekritik ebenso einfach wie mühelos zu geben: Hinter der in dieser Gesellschaft herrschenden instrumentellen Vernunft verbirgt sich für die Frankfurter Sozialphilosophie der nur leicht kaschierte Wahnsinn einer zu ihrer Selbstzerstörung entschlossenen Gesellschaft. Wer in dieser Gesellschaft rational handelt nach den geltenden Kriterien instrumenteller, eindimensionaler, formaler und funktionaler Vernunft, der befestigt die Herrschaft des Irrationalismus und macht sich mitschuldig an neuen Katastrophen, denen die Gesellschaft entgegentaumelt.

Wer sich heute erstaunt die Frage stellt, warum die Diskussion um die Errichtung neuer Kernkraftwerke die Züge eines neuen religiös-fanatischen Glaubenskrieges annimmt, der wird in dieser Interpretation unserer gesellschaftlichen Wirklichkeit die Antwort finden. Zwischen den tragenden politischen Kräften in unserem Lande ist nicht nur ein fundamentaler Konflikt über die Rahmenbedingungen unserer gesellschaftlichen Ordnung ausgebrochen, sondern auch in der Diskussion um die Errichtung neuer Kernkraftwerke ist in die Argumente der einzelnen Parteien und ihrer jeweiligen Gruppierungen ein parareligiöser Eifer eingedrungen.

Die Bestimmung der das Ganze der Gesellschaft steuernden Ziele und Zwecke ist in unserer Gesellschaft zu dem Ort geworden, an welchem der Hebel zur revolutionären Umwälzung angesetzt werden soll. Hinter der Forderung nach einer neuen Art von Wissenschaft, nach ihrem revolutionären und emanzipatorischen Verständnis, vollzieht sich der Aufstand der Subjektivität gegen das Diktat der Methode. Dieses Ideal einer methodisch erzeugten und beherrschten Welt wurde am Beginn der Neuzeit von Descartes aufgestellt.

Vollzieht sich jedoch auf dem Hintergrund der oben skizzierten Kritik der instrumentellen Vernunft der kulturrevolutionäre Aufstand gegen diesen durch den Fortschritt der Wissenschaften gekennzeichneten Geist der Neuzeit, dann stellt sich die grundsätzliche Frage: nach der Wissenschaftsfähigkeit des Menschen als dem Produkt einer sich von sich selbst emanzipierenden Gesellschaft. Wenn etwas an der Theorie der Frankfurter Schule zutrifft, dann die mit einer gewissen Definität behauptete Auflösung und der Verfall des bürgerlichen Subjekts. Ist die Privatsphäre des Einzelnen in dieser Gesellschaft so durch Prozesse erfaßt, daß die Gesellschaft in voller Totalpräsenz in den bisher der Subjektivität zuzurechnenden Freiraum einwandert, dann stellen diese anthropologischen Veränderungen die Wissenschaft überhaupt in Frage, noch bevor das Problem der ökonomischen, politischen und ethischen Sicherung einer auch nur relativen Autonomie der Wissenschaft gelöst wird.

Bei Kant noch war das »ich denke« ein Imperativ, den der Mensch einlösen mußte, damit Wissenschaft überhaupt möglich wurde. Die mathematischen Naturwissenschaften hat Kant noch in seiner Konstruktion der modernen Wissenschaften voraussetzen können. Orientiert an den Kriterien der formalen Stringenz und zwingender Plausibilität erschienen sie ihm noch als das paradigmatische Beispiel für Rationalität, für eine sich durch die erfolgreiche Erkenntnis der Wirklichkeit selbst rechtfertigende Wissenschaft. Da ihm die wissenschaftliche Vergegenständlichung und Verdinglichung der Welt noch fraglos gewiß war, hat es Kant unterlassen, nach den faktischen Bedingungen von Wissenschaft in der konkreten geschichtlich und lebensweltlich verfaßten Subjektivität zu fragen. Er wollte die Aufklärung ja nicht abschaffen, sondern auf einen mit der Vernunft zu vereinbarenden Weg bringen.

War es bei Kant noch der Imperativ des »ich denke«, den es als die Bedingung der Möglichkeit von wissenschaftlicher Erkenntnis einzulösen galt, so sind zu Beginn des 20. Jahrhunderts für den großen deutschen Soziologen Max Weber die durch den monotheistisch-prophetischen Charakter der biblischen Religion erzeugten ethischen Habitualitäten zugleich die Voraussetzung, auf der sich die rational wissenschaftliche Entzauberung der Welt vollziehen konnte. Ohne jenen Gedanken an das Jenseits ist für Weber keinerlei die Lebenspraxis ernstlich beeinflussende sittliche Erneuerung denkbar. Ebenso bleibt für ihn der sich nur im Okzident entwickelnde rationale und systematische Betrieb der Wissenschaft völlig unverständlich, wenn man diese religiöse Fundamentierung außer acht läßt.

Der bereits oben erwähnte Theodor W. Adorno hat nun in seiner »Negativen Dialektik« das »ich denke« der Kantischen transzendentalen Apperzeption als bloß abstraktes Selbst demaskiert. Als dieses abstrakte Selbst fungiert es im Subjekt als anonyme Instanz, welche das Interesse an gesellschaftlicher Herrschaft im Subjekt vertritt. Von Adorno wird zudem über Kant, Hegel, Max Weber, ja sogar über Marx hinaus jeglicher Sinn der Geschichte preisgegeben, indem diese als Geschichte totaler und fortschreitender Katastrophen bestimmt wird. Damit sind die Ergebnisse einer mehrtausendjährigen kulturellen Anstrengung im Individuationsprozeß des Menschen grundsätzlich verneint.

Bleibt einerseits als Konsequenz dieser Adornoschen Theorie nur die Totalisierung der irrationalen Gewalt, so wird andererseits als Konsequenz dieser Theorie die vulgär materialistische Indienstnahme der Wissenschaft durch den neu zu organisierenden Klassenkampf nur schwer zu verhindern sein. Die Politisierung der Wissenschaften hat da, wo die Strategie keine eindeutig marxistische des Klassenkampfes ist, zu einer zunehmenden Mobilisierung der Produktivkraft Wissenschaft gegen die bestehende Gesellschaft geführt. Die phänomenologischen, hermeneutischen, sprachanalytischen und klassisch-dialektischen Interpretationen des wissenschaftlichen Handelns befinden sich mit dieser Tendenz in einem fast aussichtslosen Kampf, da sie der gesellschaftlichen Rolle der Wissenschaft und den sich aus ihr ergebenden Konsequenzen nicht gerecht werden.

Auch die Anwendung des pluralistischen Modells auf die Besetzung der Lehrstühle entgeht nicht den Konsequenzen einer formalen Antwort auf die inhaltliche Frage. Es ist richtig, daß es Freiheit nur in einer pluralistisch verfaßten Gesellschaft geben kann. Es ist aber ebenso richtig, daß man die notwendige Antwort auf die Fragen nach den Zielen und dem Selbstverständnis der Gesellschaft nicht mit dem Hinweis auf den Pluralismus umgehen kann. Das Modell einer pluralistischen Gesellschaft löst sich in gewisser Weise in der Gegenwart auf. Man glaubte bisher, mittels eines der pluralistischen Theorie entsprechenden Modells allen ideologischen Positionen ein für allemal die Chance genommen zu haben, sich gesellschaftspolitisch und machtpolitisch durchzusetzen. Das pluralistische Modell hatte zur theoretischen Voraussetzung, daß alle Fragen der Ideologie, Fragen der sogenannten Weltanschauung, Fragen der Bildung des Menschen, seiner Stellung in der modernen Gesellschaft, der Auslegung der Zukunft und der Gesamtentwicklung unserer Gesellschaft letztlich nur von der Bedeutung privater Meinungen seien. Von allen im eigentlichen Sinne prinzipiellen Fragen wurde gesagt, daß in diesen Fragen die Menschen eben verschiedener Meinungen seien und daß jeder Mensch das Recht haben müsse, in diesen Fragen privat für sich zu entscheiden.

In der Entwicklung der letzten Jahre gibt es aber unübersehbare Zeichen dafür, daß in einer so nicht zu erwartenden Weise ideologische Positionen wieder zu bewegenden Kräften des gesellschaftlichen und politischen Lebens in diesem Lande geworden sind. Wovon ging die Gesellschaft in der pluralistischen Phase ihres Selbstverständnisses aus? Es ist vielleicht nicht bedeutungslos, darauf hinzuweisen, daß auch das pluralistische Modell von einer verschwiegenen, nicht ausdrücklich genannten und formulierten philosophischen Grundüberzeugung ausging. Auch die im Zeichen des Pluralismus stehende Phase der gesellschaftlichen Entwicklung in der Zeit nach dem Krieg hatte ihre eigenen philosophischen Voraussetzungen. Man kann diese philosophische Überzeugung auf den Begriff bringen, daß im Prinzip nicht Menschen, sondern nur Sachen rational sein können. Nur Maschinen und nach den rationalen Organisationsstrukturen organisierte Sachen können rational sein und sich den in sie investierten rationalen Erwartungen gemäß verhalten. Menschen jedoch sind eigentlich erst in dem Maße rational, wie sie von sich selber absehen und sich in dieses rationale System entäußern.

Erst dann sind Menschen im Sinne dieser philosophischen Grundüberzeugung als rational zu bezeichnen, wenn sie im Zusammenhang ihrer Teilnahme an der modernen Wissenschaft und den rationalen Organisationssystemen der Gesellschaft von dem absehen, was sie sind und aufgrund ihrer persönlichen Geschichte und geschichtlichen Erfahrung geworden sind.

Der Begriff von Rationalität, der hier als maßgebend vorausgesetzt wird, ist an dem Begriff von Rationalität orientiert, der auch von den modernen exakten Wissenschaften in Anspruch genommen wird. Der Kern der These ist, daß wir in einem technisch-industriellen und damit in einem wissenschaftlichen Zeitalter leben. Wenn wir nicht nur von einem technisch-industriellen, sondern von einem wissenschaftlichen Zeitalter reden, dann meinen wir damit, daß der technischen und industriellen Praxis eine Erkenntnis und Einsicht zugrunde liegt, die nicht aus der alltäglichen und geschichtlichen Welterfahrung des Menschen stammt, sondern die erst in den Wissenschaften methodisch erzeugt worden ist. Es gibt heute keinen menschlichen Lebensbereich mehr, der nicht direkt oder indirekt bestimmt wird von wissenschaftlichen Erkenntnissen und ihren Auswirkungen. Wenn sich der Mensch heute auf irgendeinen Zusammenhang seines Lebens, auf eine für sein Dasein fundamentale Frage bezieht, dann spielt für ihn das Urteil der Wissenschaft, der Stand der wissenschaftlichen Erkenntnis bei der Entscheidung dieser Frage eine maßgebende Rolle. Ebenso gehen wir bei der Organisation unserer Gesellschaft nicht von Erfahrungen aus, die wir persönlich oder geschichtlich gemacht haben, sondern von einem Wissen, das erst nach methodischen

Regeln von den Wissenschaften erzeugt worden ist. Daher verstehen wir unter Praxis die Organisation der Gesellschaft als einen autonomen, d. h. nach eigenen, den Sachen und ihrer wissenschaftlichen Erkenntnis und technischen Beherrschung innewohnenden Gesetzen organisierten selbständigen und vom Menschen und seinem subjektiven Meinen und Dafürhalten unabhängigen Sach- und Leistungszusammenhang.

Als dieser nach der Logik einer Superstruktur ausgebildete Sach- und Leistungszusammenhang ist die Gesellschaft eine eigene verselbständigte Realität geworden, die zunächst einmal unabhängig von dem, was Menschen meinen, was Menschen wollen, und das heißt, auch unabhängig von allem Veränderungswillen und allen -wünschen der Menschen ihre eigene Notwendigkeit hat. Wenn die Gesellschaft ein solcher vom Menschen unabhängiger und dem Menschen gegenüber verselbständigter Sach- und Leistungszusammenhang ist, folgt daraus, daß alle nicht in die Rationalität dieses funktionalen Zusammenhangs übersetzbaren Fragen irrational sind.

Die Annahme, daß Wissenschaft, Technik und Ökonomie allein die Grundlage, die Infrastruktur der Gesellschaft bilden und ausmachen, hat zur Folge, daß dann alles andere Überbau ist, Ideologie, Weltanschauung, Meinung. Alle Fragen der Ethik, der Sittlichkeit, der Religion, der geschichtlichen Überlieferung, alle Fragen nach den Normen menschlichen Selbstverständnisses und Verhaltens sind dann nur uneigentlich, sekundär und für die Realität letztlich irrelevant. Dann gilt uneingeschränkt die Trennung zwischen Praktikern und sogenannten Theoretikern, denen man einräumt, daß sie im Grunde nur irrelevante Fragen stellen können, die, wenn sie nach praktischer Verwirklichung drängen, den wohlgeordneten Ablauf des technischen Fortschritts in der modernen Welt stören.

Im Blick auf die Veränderungen der jüngsten Zeit muß aber die Frage gestellt werden, ob diese Auffassung, dieser Begriff und dieses Modell von Realität noch länger haltbar sind und ob es in unserer Gesellschaft nicht politisch relevante, neue Formen des Bewußtseins, des menschlichen Handelns und Sich-Verhaltens gibt, die nur verstanden werden können als Symptom dafür, daß das pluralistische Modell und die pragmatische Auffassung von Realität eben nicht mehr länger aufrechterhalten werden können. Die sich im Geiste des Liberalismus selbst auslegende Gesellschaft vermag die sich ihr mit dem Ende des Fortschritts stellenden Probleme nicht zu lösen. Die Freiheit in ihrer bloßen Formalität fällt dem Gang der unerkannten Realität anheim.

Die fundamental-demokratisch reformierte Universität hat den Rahmen geschaffen, innerhalb dessen die gesellschaftlich produzierten Bedürfnisse sich in der Form einer politisierten Wissenschaft durchsetzen. Es ist jedoch schwer einzusehen, daß die Demokratisierung eine Antwort sein könnte, da sie nur formal die Spielregeln ändert, aber sich allen Zielen und Inhalten gegenüber indifferent verhält. Von dem herrschaftsfreien Dialog miteinander kommunizierender Wissenschaftler ist an deutschen Universitäten nicht viel wahrzunehmen. Was dagegen vorliegt, sind Zeugnisse der Korruption der etablierten Träger der Wissenschaften durch das, was man für den Zeitgeist hält.

Die Unterwerfung der Wissenschaft unter gesellschaftliche Bedürfnisse, vor allem in den sozialen und humanen Wissenschaften, kann sich auch in der Form eines zum Aberglauben degenerierten Vertrauens in die Allmacht der Wissenschaft vollziehen. Daß die Wissenschaft im 20. Jahrhundert den Menschen in ein magisches und ohnmächtiges Verhältnis zu sich zurückdrängt, hat ebenso bereits Max Weber am Beginn dieses Jahrhunderts gesehen. Als diese ungeheure Macht treibt die Wissenschaft selbst den Entzauberungsprozeß der Welt voran und kehrt zugleich durch die Umwandlung von wissenschaftlichen Hypothesen in Dogmen der Lebensführung im Alltagsbewußtsein wieder.

Die Abhängigkeit der Wissenschaft vom Geist der Zeit provoziert damit zugleich die Frage nach dem eigentlichen Interpreten der gesellschaftlichen Bedürfnisse. Wer entscheidet darüber, welche Inhalte der Emanzipation förderlich sind und für welche das nicht zutrifft?

In der totalen Pädagogisierung und Didaktisierung der Wissenschaften und ihrer Vermittlungsprozesse wird als ganz selbstverständlich eine Form der Bildung vorausgesetzt, die den Menschen tauglich zu machen hat, sich in der Gesellschaft von der Gesellschaft zu befreien. Es entsteht damit notwendigerweise der Eindruck, als ob der Einzelne nur dann eine Chance zu seiner Realisierung hat, wenn er sich in Freiheit gegen die Institutionen verwirklicht. Demgegenüber muß die Wissenschaft die Frage nach ihren eigenen Voraussetzungen, ihren Zielen und den durch sie selber nicht setzbaren und daher auch nicht zu garantierenden Bedingungen stellen, will sie nicht zum Objekt undurchschauter und blinder Prozesse werden.

Die Möglichkeit des Staates in diese Prozesse regulierend und kontrollierend einzugreifen, sind geringer, als man bei den Konservativen anzunehmen scheint. Man kann die Universität nicht gegen die Studenten organisieren. Wenn man aber die Forschung aus der Universität herausnimmt und die notwendige technokratische Reform der Ausbildung privatwirtschaftlich organisiert, dann fördert man erst recht die Gefahr, aus der Universität eine Kaderschmiede zu machen. Die Frage nach einer relativen Autonomie der Wissenschaft stellt sich unter den veränderten Bedingungen mit großer Dringlichkeit von neuem. In der Form einer unreflektierten, atmosphärischen Emanzipation, die schon jetzt das Klima in den Institutionen so nachhaltig bestimmt, setzt sich sonst der Nihilismus durch, der nur noch notdürftig durch das Verbalprinzip des kritischen Bewußtseins kaschiert wird.

Die Renaissance des Marxismus in den späten sechziger und siebziger Jahren hat zu einer fast alternativlosen Monopolstellung des Marxismus in der Interpretation der gesellschaftlichen Prozesse geführt. Die Herausforderung durch diese Renaissance ist in ihrem Kern identisch mit der Auseinandersetzung um den Sinn von Freiheit.

Ebensowenig wie die politischen Parteien sind die Führungskräfte der deutschen Wirtschaft auf diese Herausforderung vorbereitet. Ihre in der ganzen Welt anerkannten Managerqualitäten nützen ihnen spätestens dann nicht mehr viel, wenn sie sich nicht durch erreichte Wachstumsraten in gesellschaftlich erforderlichem Ausmaß legitimieren können. Die durch den Neomarxismus vollzogene Destruktion von Rationalität als dem unzureichenden Prinzip politisch gesellschaftlicher Rechtfertigung hat Probleme aufgeworfen, die ohne eine grundsätzlich philosophische Besinnung auf den Sinn von Freiheit nicht zu lösen sind. Der Glaube dagegen, man könne die Lösung der neuen gesellschaftlichen Probleme den Auswirkungen der sich selbst regulierenden Prozesse der marktwirtschaftlichen Ordnung anvertrauen, ist eitel.

Die Frage nach den Inhalten der Freiheit ist zugleich die Frage nach den Gestalten der europäischen Freiheitsgeschichte, die für uns noch verbindlich sind und daher in verwandelter Form aktualisiert werden müssen. Findet die Frage nach dem die nur an sich selbst interessierten Individuen übergreifenden Sinn in einer Gesellschaft keine Antwort, dann wird es notwendig, nach der Vernunft, nach dem Sinn von Rationalität, von rationalem Handeln zu fragen. Ein Ausweichen vor dieser Frage bzw. die vorschnelle Gleichsetzung von vernünftigem und zweckrationalem Handeln liefert das Interesse an Selbsterhaltung der Irrationalität, der Beliebigkeit und damit der Gewalt aus.

Die Technokraten in unserer Gesellschaft des Irrationalismus zu verdächtigen, ist unsinnig. Man kann ihnen aber durchaus den Vorwurf machen, daß sie nicht rechtzeitig erkannt haben, daß die Ziele, denen sie vertrauen, rechtfertigungsbedürftig waren. Ohne eine geistige Interpretation der Realität im Ganzen kann der Zielkonflikt, in den die Gesellschaft durch die Folgen ihres nicht reflektierten Handelns geraten ist, nicht entschieden werden. Rationale Kriterien allein reichen zu seiner Entscheidung nicht aus.

Rationalität ist ein mehrdeutiger und unbestimmter Begriff. Er kann Verschiedenes bedeuten, je nach dem, in welchen Zusammenhängen er auftritt. Seine Bestimmung ist abhängig von den Prinzipien eines universalen Entwurfs von Sinn. Jede Form rationalen Handelns setzt eine systematische Form der Lebensführung voraus, sie gründet in einer Verfassung des Menschen, der sich immer erst zur Rationalität bestimmen und entschließen muß. In diesem Sinne ist Rationalität nie voraussetzungslos.

Es ist noch keineswegs hinreichend erkannt, daß Max Weber in seinen religionssoziologischen Schriften das Reflektionsniveau, das die Hegelsche Dialektik einst auszeichnete, in der Erörterung der Kategorie der Rationalität wieder erreicht hat. In diesem zentralsten Teil seines Werkes macht Max Weber deutlich, daß der Mensch Rationalität nicht unmittelbar durch die praktische Bewältigung der Wirklichkeit gewinnt, sondern daß die Zweckrationalität sich erst auf dem Hintergrund der religiösen Rationalisierung einstellt. Erst die Lösung des Theodizeeproblems ermöglicht eine ethische Vereinheitlichung des Handelns. Jede Form des Wirtschaftens setzt für Weber nicht nur eine bestimmte Ethik voraus, sondern auch jede Form der Wirtschaftsethik ist geprägt und getragen durch einen Sinnentwurf des Ganzen, durch den sich die Weltreligionen voneinander unterscheiden.

Die Religionen definieren sich aber durch ihren Gottesbegriff. Nur der Gott der reformatorischen, vor allem der calvinistischen Theologie konnte der Grund für einen Stil von Rationalität sein, die in der okzidentalen Rationalisierung wissenschaftlich, technisch und ökonomisch ihren Ausdruck und ihren Niederschlag fand.

Vereinfacht ausgedrückt: Keine Kapitalanhäufung ohne innerweltlichen Konsumverzicht und keine innerweltliche Askese ohne den Gott der Vorsehung, der die Zuteilung der Heilsgüter abhängig macht von der Bewährung jedes Einzelnen in dem von Gott gegebenen Beruf. Ohne die Kenntnis dieses religiösen Fundaments der puritanischen Berufsidee bleibt für Weber die sittliche Lebensführung des Menschen der damaligen Zeit völlig unverständlich.

Die leidenschaftliche Hingabe an die rationale Erfüllung von sachlichen Aufgaben im Beruf wird ohne einen religiösen Grund letzten Endes sinnlos. Materielle Gratifikationen und Funktionserfüllungslust sind dagegen nur Surrogate auf Zeit, immer abhängig von den jeweiligen Bedingungen. Rationalität ist, das hat der Rückblick auf die Religionssoziologie von Max Weber deutlich werden lassen, eine nur ethisch und religionsphilosophisch erschließbare Kategorie, die nur geschichtlich verstanden werden kann. Erst eine Theorie der Universalgeschichte, um die Max Weber, darin der genuinste Erbe Hegels, bemüht war, eröffnet den Zugang zu ihr.

Aus dieser Einsicht ergibt sich der zwingende Schluß, daß der von Max Weber geschriebene Prozeß der Entzauberung der Welt durch die Rationalisierung in ihr Gegenteil umschlagen muß, wenn sich alle religiös begründeten Formen des Ethos und der in ihnen begründeten Ordnungen aufgelöst haben. Der Kapitalismus erschien bei Max Weber als die nicht beabsichtigte Konsequenz einer Einstellung, in der der Mensch, im Verzicht auf die Befriedigung seiner unmittelbaren Diesseitigkeit, sein Leben instrumental als Mittel zur erfolgreichen Arbeit einsetzt. Seines religiös-ethischen Sinnes entkleidet, ist der Kapitalismus für Weber zu jenem »stahlharten Gehäuse« geworden, in dem »die äußeren Güter dieser Welt zunehmende und schließlich unentrinnbare Macht über den Menschen gewinnen, wie niemals zuvor in der Geschichte«.

Die permanente Konsumsteigerung ist an die Stelle einer an religiöse Prämissen gebundenen Ethik getreten. Auch der Nationalökonom Joseph Schumpeter bestimmte den kapitalistischen Prozeß als einen Prozeß produktiver Zerstörung. Produktiv kann aber dieser Prozeß nur sein, solange er von einer Rationalität begleitet wird, die Karl Mannheim die substantielle Rationalität nannte, ohne allerdings noch konkret sagen zu können, was er damit meinte. Nur in der Form einer Ethik, als ein die Freiheit begründendes und zugleich begrenzendes Gesetz, kann den ruinösen Konsequenzen des Prozesses Einhalt geboten werden. Der Konflikt der westlichen Welt, die Unvereinbarkeit zwischen permanenter Konsumorientierung der Gesellschaft und der nicht zu leistenden Steigerung von quantitativen Wachstumsraten, entlädt sich ansonsten in immer neuen Krisen.

Die Bundesrepublik befindet sich heute an einem Punkt der Entwicklung, an dem keine Kraft mehr in Sicht ist, die noch »dagegen« halten könnte. Die Ideologiekritik des Neomarxismus hat in der Gestalt einer geschichtsnihilistischen Kulturrevolution durchgeschlagen. Die Verbreitung und Popularisierung der marxistischen und psychoanalytischen Ideologiekritik liefert heute jedem Sekundaner die Waffen, mit denen er die Gesellschaft durchschauen, entlarven und, zunächst theoretisch, liquidieren kann. Auf dem Hintergrund dieser Interpretation unserer gesellschaftlichen Wirklichkeit gibt es keine Möglichkeit mehr, an irgendeine Gestalt der Vergangenheit anzuknüpfen, um sie in ihrer substantiellen Bedeutung für die Formulierung eines aktuellen und zukunftsbezogenen Humanitätsbegriffes heranzuziehen.

Mit dem Verfall der sittlichen Gemeinsamkeit und ethischen Selbstverständlichkeit ist aber der Untergang der Freiheit unaufhaltsam. Das Leben in der Gesellschaft ist dann durch ein Klima systematisch erzeugten Mißtrauens bestimmt, in dem jeder jeden verdächtigt. Die Hoffnung ist eitel, es könnte der rationale Standard der den Effizienzkriterien gehorchenden Produktion aufrechterhalten werden, wenn die Moral verfällt.

Die Entwicklung Italiens bestimmt sehr präzis die Bedingungen, unter denen der Kommunismus gegenüber der verfallenden bürgerlichen Gesellschaft als bewahrende Alternative an Plausibilität gewinnt. Man muß die religiösen Hintergründe dieser Bewegung sehen, um zu verstehen, daß der Kommunismus als einzige Kraft in einer Gesellschaft bürgerlicher Dekadenz erscheint, die das Bedürfnis nach kollektivem Sinn zu befriedigen verspricht.

Welch ein verzweifelter Akt des Glaubens gehört zu der Überzeugung, daß die Legitimationskrise unserer Gesellschaft durch die Beseitigung des privaten Eigentums an Produktionsmitteln gelöst werden kann!

Über die Zukunft rationalen, effizienten, erfolgskontrollierten Handelns entscheidet das Bewußtsein, entscheiden die Interpretationen von Realität, die anerkannt werden. Wer die Realität interpretiert, der herrscht auch politisch. Wer politisch herrscht, der bestimmt die Rahmenbedingungen und morgen die Strukturen, in denen funktionale Rationalität eingesetzt wird.

Die Alternative zum marxistischen Sozialismus kann nicht mehr allein die größere ökonomische Effizienz sein. Nur eine umfassende, nicht nur Teilsysteme der Gesellschaft betreffende neue Form von Praxis, die religionsphilosophisch begründet werden muß, kann das Problem der fehlenden Legitimation lösen.

Niemand kann sich mehr darüber täuschen, daß die Wurzel aller der hier angesprochenen Phänomene die Unfähigkeit der Gesellschaft darstellt, auf die Frage nach der Vernunft ihrer Erhaltung eine einsichtige und sinnvolle Antwort zu geben. Das religionsphilosophische Problem fällt mit dem Problem der fundamentalen Ermöglichung einer menschlichen Gesellschaft zusammen. Die neue Form der Praxis muß in dem Versuch einer Neubegründung nach den Inhalten der Freiheit fragen, um die bloß formalen Antworten einer sich im Geist des Liberalismus selbst auslegenden Gesellschaft zu überwinden.

Politik ist dann nicht mehr nur rationale Steuerung der Gesellschaft, sondern vor allem ist Politik dann die Praxis der Sinngebung, ja Sinnstiftung.

Es geht nicht um einen dritten Weg, d. h. eine Verstärkung der staatsbürokratischen Elemente in unserem sozialistisch liberalistischen Mischsystem, sondern um die Reform, die der Widerstand in der Sowjetunion machen würde, wenn der Geheimdienst ihn nicht daran hinderte. Solschenizyn nennt es eine Revolution des sittlichen Bewußtseins. Nur eine religiös neu begründete Ethik könnte die Ergebnisse erfolgreicher Aufklärung retten. Sie ist die Voraussetzung der Erhaltung und Bewahrung von Rationalität. Bemühen wir uns nicht um eine neue Begründung für die Vernunft der Rationalität, stürzen wir sehenden Auges in die Regression!

In einer Gesellschaft ohne Geschichtsbewußtsein, ohne Religion und ohne Ethos stehen wir vor der Aufgabe einer nachmarxistischen Alternative für unsere Gesellschaft. Die Alternative zum Klassenkampf und zur politischen Mobilisierung des Mißtrauens und des Hasses kann nur die Ethik sein. Der industrielle Prozeß hat die Ethik aufgelöst, auf die er doch zugleich angewiesen war. Ethik ist als gelebte Form menschlichen Lebens nie etwas anderes gewesen als die essentielle Bedingung der Erhaltung einer menschlichen Gesellschaft, deren Subjekt der Mensch als ein Wesen selbstbewußter Freiheit ist. Die Bildung eines ethischen Bewußtseins einer allgemeinen Verbindlichkeit ist die einzig denkbare Alternative zu der Etablierung eines Systems allgegenwärtiger Kontrolle oder anarchistischen Verfalls.

Eine Tendenzwende, die ihre Hoffnung nur auf das Diktat der leeren Kassen zu gründen vermag, ist keine. Es besteht die Gefahr, daß die Führungskräfte die Rückkehr der Gesellschaft zur »Vernunft« von den Zwängen erwartet, die von einer Rezession ausgehen, die keineswegs in Verstößen gegen die ökonomische Vernunft allein ihre Ursache hat.

Die Generation, die die Erfahrung mit der faschistischen Barbarei und mit dem Aufbau nach dem Kriege prägte, wird die Schalthebel verlassen. Die Generation, die an den Universitäten nachwächst, ist apathisch, extrem individualistisch oder wendet sich dem Glauben an die alleinrettende Gewalt zu und hat für die rationale Rechtfertigung unserer Gesellschaft nur ein müdes

Lächeln oder offene Verachtung übrig. Die vernünftige Bildung der produktiven und leitenden Intelligenz findet offensichtlich nicht mehr statt.

Es geht nicht, Vernunft mit der formal abstrakten Rationalität gleichzusetzen, noch sie dem Verstand unvermittelt entgegenzustellen, sondern es geht darum, in einer vernünftigen Theorie den Verstand zu begreifen, ihn in seinem Anspruch zu begründen und auf das Maß zu begrenzen, ohne das Rationalität irrational wird.

Nichts anderes verstand Hegel unter Dialektik. Was not tut, ist eine Einübung in Dialektik.

Zeitzeichen

Wer die innere Konsequenz nachvollzieht, die den Anfang dieses Buches mit seinem Ende verknüpft, der wird den Zusammenhang einleuchtend finden, der zwischen der ideenpolitischen Neuorientierung durch die neomarxistische Sozialphilosophie der sogenannten Frankfurter Schule – grundgelegt durch die Kritik an der instrumentellen Vernunft durch Max Horkheimer, durch die negative Dialektik Adornos, die psychoanalytisch inspirierte Kritik an der technologisch eindimensionalen Gesellschaft durch Marcuse und ihre modifizierte Anwendung in Gestalt einer dem besonderen Charakter der Wohlstandsgesellschaft gerecht werdenden neomarxistischen Strategie durch Habermas – und der Frage nach den Überlebenschancen einer freiheitlichen, pluralistisch verfaßten parlamentarischen Demokratie am Ende von »Zeitzeichen« besteht. Dem Bewußtsein der verantwortlichen Kräfte in der Bundesrepublik ist dieser Zusammenhang in keiner Weise gegenwärtig, und es ist zu befürchten, daß sich daran nichts ändern wird. Diese partielle Blindheit in der Einschätzung unserer Situation hat Gründe. Die Überzeugung, daß in letzter Instanz die ökonomischen Verhältnisse und der soziale Fortschritt, oder was man dafür hält, über den Bestand einer freiheitlichen Ordnung entscheiden, ist nicht zu erschüttern. Zweifel und Bedenken gibt es nur in der Einschätzung und Beurteilung der Natur der Ursachen, die geeignet sind, die freiheitliche Ordnung zu gefährden. Hier stehen sich drei Ansätze einander gegenüber, die sich keineswegs ausschließen, sondern ergänzen.

1. Der technokratische Standpunkt, der sich an der Systemtheorie orientiert.
2. Der ordnungspolitische Standpunkt, der sich am Neoliberalismus ausrichtet.
3. Der sozialistische, der neosozialistische Standpunkt, der sich an einer oder mehreren Versionen des marxistischen Revisionismus orientiert.

1. Der technokratische Standpunkt reduziert alle Probleme auf die Frage sozialtechnischer Regulation und Steuerung. Er setzt den definitiven Verfall aller traditionellen Weltbilder, Überlieferungen und Werte voraus und setzt auf die Legitimierbarkeit aller gesamtgesellschaftlich relevanter Entscheidungen durch geordnete Verfahren. Die selbstbewußte Subjektivität wird auf die Bedeutung zurückgeführt, die ein noch nicht vollständig unter Kontrolle gebrachter Außenweltfaktor für das an technisch formulierten Sachproblemen orientierte Bewußtsein stellt. Luhmann hat eine reiche

Palette von Sprachmöglichkeiten entwickelt, die elastisch das Grundproblem umkreisen: Wie ist eine Reduktion von Komplexität möglich, die vom Handlungsvollzug ausgeschlossenen Möglichkeiten nicht vernichtet, sondern virtuell offen und gegenwärtig hält? Es ist bemerkenswert, daß Luhmann in seinem letzten, der Funktion der Religion gewidmeten Werk der Religion die Rolle einer fundamental die Lösung von Steuerungsproblemen in einer komplexen Gesellschaft ermöglichenden Funktion zugesprochen hat. Ja, Religion ist von fundamentaler Bedeutung für jede denkbare Stabilität und damit das Funktionieren des gesellschaftlichen Gesamtsystems. Religion ist nicht eine Funktion unter und neben anderen, sondern sie erfüllt die Funktion für das Gesamtsystem, die erst das Funktionieren auch aller anderen Funktionen ermöglicht. Sie ist kein Bedingtes, sondern selber das Bedingende. Welche religiösen Inhalte könnten heute in diese Funktion eintreten? Auf diese Frage kann es in der Systemtheorie keine Antwort geben, weil alle inhaltlichen Fragen ideologisch sind, daher nur gestellt werden können von einem noch nicht systemtheoretisch aufgeklärten Bewußtsein.

2. Für den ordnungspolitisch, neoliberalistisch formulierten Standpunkt reduzieren sich alle Probleme auf die Wahl des richtigen, vom Staat zu gewährleistenden Organisationsprinzips, das die Freiheit verbürgen soll. Es ist praktisch das Prinzip des Wettbewerbs, das die Harmonie von Fortschritt und Freiheit ermöglichen soll. Es ist auch in der Tat richtig, daß kein anderes Prinzip zur Organisation gesellschaftlicher, ökonomischer und sozialer Sachverhalte besser geeignet ist, Lernkapazität, Flexibilität, Rationalität und Innovationsfähigkeit in sich zu vereinigen. Der Neoliberalismus vertraut aber die Frage der Steuerung des Gesamtsystems einem unvordenklichen, spontan ablaufenden, sich selbst speisenden und akkumulierenden Prozeß an, dem zu vertrauen es nach Hajek keine vernünftigen Gründe gibt. Der Neoliberalismus ist eine geschichtslose Theorie, die ganz unhistorisch das abstrakte, epochengebundene, von geschichtlich kontingenten Voraussetzungen abhängige Modell des klassischen Lockeschen Liberalismus universalisiert und ontologisiert. Er kennt weder das Problem der politischen Macht, noch ist er bereit, die Analogielosigkeit geschichtlicher Konstellationen anzuerkennen. Die Produktion und Distribution von Kernenergie zum Beispiel dürfte doch schwerlich wettbewerbsmäßig organisiert werden können.

3. Für den neosozialistischen Standpunkt reduzieren sich alle Probleme auf die Fragen der Verteilung, der Umverteilung und der politischen Mitbeteiligung. Die Erfahrung mit der sozialistischen Renaissance in der Bundesrepublik zeigt aber ganz eindeutig, daß die sittlichen Kräfte des Sozialismus sich erschöpft haben und das sittliche Vakuum durch eine Welle rein

anarchistischer und hedonistischer Strömungen ausgefüllt wurde. Mit dieser Art von Sozialismus kann man aber keinen Staat mehr machen. Während der Bundeskanzler den Kirchen eine entscheidende Bedeutung für die Vermittlung eines Ethos in der Gesellschaft zuerkennt, werden die Kirchen in einem Dokument seiner Regierung als paternalistische Herrschaftssysteme zur Unterdrückung der Massen, vor allem der Frauen, denunziert.

Alle diese genannten Standpunkte und Positionen scheinen sich gegenwärtig in ihren geschichtlichen Möglichkeiten erschöpft zu haben. Einen Niederschlag findet dieser Vorgang in dem schwindenden Vertrauen, daß mit dem Potential permessiver Liberalität noch etwas zur Lösung der drängenden Probleme unserer Gesellschaft getan werden könnte. Ein Beispiel ist die Diskussion der Frage nach dem Verhältnis der Terroristen und der Moral.

Carl Friedrich von Weizsäcker stellt in einem in der Kulturzeitschrift »Merkur« im Juli 1977 veröffentlichten Beitrag die Frage, welche Gründe zu einer Enttäuschung und schließlich zu einer Abwendung vieler Liberaler von der Bewegung der neuen Linken geführt hätten. Er meinte, was ursprünglich an den Linken die wohlmeinenden Liberalen beeindruckt, ja fasziniert hätte, sei die Moral der Linken gewesen, und was die Liberalen schließlich enttäuscht hätte, sei die Erfahrung gewesen, daß die Linken ihre eigene Moral in ihrer Praxis, auch und gerade im Umgang mit den Liberalen, nicht befolgt hätten. Die neue Linke habe sich bei der Begründung ihrer Ziele auf die Prinzipien einer universalen Moral uneingeschränkter Allgemeinheit und Reziprozität berufen und sich gleichzeitig in der Praxis an die Regeln einer machiavellistisch-leninistischen Politik gehalten, nach der jedes Mittel erlaubt ist, wenn es den jeweils verfolgten Zwecken dient. Wenn ich Carl Friedrich von Weizsäcker richtig verstehe, dann sieht er auf seiten der durch die neue linke Universalmoral herausgeforderten Gesellschaft nur den harten, kaum einer moralischen Rechtfertigung fähigen Willen zur Behauptung der Macht und partikularer Ziele dienenden Herrschaft. Er kann es daher mit einer moralischen Mißbilligung des Verhaltens der Linken nicht sein Bewenden sein lassen, sondern er sieht sich veranlaßt, den Linken den Zwang einer geradezu tragisch zu nennenden Situation zuzubilligen. Denn wenn die Linken sich den von ihnen proklamierten Prinzipien einer tendenziell die ganze Menschheit einbeziehenden Moral auch selber unterwerfen würden, dann würde das den Verzicht auf eine erfolgreiche Veränderung der Gesellschaft bedeuten. Und weil das so ist, kann das Problem nicht moralisch gelöst werden, sondern könnte nur ins Human-Erträgliche verwandelt oder gemildert werden, wenn die Linken den Widersprüchen der Moral nicht in den Terror auswichen, sondern sich entschlössen, das göttliche Gebot der Liebe anzuerkennen. Daß sie das aber tun würden, dafür sieht auch Herr von Weizsäcker keine Chance.

Seine Argumentation scheint nun aber ebenso typisch wie gefährlich zu sein. Typisch ist die Argumentation, weil sich in der Bundesrepublik die Tendenz durchzusetzen scheint, nicht nur den linken Extremisten, sondern auch den terroristischen Gewalttätern und Mördern moralische, soziale und psychologisch verständliche Motive zuzubilligen, und die aus diesen folgenden Taten in bestimmten Fällen zu mißbilligen, ja zu verurteilen. Individuelle Motivationen sind aber nur zu verstehen, wenn bei ihrer Genese auch sogenannte objektive Kausalitäten aufgedeckt werden können. So konnte man gerade lesen, daß die fürchterlichen Verbrechen einer Frustration entsprängen, mit einem sozialen Engagement in unserer Gesellschaft keinen Erfolg zu haben. Die Professoren in Berlin, die ihre Veröffentlichung des Nachrufes zum Buback-Mord durch einen Göttinger Mescalero begründeten, wiesen auf die Zustände der Bundesrepublik hin, in der mit polizeistaatlichen Methoden eine notwendige und berechtigte sozialistische Kritik unterdrückt würde. Die psychologisierenden Theorien machen für den Weg in den Terror die Herrschaft der Männer, sexuelle Abhängigkeit und das Versagen bürgerlich-familiärer Sozialisation verantwortlich. Susanne Albrecht mordete anstelle ihres Vaters Jürgen Ponto, weil er ihrem Vater in vielem so ähnlich war. Von allen diesen Theorien ist aber die, die den Terroristen die Vertretung einer höheren, ja der eigentlich wahren Moral zubilligen, die gefährlichste, denn sie muß unserem Staat den Willen nehmen, sich zu verteidigen. Auch der Justizminister antwortet auf die Frage nach den Argumenten, mit denen er die intellektuellen Hilfstruppen des Terrors überzeugen will, mit dem Hinweis auf die faktischen Verhältnisse in der Bundesrepublik, die das Mittel der Gewalt zu ihrer Veränderung als nicht gerechtfertigt erscheinen lassen.

Ein wirksamer Kampf gegen den Terror wäre aber erst dann möglich, wenn allgemein anerkannt würde, daß jedes denkbare moralische Argument für die Gesellschaft spricht, die Terroristen dagegen kein moralisches Motiv für sich in Anspruch nehmen können. Zum Glück ist das aber gar nicht, wie Herr von Weizsäcker anzunehmen scheint, das Problem. Die Frage der Praxis der Linken hat sich für diese nie als eine moralische Frage gestellt, sondern ist immer nur im Rahmen ihrer Strategie erörtert worden. Für die Marxisten hat die revolutionäre Praxis mit Moral gar nichts zu tun, sondern hängt ab von der revolutionären Reife einer Gesellschaft und ist damit eine Frage der Zweckmäßigkeit. Individuellen Terror haben Marx und Lenin als unzweckmäßig stets abgelehnt. Für die Anarchisten ist die Moral ein Instrument der Repression und als solches grundsätzlich abzulehnen. Ihre eigene anarchistische Moral, wenn man sie denn so nennen will, besagt gerade, daß alles erlaubt ist und jede Art von Gesetzesbefolgung unmoralisch sei.

Es waren Arbeiter in Grohnde, die tief verstört und erbittert sich beklagten, daß dieser Staat den loyalen Bürger nicht mehr schütze. Die Frage nach den Auswirkungen der sich in der Bundesrepublik ausbreitenden Gewaltideologie gewinnt eine neue Qualität, wenn nicht nur Professoren und vereinzelt Politiker mit ihr konfrontiert werden, sondern der deutsche Arbeiter, wie es im Zusammenhang der Auseinandersetzung um die Kernkraftwerke nunmehr der Fall zu sein scheint.

Wir müssen neu nachdenken über das Verhältnis von Recht und Moral. Wenn die Moral sich aus dem Zusammenhang mit dem Recht löst, dann kann sie auch den Terror begründen. Die Anerkennung des christlichen Liebesgebotes muß von jedem in jeder Situation verlangt werden können. Wir haben fürwahr allen Grund, auch die Terroristen der Barmherzigkeit Gottes zu empfehlen, denn sie wissen wirklich nicht, was sie tun. Im Kampf gegen den Terror aber bedarf es der harten und konsequenten Durchsetzung mit all den Mitteln, die verhindern können, daß das Recht in einem Chaos von Gewalt und Kriminalität versinkt. Man darf die Kategorien nicht durcheinanderbringen. Das wäre diabolisch.

Alle gegenwärtigen Entwicklungen münden in die Frage nach dem Verständnis und der Rolle des Staates, wie er befähigt werden kann, seine Entscheidungs- und Handlungsfähigkeit wieder zurückzugewinnen, um ein Überleben dieser Gesellschaft in Freiheit zu sichern. Ohne eine Erneuerung seiner geistigen Grundlage wird er dazu nicht imstande sein. Daher die Bedeutung, die der Diskussion der Grundwerte zukommt. Alle Parteien haben sich durch führende Vertreter geäußert. Der Konsens war weitgehend und erstaunlich. Alle bekannten sich zu der Verpflichtung des Staates, für Freiheit, Gerechtigkeit und Solidarität einzutreten. Die Würde des Menschen wurde zum höchsten Wert erklärt. Doch wie kann die Würde des Menschen begründet werden? Auf diese Frage sind wir geistig in keiner Weise vorbereitet. Wie wenig wir es sind, das ergibt sich aus einigen Formulierungen aus einem Gutachten, das ich auf Bitten von Eltern in Nordrhein-Westfalen zu einigen Lehrerhandbüchern für den Deutschunterricht angefertigt habe. »Entscheidend ist vielmehr der Verzicht auf eine jegliche Form von positiver und konstruktiver erzieherischer Beeinflussung der Schüler.« Es geht um eine Strategie, die tief und wirksam in sozialisationsbedingte Persönlichkeitsstrukturen der Schüler eingreifen will, um alle vorgegebenen und von den Schülern mitgebrachten Identifikationen aufzubrechen. Von einem humanen Standpunkt aus beurteilt, wäre eine offene klassenkämpferische Erziehung zum Sozialismus der hier empfohlenen Praxis vorzuziehen, weil die Folge dieser empfohlenen Praxis nur ein Nihilismus sein kann, der nur notdürftig durch das Verbalprinzip eines kritischen Bewußtseins kaschiert wird. Nach menschlichem Ermessen kann die Konsequenz nur eine asoziale Apathie, eine neurotische Erkrankung oder die Flucht in die Kriminalität der Schüler sein. Der kriminelle Zug der Lesebücher wird besonders an den Stellen deutlich, an denen die Absicht erkennbar wird, den Kindern den Zustand der Kindheit als besonders mies erscheinen und die Ursachen in einer autoritär-repressiv verfaßten Familie finden zu lassen, die strukturelle gesellschaftliche Gewalt bewußtlos reproduziert und reflektiert. Diese Einsicht wirkt schockierend, und es muß daher die Frage gestellt werden, von welch einem Verständnis der Wirklichkeit die Empfehlungen ausgehen. Der Begriff von Wirklichkeit ist historizistisch, vulgär-materialistisch und führt zu einem radikalen und totalen Relativismus in der Wertfrage. Der Ansatz der Empfehlungen ist extrem historistisch, weil alles als historisch bedingt und als das zufällige Produkt einer kontingenten Situation erwiesen werden soll, die grundsätzlich dem Gesetz des Wandels unterworfen ist. Als absolut gilt nur der Prozeß, dessen Strukturen und Ordnungen nur auf Zeit gelten und daher kontingent zufälliger Natur sind. Vulgär-materialistisch ist der Ansatz, weil die Rolle der alles bedingenden Faktoren die jeweiligen sozioökonomischen Bedingungen übernehmen, von denen man sich befreien kann, wenn man sie in dieser ihrer Rolle durchschaut. Das besorgt die Ideologiekritik. Die Konsequenz ist der totale Relativismus, weil aller Sinn, alle Werte und Normen auf die Funktion reduziert werden, entweder Herrschaft zu stabilisieren, die a priori als schlecht und verdammenswert gilt, oder auf die Funktion, der emanzipatorischen Befreiung zu nutzen. Die verhalten artikulierte Kollektivierungstendenz der Empfehlungen wird brutal manifest in der These: »Identitätsbildung innerhalb einer Gesellschaft ist nur im Hinblick auf einen intersubjektiv geltenden Sinn möglich, über den Konsensus vorausgesetzt wird, und der in geltenden Werten und Normen verankert ist.« (Lehrerhandbuch, S. 15, Drucksache 7.)

Damit sind sie Ergebnisse einer mehrtausendjährigen kulturellen Anstrengung im Individuationsprozeß des Menschen grundsätzlich verneint, und die Berufung auf Sokrates wirkt lächerlich. Besonders für die Zukunft des Christentums müssen die Konsequenzen als tödlich eingeschätzt werden, weil das Gebot – Du sollst Gott mehr gehorchen als den Menschen – dann keinen Adressaten mehr findet. Wer sich darüber wundert, daß die Geltung von ästhetischen Kriterien für den Literaturunterricht ausdrücklich außer Kraft gesetzt wird, der findet hier eine Antwort. Literatur wird nicht mehr verstanden, sondern erklärt »als interessenbedingter Reflex sozioökonomischer Bedingungen und als Instrument ideologiegeleiteter Manipulation im Interesse von Herrschaft«. Es ist klar, daß mit diesen Maximen nichts anderes proklamiert wird als die Einübung in die Barbarei. Comics und Goethe sind prinzipiell von gleichem Wert, d. h. an sich ohne Wert, da nur der historische Standpunkt und die subjektiven Bedürfnisse und Interessen über Wert und Unwert entscheiden. Werte und Normen sind ontologisch gesehen für die Verfasser der Lehrerempfehlungen reine Setzung. Wahrheit gibt es nicht. Die Sophistik triumphiert.

Von der Beantwortung auf die Frage nach der Würde des Menschen hängt aber der Sinn einer jeden Rede von den Grundrechten des Menschen ab. Die Frage der Grundrechte ist in einer Weise aktuell und zur Substanz der geistig-politischen Auseinandersetzung geworden, und das weltweit, wie sich das niemand noch vor wenigen Jahren vorstellen konnte. Es ist ein Unglück, daß die Tatsache, daß Präsident Carter die Verteidigung und Durchsetzung der Menschenrechte zur Substanz der amerikanischen Innen- und Außenpolitik gemacht hat, bisher nur im Blick auf die konkreten Auswirkungen für die Entspannung diskutiert wurde und nicht als ein geistiges Ereignis von vielleicht entscheidender Bedeutung für die Selbstbehauptung des Westens. Der Wettlauf um den Vorsprung in der militärtechnischen Vernichtungskapazität hat die Einsicht überdeckt, daß über den Ausgang des revolutionären Weltbürgerkriegs die geistigen Waffen entscheiden werden. Wofür sollte der Westen stehen, wenn nicht für die Menschenrechte als dem einzigen Prinzip, für das er eine universale Anerkennung erwarten kann? Kein anderer Gedanke hätte die geringste Aussicht, die Grenze elementarer und unmißverständlicher zu bezeichnen, die eine totalitäre Gewaltherrschaft von einer freiheitlichen Demokratie trennt. Die Frage der Menschenrechte darf daher nicht als eine ideologische Komponente der amerikanischen Politik mißverstanden werden, die pragmatisch manipuliert werden kann, sondern als die Grundlage und Voraussetzung, ohne die Weltpolitik auf die Dauer überhaupt unmöglich ist. Nur muß man deutlich sehen, daß die Menschenrechte für die Väter der amerikanischen Verfassung noch selbst evident waren, weil sie Gott selbstverständlich als ihren Grund annahmen. Fällt aber dieser Grund fort, dann sind die Menschenrechte nicht mehr als das Produkt eines Wunsches, es möge so sein, daß der Mensch von Natur mit unverlierbaren und unveräußerlichen Rechten ausgestattet sei. Auf dem Boden eines vulgären Materialismus und Politökonomismus jedenfalls sind die Menschenrechte nicht zu begründen.

Eine ihrer wesentlichsten geistigen Wurzeln ist die Tradition des stoischen und christlichen Naturrechts. Dieses ist aber ohne eine Erneuerung eines teleologisch gedachten und verfaßten Begriffs von der Natur für das zeitgenössische Denken ohne jede Plausibilität. Es ist daher wichtig, sich daran zu erinnern, daß es bis zum heutigen Tag keine vernünftigen Argumente gegen die metaphysischen Annahmen gibt, auf die die Möglichkeit einer teleologisch gedachten Natur beruht. Was einer Erneuerung dieser Möglichkeit im Wege steht, ist nichts anderes als unser unbedingter Wille zur Naturbeherrschung, der uns in die ökologische Katastrophe führen wird. Es besteht ein enger und unauflöslicher Zusammenhang zwischen dem Grad, zu dem der technologische Fortschritt vorangetrieben wurde, und dem durch ihn bewirkten Verlust der Chancen des Menschen, handelnd auf den Gang der Dinge noch Einfluß nehmen zu können. Der herrschaftsfreie Diskurs, den Habermas als Therapie empfiehlt, kann nicht mehr sein als das große Palaver, welches das Verhängnis begleitet, wenn nicht der absolute Anspruch auf Autonomie und uneingeschränkte Selbstverwirklichung auf die Bedingungen eingeschränkt wird, die mit der Selbstmacht der Natur vereinbart werden können.

Der weder religiös noch methaphysisch begrenzte oder auch nur begrenzbar zu denkende Wille zur Entfaltung einer totalen Beherrschung und Ausbeutung der Natur hat dem Marxismus – und das mit innerer Notwendigkeit – das Gesetz aufgezwungen, sich in der totalen Unterwerfung des Menschen unter die Notwendigkeiten der technologisch beherrschten Natur zu vollenden. Es gibt keine Form der Verfügung über die äußere Natur, durch die nicht gleichzeitig auch verfügt würde über den Menschen selbst. Es wird ein Rätsel bleiben, warum die Veröffentlichung des »Archipel Gulag« von Solschenizyn in Frankreich zu einem Abfall wichtiger philosophischer Repräsentanten vom Marxismus führte, ohne daß man in der Bundesrepublik dergleichen gehört hätte. Die Einsicht ist die:

1. Im »Archipel Gulag« hat sich das Wesen des marxistischen Sozialismus offenbart.
2. Der Grund ist nicht in einer korrigierbaren historischen Fehlentwicklung zu suchen, sondern ist die Lehre von Marx selber.
3. Als Alternative bleibt nur der konsequente Kampf gegen den Staat, gegen jede Form von Herrschaft und die sie voraussetzende Vernunft, die Philosophie von Platon bis Hegel, also die totale Anarchie oder die Absage an die Herrschaftsmythen des Sozialismus und die Rückbesinnung auf den Ursprung von Religion, Mystik und damit – die Metaphysik.

Es ist ein Zeichen der Zeit, daß mit dieser Wendung der Dinge in der intellektuellen Führungsmacht des Westens, in Frankreich, ein Punkt substantieller Gemeinsamkeit mit den geistigen Motiven und Antrieben erreicht wurde, aus denen der geistige Widerstand in der Sowjetunion lebt. Aber es gibt hier auch eine, wie es scheint, entscheidende Differenz. Die Männer um Solschenizyn sind frei von jedem Anflug von Dekadenz und fatalistischem Kulturpessimismus. Worum es ihnen geht, ist eine sittliche Revolution aus der Kraft eines erneuerten christlichen Bewußtseins. »Auf geheimnisvolle und für die betriebsame Masse nicht wahrnehmbare Weise kehrt das verlorene christliche Bewußtsein zu uns zurück.« (Aus Solschenizyn u. a., »Stimmen aus dem Untergrund«, Ullstein-Buch 3280.) »Wir sind durch derartige Abgründe gegangen, waren den eisigen Winden der Polarkreis-Lager so ausgeliefert, haben eine derartige Erschöpfung aller menschlichen Kräfte durchlebt, daß wir gelernt haben, jenes ›Eine, das notwendig ist‹, zu sehen, daß man den Menschen nicht wegnehmen darf; daß wir gelernt haben, Hilfe nicht von den eigenen menschlichen Kräften zu erwarten. In so wunderbarer Armut, dem Leiden gegenüber gänzlich ungeschützt, ist unser Herz an innerer geistiger Wärme gewachsen und hat sich neuen, unerwarteten Eingebungen geöffnet.« (Solschenizyn a. a. O., S. 159.)

Es mag unsere Situation in vielfacher Hinsicht eine andere sein als die des Widerstandes in der Sowjetunion. Eines können wir lernen: die Erinnerung an die verwandelte, produktive Kraft des Leidens, ohne die es für den Menschen keine Zukunft geben kann. Es ist die Grundentscheidung, die wir zu fällen haben, ob es einer 60 Jahre währenden Erfahrung wie die der Menschen in der Sowjetunion bedarf oder ob wir uns besinnen und das vollbringen, wozu jetzt wir noch die Freiheit haben: eine sittliche Revolution aus der Kraft eines erneuerten christlichen Bewußtseins. »Nach unserer festen Überzeugung enthält einzig und allein das Christentum auch jene Bewegungsenergie, die allmählich unsere Welt beseelt und umwandelt.« (Solschenizyn a. a. O., S. 159.)

»Zeitzeichen« ist ein Plädoyer für die Notwendigkeit dieser christlichen Alternative.

Personenregister

Sachregister

Dem Buch »Zeitzeichen – Bilanz einer Ära« liegen folgende Veröffentlichungen von Günter Rohrmoser zugrunde:

Emanzipation und Freiheit. München 1970. (Zum Teil übersetzt ins Französische.)
Shakespeare – Erfahrung der Geschichte. München 1971.
Nietzsche und das Ende der Emanzipation. Freiburg 1971. (Übersetzt ins Japanische.)
Die Krise der Institutionen. München 1972.
Herrschaft und Versöhnung – Ästhetik und die Kulturrevolution des Westens. Freiburg 1972.
Marxismus und Menschlichkeit. Freiburg 1974. (Übersetzt ins Italienische.)
Die metaphysische Situation der Zeit. Stuttgart 1975.
Das Elend der kritischen Theorie. Vierte Auflage Freiburg 1976. (Übersetzt ins Holländische und Japanische.)
Revolution – unser Schicksal? Fünfte Auflage Stuttgart 1977. (Übersetzt ins Norwegische.)